U0147162

太多性物為藝術 concept 不了色。

（圈）譯 B - （2-6段說明
                          的方法工程）

譯 A

1. 譯的維博物都指語言哲學本
   且記室查知哦，但是又談後說走

2. 行高說色 BC 1600 ~ 220
                          drachmmal
                          (longitudrian)
                          之軸時的 原身性

3折気 唱知太空太當太宗気
3. 左 BC 1600~220 的 (復去的回又气
   制度 8.9段 而太与一段中有
                          (synchronjced)
                          (latitudranl)
   =記 地名地的古吟性
   起在一起   非乱無，為此神写见点

4. 羊君的 括這性世多，只有名 非史   載神語
      的 相合语、   沐   非82

Karen Armstrong
凱倫・阿姆斯壯 [著]

林宏濤、陳信宏 [譯]

THE GREAT TRANSFORMATION

大蛻變

凱倫・阿姆斯壯作品集

ALSO BY KAREN ARMSTRONG

目錄

圖表目錄

〈出版緣起〉

朝聖者的信仰之旅

商周出版顧問

林宏濤

　　台灣社會正面臨各種矛盾的新衝擊。醜陋的資本主義經濟和環保的覺醒在做拉鋸戰；教育和資訊之普及是史上未有的，而精神世界卻也愈加的空洞。在宗教信仰上，人們都只殘留著原始的無知。我們從歷史和傳統中失了根，在和宗教的對話上，我們失去了應該有的精神底蘊，就像我們和自然、社會以及個人的互動越來越疏離一樣。在某方面，我們的文化是後退到某個蒙昧時代的原點上。

　　然而人類對超越界的渴望和上古史一樣的久遠，也始終存在於深層的靈魂之中。在遠古時代，或是現代的某些部落裡，宗教不只是人與超越者的關係，也是對於世界乃至宇宙的認知進路。文明化的歷程使得人類朝聖的動機更加多元化；無論是在集體潛意識中遺傳下來的衝動、對崇高的造物者的震懾或受造感、或是對生命終極關懷的探索、苦難的解脫，甚至只是在紛擾的現代生活中尋找一個桃花源，儘管這些內在的聲音在城市和慾望的喧囂中顯得特別微弱，但是人們對超越界的追尋卻始終沒有停止過。

　　在彼岸的是諸神，在塵世的是人類，而宗教是人和神相遇的地方。它也是神人互動的歷程。在這朝聖之旅當中，我們有說不完的感動、恐懼和迷惑；而世界不同角落的人們也以不同的方式和不同形式的神祇溝通交往。因為宗教既是社會的，也是個人內心的；宗教曾經既是社會結構的穩定性形式，也是個人心靈的寄託。在個人主義的現代社會裡，宗教更是內

在化為生命意義和存在故鄉的自覺探索。

除了生命價值和根源的追尋以外，道德的實踐，人格的成就，和淑世的理想，更是宗教的存在根據。從字源學看religio（拉丁文的宗教）的可能意義，可以了解宗教的倫理面向，它可能是religere（忠誠的事奉和歸屬），或是religare（與自身的源泉或終點相連），而因為人可能遠離他的故鄉，所以它也可能是reeligere（重新選擇去活在這源泉或終點裡）。如此我們便形構了一個生動的宗教圖式：人虔誠的遵循神的誠命，藉以與神同在，而人也會墮落，因此也會悔罪回頭。在許多宗教，如佛教、耆那教、拜火教、猶太教、基督教、以至於伊斯蘭教，倫理一直是他們的重要課題。法句經說：「諸惡莫作，眾善奉行，自淨其意，是諸佛教。」釋迦牟尼觀察緣起法的生死流轉，依八正道而解脫，以世間正行端正自己，清淨自己的行為而得正覺，這是人類精神自由的完美典範。理性主義興起後，宗教的道德意義由德性的實踐到道德良知根源的反省，進而推及生命的愛，新的人文主義從這堅實的倫理世界獲得源頭活水，或許也是宗教的新生。

《人與宗教》系列叢書，就像每個朝聖之旅一樣，試著從宗教的各個面向去體會人和宗教的對話歷史，使人們從各種信仰思維中沉澱下來，理性地思考「宗教是什麼」的基本問題。我們將介紹宗教學的經典作品，從神學、宗教心理學、宗教社會學、宗教哲學、比較宗教學到宗教史，為有興趣研究宗教現象的讀者基礎的文獻；另一方面，我們也想和讀者一起分享在世界每個角落裡的朝聖者的經驗，可能是在修院、寺廟、教會裡，也可能在曠野、自然、城市中，也包括他們在工作和生活當中對生命的體會。

在各個宗教裡，朝聖有個重要的意義，那就是暫時遠離生活的世界，經過旅行的困頓和考驗，最後到達聖地，那裡是個神聖的地方，是心靈的歸鄉。我們希望在《人與宗教》的每一本書裡，都能和讀者走過一次朝聖者之旅。

〈推薦序〉
軸心時代概念的沃土上綻開的清新綠葉

中原大學宗教研究所副教授兼所長

歐力仁

　　凱倫・阿姆斯壯（Karen Armstrong）繼一系列探討伊斯蘭教、佛教、基督教和猶太教的專著之後，又出版了《大蛻變》此一綜合先前研究成果的鉅著。本書可說是結合世界宗教文化、宗教人類學和宗教文學等方面的歷史佳作。《大蛻變》一書以雅斯培（Karl Jaspers）於西元 1949 年提出之「軸心時代」（Axial Age）概念為主軸，全書共分為十章分別探討軸心時代的民族、儀式、虛己、知識、苦難、感同身受、關懷天下人、萬物歸一、帝國和未來的方向。

　　阿姆斯壯指出，西元前 900 年至西元前 200 年之間，四個不同區域的聖哲創造出足以讓全世界產生大蛻變的宗教與哲學思想。就是：中國的儒家與道家、印度的印度教與佛教、以色列的一神教（及其衍生出的拉比猶太教、基督教和伊斯蘭教），和希臘的哲學理性主義。阿姆斯壯對生長於軸心時代的佛陀、蘇格拉底、柏拉圖、孔子、耶利米、以西結、奧義書神祕派、孟子和優里庇德斯，以及較晚期的拉比猶太教、耶穌與穆罕默德等聖哲的思想背景進行深度的解析。

　　作者在本書一開始便直言，二十世紀在我們所居住的星球上發生之史無前例的人間暴力與生態浩劫，再再說明了人類必須重拾聖哲先賢們所提倡的「靈性」，以馴服那顆永不安份的貪婪、好鬥和自負之心。在融合軸心時代百家爭鳴、琳瑯萬軸的宗教和哲學文化寶藏於一爐之後，阿姆斯

壯相信，在聖哲們的眼中，重要的不是宗教儀式或知識，而是德性。儘管軸心時代的聖哲「仍然尊重儀式，但是賦與它新的倫理意義，並且以道德為靈性生活的中心。你和所謂『神』、『涅槃』、『梵』或『道』相遇的唯一方式，就是要有憐憫之心。」基於這個不移的信念，聖哲們不約而同地強調「己所不欲，勿施於人」的黃金律。

阿姆斯壯說，黃金律不是遙不可及的大道理，而是日常的生活原則。「每當我們想對同事、兄弟姐妹或是敵對國家說出具有敵意的話語之前，若是能夠先考慮一下自己聽到這麼一句話會有什麼感受，從而把到口的話嚥回去，那麼我們在那一刻就是超越了自己，獲得了昇華的體驗。」

阿姆斯壯指出，面對今日這種充滿恐懼和痛苦的年代，兩千多年前的聖哲為我們提出了兩項扼要的忠告。

第一，要自我批判，不能總是譴責別人。誠如《聖經》所言，人們往往只看見別人眼中的刺，卻看不見自己眼中的樑木。

第二，必須付諸實際有效的行動，不能僅是藏身在象牙塔裏空談改革。她提醒讀者必須小心，實際上當代很多的宗教組織「將信仰教義化」的做法恰恰是軸心時代的聖哲先賢所不屑的。

因此，阿姆斯壯最後強調，只要我們再度高舉聖哲們所重視的靈性實踐，必能讓世界諸宗教暫時擱下教義和信仰的差異而尋求合作。各宗教在彼此接納、尊重差異的狀態下，共同以愛心彼此服務，以慈悲心化解對立。單就此點而言，筆者認為，阿姆斯壯遠比獨斷地將世界各大宗教的信仰對象嫁接統一為「終極實在」的希克（John Hick），以及否定終極實在的存在，索性自稱為基督教無神論者的庫比特（Don Cupitt）這兩位學者還要務實。

阿姆斯壯的《大蛻變》可以說是在「軸心時代概念」的沃土上綻開的清新綠葉，而這片綠葉所揭示的是一項「回到軸心時代的靈性精神」運動。此運動的底蘊是「尊重的愛」！必須注意的是，這種「尊重的愛」是徹底的、實質的尊重與愛（包含對於絕對論者的尊重和愛），而不是自由

主義式或多元主義式的假包容！因為，自由主義或多元主義下的包容排斥、無法容忍自由主義或多元主義以外的立場，因而是一種虛假的包容。

　　讀者或許不一定全盤同意作者的推論和結論，但是無法否認的是，當你我翻閱《大蛻變》的扉頁時，會不自覺地對作者綴掛在字裡行間之晶瑩璀璨的思想瑰寶發出讚嘆之聲。當然，除了讚嘆之外，也讓我們對這位因為心繫徭役深重的弱勢者與任意殺戮的世界而揮汗苦思，執筆疾書的偉大女性致上崇高的敬意。

導 論

　　或許每一世代都相信他們來到了歷史的轉捩點，但是我們的問題似　〔xi〕
乎治絲益棼，我們的未來也越來越不確定。我們的種種難題背後其實隱藏
著一個更深層的靈性危機。在西元二十世紀，我們看到史無前例的暴力猖
獗。悲哉隨著我們經濟和科學的非凡進步，我們彼此傷害的能力也增強。
我們似乎缺少懲忿窒欲的智慧。廣島和長崎的第一顆原子彈暴露了現代文
明光鮮亮麗的成就底下虛無主義式的自我毀滅傾向。我們以環境的浩劫作
賭注，因為我們再也不認為地球是神聖的，而只視為一種「資源」。除非
我們有某個足以和我們的科學天才並駕齊驅的靈性革命，否則我們很可能
保不住我們的星球。單單理性的教育是不足夠的。我們從苦難中得以明白
到，集中營附近就是一座偉大的大學。奧許維茲、盧安達、波斯尼亞，以
及世貿中心被夷為平地，都讓我們隱約領悟到，當人們忘記了神聖非暴力
的意義，結果會是如何。

　　宗教原本是幫助我們培養這個態度，卻經常反映了我們時代的暴力
和絕望。我們幾乎每天都看到起因於宗教的恐怖攻擊、仇恨和排斥異說。
越來越多的人們覺得傳統的宗教教義和習俗既無意義也不可信，轉而在藝
術、音樂、文學、舞蹈、運動或毒品裡尋找人類所嚮往的超越性經驗。我
們都在追求出神和狂喜的片刻，當我們更深入地安住於我們的人性，內心
深處受到感動，並且短暫地走出自我。我們都是追尋意義的生物，不像其
他動物，如果我們無法在生命裡找到意義和價值，將會覺得很沮喪。我們　〔xii〕

15

有些人也在尋求新的宗教。自 1970 年代末期以來，世界各地的宗教復甦
方興未艾，而我們稱為「原教旨主義」的好戰宗教團體只是現代人們探索
啟蒙的一個徵候。

在我們當前的困境裡，我相信我們可以在德國哲學家雅斯培（Karl
Jaspers）所謂「軸心時代」（Axial Age）的時期裡找到啟發，因為那是
人類靈性開展的樞紐。❶自西元前 900 年到西元前 200 年，在四個不同的
地區，誕生了偉大的世界傳統，並且持續化育人類：中國的儒家和道家、
印度的印度教和佛教、以色列的一神教，以及希臘的哲學理性主義。那個
時期裡有佛陀、蘇格拉底、孔子、耶利米、奧義書神祕教派、孟子和優
里庇德斯（Euripides）。在這個百家爭鳴的時代裡，靈性和哲學的天才正
在開拓全新的人類經驗。他們有許多人默默無聞地奉獻，但是有些人成
為領袖人物，至今仍然讓我們充滿感動，因為他們告訴我們一個人應該
是什麼。自有歷史記載以來，軸心時代在知識、心理、哲學和宗教方面
的影響無遠弗屆；或許唯有那創造現代科技的西方大蛻變（Great Western
Transformation）才足以分庭抗禮。

但是軸心時代的聖哲，他們生活在完全不同的環境裡，如何能針砭
我們現在的處境？我們為什麼要向孔子或佛陀求助？如果我們是要創造一
個能反映我們現實世界的新興宗教，那麼這個古代研究就只是宗教考古學
的練習而已。然而我們其實從未超越軸心時代的洞見。當我們的靈性或
社會遇到危機的時候，我們總是回到這個時代找尋指引。對於軸心時代
的發現，他們的詮釋或許各自不同，卻從來沒有超越它。例如拉比猶太
教（Rabbinic Judaism）、基督教和伊斯蘭教，都是原始軸心時代的擁護
者。我們在本書最後一章會看到，這三大宗教都重新闡揚軸心時代的見
解，並且很神奇地轉譯為直接對他們的時代環境所說的語言。

軸心時代的先知、神祕主義者、哲學家和詩人，他們如此前衛，他

-----

❶ Karl Jaspers, *The Origin and Goal of History,* trans. Michael Bullock (London, 1953), pp. 1-70。

們的見解如此激進，後代人們甚至必須稀釋一下才行。在那期間，他們卻 〔xiii〕
經常形成一種嚴格主義，那卻是軸心時代的改革者所要摒除的。我相信現
代世界的處境亦復如是。軸心時代的聖哲為我們的時代留下一個重要的訊
息，對於現在認為有宗教信仰的人們而言，他們的洞見將是駭人聽聞的。
例如說，人們經常以為信仰就是相信某些信理。的確，有宗教信仰的人通
稱為「信徒」，彷彿恪守信條就是他們的主要行動。但是大部分軸心時代
的哲學家並不關心什麼教義或形上學。像佛陀這樣的人，完全不在乎個人
的神學信仰。有些聖哲甚至堅拒討論神學，說那只會讓人分心而有害。有
人主張說，許多人想要在宗教裡找到某種絕對確定性，那其實是幼稚的、
不切實際的、荒謬的。

　　軸心時代開展的所有傳統，都在窮究人類意識的未知領域，在他們
的存有核心裡發現一個超越性向度，但是他們並不一定視其為超自然存
有，大部分聖哲甚至拒絕討論它。正因為它是言語道斷的，所以唯一正確
的態度就是保持沉默。聖哲們並不是要別人接受他們對於究竟實相的看
法。正好相反，他們認為人們不必人云亦云地相信宗教教義。重要的是懷
疑一切並且以實證的方式去檢證任何教義，和你的個人經驗做對照。其
實，如果一個先知或哲學家開始堅持義務性的教義，那通常意味著軸心時
代已經喪失了它的動能。如果有人問佛陀或孔子是否信神，他或許會遲
疑一下，並且很有禮貌地解釋說這個問題並不恰當。如果有人問阿摩司
（Amos）或以西結（Ezekiel）是不是「一神論者」（只信仰一位神），
他或許也會摸不著頭緒。問題不在於一神論。我們在聖經裡很少看到明確
的一神論主張，而那些讓人很不舒服的教義其實是背離軸心時代的基本精
神。

　　重要的不是你信仰什麼，而是你的行為。宗教旨在潛移默化。在軸
心時代以前，儀式和牲祭是宗教活動的核心。在神聖的場景裡，就像現在
的戲劇場景一樣，你可以體驗到神性，它會引領你到另一個存在的層次。
軸心時代的聖哲卻改變了它；他們仍然尊重儀式，但是賦與它新的倫理意

17

〔xiv〕義，並且以道德為靈性生活的中心。你和所謂「神」、「涅槃」、「梵」或「道」相遇的唯一方式，就是要有憐憫之心。的確，以前的宗教**就是**憐憫之心。現在我們以為要信仰某個宗教，就得先證明「神」或「絕對者」的存在。那是很好的科學習慣：首先證實一個原則，然後才能應用它。但是軸心時代的聖哲會說那是本末倒置的。你得先在道德上身體力行，唯有時時存養的慈悲心才能讓你窺見超越性，而不是形上學的信念。

這意味著你必須準備好改變自己。軸心時代的聖哲並不強調知識的啟發，讓門徒精力充沛地回到他們原來自我中心的生活。他們的目標是要創造一個完全不同的人。所有聖哲都倡導一種慈悲博愛的宗教；他們認為人們必須拋棄自我中心和貪婪、暴力、冷酷。殺人固然是不對的，你甚至不應該惡語或起嗔念。再者，幾乎所有軸心時代的聖哲都認為博愛不應僅限於你的族人；你必須關心全世界的人。其實，當人們開始限縮他們的視野和同情心時，正意味著軸心時代的結束。每個傳統都以他們自己的說法闡釋了一個黃金律則：己所不欲，勿施於人。對於軸心時代的聖哲而言，宗教不外乎尊重所有人的神聖權利，而不是指正統的信仰。如果人們能博施濟眾，他們就可以拯救世界。

我們必須重新發現這個軸心時代的精神。在我們的地球村裡，我們再也不能劃地自限。我們必須認識到，遠方國家的人們和我們自己一樣重要。軸心時代的聖哲並不是在太平盛世裡創造他們的慈悲倫理。每個傳統所處的社會都和我們一樣充斥著史無前例的暴力和戰亂；的確，宗教改革的第一個催化劑，經常是聖哲們見證到周遭的侵略而大聲疾呼。軸心時代的哲學家到內心世界探究暴力的根源，因而開始探索不曾被發現的人類經驗領域。

軸心時代的共識是對於人類共同靈性追尋的優美證詞。軸心時代的〔xv〕民族都相信慈悲的倫理是有用的。在那個時代誕生的每個偉大傳統都同意博愛的重要性，那也告訴我們人性裡很重要的東西。明白到我們自己的信仰和別人的信仰深深相契，那是個很肯定性的經驗。於是，我們不必拋棄

自己的傳統，也可以從別人的傳統那裡學習如何增長自己的同理心。

如果我們不清楚軸心時代以前的歷史，就無法品評那個時代的成就，因此我們必須了解在軸心時代以前的古代宗教。其中有些是軸心時代很重要的共同特徵。例如，大部分的社會早期都信仰一個至高神，經常被稱為天神，因為他總是和天聯想在一起。❷由於他遙不可及，而和人們的宗教意識漸行漸遠。有人說他「消失了」，有人說他被更有活力的年輕神族推翻了。人們經常認為神就存在於世界，在他們四周或心裡。有人相信諸神、男人、女人、動物、植物、昆蟲、岩石，都有相同的神性生命。他們都服從於一個維繫萬物的宇宙法則。就連諸神也要遵守這個法則，他們和人類共同保存宇宙的神性力量。如果這些力量沒有得到補充，世界就會回到太初的空虛。

在古代世界，牲祭是很普遍的宗教習俗。讓世界生生不息的力量因此不致於耗竭。人們相信生和死、創造和毀壞是交織一起的。唯有其他生物代替他們死去，他們才能夠存活，因此他們很尊敬祭物的自我犧牲。❸因為沒有這樣的死亡就沒有生命，有人便想像太初時世界的誕生就是獻祭的結果；也有人說一個造物神如何屠龍（象徵混沌和未分化的世界）而給混沌世界帶來秩序的故事。當他們在禱詞裡重現這些神化事件時，敬拜者覺得他們也被投射到神聖的時代裡。他們經常會重演太初創世的故事，給脆弱的凡人灌注神性的力量。倘若沒有如是灌注「生命力」或「靈魂」（氣息）❹，萬物便無法持存。

❷ Mircea Eliade, *Myth, Dreams and Mysteries: The Encounter Between Contemporary Faiths and Archaic Realities,* trans. Philip Mairet (London, 1960), pp. 172-78; William Schmidt, *The Origin of the Idea of God* (New York, 1912)。

❸ Walter Burkert, *Homo Necans: The Anthropology of Ancient Greek Sacrificial Ritual and Myth,* trans. Peter Bing (Berkeley, Los Angeles, and London, 1983), pp. 16-22; Joseph Campbell with Bill Moyers, *The Power of Myth* (New York, 1988), pp. 17-20。

❹ Eliade, *Myth, Dreams and Mysteries,* pp. 80-81; Mircea Eliade, *The Myth of the Eternal Return, or, Cosmos and History,* trans. Willard R. Trask (Princeton, 1959), pp. 17-20。

〔xvi〕

　　古代宗教是以所謂「永恆哲學」（perennial philosophy）為基礎，因為在大部分現代以前的文化都可以看到它的蹤影。世上每個人、每個客體或經驗，都是神性世界的複製品，甚至只是個淡影。❺因此，神聖世界是人類存在的原型，而正因為它比塵世的任何東西都更豐富、更有力、更久遠，人們便渴望分受它。在現代的某些土著部落，永恆哲學仍然是個關鍵因素。例如澳洲原住民便認為夢境的神聖世界比現實世界要真實得多。他們在睡眠或異象裡瞥見夢境；那是沒時間而且「時時存在」。它成為因生死遷流而耗弱的日常生活穩定背景。一個澳洲人去打獵的時候，他會以「第一個獵人」為模範，想像和他合而為一，融入他更有力的世界。當他脫離了那個太初的豐富時，他則擔心時間的範域會吞沒他，把他及其一切成果都化為虛無。❻古代民族的經驗亦復如是。唯有在儀式裡模仿他們的神，並且放棄俗世生活孤獨而短暫的個體性，他們才真正存在。當他們不只是他們自己本身，而重覆其他人的動作時，才充實了他們的人性。❼

　　人類總是造作不自然。❽我們汲汲於改良本性，或是追求一個理想。即使我們現在早已放棄了永恆哲學，人們還是被流行奴役，傷害他們的臉和身體，只是為了複製美的時尚標準。明星崇拜證明了我們仍然景仰某些「超人」的典型。人們經常大排長龍，只為了看他們的偶像，看到偶像到來，則亢奮忘我。他們模仿偶像的穿著和舉止。人類似乎很自然地會嚮往原型與典範性的東西。軸心時代的聖哲開展一個更真實的宗教，告訴人們到內心去找尋理想的、原型的自我。

　　軸心時代並非完美。那時候對女性的漠不關心是個主要的缺憾。這些宗教幾乎都是在城市環境裡形成，那裡充斥著武力和商業競爭，婦女似乎失去了她們原本在農業社會的地位。我們在軸心時代裡看不到女性的聖

----

❺ Eliade, *Myth of the Eternal Return*, pp. 1-34。
❻ Huston Smith, *The World's Religion: Our Great Wisdom Traditions* (San Francisco, 1991), p. 235。
❼ Eliade, *Myth of the Eternal Return*, pp. 34-35。
❽ Jaspers, *Origin and Goal of History*, p. 40。

哲，即使女性可以在新的信仰裡扮演一個積極的角色，她們經常也只是個旁觀者。並不是軸心時代的聖哲仇視女性，他們只是沒有注意到她們。當他們說到「偉人」或「覺者」，他們指的不是「男人和女人」，儘管他們或許會承認女性也能得到解脫。正因為女性的問題在軸心時代不很重要，我認為緊抓著這個問題不放只會偏離主題。每當我提到這個問題，似乎都很冒昧。我懷疑它是否值得深入探究。軸心時代的聖哲並不像中世紀的教父那樣完全仇視女性。他們是那個時代裡的男人，眼裡看到的盡是男人的侵略行為，而無暇深思女性的問題。我們不能盲目跟從軸心時代的改革者；盲從基本上就牴觸了軸心時代的精神，他們認為墨守成規使得人們看輕了他們自己。我們應該把軸心時代普世關懷的理想擴及每個人，包括女性。當我們要重建軸心時代的洞見時，也要保存現代最好的觀念。 〔xvii〕

軸心時代各民族的演化並不很一致。每個民族都有自己的步調。有時候他們成就了一個符合軸心時代精神的洞見，卻又放棄了它。印度的民族總是軸心時代進步的先驅。在以色列，先知、司祭和歷史學家斷斷續續地追尋理想，直到西元前六世紀被擄到巴比倫，才有一段短暫卻很密集的卓越創作。在中國則是緩慢的漸進，直到孔子在西元前六世紀末開展出第一個正式的軸心時代宗教。而希臘自始就和其他民族大異其趣。

雅斯培相信，軸心時代其實是在同一時期發生的。他暗示著佛陀、老子、孔子、墨子，以及瑣羅亞斯德，約莫都在同一時期。現代的學者已經修正了這個紀年。現在我們確定瑣羅亞斯德不是西元前六世紀，而是更早的人。我們很難準確斷定這些運動的年代，尤其是在印度，他們不是很關心歷史，也鮮少留下編年史文獻。例如說，大部分印度學者都認為佛陀的生卒年代比傳說晚了一個世紀。至於老子，也不是雅斯培所說的西元前六世紀的人。老子並不是和孔子、墨子同一個時代，我們幾乎可以確定是西元前三世紀的人。我曾經想要跟上這些學術辯論，但是至今許多辯論都只是猜測，可能也不會有確定的結論。

儘管有種種困難，軸心時代的一般性開展的確讓我們明白這個重要 〔xviii〕

理想的靈性演化。我們會依照年代去探索這個歷程，把四個軸心時代的民族並陳，看它們如何生根茁壯，漸漸臻至巔峰，然後於西元前三世紀末的沒落。然而這並不是故事的結局。軸心時代的先驅為我們立下基石。每一代都曾經試著把這些原始的洞見應用在他們個別的環境裡，這也是我們現在的課題。

第 一 章
軸心時代的民族：
約西元前 1600-900 年

第一個向軸心時代的靈性挑戰的民族，是生活在俄羅斯南部草原的　〔3〕
牧人，他們自稱為雅利安人。雅利安人不是一個很明確的人種族群，因而
也不是一個種族名詞，而是一個尊稱，意思接近是「高貴的」或「光榮
的」。雅利安人是個鬆散的部落網，他們擁有共同的文化。他們的語言之
後也成為若干亞洲和歐洲語言的基礎，因此他們也被稱為印歐民族。大約
西元前 4500 年，他們就生活在高加索草原上，但是在西元前 2500 年左
右，有些部落開始外移，到達了現在的希臘、義大利、斯堪地那維亞和德
國。在那期間留在草原上的雅利安人逐漸分裂，形成兩個民族，說著兩種
不同形式的原始印歐語言。其中一族使用祆語，另一個民族則是使用早期
的梵文形式。但是他們彼此還可以溝通，因為在該時期裡，他們的語言依
然很接近，直到西元前 1500 年，他們仍然和平相處，有共同的文化和宗
教傳統。❶

　　那是個靜謐的、定居性的生活。雅利安人無法遠行，因為他們還沒
有開始馴養馬，因此他們的視野也僅限於草原。他們安土重遷，因此耕
地，而且蓄養綿羊、山羊、豬。他們不是好戰的民族，除了部落之間彼此
的小衝突以外，他們沒有敵人，也沒有開疆拓土的野心。他們的宗教既單
純又和平。雅利安人和其他古代民族一樣，在他們自身以及所見所聞的一
切裡感受到一股無形的力量。風雨、樹木和河流，都不是無位格的、無心　〔4〕
靈的現象。雅利安人覺得和它們很親近，把它們視為神聖的東西。人類、
諸神、動物、植物以及自然力量，都是同一個神性的「靈」的開顯，祆語
稱為「mainyu」，梵語則稱為「manya」。它賦予萬物生命，滋養且凝聚
萬物。

　　雅利安人漸漸發展出一個比較正式的萬神殿。在早期階段，他們崇

....

❶Mary Boyce, *Zoroastrians: Their Religious Beliefs and Practices,* 2nd ed. (London and New
　York, 2001), p. 2; Peter Clark, *Zoroastrians: An Introduction to an Ancient Faith* (Brighton and
　Portland, Ore., 1998), p. 18。

拜一個稱為「特尤斯‧庇特」（Dyaus Pitr）（譯①）的天神。❷但是就像其他至高神一樣，特尤斯太遙遠了，以至於被其他更接近人類的諸神取代，他們則是完全和宇宙自然的力量同化。婆樓那（Varuna）保護宇宙的秩序；密特拉（Mithra）主司暴風、雷電以及滋養萬物的雨；馬茲達（Mazda）是正義和智慧之主，主司太陽和群星；因陀羅（Indra）則是戰神，他降服三頭惡龍烏里特那（Vritra），為混沌帶來秩序。在文明社會裡至為重要的火也被神格化，雅利安人稱之為阿耆尼（Agni）。阿耆尼不只是火的守護神；他「就是」在每一座爐灶裡燃燒中的火。就連讓雅利安詩人靈光乍現的釀酒植物也是一個神，祆語為豪麻（Haoma），在梵語裡則是蘇摩（Soma），他保護人民免於饑荒，並且看守人民的牛群。

雅利安人把他們的神稱為「提婆」（daevas）（發光的神）以及「阿梅沙」（amesha）（不死者）。在梵語則是「devas」和「amrita」。❸然而這些神都不是我們現在所說的神。他們既不是全能的，對於宇宙也沒有終極的主宰權。他們和人類以及自然力量一樣，也臣服於那維繫著整個宇宙的秩序。由於這個秩序，季節、降雨和收成皆有其時。祆語稱這個秩序為「asha」，在梵語則是「rita」。它讓生命成為可能，讓萬物各得其所，並且定義了什麼是真理和正義。

人類社會也仰賴這個神聖秩序。關於牧場的權利、牛群的放牧、婚姻以及貨物交易，人們都得訂立牢靠而有約束力的協議。以社會的角度來看，「asha/rita」意思就是忠誠、誠實和尊重，該理想的化身即為婆樓那，他是秩序的守護者，密特拉則是他的助手。他們監督著一切以聖誓立的約。雅利安人非常重視說出去的話。就像其他自然現象一樣，語言也是

❷Mircea Eliade, *Patterns of Comparative Religion,* trans. Rosemary Sheed (London, 1958), pp. 66-68。

譯① 特尤斯‧庇特（Dyaus Pitr）意為「天父」，相當於希臘的宙斯（Zeus）、羅馬的朱庇特（Jupiter, Ju-Piter）、斯拉夫語的天神（Div）、北歐的托爾（Thor）。

❸ Boyce, *Zoroastrians,* pp. 9-11。

個神（deva）。雅利安人的宗教不是很強調視覺效果。就我們所知，雅利安人不為他們的神立偶像。相反的，他們認為諦聽可以讓他們接近神聖。聖詠的音聲不同於其意義，它自身就是神聖的；即使是一個音節，也可能蘊藏著神性。如是，一個誓言，只要說出來，就永遠要恪守，而謊言則是絕對的惡，因為它扭曲了蘊含在話語裡的神聖力量。❹雅利安人對於絕對的誠實始終心嚮往之。〔5〕

雅利安人每天獻祭給他們的諸神，以補充諸神們在維繫世界秩序時所消耗的能量。其中有些祭禮很簡單。獻祭者會撒一把穀子、奶酪或油到火裡，以滋養阿耆尼，或是搗爛蘇摩的莖，把汁液獻給女水神，並且釀成神酒。雅利安人也會把牛當作供物。他們的農作總是不敷需求，所以宰牲是必要的悲劇，但是雅利安人只吃合乎儀式且人道所宰殺的肉。當一頭牛經由儀式被獻給神，牠的靈不會消滅，而會回到「格什烏梵」（Geush Urvan）（牛的靈魂）那裡，格什烏梵是家畜的原型。（譯②）雅利安人很疼愛他們的牛。食用沒有如此被獻祭的牛的肉是有罪的，因為俗世的屠夫只會永遠消滅牠，因而侵犯了那讓萬物成為一體的神聖秩序。❺再者，雅利安人也從未完全失去對於他們和別人共有的「靈」由衷的敬意，這在後來也成了軸心時代的重要原理。

殺生是很可怕的行為，不可輕率為之，獻祭儀式讓雅利安人不得不正視這個嚴酷的生存法則。獻祭始終是他們文化的結構性象徵，他們以它去解釋世界和他們的社會。雅利安人相信，宇宙自身源自一次獻祭行動。據說，太初時，諸神依據神聖秩序以七個階段創世。他們首先創造天空，它是石頭做的，狀如大蛋殼；接著是大地，它像個圓盤浮在水上，而水則

❹ Ibid., p. 8。
❺ Yasht 48:5。
譯② 伊朗神話裡牛的靈魂，他到阿胡拉‧馬茲達（Ahura Mazda）、正義神（Asha）和善念神（Vohu Manah）那裡哭訴士兵虐待他。於是諸神派查拉圖斯特拉（Zarathushtra）去保護他，給他水和植物，並且要牧人看守他。他活了三千歲，被安格拉‧曼紐（Angra Mainyu）（或說是密特拉）殺死，靈魂昇天，而成為牛的守護神。

是積聚在蛋殼底部。諸神在大地的中心安置了三種生物：一株植物、一頭公牛和一個人（譯③）。最後，他們創造了阿耆尼，也就是火。但是起初一切皆靜闃而無生命跡象。直到諸神主持一個三階段的祭祀（搗碎植物、宰殺公牛和人），世界才有了生機。太陽開始在天空周行，季節的更替也確定下來，那三個供物也繁衍了後代。從被搗碎的植物長出了花、農作物和樹木；從公牛的殘骸裡蹦出了動物，而從男人的屍體則孕育出人類。雅利安人總是認為獻祭是有創造性的。他們反省獻祭，明白他們自己的生命是依賴於其他受造物的死亡。那三種生物原型喪失了他們的生命，好讓其他生命活下去。如果沒有自我犧牲，就不會有演進，無論是物質的或精神的。❻同樣的，這也會成為軸心時代的原理。

雅利安人並不造寺廟或神殿。他們在一小塊平地上露天獻祭，只以水溝和其他設施相隔。在聖地上，那七個原始的創造都被象徵化：以泥土代表大地，以水罐代表水，以爐灶代表火，以燧石代表石頭做的天空，以搗碎的蘇摩莖代表植物，以牲禮代表公牛，而祭司則代表第一個男人。他們認為諸神也會在現場。祭官當中的勸請者（Hotr）會誦讚歌邀請諸神來到慶典上。當諸神來到聖地，會坐在祭壇的新鮮乾草上聆聽讚歌。因為神靈充滿的音節本身就是神，當歌聲縈繞在虛空中，進入他們的意識，會眾就會感覺到周遭有神性灌注。最後，原始的獻祭會重來一遍。祭牛被宰殺，蘇摩被榨成汁，祭司把選好的祭品部位放在火上，好讓阿耆尼帶到諸神的國度。祭典以神聖的共餐結束，祭司、會眾和諸神一起饗宴，分享祭肉，啜飲蘇摩酒，那似乎可以把他們帶到另一個存有的層次。❼

獻祭也會帶來實際的好處。團體裡的一個成員會委託獻祭，希望回應他的邀請且臨到祭禮的諸神未來也能夠庇佑他。就像所有設宴招待的行為一樣，祭禮也讓諸神有義務以善意回報，而「勸請者」會不時提醒諸

❻ Boyce, *Zoroastrians,* pp. 11-21。
❼ Thomas J. Hopkins, *The Hindu Religious Tradition* (Belmont, Calif., 1971), p. 14。
譯③ 第一個被造的人稱為「伽約瑪勒坦」（Gayo-Maretan）或「伽約馬特」（Gayomart），意為「俗世生命」。

神要保護祭主的家庭、農作物和牲畜。獻祭也可以提高祭主在團體裡的地位。就像諸神一樣，他的客人們也欠他人情，而他提供慶典用的牛，並且饋贈祭司們可觀的禮物，也可以證明他是個大財主。❽在以前，宗教的好處純粹是物質性的、俗世的。人們希望諸神賜給他們牲畜、財富和平安。起初，雅利安人對於來世並不抱什麼希望，但是直到西元前 1000 年，有些人開始相信委託多次獻祭的有錢人在死後可以到諸神的國度去。❾

當雅利安人發現了新的技術時，這個緩慢而平靜的生活就告終了。約在西元前 1500 年，他們開始和住在高加索山南方的美索不達米亞和亞美尼亞的先進社會往來交易。他們從亞美尼亞人那裡學會製造青銅武器以及新的運輸方法：先是木製的牛車，接著是戰車。他們學會馴服草原上的野馬，把牠們套上馬具拉車，於是開始體會馳騁草原的樂趣。生活再也不一樣了。雅利安人變成戰士。他們現在可以快速又長距離旅行。有了優勢的武器，他們可以洗劫鄰近的部落，偷盜牲畜和農作物。這比起放牧刺激得多，也更有賺頭。有些年輕人在南方王國的軍隊裡當傭兵，並且成為車戰專家。他們回到草原，利用新的技術去偷盜鄰人的牛。他們對比較保守的雅利安族人燒殺擄掠，使族人們惶惶不可終日，覺得生活完全變了調。

暴力史無前例地在草原上肆虐。即使是希望遺世獨立的傳統部落，也得學習新的作戰技術以自衛。一個英雄的時代於焉開始。武力就是正義；族長只知道追逐財富和名聲；吟遊詩人則歌頌侵略、匹夫之勇和打仗的本事。古老的雅利安宗教宣揚互助合作、自我犧牲、善待動物。而偷牛賊則置若罔聞，他們的英雄是驍勇善戰的因陀羅，他是屠龍者，駕著戰車飛馳雲端。❿因陀羅成了劫掠者嚮往的神性典範。「騎著駿馬的英雄，欣

〔7〕

---

❽ Gavin Flood, *An Introduction to Hinduism* (Cambridge and New York, 1996), p. 44; John Keay, India: A History (London, 2000), p. 32。

❾ Boyce, *Zoroastrians,* pp.12-15。

❿ Eliade, *Pattern of Comparative Religion,* pp. 188-89; Norman Cohn, *Cosmos, Chaos and the World to Come: The Ancient Roots of Apocalyptic Faith* (New Haven and London, 1993), pp. 94-95; Boyce, Zoroastrians, pp. xiv-xv, 19。

然赴戰場,千挑萬選的戰士,在戰鬥當中呼喚我,」他叫道:「我,慷慨的因陀羅,我鼓動衝突,揚起塵埃,我是力拔山河的主宰!」[11]雅利安的牛仔們在打鬥、殺戮和搶劫時,覺得自己和以武力建立世界秩序的因陀羅與諸戰神合而為一。

但是比較傳統、說祆語的雅利安人,則對於因陀羅赤裸裸的侵略感到不安,並且對於諸神心生懷疑。他們都是如此暴力邪惡嗎?人間的事總是反映了天上的事,因此他們推論說,這些可怕的掠奪者必定有個神性的原型。打著因陀羅名號的偷牛賊,一定就是他在人間的代表。但是誰是在天國裡打家劫舍的神呢?重要的神,如婆樓那、馬茲達、密特拉,他們是秩序的守護者,被尊稱為「阿胡拉」(ahura)(主宰)。代表著正義、誠實和尊重生命財產的主宰們,或許正遭到因陀羅和其他戰神的侵犯?無論如何,有個見到異象的祭司是這麼想的,他在西元前 1200 年宣稱阿胡拉・馬茲達(Ahura Mazda)命令他重建草原上的秩序。[12]他的名字叫作瑣羅亞斯德(Zoroaster)。

〔8〕

這個新的先知得到神召時才三十歲,並且忠實於雅利安人的信仰。他七歲時就認真學習當祭司,涵泳於傳統裡,他甚至可以在獻祭時即興吟誦神歌。但是瑣羅亞斯德對於偷牛賊深深感到不安,他在完成教育之後,與其他祭司深談,並且在儀式裡沉思,希望能找到問題的解答。在一次春祭裡,瑣羅亞斯德一早起來,到河邊汲水準備每日的祭禮,當他走到淺水灘,浸到純潔的元素裡,當他浮出水面時,看到河岸站著一個全身光明的人,說他是善念神(Vohu Manah)。當他確定瑣羅亞斯德的善念時,便帶他到眾「阿胡拉」的至高神那裡去,也就是馬茲達——智慧和正義的主宰,身旁有七位光明神隨侍。他吩咐瑣羅亞斯德去告訴族人要奮起投入對抗恐怖和暴力的聖戰。[13]故事動人之處在於預言一個新天地的誕生。一個

[11] Rig Veda 4.42.5, in Ralph T. H. Griffith, trans., *The Rig Veda* (New York, 1992)。

[12] Cohn, *Cosmos, Chaos and the World to Come,* p. 77; Boyce, Zoroastrians, p. xiii; Clark, *Zoroastrians,* p. 19。

[13] Yasna 43。

30

新時代的黎明已經到來：每個存有者都必須做抉擇，無論是諸神或人類。他們是要支持秩序或邪惡呢？

瑣羅亞斯德的異象讓他相信阿胡拉‧馬茲達不只是最偉大的「主宰」而已，他是至高神。對於瑣羅亞斯德及其信徒而言，馬茲達不同於其他諸神，他是於內在世界裡，而且是超越性的。❶那不完全是一神論（monotheism），也就是信仰一個獨一無二的神。馬茲達有七個光明神隨侍，也就是「聖神」（amesha spentas）（神聖的不死者）：每個聖神都代表著馬茲達的一個屬性，這也和傳統的七階段創世神話有關。然而，在瑣羅亞斯德的異象裡的確有一神論的傾向。阿胡拉‧馬茲達創造了諸聖神；他們和他有「同一個心靈、同一個聲音、同一個行為」。❶馬茲達不是唯一的神，但是他是第一個存在的。瑣羅亞斯德或許是沉思了創世故事才得到這個結論，故事裡敘述在太初有一株植物、一頭野獸和一個人。因此推論說最初只有一個神是很合乎邏輯的。❶

但是瑣羅亞斯德對於神學思辨本身並不感興趣。他對於那破壞草原世界和平秩序的暴力憂心忡忡，亟欲尋找一個終止它的方法。在據說是瑣羅亞斯德所作的十七首神歌（Gatha）裡，充滿了心煩意亂的脆弱、無力感和恐懼。「我知道我沒有力量，馬茲達，」先知吶喊道：「我沒有很多牛也沒有隨從。」他的族人飽受「以惡行為牛軛去毀滅生命的」侵略者所驚嚇。以邪惡的因陀羅為名而戰鬥的殘忍戰士們侵略愛好和平而守法的部落。他們把一個個村落洗劫一空，屠殺村民，搶走他們的公牛和母牛。❶侵略者相信自己是英雄，跟隨著因陀羅四處征戰，但是神歌告訴我們受害者如何看待這個英雄時代。就連母牛都對阿胡拉‧馬茲達訴苦說：「你是為了誰塑造我的？是誰造我的？喧囂和劫掠、殘酷和武力俘虜了我。」阿

〔9〕

....

❶ Clark, *Zoroastrians*, pp. 4-6。

❶ Yasna 19:16-18。經文引自：Mary Boyce, ed. and trans. *Textual Source for the Study of Zoroastrianism* (Chicago, 1984)。

❶ Boyce, *Zoroastrians,* pp. 20-23; Cohn, *Cosmos, Chaos and the World to Come*, p. 81。

❶ Yasna 46:2, 11; 50:1。

胡拉·馬茲達回答說，瑣羅亞斯德是唯一聽到他的教法的雅利安人，會當牠的守護者，但是母牛不為所動。瑣羅亞斯德有什麼用呢？牠要更實際的拯救者。神歌大聲呼喚著正義。聖神在哪裡？秩序的守護者。阿胡拉·馬茲達會拯救我們嗎？❸

在瑣羅亞斯德痛苦而衝突的異象裡，人民的苦難和無助讓他震驚。世界被撕裂成兩個絕不妥協的陣營。因為因陀羅、偷牛賊和阿胡拉·馬茲達有霄壤之別，他們只好和一個不同的「主宰」結盟。瑣羅亞斯德認為，如果說有個慈善的萬物之神，那麼也一定會有個煽動偷牛賊殘暴行為的神。他相信安格拉·曼紐（Angra Mainyu）（忿怒的靈）的力量和阿胡拉·馬茲達旗鼓相當，卻是他的死對頭。在太初時有「兩個原始的靈，註定要彼此對立的孿生子」。每個人都得做抉擇。安格拉·曼紐和他的謊言（druj）相濡以沫，是邪惡的典型。阿胡拉·馬茲達則選擇了善，並且創造了聖神和人類作為他的同盟。如是，每個男人、女人、孩子，都必須在「秩序」和「謊言」之間作選擇。❹

雅利安人歷來皆崇拜因陀羅和其他諸神。但是現在瑣羅亞斯德卻說諸神（daevas）*已經和安格拉·曼紐同流合污。❺偷牛賊就是他們在人間的代表。草原上史無前例的暴力迫使瑣羅亞斯德把雅利安人古老的萬神殿分割成兩個敵對的團體。善男子善女人不再向因陀羅和其他「惡魔」獻祭，也不可以把他們迎到聖地裡。相反的，他們必須完全服膺於阿胡拉·馬茲達、他的聖神和其他「主宰」，唯有他們才能帶來和平、正義和安全。惡魔以及他們的走狗偷牛賊都必須被打敗且消滅。❻

〔10〕

於是全體生命成了一個戰場，每個人都無法置身事外。即使是女人

....

❸ Yasna 29:1-10。

❹ Yasna 30。

❺ Yasna 30:6。

❻ Yasna 46:4。

* 「Daevas」（神）原本是伊朗宗教裡次於阿胡拉（Ahuras）的神祇。在後來的《波斯古經》裡被貶為惡魔，帶來所有的惡行和災難，例如疾病和死亡，寒冬和饑荒，酗酒和縱慾，嫉妒和傲慢。以下文中則譯為「惡魔」。

和僕役都可能很有貢獻。以前規範儀式行為的古老清淨法，現在有了新的意義。阿胡拉・馬茲達為他的信徒創造了一個完全清淨又完美的世界，但是安格拉・曼紐侵略人間，散播罪惡、暴力、欺騙、塵埃、污垢、疾病、死亡和墮落。因此，善男子善女人必須保護他們的家園免於塵垢染污。他們隔離了清淨和染污、善與惡，而得以為阿胡拉・馬茲達解放世界。❷他們每天必須禱告五次，冬天時惡魔猖獗，於是在該季節裡，人們必須思惟「謊言」的危害，以對抗惡魔的勢力。夜裡惡靈在人間遊蕩，他們必須醒來，把熏香投入火裡，增長阿耆尼的力量，好讓他和邪惡作戰。❷

但是沒有任何戰爭會一直打下去。在古老的和平世界裡，生命似乎總是周而復始：季節相續更替，黑夜過後就是黎明，耕作之後就是收成。但是瑣羅亞斯德再也無法相信這個自然節奏。世界正在趨向動亂。他和他的信徒處於狂暴的宇宙衝突的「臨界時代」。但是他們很快就要看到善的最後勝利以及邪惡勢力的滅亡。在一場激烈的戰爭裡，阿胡拉・馬茲達和聖神會下凡來獻祭；接著會有大審判，壞人會從地表上被剷除，灼熱的河會流到地獄去，將安格拉・曼紐燒成灰。然後世界就會回到原初的完美。高山河谷會被夷平為大草原，諸神和人類在那裡毗鄰而居，永遠敬拜阿胡拉・馬茲達。再也沒有死亡。人類將會肖似諸神，沒有老病死。❷

我們現在對於這種末世審判已經耳熟能詳，但是在瑣羅亞斯德以前，古代世界並沒有這種東西。末世審判源自於他對人民苦難的義憤以及對於正義的渴望。他要壞人為他們施加於無辜好人身上的痛苦受懲罰，但是他漸漸了解到，他沒辦法活著看到末日審判。他會有後繼者，一個超越人類的存有者：「他比好人還要好。」❷《神歌》稱他為「拯救者」〔11〕（Saoshyant）。他，而不是瑣羅亞斯德，將會帶領阿胡拉・馬茲達的軍

....

❷ Jamsheed K. Choksy, *Purity and Pollution in Zoroastrianism: Triumph over Evil* (Austin, 1989), pp. 1-5。

❷ Boyce, *Zoroastrians,* p. 32。

❷ Yasna 44:15; 51:9。

❷ Yasna 43:3。

隊去打最後一場仗。

幾個世紀以後，當軸心時代開始，哲學家、先知和神祕主義者，都宣揚以非暴力為基礎的靈性，以對抗他們時代裡的殘酷和侵略。但是瑣羅亞斯德的受傷異象，以及烈火、恐怖和毀滅的意象，都有報復的意味。他的一生告訴我們，政治的動亂、暴虐和苦難，並不一定會產生一個軸心時代的信仰，卻可以散播好戰的信仰，把複雜的現實分裂為過度簡單化的善惡範疇。瑣羅亞斯德的異象充滿了對立爭鬥。我們會看到，爭鬥（agon）是古代宗教的一個共同特質。瑣羅亞斯德以善惡在世界裡的爭鬥作為核心的教義，也是屬於古代宗教世界。他把他的時代裡的暴力投射到神性，並且將它絕對化。

但是在他熱情的道德異象裡，他的確渴望一個軸心時代的到來。他要為新的戰士精神注入某種道德。真正的英雄不會危害他的同胞，而會對抗侵略。神聖的戰士是為和平而戰；選擇為阿胡拉‧馬茲達而戰的人，既有耐心、紀律、也勇敢、敏捷，能保護好人對抗壞人的侵襲。[26]「阿夏梵」（ashavan）（秩序的守護者）在保護鄉里時必須以聖神為典範。例如說，在河畔對瑣羅亞斯德顯聖的「善念神」，就是牛的守護者，而眾「阿夏梵」必須以他為榜樣，而不像盜賊那樣偷牧人的牛、把牛關到車子裡、不經過如法的儀式就把牠們宰殺吃掉。[27]正如「正義神」是石天的守護者，「阿夏梵」的石頭武器也只能用來保護窮人和弱者。[28]當瑣羅亞斯德的教徒濟弱扶傾、保護他們的牛群，他們就和聖神們合而為一，並且與聖神們一同對抗安格拉‧曼紐。

即使瑣羅亞斯德的異象是植基於古代雅利安人的傳統，但是他的訓誨卻蘊含著極大的敵對。人們覺得它太嚴苛了；有些人震驚於他對於婦女和農夫的傳教方式，以及每個人（不僅是貴族）都可以上天堂的信仰。許

....

[26] Yasna 29,33。
[27] Yasna 33。
[28] Boyce, *Zoroastrians*, p. 23-24。

多人對於他排斥「諸神」感到很困擾。因陀羅不會挾怨報復嗎？❷❾瑣羅亞斯德對族人傳教多年，只收了一個門徒，於是他離開村莊，託庇於另一族的維什塔斯巴國王（Vishtaspa），國王敕令族人信仰瑣羅亞斯德的宗教。瑣羅亞斯德在維什塔斯巴的宮廷待了許多年，奮力對抗邪惡作殊死搏鬥。〔12〕傳說他因為駁斥古老宗教而觸怒了敵對的祭司，後來被他們殺死。我們不知道瑣羅亞斯德宗教在他死後的歷史。到了西元前 1000 年，說祆語的雅利安人向南遷徙，在伊朗東部定居，而瑣羅亞斯德宗教則成了民族宗教。它始終是伊朗的主要宗教。說也奇怪，到頭來基於「不害」（ahimsa）的原理創造軸心時代第一個持存的宗教的，卻是瑣羅亞斯德所抨擊的那些雅利安族的偷牛賊。

＊　　＊　　＊

儘管有些說梵語的雅利安人在草原上大肆蹂躪，卻有其他族人漸次向南遷徙，越過阿富汗，終於在四周有印度河諸支流的旁遮普（Punjab）肥沃國度定居下來。他們稱他們的家為七河之地（Sapta-Sindhu）（譯④）。關於雅利安人定居印度，有許多爭論。❸❶若干學者甚至否認有這段歷史，認為是印度土著創造出旁遮普現址所開展的文明。雅利安人在印度的這段早期歷史裡並沒有留下什麼考古記錄。他們是逐水草而居的社會，族人以天地為廬或是住在臨時的營地。我們唯一的資訊是來自梵文的儀式經典，統稱為「吠陀」（Veda，「知識」之意）。吠陀的語言類似於祆語，而它在文化上擔任的角色也非常接近「神歌」，因而幾乎可以確定是雅利安人的經典。現在大部分歷史學家都同意，在西元前 2000 年間，草原上的雅

❷❾ Ibid. p. 30; *Cohn, Cosmos, Chaos and the World to Come*, p. 78。

❸❶ Edwin Bryant, *The Quest for the Origins of Vedic Culture: The Indo-Aryan Debate* (Oxford and New York, 2001); S. C. Kak, "On the Chronology of Ancient India," *Indian Journal of History and Science* 22, no. 3 (1987); Colin Renfrew, *Archaeology and Language: The Puzzle of Indo-European Origins* (London, 1987)。

譯④ 「Sindhu」意指水或海，「印度」（Hindhu, Indus）（古譯身毒、賢豆）一詞即源自「Sindhu」。見高楠順次郎、木村泰賢：《印度哲學宗教史》。

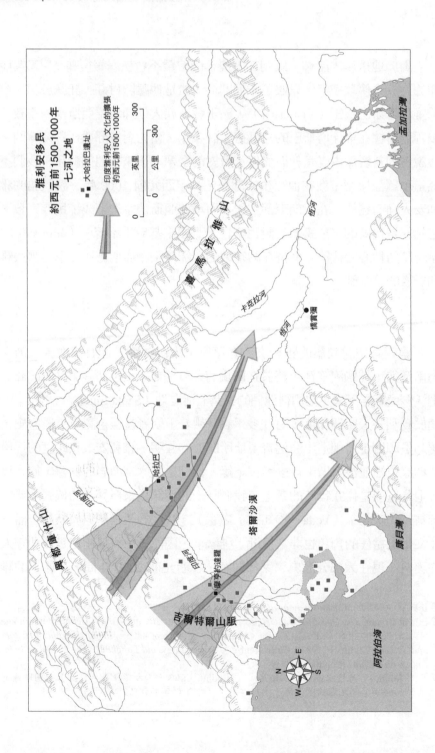

利安族的確曾在印度河流域殖民。然而那既不是大規模遷徙，也不是武力
侵犯。我們沒有戰鬥、抵抗或大肆破壞的證據。相反的，那可能是不同的
雅利安族裔在該地區長期的持續滲入。

當最早的雅利安人到該地時，他們或許看到昔日印度河流域文明
的遺跡。❸❶這個古印度帝國在鼎盛時期（約西元前 2300-2000 年）甚
至大過埃及或美索不達米亞。它有兩個令人難忘的首都：一在摩晒陀
（Mohenjo-Daro），即現代的信德（Sind），一在其東二百五十英里的哈
拉巴（Harappa）。但是其他數百個較小的城市也陸續出土，沿著印度河　〔14〕
約八百英里長，阿拉伯灣沿岸也有八百英里之長，都是棋盤式城市。印度
河流域文明是個複雜且往來絡繹的商業網，輸出黃金、黃銅、木材、象牙
和棉花到美索不達米亞，並且輸入青銅、錫、壁琉璃和皂石。

惜哉我們對於哈拉巴人及其文明幾乎一無所知。儘管我們有一點蛛
絲馬跡可以證明，自從軸心時代繼承了印度河谷文明以後，有若干宗教
儀式對其影響甚大。考古學家發現了大地之母的小雕像、陵伽石像（陽
具），以及三枚印章，上面描繪一個人結跏趺坐，四周圍繞著動物。他是
濕婆神嗎？在古代印度教裡，濕婆是動物主宰和偉大的瑜祇，但是他不是
雅利安人的神，在梵文的吠陀經裡也未曾被提及。由於缺乏確鑿的證據，
我們不能證明其關連性。雅利安人到該地區時，哈拉巴帝國幾乎已經消失
了，但是在廢棄的城市裡或許還有遊民。他們可能有重疊和交換，有些雅
利安人也可能接納了當地信仰的某些元素，並且和他們自己的信仰融合。

雅利安族的遷入者並不想重建古代城市或是振興帝國。他們四處漂
泊，並不安土重遷，而選擇了「瑜伽」（yoga），也就是在出征前把馬
「套上車軛」（yoke）（譯⑤）。他們不像瑣羅亞斯德教徒，對於安靜

---

❸❶ Keay, *India*, pp. 5-18; Hopkins, *Hindu Religious Tradition*, pp. 3-10; Flood, *Introduction to Hinduism*, pp. 24-30。

譯⑤「瑜伽」（yoga）意為「相應」，但以前是指「車軛」的意思。

和平的生活不感興趣。他們愛自己的戰車和銳利的青銅刀劍；他們是牛仔，以偷鄰人的牲畜為生。因為偷牛是他們的生計所繫，於是比較像是個運動；它也是個神聖的活動，擁有為它灌注神性力量的各種儀式。印度的雅利安人要的是有活力的宗教；他們的英雄是駕牛車的勇士和戰車士兵。漸漸的，他們覺得瑣羅亞斯德所崇拜的「主宰」（祆語的「阿胡拉」〔ahura〕變成梵文的「阿修羅」〔asura〕）（譯⑥）很無聊而且沒有活力。婆樓那（Varuna）之類的「阿修羅」，坐在天宮裡，在安全的距離以外對世界發號施令，怎麼可能給人什麼啟示呢？他們更喜歡冒險犯難的「天神」（Devas），「他們駕車奔馳，而『阿修羅們』只是安坐在宮殿裡。」㉜

〔15〕 他們在旁遮普安頓下來時，對於「阿修羅」之首婆樓那的崇拜已經式微了，因陀羅（Indra）取代他成為最高神。㉝因陀羅髮鬚豎立，滿肚子蘇摩酒，驍勇善戰，是雅利安人的原型，也是所有士兵崇拜的對象。在太初的時候，他以閃亮而致命的金剛杵擲向三頭巨龍烏里特那（Vritra），因為牠阻斷賦予生命的河流，使大地乾涸。因陀羅開天闢地，因為他和可怕的怪物殊死奮戰，而不是像婆樓那一樣軟弱無力地坐在宮殿裡。在吠陀經典裡，婆樓那的所有屬性，管理律法、守護真理、懲罰虛假謊言，都轉移到因陀羅身上了。但是令人難堪的是，因陀羅是個屠夫，他以謊言和詐術打敗烏里特那。那是一個戰爭頻仍的社會動盪又混亂的景象。吠陀詩

....

㉜ Shatapatha Brahmana (SB) 6.8.1.1, in J. C. Heesterman, *The Broken World of Sacrifice: An Essay in Ancient Indian Ritual* (Chicago and London, 1993), p. 123。

㉝ Mircea Eliade, *A History of Religious Ideas,* trans. Willard R. Trask, 3vols. (Chicago and London, 1978, 1982, 1985), I: 200-201; J. C. Heesterman, "Ritual, Revelation and the Axial Age," in S. N. Eisenstadt, ed. *The Origins and Diversity of Axial Age Civilizations* (Albany, 1986), p. 404。

譯⑥「阿修羅」與「阿胡拉」為同語，「但在吠陀神界中，漸成惡神，為善於變化之神。……《梨俱吠陀》所用阿修羅語，其始未成為獨立之格，不過為概稱有力之神之號，……婆樓那、阿耆尼、因陀羅，亦時稱為阿修羅。……《梨俱吠陀》第十卷已稱因陀羅、阿耆尼為「殺阿修羅」（Asurahan）……。至《阿闥吠陀》、《夜柔吠陀》，則認為一魔群，有全然與天神正反對之性質。且謂阿修羅軍與天軍常相戰爭云。」（《印度哲學宗教史》）

歌看到整個宇宙因為可怕的衝突和激情的對立而机陧不安。天神和「阿修羅」在天上對戰，而雅利安人則在地上為生存而奮戰。[34] 那是一個匱乏的時代；雅利安人要在印度河流域定居，就只能偷原住民（原住民他們就像是安居宮殿裡的「阿修羅」們在人間的翻版）[35] 的生。

雅利安人是生活艱困又貪杯好飲的民族，他們喜歡音樂、賭博和酒。他們到了旁遮普不久以後，知識階級即開始編集《梨俱吠陀》早期的若干詩篇，即吠陀聖典最著名的部分。共輯成一千零二十八篇，凡十卷。這只是卷帙浩繁的經典一部分，其中包含讚歌、曼特羅（mantra）（祭祀裡使用的勸請短文）以及記誦的指導。經文和詩歌都是古聖人們（rishis）受神啟（shruti）（意為「隨聞」）而誦出的，它們有絕對的權威，非出於人間，神聖且永恆。

《梨俱吠陀》的某些詩篇的確年代久遠，因為雅利安人遷徙到印度時，他們的語言就已經很古老了。這些詩篇是七個祭官家族的財產，有各自的「擁有著作權」本集，在祭祀裡詠唱。家族皆以記誦口傳吠陀給下一代；直到西元 1000 年以後，才形諸文字。有了書寫能力以後，我們的記憶力就減弱了，也很難相信有人可以背誦篇幅這麼冗長的經典。但是吠陀經典卻一字不漏地代代相傳，即使古梵文已經幾乎無法理解，到了今天，〔16〕原始而早已失佚的語言其語調和詞形變化仍然保存著，甚至包括儀式規定的手勢。雅利安人一直認為聲音是神聖的，人們聽聞聖典時，也覺得有神性灌注。他們在用心記誦時，心裡也充滿了神聖的臨現。吠陀的「智識」不在於習得事實性的資訊，而是如神性附身般的體驗。

吠陀的詩篇不曾有條理地訴說諸神的故事，也沒有明確描述儀式，而是以隱藏的或謎語般的方式提及家族間耳熟能詳的神話和傳說。他們試圖表現的真理，無法以簡潔而邏輯的論述去傳達。詩人是個「聖人」，是

----

[34] Louis Renou, *Religions of Ancient India* (London, 1953), p. 20。

[35] J. C. Heesterman, *The Inner Conflict of Tradition: Essays in Indian Ritual, Kingship and Society* (Chicago and London, 1985), pp. 85-87。

個先知。他並不是自己杜撰這些詩篇。它們是得自彼岸世界的異象。**㊱**聖人可以看到真理，並且接觸到一般人不得而見的東西，但是他們有神性的天賦，可以把它們傳授給知道如何諦聽的人們。這些神啟的詩篇之美讓聽眾感到駭異，而進入一種敬畏、驚奇、害怕而又喜悅的狀態，猶如直接被神力感動。吠陀的神聖知識並不只是來自字詞的語意，更是來自它們的聲音，因為聲音本身就是一個天神。

《梨俱吠陀》異象般的真理悄悄籠罩著聽眾，他們細心聆聽詩篇的各種弔詭以及陌生且謎一般的暗示所隱藏的意義，它把完全不相關的東西結合在一起。他們在傾聽當中似乎覺得接觸到那維繫著整個世界的奧秘力量。這個力量即「利陀」（rita），是被譯為人類語言的神性秩序。**㊲**聖人在吟唱神聖的音節時，利陀便成了血肉，在旁遮普被撕裂而衝突的世界裡，是一個積極而有生命的實相。聆聽者覺得他們接觸到一種力量，它讓四季規律循環、讓天體依軌道運行、讓作物生長，並且讓人類社會的歧異元素和諧共存。因此，經典並不是授與可以由概念把握的資訊，而是給人們更加直觀的洞見，它是一座橋，連接了生命裡可見與不可見的向度。

古聖人們隨時準備好領受神啟的話語，那似乎是來自外在，卻也被體驗為內在的聲音。他們或許已經開始發展「內觀」的技巧，使他們得以去洞察潛意識。他們發現，如果他們捨棄平常散亂的執念，便能「開啟心扉」，**㊳**而阿耆尼——那聖語的創造者和世界的光，則讓他們得以如神一般地觀照。諸聖人們為印度的軸心時代奠立了基礎。在這個早期年代裡，他們努力要超越經驗、知識，去直觀一個更深層、更基本的真理。

然而聖人們只是代表雅利安族群的極少數人。士兵和掠奪者則活在一個全然不同的精神世界裡。他們交替住在聚落（grama）和「阿蘭若」

㊱ Jan Gonda, *The Vision of the Vedic Poets* (The Hague, 1963), pp. 14-23。

㊲ Renou, *Religions of Ancient India,* pp. 10, 16-18; Michael Witzel, "Vedas and Upanisads," in Gavin Flood, ed., *The Blackwell Companion to Hinduism* (Oxford, 2003), pp. 70-71; Heesterman, "Ritual, Revelation and the Axial Age," p. 398。

㊳ Rig Veda 9.10.6, trans. In Gonda, *Vision of the Vedic Poets,* p. 17。

（aranya）（譯⑦）裡。在雨季，他們必須如「阿修羅」一般臨時紮營安居。但是過了冬至以後，他們就給馬匹和牛套上軛，到草原上大肆劫掠，為他們的族群屯聚財物。村莊和叢林的對比，成為印度的社會性和精神性的原型。❸它們彼此互補。村落的居民提供戰士需要的莊稼和牲畜；但是他們始終害怕游走在社會邊緣的偷牛賊們。熱帶森林是戰士們表現勇氣和探顯未知事物的地方。其後，在軸心時代，林棲者會避居森林以探索靈性世界。因此，在「阿蘭若」裡，雅利安人既體驗到暴力，也體驗到宗教的省悟；就在這個早期階段，聚落和「阿蘭若」即彼此不可分離。戰士們不像古聖人那樣耐心等待、虛靜其心，他們知道必須奮力去尋找體悟的道路。

自從雅利安人開始在草原上劫掠，他們就更改了祭祀的形式，以反映他們好勇鬥狠的日常生活。瑣羅亞斯德對於偷牛賊們新的獻祭儀式憂心忡忡，雖然他沒有細說緣由。有一段印度後期的祭祀經文如是說：「吾人須效法諸神於太初時的行為。」❹在另一處則說：「諸神以前怎麼做，人就那麼做。」❶雅利安人以劫掠和爭戰重現天神和阿修羅在天上的戰爭。他們在戰鬥當中找到自我，並且與因陀羅合而為一；他們的祭典給了他們的戰爭一個「靈魂」，把人間的戰爭連接到諸神的原型，因而使戰爭神聖化。

因此，獻祭是印度雅利安人社會的精神核心，對於經濟也很重要。大草原上的和平儀式轉而變成更有侵略性和競技性，並且反映偷牛賊冒險犯難的生活。雅利安人的獻祭類似現在美洲西北原住民部落的「誇富宴」（potlatch），他們炫耀其戰利品，並且為獻祭的饗宴宰殺大量牲畜。如 〔18〕

....

❸ Heesterman, *Inner Conflict of Tradition,* pp. 118-24。

❹ SB 7.2.1.4 in Mircea Eliade, *The Myth of the Eternal Return, or, Cosmos and History,* trans. Willard R. Trask (Princeton, 1959), p. 21。

❶ Taittiriya Brahmana (TB) 1.5.9.4, ibid.。

譯⑦「阿蘭若」（aranya），簡稱「蘭若」，意譯為「山林」、「荒野」。「指適合於出家人修行與居住之僻靜場所。又譯為遠離處、寂靜處、最閒處、無諍處。即距離聚落一俱盧舍而適於修行之空閒處。」（佛光佛學辭典）

果族裡積聚的牲畜和莊稼多於所需，剩餘的部分就會「燒化掉」。不停遷徙的遊牧民族很難屯積財物，於是那就成了社會重新分配財富的權宜之計。祭典也可以顯示族長的成就，提高他的聲望。❷

在印度則是由族長（raja）（羅闍）主持類似的獻祭。他邀請族裡的長老和鄰族的族長參加一個特別的獻祭競賽，展示他豐富的戰利品：牛隻、馬匹、蘇摩酒和莊稼。有的東西獻祭給諸神，有的則在喧鬧豪奢的饗宴裡被食用，其他的則分贈給各族長。族長的賓客有義務回報，而各族長也競相主持更壯觀的獻祭。主司勸請（hotr）的祭司以讚歌獻給諸神，也吟唱讚美族長，祝福他的慷慨可以讓他更富有。於是，族長除了曲意逢迎諸神並且自比為因陀羅（因陀羅本身就是個窮奢極欲的祭主）以外，他們也要贏得讚美和聲望。他們照理說應該拋棄世間的自我和諸神合而為一，但是他們另一方面卻熱中於名聞利養。在古代祭祀裡的這個弔詭，成為其後軸心時代的改革者們主要的課題。

獻祭也助長了在那裡已經氾濫成災的暴力。祭典結束後，族長散盡他的牛隻，必須繼續大肆劫掠，以補充他的財物。在那個時代我們沒有關於這些獻祭的描述，但是其後的經典有若干片段的指涉，讓我們知道那是怎麼一回事。獻祭是個莊嚴的場合，但是它也是盛大而喧鬧的狂歡節慶。人們狂飲大量的葡萄酒和蘇摩酒，不是微醺就是酩酊大醉。他們也會和主祭的族長找來的女奴交歡，也會有激烈挑釁的儀式競賽：馬車、射箭以及拔河比賽。舞者、歌者和樂手的團體一起競技。其中也會有高額賭注的博弈。戰士們會組隊模擬戰鬥。雖然很歡樂，卻也很危險。在互相較勁的氣氛裡，爭強好勝的職業戰士之間的模擬戰鬥很可能演變成激烈的鬥毆。族長可能在博弈裡押注一頭牛，而賠掉他的整群牲畜。由於場合太興奮而沖昏了頭，他或許也會決定要攻擊他的「敵人」例如與他交惡的鄰近族長，

〔19〕

⋯⋯⋯⋯⋯⋯⋯⋯⋯⋯⋯⋯⋯⋯⋯⋯⋯

❷ Heesterman, *Inner Conflict of Tradition,* p. 206; Heesterman, "Ritual, Revelation and the Axial Age," pp. 396-98; Keay, *India,* pp. 31-33; Romila Thapar, *Early India: From the Origins to AD 1300* (Berkeley and Los Angeles, 2002), pp. 126-30。

或許和他打對台的祭主。經典裡也說，天神和阿修羅們也經常阻撓彼此的祭典並且燒殺擄掠，暗示著這類的暴力干擾在人間也司空見慣。[43]沒有受邀參加獻祭的族長被侮辱了，為了面子，他必須闖入敵營，贏得他的戰利品。在為了祭典之故的劫掠當中，總會有人喪命。

在誇張而儀式性的背景下，獻祭重現了雅利安人的英雄典範裡的榮耀和殘酷。[44]戰士的一生就是一場競賽，為了食物和財富的死亡競賽。雅利安人自從在草原上生存以來，就相信他們當中最強最富有的人死後可以躋身在天上諸神之列。現在他們則相信，光榮戰死的戰士直接生往諸神的國度。因此，在英雄的典範裡，啟蒙和壯烈的死亡是不可分的。有一則古代的故事可以為證。有一群戰士齊聚主持一次冗長繁複的祭典，一如往常，他們被敵對的部落包圍，於是展開一場激戰。他們的首領斯荼羅（Sthura）不幸被殺死了。事後，族人圍坐哀悼，但是其中一人得見異象。他看到斯荼羅穿過祭場來到祭火前面，接著就升天了。於是他對同伴叫道：「別再難過了，你們哀悼的人已經從祭壇升天了。」[45]斯荼羅只因為在一次危險的祭祀裡被殺，就能夠與諸神同列。而他們的首領沒由來的被殺，他們的同伴仍能得見異象。

有些戰士承認他們的英雄氣概無用武之地。《梨俱吠陀》若干後期詩篇表現一種新的疲倦和悲觀主義。人們覺得累了。聖人抱怨說：「貧窮、裸行和疲勞使我困乏，我的心像鳥的心一樣不安跳動。正如老鼠啃嚙織工的線，憂心也在侵蝕著我。」[46]這種懷憂喪志正是吠陀後期的特色，那是個社會動盪不安的巨變年代。[47]在西元前十世紀，古老的平等主義部

....

[43] Jaiminiya Brahmana (JB) 2.297; Heesterman, *Broken World of Sacrifice,* p. 52。

[44] Heesterman, *Broken World of Sacrifice,* pp. 2, 27, 76-79。

[45] JB 2.297-99, in Heestreman, *Broken World of Sacrifice,* p. 52; Heesterman, "Ritual, Revelation and the Axial Age," p. 397。

[46] Rig Veda 10.33.2-3, Griffith trans.。

[47] Herman Kulke, "The Historical Background of India's Axial Age," in Eisenstadt, *Origins and Diversity of Axial Age Civilizations,* p. 376; Flood, *Introduction to Hinduism,* pp. 67-68; Keay, *India,* pp.37-40, 50-43.

落結構已經開始崩壞,「剎帝利族」(kshatriyas)(戰士)的貴族統治成為主流。其次的毘舍族(vaishyas)(庶民)則放棄劫掠,改以務農為生。當剎帝利駕馬車開始新的打劫季節時,毘舍族則是留在村子裡。他們〔20〕就像安居在宮殿裡的阿修羅一樣,他們和非雅利安人的「首陀羅」(賤民)都成了被搶劫的對象。❹

有些族長開始創建雛型的王國。國王並非世襲。他每年必須接受「即位禮」(rajasuya)的考驗,以證明他適任國王。而且也總會有人挑戰他,他必須在儀式裡的狩獵競賽中獲勝,在博弈中打敗對手。如果他輸了,他會自我放逐到山林裡,但是他通常會回來,並在下一次的即位禮祭裡挑戰對手。印度諸王國的不穩定性非常根深柢固,在早期關於治國的文獻裡,甚至把國王的對手當作國家的組成份子。❹

在吠陀後期另一波移民潮。在西元前十世紀,有些雅利安人不斷東移,在恆河和耶牟那河(Yamuna)的河間谷地(Doab)屯墾。該地區成為「雅利安國」(arya varta)。他們在該地建立了許多小國。在俱盧和般闍羅(Kuru-Panchala)地區的國王們在恆河平原西北部邊緣落腳,以象城(Hastinapura)為王城,耶陀婆(Yadava)族人則在南方的摩突羅(Mathura)定居。該地區和旁遮普很不一樣。蓊鬱森林充滿異國情調,是個綠色天堂,但是為了建造他們的小城或營地,墾荒者必須燒掉樹木以清理空地。於是,火神阿耆尼在這個新的殖民時期就顯得特別重要。開墾是很緩慢而且有階段性的。每年冬季,俱盧和般闍羅的國王會派遣武士到森林深處去征服土著,每年都會向東推進其邊境殖民地。❺他們洗劫首陀羅的農莊,搶走他們的莊稼和牛隻,在雨季前返國耕種自己的田地。❺雅利安人的國界如是漸漸推進,那是一個有紀律且堅持不懈的歷程,這也預

❹ Heesterman, *Broken World of Sacrifice,* pp. 136-37。

❹ Arthashastra 6.13-15, in Heesterman, *Inner Conflict of Tradition,* p. 149。

❺ TB 1.8.4.1 in Heesterman, "Ritual, Revelation and the Axial Age," p. 403。

❺ SB 5.5.2.5, ibid。

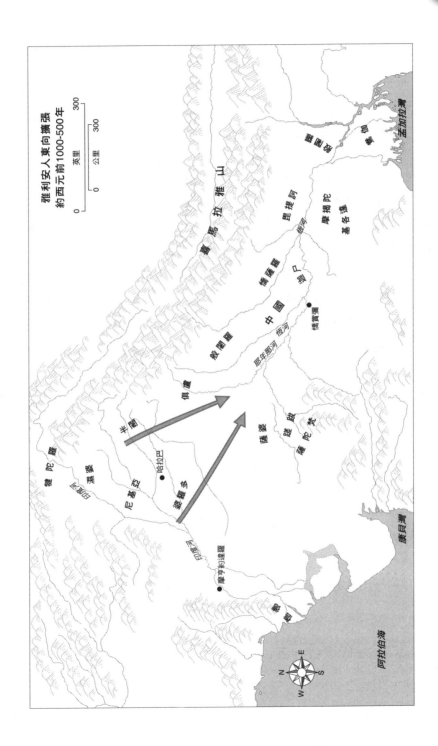

示了在軸心時代的雅利安人有體系的征服內在世界。

他們規定了新的祭典，以讚頌他們逐漸向東殖民的行動。機動性仍然是個神聖的價值；祭場只使用一次，儀式結束便拋棄。在祭場的西側會有一座茅舍，代表家主的宅邸。在儀式當中，戰士莊嚴肅穆地從茅舍引一把火到東側，在那裡的空地上築了新的爐灶。翌日，他們在移往東方之處設置新的祭場，再次舉行祭典。該儀式是重現阿耆尼開疆拓土的偉大事蹟，正如其後的祭官所說的：「此火當為吾人拓土開疆，此火當為吾人之前導，征服我們的敵人；此火當猛烈地征服敵人；此火當於競賽中獲勝。」❺❷

阿耆尼是拓荒者的守護神。他們的殖民是個新的開始，而就像第一次造物一樣，他們在混沌中奮力建立秩序。火象徵著戰士控制環境的能力。他們深深認同於他們的火。如果阿耆尼可以盜走一個吠舍農夫灶裡的火，那麼戰士也可以拐走他的牛隻，因為牛群總是跟著火走。後來有一段經文說：「他應該奪走敵人家裡的熊熊熱火，如此便能奪走他的財富。」❺❸火象徵著戰士的力量和成就；它是他另一個自我（這點非常重要）。他可以創造新的火，控制並且馴服它。火就像他的兒子；他死後被焚化，便成了祭品，阿耆尼會領他到諸神的國度。火代表他至善的深層的「我」（atman）❺❹，而因為火就是阿耆尼，這個自我也是神聖的。

阿耆尼遍布一切，但是隱而不見。他在太陽、雷鳴、暴風雨裡頭，以及把火帶給人間的閃電。他也在池塘和溪流裡，在河岸的泥土裡，以及可以做成火束的植物裡。❺❺人們必須從這些隱藏之處恭敬地迎回他，並且事奉他。戰士在建立新的聚落以後，會行火壇祭（Agnicayana），在儀式裡以磚築起奉祀阿耆尼的新火爐。他們會遊行至河畔取土，阿耆尼就藏

〔22〕

----

❺❷ Mantra in Taittiriya Samhita (TS) 1.3.3 in Heesterman, *Broken World of Sacrifice,* p. 126。
❺❸ Maitrayani Samhita 4.2.1.23:2, bibd., pp. 23-24, 134-37。
❺❹ SB 2.2.2.8-10, ibid., p. 24。
❺❺ Hopkins, *Hindu Religious Tradition,* pp. 17-18。

在裡頭，儀式性地占領新土地。他們或許必須和抗拒占領的土著打仗且殺死他們。勝利的戰士們回到祭場，把祭壇築成鳥的形狀，那是阿耆尼的記號之一，當新的火燃燒時，阿耆尼就會顯聖。❺❻至此，新的殖民地才算完成。「當他築好火壇時，他就成了定居者，」後來的經典如是說：「誰造了火壇，他就算定居下來了。」❺❼

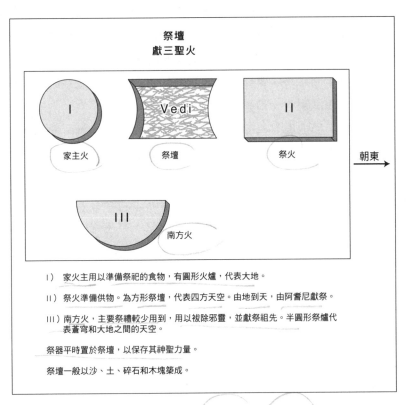

祭壇
獻三聖火

I 家主火　　Vedi 祭壇　　II 祭火　　　→ 朝東

III 南方火

I）家火主用以準備祭祀的食物，有圓形火爐，代表大地。

II）祭火準備供物。為方形祭壇，代表四方天空。由地到天，由阿耆尼獻祭。

III）南方火，主要祭禮較少用到，用以被除邪靈，並獻祭祖先。半圓形祭爐代表蒼穹和大地之間的天空。

祭器平時置於祭壇，以保存其神聖力量。

祭壇一般以沙、土、碎石和木塊築成。

劫掠也融入雅利安人的儀式。在蘇摩祭裡，神酒似乎可以把戰士擢升到諸神的世界。一旦被神的力量灌注，他們感覺到「超越諸天界以及這

....

❺❻ Kathaka Samhita (KS) 8.9.92-3; TS 4.1.2.2, in Heesterman, *Broken World of Sacrifice,* p. 113。
❺❼ SB 7.1.1.1-4, in Eliade, *Myth of the Eternal Return,* pp. 10-11。

個開闊無垠的大地。」但是頌歌的開頭卻說：「這就是我的決心，要贏
得一頭母牛、一匹駿馬：我還沒有飲蘇摩汁嗎？」❺❽在蘇摩祭期間，族長
〔23〕 和他的客人必須離開祭場，洗劫鄰村，以取得祭祀用的牛隻和蘇摩酒。在
「即位禮」裡，新王飲過蘇摩酒，便被派去打劫。如果他滿載而歸，祭官
就會承認他的王權：「國王啊，你是梵！」❺❾

在後期吠陀時代，雅利安人開展出梵（brahman）的概念，也就是最
高的實在。梵不是一個天神，而是比諸神更高、更深、更根本的力量，把
宇宙裡各種元素凝聚在一起，不使它們分崩離析。❻⓪梵是使萬物增長的根
〔24〕 本原理。它是生命本身。❻❶梵是言語道斷的，因為它涵攝一切：人類無法
自外於它而客觀審視它。但是人們可以在儀式裡體驗到它。當國王滿載著
獵物征戰歸來，他就與梵合而為一。他現在是車輪的輪軸，能夠統理他的
王國，使它興盛強大。人們也可以在寂靜裡體驗梵。儀式經常以「梵論」
（brahmodya）作結，也就是辯論關於「梵」的奧祕比賽。挑戰者提出困
難如謎題般的問題，對手則以同樣難以理解的方式回答。直到有一方無法
回應，比賽才結束：他歸於沉默，而被迫撤守。❻❷在難以回答的問題其神
秘衝突裡，對手豁然領會到語言的不足，因而也意識到梵的超越性。在神
聖的時刻，競賽者感到與那維繫整個生命的神祕力量合而為一，勝利者也
可以說他「就是」梵。

到了西元前第十世紀，有些聖人開始創造新的神學論述。傳統的天
神顯得太殘忍而且不夠究竟；他們應該指出那超越他們的東西。《梨俱吠
陀》後期的若干讚歌正是在尋求一位更值得敬拜的神。「誰是吾等當祭之
神？」在《梨俱吠陀》卷十第一百二十一篇詩裡，一位古聖人如是問。誰
能總領一切兩足與四足？雪山、海與天河是屬於誰的？哪一位神能夠支撐

❺❽ Rig Veda 10.119.1, 7-8. Griffith trans. 。
❺❾ Heesterman, *Broken World of Sacrifice,* pp. 171-73 。
❻⓪ Louis Renou, "Sur la notion de Brahman," *Journal asiatique* 237 (1949) 。
❻❶ Jan Gonda, *Change and Continuity in Indian Religion* (The Hague, 1963), p. 200 。
❻❷ Heesterman, *Inner Conflict of Tradition,* pp. 70-72, 126 。

蒼天及穹窿？在這篇詩裡，詩人找到了答案，它其後也成為軸心時代影響深遠的神話之一。他看到一個異象，有一位創世者自太初的混沌湧出，它正是梵的人格化形象。他的名字叫生主（Prajapati）：「一切者」。生主即宇宙；他是支撐著世界的生命力；是心識的種子，也是自無意識的原水裡生出的光明。但是生主也是在宇宙以外的神，他可以規範自然律則。他既內在又超越，他是「萬有之唯一之主」。

但是另一位古聖人卻覺得這麼說太外顯了。[63]他認為，太初是虛無的。其初無「無」亦無「有」，其時無死亦無不死，唯有「獨一之彼」。這個混沌何以有秩序和生命呢？詩人認為這個問題不會有答案：

誰實知之？今誰得說明之？彼由何處生出乎？造化來自何處？

　諸神亦世之創造之屬於近時者也，誰知其由何處現出。　〔25〕

　此造化由來之本主，果造作之耶？抑未造作之耶？

　惟在最高天監視此世者當知之，或亦未之知乎？[64]（譯⑧）

這首詩是「梵論」之一。古聖人接連提出深奧難解的問題，直到他和聽眾都歸於一無所知的沉默。

最後，在著名的《原人歌》（Purusha Hymn）裡，一位古聖人默觀雅利安人的古代創世故事，由此為印度的軸心時代奠立了基礎。[65]他憶念原人的獻祭如何創造出人類。原人布爾夏（Purusa）出於自由意志，走到祭場裡，躺在剛鋪好的茅草上，任諸神將他切䐉。由於他的自我獻祭，整個宇宙才開始運轉。布爾夏自己就是宇宙。一切皆自他的身體生出：鳥、馬、牛、人類社會的諸種姓、天與地、太陽和月亮。就連天神阿耆尼和因

....

[63] Rig Veda 10.129。
[64] Rig Veda 10.129:6-7. Griffith trans.。
[65] Rig Veda 10.90。
譯⑧ 見《印度哲學宗教史》，頁141。

陀羅，也是自他的身體生出。但是就像生主一樣，他也是超越性的，他的四分之三是在天之不死界，沒有時間和死亡的困擾，而且不像戰士的競技性儀式，在它的祭禮裡沒有打鬥。布爾夏沒有任何抵抗就獻出其身體。

原人和生主都是模糊而遙遠的形象，也沒有發展出神話，可以談的東西不多。的確，傳說生主真正的名字是一個問句：「誰？」（ka?）在印度的軸心時代到來的前夕，許多先知拋棄概念和語言，寂靜地體驗那離言絕慮的東西。但是正如《原人歌》所顯示的，他們仍然是受古代儀式的啟發。即使儀式如此危險且暴力，它們仍然催生了印度的大蛻變。在西元前十世紀末，古聖人們制定了整個象徵符號的複構，因而創造了軸心時代第一個偉大的宗教。

* * *

自西元前六世紀即統治黃河流域的商朝諸王，他們相信自己是「天子」。他們的神稱為「帝」，是一個與人類沒有多少交集的至高神，這個神派玄鳥降到中國的大平原。（譯⑨）玄鳥產了一顆蛋，被一女子撿獲而食之，因而懷孕生下商朝第一個始祖。**66**（譯⑩）因為國王和「帝」的特殊關係，他成為唯一能夠直接接觸上帝的人。也唯有他才能祭祀上帝以求族人平安。卜者則協助他詢問上帝是否可以出征或遷徙。他也會問上帝是否會豐收。國王的權力來自他作為占卜者以及和神性世界的中介者的能力，但是在俗世的層次上，他也依賴於青銅武器的優勢。商朝最早的城市或許就是那些發明青銅武器、戰車和閃亮容器的工匠師傅建立的。新技術的力量意味著國王可以徵召數以千計的農民去勞動或打仗。

殷人知道他們不是中國第一個朝代，宣稱他們討伐夏朝（西元前

〔26〕

....

66 *Classic of Odes* 253, in Arthur Waley, ed. and trans., *The Books of Songs* (London, 1937)。
譯⑨ 見《詩經‧商頌‧玄鳥》：「天命玄鳥，降而生商，宅殷土芒芒。」
譯⑩ 見《史記‧殷本紀》：「殷契，母曰簡狄，有娀氏之女，為帝嚳次妃。三人行浴，見玄鳥墮其卵，簡狄取吞之，因孕生契。」

2200-1600 年）最後一個國王而建立王朝。我們沒有關於夏朝的考古學或
文獻的證據，但是在西元前兩千年左右，大平原上的確可能有某個王國存
在。❻中國文明的發展可謂蓽路藍縷。平原四周是高山和無法居住的沼澤
地。氣候非常惡劣，冬寒夏熱，村落飽受冰冷的沙塵侵襲。黃河不利渡
舟，而且很容易氾濫。先民必須在沼澤地疏浚排水，並且築堤防洪以保護
作物。關於創造出這些工事的先民，中國並沒有什麼歷史記憶，但是他們
流傳著在夏朝以前三皇五帝開物成務的故事。傳說黃帝打敗怪物蚩尤，使
日月星辰各復其位。神農氏則制耒耜，教民農作。到了西元前二十三世
紀，聖王堯和舜建立了和平繁榮的黃金時代。虞舜在位期間，洪水氾濫成
災，命司空大禹治水。他以十三年的時間疏浚河道，開發沼澤地，通九澤，
決九河，把諸河引入海（譯⑪），於是諸水系流暢，天下統一，四海歸心。
（譯⑫）由於大禹的勞身焦思，人民才得以庶稻稷。舜感其功，將帝位禪讓
給禹，於是禹成為夏朝的建立者。❻這些傳說中的君王，日後都成為中國   〔27〕
軸心時代的哲學家們的典範。

　　商朝的貴族們應該也都很熟悉這些故事。他們知道文明是困心衡慮
的成就，並且相信活著的人其命運和祖先們的靈魂息息相關。商朝或許沒
有唐堯、虞舜或夏禹那麼巍巍蕩蕩，但是他們控制了大平原地區。❻他們

❻ Jacques *Gernet, A History of Chinese Civilization,* 2nd ed., trans. J. R. Foster and Charles Hartman (Cambridge and New York, 1996), pp. 39-40。

❻ Sima Qian, *Records of the Grand Historian* 1.101; Marcel Granet, *Chinese Civilization,* trans. Kathleen Innes and Mabel Brailsford (London and New York, 1951), pp. 11-16; Henri Maspero, *China in Antiquity,* 2nd ed., trans. Frank A. Kierman Jr. (Folkestone, 1978), pp. 15-19。

❻ D. Howard Smith, *Chinese Religions* (London, 1968), pp. 1-11; Gernet, History, pp. 41-50; Jacques Gernet, *Ancient China: From the Beginnings to the Empire,* trans. Raymond Rudorff (London, 1968), pp.37-65; Wm. Theodore de Bary and Irene Bloom, eds. *Sources of Chinese Tradition,* vol. I, *From Earliest Times to 1600,* and 2nd ed. (Hew York, 1999), pp.3-23。

譯⑪ 見《史記‧夏本紀》：「禹傷先人父鯀功之不成受誅，乃勞身焦思，居外十三年，過
　　家門不敢入。薄衣食，致孝於鬼神。卑宮室，致費於溝淢。陸行乘車，水行乘船，泥
　　行乘橇，山行乘　。左準繩，右規矩，載四時，以開九州，通九道，陂九澤，度九
　　山。令益予眾庶稻，可種卑溼。」

譯⑫ 見《尚書‧禹貢》：「九州攸同，四隩既宅。九山刊旅，九川滌源。九澤既陂，四海會同。
　　六府孔修，庶土交正，厎慎財賦；咸則三壤成賦。中邦錫土姓，祗台德先；不距朕行。」

的疆域東南至淮河流域，東至山東，西至渭水。他們沒有中央集權，而是建立小型城市的封建制度，各自由諸侯治理。他們的城鎮都很小，主要由諸侯及其家臣組成，以版築防洪或抵擋外侮。商朝後期遷都於殷（河南安陽），殷墟的宮殿圍牆周長僅有八百碼。商朝的城市形式很齊一，通常是矩形，四周的牆對應於羅盤的四個方位，居所皆坐北朝南。宮殿有三處苑囿，以及一座廳堂，供祭祀和政事之用。宮殿東側是祖廟。市集在王室北方，工匠、車匠、弓箭匠、鐵匠和陶匠，則和史官、卜者和祭官一樣，都住在城南。

那不是一個平等的社會。殷人非常重視階級制度，它也成為中國文明的指標之一。國王是天子，因此也是封建制度的金字塔頂端；其次是統治商朝各城市的諸侯；其下有各家族之長，他們都在朝為官；接下來是子爵，他們以城外的采邑為生。而在封建金字塔底層，則是平民百姓和武士。

城市是個貴族統治的小型圈地，一個自給自足的世界。商朝的貴族只關心宗教、戰爭和狩獵。地方上的農民要繳納農作物以換取軍事的保〔28〕護，但是當時開墾的地區還很有限。黃河流域大部分的地區仍然滿布茂密的森林和沼澤。在商朝，大象、犀牛、黑豹、花豹，仍然和鹿、老虎、野牛、熊、猴子一起在森林裡漫遊嬉戲。國王打勝仗回城時，他們會在盛大、喧鬧而狂歡暢飲的饗宴裡宰殺動物獻祭。

戰爭和狩獵幾乎沒什麼差別。戰爭是僅限於貴族的行動，只有他們才可以擁有武器和戰車。一般的征討都是小規模的戰役，大約是一百輛戰車；農民步行尾隨在車後，並不加入打鬥，只是擔任隨從、御者，並且照顧馬匹。商朝沒有太大的擴張野心；他們只會興師討伐反叛的城市，奪取有價值的東西，例如：穀物、牛隻、奴隸和工匠。他們有時候會征伐「蠻族」，在商朝境內外尚未和中國文化同化的部落，他們在人種上和商朝並無分別，當他們同化以後，對於中國文化也有其貢獻。在境內，蠻族和商朝關係友好，和他們通婚與交易。在邊境的蠻族則經常是殷商的盟友。他

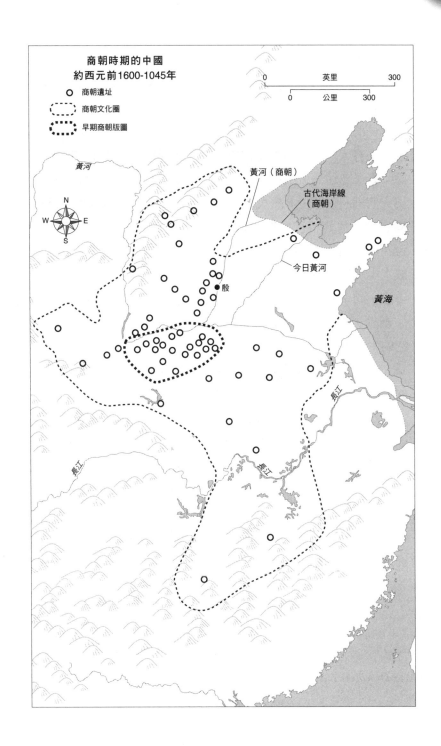

商朝時期的中國
約西元前1600-1045年

○　商朝遺址

- - -　商朝文化圈

••••　早期商朝版圖

0　英里　300

0　公里　300

黃河

黃河（商朝）

古代海岸線
（商朝）

今日黃河

黃海

殷

長江

長江

們很少和遠方的蠻族接觸。

　　商朝貴族的城市生活和種田的農民完全不同。貴族幾乎不把他們當人看，但是農民和蠻族一樣，對於中國文化有長遠的影響。農民緊緊擁抱土地，他們的社會組織也都符合自然的周期律動。農民的生活受冬夏之分的支配。在春天，工作的季節開始。男人搬到村外，住在田裡；在農忙季節，除了妻子為他們帶飯以外，他們不會和妻女見面。收成以後，田地休息，男人們則回家居住。農民們大門緊閉，在家裡度過整個冬天。這是他們的安息期，他們待在家裡休養生息，但是在夏天沒有那麼多事做的婦女，現在則是她們忙碌的季節：她們要織布、紡紗、釀酒。這種更迭交替也促成了中國的「陰陽」概念。「陰」是實在界的女性面向。就像農婦一樣，「陰」的季節是冬天；它的活動是內在的、在陰暗封閉的地方進行。「陽」則是男性面向，活躍在夏季和白天裡；它是外在的，在戶外的力量，它的生產很豐沛。❼⓿

〔30〕

　　商朝的貴族對耕稼沒有興趣，但是他們體驗到自然景物有豐富靈性的意義。高山、河流、風，都是重要的神，四個主要方位都有諸神各司其職。這些自然神都屬於「地母」，她和「天帝」相對。因為他們都會影響到收成，人們會獻祭以安撫或討好他們。然而，王室的祖先更加重要，祭祖是商朝宗教的核心。殷墟出土的九座王陵，他們躺在棺木中央，四周有陪葬武士的遺骸。國王死後享有神的地位；他和天帝一起住在天上，請求天帝幫助在人間的親人。❼❶

　　殷人相信他們王朝的命運仰賴於先王們的庇佑。上帝沒有屬於自己的特別儀式，自然諸神也沒有固定的祭典，但是殷人卻在奢華的慶典裡敬拜祖先；每位祖先都有自己的節日。國王主持慶典，「儐」（賓）其先

....

❼⓿ Gernet, *History of Chinese Civilization,* pp. 45-46; *Gernet, Ancient China,* pp. 50-53; Marcel Granet, *The Religion of the Chinese People*, trans. and ed. Maurice Freedman (Oxford, 1973), pp. 37-54。

❼❶ Eliade, *Myth of the Eternal Return,* pp. 46-47。

人。王室成員會打扮成過世親人的模樣，像是被他們所裝扮的祖先附身似地，當他們走進宮殿時，國王會向他們行禮。他們也會在宮庭祈請自然諸神分享牲禮。於是諸神、祖先和人類一起饗宴。

但是在這個繁複的儀式背後，卻潛藏著深層的焦慮。**⓻**上帝是城市的守護者。他主宰風雨，統領自然諸神，正如君王統領官員和士兵。但是天意難測。他經常降下旱澇災難。就連祖先也不可靠。殷人相信祖靈可能有危害，因此親人把死者葬在厚重的木棺裡，以玉塞其七竅，防止鬼魂跑出來作祟活人。他們舉行各種祭祀，使可能危害他們的鬼魂轉而庇護他們。他們給死者一個新的名字，擇定日期祭拜，請他保佑族人。漸漸地，某個祖先的力量越來越強大，他們也會以祭禮請剛去世的死者向更高的祖先求告，而這些祖先則會向上帝說情。〔31〕

關於商朝大部分的資料都來自於王室卜官向上帝、自然諸神和祖先問卜而刻在龜甲獸骨上的卜辭。**⓼**考古學家發掘了十五萬片這類的甲骨文。它們顯示國王把所有的事都告訴諸神，請問他們關於狩獵、收成的建議，甚至是牙疼都要請教他們。卜筮的程序很簡單。國王或卜官先在龜甲背後或牛骨鑽鑿，然後烘灼鑽鑿的側邊，並且唸一段卜辭。例如「求年」（豐收）、「求禾于上甲」（上甲是商朝君王）**⓽**。然後他會研究甲骨片的裂紋，並宣布是否為吉兆。其後，貞人才將貞問的文字契刻在甲骨片上。有時候他們也會把神明或祖先的預言甚或結果刻上去。（譯⑬）它顯然不是很合理的程序，但是卜官很想如實記錄。例如有個國王（譯⑭）預言說：「婦好有子。」即使王后婦好生的是女孩，而且國王預言的日子也不對。**⓾**

商朝國王很想支配鬼神的世界，卻都失敗告終。祖先經常降下歲凶

⓻ Michael J. Puett, *To Become a God: Cosmology, Sacrifice, and Self-Divinization in Early China* (Cambridge, Mass., and London, 2002), pp. 32-76。

⓼ De Bary and Bloom, *Sources of Chinese Tradition*, pp. 10-23。

⓽ Oracle 38. De Bary and Bloom trans.。

⓾ Oracle 15a-b。

譯⑬ 卜辭通常包括前辭（敘辭）、命辭、占辭、驗辭。前辭記錄日期和占卜者，命辭是貞問的事，占辭是吉凶兆的結果，驗辭是貞卜後應驗的情況。

譯⑭ 指武丁。

和噩運。有時候，「帝令雨年足」，但是卜辭也曾說：「帝其降堇。」**❼⑥**
上帝也是不太可靠的軍事盟友。上帝會「授佑」商朝，也會鼓勵他們的
敵人。「方（夷方）（稽）徵，」卜辭哀嘆說：「隹帝令作我禍？」**❼⑦**
「帝」既無能又不可信賴，就像一般天神的命運，他也漸漸被遺忘。殷人
沒有任何固定的禱詞祈求他的庇佑，到了西元前十二世紀，他們甚至不再
直接對「帝」說話，轉而求助於祖先和自然諸神。**❼⑧**

殷商社會是優雅、教養和粗野的奇怪混合體。殷人知道要欣賞環境
的美麗。他們的藝術既精緻又有創意，他們的青銅禮器顯示出他們對於野
獸和小牛、公牛和馬的觀察入微。他們別出心裁地以羊、犀牛或貓頭鷹的
形象製造罈甕。但是他們也滿不在乎地宰殺他們如此溫柔觀察的動物，在
一次祭禮甚至屠宰上百頭牲畜。在王室狩獵期間，殷人肆意殺戮野生動
[32] 物，在一次「儐」禮或葬禮裡大量宰殺家畜。國王和諸侯的財富盈箱累
篋，包括家畜、青銅器、莊稼和獵物。他們的自然環境裡有不可勝數的野
生動物，農民則源源不絕地生產稻穀，他們的資源似乎取之不盡，用之不
竭。他們從沒想過要未雨綢繆。**❼⑨**

其後軸心時代的哲學家墨子，曾經回憶商朝天子奢侈的葬禮，他非
常厭惡那樣的驕奢無度，以及要無辜的僕人臣子殉葬的惡習。

> 乎諸侯死者，虛車府，然後金玉珠璣比乎身，綸組節約，車馬藏乎
> 壙，又必多為屋幕。鼎鼓几梴壺濫，戈劍羽旄齒革，挾而埋之，滿意。若送
> 從，曰天子殺殉，眾者數百，寡者數十。將軍大夫殺殉，眾者數十，寡者數
> 人。**❽⓪**

....

❼⑥ Oracle 22a. De Bary and Bloom trans.。
❼⑦ Oracle 23. De Bary and Bloom trans.。
❼⑧ De Bary and Bloom, *Sources of Chinese Tradition*, p. 12。
❼⑨ Gernet, *Ancient China*, p. 62。
❽⓪ *The Book of Mozi*, 3.25, in Gernet, *Ancient China*, p. 65。

商朝的宗教有殘忍和暴力的元素，到頭來，中國人似乎認為就連那沒有什麼道德責任感的上帝也對於統治的王朝失去耐心了。

在西元前 1045 年，統治渭河流域的周文王，趁著紂王離開京城時入侵商朝。文王不幸死於戰場，其子武王接續伐紂，於黃河北岸的牧野一戰打敗殷商大軍。紂王被武王斬首。（譯⑮），於是周占領殷。武王分封諸侯，遷都於鎬，命其子成王統治殷，把其他殷地封給紂王之子武庚。於是武王回到渭河，不久後即過世。

武王死後，武庚趁機背叛周室，文王的弟弟周公旦東征救平亂事，殷商在大平原的勢力從此被摧毀。成王即位，因年幼，由周公攝政，於是設計〔34〕了一套封建制度。周朝宗室和功臣都得到一座城市作為封地，周朝另築東都於雒邑（洛陽），以控制東部疆域。雒邑也稱為成周，以向新王致敬。

周人在許多方面都步上殷商的後塵。和殷人一樣，他們也好畋獵，射箭、御車，以及酒池肉林的宴會。他們仿照商朝的模式規劃城市，崇拜自然神和祖先，也求神問卜。他們繼續崇拜上帝，但是（如同一般的古代宗教）他們把「帝」和他們自己的天神（他們稱之為「天」）融合在一起。但是他們遇到了一個難題。在「帝」的表面庇護下，殷人統治了數百年，如果他們要讓大平原的殷商貴族順服，連續性是有必要的。周人奉祀殷人先王和他們自己的祖先。但是他們毀了殷人的王朝，又怎能奉祀他們的鬼神呢？

周公想到一個辦法。上帝有時候會利用敵對的氏族去懲罰殷人。現在，上帝似乎以周人為其工具。在新都雒邑致祭時，周公作了一次重要的宣告，即著名的《尚書·召誥》❽。他說，商朝君王暴虐無道，上天哀憫

....

❽ *Classic of Documents,* "The Shao Announcement," in the De Bary and Bloom, *Sources of Chinese Tradition,* pp. 35-37。若干學者相信此語為召公所說，但是狄百瑞和布倫認為是出自周公旦。

譯⑮ 應該是紂王自焚而死，而後武王斬其首，懸於旗。見《史記·周本紀》：「紂走，反入登于鹿臺之上，蒙衣其殊玉，自燔于火而死。……遂入，至紂死所。武王自射之，三發而后下車，以輕劍擊之，以黃鉞斬紂頭，縣大白之旗。」

革命

他的子民，於是撤回對商朝國王的授命，尋求新的統治者。「皇天上帝，改厥元子茲大國殷之命，唯王受命」（偉大的「天上帝」，革去了他長子紂這個大國殷的國運，由國王你受命為帝）。

於是，周公說，成王成為「天子」，即使他年幼稚嫩。（「有王雖小，元子哉。」對於一個年輕人而言，那是很沉重的責任。成王既然受命，就必須「敬所作」你如果能和百姓和樂相處，那就好了。國王你不可懈怠，要顧慮到民情險惡啊。（「其不能誠于小民。今休。王不敢後，用顧畏於民碞。」）對於那些壓迫臣民的統治者，上天會撤回天命，改授予有德者。商朝和夏朝就是這麼滅亡的。商朝先王們都是有德的君王，但是到了末代，賢者隱居不出，只有貪官酷吏橫行，人民的生活水深火熱，抱著妻子兒女悲哀地呼告上天。（「茲殷多先哲王在天……厥終智藏瘝在，夫知保抱攜持厥婦子，以哀籲天。」）「天亦哀于四方民，其眷命用懋。」（上天是哀憫四方百姓的，為了顧念他們，於是要找有德者來做天子。）但是周人也不可以志得意滿。

〔35〕　　知今我初服，宅新邑，肆惟王其疾敬德。王其德之用，祈天永命。

其惟王勿以小民淫用非彝，亦敢殄戮；用乂民，若有功。其惟王位在德元，小民乃惟刑；用于天下，越王顯。（現在我們得到天命，住在這個新城裡。國王你要敬德勵行，如此才能向上天祈求國運長久。希望國王不要因百姓違法犯禁而大行殺戮。如此治理百姓，才會有善政。國王能為道德的表率，百姓才會效法你，如此才會顯揚你的光輝。）[82]

這是個重要的時刻。周人把倫理觀念灌注到一個始終不怎麼關心道德問題的宗教裡。僅僅是宰殺豬牛，並不能打動天，而是要有仁德和正義。在中國的軸心時代，天命是個很重要的理想。如果統治者自私、殘

[82] Ibid., p.37。

忍、暴虐，上天就不會支持他，而他也會敗亡。一個國家或許很弱小（正如崛起以前的周人），但是如果統治者有智慧、仁慈，並且真正關心黎民百姓的福祉，那麼人民就會從四方來歸順他，上天也會授命給他。

然而，人們起初對於「天命」的解釋有若干歧異。❸周公和他的弟弟召公奭就有嚴重的意見分歧。周公相信天命是授予「所有」周人，因此國王應該聽從諸臣的諫言。但是召公認為唯有國王才是受命者。他回復到以前的觀念，亦即，國王是天子，是唯一可以直接告於天的人。當然，國王會察納雅言，但是他得到一個獨特而神秘的權力，使他得以統治天下。

成王當然會偏好他的叔叔召公的主張。於是他們聯合起來，迫使周公退位，居於其封地魯國，在大平原的東部。周公也成為魯國人民的英雄，他們把周公奉為最偉大的祖先。周公相信，德行比巫術性的魅力重要，這也是軸心時代所重視的理念。與其敬拜一個道德敗壞的先人，人們更應該尊敬一個有德行的人。❹但是那時候的中國還無法接受這個道德觀念，反而撤退到以前超自然的儀式裡。

關於成王以後的諸王，我們所知不多，但是我們知道，周滅商百年 〔36〕
以後，儘管有天命，周朝卻開始衰敗。封建制度本身有個缺點。維繫各城市的統治者們的血緣關係日漸薄弱，諸侯和周王只是兩三代以上的遠房親戚關係。周王仍然統治西方的京畿，到了西元前十世紀，東方的諸侯顯然已經難以駕馭。周朝王室開始解體，但是儘管周王在政治上不再占有重要地位，他仍然保有宗教和象徵性的光環。中國人始終沒有忘記周朝早期的日子；軸心時代的人們也在努力找尋一個能夠接受天命的聖王。

＊　　　＊　　　＊

❸ Edward L. Shaughnessy, "Western Zhou Civilization," in Michael Loewe and Edward L. Shaughnessy, eds., *The Cambridge History of Ancient China* (Cambridge, U.K., 1999), pp. 313-17。

❹ Ibid., p.317。

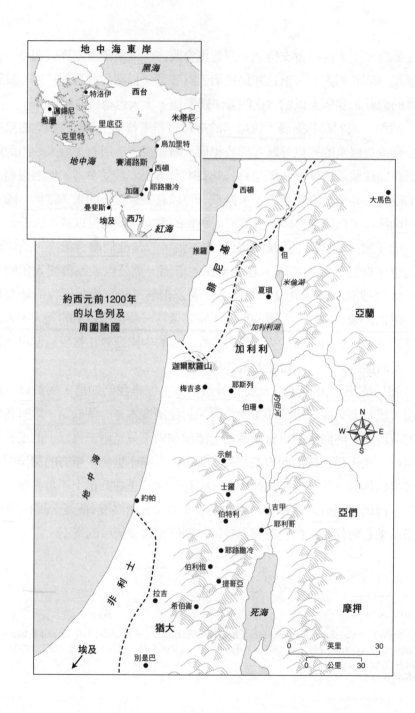

地 中 海 東 岸

黑海

特洛伊　西台

邁錫尼
希臘　　里底亞　　　　米塔尼

克里特

烏加里特

地中海　　賽浦路斯

西頓

加薩　耶路撒冷

曼斐斯　　西乃

埃及

紅海

約西元前1200年
的以色列及
周圍諸國

西頓

大馬色

腓尼基

推羅

但

夏瑣

米倫湖

亞蘭

加利利湖

加利利

迦爾默羅山

梅吉多　耶斯列

伯珊

約旦河谷

地中海

示劍

士羅

約帕

伯特利　吉甲

耶利哥

亞們

耶路撒冷

伯利恆

提哥亞

拉吉

希伯崙

死海

摩押

猶大

埃及

別是巴

		英里	30
0			
		公里	30
0			

　　在西元前十二世紀，地中海東岸被一個危機吞噬，它席捲希臘、西台和埃及王國，使整個區域陷入一個黑暗時代。我們不很清楚怎麼回事。學者通常歸咎於埃及文獻裡提到的「海上民族」，來及克里特島（Crete）和安那托利亞（Anatolia）的一群無政府主義、居無定所的水手和佃農，他們肆虐黎凡特地區（Levant），洗劫城鎮和村落。但是這些海上民族可能是一個災難的徵兆，而不是其原因。氣候或自然環境的變化可能導致連年乾旱和饑荒，瓦解了地方的經濟。數百年來，西台人（Hittite）和埃及人分據近東地區。埃及人控制敘利亞南部、腓尼基（Phoenicia）以及迦南（Canaan），西台人則統治小亞細亞和安那托利亞。到了西元前 1130 年，埃及失去它大部分的境外領土，西台首都也成了廢墟；包括烏加里特（Ugarit）、米及多（Megiddo）和夏瑣（Hazor）的迦南地區也都成了一片荒煙蔓草；在希臘，邁錫尼（Mycenaean）王國也解體。絕望而流離失所的民族在曠野裡流浪，尋找工作和庇護。

　　危機的悲慘結局在每個經歷過它的人們心裡留下無法抹滅的印象。在其後的黑暗年代裡，出現了兩個軸心時代的民族。一個新的希臘文明自邁錫尼的瓦礫裡崛起；而一個叫作以色列的部落聯盟，則出現在迦南高地。那真的是個黑暗時代，幾乎沒有什麼歷史記載，因此我們對於該時期〔38〕的希臘和以色列所知甚少。直到西元前九世紀，我們幾乎沒有關於希臘的信史材料，至於早期的以色列，也只有若干斷簡殘篇。

　　迦南的沒落是非常緩慢的。[85]沿岸平原的大城市國家，在西元前十五世紀仍是埃及王國的一部分，自從埃及撤出以後，它們逐一瓦解，整個歷程長達一個世紀。我們還是不知道，為什麼埃及人離開後，那些城市會崩壞。城市的菁英和種田的農民（他們維繫整個經濟）之間可能有過衝突。城市裡可能有社會動亂，埃及人的勢力消退以後，城市國家之間也可能彼

---

[85] Israel Finkelstein and Neil Asher Silberman, *The Bible Unearthed: Archaeology's New Vision of Ancient Israel and the Origin of Its Sacred Texts* (New York and London, 2001), pp. 89-92。

此征戰。但是這些城市的沒落有個重大的影響。西元前 1200 年左右，人們在高地建立了一個聚落網，北自加利利（Galilee）北部，南至別是巴（Beersheba）。[86]

這些村落不很顯眼：它們沒有城牆，也沒有砦壘，沒有宏偉的公共建築、宮殿或廟宇，也沒有保存任何文獻記錄。樸實整齊的屋子，顯示那是個階級平等的均富社會。居民必須和岩石嶙峋的艱難地形搏鬥。他們的經濟以農耕和畜牧為基礎，然而考古的記錄顯示他們的村落相當富庶。在西元前十一世紀，高地的人口劇增至八萬人左右。學者一般認為，莫內他法老（約西元前 1210 年）的勝利碑碣上提到的「以色列」，就是這些村落的居民。這是在聖經以外第一次提到「以色列」，顯示在那時候，高地的居民已經被他們的敵人視為有別於同樣住在該地區的迦南人、胡里安人（Hurrians）和貝都因人（Bedouins）。[87]

我們沒有在當時關於早期以色列發展的描述。聖經很仔細地說了許多故事，但是在很久以後，原本口傳的故事才形諸文字。作為軸心時代的產物，聖經的創作是一段長達數百年的屬靈旅程。最早的聖經經文寫於西元前八世紀，直到西元前五世紀或四世紀，聖經正典才告完成。在他們的軸心時代，以色列的歷史學家、詩人、史官、先知、司祭和律法師，都在沉思他們的歷史。民族的先祖們，亞伯拉罕（Abraham）、摩西（Moses）、約書亞（Joshua）、大衛（David），在以色列有其重要的宗教地位，正如堯、舜和周公之於中國。就像印度古聖人思索祭典的意義一樣，以色列人也冷靜地反省他們的太初故事。以色列的起源故事一直是軸心時代的大突破所圍繞的系統性符號。我們會看到以色列人如何鋪陳他們的傳說，修改它，潤飾它，增補它，重新詮釋它，並且讓它對著時代的特

〔39〕

....

[86] Ibid., pp. 103-7; William G. Dever, *What Did the Biblical Writers Know and When Did They Know It? What Archaeology Can Tell Us about the Reality of Ancient Israel* (Grand Rapids, Mich., and Cambridge, U.K., 2001), pp. 110-18。

[87] Gosta W. Ahlstroem, *The History of Ancient Palestine* (Minneapolis, 1993), pp. 234-35, 247-48。

殊環境說話。每個詩人、先知、異象得見者，都會為逐漸開展的故事增添新頁，拓寬且加深其意義。

定本的故事主張說，以色列民族不是迦南的原住民。他們的先祖亞伯拉罕來自美索不達米亞的吾珥（Ur），他的上帝吩咐他在西元前 1750 年左右定居迦南。先祖們分別住在高地的不同地區：亞伯拉罕在希伯崙（Hebron）；他的兒子以撒（Isaac）在別是巴；亞伯拉罕的孫子雅各（Jacob）（也叫以色列）在示劍（Shechem）地區。耶和華對先祖應許說，他要讓以色列強大，並賜給他們迦南地，讓他們永遠為業。但是在一次饑荒裡，雅各和他的十二個兒子（以色列各族的始祖）移居到埃及。起初他們在埃及很強盛，但是埃及人奴役他們，以色列人在四百年的被擄期當中受盡苦難。終於，在西元前 1250 年左右，他們的上帝耶和華憐憫他們，顯大神力，讓他們在摩西的領導下重獲自由。當以色列人出埃及時，耶和華行神蹟分開紅海，讓他們平安走過乾地，而淹沒了追襲他們到海裡的法老和埃及軍隊。到了迦南南部的曠野，耶和華和以色列人在西乃山（Sinai）立約。賜給他們律法，叫他們成聖。但是在耶和華領他們到迦南邊境以前，他們在曠野流浪了四十年。摩西在到達應許之地之前就死去，但是在西元前 1200 年左右，約書亞率以色列軍隊攻城掠地。在約書亞的帶領下，以色列人摧毀了所有迦南的城鎮，屠殺當地居民，把迦南據為己有。

但是，以色列考古學家自 1967 年以來的挖掘，卻無法證實這段歷史。他們沒有發現《約書亞記》裡所描述的大屠殺遺跡，也沒有外來侵略的跡象，沒有埃及文物，也沒有任何人口改變的證據。就像印度吠陀文化起源的討論一樣，學者的爭辯相當激烈且針鋒相對。一般的學術共識是，出埃及的故事不是歷史事實。聖經的故事是反映西元前七或六世紀（也就是寫作的年代）的情況，而不是西元前十三世紀。某些學者相信，許多在高地拓荒的居民，可能是自海岸沒落的城市國家移民來的。因此，最早的以色列人，可能有很多不是外地人，而是迦南人。聖經最早的經文裡暗示 〔40〕

63

著，耶和華原本是南部山區的神，可能有其他部落自南部移居到高地，也帶來了耶和華的信仰。有些以色列人，尤其是約書亞的族人，可能來自埃及。在海岸城市國家裡受埃及統治的以色列人，或許認為他們曾經擺脫埃及人的統治，不過是在他們自己的土地上。聖經的作者無意寫下讓現代歷史學家滿意又正確的科學解釋。他們是在尋找生存的意義。史詩故事、民族傳說，都讓人們得以創造一個明確的認同。[88]

如果以色列人其實是迦南原住民，為什麼要自稱為外邦人？考古學家在高地發現一些證據，證明當時有重大的社會經濟分裂、大規模的人口遷移，以及對立的種族之間長達兩個世紀的生死爭戰。[89]就連聖經也暗示說，以色列不是源自單一祖先，而是由許多種族組成的：基遍人（Gibeontes）、耶拉篾人（Jerahmeelites）、基尼人（Kenites）以及來自希弗（Hepher）和得撒（Tirzah）的迦南人，他們都成了「以色列人」的一部分。[90]這些族群和部落彼此立約而結合在一起。[91]他們都作了一個勇敢而謹慎的決定，也就是拋棄迦南的古代城市文化。在這個意義下，他們的確是外邦人，而居住在外圍的經驗，讓他們更相信以色列人是外邦人，以及聖經裡所說的與迦南人的衝突。在由各民族組成的家庭裡，以色列是新來者，天生憂患和動亂不斷，經常面臨被邊緣化的威脅。以色列人發展

....

[88] George E. Mendenhall, *The Tenth Generation: The Origins of Biblical Tradition* (Baltimore and London, 1973); N. P. Lemche, *Early Israel: Anthropological and Historical Studies on the Israelite Society Before the Monarchy* (Leiden, 1985); D. C. Hopkins, *The Highlands of Canaan* (Sheffield, 1985); James D. Martin, "Israel as a Tribal Society," in R. E. Clements, ed. *The World of Ancient Israel: Sociological, Anthropological and Political Perspectives* (Cambridge, 1980), pp. 94-114; H. G. M. Williamson, "The Concept of Israel in Transition," in Clements, *World of Ancient Israel,* pp. 141-63。

[89] Dever, *What Did the Biblical Writers Know,* pp. 121, 124, 267。

[90] Joshua 9:15; 4:11; Samuel 27:10; 30:29; Judges 1:16; 4:11; Exodus 6:15; Mark S. Smith, *The Early History of God: Yahweh and the Other Deities in Ancient Israel* (New York and London, 1990), p. 4; Frank Moore Cross, *Canaanite Myth and Hebrew Epic: Essays in the History of the Religion of Israel* (Cambridge, Mass., and London, 1973), pp. 49-50。

[91] Joshua 9; Judges 8:33; 9:4, 46; Joshua 24。

出一種反認同和反敘事：他們不同於區域裡的其他民族，因為他們與其上帝耶和華有個獨一無二的關係。❾❷

根據宗族的風俗，他們必須為死去的族人報仇。每個族人都是親兄弟，他們生死與共。❾❸因此他們必須愛他們的族人如己。「hesed」一般譯為「愛」，原本是個和宗族有關的語詞，意指親族關係的忠誠，對自己族人的寬大和利他的行為。❾❹沒有血緣關係的人，可以經由婚姻或兄弟盟約而被納入族裡。族人必須愛新成員如己，因為他現在是他們的骨肉兄弟。近東許多早期的盟約都會用這種親族的語詞，由於這個風俗，盟約才得以把新以色列的不同種族凝聚在一起。❾❺西部閃族世界裡的社會逐漸擴　〔41〕
大，親族性的語詞就更加頻繁出現，以強調那締結更大聯盟誓約的神聖性。於是，早期以色列的體制和律法便受宗族理念支配。就像該區域裡的其他民族一樣，以色列人覺得和他們的民族神耶和華有親族關係，而自稱為「耶和華的子民」（am Yahweh）。❾❻

考古學的證據顯示在高地的生活相當暴力。在地中海東部，那是一個動盪不安的年代，早期的居民幾乎都得為他們的殖民地而奮戰。聖經保存了關於約但河岸的大戰役的回憶：他們的族人由南部移入，經過摩押（Moab），或許曾和阻止他們渡河的當地族群發生衝突。一旦他們在一個村落定居下來，就得學習和鄰居和平相處，並且聯手對抗威脅他們新社會的民族。考古學家們相信，《士師記》和《撒母耳記》裡描述的零星戰役，可能忠實地描繪了西元前十一世紀或十世紀的情況。以色列人必須對抗諸如非利士人（Philistines）之類的民族，他們在西元前 1200 年左右

❾❷ Cross, *Canaanite Myth*, p. 69; Peter Machinist, "Distinctiveness in Ancient Israel," in Mordechai Cogan and Israel Ephal, eds., *Studies in Assyrian History and Ancient Near Eastern Historiography* (Jerusalem, 1991)。
❾❸ Genesis 29:14; 2 Samuel 5:1; cf, Judges 9:1-4。
❾❹ Frank Moore *Cross, From Epic to Canon: History and Literature in Ancient Israel* (Baltimore and London, 1998), pp. 3-6。
❾❺ Mendenhall, *The Tenth Generation,* p. 177。
❾❻ Cross, From Epic to Canon, p. 13。

便定居在迦南南部的海岸，以色列人當時才剛到高地建立第一個村落。當氏族遭到侵襲時，部落的領袖（士師〔sopet〕）必須向鄰族求援。因此「聖戰」（herem）（譯⑯）的制度對於以色列社會相當重要。如果士師的宗族被攻擊，他就會召集其他氏族作為耶和華的軍隊。以色列最重要的儀式物品就是「約櫃」，是把「耶和華的子民」團結起來共赴戰場盟約的象徵。當軍隊開拔時，士師會求耶和華與約櫃同行：

> 耶和華啊，求你興起，願你的仇敵四散，
> 願恨你的人從你面前逃跑。❾❼

仇敵環伺的人民隨時必須抵擋外侮，因而發展出一種備戰的儀式。

即使以色列的人民覺得自己迴異於他們的鄰居，但是聖經的記載顯示，直到西元前六世紀，以色列的宗教和其他在地民族其實沒有太大的差別。亞伯拉罕、以撒和雅各都崇拜厄勒（El），他是迦南的最高神，到了後代，則把厄勒的宗教和耶和華的宗教融合在一起。❾❽耶和華曾對摩西說，在以色列歷史初期，先祖總是稱他為「厄勒」，直到現在，他才開顯他的真正名字「耶和華」。❾❾長久以來，耶和華的聖殿一直是個帳棚，就像是聖幕，迦南的「厄勒」在裡面統理著眾神。

在迦南，厄勒的命運和所有最高神一樣，到了西元前十四世紀，厄勒的宗教逐漸沒落。他被更有活力的暴風雨神「巴力」（Baal）取代，他也是個戰神，在雲端駕著戰車和其他諸神打仗，並且降下賦予生

〔42〕

....

❾❻ Cross, *From Epic to Canon*, p. 13。
❾❼ Numbers 10:35。一段非常古老的經文，除非另有提及，所有聖經引文皆出自：*The Jerusalem Bible*。
❾❽ Cross, *Canaanite Myth*, pp. 41-84; Smith, *Early History of God*, pp. 7-12。
❾❾ Exodus 6:3。
譯⑯ 《申命記》7：2：「耶和華你神將他們交給你擊殺，那時你要把他們滅絕淨盡（herem），不可與他們立約，也不可憐恤他們。」

命的雨水。在早期，耶和華的儀式和巴力的儀式很類似，在耶路撒冷
（Jerusalem）的耶和華聖殿裡，甚至會採用巴力的讚歌。中東的宗教都有
強烈的戰鬥意味，充斥著各種戰役、格鬥以及諸神之間駭人戰爭的故事。
在巴比倫（Babylon）戰神馬爾杜克（Marduk）殺死太初的海洋提阿瑪特
（Tiamat），把她的屍體一分為二，像巨大的貝殼一樣，並且創造了天和
地（譯⑰）。每年的新年慶典裡，都會在埃薩吉拉（Esagila）的神殿重演
這段戰役，好讓世界在明年繼續存在。在敘利亞，巴力神打敗七頭海怪羅
坦（Lotan），那海怪在聖經裡叫作利維坦（Leviathan）。他還打敗太初
的海神亞姆（Yam），混沌的象徵；以及莫特（Mot），主司乾旱、死亡
和欠收的神。為了慶祝他的勝利，巴力自己在他的聖山薩潘山（Sapan）
築了神殿。到了西元前六世紀，以色列人也會想像耶和華打敗海怪利維
坦，以創造天地，拯救他的子民。⓿

　　烏加里特的讚歌顯示，戰神巴力的出現震撼了整個宇宙：當他揮動
雷戟，率領「神聖一體」的隨從攻向敵人時，

　　天空如卷軸一般蜷縮起來，
　　萬物都沒有了生氣，
　　如葡萄的葉子枯萎，
　　如無花果凋謝。⓫

巴力的神聖巨響讓大地粉碎，高山因他的怒吼而顫抖。⓬當他凱旋回

⓿ Psalms 89:10-13; 93:1-4; Isaiah 27:1; Job 7:12; 9:8; 26:12; 38:7-11; Isaiah 51:9-11。
⓫ Cross, *Canaanite Myth,* pp. 148-50。
⓬ Ibid.。
譯⑰ 提阿瑪特是太初時的混沌巨龍，海水的人格化，萬物的母親。在創造宇宙以前，提阿
　　瑪特和阿普蘇（Apsu）組成原始海洋，「他們的海水匯集在一起」。伊亞（Ea）殺死
　　阿普蘇，提阿瑪特為了報仇，誓言要消滅年輕神族，卻被「屠龍者」馬爾杜克殺死，
　　像貝殼一樣剖開她的屍體，分別成為天和地。在《創世記》1:2，提阿瑪特叫作深淵
　　（Tehom）。見《神話學辭典》（2006，商周出版）。

到薩潘山，自宮殿發出雷鳴，並且降下甘霖。[103]在烏加里特的儀式裡，他的信徒們重現那場戰役，傳誦他如何對抗乾旱和死亡。巴力在與莫特的殊死戰之後，和他的妹妹兼情人亞拿（Anat）交媾。他的信徒也會以儀式化的性愛去紀念這段故事，好活化土地的神聖力量，並且祈求有個豐收年。我們知道，雖然以色列的先知非常不以為然，但是在西元前八世紀甚至更早，以色列人也會在儀式裡交歡。

在聖經最早的經文裡（西元前十世紀左右的斷片，插入後來的敘事裡），耶和華被描繪成如同巴力一般的戰神。當時的部落生活危懼不安，亟需他們的神支援。詩人通常會描繪耶和華如何從南部的山裡出來，到高地去拯救他的子民。「底波拉之歌」如是說：

> 耶和華啊，你從西珥出來，
>
> 由以東地行走，
>
> 那時地震天漏，
>
> 雲也落雨。
>
> 山見耶和華的面，就震動。
>
> 西乃山見耶和華以色列神的面，也是如此。[104]

另一段早期的詩篇說，耶和華自巴蘭山（Paran）臨到，「他使地震動」，「永久的山崩裂，長存的嶺塌陷。」他向江海發怒氣，那些與以色列為敵的民族莫不顫抖。[105]

早期的以色列並沒有一個聖地中心，而是有許多座聖殿，分別在示劍、吉甲（Gilgal）、示羅（Shiloh）、伯特利（Bethel）、西乃和希伯崙。從後期經文裡的斷片裡可知，約櫃從一座聖殿被移到另一座聖殿，以

---

[103] Ibid., pp. 162-63。
[104] Judges 5:4-5。
[105] Habakkuk 3:4-8。

色列人聚集在當地的聖殿裡，在耶和華面前重訂他們的盟約。聖殿經常讓人想到以色列的偉大先人：亞伯拉罕是希伯崙附近南部宗族的地方英雄；雅各在伯特利建造聖殿；而雅各的愛子約瑟（Joseph）特別受北部山區的宗族所景仰。摩西在北方也很受歡迎，尤其是在示羅。[106] 在立約的慶典裡，吟遊詩人、祭司和士師，都會講述這些偉人的故事。他們會回憶說，亞伯拉罕在希伯崙附近的幔利（Mamre）接待三個陌生人到他帳棚裡，其中一個陌生人就是耶和華；雅各在伯特利夢見耶和華，他在夢裡看到一個梯子立在地上，梯子的上端頂著天；約書亞攻取諸邑後，在示劍和各支派的眾民立約。每一座聖殿或許都有自己的傳說，代代口傳，在莊嚴的場合吟誦它們，好提醒宗族他們的氏族責任。

以色列人或許也在他們的節日裡重述這些偉大事蹟。例如，有些學 〔44〕
者相信，《約書亞記》裡包含了關於吉甲春祭的記載，紀念他們族人勝利地渡過約但河。[107] 聖經的歷史學家打斷關於儀式的敘述，而解釋說，在春季，「原來約但河水在收割的日子漲過兩岸」。[108] 顯示河水為了慶日而特別築堤圍堵，以紀念一個偉大的神蹟。約書亞率領眾人到河邊，他要他們在河水裡站著，看看會發生什麼事。抬著約櫃的祭司們腳才一入水，「那從上往下流的水……全然斷絕」，他們就站在乾地上，而國民也都平安渡河，到了應許之地吉甲。當地的民族，「約但河西亞摩利人的諸王，和靠海迦南人的諸王」聽到居然有種事，「他們的心因以色列人的緣故就消化了，不再有膽氣」。[109] 每年春天的逾越節（pesach），族人會以儀式演出這個偉大的時分。他們聚集在約但河東岸，渡過築堤偃水的河床到西岸，進入吉甲（gilgal）的聖殿，那裡有一排立石，代表十二支派，以紀念這個事

....

[106] David S. Sperling, *The Original Torah: The Political Intent of the Bible's Writers* (New York and London, 1998), pp. 89-90。

[107] Joshua 3:1-5:15; *Cross, From Epic to Canon, p. 44; Cross, Canaanite Myth*, pp. 103-5, 138。

[108] Joshua 3:15。

[109] Joshua 5:1。

蹟。以色列人在那裡紮營，重新立約，吃無酵餅（mazzoth）和烘過的穀物，慶祝逾越節，紀念他們的先祖，當他們勝利進入該地時，「那一年他們卻喫了迦南地的出產物」。❿

當軍隊自吉甲開拔時，約書亞經驗到的異象終於應驗了。

約書亞靠近耶利哥的時候舉目觀看，不料有一個人的手裡拔刀，在對面站立。約書亞到他那裡，問他說：「你是幫助我們呢，還是幫助我們敵人呢？」他回答說：「不是的，我來是要作耶和華軍隊的元帥。」約書亞就俯伏在地下拜說：「我主有甚麼話吩咐僕人。」耶和華軍隊的元帥對約書亞說：「把你腳上的鞋脫下來，因為你所站的地方是聖的。」約書亞就照著做了。⓫

〔45〕　逾越節的慶典是前進應許之地的聖戰準備，就從攻擊耶利哥（Jericho）開始。當以色列人攻城時，城牆奇蹟似地倒塌。「又將城中所有的，不拘男女、老少、牛羊和驢，都用刀殺盡（herem）。」⓬

耶和華是個戰神。吉甲的慶典在春天收割季節舉行，但是他們並不是祈求豐收，而是紀念戰役。以色列的神稱為「萬軍之耶和華」（Yahweh Sabaoth），他率領天眾，他的隊長帶領以色列人作戰。戰爭是被神聖化的行動。人們在赴戰前要以宗教儀式潔淨身體，而約書亞在夢裡見到的戰場則是個聖地。中東許多民族都會模仿太初的宇宙戰爭，但是以色列人則要與眾不同。以色列人不紀念太初神話世界裡神時代的勝利，而是慶祝在不久以前的人類時代的勝利。

在聖經最早的詩篇裡，我們可以看到這個從神話到歷史的轉移。它可能是吉甲慶典裡的讚歌，約莫在西元前十二世紀。⓭在定本的聖經經

❿ Joshua 4:10-12。
⓫ Joshua 5:13-15。
⓬ Joshua 6:21。
⓭ Cross, *Canaanite Myth*, pp. 103-24。

文裡，「海洋之歌」❶❹被編在出埃及的故事裡，就在渡蘆葦海（Sea of Reeds）之後，由摩西的姐姐米利暗（Miriam）歌頌耶和華。但是「海洋之歌」顯示以色列的敵人原本不是在蘆葦海被吞滅的，而是在約但河。見證那神蹟的，不是在埃及或西乃山的民族，而是迦南的居民，以及在約但河東岸的王國。

> 疼痛抓住非利士的居民。
> 那時以東（Edom）的族長驚惶，
> 摩押的英雄被戰兢抓住，
> 迦南的居民心都消化了。
> 驚駭恐懼臨到他們。❶❺

詩歌描寫耶和華領著他的子民勝利推進到應許之地，而不是西乃半島。它後來被改編到出埃及的故事裡，以前原本是紀念渡約但河的儀式，似乎被其後的聖經用以描繪渡蘆葦海的故事。❶❻

在蘆葦海的勝利很容易就和在約但河的神蹟合併在一起。在迦南的神話裡，巴力打死亞姆，使世界適於居住，亞姆是太初的海洋，在中東，它始終象徵著混沌的毀滅性力量。但是亞姆也被稱為「河流之王」。海洋和河流是可以互換的名詞。「海洋之歌」顯示巴力神的儀式和神話有重要的影響力。❶❼就像巴力一樣，耶和華也被推崇為戰神。〔46〕

> 耶和華啊，你的右手施展能力，顯出榮耀；
> 耶和華阿，你的右手摔碎仇敵。

....

❶❹ Exodus 15:1-18。
❶❺ Exodus 15:15-16。
❶❻ Cross, *Canaanite Myth,* pp. 133-34。
❶❼ Ibid., pp. 112-24。

你大發威嚴，推翻那些起來攻擊你的，你發出烈怒如火，燒滅他們像燒碎秸一樣。[118]

就像巴力一樣，耶和華也威風凜凜地統治著河流（或海洋）：他發鼻子中的氣，「水便聚起成堆，大水直立如壘」[119]耶和華獲勝以後，便率眾到聖山上，永久為王，正如巴力在薩潘山上被立為王。但是這其中有個顯著的差異。巴力所到之處，高山、森林和曠野都顫抖震動；但是在「海洋之歌」裡，當耶和華經過時，驚駭失措的是當地的民族。古代神話的底蘊，為以色列的歷史戰役賦與了超越性的意義。

我們在下一章會看到，以色列人後來很痛恨巴力神，但是在這個時期，巴力神的崇拜對他們的影響仍然很深。當時以色列人還不是一神論。耶和華是他們特有的神，但是他們也承認其他神的存在，並且敬拜他們。直到西元前六世紀末，耶和華才成為「唯一」的神。在早期，耶和華只是「眾神」或「至高者（厄勒〔El〕）的兒子們」之一，主持諸神的集會。據說，在太初，至高者曾經為每個民族指派一個守護神，耶和華則是被派定為「以色列的神」。《申命記》裡另一首早期的詩表現了這個遠古的神學：

至高者將地業賜給列邦，將世人分開，
就照以色列人的數目，立定萬民的疆界。
耶和華的分，本是他的百姓；
他的產業，本是雅各。[120]

阿卡德語（Akkadian）裡的神叫作「埃魯」（ellu），意為「明亮、

....

[118] Exodus 15:3, 6-7。
[119] Exodus 15:8。
[120] Deuteronomy 32:8-9。

燦爛、光照」。它相當於希伯來語的「埃洛希姆」（elohim），後者經常譯為「神」，但是原本是指諸神的一切屬性。中東的「諸聖」就像印度的「提婆」（devas）一樣，指「光明者」。在中東，「神聖性」是指「超越」諸神的一個力量，就像「梵」一樣。美索不達米亞語的「以攔」〔47〕（ilam），也是指超越任何個別神的一種光照力量。它是一個根本實在物，不能被侷限於一個明確的形式。諸神不是以攔的泉源，他們就像人類、高山、樹木和星星一樣，分受著這個神聖性。任何與儀式的「以攔」有關的東西也都會成聖：國王、祭司、神殿，甚至是祭器，都因為這個關係而成聖。早期的以色列人似乎不太可能把「神聖性」侷限在一個神身上。⑫

　　在西元前 1000 年左右，以色列人的社會已經相當複雜，古老的組織已不再適用。即使有許多人抗拒這些腳步，但是以色列的確需要一個君主專制。聖經說，起初有大衛王（約西元前 1000-970 年）和所羅門王（約西元前 970-930 年）在其王城耶路撒冷統治一個完整的王國。但是到了西元前十世紀，他們就分裂為兩個國家。北方的以色列國比較大也更加富庶，擁有九成的以色列人民。他們的土地肥沃豐饒，交通便利，而耶斯列谷（Jezreel Valley）也早已成為埃及和美索不達米亞的主要貿易路線。南方的猶大國則比較小且孤立，由大衛王的子孫統治；它的礫石土地也不利耕作。⑫

　　然而因聖經的作者偏袒南方王國，我們反而比較清楚猶大國的宗教。那是典型的迦南人的君主專制。其儀式以大衛王個人為中心，他是戰神的人間翻版，並且由於他與耶和華的儀式關係，因而也是個「聖者」。在他的即位禮裡，他成為「諸聖」之一，成為神的兒子。耶和華收養他，

---

⑫ R. A. Di Vito, *Studies in Third Millennium Sumerian and Akkadian Personal Names: The Designation and Conception of the Personal God* (Rome, 1993), pp. 93-96。

⑫ Finkelstein and Silberman, *The Bible Unearthed,* pp. 124-42; Dever, *What Did the Biblical Writers Know,* pp. 124-64。

並且說：「你是我的兒子，我今日生你。」❿作為神的特殊僕人，他在
「聖者的會中」和神的其他兒子並坐。作為耶和華的攝政，他會摧毀神在
人間的仇敵，正如耶和華打敗海洋和河流的宇宙力量。

聖約的儀式退居幕後，而耶和華和大衛王的立約，也就是應許建立
他的王國直到萬代，取代了耶和華和各支派的約定。以前的聖約慶典著重
於以色列的歷史，但是王室的儀式則回到遠古的神話。西元前十世紀的
聖殿詩篇，描寫當耶和華趕赴拯救耶路撒冷時，就像巴力一樣，大步跨到
海洋，他的雷電使大地顫抖震動。❿在新年慶典裡，或許有盛大的遊行，
紀念耶和華拯救錫安山（Zion），也就是他的聖山，並且把約櫃迎入所羅
〔48〕 門王建造的聖殿。合唱隊輪唱著：「有力有能的耶和華，在戰場上有能
的耶和華。」當他進入他的聖殿時，其他「至高者的兒子們」，敵族的
守護神，也要將榮耀能力歸給耶和華，他震碎了利巴嫩（Lebanon）的香
柏樹，他的閃電光照世界。❿耶和華的聲音震動曠野，樹木也脫落淨光。
「洪水氾濫之時，耶和華坐著為王；耶和華坐著為王，直到永遠。」❿

耶和華仍是個戰神，但是他並非以色列唯一崇拜的神。其他諸神溫
和得多；他們象徵著和諧以及友好，並且讓大地豐收。即使是巴力打敗莫
特，並且和亞拿交媾以後，他也宣告他的勝利促成了天地的和諧：「樹木的
一句話，石頭的一句低吟，都會把天翻覆成地，把深淵翻轉成星星。」❿以
色列人需要戰神的庇護，以耶和華為榮，但是他們也渴望其他神聖形式。
它終於導致和少數堅持只崇拜耶和華的族群的衝突。

軸心時代尚未臨到。所有這些傳說都蘊含著高度的憂懼不安。在草
原的生活被偷牛賊打亂以前，雅利安人的宗教一直是和平、慈愛的，但是

....

❿ Psalm 2:7。
❿ Psalms 77, 89。
❿ Psalm 24。
❿ Psalm 29-8-10。
❿ Ugaritic hymn quoted in Smith, *Early History of God,* p. 46。

74

這個史無前例的侵略促使瑣羅亞斯德開展出一個兩極對立的觀點。在以色列和印度，在仇敵環伺新領域裡的不安以及社會生存的艱困，使得他們的儀式增添了暴力和侵略的意象。但是人們不能一直生活在這種緊張狀態裡。儀式教他們洞察無底深淵，知道他們可以和逆境共存。在西元前九世紀，希臘人，軸心時代的第四個民族，從他們的黑暗時代崛起；他們的經驗顯示儀式的事件如何讓古代世界的人們從歷史災難和不幸裡浴火重生。

第 二 章

儀式：
約西元前 900-800 年

　　西元前 2000 年左右，地中海東岸的危機臨到希臘。邁錫尼的希臘人　〔49〕
鼓足最後一口氣，摧毀了小亞細亞的特洛伊城（Troy）：考古學家挖掘出
屠城的證據，他們相信那是發生在西元前十三世紀中葉。但是就像中東
的王國一樣，邁錫尼的王國也漸趨式微，希臘進入一個長達四百年的黑
暗時代。自西元前十四世紀以來，邁錫尼人一直主宰著該地區。他們建
立了城市之間的貿易網路，輸出橄欖油到安那托利亞和敘利亞以換取錫
和銅。不同於先前的邁諾安（Minoan）文明（約西元前 2200-1375 年），
邁錫尼的社會好勇尚武。邁諾安人統治著克里特島（Crete）的克諾索斯
（Knossos），他們似乎是個愛好和平的民族。他們的宮殿繪有熱情而瑰
麗的壁畫，卻沒有深溝高壘，戰爭似乎是個很遙遠的威脅。然而邁錫尼的
希臘人卻是披堅執銳以統治群眾，他們從西台帝國引進戰車、堅固的城堡
和宏偉的陵墓。國王也勵精圖治。邁錫尼人以他們的王城邁錫尼為據點，
統治麥西尼亞（Messinia）、皮洛斯（Pylos）、阿提卡（Attica）、波伊
提亞（Boetia）、帖撒利（Thessaly）、希臘諸島和賽浦路斯（Cyprus）。
根據西台文獻，到了西元前十三世紀，他們開始侵略小亞細亞的海岸城
市。

　　強盛的文明卻似乎一夕之間消失。邁錫尼的核心城市，皮洛斯、提
林斯（Tyrins）和邁錫尼，都被海上的民族摧毀。有些居民遷徙到阿卡迪
亞（Arcadia）和賽浦路斯，北方伯羅奔尼撒（Peloponnesus）的阿開亞
（Achaea）成為邁錫尼人托庇的飛地，他們也就成了阿開亞人。❶但是除
此之外，他們幾乎都銷聲匿跡了。邁錫尼人採用邁諾安人的文字作為其語　〔51〕
言，但是殘存的文獻只有關於器具、食物和收益的清單，我們對於他們的
社會所知甚少。但是它似乎是傾向克里特人和近東民族的路線，而與將要
在軸心時代裡開展的希臘文化無甚關係。

....

❶ Walter Burkert, *Greek Religion,* trans. John Raffar (Cambridge, Mass., 1985), p. 47。

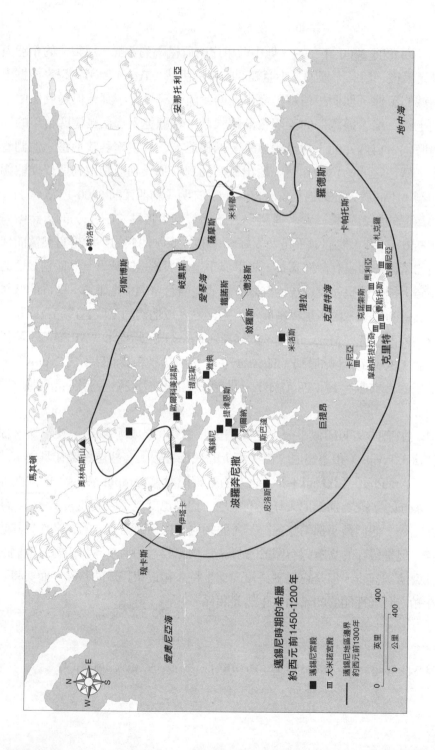

希臘人屬於印歐民族，在西元前 2000 年左右在該地區定居。❷就像印度的雅利安人一樣，他們對於草原沒有任何記憶，以為他們的祖先一直都住在希臘。但是他們說著印歐語系的方言，若干文化和宗教習俗也和印度雅利安人類似。火在希臘祭典裡相當重要，希臘人也非常好勝，什麼事都要比劃比劃。起初希臘人住在邁諾安社會的周圍，但是到了西元前 1600 年，他們開始侵入大陸，邁諾安文明在一連串的自然災害之後漸漸沒落，他們也準備要接管邁錫尼人的王國。

對於邁諾安人或邁錫尼人的宗教，我們所知甚少。根據考古學家發現的雕像和祭物，邁諾安人似乎喜歡舞蹈和遊行；他們有聖樹祭，也會在山頂向他們的諸神獻牲祭，也有出神的異象。金指環和雕像上繪著男男女女聚精會神地仰望著空中的女神。墓園是聖地。國王是神族的一員：圖章描繪國王和一位女神對話，女神遞給國王一隻長矛或權杖。在其後的希臘宗教裡，可以看到若干儀式的延續，而邁錫尼人的文獻裡提到的諸神，在後來的希臘萬神殿裡仍有舉足輕重的地位：宙斯（Zeus）、雅典娜（Athena）、波塞頓（Poseidon）以及戴奧尼索斯（Dionysus）。

但是地中海東岸災難性的土崩瓦解，使得希臘從此和以上兩個文明分道揚鑣。希臘陷入一種文化沙漠和相對的野蠻狀態。他們沒有權力核心，也沒有地方首領統治各區域。聚落各自遺世獨立，和同樣陷於危機的近東國家也不再有任何聯繫。沒有紀念碑，沒有形象藝術，而他們的工藝也漸漸沒落。只有詩人還在歌頌著古老的傳說。他們回憶邁錫尼時期，那個偉大戰士的英雄時代。他們訴說阿開亞人的英雄阿奇里斯（Achilles）的故事，他在特洛伊戰爭中被殺死。他們也回憶邁錫尼國王阿加曼農（Agamemnon）的悲劇命運，他死於天意中的宿敵之手。他們也還憶底比斯（Thebes）國王伊底帕斯（Oedipus），他在不知情的狀況下弒父娶 〔52〕

❷ Ibid., pp. 10-16; Oswyn Murray, *Early Greece,* 2nd ed. (London, 1993), pp. 10-11; Jacob Burckhardt, *The Greeks and Greek Civilization,* trans. Sheila Stern; rev. ed. by Oswyn Murray (New York, 1998), pp. 13-16。

母。吟遊詩人在希臘到處流浪，讓分散各地的聚落有個共同的歸屬感和語言。

其中有一個渡過危機的城市，那就是阿提卡（Attica）東部的雅典（Athens），它成了邁錫尼人的重要據點。城市沒落、居民減少，但是其遺址沒有完全荒廢。到了西元前十一世紀中葉，雅典工匠開始生產精緻的陶器，並且飾以現在所謂的原幾何風格（Proto-geometric style），也有雅典人移民到小亞細亞，沿著愛琴海（Aegean）建立聚落，保存著愛奧尼亞（Ionian）的城市方言。然而到了西元前十世紀末，雅典附近出現了若干新的村落，雅典居民分為四個部落（phylai），那是行政上的單位，而不全然是以民族去劃分，就像英國公立學校的「宿舍」一樣。形勢對雅典一片大好，其復甦則要歸功於雅典的神話國王提修斯（Theseus）。❸雅典人每年都要在城市附近的聖山衛城（Acropolis）舉行宗教慶典，紀念提修斯統一該地區。

在西元前九世紀，希臘的社會仍然以農業為主。我們主要的文獻來源是荷馬史詩，它直到西元前八世紀才被書寫下來，卻也保存了某些古代口耳相傳的傳說。地主（basileis）的財富是以他的羊、牛和豬去計算的。他們不與農夫或鄉下人為伍，仍然自以為是個戰士。他們大聲誇耀自己的功蹟，要別人阿諛讚美他們，好勇鬥狠，而且非常個人主義。他們效忠的對象是自己、他們的家庭和氏族，而不是整個城市。但是希臘社會的地主們認為自己的身分和整個愛琴海的貴族都有親屬關係，也樂意慷慨地和他們合作，並且熱情款待客旅。

到了黑暗時代的末期，愛琴海的商業也復甦了。貴族需要鐵以便打造他們的武器和盔甲，以及可以在敵人面前炫耀的奢侈品。他們最早的貿易夥伴是北方海岸城市的迦南人，希臘人稱他們為腓尼基人（Phoenician），因為腓尼基人壟斷了在古代唯一不會褪色的紫色

....

❸ Robert Parker, *Athenian Religion: A History* (Oxford and New York, 1996), pp. 10-16。

（phoinix）染料。起初希臘人很討厭腓尼基人，因為他們的文化要先進
得多。但是到了西元前九世紀，他們開始攜手合作。腓尼基人在賽浦路斯
建立據點，腓尼基的工匠也到雅典、羅德斯（Rhodes）和克里特島工作。
腓尼基的殖民者開發了地中海西部，西元前 814 年，他們在北非海岸建立
迦太基城（Carthage）。他們向希臘人證明海洋的商業潛力，而希臘人在 〔53〕
敘利亞開始新的對外接觸。在西元前九世紀末，腓尼基人、賽浦路斯人和
希臘人，在奧倫提斯（Orontes）河口的阿爾米納（Al-Mina）建立商業中
心。❹

　　希臘人恢復了生氣；但是人們仍然處於靈性的黑暗深淵。古代邁諾
安人和邁錫尼人的宗教其若干元素仍然殘存著：例如說，在衛城也有一株
神聖的橄欖樹。❺但是西元前十三世紀的危機粉碎了古老的信仰。希臘人
眼看著他們的世界瓦解，創痛澈底改變了他們。邁諾安人的壁畫大膽且明
亮；所描繪的男人、女人和動物都充滿期待和希望。女神會在花朵盛開的
草地上顯聖，並且歡喜地跳舞。但是到了西元前九世紀，希臘人的宗教既
悲觀主義且陰森怪誕，他們的神是危險、殘忍且恣意妄為。❻希臘人終究
成就了一個璀璨奪目的文明，但是他們從未失去他們的悲劇意識，而這也
是他們對於軸心時代偉大宗教貢獻之一。他們的儀式和神話總是暗示著不
可告人的、禁忌的東西，在暗地裡、在夜裡，可能發生了什麼可怕的事。
在生命顛沛流離的災難裡，當維繫社會和個人於不墜的種種禁忌和界限一
夕之間瓦解時，他們體驗到了神聖。

　　我們在希臘諸神駭人聽聞的誕生故事裡可以看到這種灰暗的觀念。

....

❹ Murray, *Early Greece,* pp. 69-74。
❺ Burkert, *Greek Religion,* pp. 49-50。
❻ Walter Burkert, *Savage Energies: Lessons of Myth and Ritual in Ancient Greece,* trans. Peter Bing (Chicago and London, 2001), p. 91; Walter Burkert, *Homo Necans: The Anthropology of Ancient Greek Sacrificial Ritual and Myth,* trans. Peter Bing (Berkeley, Los Angeles and London,1983), pp. 27-34; Walter Burkert, *Structure and History in Greek Mythology and Religion* (Berkeley, Los Angeles, and London, 1980), pp. 50-52

在希臘世界裡沒有慈愛的造物神，在太初也沒有神性的秩序，只有冷酷無情的仇恨和衝突。傳說中起初有兩個原始力量：混沌和蓋婭（Gaia）（大地）。他們彼此厭惡而無法生育，因而各自獨立繁殖後代。蓋婭生了天空之神烏拉諾斯（Uranus），又生了我們世界裡的海洋、河流、丘陵、高山。接著蓋婭又和烏拉諾斯交媾，蓋婭生了六個兒子和六個女兒。他們就是泰坦神族（Titans），也是最早的神族。

但是烏拉諾斯很討厭他的子女，他們一出生，他就逼他們回到蓋婭的子宮裡。忿怒的蓋婭向她的孩子們求助，但是只有幼子克羅諾斯（Cronus）膽敢照她的話去做。他爬到母親的子宮裡，抱著鐮刀等他的父親，當烏拉諾斯再次和蓋婭行房時，他就割掉父親的陽具，拋到地上。最高神經常被他們更有活力的孩子們推翻，但是很少有神話如此變態地描繪太初的鬥爭。克羅諾斯現在成了主神，他從地底釋放了他的哥哥姐姐。〔54〕他們彼此交媾，生了第二代的泰坦族，包括把大地扛在肩上的阿特拉斯（Atlas），以及從天上盜取火送給人類的普羅米修斯（Prometheus）。

然而，克羅諾斯沒有記取過去悲劇的教訓，卻像他的父親一樣暴虐。他娶了他的姐姐麗娥（Rhea），生了五個孩子，也就是第二代神族：黑斯提亞（Hestia）（灶神）、狄美特（Demeter）（穀物之神）、希拉（Hera）（婚姻之神）、哈得斯（Hades）（冥府之神）以及波塞頓（Poseidon）（海神）。但是克羅諾斯聽說他會被他的孩子所推翻，於是把每個剛出生的孩子都吞到肚子裡。麗娥懷了第六個孩子，絕望之餘去找她的母親蓋婭，當小嬰兒宙斯出生時，蓋婭便把他藏到克里特島上，麗娥則用一塊石頭包在襁褓裡交給克羅諾斯，他想也不想就吞了下去。宙斯長大後，強迫他的父親吐出他的哥哥姐姐，一家子都住在奧林帕斯山（Olympus）。克羅諾斯思欲反撲。他和其他泰坦族諸神在奧林匹亞大戰十年，整個世界天翻地覆，直到宙斯獲勝，把他的父親和泰坦神族關到黑暗可怕的地底深淵「塔塔羅斯」（Tartarus）。

在這期間，第二個原始力量「混沌」也生了可怕的後代：埃瑞波斯

（Erebus）（「陰間」的意思）和夜神妮克絲（Nyx）。妮克絲生了一家子的女兒，包括命運三女神（Moirai）、死亡女神（Keres）以及復仇三女神（Erinyes）❼。復仇三女神尤其駭人；希臘把她們想像成為討厭的巫婆，四肢纏著蛇，嗅著她們的獵物，像狗一樣低吼或吠叫。有一則神話說，克羅諾斯割掉烏拉諾斯的陽具，她們便是從滴到地上的血誕生的。因此她們比奧林帕斯諸神還要古老，而她們一生下來，家庭暴力就銘刻在她們的記憶裡。

這些地底的陰間力量主宰著黑暗時代的希臘宗教。在西元前九世紀，人們相信統治宇宙的是她們，而不是奧林帕斯諸神。其後的詩人解釋說，這些黑暗諸神「探查人類和諸神的罪惡，直到她們給予罪人應得的報應，她們才會息怒」❽，因為即使是一件家庭的暴力，也會危害整個社會秩序。烏拉諾斯、克羅諾斯和宙斯都犯了可怕的家庭罪行，於是陰間女神便代表著奧林帕斯諸神的陰暗面。她們的力量一旦啟動，就會自行運作而喚不回來。每當被害者詛咒加害人，並且大喊著要復仇，復仇三女神就會被釋放，如一群野狗一般追捕過犯者，直到他以死贖罪為止。〔55〕

復仇三女神始終在希臘人的想像裡縈迴不去。即使黑暗時代早就過去，希臘人還是熱中於弒親虐子的故事。這些違反人道的行為（即使不是出於自願），有某種傳染力量（也就是瘴氣〔miasma〕），有自己的獨立生命。除非以罪人的死去洗滌它，否則人間就會連年瘟疫災難。例如說，阿特留斯（Atreus）家族的神話，就是阿特留斯和帖斯提斯（Thyestes）兩兄弟為了邁錫尼王位的醜惡鬥爭。阿特留斯殺了帖斯提斯的兒子們，並且煮來宴諸帖斯提斯。這個駭人聽聞的惡行招來了瘴氣，在阿特留斯整個家族肆虐蔓延。自此以後，慘絕人寰的仇殺不斷。阿特留斯的兒子，邁錫尼國王阿加曼農，為了讓希臘大軍乘著順風攻打特洛伊，而

....

❼ Hesiod, *Theogony* 116-30, in Dorothea Wender, trans., *Hesiod and Theognis* (London and New York, 1976)。

❽ Ibid., 118-22, Wender trans.。

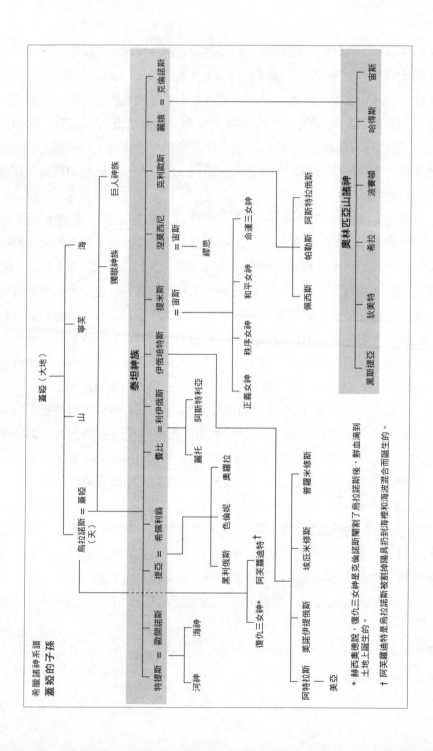

希臘諸神系譜
蓋婭的子孫

* 赫西奧德說，復仇三女神是克倫諾斯閹割了烏拉諾斯後，鮮血滴到土地上誕生的。

† 阿芙羅迪特是烏拉諾斯被割掉陽具扔到海裡和海波混合而誕生的。

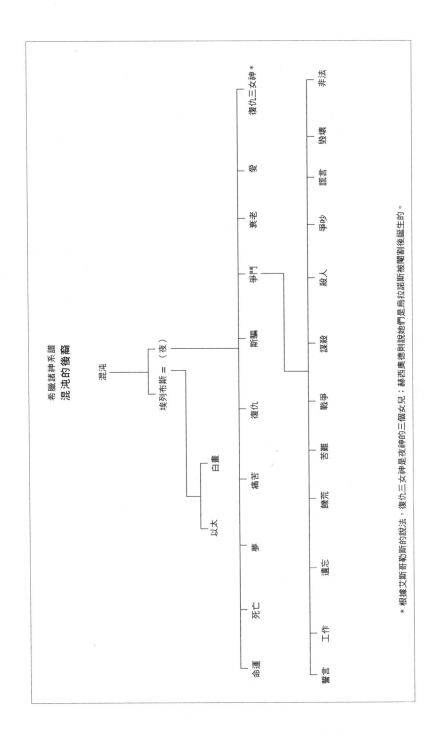

希臘諸神系譜
混沌的後裔

＊ 根據艾斯喀勒斯的說法，復仇三女神是夜神的三個女兒；赫西奧德則說她們是烏拉諾斯被閹割後誕生的。

不得不獻祭他的女兒伊菲吉妮婭（Iphigenia）。阿加曼農從特洛伊回國以後，妻子克呂頓妮絲卓（Clytemnestra）為了報復而殺死他，她的兒子歐勒斯特斯（Orestes）則為了報父仇而殺死母親。這個情節乖謬而錯綜複雜的故事日後成了希臘神話的重要元素之一。就像其他許多希臘神話一樣，故事裡的人類總是很無力。在西元前八世紀，荷馬相信呂頓妮絲卓和歐勒斯特斯的罪行都是情非得已；他們的行為甚至被讚美為德行，因為他們為大地清除了污濁的「瘴氣」。❾

　　無論希臘人多麼強大，他們都不曾真正認為能夠掌握自己的命運。西元前五世紀末，希臘文明達到巔峰，卻仍然認為人們的行為完全受命運女神甚或奧林帕斯諸神的驅使，一旦有人犯了罪，住在染污環境裡的無辜人類也會莫名其妙地遭殃。人們不指望奧林帕斯諸神的庇護，諸神們很不負責任地介入人類的生活，支持他們袒護的對象，毀滅惹他們生氣的人，而不曾想過後果會有多麼嚴重。復仇三女神是唯一有道德感的神，她們對於罪行深惡痛絕，卻完全沒有憐憫和同情。因此，在某個故事版本裡，被迫弒母的歐勒斯特斯被復仇女神一路追殺，直到他不幸的家庭招致的瘴氣散去，他才獲得赦免。

〔58〕　　暴力和災難的意象在希臘人心裡始終揮之不去。奧林帕斯諸神不只對人類暴虐；他們也會彼此殘殺。例如說，宙斯的妻子希拉很厭惡她的兒子黑腓斯塔斯（Hephaestus），因為他有殘疾，他一出生就被母親拋到地下。希拉她是個殘忍而忿怒的神，無情地追殺她的丈夫通姦所生下的孩子。她串通泰坦族殺害宙斯和凡間女子西蜜莉（Semele）所生的戴奧尼索斯（Dionysus），後來又把他逼瘋了。失心瘋的戴奧尼索斯在東方諸國流浪多年以後才痊癒。希拉也想要殺害宙斯另一個兒子赫拉克列斯（Heracles），她把蛇放進他的搖籃裡，後來也使他發瘋而殺死自己的妻兒。家庭是社會的基石，換言之，它被視為神聖的制度，人們在其中可以學到尊重他人的價值。希臘是個殺戮戰場，而婚姻女神希拉證明了最基本

....

❾ Homer, *Odyssey*, 1:31-32。

的關係也可能引致惡毒而殘忍的情緒。人們對她的崇拜充滿了罪惡、恐懼和深層的焦慮。

在黑暗時代以後所建的第一座希臘神殿，就是希拉在離小亞細亞海岸很遠的薩摩斯島（Samos）的神殿。當地人對她的崇拜顯示她是個喜怒無常的女神，她隨時都可能消失，並且奪走人們一切幸福。在她每年的慶典前夕，她的神像（一塊厚石版）就會從神殿神祕失蹤。天亮以後，薩摩島的人們發現它不見了，於是到處尋找女神的神像。後來他們找到了神像，把它洗乾淨，用柳條捆緊，防止她又跑掉，但是她還是屢次消失不見。希拉是生命之母，是萬物的泉源。她的消失會危及整個自然的秩序。

希臘人可能是從中東承襲這個消失的神是令人不安的神話，並且啟發了他們若干最重要的儀式。那些儀式告訴他們，除非去體會強烈的失落感，否則不可能得到生命和狂喜。主司穀物和豐收的狄美特，也是另一個隱遁的大地之母。她為宙斯生了一個美麗的女兒波賽芬妮（Persephone）。宙斯不顧狄美特的反對，把女兒波賽芬妮許配給他的兄弟冥王哈得斯，並且幫助冥王誘拐她。傷心欲絕的狄美特離開了奧林帕斯山，不再庇護人類，偽裝成老婦在人間流浪，到處找尋她的女兒。於是世界成了不毛的荒漠，長不出莊稼來，人們也快要餓死了，依賴凡人獻祭的奧林帕斯諸神，於是要求把波賽芬妮還給她母親。但是因為波賽芬妮吃了陰間的石榴，每年必須到冥府和她丈夫待一段時間。當她和狄美特團圓時，大地繁花盛開，而當她到了冬季回到地下時，世界便一片死寂。生命和死亡就是如此交替著。狄美特既是穀神，也是冥府女神，因為莊稼是從地底深處長出來的。死神哈得斯因而也是穀物的守護神，而永恆的少女（kore）波賽芬妮，則是陰間的女王。〔59〕

在古代每年的播種祭（Thesmophoria）裡，希臘人會重演這個令人不安的故事。⑩村子裡的婦女們會像狄美特一樣離開她們的丈夫，消失三

....

⑩ Anthony Gottlieb, *The Dream of Reason: A History of Philosophy from the Greeks to the Renaissance* (London, 2000), pp. 123-25; Burkert, *Greek Religion*, pp. 134-35。

天。她們會禁食，在山裡過夜，就像文明前夕的原始民族一樣。她們在儀式裡咒罵她們的男人，也有某種儀式性的性行為。為了紀念在哈得斯誘拐波賽芬妮時被大地吞噬的豬隻，婦女們會以小豬獻祭，把它們丟到坑洞裡，讓它們餓肚子。儀式沒有以喜劇收場，婦女們沒有慶祝波賽芬妮的回歸。城市一團混亂；社會所依賴的家庭生活也被瓦解；希臘人不得不思考在狄美特不再眷顧人類的時期可能面對的文明解體、兩性的深層仇恨以及世界的災難。❶慶典到了尾聲，婦女們回到家裡，生活也復歸平靜。但是這儀式讓希臘人面對他們極為擔憂的東西。他們看過他們的社會在黑暗時代裡瓦解，儘管他們似乎刻意壓抑對於這場災難的回憶。對於那個時代所埋藏的回憶卻讓他們明白，他們任何成就都可能瞬間消失，死亡、崩壞和仇恨隨時都在威脅著他們。儀式讓希臘人克服恐懼，面對它，並且證明他們可以安然到彼岸去。

在軸心時代的四個地區所創造的宗教傳統，都植根於恐懼和痛苦。他們都認為，重要的不是去否認這個苦難，的確，當下承擔它，是啟蒙的先決條件。即使在軸心時代到來以前的這個階段，希臘人就明白它的重要性。在每年葡萄收成的春季裡，安提斯特立亞族人（Anthesterion）會舉行紀念酒神戴奧尼索斯的慶典。❷傳說戴奧尼索斯在東方習得種植葡萄的祕訣，並且告訴雅典人。安提斯特立昂與眾不同的儀式，可能要溯自黑暗時代，他們重演這個故事，讚美葡萄酒的神性轉化力量，它把人們舉揚到另一個向度，在那個短暫的時刻裡，他們似乎分享了奧林帕斯諸神的美。

試品新釀的葡萄酒應該是個歡樂的場合，但是它也是死亡的慶典。和儀式有關的祕教故事解釋說，戴奧尼索斯把初釀的酒獻給阿提卡的一個農夫伊卡里歐斯（Ikarios），並且傳授他採收葡萄的方法。但是伊卡里歐斯的鄉人喝了他的酒，都酩酊大醉而倒地不醒。由於他們從來沒有

〔60〕

---

❶ Gottlieb, *Dream of Reason*, pp. 138-40; Burkert, *Greek Religion*, p. 200。
❷ Burkert, *Greek Religion*, pp. 237-42; Burkert, *Homo Necans*, pp. 213-35。

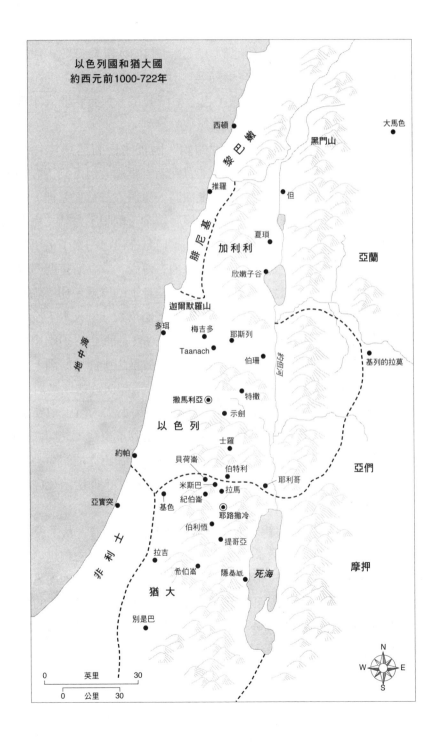

以色列國和猶大國
約西元前1000-722年

大馬色

西頓

黎巴嫩

黑門山

推羅

但

夏瑣

加利利

亞蘭

欣嫩子谷

迦爾默羅山

地中海

多珥

梅吉多

耶斯列

Taanach

伯珊

基列的拉莫

撒馬利亞 ◉

特撒

示劍

以色列

士羅

約帕

貝荷崙

伯特利

亞們

米斯巴

拉馬

耶利哥

亞實突

紀伯崙

基色

耶路撒冷 ◉

伯利恆

提哥亞

拉吉

希伯崙

隱基底

死海

摩押

猶大

菲利士

別是巴

N
W　E
S

英里
0　　　　30

公里
0　　　　30

喝醉過,以為伊卡里歐斯要害死他們。於是他們把他亂棒打死,伊卡里歐斯的血和酒混在一起。悲劇的結局是,伊卡里歐斯的女兒伊莉歌妮(Erigone)找到他殘缺的屍體之後,也上吊自殺了。只有希臘人才會把一場歡樂的春之祭變形為紀念如此平白無故的慘劇。

日落以後,慶典在一座小神殿裡開始。阿提卡所有居民,包括奴隸、婦女和小孩,相偕參加初始典禮,並且向諸神獻酒。但是到了翌日,所有神殿都關閉,家家戶戶的大門都塗上樹脂。每個人都待在家裡,起碼喝了兩公升的酒。那是憂鬱的狂飲競賽。沒有嬉鬧、歌唱、對話,完全翻轉了雅典平常的社會生活。每個喝酒的人都獨自坐在自己的桌子,用自己的杯子,不發一語地喝酒。為什麼呢?根據地方傳說,歐勒斯特斯四處躲避復仇三女神的追捕,而來到雅典。國王害怕他身上的瘴氣,卻不想就此把他趕走。他請歐勒斯特斯喝新釀的酒,但是讓他單獨一個人坐,沒有人和他說話。儘管他們戒慎恐懼,城市還是被污染了,因而也必須承擔歐勒斯特斯的弒母罪行。雅典人知道他們是不淨的,於是也肅靜地飲酒。突然間,一場怪異的化裝舞會打破了死寂。戴面具的默劇演員扮成冥府的死神高萊(Kore)(譯①),駕著滿載酒罐的馬車到街上去,囂張地要求款
〔62〕 待,喧鬧大笑,大聲咒罵,粗暴地恐嚇人們。但是到了夜裡,一切恢復秩序。醉醺醺的民眾唱歌歡笑,提著空酒罐蹣跚回到位在沼澤地的小神殿。一個女祭司獻身給戴奧尼索斯當他的新娘,神被安撫了,而扮演死亡使者的默劇演員也駕車離去。

到了第三天,則是開始新的一年。氣氛更加輕鬆熱情。為了慶祝新年到來,每個人都會吃一盤穀子,據說太初的農夫在發明碾磨和烘焙技術之前,就是這樣吃的。慶典裡有各種競賽,包括贏得少女芳心的盪鞦韆比賽。但是恐懼仍然潛伏其中,因為盪鞦韆的女孩讓人想到上吊自殺的伊莉歌妮。你永遠也無法忘記生命本有的悲劇。希臘人所有的儀式都以滌清

....

譯① 就是波賽芬妮。

（katharsis）作終。諸神的怒氣被平息，瘴氣被驅散，有了新生命、新希
望。即使是回憶伊莉歌妮的悲劇性死亡，也結合了孩子們的歡笑景象。會
眾都有「出神」（ekstasis）（走出去）的經驗。在那三天裡，他們拋開
平常的生活，面對他們埋藏在心裡的恐懼，放下它們，迎向新生活。

　　這其中沒有內省，也不是要分析纏縛著希臘人心靈的潛在創傷。只
有外在儀式會間接觸及到這些問題。會眾重演古代的神話，他們因而不再
只是個體。他們放下平常的自我，行為舉止一反常態。希臘人喜歡饗宴和
嬉鬧，但是他們一整天都壓抑著他們的習性，在悲傷的沉默當中喝著他們
的葡萄酒。他們模仿古代的情節，因而拋下他們的自我，彷彿被葡萄酒裡
頭的戴奧尼索斯所感動和轉化了。該儀式也是個入會禮（initiation），一
個走出悲傷、走出對死亡和污染的恐懼，並且迎向新生命的儀式。有些人
在臨終時或許會想起安提斯特立亞（Anthesteria），把死亡當作另一個入
會禮。

＊　　　＊　　　＊

　　地中海東部正要開始復甦。在西元前九世紀末，北方的以色列王國
成為該地區的強權。西元前 926 年，埃及法老示撒（Shishak）入侵迦
南，他不僅劫掠了耶路撒冷，摧毀以色列國和猶大國的一百五十座城市， 〔63〕
也摧毀了許多古代迦南據點，例如米及多、利合（Rehob）、伯善（Beth-
shean）和他納（Taanach）。迦南人的文化從此灰飛煙滅。以色列擴張到
古代迦南地區，同化了沒落城市的遺民，並且剝削他們的技術。❸暗利王
（Omri，西元前 885-874 年在位）在撒馬利亞（Samaria）建立了一座宏
偉的土城，王畿占地約五英畝。他的兒子亞哈（Ahab，西元前 885-874 年
在位）又在那裡建了一座華麗的象牙宮殿，並且建立了與腓尼基、賽浦路

....

❸ Israel Finkelstein and Neil Asher Silberman, *The Bible Unearthed: Archaeology's New Vision of Ancient Israel and the Origin of Its Sacred Texts* (Hew York and London, 2001), pp. 158-59。

93

斯和希臘的通商路線。他娶了腓尼基公主耶洗別（Jezebel），她的名字後來成為邪惡的代名詞。

在《列王記上》裡對亞哈王口誅筆伐的聖經歷史學者都很厭惡耶洗別，因為她把腓尼基的巴力神信仰引進以色列。但是他寫作的年代是西元前七世紀，那已經是大不相同的世界。在西元前九世紀，亞哈的婚姻可以說是政治上的成功。對於以色列的地區整合以對抗大馬色（Damascus）、腓尼基和摩押（Moab）而言，那是很重要的。亞哈只是蕭規曹隨而已。所羅門王也娶外邦公主，在王室的儀式裡獻祭其他神，並且在耶路撒冷城外的山上替他們建築邱壇。❹但是亞哈很不幸激怒了少數虔信派，他們認為以色列民族只能敬拜耶和華。

亞哈不是背教者。他會經常諮詢耶和華的先知，卻也不認為他妻子的巴力信仰有何不妥。數百年來，耶和華的信仰經常以巴力的讚歌和儀式為資糧。考古學家發現，大部分民眾會敬拜耶和華以外的神，而直到西元前六世紀，巴力的崇拜才在以色列流行起來。❺但是在西元前九世紀，以色列人敬拜的神就已經逐漸減少。在敘利亞和美索不達米亞，人們的神性體驗太複雜且震撼，而無法侷限於單一的象徵符號。配偶、神子、隨從等等階級井然有序的神族會議的意象，顯示神性有多重面向，還沒有形成一致的整體。❻神族會議的象徵符號對於以色列或猶大的人民相當重要，但是到了西元前九世紀，神族成了上對下的關係，像厄勒和他的配偶亞舍拉（Asherarh）統治一大群神族，但是耶和華底下只有少數天神。❼他們是耶和華的「天兵」。

作為民族的神，耶和華沒有同儕、敵手，也沒有長官。他有「聖者

---

❹ 1 Kings 11:5, 7-8; Mark S, Smith, *The Early History of God: Yahweh and the Other Deities in Ancient Israel* (New York and London, 1990), pp. xxiii-xxv。

❺ Smith, *The Early History of God,* pp. 44-49。

❻ Mark S. Smith, *The Origins of Biblical Monotheism: Israel's Polytheistic Background and the Ugaritic Texts* (New York and London, 2001), pp. 41-79。

❼ Ibid., pp. 47-48, 96, 148-51。

的會」、「神的眾子」隨侍，讚美他對子民的信實：

〔64〕

> 耶和華啊，諸天要稱讚你的奇事；
> 在聖者的會中，要稱讚你的信實。
> 在天空誰能比耶和華呢；
> 神的眾子中，誰能像耶和華呢？
>
> 他在聖者的會中，是大有威嚴的神，
> 比一切在他四圍的更可畏懼。
> 耶和華萬軍之神啊，哪一個大能者像你耶和華？
> 你的信實，是在你的四圍。**⓮**

　　當民眾大聲說「耶和華啊，眾神之中誰能像你」，他們顯然沒有否認有其他諸神存在，而只是宣稱他們的守護神比鄰族的民族神，「至高者（厄勒）的兒子們」，能力要大得多。沒有任何神敵得過耶和華的信實。**⓯**但是耶和華是個戰神。他並不熟悉莊稼或收成，於是許多以色列人敬拜古代的巴力和亞拿以求豐收，因為巴力是讓土地肥沃的力量。

　　然而，有一小撮先知要人們只敬拜耶和華，相信耶和華可以滿足他的子民所有的渴望。先知傳統是古代中東既有的信仰。從迦南到幼發拉底河中部的馬里（Mari），出神的先知為他們的神「代言」。*在以色列和猶大，先知通常和王室有關。聖經文獻顯示他們經常批評朝政，亟欲維護耶和華信仰的純粹性。但是我們對於早期以色列的先知傳統所知甚少，因為我們的主要來源是西元前七世紀的聖經史家，而他們也是敘述很

⓮ Psalm 89:5-8。

⓯ Smith, *Origins of Biblical Monotheism*, p. 9。

＊ 先知並不預言未來。「先知」（prophet）一詞源自希臘文的「prophetes」，意為代表神說話的人。

久以前的事件。但是在《列王記下》裡關於西元前九世紀的先知以利亞（Elijah）和他的弟子以利沙（Elisha）的傳說，仍然保有古老口傳傳說的性質。該文獻並不完全符合史實，但是那些故事或許可以反映學者們所謂「獨尊耶和華運動」（Yahweh alone movement）的興起。

這些故事敘述以利亞和亞哈的激烈衝突。他們把耶洗別描繪為一個邪惡的女子，說她支持巴力的祭司，迫害耶和華的先知。[20]以利亞的名字意思是「耶和華是我的神」。他是史上第一個堅持只能敬拜耶和華的先知。在古老的中東神學裡，厄勒（El）為每個民族指派了一個守護神。耶和華是以色列的神；基抹（Chemosh）是摩押的神，瑪勒堪（Milkom）是亞們（Ammon）的神。但是有些先知認為，如果國王把外邦的神迎入王室，而排擠以色列的神，那麼耶和華就會被貶低。以利亞並不懷疑巴力的存在，但是因為他不是以色列的神，以利亞相信他應該待在腓尼基。

〔65〕

但是儘管有巴力的庇護，以色列還是連年旱荒，以利亞見機不可失，於是在迦密山（Carmel）挑戰耶洗別的四百五十個先知。[21]他先是對觀眾絮絮叨叨地說教。他說現在他們必須在巴力和耶和華之間做一個選擇。接著他要來兩隻牛犢，一隻給巴力，一隻給耶和華，安置在邱壇上。他和巴力的祭司各自呼求他們的神降火燒燔祭。巴力的祭司大聲求告了一個早上，用刀槍自割自刺，在他們的邱壇四周踴跳，卻沒有任何應允；但是以利亞求告耶和華，火便從天而降，燒盡燔祭和邱壇。眾民看了，都俯伏在地上：耶和華是他們的神。於是以利亞要他們在河邊殺盡巴力的祭司，然後爬上迦密山，屈身在地，將臉伏在兩膝之中，求耶和華結束旱荒。瞬間大雨傾盆，被降靈的以利亞把羊毛斗蓬繫在皮腰帶上，跟著亞哈的馬車狂奔。耶和華篡奪了巴力的職務，證明他既是戰神，也可以讓大地豐饒。

....

[20] 1 Kings 18:3, 10, 19。
[21] 1 Kings 18:20-46。

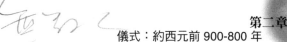

以利亞倡言以色利只能敬拜一個神，為以色列的傳統宗教帶來新的緊張關係。要人民放棄巴力，意味著失去一個很重要的神的庇護。他們當中有數千人一直認為巴力信仰讓他們更加認識這個世界，讓田地豐收，也讓他們有信心去對抗貧瘠和饑荒。他們在獻祭時，相信他們觸及了讓大地多產的神性力量。以利亞要他們放棄這一切，只信仰並不主司豐收的耶和華。❷❷

大雨過後，以利亞憂心忡忡，擔心耶洗別要為她被屠殺的先知們報仇而殺了他。以利亞離開以色列，來到何烈山（Horeb），托庇於耶和華的聖所。以利亞躲在石洞裡等候神的顯現。❷❸在過去，耶和華和巴力一〔66〕樣，經常在自然異象裡顯現。當他降臨時，高山動搖，樹木顫抖，河水恐懼。但是這次卻大異其趣。

那時耶和華從那裡經過，在他面前有烈風大作，崩山碎石，耶和華卻不在風中；風後地震，耶和華卻不在其中；地震後有火，耶和華也不在火中；火後有微小的聲音；以利亞聽見，就用外衣蒙上臉，出來站在洞口。❷❹

那是個隱藏的神，他不在自然的暴力當中顯現，而是在輕聲低語裡，在幾不可聞的微風低吟裡，在靜默和言語的弔詭裡顯現。

那是個超越性的（transcendent）時分。耶和華不再顯現為自然世界裡的內在性（immanent）的神，而成為獨立的、彼岸的神。歷史學家經常談到軸心時代的「超越性突破」（transcendental breakthrough）。這個

....

❷❷ S. David Sperling, "Israel's Religion in the Near East," in Arthur Green, ed., *Jewish Spirituality,* 2 vols. (London and New York, 1986, 1988), 1:27-28。

❷❸ Exodus 33:17-23; 34:6-8。

❷❹ 1 Kings 19:11-13。本段經文翻譯見：Frank Moore Cross, *Canaanite Myth and Hebrew Epic: Essays in the History of the Religion of Israel* (Cambridge, Mass., and London, 1973), p. 194。

故事顯然是其中之一。但是就像以色列的古老宗教一樣,它的衝突性也很強。它緊接在一次大屠殺之後,而一連串的仇恨衝突接踵而至。以利亞用外衣蒙上臉,走出洞口,聽到耶和華宣判亞哈子嗣們的死刑。他們都要死,除了那些「未曾向巴力屈膝的」。㉕當人們熱中於定義他們要「走向」的神,而不關於他們所要「超越」的貪婪、仇恨和自私,就會產生刺耳而挑釁的沙文主義。自由是軸心時代的重要價值,其後軸心時代的聖哲會說以利亞的高壓手段是「不善巧」的行為。強迫人們接受一個他們仍然無法體會的信仰,只會招致反效果。關於一個本質上無法定義的超越者,獨斷的說法不會有任何好處。

以利亞和巴力的先知的競賽,在以色列和猶大國裡引起新的衝突。自此以後,在先知們的信仰裡便充滿了和敵對諸神的激烈競爭。在某方面,他們的信仰和平許多。他們捨棄了戰神的古老形象,因為那會讓人們想起巴力。先知再也不會在狂風暴雨裡看到耶和華,而是在諸神的會裡看到他。㉖但是即使如此,還是產生了競爭和對立。希伯來文的詩篇顯示耶和華如何在諸神的會裡對抗至高者的其他兒子:

〔67〕　神站在有權力者的會中,
　　　　在諸神中行審判說:

　　　　你們審判不秉公義,
　　　　徇惡人的情面,要到幾時呢?
　　　　你們當為貧寒的人和孤兒伸冤;
　　　　當為困苦和窮乏的人施行公義。
　　　　當保護貧寒和窮乏的人,

....

㉕ 1 Kings 19:18。
㉖ Cross, *Canaanite Myth*, pp.190-91。

救他們脫離惡人的手。

你們仍不知道，也不明白，在黑暗中走來走去；
地的根基都搖動了。
我曾說，你們是神，都是至高者的兒子。
然而你們要死，與世人一樣；要仆倒，像王子中的一位。

神啊，求你起來審判世界，因為你要得萬邦為業。

詩篇暗示說，在以前，耶和華一直願意接受「至高者的其他兒子」
為「神」（elohim），但是現在他們已經被罷黜了；他們要像凡人一樣老
死。在諸神的會裡成為領袖的耶和華宣告了他們都要死去。

耶和華指摘其他諸神忽略了維護社會正義的首要職責。以利亞
也堅持要同情且體恤窮人和被壓迫者。耶斯列（Jezreel）的地主拿伯
（Naboth）拒絕把毗鄰亞哈的宮殿的葡萄園賣給亞哈王，耶洗別便煽動眾
人用石頭打死他，耶和華為此譴責國王說：「狗在何處餂拿伯的血，也必
在何處餂你的血。」[28]亞哈聽到這個神諭以後懊惱不已；他禁食、穿著麻
布睡臥，於是耶和華對他網開一面。對於社會正義的關懷，既不是新的發
展，也不是以色列和猶大所特有的。濟弱扶傾一直是古代近東共同的政治
主張。[29]早在西元前 2000 年，美索不達米亞的國王就主張說，以正義對
待窮人、孤兒和寡婦，是個神聖的責任，太陽神夏馬西（Shamash）傾聽
他們的求告而如是訓諭。漢摩拉比法典的前言說，唯有國王和有權勢者不

....

[27] Psalm 82。
[28] 1 Kings 21:19。
[29] F. Charles Fensham, "Widow, Orphan and the Poor in Ancient Near Eastern Legal and Wisdom Literature," in Frederick E. Greenspahn, ed. *Essential Papers on Israel and the Ancient Near East* (New York and London, 1991), pp. 176-82。

〔68〕壓迫可憐的臣民，太陽才會普照大眾。埃及諸法老也諭令要照顧窮人**❸⓪**，因為太陽神「雷」（Re）是「窮人的宰相」。**❸①**在烏加里特（Ugarit），人們認為唯有公義得以伸張，才能夠阻止旱荒；振窮濟乏是在維護巴力神戰勝莫特（Mot）以後所建立的秩序。**❸②**在整個近東，正義是宗教的重要支柱。它也是很務實的政治。如果在自己家裡橫徵暴斂而到處樹敵，那麼征服外邦的敵人又有什麼意義呢？

以利亞和以利沙都以仁民愛物和慷慨激昂的演說為人稱道。這些故事和以利沙對抗巴力一樣膾炙人口。**❸③**正如近東其他諸神，耶和華總是憐憫窮人，善行和潔淨的信仰一樣都會得到他的賞報。在旱荒時，西頓（Sidon）的一個寡婦把僅有的一把麵和一點油分給以利亞吃，於是耶和華應許她在乾旱期間不虞匱乏。**❸④**但是這些故事並不意味著軸心時代的新宗教出現；在該地區的古老傳統裡，社會正義的呼求早已深植人心。

在以色列東部，一個全然不同的帝國正逐漸成形。西元前 876 年，亞述的國王征服了腓尼基在地中海海岸的兩座城市，撒縵以色（Shalmaneser）三世在西元前 859 年登基，以大馬色的哈大底（Hadadezer）為首的國王聯盟試圖封鎖亞述的西進。西元前 853 年，亞哈王派遣戰車支援攻打亞述，在在奧倫提斯河的卡卡（Qarqar）一役戰敗。然而亞述的實力仍不足以併吞西部地區，大馬色還是該地區的強國。同年，亞哈王試圖挑戰大馬色，卻在和以前盟友對戰當中被殺死。暗利王家族就此沒落；在一場宮庭鬥爭裡，以利沙支持的耶戶（Jehu）奪得王位，並且和亞述結盟。西元前 841 年，亞述打敗大馬色，主宰了該地區。以色列國成為臣屬國，享有一段和平富庶的時期。

....

❸⓪ W. G. Lambert, *Babylonian Wisdom Literature* (London, 1960), pp. 134-35。

❸① Anastasi II.6:5; Papyrus Harris I。

❸② Norman Cohn, *Cosmos, Chaos and the World to Come: The Ancient Roots of Apocalyptic Faith* (New Haven and London, 1993), p. 120。

❸③ John Dominic Crossan, *The Birth of Christianity: Discovery What Happened in the Years Immediately After the Execution of Jesus* (New York, 1998), pp. 198-99。

❸④ 1 Kings 17:8-16; 2 Kings 4:1-7。

在《約書亞記》第二十四章裡，約書亞在示劍與民立約，或許就在這個時期。❸那原本是更古老的經文，西元前七世紀的歷史學家把它收錄到他的編年史裡，而且可能是以在該聖所的古代聖約慶典為依據。據說，以色列人初到迦南時，約書亞便要子民和耶和華正式立約。如果他們要成為耶和華的子民，就必須放棄他們在約但河彼岸敬拜的諸神，只服事耶和華。他們必須在耶和華以及地方上的其他諸神之間作抉擇。約書亞警告他 〔69〕們說，這是個很嚴肅的抉擇，耶和華是「是忌邪的神，必不赦免你們的過犯罪惡；你們若離棄耶和華去事奉外邦神，耶和華在降福之後，必轉而降禍與你們，把你們滅絕。」❸

在西元前七世紀末葉，其他諸神仍然很有魅力，但是他們只能待在約但河對岸。那不是一個一神論的世界。如果沒有其他諸神存在，民眾就不必作此抉擇。❸「一神崇拜」（Monolatry）是個儀式性的設計。「獨尊耶和華」的運動呼籲以色列人只服事耶和華，而拋棄其他諸神的信仰。但是這個主張需要勇氣，他們會失去其他諸神的庇護，失去他們熟悉且偏好的神聖義務。以色列正要割斷中東的神話和信仰共識，邁向一個孤獨而痛苦的旅程。

*　　　*　　　*

在中國，則不需要如此痛苦的割捨，它的軸心時代並不和過去決裂，而是開展自對於周朝諸王的古老禮法更深刻的理解。西元前九世紀的中國是個風雨飄搖的時代。古老的封建體系正在解體，而周朝也長年遭受四周蠻族侵擾。我們對於這段時期的歷史事件所知不多，但是文獻倒是提到多次宮廷叛變，其中至少有兩次迫使周王逃離京城。周土無法支配中原

....

❸ S. David Sperling, "Joshua 24 Re-examined," *Hebrew Union College Annual* 58 (1987)。

❸ Joshua 24:19-20, 23。

❸ S. David Sperling, *The Original Torah: The Political Intent of the Bible's Writers* (Hew York and London, 1998), pp. 68-72; John Bowker, *The Religious Imagination and the Sense of God* (Oxford, 1978), pp. 58-68。

諸城，古老的君主專制其實已經被地方諸侯的聯盟給取代了，他們只在意識型態上對周王忠誠，在現實上則各自為政。[38]「禮」是唯一能夠凝聚他們的東西。禮法提醒諸侯，周王是「天子」。天命要他治理百姓。唯有他才可以獻祭上帝，而周王在渭水的首都鎬京，則是周朝諸城市的宗教中心。除了魯國（周公的後裔）以外，諸侯不得行王室的禮儀以祭祀先王。

〔70〕　　在中原其他地方，諸侯各自統治周王封給他們的「國」。各國皆仿傚周室，諸王居於城中心，和他們各自的祖廟毗鄰。諸侯其下有「卿」和「大夫」，他們在朝為官，主持大型祭典，率軍隊隨諸侯出征。卿大夫其下則有「士」，他們是一般的貴族後裔，車戰是他們的任務。諸國連年擴張其領土，而相繼稱王。其中最重要的是宋國，他們宣稱是殷商後代，保存了商朝的傳統，其次是忠於周室禮法的魯國。到了西元前八世紀末，中原有十二個諸侯國。

在諸國裡，宗教一直主宰著生活。[39]信仰以天子個人為中心，他繼承了天命，天生就有巫術的力量，並且把該力量授與諸侯。正如當時其他宗教體系，中國的宗教致力於以「禮」去維護宇宙的自然秩序，它也讓人類社會呼應天的「道」。據說，國王的祭祀行為可以控制各種自然力量，而使四季運行，風調雨順，眾星各居其所。因此，國王是個神性的角色，因為他是上帝在人間的翻版。但是天和地並沒有存有學上的區隔。中國對於超越自然秩序的神一直不感興趣。以利亞體驗到的與世隔絕的神，對於中國人而言是不得其解的。天和地是互補的：它們是神聖的而且相輔相成。

天也有人性的特質，但是沒有明確的個性或性別。他不會從山頂雷鳴般地發號施令，而是由代理人去統治世界。唯有天子和諸侯才能夠體驗到天。地沒有人間的代言人，但是有兩座「社」：一座在宮殿北方，毗鄰

....

[38] Jacques Gernet, *A History of Chinese Civilization,* trans. J. R. Foster and Charles Hartman, 2nd ed. (Cambridge, U.K., and New York, 1996), pp. 54-65。

[39] Marcel Granet, *The Religion of the Chinese People,* trans. and ed. Maurice Freedman (Oxford, 1975), pp. 56-82; Henri Maspero, *China in Antiquity,* trans. Frank A. Kierman Jr. (Folkestone, 1978), pp. 134-59; D. Howard Smith, *Chinese Religions* (London, 1968), pp. 12-31。

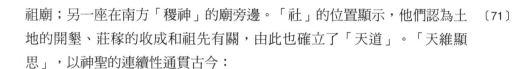

祖廟；另一座在南方「稷神」的廟旁邊。「社」的位置顯示，他們認為土　〔71〕
地的開墾、莊稼的收成和祖先有關，由此也確立了「天道」。「天維顯
思」，以神聖的連續性通貫古今：

　　邦家之光……胡考之寧。匪且有且，匪今斯今，振古如茲。❹

　　人們在耕作時，他們不只是關心一己「斯今」的成就。他們的努力
使他們和祖先（人類的原型）合而為一，也和萬物應然的「道」合而為
一。

　　沒有人類的努力，天是無法運行的。❹因此，人間平凡的行為也是神
聖的，並且讓人類參贊天地化育。當他們砍伐樹林、清理田野、開闢道路
時，周王也是在踵武天的造物工作。

　　天作高山，大王荒之，彼作矣。文王康之，彼徂矣。岐有夷之行，
子孫保之。❹

　　中國人不認為天地之間有任何隔閡，而只看到它們的連續性。❹祖先
們現在與上帝同在，但是他們以前曾活在人間。經由神諭，天可以和地溝
通，而作為大地的居民，人類可以在「儐」禮當中和祖先共餐。
　　當中國人談到地、世界或中國時，俗世的範疇包含了神聖的範疇。　〔72〕
他們並不熱中於追尋「彼岸」的神聖事物，而致力於讓俗世符合天的原
型，進而使它成聖。在宇宙以及自然歷程裡開顯的「天道」，比任何定義

❹ *Classic of Odes* 151, in Arthur Waley, ed. and trans., *The Book of Songs* (London, 1934)。
❹ Michael J. Puett, *The Ambivalence of Creation: Debates Concerning Innovation and Artifice in Early China* (Stanford, 2001), pp. 28-46。
❹ *Classic of Odes* 270. Waley trans.。
❹ Huston Smith, *The World's Religion: Our Great Wisdom Traditions* (San Francisco, 1991), pp. 183-85; Gernet, *History of Chinese Civilization,* pp. 31-32。

明確的至高神都重要；他們在日常生活中順應天道，因而體驗到神聖。「天」固然比較崇高，但是「地」卻是國家政治的核心。諸侯盟會都是在社廟舉行的。周朝認為戰爭是懲奸除惡、恢復「道」的秩序之方法。軍隊出師前必先祭郊廟，班師回朝時則以戰俘獻祭。日蝕的時候，天子和諸侯會齊聚社廟，各居其所，以求恢復宇宙秩序。因此，地是天的對耦，如果沒有俗世的輔助，天就無法實現它的「道」。

國王登基而為天子，便是為天在地上「開了道」。他也得到了「道德」（道的力量），使敵人懷德畏威，人民心悅誠服，政令風行草偃。如果國王沒有正確實現「道德」，它就為危害人間。❹❹據說，一旦國王擁有這個力量，只要君臨天下，就能使人們和自然現象循道而行。國王的一個念頭就可以立即轉化為行動：

> 思無疆，思馬斯臧；……
> 思無邪，思馬斯徂。❹❺

國王克明其德，大地就會欣欣向榮。如果其德沒落，其臣民就會多疾而早夭、田地歉收、井水乾涸。我們於此再次看到全體主義（holistic）的觀點。自然世界和人類社會是息息相關的。

國王的責任就是使人類和自然世界能夠真正和諧。古詩說，聖王能使四時有序，如太陽的軌跡一般。❹❻於是，黃帝「撫萬民，度四方」，遊歷東西南北四隅。而堯更是「克明俊德」，他不必親臨四方，而是遣使定四時之序。舜則尤其甚者。他「賓于四門」，依四個方位在四個城門行賓禮。❹❼周朝諸王甚至不必出宮殿。他們建造一座大殿，分別面向東西南北

[73]

....

❹❹ Smith, *Chinese Religion,* p. 24。
❹❺ Marcel Granet, *Festivals and Songs of Ancient China,* trans. E. D. Edwards (London, 1932), p. 75。
❹❻ Granet, *Chinese Civilization,* pp. 11-12; Granet, *The Religion of the Chinese People,* pp. 66-68。
❹❼ Sima Qian, *Records of a Master Historian* 1.56, 79, cited in Granet, *Chinese Civilization,* p. 12。

四個方位躬立以啟四時。國王依時序更換衣具且齋戒，以符合自然秩序。在冬天，他會著玄服，騎黑馬，駕黑車，立黑旗。為了安立這個季節，他必須站在宮殿的西北隅，吃稷和豬肉，那是冬季的食物。春天到來，他則著青服，立青旗，吃酸食，站在宮殿的東北隅。到了秋天，他要穿白衣，站在西方；在夏天，他會著赤衣站在南方。

雖然國王有至高的權力，卻不能為所欲為。他的生活每個環節都必須符合天體運行的規範；他個人的喜好厭惡完全不重要。他的職責不是自己去規劃的外交和內政政策，而是服膺「道」。這個古老的理想也啟迪了中國軸心時代的許多思想家。如果國王「明鬼神而敬事之」，那麼「其德嶷嶷」，「其動也時，其服也士」。[48] 大地、江海、植物、動物、諸神、男女、國王和百姓，都會欣欣向榮，而互不侵擾。如是，則天下以「太平」治。但是如果國王德衰，世界就會陷於混亂。降雨不以時而傷穀，日月失其位而會有日蝕和地震。於是國王知道他必須恢復秩序。他會鳴鼓示臣民備戰，自各國召諸侯而至。他們到京城後，著各自封地方位所屬顏色的衣服，黑、青、赤、白，並且在京城廣場各就其位。如果是旱荒，國王會下詔罪己，承認他為政失德、百官無能、宮廷淫逸，並且在南郊的社廟獻祭。如是以巫術恢復人類世界的秩序，也可以讓宇宙和平，並且重建天道。

在西元前九世紀，「禮」更加普及了。[49] 在周朝初期，這些王室禮　〔74〕儀很可能只是私有的、家族的事務，但是現在他們得在大眾面前舉行。「儒」主持典禮，務使禮儀如法。新的普及禮法意味著人民也可以奉行和分享「道」。於是，京城所有居民每年都可以看到國王和王后主持新年祭。國王乘馬車，身穿繡有日月的王袍，到城南的社廟，主持新年第一次

....

[48] Sima Qian, *Records of a Master* Historian 38, cited ibid.。

[49] Edward L. Shaughnessy, "Western Zhou Civilization," in Michael Loewe and Edward L. Shaughnessy, eds., *The Cambridge History of Ancient China* (Cambridge, U.K., 1999), pp. 323-24。

祭典，向天獻祭。國王以天為模範，而人民則是服從國王的領導，國王必須在每個季節性的活動裡為民表率。他是人世間的原型；人民效法天子，他們自己的生活因而也符合「道」。於是，當冬天過後，國王必須犁耕第一道田畦，「率時農夫，播厥百穀」，接著農民才可以耕作。在春天，他的妃子們以儀式把自己獻給國王，如是國王可以開始行夫婦之禮的季節。秋天將盡，國王率百官駕車到城北郊外迎冬，宣告休息和黑暗的季節已至，要農民回到他們的村子裡去。國王通常會帶頭獻祭並關上宮殿的大門。城民和農夫則隨著他回到家裡去。

我們關於古代王室禮儀的資訊主要來自中國古典文獻。我們不知道它們是否符合史實；它們大部分可能是個烏托邦，但是它們所訴說的理想卻深植於中國人的想像，也成為軸心時代的關鍵。在其他城市裡，諸侯可能也會主持類似的儀式。他們在朝為官，和國王一起進食；國王賜給他們酒饌，也就是讓他們分受國王一部分的「道」。在京城，國王以繁複隆重的典禮敬拜殷代和周代的先王，而諸侯則在其宮殿旁邊的祖廟各自祭祀他們的先祖。

和商朝一樣，周朝每五年會舉行特別的「賓」禮。以告饗自然諸神和祖先。王室花十天悉心準備、齋戒、潔淨廟堂，並且從神龕迎出祖先的牌位，安置於王室苑囿。在祭典當日，國王和王后分別率眾到花園，而〔75〕王室的孩子們各自代表一位祖先，由禮官恭敬肅穆地護送到他們各自的位置。他們宰殺牛羊以饗神，「執爨踖踖，為俎孔碩，或燔或炙」，這時候贊禮的人四處勸請諸神來享用，大聲喊道：「你在嗎？你在嗎？」接著有美妙的音樂，隆重的典禮，每個人都盛裝扮演好自己的角色。饗宴結束以後（和祖先們的神聖共餐，他們在子孫身上以神祕的方式臨現），則歌頌祭典的完成：「為賓為客，獻酬交錯；禮儀卒度，笑語卒獲。」㊿賓禮當中的一切表情、動作和話語，都有明確的規定。賓客捨棄他們的個體性，

㊿ *Classic of Odes* 199. Waley trans.。

以服從儀禮的理想世界。他們接著說：「我孔熯矣，式禮莫愆，」

孔惠孔時，維其盡之。(51)

祭禮是一個神性社會的顯聖，人們和諸神很親密地生活在一起；每個人都有自己獨特而無法取代的角色；他們拋卻平日的自我，涵泳在一個更大更重要的東西裡。儀式很生動地複製了一個天國，上帝、皇祖（由國王代表他）、商代和周代先王以及自然諸神都住在那裡。祖先們會降福給人們，但是他們也會遵守神聖儀式的規則。殷人會以儀式求告諸神和祖先的庇佑，但是到了西元前九世紀，正確且合宜地行禮越來越重要。如果行禮合度，以神的和諧為模範的人們心裡就會產生某種神奇的東西。(52)

儀式以「六舞」（譯②）結束，紀念文王和武王討伐商紂。六十四位舞者穿著絲綢，手執象徵軍隊的玉斧（玉戚）（譯③），而國王自己則扮演文王。每一段都有其特別的音樂和象徵性的舞蹈，以及讚頌天命的詩歌：

命之不易，無遏爾躬；宣昭義問，有虞殷自天。上天之載，無聲無 〔76〕
臭；儀刑文王，萬邦作孚。(53)

六舞裡包括中正平和的「大夏」，相傳是夏朝始祖大禹所制，意味著為政以德，天下太平，人們相信它會為周朝帶來秩序和安定。

(51) Ibid.。
(52) Benjamin I. Schwartz, *The World of Thought in Ancient China* (Cambridgem Mass., and London, 1985), pp. 49-50。
(53) *Classic of Odes* 235, in Wm. Theodore De Bary and Irene Bloom, eds., *Sources of Chinese Tradition,* 2nd ed. vol. I: *From Earliest Times to 1600* (New York, 2003)。
譯② 六舞：雲門、咸池、大韶、大夏、大濩、大武。見《周禮・春官宗伯第三》。
譯③ 《禮記・明堂位》：「朱干玉戚，冕而舞大武。」

中國人很清楚策略的重要性。他們繁複的儀式使自己更加優雅。在西元前九世紀，他們開始了解到儀式的效果比窺伺天意更加重要。我們扮演一個角色，因而更了解我們自己。我們戴上了不同角色的面具，而暫時融入到另一個人物裡。儀式給會眾一個和諧、美麗和神聖的景象，當他們回到紛擾的日常生活時，那景象仍然長相左右。在儀式期間，舞者、角色扮演者和百官心裡會生起某種新的東西。他們行禮如儀，相忘於更偉大的典範之中，並且創造了（至少是暫時的）神聖的共融，於其中，古人和今人、天和地，都合而為一。

然而，中國人只是剛要開始他們的旅程而已。他們還沒有反省到「禮」的種種影響。因此，他們還缺少自我意識去分析他們的行為。到了西元前三世紀左右，中國軸心時代最有理性主義精神的哲學家——荀子，才反省古代的禮儀，並且了解它們在靈性上面的重要性。荀子說：「君子以鐘鼓道志，以琴瑟樂心；動以干戚，飾以羽旄，從以磬管。」這些外在的舉止姿態會影響到他的內在自我：「故樂行而志清，禮脩而行成，耳目聰明，血氣和平，移風易俗，天下皆寧，美善相樂。」

尤其是，優雅的禮儀可以幫助會眾超越他們自己。荀子又說：「君
〔77〕 子樂得其道，小人樂得其欲。」軸心時代的人們會明白，超越自我的限制，可以給他們更深層的滿足，而不只是自我耽溺：「以道制欲，則樂而不亂；以欲忘道，則惑而不樂。」❺

在中國的軸心時代，有些哲學家會拒絕「禮」的策略，但是其他哲學家則是以「禮」為基礎建構了一個博大精深的信仰。制禮作樂是周朝的偉大成就之一。在軸心時代之後完成的作品《禮記》曾說：「殷人尊神，率民以事神，先鬼而後禮……周人尊禮尚施，事鬼敬神而遠之。」❺殷人意欲以他們的儀式去控制和利用諸神，但是周人直覺明白到，儀式本身擁

❺ *The Book of Xunzi* 20, "A Discussion of Music," in *Xunzi: Basic Writings,* ed. and trans. Burton Watson (New York, 2003)。
❺ Schwartz, *World of Thought*, p. 49。

有更強的潛移默化的力量。

西元前九世紀末，周朝動盪不安。西元前 842 年，周厲王遜位，而且被諸侯放逐。周室的不振使人民心生疑慮。如果「天子」如此無能短視，那麼「上帝」又能好到哪裡呢？於是有詩人挖苦說：「上帝板板，下民卒癉。」天子和諸侯再也無法循道而行。「出話不然⋯⋯不實于亶。」❺❻ 被逐的厲王卒於西元前 828 年。其子即位中興周室。但是「道」並沒有被恢復。詩人注意到，這些日子以來，自然災禍接連不斷。「旱既大甚，蘊隆蟲蟲；不殄禋祀，自郊徂宮。上下奠瘞，靡神不宗。后稷不克，上帝不臨；耗斁下土，寧丁我躬。」

　　大命近止，靡瞻靡顧；群公先正，則不我助。父母先祖，胡寧忍予？❺❼

儀式仍然莊嚴優美，對於會眾仍然影響深遠，但是務實的批評者開始對於「禮」的神奇功效心生疑慮。然而對於這個迫近危機的回應，卻是主張更加繁文褥節，而不是簡約的禮法。

＊　　＊　　＊

在西元前九世紀，印度的祭司們正醞釀一個將會為軸心時代揭幕　　〔78〕的儀式革命。在對於獻祭儀式有系統的分析過程裡，他們發現了內在自我。關於那些個別的祭司，我們所知甚少。我們不知道他們的名字，而他們也沒有把這個獲致新觀念的個人旅程給記錄下來。我們只知道他們屬於婆羅門種姓，在吠陀時期末葉崛起。❺❽他們的職責是保存《梵書》（Brahmanas），那是西元前九世紀到七世紀集結成的技術性祭祀聖典。

....

❺❻ *Classic of Odes* 254, Waley, trans. 。
❺❼ *Classic of Odes* 258, in Bernhard Karlgren, trans., *The Book of Odes* (Stockholm, 1950), p. 214。
❺❽ Louis Renou, "Sur la notion de *Brahman*," *Journal asiatique* 237 (1949)。

從這些枯燥乏味的論典裡，我們卻可以看到改革者亟欲揚棄獻祭儀式裡的暴力元素。

雅利安人的生活逐漸安土重遷。經濟越來越依賴農耕，而不再四處劫掠，即使我們無文獻可徵，他們似乎都體認到必須停止彼此搶奪的破壞性循環。傳統的祭祀不僅合法化了這種型態，甚至賦予它神聖的意義。祭祀本身經常變質為真實的打鬥，侵略性的獻祭相續不絕。[59]祭典學者決定要有系統地臧否祭祀經典，廢除任何可能導致暴力的習俗。他們不僅說服剎帝利（kshatriya）種姓的武士接受他們修訂的儀式，他們的改革也催生了一個靈性的覺醒。[60]

乍看之下，充斥著繁文褥節的《梵書》似乎和軸心時代的精神相去甚遠。獻祭時要用什麼樣的柄杓，祭司迎火盆到祭壇要走幾步，這種荒謬可笑的討論怎麼能啟發任何宗教改革呢？但《梵書》其實不斷在變動不居的世界裡找尋新的意義和價值來源。[61]祭典學者想要一個不會傷害其會眾的儀規。古代的儀式高潮經常是戲劇性地砍下祭牲的頭，以重演因陀羅殺死烏里特那的故事。但是因陀羅已經不再是雅利安人初抵印度時的那個至高神了。他的重要性逐漸降低。在改革的儀式裡，人們會在祭場「外頭」的棚子裡讓祭物盡可能沒有痛苦地窒息而死。「汝不曾死，不曾受傷，」〔79〕祭司如是安慰祭物；「行行向古道，至諸神之所。」[62]在這些經文裡，宰牲經常被描繪為「殘忍的」，一個必須被償贖的惡行。有時候祭物會捨去不用，而致贈給主祭的祭司。在這個時期，婆羅門已經在醞釀「無害」（ahimsa）的理想，它在日後也成了印度軸心時代的重要德行。[63]

....

[59] J. C. Heesterman, "Ritual, Revelation and Axial Age," in S. N. Eisenstadt, ed., *The Origins and Diversity of Axial Age Civilization* (Albany, 1986), pp. 396-97。

[60] Ibid.。

[61] J. C. Heestreman, *The Inner Conflict of Tradition: Essays in Indian Ritual, Kingship and Society* (Chicago and London, 1985), p. 91。

[62] Taittiriya Brahmana (TB) 3.7.7.14, quoted in J. C. Heesterman, *The Broken World of Sacrifice: An Essay in Ancient Indian Ritual* (Chicago and London, 1993), p. 34。

[63] Taittiriya Smahita (TS) 6.4.8.1., ibid., p. 209。

　　改革的儀式也廢除任何可能侵害人類的部分。不再有競技、戰車比賽、模擬廝殺或搶奪。這些都有系統地被排除在儀式以外，而代之以緩和情緒的讚歌和象徵性的姿勢。為了避免衝突，主祭的家主會是在場唯一的剎帝利或吠舍（vaishya）種姓。以前嘈雜擁擠的祭場，現在空蕩蕩的，只有祭主和他的妻子。再也沒有惡意的仇敵來干擾祭典；也沒有挑釁者，家主也不得宴請賓客。取而代之的，是四個祭官和他們各自的助手，為施主引導祭事，務使每個動作和咒文都確實如法。祭祀裡所有的激情、喧囂和嬉鬧都被摒除。在這些無害的祭祀裡，唯一可能的危險就是程序的錯誤，他們可以經由特別的儀式去「治療」祭祀。

　　我們知道祭典學者揚棄了什麼儀式，因為在改革的祭祀裡，競技習俗的痕跡仍然清楚可見。在某些可疑的經文裡還是會很突兀地提到戰爭。《梵書》經文說，榨取蘇摩汁是要紀念因陀羅殺死烏里特那的故事；他們把莊嚴的輪唱讚歌比擬作因陀羅致命的電戟，祭司則以「雄渾的聲音」不斷地低吼。[64]以前在戰車競賽裡詠唱的一首莊嚴歌曲依然被稱為「提婆的戰車」。《梵書》經常提到「敵人」，失去了敵人則留下尷尬的空缺。祭場上的「三火」其中之一是屬於「敵人」的，咒文也提及一個不曾存在的戰鬥：「因陀羅和阿耆尼擊潰了我的仇敵！」[65]火壇祭（Agnicayana）嚴禁提及任何戰役，但是它原本是要歌頌軍隊向東部開疆拓土的故事。起初祭主只是捧著火缽，向東走三步，然後把它放下。但是這樣似乎太乏味了，於是在比較大的場地裡，祭主會以馬車載著火缽穿過祭場。[66]

　　祭典學者解釋說，是生主（Prajapati）制定改革的儀式，生主是《梨俱吠陀》後期經文裡提到的造物神。他們也提到一個故事，其後成為宗教改革運動的神話宣言。[67]有一天，生主和死神一起主持祭典，並且在戰　〔80〕

....

[64] Pancavimsha Brahmana (PB) 7.7.9-10。

[65] Jaiminiya Brahmana (JB

[66] 1.135; TS 6.3.1.1.; Shatapatha Brahmana (SB) 36.1.27-29; ibid., p. 67。

[67] JB 2.60-70, in Heesterman, *Broken World of Sacrifice,* p. 54。

車、骰子和音樂競賽當中決一高下。死神被拒絕使用傳統「武器」的生主澈底打敗。生主利用新的祭祀儀規，不僅打敗死神，甚至把他吞掉。（譯④）死神自此從祭場裡消失，而就像改革祭典裡的家主一樣，只有生主寂然獨立。「再也沒有儀式競賽！」祭典學者趾高氣揚地說。生主成為一個原型的祭主。於是，任何在新的儀式裡效法他的人，都不會透過在競賽裡打敗對手，或是透過戰鬥或屠殺，去征服死神。祭主唯有同化死亡，接納它，讓「死亡成為他的自我（atman）」❻❽，如是他才能夠征服死亡。這是個動人的景象；祭典學者讓生主吞掉死神，而把關注的焦點從外在世界拉到內心領域。生主讓死神成為自己的一部分，因而內化且征服了它；他再也不必害怕死亡了。身為凡人的祭主亦應如是。

在古老的祭典裡，家主把死亡的責任推給別人。賓客接受了他的祭祀邀宴，就必須承擔祭性死亡的責任。在新的儀式裡，祭主自己要為動物的死亡負責。他把死亡接納到自己的存有裡，而不是投射到他人身上，因而和祭物合而為一。經由新的儀式裡象徵性死亡，他把自己獻給諸神，就像動物們一樣，他也體驗到「不死」。有個婆羅門說：「祭主自己成為祭物，因而免於死亡。」❻❾

《梵書》把造物神生主的形象和吠陀後期讚歌裡的原人布爾夏（Purusha）融合在一起，諸神以布爾夏為祭物獻祭，而生出了世界萬物。於是，生主和布爾夏既是祭主也是祭物，而家主完成祭祀，就和這個太初的獻祭同化，也和生主合而為一。「只有一個祭物，」祭典學者說，所有祭物都和太初的原始祭物合而為一，而「生主即為祭物」。❼⓿生主是人們要追隨的典範；家主不像因陀羅那樣成為殺戮者而得到「不死」，他

❻❽ SB 10.5.2.23; 10.6.5.8, ibid., p. 57。
❻❾ SB 11.2.2.5., ibid., p. 34; cf. Brian K. Smith, *Reflections on Resemblance, Ritual and Religion* (Oxford and New York, 1989), p. 103。
❼⓿ JB 2.70, cited in Heesterman, *Broken World of Sacrifice*, pp. 54, 57。
譯④ 《百段梵書》說：「諸神畏死，欲避之，而奉祭於他神，但無靈驗。於是生主教彼等以一種祭祀，祭時以祭壇之石表種種符徵之形而行祭，由是諸神皆得不死。」（見《印度哲學宗教史》）

會成為祭物，經歷儀式性的死亡，並且進入諸神的永恆世界（至少在祭典期間）。

　　但是《梵書》認為祭主應必須明白他在做什麼。不加思索的行禮是 〔81〕沒有用的：他必須「知道」生主就是祭物；他必須熟知新的儀規。生主在和死神對抗時，他的武器就是他對於「般度」（bandhus）的知識，也就是天界和地界的「親緣性」。吠陀宗教始終認為世俗萬物是神性存有者的複製物。宗教改革者則把這個早期的直觀見解轉化為宗教修行。祭典學者發現到，在祭祀裡的每個行動、器具或咒語，都和宇宙實在界有一種相似性和關聯性。**❶**那是集體性的「相應」（yoga），把不同層次的實在界「用軛連在一起」。**❷**而類似性便構成了同一性。如果在祭祀時完全意識到這個關係脈絡，一切都會有新的面目：諸神和人類相連，人類也和動物、植物、器具相連，超越者和內在者相連，可見者也和不可見者相連。

　　例如說，生主就是「歲」（Simvatsara）的「般度」（親緣），因為生主在造物那一天自身體湧出「時間」；生主也「曾經是」祭牲，因為他以自己獻祭，自他的身體湧出的諸神，因而也是生主的「般度」。家主在主祭時，他其實已經把自己當作祭物獻給火；因此他也「曾經是」祭牲。如是，他也「曾經是」生主，因為他既是祭主也是祭物。他重現原始的祭祀，而和生主合而為一，厭棄了俗世，而進入神的國度。於是他可以宣告說：「我得到天、諸神，我得到不死。」當然，這是古代思想共通的原型觀念。然而印度儀式改革的殊異之處，則是在儀式裡以心識的力量建立起這些連結。婆羅門要會眾明白這些「般度」，也更加了解自我。每個微不足道的器具，即使是火鉗，在他們心裡都必須和太初儀式裡的火鉗合而為一。當祭司把一塊清淨的奶酥拋入火裡，他會和獻此祭的生主一樣高聲說：「圓滿成就！」（Svaha!）由於祭主和祭司的心識活動，俗世的事物

....

❶ R. C. Zaehner, *Hinduism* (London, New York, and Toronto, 1962), pp. 59-60; Smith, *Reflections on Resemblance,* pp. 30-34, 72-81。

❷ Louis Renou, *Religions of Ancient India* (London, 1953), p. 18。

得以「圓滿」；他們揚棄了他們俗世生命的脆弱殊相，而和神合而為一。

〔82〕　　正如所有古代民族，吠陀時期的印度人相信儀式應該可以修復自然世界持續耗竭的種種能量。宗教改革者還提到另一個關於生主造物的故事。他們說，在太初時，生主看到自己卓爾獨立於宇宙，他渴望有子孫，於是他開始苦行，斷食、斷息，並且產生熱（tapas），於是自此人（purusha）身體湧出一切實有：天神、阿修羅、諸吠陀、人類，以及自然世界。但是生主不是很能幹的祖先，他創造的世界一團混亂。受造者還沒有離開生主。❼❸他們仍然是生主的一部分，生主精疲力竭而昏倒，他們也幾乎要死掉。❼❹他們自生主身上剝落並且逃走，害怕生主把他們吞掉。生主醒來大感駭異，「我如何把這些受造者放回到我的身體裡呢？」他問道。❼❺答案只有一個。生主必須被重組起來，於是阿耆尼一塊一塊地再造他。失散的受造者重新找到他們的同一性，世界也得以存活。❼❻於是，根據「親緣性」的儀式法則，祭主在火壇祭裡以磚塊築起火壇，他其實就是再造生主，並且為萬物賦予生命。每次的儀式都使世界更加強健。❼❼改革者以象徵建立世界新秩序的儀式取代自我毀壞的祭祀。諸神和人類必須攜手讓世界不斷重生。

　　儀式改革的本質在於相信人類是脆弱的生物，就像生主一樣，很容易支離破碎。他們生來即有缺陷且未完成，唯有儀式才能使他們擁有完整的力量。家主在主持蘇摩祭時即經歷了一次重生，並且修習加行（diksha），象徵著懷孕的各個階段。❼❽在祭前，他必須避靜，蝸居在小

．．．．．．．．．．．．．．．．．．．．．．．．．．．．．．．．

❼❸ PB 24.11.2, cited in Smith, *Reflections on Resemblance*, p. 59。

❼❹ PB 7.10.15; JB 3.153; SB 7.1.22, ibid., p. 61。

❼❻ SB 7.4.2.11; 6.1.2.17; PB 24.11.2; 21.2.2, ibid., pp. 64-65。

❼❼ SB 4.2.2.16, ibid., p. 68; cf. Mircea Eliade, *Yoga, Immortality and Freedom,* trans. Willard R. Trask (London, 1958), p. 109; Mircea Eliade, *A History of Religious Ideas,* trans. Willard R. Trask, 3 vols. (Chicago and London, 1978, 1982, 1985), I:228-29; Thomas J. Hopkins, *The Hindu Religious Tradition* (Belmont, Calif., 1971), p. 33。

❼❽ Eliade, Yoga, pp. 109-11; Jan Gonda, *Change and Continuity in Indian Religion* (The Hague, 1965), pp. 316-39; Hopkins, *Hindu Religious Tradition,* pp. 31-32。

屋（sadas）（代表子宮）裡，著白袍和黑羊皮（代表胎膜和胎盤），雙手握拳，如胎兒一般。他喝牛奶，說話時結結巴巴，就像嬰兒一樣。**⑦**最後，猶如生主一般，他坐在火爐旁邊，汗流浹背，以迎接新天新地。當他喝了蘇摩酒，他感覺到揚昇至諸神之所，而不必如古老儀式那樣經歷痛苦的死亡。**⑧**他不能在天界久住，但是如果他積了足夠的禮拜功德，死後也得生諸神的世界。

因此，在儀式裡，主祭者重建了他的自我（atman），正如生主一般。在祭場裡，他建構了神性的自我（daiva atman），在他死後，這個自我會長存。剎帝利族行禮如法，並且完全意識到「般度」，因而得以重建他的「個人」（purusha）。婆羅門祭司「造人，由祭祀組成，由儀式行為構成，」祭典學者如是說。**⑧**成年禮也會成就人類。雅利安青年必須行入法禮（Upanayana），該儀式可以引導他研習吠陀以及祭祀禮儀，否則他就無法成就完全實現的自我。只有已婚男子才能成為祭主並且修習梵行，因此，婚姻也可以是男人和女人（她們只能陪同丈夫主祭）的成年禮，人死以後，屍體會被打扮成橋木死灰的生主模樣，必須以如法的葬禮再造它。**⑧** 〔83〕

但是徒法不足以自行。除非一個人熟悉祭祀知識，否則他會迷失在彼岸世界裡。他無法認識在生前創造的「神性自我」，也不清楚他要到哪一個天界。「他被葬火所惑，被煙窒息，而無法認識其世界。但是『知之者』在捨離人間時認識他的自我，並且說：『此即我。』他也認識他的世界。於是火將引領他至天界。」**⑧**「知之者」一語在《梵書》一直出現。婆羅門不能獨力成就一切。剎帝利和吠舍族的祭主也必須熟悉祭詞，因為唯有知識才能打開祭祀的力量。

....

⑧ Smith, *Reflections on Resemblance,* pp. 104-12。
⑧ SB 11.2.6.13, cited ibid., p. 101。
⑧ Smith, *Reflections on Resemblance,* pp. 116-18。
⑧ TB 3.10.11.1-2, ibid., p. 117。

115

改革者創造的儀式必須能滿足其信仰，否則婆羅門就無法說服武士放棄他們的戰爭遊戲。我們無從品評這些儀式的美感和潛移默化的力量，因為我們只看到《梵書》平板的句子。在祭祀前，祭主要避靜並且遠離日常生活的塵務軼掌；齋戒、靜坐、苦行、飲蘇摩酒，以及悠揚動聽的讚歌，都能夠為祭典學者枯燥抽象的禮法增添情感的共鳴。讀《梵書》卻沒有儀式經驗，就像讀歌劇的歌詞卻不去聽音樂一樣。禮法的「知識」不是在觀念上接受祭典學者的形上學思辨，而比較像是藝術的靈感，是在儀式的動人情節裡完成的。

〔84〕　　　但是儀式改革最重要的作用，卻是發現內心世界。祭典學者強調祭主的意識狀態，也讓祭主得以觀照自己。在古代，宗教通常是指向外在世界的。古老的儀式以神為中心，其目的不外乎物質的利益，牛隻、財富和地位。其中幾乎沒有自覺的內省。儀式改革者是先驅。他們使祭祀脫離原本的方向，而專注在創造「自我」（atman）。但是「自我」到底是什麼呢？埋首於《梵書》祭法的祭典學者，開始思考自我的本質，於是「自我」漸漸指涉人類的根本和永恆的核心，有了那個核心，人類才是獨一無二的。

「自我」並不是西方人所謂的靈魂，因為它不完全是屬靈的。在早期的沉思裡，若干婆羅門認為「自我」也有形體：它是身體的軀幹，相對於四肢。其他人也開始向深處觀照。聲音是個很有力的神聖實在，或許人的「自我」就住在他的話語裡頭？也有人認為，生命不可或缺的氣息才是人類的根本核心。祭主在聖火旁邊揮汗如雨而湧出「熱」（tapas），並且使他充滿神的力量，這個「熱」也可能是根本核心。就此而論，人們也可以推論說，自我是人類內在的火。自古以來，或火一直被視為雅利安人的另一個自我。有些婆羅門說，在太初只有阿耆尼才擁有不死。但是他「不斷吟唱且行祭」，使得其他天神也意識到如何創造一個不死的「自我」。他們築火壇，並且在儀式的敬拜裡建構新的自我。同樣的，人類在火祭當中冥想、誦咒文，在修行中體驗到「熱」，也可以如諸神一般成就「不

116

死」。❽❹

最後，若干後期的《梵書》經文甚至提出一個革命性的暗示。一個精通儀式知識的人，不一定要參與外在的儀式。獨居的冥想和外在儀式一樣有效。「知道」儀式知識的人，不需要行祭也可以找到他的天國之路。❽❺如果祭主「曾經是」生主，那麼他也應該有生主的創造力量。在太初萬物未曾有時，生主僅以自己的心識活動便創造了他自己的「名色」、諸神、人類以及器世間。孤寂的苦行者至少也可以想辦法創造他自己的「神性自我」吧？

祭典學者說，一旦內在的火（「自我」）在祭主心裡生成，它就成〔85〕
了他內在而不變異的所有物。於是他們創制了新的儀式以闡發這點。祭官或祭主在儀式當中吹火苗而點燃新火，必須把聖火吸進他的存有裡。❽❻天神們在成就其永恆的「自我」以及不死時也是這麼做的。於是，在那個片刻，祭主便無異於諸神，再也不必敬拜他們。而「知如是者」再也不是「祭神者」（devayajnin），而是「祭自我者」（atmayajnin）。❽❼他再也不必一直行祭以長養「自我」，因為他內在的火不需要燃料。他已經一舉成就了他的「自我」。祭主要遵行的，就是始終作誠實語，那是天神和武士們特有的德行。誠實的行為和話語可以讓他被梵的力量灌注。❽❽

印度的軸心時代已經開始了。在我們的時代，儀式經常被認為是助長奴性的服從，但是婆羅門的祭典學者卻以他們的知識擺脫了外在儀式和諸神，因而創造了一個獨立自主的「自我」全新觀念。祭典的改革者思考儀式的內在動力，而明白觀照自身的道理。現在他們要奮力到內心世界去探險，正如雅利安武士向印度不知名的叢林推進一般。知識的保存在軸心

··

❽❹ SB 11.2.3.6; 2.2.2.8, in Heesterman, *Broken World of Sacrifice,* pp. 97, 140; cf. pp. 215-18。
❽❺ Hopkins, *Hindu Religious Tradition,* pp. 36-37。
❽❻ SB 2.2.2.15. in Heesterman, *Broken World of Sacrifice,* pp. 216。
❽❼ SB 11.2.6.3, cited ibid.。
❽❽ SB 1.1.1.4; 3.3.2.2. cited in Gonda, *Change and Continuity,* pp. 338-39; in Heesterman, *Broken World of Sacrifice,* p. 216。

時代裡也很重要。祭典學者要每個人都能夠反省儀式並且明白其意涵：新的自我意識已經生起。於是，印度的靈性追尋並不在於一個外在的神，而是永恆的自我。那會是很艱辛的道路，因為這個內在的火很難隔離，但是《梵書》的祭典知識告訴雅利安人說，成就一個不死的自我是可能的。以摒棄祭典裡的暴力元素為開端的改革，引領婆羅門和他們的家主到了一個完全始料未及的方向。當時的印度還缺少一種強烈的道德使命感，可以讓這個高傲的不假外求免於淪為不近人情的利己主義。

第三章

虛己

（西元前 800-700 年）

西元前八世紀的以色列和猶大國，正處於宗教轉型的時期，我們也〔86〕
看到宗教在兩百年後將要開花結果的軸心時代第一次的擾動。吠陀宗教的
印度人沉思祭典而成就了新的洞見，而以色列人和猶大人則是分析中東的
局勢，看到眼前開展的歷史正在挑戰他們對於神的許多觀念。有些人開始
批評儀式，並且要求一個更以倫理為基礎的宗教。在西元前八世紀，書寫
技術開始在西部閃族世界和地中海東部流傳。在以前，書寫主要是用在實
務或行政方面，但是現在王室史料也開始利用文字去保存古代的故事和習
俗。到了該世紀末葉，《摩西五書》最早的部分可能已經形諸文字了。但
是更重要的是，我們看到「虛己」的種子，它的影響對之後軸心時代的所
有宗教都非常重要。同樣的，變革的催化劑還是宗教暴行的爆發。

在西元前八世紀初期，北方的以色列國力如日中天。而亞述也日益
強盛，迅速宰制了整個區域，以色列作為亞述忠誠的臣屬國，在耶羅波
安二世（Jeroboam II，西元前 786-746 年）的統治下經濟繁榮。以色列
國非常富庶，出口橄欖油到埃及和亞述，人口也大幅成長。耶羅波安二
世征服約但河沿岸地區，在米及多（Megiddo）、夏瑣（Hazor）和基色
（Gezer）大興土木。以色列國也擁有繁複的官僚體制和職業軍隊。❶在
撒馬利亞（Samaria），貴族居住的豪宅都有精緻的象牙門雕。

但是正如所有農業國家所憂心的事，財富集中在上層階級，貧富差〔87〕
距也日益顯著。鄉下的農民以勞力支持國王的文化和政治規劃，卻苦於國
家的橫徵暴斂。在城鎮裡的工匠也沒有好過到哪裡去。❷在中東，國王如
果沒有善盡濟弱扶傾之責，就是違反了諸神的訓諭，他的合法性就會被質
疑，無怪乎先知們會奉耶和華之名揭竿起義推翻政府。阿摩司（Amos）

❶ Israel Finkelstein and Neil Asher Silberman, *The Bible Unearthed: Archaeology's New Vision of Ancient Israel and the Origin of Its Sacred Texts* (New York and London, 2001), pp. 206-12。
❷ G. Lenski with J. Lenski, *Power and Privilege: A Theory of Social Stratification* (New York, 1966), pp. 161-217, 273; Andrew Mein, *Ezekiel and the Ethics of Exile* (Oxford and New York, 2001), pp. 20-38。

和何西阿（Hosea）是希伯來最早有著述的先知。他們的弟子口傳他們的教義，並且在西元前八世紀末書寫下來，彙編成先知神命的文集。最後結集的經文也收錄了後期先知的話語，因此我們很難確定個別神命的真實性，但是我們可以看到，阿摩司和何西阿都為當時社會的危機憂心忡忡。

　　大約在西元前 780 年，南方猶大國提哥亞（Tekoa）的一個牧人突然被耶和華的神力震懾。他作夢也沒有想到，「我原不是先知，也不是先知的門徒，」阿摩司後來抗辯說。「我是牧人，又是修理桑樹的。耶和華選召我，使我不跟從羊群，對我說：『你去向我民以色列說豫言。』」❸他甚至不准待在猶大國，但是耶和華差他到耶羅波安的王國。阿摩司感到神如同一個暴烈的力量，奪走他一切熟悉的東西，「獅子吼叫，誰不懼怕呢？主耶和華發命，誰能不說豫言呢？」他說。❹希伯來先知不是神祕主義者。他們沒有經由長期修行而內在開悟的經驗，阿摩司的經驗完全不同於在中國或印度的軸心時代典型的證道。他感到被一股外在的力量所占據，使他熟悉的日常生活混亂失控。耶和華取代了他自律而果斷的自我，把阿摩司扔到一個完全不同的世界裡。❺希伯來先知體驗到的，是一種決裂、連根拔起、摧枯拉朽的一擊；在他們的宗教經驗裡經常會有嘶喊和哀號。

　　當時以色列和猶大的宗教還是充滿著異象。詩歌作者渴望要「見到」耶和華：「我在聖所中曾如此瞻仰你，為要見你的能力和你的榮耀。」❻阿摩司到了北方，他在伯特利（Bethel）的聖所（以色列王室的聖殿之一）見到耶和華的異象。他看見耶和華站在祭壇旁邊，命令眾天使摧毀聖殿和以色列人民：「你要擊打柱頂，使門檻震動，打碎柱頂落在眾

〔88〕

⋯⋯⋯⋯⋯⋯⋯⋯⋯⋯⋯⋯⋯⋯⋯⋯⋯

❸ Amos 7:14-15。
❹ Amos 3:8。
❺ Michael Fishbane, "Biblical Prophecy as a Religious Phenomenon," in Arthur Green, ed., *Jewish Spirituality,* 2 vols. (London and New York, 1986, 1988), I:63-68。
❻ Psalms 63:1-2; 84:2; C.F. Whitley, *The Prophetic Achievement* (London, 1963), pp. 16-17。

人頭上！所剩下的人我必用刀殺戮，無一人能逃避，無一人能逃脫！」❼
阿摩司不假辭色，沒有善盡照顧窮人之責的耶羅波安二世會被殺，以色列
會滅亡，人民會「被擄去，離開本地」。❽

　　阿摩司不一定要有神的默示才能作此預言。他可以看到亞述正在建
立一個強大的帝國，征服該地區裡的小國，成為它的臣屬國。臣屬的國王
必須宣誓效忠，若不服從，則會自上流社會謫降。以色列的先知猶如現代
的政治評論家。阿摩司知道，耶羅波安決定和他的政權風雨同舟，因而鋌
而走險。一個錯誤就會使亞述王對以色列國發動攻擊。他宣告一個令人震
驚的新信息。耶和華不再像在出埃及時期那樣義無反顧地庇佑以色列。他
會利用亞述王懲罰耶羅波安的恃強凌弱。

　　國王聽到阿摩司的預言，祭司亞瑪謝迫使他逃離伯特利。但是阿
摩司仍不屈不撓地繼續宣教。當然，他也別無選擇，因為是耶和華要他
宣說預言的。他的預言很駭人聽聞，因為它顛覆了許多傳統上想當然爾
的事。以色列一直把耶和華當作萬軍之王；在早期，他們想像神會自南
方的山裡乘旋風保護他們。現在耶和華又要出征了。他要粉碎大馬色
（Damascus）、非利士（Philistia）、推羅（Tyre）、摩押（Moab）和亞
們（Ammon），但是這次他並不是為了保護以色列而戰。耶和華要以亞
述王作為他的器具，攻擊以色列和猶大國。❾

　　軸心時代的信仰經常是偶像破壞的。宗教並不是要人們墨守成規；
它經常要求人們質疑他們的傳統並且批判自己的行為。阿摩司除了顛覆對
於萬軍之王耶和華的古老信仰，也嘲諷以色列熱中的儀式。「我厭惡你
們的節期，」耶和華責備他們說，「也不喜悅你們的嚴肅會，」耶和華
厭倦他們「歌唱的聲音」和「彈琴的響聲」。相反的，他「惟願公平如
大水滾滾，使公義如江河滔滔」。❿最後，阿摩司也打破了以色列人自詡

....

❼ Amos 9:1。
❽ Amos 7:17。
❾ Amos 1:3-2:3; 6:14; 2:4-16。
❿ Amos 5:21-24。

〔89〕　與耶和華的獨特關係。耶和華也拯救其他民族；他領非利士人出迦斐託（Caphtor），領亞蘭人（Arameans）出吉珥（Kir），並且把他們安置在「他們的」應許之地。⓫現在耶和華要讓以色列國從地圖上消失。

　　阿摩司重創了以色列的自尊，他要戳破民族的自我。在以色列，這是「自我棄捨」的信仰之最早表現，而它也是軸心時代的核心理想。以色列人再也無法以宗教去支撐他們的驕矜自慢，而必須超越他們的私欲，以公義去治國。先知正是希臘人所謂的「虛己」（kenosis）的典範。阿摩司感覺到他的主體性被神接管了。⓬他並不是在說自己的話，而是在說耶和華的話；先知接受他的神狂暴的「神入」（empathy），神認為以色列的不義是在侮辱他。⓭這是個很重要的環節。軸心時代的宗教是以「共感」（sympathy）為前提，它讓人們可以彼此感受到對方。阿摩司自己並不覺得忿怒；他是感受到耶和華的忿怒。

　　何西阿是與阿摩司大約同時代的人，住在北國，他的妻子歌蔑（Gomer）是巴力神豐年祭的神妓⓮，由於他的痛苦經驗，他和耶和華有了「共感」。何西阿很清楚以色列的神耶和華在看到他的子民和其他諸神行淫時的感受。他渴望歌蔑回頭，正如耶和華期盼不忠實的以色列人歸回並且再給他們一次機會。⓯同樣的，何西阿也痛批人們很熱中的一個傳統，也就是巴力神崇拜。他必須說服人民，耶和華不僅是萬軍之王，他也可以賜給他們豐收。正如以利亞（Elijah），他也努力要驅逐巴力，說服以色列人只敬拜耶和華。但是以利亞專注於儀式的潔淨，而何西阿則是強調道德的面向。敬拜巴力神會導致道德淪喪，「起假誓、不踐前言、殺害、偷盜、姦淫、行強暴、殺人流血，接連不斷。」⓰人們會縱欲無度，

....

⓫ Amos 3:1-2; 9:7-8。
⓬ Fishbane, "Biblical Prophecy," p. 70。
⓭ Abraham J. Heschel, *The Prophets,* 2 vols. (New York, 1962), I: 22-38。
⓮ Hosea 1:2; Heschel, *The Prophets,* I: 52-57。
⓯ Hosea 3:1-5。
⓰ Hosea 4:2。

因為每個人都可以和神妓交媾，並且在祭典宴會後四處醉臥。祭司們不僅沒有屬靈或道德的指引，反而要人去膜拜木頭做的偶像。[17]

這都是因為以色列人的宗教缺少了內在性。[18]人民膜拜其他神，只是因為他們並不真的「認識」耶和華。他們對於宗教的理解很膚淺。正如印度的祭典學者，何西阿要求人們自省。宗教習俗不再是理所當然的，也不是墨守成規的；人們必須意識到他們在做什麼。何西阿說的並不是純粹〔90〕的概念知識；「認識」（yada）一詞也蘊含著在情感上渴慕耶和華，並且在內心接納神。光是獻祭或慶典是不夠的。「我喜愛良善（hesed），」耶和華責備說，「不喜愛祭祀，喜愛認識神勝於燔祭。」[19]何西阿一直努力要讓以色列人意識到神的內在生命。例如說，出埃及地並不只是耶和華的神力展現。耶和華陪著埃及在曠野四十年，他像父親一樣教他的孩子走路，用臂膀抱著他們，「是我用仁慈的繩索，愛情的帶子牽著他們，我對他們有如高舉嬰兒到自己面頰的慈親，俯身餵養他們。」[20]何西阿要人們審視那些古老故事的底蘊，並且對神的慈愛心存感激。

阿摩司和何西阿都為以色列人的宗教引進了一個很重要的新向度。他們主張說，如果沒有善行，光有儀式也是徒然。宗教不應該被用來吹捧族人的驕傲和自尊，而應該鼓勵人們捨棄驕矜自大的心態。尤其是何西阿，他要以色列人省思他們的內在生活，分析他們的情感，以內省去開展更深層的想法。在《摩西五書》較早的部分經文裡也有類似的特質，它們大約就是在該時期的以色列和猶大國裡產生的。

學者們早就承認，《摩西五書》裡有若干不同的土層。在《創世記》、《出埃及記》和《民數記》裡，似乎是先由兩段經文組成，在西元前六世紀，由一個祭司作者（P）結集，他把自己聽到的傳說也收錄進

....

[17] Hosea 4:4-6, 12-14, 17; 5:13-14; 10:4-11; 14:4。
[18] Heschel, *The Prophets*, I: 57-59。
[19] Hosea 6:6。
[20] Hosea 11:3-4。

125

去。早期的文獻稱為「J」，因為作者稱他的神為「耶和華」（Jahwe），第二部分則稱為「E」，因為這位作者喜歡比較正式的名字「埃洛希姆」（elohim）。但是「J」和「E」都不是原始的版本；它們只是記錄若干古老的故事並且編輯成一個首尾連貫的敘事，詩人在早期以色列的立約慶典裡把那些故事記誦下來，並且代代口傳下去。即使以色列和猶大國在官方已經使用文字書寫，他們仍然沒有文字用來記錄國家的歷史和思想。直到西元前八世紀，書寫仍然被認為是神聖而莫測高深的技術，對人類可能有危害。[21] 團體的智慧是屬於每個人的，不應該成為少數識字者的財產。但是到了西元前八世紀，在中東越來越多人有讀寫能力，而新的政治局勢也促使國王們把有利於其統治的傳統記錄在珍藏的書籍裡。

〔91〕

　　即使我們無法確定「J」和「E」的年代，但是在西元前八世紀以前，我們在以色列或猶大國都看不到任何識字普及的跡象。有可能是，儘管它們都包含了比較古老的史料，它們其實代表著兩股不同的傳統，南國和北國，在西元前八世紀被彙整並且形諸文字，而且被納入耶路撒冷的王室史料。[22] 它們是早期歷史著述的嘗試，但是現代的歷史學家應該會很失望，他們關心的主要是準確掌握事件以及年代。「J」和「E」的敘事不只是歷史而已。它們經過長期的遞嬗，並不是要準確無誤地描述過去的事件，而是要探索事件的意義，所以除了以史實為基礎的故事以外，還包括了神話的材料。在早期的聖經作者眼裡，人類生命並不限於俗世，也有超越性的向度，既開顯事件的深層意義，也為它們賦予典範性的意義。但是沒有人會認為「J」和「E」是完整又正確的定本。它們並非無可挑剔。後代的人也都有增補經文的空間，甚至可以相互牴觸。「J」和「E」反映了西元前八世紀末以色列和猶大國的宗教理念，但是在西元前七、六、五世

[21] William M. Schneidewind, *How the Bible Became a Book: The Textualization of Ancient Israel* (Cambridge, U.K., 2004), pp. 24-34。

[22] William G. Dever, *What Did the Biblical Writers Know and When Did They Know It? What Archaeology Can Tell Us about the Reality of Ancient Israel* (Grand Rapids, Mich., and Cambridge, U.K., 2001), p. 280。

紀，其他作者在原始的故事上增附新的材料，以他們當時的處境重寫以色列的歷史。

「J」和「E」所說的故事，或許在以色列早期的儀式裡曾經使用過。但是到了西元前八世紀，立約慶典已經被耶路撒冷和撒馬利亞的王室儀式給取代了。這些故事便脫離了儀式的背景，因此詩人和其他史官（tradent）可以為早期以色列闡述一部首尾連貫的編年史。❷❸「J」和「E」的梗概基本上是一樣的。故事始自耶和華召喚先祖們（亞伯拉罕、以撒、雅各）建立一個和好的關係。他應許他們成為一個大國的先祖，有一天也會占領迦南地。傳說也延續到以色列人移民埃及、他們在蘆葦海打敗埃及人、在西乃山（何烈山）的立約，以及攻占應許之地等等。但是在這個基本架構上面，「J」和「E」各有不同的強調重點，反映了地方性的傳說。

所以，「J」就在南方的猶大國展開。在「J」的敘事裡，主角是亞伯拉罕而不是摩西。「E」沒有收錄《創世記》第一章到十一章的太初歷史 〔92〕（創造煙天地、亞當和夏娃被誘惑、該隱殺其弟亞伯、洪水氾濫、巴別塔的反叛），但是那對「J」卻是非常重要的內容。它要說明，在亞伯拉罕以前，歷史是一連串的災難；人類似乎困在背叛、罪和懲罰的坎陷裡，但是亞伯拉罕扭轉了這個惡性循環。神和亞伯拉罕的立約是歷史的轉捩點。亞伯拉罕對「J」很特別，因為他是南方國的人。他在希伯崙（Hebron）定居。他的兒子以撒（Isaac）住在別是巴（Beersheba）；亞伯拉罕也得到撒冷（Salem）（耶路撒冷）王麥洗基德（Melchizedek）的祝福。亞伯拉罕的一生預示著大衛王的到來，他生於南方的伯利恆（Bethlehem），在希伯崙被膏立為以色列和猶大的王，並以耶路撒冷為王城。神在大衛家所立的永恆之約，勝過在西乃山和摩西立的約。❷❹「J」在意的是神的應

....

❷❸ Frank Moore Cross, *From Epic to Canon: History and Literature in Ancient Israel* (Baltimore and London, 1998), pp. 41-42。

❷❹ R. E. Clements, *Abraham and David* (London, 1967)。

許亞伯拉罕必成為強大的國，地上的萬國都必因他得福，而不是在西乃山之約。

然而，「E」關於先祖的敘事，卻隻字不提神和亞伯拉罕立的約，反而顯揚他的孫子雅各（Jacob），神為雅各另外取名為「以色列」。但是對「E」而言更重要的是出埃及的故事，在那故事裡，鮮為人知的耶和華擊潰了該地區的大國埃及。它證明了弱勢民族有可能打敗暴虐者，並且從卑微當中破繭而出，正如以色列在西元前九世紀成為近東的強權。❷⁵「E」認為摩西是最卓越的先知。翻轉歷史的是他，而不是亞伯拉罕。「J」有時候對摩西頗有微辭❷⁶，而「E」卻非常同情這個從曠野到應許之地漫漫長途當中的英雄。當耶和華向他的子民發怒時，「E」語氣強烈地描寫摩西的苦惱：「你為何苦待僕人，」摩西呼求他的神說：「管理這百姓的責任太重了，我獨自擔當不起。你這樣待我，我若在你眼前蒙恩，求你立時殺了我，不叫我見自己的苦情。」❷⁷而在「J」關於摩西的部分則沒有任何類似的描繪。

無論「J」或「E」，都把摩西描寫為一個偉大的立法者。它們在敘述西乃山的立約時，甚至都沒有提到十誡。「J」在敘事裡完全沒有提到立法，而「E」只是結集西元前九世紀的眾多律法，習稱「約書」（Covenant Code），強調正義對待窮人和弱者的重要性。❷⁸在以色列和猶大，律法還不是聖祕的（numinous）。西乃山在「J」和「E」的意義只在於摩西和長老們在那裡「見到」耶和華。它們描寫他們如何上了山頂而見到他們的神。「他們看見以色列的上帝，他腳下彷彿有平鋪的藍寶石，如同天色明淨……他們觀看上帝，他們又吃又喝。」❷⁹這是關於西乃山的顯

....

❷⁵ Peter Machinist, "Distinctiveness in Ancient Israel," in Mordechai Cogan and Israel Ephal, eds., *Studies in Assyrian History and Ancient Near Eastern Historiography* (Jerusalem, 1991), pp. 64, 124-25。
❷⁶ Exodus 24:1-2, 9-11。
❷⁷ Numbers 11:11, 14-15。
❷⁸ Exodus 21:1-27; 22:1-30; 23:1-33。
❷⁹ Exodus 24:9, 11。

聖最古老的記載，或許也反映了古代降神的儀式內容，其中包括了共融的饗宴。㉚

「J」顯然是如此，而且以擬人神論的語調描繪上帝。它描寫耶和華如君王一般在伊甸園裡行走，享受傍晚的習習涼風；他把挪亞關在方舟裡；他聞到挪亞在洪水消落後獻祭的馨香之氣；以及化身為陌生人接受亞伯拉罕的招待。㉛但是在「E」裡，上帝更有超越性。他不直接對人類顯現，而是派他的「天使」作中保。「E」相信，摩西在荊棘火中見到耶和華的異象，意味著以色列的神（elohim）自我開顯的新頁。「你叫什麼名字」摩西問那個在燃燒的荊棘裡呼叫他的神。耶和華說，亞伯拉罕、以撒、雅各叫我「上帝」（El），但是現在他要對他的子民開顯他真正的名字。他是「自有永有」（ehyeh asher ehyeh）。㉜這個難解的語詞是希伯來文的雙關語，意思其實是「別管我是誰！」或「不關你的事！」在古代，知道某人的名字意味著擁有支配他的權力。上帝可不能如此被控制或操弄。

在「J」和「E」裡，我們看到了「虛己」（kenosis）信仰的早期跡象。「J」說亞伯拉罕在希伯崙附近的幔利（Mamre）橡樹那裡見到耶和華，就清楚表現了這個信仰。㉝亞伯拉罕舉目看見三個人站在帳棚前面，他立即跑去迎接他們，「俯伏在地上」。㉞陌生人可能是來自危險的民族，他們不受當地武力自衛的律法約束。他們可以殺人或被殺，沒有人會追究。但是亞伯拉罕不僅沒有為了保護家人而傷害他們，卻把他們當作神而俯伏在地上。接著他設宴為他們洗塵。個人的臣服舉動，加上對三個陌生人寄予同情，讓他與神相遇：在隨後的談話裡，很自然地就洩漏了其中

....

㉚ Exodus 33:16-23; Mark S. Smith, *The Origins of Biblical Monotheism: Israel's Polytheistic Background and the Ugaritic Texts* (New York and London, 2001), p. 86。
㉛ Genesis 3:8-9; 6:6; 8:21; 18:1-15。
㉜ Exodus 3:13-15。
㉝ Genesis 18:1-15。
㉞ Genesis 18:3。

一個陌生人正是耶和華。

〔94〕　在「E」裡以撒被捆綁的故事又更加引入注目。[35]上帝應許亞伯拉罕要成為一個強大國家的先祖，但是他只有一個兒子。於是，「E」告訴我們說，「這些事以後，上帝（elohim）要試驗亞伯拉罕。」他叫亞伯拉罕的名字，亞伯拉罕叫道：「我在這裡！」（Hinneni）先祖和先知們經常如此叫喊應答上帝，意指他們隨時都在一旁。但是上帝卻下了一個駭人的命令：「你帶著你的兒子，就是你獨生的兒子，你所愛的以撒，往摩利亞（Moriah）地去，在我所要指示你的山上，把他獻為燔祭。」[36]這個故事代表了一個關於神的新概念。在古代世界裡，頭一胎初生的孩子經常被視為神的財產，必須以人祭奉還給他。年輕的血可以恢復神所耗盡的能量，使宇宙裡的力量得以生生不息。但是這裡沒有這種理性計算。上帝只是很隨興地囑咐，而亞伯拉罕也只是忠實地回應他。[37]這個神完全不同於該地區的其他諸神；他不會有人類那樣的困境，他不必從男人和女人那裡挹注能量，他可以提出任何要求。

亞伯拉罕並沒有遲疑。他立即備驢，帶著兩個僕人和以撒前往摩利亞（Moriah）去，手裡還拿著要殺他兒子的刀和燔祭用的木柴。他把以撒捆起來，放在祭壇上，伸手抓起了刀。那是完全順服的行為，甚至要捨棄他最珍愛的兒子。他服事多年的神，到頭來卻是個毀壞承諾者，一個無情的殺童者。到了最後關頭，上帝才差遣他的「天使」阻止殺戮，要亞伯拉罕以公羊替代。這個故事應該是意指著一種儀式的過渡，以牲祭替代人祭。但是故事裡蘊含的痛苦卻不只是儀式的問題。以色列的上帝不只是個友善慈愛的存有者，他有時候也很恐怖殘忍。把他的信徒逼挹到無意義的邊緣。這個故事以很曖昧的方式去塑造亞伯拉罕和他的神。它說明和神交

---

[35] Genesis 22:1-10。

[36] Genesis 22:1-2。

[37] Mircea Eliade, *The Myth of the Eternal Return, or, Cosmos and History,* trans. Willard R. Trask (Princeton, 1959), pp. 108-10。

往有潛在的危險，但是它也強調神無法容忍任何暴行（無論身體或心理的）。

　　人的世界和神的世界開始有了鴻溝，那是以前不曾有的。在西元前740年，一個新的先知在耶路撒冷的聖殿裡見到耶和華的異象。[38]和「J」一樣，出身猶大王室的以賽亞（Isaiah）是南方國的人，也看到了以人類形象顯現的上帝，但是耶和華不再是一個可以和他友好共餐的和藹之神。當聖殿馨香繚繞時，以賽亞看到聖殿儀式背後的恐怖現實。耶和華坐在高高的寶座上，並且有眾天使侍立。兩旁的天使各自用翅膀遮臉，彼此呼喊說：「聖哉、聖哉、聖哉（qaddosh），萬軍之王耶和華。他的榮光充滿全地。」聖殿的地基動搖，聖殿充滿煙雲，把耶和華捲在穿不透的雲霧裡。他不再只是以色列的神，而是全世界的統治者。他更是「聖主」，「迥異於」且「超絕於」人類。以賽亞害怕極了。他說：「禍哉！我滅亡了！」這個脆弱而嘴唇不潔的凡人，仰望大君王。有一個撒拉弗用紅炭潔淨他的嘴，接著耶和華問他說：「我可以差遣誰呢？誰肯為我們去呢？」以賽亞馬上回答說：「我在這裡（Hinnein），請差遣我去！」 〔95〕

　　神的信息很殘酷無情。子民要到一切都來不及，才會聽耶和華的話。

　　　　直到城邑荒涼，
　　　　無人居住，房屋空閒無人，
　　　　地土極其荒涼，
　　　　並且耶和華將人遷到遠方。
　　　　在這境內撇下的土地很多，
　　　　境內剩下的人，若還有十分之一，
　　　　也必被吞滅。[39]

....

[38] Isaiah 6:1-9。
[39] Isaiah 6:11-12。

　　當以賽亞傳布這個田園荒蕪的可怕信息時，在中東已經是廢墟處處可見。提格拉毘列色三世（Tiglathpeleser III）在西元前 745 年登基為亞述（Assyria）王，並且開創了新的帝國，逐漸瓦解古老的臣屬國體系，把所有臣民直接納入龐大的亞述王國統治。他擁有戰無不勝、攻無不克的軍隊，配備有最新的戰車和精銳的騎兵部隊，到處開疆拓土。一有騷動，就會以亞述的行政官取代臣屬的國王，軍隊會入侵該國，整個統治階級會被廢黜，並且以鄰國的人取代之。提格拉毘列色三世的第一個成就是征服了巴比倫人；接著轉向西部。耶羅波安二世死後，以色列國陷於混亂，亞述王見有機可乘，便於西元前 738 年出兵攻下北方王國。

　　中東以前不曾出現這種規模的軍事強權，整個地區也風雲變色。人民顛沛流離，棲棲皇皇，在帝國裡四處遷徙。亞述軍隊所到之處總是滿目瘡痍，人民都逃到城裡避難，田地也都一片荒蕪。亞述決心不僅要以軍隊統治中東，它也創造一個統一的文化。只會有一個帝國、一個經濟體、一種語言。提格拉毘列色三世採用亞拉姆語和文字，它比亞述的楔形文字更易於傳播，而有利於帝國的統治。在行政和經濟的行為裡，書寫越來越重要，也有越來越多人民學習讀寫。這也有利於書寫經文的發展，而口傳經文就此逐漸沒落。

　　亞述人的興起也引起了一個神學問題。每個臣屬的民族都有個民族神，如耶和華一般的「聖神」，庇護該地區。只要每個王國各自維持獨立，該體系自然暢行無阻，但是當一個國家的神侵入另一個國家，問題就來了，正如以利亞和亞哈所見到的。一旦亞述逐一併吞各國，諸神之間的權力平衡也就有了變化。就像該地區其他諸王一樣，亞述王是民族神亞述（Asshur）的代理人，亞述應許提格拉毘列色三世的王朝永續。「你已許諾他為王，並且說他的王室種子萬世不絕。」❹如果說亞述的代理人征服了以色列，那麼亞述的力量是不是比耶和華更大呢？

....

❹ E. A. W. Budge and L. W. King, *Annals of the Kings of Assyria* (London, 1902), p. 31。

〔96〕

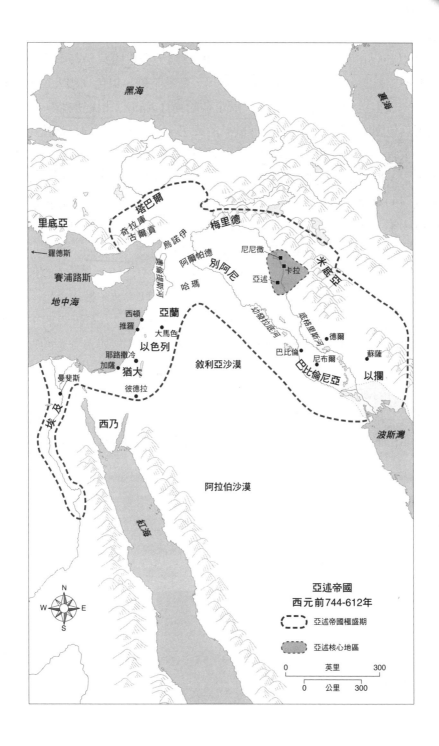

亞述帝國
西元前744-612年

⬚ 亞述帝國極盛期

▨ 亞述核心地區

0　　英里　　300

0　　公里　　300

以賽亞在西元前 740 年得見主榮的時候，猶大國只是蕞爾小國，亞述並不以為意，但是到了西元前 734 年，情勢丕變，以色列和大馬色的國王們結盟對抗亞述的西進。猶大國王亞哈斯（Ahaz）拒絕加盟，於是他們派兵包圍耶路撒冷，立了一個聽話的國王。亞哈斯只好向提格拉毘列色三世求救，而成為亞述的藩屬。[41] 猶大國長期以來和平的曖昧關係從此結束；它不得不捲入該地區即將展開的悲劇裡。提格拉毘列色三世不停地征討反叛的藩屬。他掃蕩大馬色，殺了國王利汛（Rezin），更席捲地中海沿岸國家，摧毀任何一個可能變節的城市。終於，輪到以色列了。西元前 732 年，亞述軍隊攻打加利利（Galilee）和耶斯列（Jezreel）平原，占領以色列在約但河東岸的領土。強盛的以色列在一夕之間成了北方高地的小國，在位的也只是個傀儡國王。猶大國的人民見狀，莫不驚慌失措。

〔98〕　　但是以賽亞並不擔心。他看到耶和華在寶座上成為全世界的王，知道耶路撒冷將會獲救。他的宗教世界不同於在北方王國汲汲奔走的阿摩司和何西阿。他沒有提到出埃及或是曠野的長年流浪。猶大王室緬懷的不是這些北方的傳說，而是耶和華和大衛王立的永恆之約，以及耶路撒冷聖殿的傳說。耶和華是耶路撒冷的王，而大衛的王朝則是他在地上的翻版。只要耶和華在耶路撒冷為王（以賽亞也親眼見到），該城市就永遠不會傾覆：

　　　　上帝在其中，城必不動搖。
　　　　到天一亮，上帝必幫助這城。
　　　　外邦喧嚷，列國動搖。
　　　　上帝發聲，地便鎔化。[42]

....

[41] 1 Kings 16; Isaiah 7。
[42] Psalm 46:5-6。

猶大國的人民必須只信耶和華；北方國因為自矜於其武器和外交手腕而傾覆了。❸耶路撒冷是「貧寒的人」的庇護所，因此它的人民必須只依靠耶和華，而不能憑恃財富和武力。❹

以賽亞告訴人民說，耶和華要點齊軍隊，為他的子民打仗。猶大國不必懼怕亞述，因為它只是主的工具，「亞述是我怒氣的棍，手中拿我惱恨的杖。」❺以賽亞引用耶和華起來拯救子民的古老形象，上帝讓他們的敵人害怕畏縮。當他興起使地大震動的時候，人們「躲避耶和華的驚嚇和他威嚴的榮光」。

到那日，眼目高傲的必降為卑，

性情狂傲的都必屈膝，

惟獨耶和華被尊崇。

必有萬軍耶和華降罰的一個日子，

要臨到驕傲狂妄的，

一切自高的，都必降為卑。❻

耶和華不再只是民族神，而是歷史的神。但是對耶和華的尊崇也有其侵略性。他有如一個大君王，摧毀敵人的武器，迫使他們接受和平：

他止息刀兵直到地極，〔99〕

他折弓斷槍，

把戰車焚燒在火中。❼

....

❸ Isaiah 9:8; 10:12; 14:12; 16:6; 23:9。

❹ Isaiah 14:30-32。

❺ Isaiah 10:5-7。

❻ Isaiah 2:10-13。

❼ Psalm 46:9; cf. Isaiah 9:1; Psalm 76:1-3。

其他國家得被迫接受耶和華的統治，把他們的刀打成犁頭，把槍打成鐮刀。⓸

為了成就最後的勝利，亞哈斯不能夠訴諸人間的政治，而必須只信耶和華。在錫安的信仰裡，耶路撒冷是「貧寒的人」的城。但是貧窮不是指物質的匱乏。貧窮的反面不是「富有」，而是「驕傲」。當人民爬上了錫安山的聖所，總會唱這首詩歌：

> 耶和華啊，我的心不狂傲，
>
> 我的眼不高大。
>
> 重大和測不透的事，
>
> 我也不敢行。
>
> 我的心平穩安靜，
>
> 好像斷過奶的孩子在他母親的懷中，
>
> 我的心在我裡面真像斷過奶的孩子。
>
>
> 以色列啊，你當仰望耶和華，
>
> 從今時直到永遠。⓺

以賽亞告訴亞哈斯不要依賴人的力量、外邦的盟友或武力優勢，而要只依靠耶和華。驕傲自恃人類的武器和城砦，也是一種拜偶像。猶大國的歸向主耶和華，和北方國的只信耶和華的信仰改革有異曲同工之趣，而以賽亞倡言謙卑和順服，看起來也很類似於軸心時代的「虛己」精神。但是值此動盪不安的歷史轉折點，它卻也膨脹了猶大國的民族自我。以賽亞說，耶和華不只是以色列的守護神，也是統治其他民族的神，這個革命性

....

⓸ Isaiah 2:2-4。

⓺ Psalm 131; cf. Psalm 9:10-13; 10; Ben C. Ollenburger, *Zion, City of the Great King: A Theological Symbol of the Jerusalem Cult* (Sheffield, 1987), pp. 58-69。

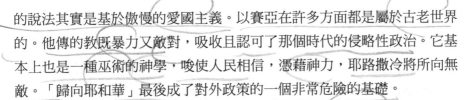

的說法其實是基於傲慢的愛國主義。以賽亞在許多方面都是屬於古老世界的。他傳的教既暴力又敵對，吸收且認可了那個時代的侵略性政治。它基本上也是一種巫術的神學，唆使人民相信，憑藉神力，耶路撒冷將所向無敵。「歸向耶和華」最後成了對外政策的一個非常危險的基礎。

北方國並不想把一切都交在耶和華手裡。西元前 724 年，提格拉毘列色三世去世，以色列國王何細亞（Hoshea）聯合其他藩屬對抗亞述，拒絕納貢，並且尋求埃及的奧援。亞述新國王撒縵以色五世（Shlmaneser V）立刻把何細亞囚禁起來，並且包圍撒馬利亞（Samaria）。西元前 722 年，該城投降，統治階級都被擄到亞述，異族人遷入該城，並且以亞述的風俗重建之。以前有兩個耶和華信仰的傳統，現在則只剩下一個。在亞述的侵略蹂躪以後，弱小的猶大國是少數多少可以獨立自主的國家之一。考古學證據顯示，耶路撒冷在西元前八世紀末有明顯的擴張。❺⓪北方的以色列難民被安頓在新的郊區，幾年下來，耶路撒冷從大約十到十二畝的小山城轉型為占地約一百五十畝而且櫛比鱗次的大城。城郊也跟著大規模發展。〔100〕

難民帶著他們自己的北方傳統到猶大國來，或許也包括阿摩司和何西阿的預言，他們曾預示了西元前 722 年的浩劫。以色列王國滅王的痛苦記憶猶新，人們很想要重建北方的傳統。像該地區的其他國王一樣，猶大國諸王也開始典藏王室圖書，可能也包括「J」和「E」，它們可能就在這時候合併為一部經典。人們也渴望聯合以色列王國的殘部以及有中興氣象的猶大國，好恢復大衛和所羅門（Solomon）的統一王國。

這個渴望就反映在希西家（Hezekiah）國王的改革上面，他在西元前 715 年繼位為王。❺①我們並沒有當時的歷史記載，但是聖經的傳說卻暗示著，希西家意欲統一信仰，只准許在耶路撒冷的聖殿敬拜神，而拆除

....

❺⓪ Finkelstein and Silberman, *Bible Unearthed,* pp. 239, 243-46。
❺① 2 Kings 18:3-7。

137

鄉下的邱壇。改革持續不久,考古學家證明人民仍然崇拜其他諸神,但是由於他的宗教改革,聖經歷史學家把希西家描述為一個偉大的猶大國王。然而他的外交政策卻釀成大禍。西元前 705 年,亞述賢君撒珥根二世(Sargon)去世,年幼的兒子西拿基立(Sennacherib)繼位,沒多久亞述邊地叛亂,情勢似乎無法控制,希西家很不智地加入反亞述的聯盟,耶路撒冷也準備開戰。西元前 701 年,西拿基立率領堅甲利兵攻打猶大國,有系統地摧陷廓清。最後,他的軍隊包圍了耶路撒冷。城市似乎岌岌可危,但是就在最後關頭,出現了一線生機。聖經作者告訴我們說,「當夜,耶和華的使者出去,在亞述營中殺了十八萬五千人。……亞述王西拿基立就拔營回去。」❺❷我們不知道發生了什麼事。或許在亞述營裡突然爆發瘟疫,而這個看似神蹟的解圍,似乎也證明了耶路撒冷的確是無法攻破的。但是我們仍然不可忽略了考古學家在猶大國發掘到的大規模踐踏。❺❸猶大國第二大城拉吉(Lachish)被夷為平地:一千五百人,無論男女老少,都被埋在一個萬人塚裡。希西家繼承了一個興盛的王國,但是他輕率的外交政策使他只剩下一座孤城耶路撒冷。愛國主義的傲慢和沙文主義的神學,幾乎毀了整個民族。

〔101〕

*　　*　　*

在希臘,西元前八世紀是個驚奇的年代。在短短的時間裡,希臘人走出黑暗時代,並且為他們獨特的文化奠下基礎。他們的星星才要上升,而猶大國的似乎正在下沉。亞述對愛琴海興趣缺缺,於是希臘人得以開展他們的體制而無外患之虞。他們和東方和平相處,並且渴望自異族汲取經驗。他們的政治激進而創新,也成了各種不同政府形式的實驗品,但是這都無涉於他們的宗教。希伯來先知鼓吹一神崇拜(monolatry),而希臘

....

❺❷ 2 Kings 19:35。
❺❸ Finkelstein and Silberman, *Bible Unearthed*, pp. 263-64。

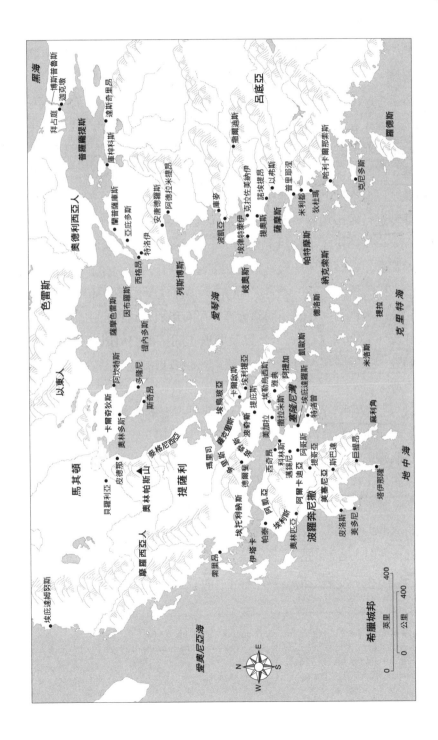

人卻熱中於多神信仰。希臘人並不揚棄古老的宗教形式，而是更有體系地接受傳統。

西元前八世紀最重要的開展，應屬城邦（polis）的創造，小型獨立的城市國家，在城市國家裡，市民學習自治的方法。黑暗時代結束後，古老的政治體制完全瓦解，希臘人只好重新開始。**⑤④**西元前八世紀的人口成長急遽，農耕技術也有改善，讓農民戶有餘糧。他們需要防衛以及某種社會組織，以保護他們的田地和莊稼。希臘人現在可以用多餘的農產品去交易，募資進行城市規劃，而整個族群可能自始就加入決策。**⑤⑤**到了西元前八世紀末，城邦構成了整個希臘世界，每個城邦都有明顯的家族相似性。一個城邦必須有城牆、聖殿、議會和海港。**⑤⑥**作為經濟命脈的城郊，和作〔103〕為社會認同的核心市區，兩者之間沒有明顯的差別。農民和市民有相同的權利和義務，也列席在同一個議會裡。所有市民都可以自由使用市中心的公共建築、集會所（agora），以及開放空間，他們可以在那裡作生意或高談闊論。每個城邦都有他們的守護神，也各自制定有助於凝聚市民的祭祀和慶典。

城邦是個平等的社會。自始農民就對古老的貴族體制嗤之以鼻，拒絕接受卑躬屈膝的角色。每個人都應該成為市民，除了奴隸和女人以外。城邦是個好勇鬥勝的男人國家。在黑暗時代，女性的地位還比較高一些，但是在新城邦裡，她們被邊緣化，在家中庭院深居簡出，很少到街上去。而奴隸也越來越多。大部分市民都擁有自己的土地，因而認為替別人工作或領薪水是丟臉的事。在其他的古代世界，國王必須限制臣民的獨立性，以成就一個君主專制的國家，但是希臘農民拒絕放棄他們傳統的自由，而貴族們也制定了一個自治的城邦國家，而不是一個要求地方領主臣服於君

---

⑤④ Oswyn Murray, *Early Greece,* 2nd ed. (London, 1993), pp. 62-65。

⑤⑤ Charles Freeman, *The Greek Achievement: The Foundation of the Western World* (New York and London, 1999), pp. 49-50, 116-21。

⑤⑥ *Odyssey* 6:262。

王的龐大王國。獨立的理念不是希臘人想出來的。希臘人可能只是保存了古老的部落議會，那是其他民族在擴張為大國或帝國時放棄的制度。❺❼

我們在荷馬史詩裡可以看到，對於西元前八世紀的希臘貴族而言，對大眾演說和擁有武力一樣重要。❺❽在邁錫尼文明時期，國王只是「同儕中之首」（primus inter pares），必須聽取諸領主的意見。公共政策的討論在城邦裡延續不斷，而由此農民參與政事，他們也必須推敲辯論技巧。他們在辯論實務問題時，每個人都不得不去思考正義和道德的抽象概念（儘管仍然是很原始的）。農民越來越像貴族；而城邦的重要特色即在於整個市民逐漸取代了貴族階級的精神。❺❾

辯論是一種競賽，不同的演說者彼此較勁，辯論最好者獲勝。希臘人也保存了印歐民族逞強好鬥的個性，雖然吠陀時期的印度人已經開始厭棄它。競賽是生命的法則，弔詭的是，貴族們彼此競爭，卻也由此凝聚在一起。❻⓪整個城邦即將成為一個貴族政治的、好戰的社會，農民也逐漸染上好鬥的精神。荷馬告訴我們，希臘將軍總是被驅使踩在別人頭上勝出。 〔104〕我們看不到團隊精神，因為每個領主都汲汲於實現自己的個人使命。每個人都要揚名立萬，這意味著在爭相出頭的競賽裡，每個人都是對手。於是，我們在城邦裡看不到捨己從人，只有激烈的自我中心主義。他們的侵略性也可以說是與生俱來的。城邦的建立經常是透過武力。要建立一個可以抵禦外侮的族群，過程不會是很和平的。村落經常得很不情願地加入城邦。村鎮聯合（synoeicism）蘊含著流離失所、抗拒和許多不幸，這個出生前的陣痛也反映在建立城邦的神話裡。❻❶城邦團結了眾人，但是總是有太多的暴力。每個城邦也必須和其他城邦爭奪權力和財富。

....

❺❼ Christian Meier, "The Emergence of Autonomous Intelligence Among the Greeks," in S. N. Eisenstadt, ed. *The Origin and Diversity of Axial Age Civilizations* (Albany, 1986), pp. 71-73。

❺❽ *Iliad* 2:273; 18:105, 252; Freeman, *Greek Achievement*, p. 89。

❺❾ Jean-Pierre Vernant, *Myth and Society in Ancient Greece,* 3rd ed. trans. Janet Lloyd (New York, 1996), p. 90。

❻⓪ *Ibid.*, pp. 29-32。

❻❶ Walter Burkert, *Greek Religion,* trans. John Raffar (Cambridge, Mass., 1985), pp. 44-49。

　　但是希臘人也很自詡他們文化的統一性，經常在全希臘的慶典和制度裡歌頌它。其中最著名的就是奧林匹克運動競賽。最早有記錄的競賽是在西元前 776 年，由希臘的貴族參加。競技也是一個政治行為：如此可以顯揚你的城邦，而奧林匹克的勝利者返鄉之後也可以功成名就。但是正如希臘的一切事物，競賽也有其怪誕陰森的一面。最早的運動競技是在一個偉大戰士的葬禮期間所舉行的。[62]弔唁者展現的非凡絕技是生命對死亡的挑釁，也表現了喪家的憤慨、沮喪和哀傷。結果，競賽變成了在聖所裡舉行的宗教儀式，以榮耀當地的一個英雄。奧林匹克競賽經常是向皮洛普斯（Pelops）（譯①）致敬，傳說他是波塞頓（Poseidon）的情人，也是個傑出的運動員。

　　在奧林匹亞，競技者不僅是為榮譽而競賽，也是由死到生的象徵性的生命禮儀。[63]競技場西側是皮洛普斯的墳墓，一個通往地底的黑暗坑洞。它正對著東側宙斯的邱壇，那是一堆土和灰，是無數獻祭的柴堆餘燼。神和英雄就像黑夜和白天，死亡和生命。在比賽前夕，選手們會到皮洛普斯的墓園獻祭一頭公羊，把血倒在地底深處。翌日清晨，他們從皮洛普斯的墳墓衝刺到宙斯的邱壇頂端，迎向初昇的太陽，揚棄死亡和血祭，奔向潔淨的火。就像皮洛普斯一樣，奧林匹克的冠軍終究會死，但是競賽裡的勝利賜給勝利者一個永存在後世記憶裡的榮耀（kleos）。

〔105〕　　英雄的祭典是希臘宗教的一個特色。[64]會死的英雄是不死的諸神在地

[62] *Iliad* 23。

[63] *Walter Burkert, Homo Necans: The Anthropology of Ancient Greek Sacrificial Ritual and Myth,* trans. Peter Bing (Berkeley, Los Angeles, and London, 1983), pp. 94-103。

[64] Walter Burkert, *The Orientalizing Revolution: Near Eastern Influence on Greek Culture in the Early Archaic Age,* trans. Margaret E. Pinder and Walter Burkert (Cambridge, Mass., and London, 1992), pp. 65-67; Burkert. *Greek Religion,* 199-208; Robert Parker, Athenian Religion: A History (Oxford and New York, 1996), pp. 34-41。

譯① 皮洛普斯，艾利斯城（Elis）和阿哥斯城（Argos）的國王，多利安文化以前的皮洛普斯人的先祖。他是坦塔羅斯（Tantaros）和狄俄涅（Dione）的兒子。他的父親為了試驗諸神是否無所不知，殺了他給諸神作菜。但是諸神看出其計謀，讓皮洛普斯復活，並以象牙為他做了義肢，替代被狄美特（Demeter）無意間吃掉的肩胛骨。（《神話學辭典》頁406）

上的翻版。西元前八世紀末，偉大戰士的墳墓在大部分的城邦裡都擁有
光榮的地位。人們緬懷英雄時代裡的優秀種族，而把英雄翻轉成半神半人
（demigod）。現在他死了，住在陰暗的地底，但是他的靈魂仍然和族人長
相左右；如是他也可以說是永垂不朽。但是死亡讓英雄滿腔憤慨，自他的墳
墓發散出窈冥恍惚的靈光（aura），人們必須肅靜地通過它。凡間的英雄不
像諸神那樣住在奧林匹亞山上，他就在族人身旁。在他墳前的祭典是要平息
他的憤怒，祈求他的庇佑。到他的聖殿敬拜的人們會摘下頭上的花冠，披
頭散髮，每個城邦都以他們的英雄為榮，因為英雄象徵他們的特色。英雄
的墳墓經常設在守護神的神殿一旁，作為其黑暗的、冥府的對照。

在德爾斐（Delphi）出土的一座西元前八世紀中葉的神廟，是歡樂的
阿波羅崇拜，其中卻也有皮勒斯（Pyrrhus）的悲劇回憶之對立面，他是
阿奇里斯（Achilles）的兒子，曾經躲在木馬裡攻陷特洛伊城（Troy）。
據說，戰後皮勒斯到德爾斐神廟去，他認為是阿波羅害死他父親，而要跟
阿波羅討回公道，皮勒斯和廟祝們爭執祭肉的事，在神廟的爐灶旁被他們
亂刀砍死，埋在神廟的門檻下面。❻於是，德爾斐神廟的祭祀也總是反映
了殺害皮勒斯的暴行。當地民眾會持刀圍著祭物準備宰殺。祭牲一斷氣，
他們就一擁而上，爭相切割祭肉，祭司經常一塊肉也分不到。殘忍的祭祀
牴觸了城邦的市民價值，成了光明的阿波羅（他是主司秩序和節度的神）
崇拜的邪惡對位。

阿波羅曾在德爾斐殺死巨蟒，象徵奧林匹亞諸神戰勝了地府的
力量。他把巨蟒稱作皮同（Python），因為牠的屍體在地下腐爛掉
（pythein）。後來阿波羅創設了皮提安競賽（Pythian games）以紀念牠，
而人們也會從希臘各地前來向阿波羅的女祭司「皮提亞」（Pythia）求
教。❻她坐在內殿聖火旁的三腳椅上，當阿波羅附身時，她會痛苦顫抖，

❻ Pindar, *Nemean Ode* 7:44-47。在某些版本的神話裡，阿波羅殺死了皮勒斯。
❻ Burkert, *Homo Necans,* pp. 117-30; Meier, "Emergence of the Autonomous Intellect," pp.
79-81。

吟唱甚或叫喊出神諭，不過其實她的建議經常是很務實而合理的。

〔106〕　　不同於其他神廟，德爾斐並不附屬於城邦，而是遠離田地，孤立在險峻的山上。因此，它是個以神諭而非政治力量為基礎的獨立宗教中心。德爾斐沒有自己的行事曆，而是成為一個集會所，一個「開放空間」，訴願者和朝聖者可以聚在一起，討論大部分城邦都會談論的問題和理想。在西元前八世紀中葉新一波殖民潮裡，德爾斐扮演著重要的角色。**❻**在離家前，移民者會向德爾斐女祭司問卜，她會為他們求得一個合理的決定。到了該世紀末，愛琴海到處都有希臘的新移民。希臘終於浴火重生；他們有一種黎明將至的興奮，新的探索，有經商、開拓視野以及外來文化刺激的新契機。

　　由於貿易的頻繁，也和東方有了新的接觸。**❻**希臘商人到中東行旅，因亞述的侵略而離鄉背井的難民也遷居到希臘各個城邦，並帶來新的技術和工藝。希臘人採用腓尼基文字，因而得以分享自幼發拉底河到義大利的新的文字文化。希臘人也接收了東方的宗教觀念。西元前八世紀期間，他們以近東為模範，興建大型神殿以安置神像。阿波羅女祭司的信仰可能也有中東降神預言的影響。詩人對於冥府的描繪也很類似美索不達米亞的死者世界。他們有些頗受歡迎的神可能來自東方。例如，希臘最重要的神阿波羅，便是源自小亞細亞。希臘人可能在賽浦勒斯島（Cyprus）看到中東女神伊西塔（Ishtar）（譯②），到了他們自己的萬神殿，就成了主司愛情和多產的女神阿芙蘿狄特（Aphrodite）。阿芙蘿狄特的情人阿多尼斯（Adonis）的悲劇角色，幾乎可以確定就是植物神坦木茲（Tammuz）。整個中東的婦女都為他的死哀傷不已，而向他呼喚：「我的主啊。」（adon）**❻**

....

❻ Burkert, *Orientalizing Revolution,* pp. 56-67。

❻ Robert a. Segal, "Adonis: A Greek Eternal Child," in Dora C. Pozzi and John C. Wickersham, eds., *Myth and the Polis* (Ithaca and London, 1991); Anthony Gottlieb, *The Dream of Reason: A History of Philosophy from the Greeks to the Renaissance* (London, 2000), pp. 105-10; Pierre Vidal-Naquet, "The Black Hunter and the Origin of the Athenian Ephebia," in R. L. Gordon, ed., *Myth, Religion and Society* (Cambridge, U. K., 1981)。

譯② 伊西塔（Ishtar），阿卡德的天神、死神、母神和愛神，坦木茲（Tammuz）是她的情人。見《神話學辭典》頁242。

　　而荷馬對希臘宗教形成的影響則是無出其右，在西元前八世紀末，他把口傳的史詩傳說形諸文字，約莫同一個時期，「J」和「E」的傳說也在耶路撒冷結集。若干世紀以來，詩人們在競賽和慶典當中吟詠這些古老的故事；到了荷馬的時代，有些故事已經有一千年的歷史。**⑦⓿**他的兩部史詩《伊利亞德》（Iliad）和《奧德賽》（Odyssey）也只保存了其中一小部分；當時關於特洛伊戰爭的史詩可能有八部之多。**⑦❶**此外也有其〔107〕他史詩傳說：包括底比斯（Thebes）國王伊底帕斯（Oedipus）以及他的不幸子女的歷史、描繪赫拉克列斯（Heracles）事蹟的史詩，以及伊亞森（Jason）**（譯③）**偷金羊毛的故事。

　　幾個世紀以來，古老的史詩就有許多變化和開展，但是一旦形諸文字，《伊利亞德》和《奧德賽》就有了一個定本。正如所有史詩，裡頭有某些很古老的材料，但是也反映了荷馬當時的情境。他身處於一個過渡的時代。希臘在黑暗時期以後誕生了新的文明，也不過是一、兩代之前的事。荷馬的長篇史詩以特洛伊戰爭（約西元前1200年）前後的邁錫尼文明末期為背景，把新文化嫁接在舊文化上面。我們或許永遠不知道「荷馬」是一個詩人或是兩個（甚或是兩個不同的詩派），但是他的影響是無庸置疑的。《伊利亞德》和《奧德賽》號稱是希臘的聖經，因為它們的理想和價值讓人對於新的希臘文化印象深刻。

　　《伊利亞德》描寫特洛伊戰爭的一個小插曲，一場爭吵，兩個自負的英雄激烈衝突，也就是邁錫尼國王阿加曼農（Agamemnon）和他的騎兵統帥阿奇里斯。阿奇里斯覺得他的名譽受損，率領他的部眾撤離戰場，因而危及整個希臘。在其後的衝突裡，阿奇里斯最好的朋友帕特羅克勒斯（Patroclus）被特洛伊國王普利阿摩斯（Priamos）的兒

....

⑦⓿ S. L. Schein, *The Mortal Hero: An Introduction to Homer's* Iliad (Berkeley, Los Angeles, and London, 1984), p. 1。
⑦❶ Burkert, *Greek Religion,* p. 121。
譯③ 伊亞森（Jason），阿哥斯勇士的統帥。見《神話學辭典》頁228。

子赫克托（Hector）殺死。《奧德賽》則是設定在戰後，描寫奧德修斯（Odysseus）十年的漂流，他行經許多陌生的地方，終於在伊塔卡（Ithaca）和妻子重聚。在兩部史詩裡，荷馬歌頌戰爭的激烈、袍澤情誼的歡悅、英雄行為（aristeia）的榮耀，在其中，一個戰士被「勝利的狂暴」沖昏頭，變成了銳不可當的武器而所向披靡。荷馬似乎想說，在戰爭裡，人們的生命更加堅韌。如果英雄的光榮事蹟被記錄在史詩裡，他就克服了死亡的湮沒，成就了垂死的人類唯一可能擁有的不朽。

於是，名譽比生命本身更加重要，史詩也告訴我們，戰士亟欲和其他人競爭以顯揚自己。為了競逐名聲，每個人都忘乎所以。英雄是個利己主義者，滿腦子榮耀和地位，大聲誇耀他的功績，為了成就自己的聲望，不惜犧牲一切眾人的利益。沒有虛己，沒有捨己從人；戰士唯有陷於殺戮的「出神狀態」（ekstasis），才能「走出」自我的限制。當戰士被戰神阿利斯（Ares）附身時，他會感受到充沛的生命力，而成為一個神，沉醉於擋我者死的「英雄行為」。因此，戰爭是唯一能賦予生命意義的行為。每個戰士都被期待要出類拔萃，但是所謂的「卓越」(aristos)，僅只意味著在戰場傲睨萬物。⑫其德行或才能都不算數。在「英雄行為」的極致狀態裡，英雄們感到豐沛的生命力迸發出來，趾高氣昂地蔑視死亡。

在印度，婆羅門和剎帝利都逐漸向「不害」（ahimsa）的理想前進。其他雅利安宗教也是如此。但是希臘人從未完全放棄其英雄主義：他們的軸心時代是屬於政治、知識和哲學的，但不屬於宗教。荷馬把像阿奇里斯這樣的戰士描寫成一個眾人都應該效法的模範，似乎和軸心時代的精神大異其趣。但是荷馬站在一個新時代的門檻上，卻能夠批判性地審視英雄的典範。他看到英雄命運裡的辛酸，為了贏得身後名聲（那是他存在的理由），英雄必須喪命。他嫁給了死亡，正如在儀式裡，他被禁錮在黑暗的冥府世界裡，為了他的死而痛苦。對於荷馬而言，死亡也是個災難。

....

⑫ Schein, *Mortal Hero*, p. 80。

《伊利亞德》是一部關於死亡的史詩，裡頭的角色都不得已要殺人或被殺。故事的結局總是無法避免的毀滅：帕特羅克勒斯、赫克托、阿奇里斯，以及美麗的城邦特洛伊。在《奧德賽》裡亦復如是，死亡是個黑暗的彼岸，難以形容和想像。**❼❸**奧德修斯到了冥府，看到團團圍住他哀號的死者，他們完全失去人性，不覺毛骨悚然。但是奧德修斯看到阿奇里斯的鬼魂，卻安慰他不要悲傷：「至於你，要算是絕後空前的幸運人：你生前人人敬你若神明，你死後又領導群魂。所以你縱辭人世，無用悲辛。」但是阿奇里斯卻聽不下去。「你休要把死後光榮來慰我陰魂，」他說話的語氣完全沒有貴族戰士的氣質。「我縱然做得冥君，能使地府幽靈都聽命，也毋寧在陽世做個傭人，即使教我事一寒微之主也甘心。」**❼❹**在英雄典範的心裡，有一種可怕的空虛。

在《伊利亞德》裡，戰士的暴行和死亡經常被描繪為無謂的，卻完全是自我毀滅的。在史詩裡第三個被殺的人，是特洛伊的西摩伊西俄斯（Simoeisios），一個原本應該待在家裡的五陵少年，卻在戰鬥中被希臘英雄阿伊阿斯（Ajax）殺死：

他倒在塵埃中，好像溪邊大草原上　　　　　　　　　　　〔109〕
長著一根瘦削的白楊，
枝葉蓬蓬像個蓋，
卻被一個車輪匠人拿他的雪亮斧子砍倒了一般：
那個匠人日後要拿它去做一部美麗戰車輪子的輪圈，
現在暫時把它留在溪岸上晒乾。

....

❼❸ Ibid., p. 70; Jean-Pierre Vernant, "Death with Two Faces," in Seth L. Schein, ed., *Reading the Odyssey: Selective Interpretive Essays* (Princeton, 1996), pp. 58-60。

❼❹ Odyssey 11:500, in Walter Shewring, trans., *Homer: The Odyssey* (Oxford and New York, 1980)。

也就像這樣，阿伊阿斯王打倒了安特彌翁之子西摩伊西俄斯。❼⓹

荷馬對此非常惋惜；命運很暴力地截斷年輕人的生命，殘忍地扭曲它的自然傾向，把它變成殺戮的工具。

最受阿開亞人尊崇的英雄阿奇里斯，他的性格也有類似的冷酷和扭曲。❼⓺他被描寫成一個有「大愛」（philotes）和慈悲心腸的人；由他對母親、帕特羅克勒斯和老師的表現可見一斑。但是在和阿加曼農的爭吵裡，他的憤怒、剛硬而自負的意氣用事，使他看不見他所愛的人，而壓抑了他的大愛。他的同袍阿伊阿斯說：「他的勇敢精神變成了殘忍。」❼⓻他變得剛硬而無情。❼⓼阿奇里斯陷溺在一種暴力而毀滅性的情緒裡，儘管他有疑慮，卻無法擺脫它。帕特羅克勒斯死後（阿奇里斯對此要負很大的責任），他的大愛變成了不近人情的仇恨。他為了替朋友報仇而和赫克托決鬥，在決鬥當中，他彷彿著了魔。垂死的赫克托請求阿奇里斯讓他的家人贖回他的身體，好將他埋葬，阿奇里斯回答說他恨不得把他的身體一塊一塊切下來，生吃他的肉❼⓽，把他拴在戰車後面，讓馬拖著屍體、繞著帕特羅克勒斯的墳墓不停地跑。往昔那個高貴的阿奇里斯絕對不會有如此行徑。他沉溺在自負的戰鬥裡。正如阿波羅在諸神會議裡所說的，他已經成了沒有人性的毀滅力量，不知憐憫和正義為何物，也沒有了羞恥心，什麼窮凶極惡的事都幹得出來。而他得到了什麼呢？阿波羅說：「對他的名聲一點好處都沒有」❽⓪

但是在史詩的尾聲，在一個很不尋常的場景裡，當特洛伊國王普利阿摩斯乞求阿奇里斯歸還兒子的屍體，阿奇里斯終於重拾他的良知。老國

....

❼⓹ *Iliad* 4:482-89, in Richmond Lattimore, trans., *The Iliad of Homer* (Chicago and London, 1951)。
❼⓺ Schein, *Mortal Hero,* pp. 98-128。
❼⓻ *Iliad* 9:629, Lattimore, trans.。
❼⓼ *Iliad* 9:629-52。
❼⓽ *Iliad* 23:345-48。
❽⓪ *Iliad* 24:39-54, Lattimore, trans.。

王離開特洛伊，步行潛入敵人的營裡，阿奇里斯的部屬看到他出現在營帳裡都大吃一驚，「他抱住阿奇里斯的膝蓋，親了他的手，那雙可怕而沾滿血腥的手，曾經殺死他的許多兒子。」[81] 希臘人相信，相擁而泣會讓人產生重要的情誼。老普利阿摩斯的低聲下氣使得阿奇里斯「想起自己的父親而悲從中來」。他握住普利阿摩斯的手， 〔110〕

> ……雙方想起了自己的心事，都不由得傷心起來，
> 普利阿摩斯蹲在阿奇里斯腳下，為著那好戰的赫克托哭泣哀哀，
> 阿奇里斯先是為他的父親而哭，這才又哭起帕特羅克勒斯來。
> 帳棚裡充滿他們痛苦的聲音。
> 但是卓越的阿奇里斯哭夠了，恢復平靜了，
> 就從他的椅子上跳了起來，
> 看看那老人的灰白腦袋和灰白鬍鬚深覺不忍，
> 抓住他的胳膊把他扶起來。[82]

阿奇里斯對於一個殺死他摯友的凶手父親心生憐憫，因而也找回他的人性和「大愛」。他很得體且友善地歸還赫克托的屍體，也考慮到老人馱不動沉重的屍體。在共餐以後，以前的敵人卻以無聲的敬畏眼神相互凝視。

> 達耳達諾斯之子普利阿摩斯端詳著阿奇里斯，
> 讚嘆他的魁梧和美麗有如神的肖像一般。
> 阿奇里斯也注視著普利阿摩斯，
> 讚嘆他的高貴氣度和談吐。[83]

....

[81] *Iliad* 24:479-81, Lattimore, trans.。
[82] *Iliad* 24:507-16, Lattimore, trans.。
[83] *Iliad* 24:629-32, Lattimore, trans.。

這個虛己的同情經驗讓他們在彼此身上看到了神性。[84]在這一幕裡（或許是絕無僅有的一幕），荷馬完美地表現了軸心時代的精神。

　　然而，荷馬筆下的諸神卻不懂得憐憫。當希伯來的先知開始探索上帝的憐憫時，荷馬卻把奧林帕斯諸神描繪成對於人類的苦難漠不關心。如果說宙斯曾經為赫克托難過，那也只是短暫的傷感，而沒有持續的悲痛。諸神只是旁觀者，他們觀賞男男女女的滑稽行為，正如貴族在競技場裡觀賞賽馬一樣。[85]帕特羅克勒斯死後，阿奇里斯的兩匹神駒為落難的英雄哭泣，熱淚掉到地上。宙斯覺得牠們很可憐，以新鮮的力量灌注到兩匹馬身上，牠們立即抖掉鬃上的灰塵回到戰場，牠們短暫的痛苦和阿奇里斯的哀慟逾恆形成強烈的對比。

　　結果，史詩裡的諸神似乎沒有人類的角色那麼認真。諸神基本上不會冒險犯難；他們不會死，也沒什麼好在乎的。阿利斯在戰場上被一個希臘戰士打傷，卻很快就痊癒，在短暫的羞辱以後，重新「自高自大地」坐在宙斯身旁。[86]赫拉和宙斯吵架的時候會有一點小傷。當支持特洛伊和支持希臘的諸神也加入戰局時，也沒有什麼重大的影響；相較之下人類的殊死戰鬥，他們簡直像是一場鬧劇。[87]諸神的閒適生活正好突顯了人類生命的悲劇性、有限性和註定死亡的本性。

　　然而，荷馬對於奧林匹亞山諸神的生動描繪，卻也從此確定了他們的性格。荷馬讓他們的神性清晰易辨，也為萬神殿賦予以前沒有的一致性。當軸心時代的其他民族開始覺得他們的神不夠究竟，或正要改變對於神的觀念，希臘人卻更加熱中於古老的宗教模式。他們不認為神是超越性的，反而重新肯定諸神傳統上的內在性。和神相遇不會讓人驚慌失措；相反的，希臘人覺得他們的神滿有人情味的。在傑出的成就或非凡的事蹟

....

[84] *Iliad* 24:634, Lattimore, trans.。
[85] *Iliad* 22:158-66。
[86] *Iliad* 5:906。
[87] *Iliad* 21:385-513, 20:56-65。

裡，經常會有諸神顯現。❽❽當戰士在戰場上渾然忘我時，他知道是阿利斯降臨了。當他的世界因為無法抵擋的愛欲力量而變容，他會說那個力量是「阿芙蘿狄特」。神匠黑腓斯塔斯（Hephaestus）會在工匠的靈感裡現身，在每個文化的成就裡也會看到雅典娜的默示。

萬神殿象徵著神性的複雜結構。在迦南的諸神會議裡，「神的兒子們」沒有任何一個可以獨立存在；只有在和其他諸神的關係裡，他的存在才是有意義的。奧林匹亞的神族也意味著一個神性的統一體，它表現了各種神性力量的關係和互相依賴，正如希臘人在他們的世界裡所體驗到的。希臘的萬神殿唯一特別的地方，只在於它的高度一致性和組織。古〔112〕典時期的希臘也從未放棄古老的異教信仰。相反的，他們以卓越的分析能力讓古老的觀念更上層樓，並且為它賦與體系和理論根據。奧林匹亞家族有著宜人的對稱性；有父母親（宙斯和希拉）；叔叔和阿姨（波賽頓和狄美特）；三個兒子（阿波羅、阿利斯和黑腓斯塔斯）和三個女兒（雅典娜、阿提密斯〔Artemis〕和阿芙蘿狄特）。神族裡也有局外人：諸神的信差赫美斯（Hermes）、巫術女神赫卡提（Hecate）以及戴奧尼索斯（Dionysus），他的角色威脅到奧林匹亞的秩序。

諸神不能夠被視為個別而孤立的角色。每個神都是整體裡不可或缺的元素，只能相較於其他家族成員去了解。人們曾把希臘的萬神殿比擬作一種語言，其中每個字的語意都由它和詞庫裡其他字的相似性和差異去決定。❽❾其實，只敬拜一個神而忽略其他神，是很危險的事。在希臘世界裡，一神崇拜是個禁忌，可能招致可怕的懲罰。❾⓿沒有任何神會禁止敬拜其他神，而你也不可以只選擇喜歡的神而忽略萬神殿其他成員的崇拜。諸神或許會打打鬧鬧，但是每個神都代表著實在界的一個真實面向，少了任何一個面向，宇宙就會永遠走樣。他們尊敬所有諸神，而得以窺見那凝聚

❽❽ Burkert, *Greek Religion,* pp. 114, 152; Schein, *Mortal Hero,* pp. 57-58。

❽❾ Vernant, *Myth and Society,* pp. 102-4。

❾⓿ Ibid., p. 113; Burkert, *Greek Religion,* pp. 216-17。

諸般矛盾的統一性。在慶典裡很少只向一個神獻祭，而一座聖殿一般也會供奉若干神祇。在雅典的衛城（Acropolis），波賽頓就和守護女神雅典娜並祀。

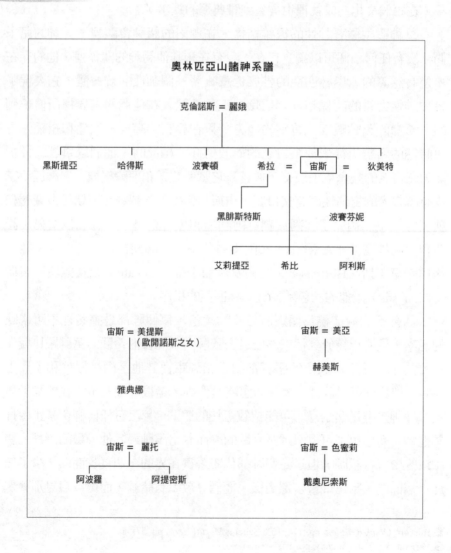

諸神經常對耦出現，以突顯生命的緊張關係和弔詭。宙斯和希拉（夫妻的原型）的鬥嘴，反映了父系制度的內在難題，它必須經由對立面的衝撞去肯定自己。❾❶阿利斯和雅典娜都是戰神，但是阿利斯代表的是戰爭的殘酷可憎面向，而雅典娜則體現勝利的榮光。❾❷波賽頓也經常和雅典娜並祀：海神波賽頓代表原始而基本的力量，而主司文明的女神雅典娜則意味著馴服和支配，對人類比較和善。波賽頓生下馬，而雅典娜則發明馬銜和韁轡；波賽頓翻騰波浪，雅典娜就造一艘船。然而雅典娜也是女戰神，因而也反映了任何文明的內在暴力以及城邦為求生存的鬥爭。

波賽頓也會和阿波羅對耦；他們分別代表古老和年輕，既兩極對立而又互補。希拉和戴奧尼索斯是死對頭；但是他們都和瘋狂有關，瘋狂可能是天譴或是解脫的狂喜。阿波羅和戴奧尼索斯是兄弟，彼此平衡且抵銷：阿波羅代表形式、清晰性、定義和純潔，而戴奧尼索斯則是象徵分解，在德爾斐，他被尊崇為阿波羅的祕教、冥間的對耦面。希臘諸神都有一個黑暗危險的面向。沒有任何神是全善的；沒有任何神會關心道德。他們共同構成生命的豐富多樣性和複雜結構，既不迴避弔詭，也不否認世界的任何一部分。希臘人勿覺得需要開展新的宗教形式，而滿足於古老信仰，它在軸心時代結束後，仍然持存了七百多年。〔114〕

〔113〕

*　　　*　　　*

在中國，西元前八世紀也是個轉型的年代。西元前 771 年，侵擾周室五十多年的蠻族犬戎入寇陷鎬京，殺死幽王。然而周朝並未覆亡，平王（西元前 770-720 年）繼位，以天命東遷雒邑。但是平王只是諸侯的傀儡。王畿地區縮小，僅及於京城周圍，行禮如儀而沒有真正的政治實力。衰微的東周存續了五百多年。周王名為共主，諸侯才有真正的權力。他們

....

❾❶ Burkert, *Greek Religion,* pp. 219-25。
❾❷ *Iliad* 20:48-53, 15:110-42; 21:391-433。

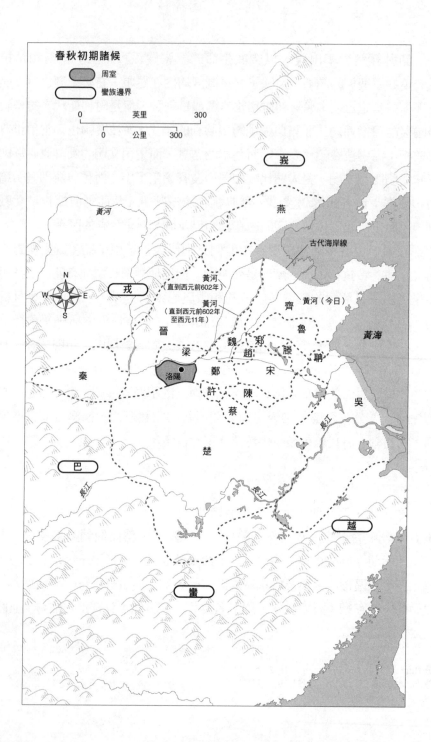

春秋初期諸侯

周室

蠻族邊界

0　英里　300

0　公里　300

黃河

黃河
（直到西元前602年）

黃河
（直到西元前602年
至西元11年）

古代海岸線

黃河（今日）

黃海

戎

燕

齊

晉

梁

魏
趙
祁
滕
聊

洛陽

鄭

宋

吳

許
陳

蔡

秦

巴

楚

長江

長江

越

董

的封邑不斷擴張，漸漸的，「禮」取代了對王室的忠誠，主宰著諸封邑之間的關係，他們只是在形式上結盟，實際上卻是敵對者和競爭者。古老的禮法取代了王室的權威，扮演國際法的角色，以約束戰爭、私鬥、盟約，並且監督貨物交易和勞役。史家將東周前期稱為「春秋」，該名詞源自魯國國史，自西元前 722 年至 481 年。那是個充滿衝突和割據的混亂時代，但是我們會看到中國正處於自古老的君主制到統一的帝國之複雜轉型期。我們對於西元前八世紀的中國所知不多，但是在當時似乎將要看到新觀念的誕生。

　　王室不振只是該時代一個動盪不安的變化。在周朝，開墾土地和砍伐樹林的技術有長足的進步。但是這個正向的發展卻有個讓人擔憂的結果。❸ 畋獵和畜牧的土地漸漸不敷使用。開闢林地破壞了許多物種的自然棲地，因而毀滅了區域裡的豐富生命。在西元前八世紀，中國人打獵的收穫已經不如從前。牛羊的畜產也大量萎縮。商朝和周朝早期為了揮霍無度的祭祀大肆屠宰數以百計的牲畜，以為他們的資源不會枯竭。他們在宴會裡慷慨贈禮，肉山脯林，而沒有半點不安的念頭。但是物資漸漸匱乏，使得他們開始質疑自己的驕奢淫佚。於是他們不再為祭祀大量宰牲，並且以禮法嚴格規定祭牲的數量。禮官也試圖約束畋獵習俗，只有在固定的季節才可以打獵。到了西元前771年，葬禮已經簡約許多，舊時的豪奢也被唾棄。新的中庸精神漸漸改變了城市裡的貴族生活。由於獵物和牛隻減少，他們的財富多依賴於農耕而不再是狩獵和劫掠。貴族在本性上仍然是個武士，但是我們在下一章會看到，他們的戰爭比以前更合乎禮法而沒有那麼暴力。因為征伐和畋獵越來越少，「君子」在朝的時間變多了，便開始研究各種禮法和儀式的細節。❹

〔116〕

　　謹慎、約束和中庸成為現在的口號。生活必須有更嚴格的管理。既

....

❸ Jacques Gernet, *Ancient China: From the Beginnings to the Empire,* trans. Raymond Rudorff (London, 1968), pp. 71-75。

❹ 為 Jacques Gernet 語，見：Vernant, *Myth and Society,* pp. 80-82。

然揚棄了以前放縱的贈禮和誇富宴，就必須有個規矩準繩而且有先例可證的禮尚往來體系。❾❺貴族的一切行為都被轉換成繁文縟節。無論你做什麼，都有個正確的方法。如是日積月累，周朝的貴族便演化出用以提升社會和諧和群體福祉的禮法。正如許多社會，這些傳統是經由嘗試和錯誤發展出來的，而不是理性的商議。這些行為模式或許演化了數百年而世代相傳。❾❻君子一言一行皆有曲禮規範：有所為而有所不為。在春秋時代，禮法被書寫下來，成為融貫的系統。在正處蛻變而動盪不安的時代裡，人民需要明確的指引。他們必須重新思考宗教。國王對於古老禮法至關重要。如果他只是個傀儡，他的臣民如何尊敬他的權威呢？在一個匱乏的時代裡，你如何去堅持古老的祭祀呢？

〔117〕　　在中原的諸封邑裡，若干儒者、卜官、星家和史官開展了新的祭祀知識。貴族中階級最低的「士」，在城市裡成為中堅分子。他們是庶子的子孫，地位在卿大夫之下。他們多能鄙事，執干戈打仗、保管史冊是他們的主要工作，擁有各種知識。若干史官編纂各類作品，成為中國的經典：詩、書、易、樂、春秋。而儒者也開始編集貴族家庭的禮儀習俗，讓每個人都了解貴族生活的原則。君子必須知道在朝會時如何應對進退，什麼時候該說話，什麼時候要保持沉默。他必須著正確的服色，舉止合度，在不同的場合裡表現合宜的神色。每個細節都有宗教性的價值。在周代早期，王室的禮也被用於維繫自然秩序。既然王室衰微，儒者便以執禮為務，好為中原帶來和平和秩序。❾❼

　　諸侯們也覺得需要一群禮官掌管禮典，尤其是祭祖的「儐」禮，以治其禮儀。儒者則是輔助諸侯大夫在政事上行禮如儀，而在朝觀時不致出錯，也明白一個君子應該如何提出自己的主張或反對意見。史書記載，禮

❾❺ Ibid., p. 81。

❾❻ Huston Smith, *The World's Religion: Our Great Wisdom Traditions* (San Francisco, 1991), pp. 161-62。

❾❼ Marcel Granet, *Chinese Civilization,* trans. Kathleen Innes and Mabel Brailsford (London and New York, 1951), pp. 97-100。

的知識在外交上至關重要。有一次，一個小國國君拜訪一個大國，期間大國國君去世，大國的臣子要訪客為死去的國君穿衣服，這是個蓄意的要求，因為那是臣子該做的事。如果賓客照做，小國國君就被剝奪了對大國的獨立性，但是他如何以禮法拒絕呢？他的策士獻計，讓小國國君為他穿衣服，但是有祝史隨行。根據禮法，這個一個國君向他的賓客弔唁的方式。巧妙的操弄禮法使得情勢逆轉，讓詭詐的大國臣子非常困窘。這個故事顯示，儘管他們表面上很謙卑，但是在行禮時並沒有任何「虛己」的意思。貴族禮儀化的生活型態的確教導他們在表面上彼此尊敬和謙虛，但是〔118〕「禮」經常充滿了私利。任何事都和名譽有關。貴族們汲汲營營於他們的權力和聲望，並且利用「禮」去提高他們的地位。❾❽

　　最優秀且權威的禮官都出自魯國，他們也自許為神聖傳統的守護者。禮官和史官們漸漸開展出《禮經》，為中國六經之一。❾❾魯國的禮官制定了兩個原則：第一、典禮的效果端視於每個禮儀細節的完美演出；第二、唯有每個與會者都完全明白整個禮儀的價值和意義，才能盡善盡美。在西元前六世紀末，魯國的一個禮官開創了中國的軸心時代，他以這兩個原則為其起點，並且告訴我們，這個看似自私而且可能荒謬可笑的禮法，其實有著潛在的精神力量。

　　但是在早期階段，魯國某些禮官就已經明白虛己的重要性。❿他們極為推崇古聖王堯舜，很可能也是《尚書‧堯典》的作者。堯舜不同於其他開物成務的英雄，他們並不行巫術，也不像黃帝那樣和怪物打仗，更沒有像夏禹那樣治水。他們僅僅以領袖魅力（charisma）去統治人民，而迥異於以馬上得天下的英雄們的權勢。《尚書》說堯是個真正的君子：「欽明文思安安，允恭克讓。光被四表，格于上下。克明俊德，以親九族；九族

❾❽ Marcel Granet, *The Religion of the Chinese People,* trans. and ed. Maurice Freedman (Oxford, 1973), pp. 97-99。

❾❾ Ibid., pp. 99-102。

❿ Fung Yu-Lan, *A Short History of Chinese Philosophy,* ed. and trans. Derk Bodde (New York and London, 1976), pp. 32-37。

既睦,平章百姓;百姓昭明,協和萬邦。」⑩王室的大能「道德」於焉改變。它不再是單純的巫術作用,而是能賜予人民精神福祉的倫理力量。

〔119〕

舜出身低微,或謂他生於東方蠻族;有人則說他曾是個農夫、陶匠或漁夫。他的父親和弟弟想要害死他,都被舜逃過,舜卻不怨恨他們,「順適不失子道」,仍然篤謹事親。儘管舜出身庶人,但是他克己謙恭,堯在思考要讓位給誰的問題時,眾人便推舉舜。堯的兒子丹朱不肖而「嚚訟」,他怎麼能得天命呢?堯很困惑,於是就教諸神,於是四岳對他薦舉舜:「瞽子,父頑,母嚚,象傲;克諧以孝,烝烝乂不格姦。」⑩

堯試驗了舜的賢德以後,便把帝位禪讓給他而不傳給兒子。舜覺得自己不堪大任,於是「讓辟丹朱於南河之南」。但是「諸侯朝覲者不之丹朱而之舜,獄訟者不之丹朱而之舜,謳歌者不謳歌丹朱而謳歌舜。舜曰『天也』」,於是接受了天命。舜即使踐帝位,仍然事父至孝,「往朝父瞽叟,夔夔唯謹,如子道」。到了該異位了,他循著堯的模範,也把帝位禪讓給時為司空的禹而不傳其子。其後禹則建立了夏朝。

堯和舜都成了博愛仁慈的聖人,也建立了和平的黃金年代。《尚書》裡關於他們的傳說,顯然是暗諷後世以武力和暴虐為基礎的統治。堯舜並不戀棧他們的權位,而把人民的幸福擺在他們的自然喜好前面。他們是原型的模範,體現了「禮」所要涵養的中庸、謙虛、克己和恭敬。即使後來的中國政治變得自私殘酷,堯舜的傳說始終典型在夙昔。軸心時代的賢哲也曾說,人皆可以為堯舜。

由禮所開展的中庸,漸漸在中原諸侯國家裡植根。儘管時局杌隉不安,在忠實於禮所表現的中國理想的古老城市裡,它的確維繫了和平。但是他們現在有了新的外患。在西元前八世紀,中原邊緣的三個國家吞併蠻族而漸漸坐大:北方山區的秦國;山東臨海地區的大國齊國;以及長江中

⑩ "The 'Canon of Yao' and the 'Canon of Shun,' " in Wm. Theodore de Bary and Irene Bloom, eds. *Sources of Chinese Tradition, vol. I: From Earliest Times to 1600,* 2nd ed. (New York, 1999), p. 29。
⑩ Ibid., p. 30。

部的楚國。他們仍然保存中國傳統，但是也有大量不知禮為何物的原住　〔120〕
民。楚國率先拋棄了周朝的傳統。中國正要面臨不同文明的衝擊。

＊　　　＊　　　＊

在印度北部的恆河流域，生活越來越安定，農民也成為社會的中堅
分子。家主結婚以後，就可以在家裡設聖火壇，每天行家火祭，其規模小
於公共祭祀。他的家成了小型的祭壇，在那裡，他可以長養在死後仍然
存在的自我，並且得生諸神國度。但是有些人會離開他們的家庭，厭離社
會，在林中隱居。他們不以家居為生活焦點，而立志出家。他們的生活刻
苦，不蓄財產，乞食為生。有些人不剃鬚髮，有些人著黃袍，有些人則是
裸行。這些「遁世者」（samnyasins）離群索居，卻成了印度靈性探索的
核心人物。而其後各種宗教改革的主角正是這些遁世者，而不是家主。❿❸
構築印度軸心時代的下一個階段的也是他們，而不是婆羅門。

我們很難準確指出這個開展所處的時期，但是它似乎始自西元前八
世紀。❿❹「厭離」或許植基於更古老的教義。有些學者相信那是雅利安人
來到印度以前的原住民信仰❿❺，也有學者認為，它不是吠陀祭法的自然開
展❿❻，就是一個全新的意識型態❿❼。《梨俱吠陀》說，遊行者「蓄蓬鬆長
髮」，「著糞掃衣」，他們能御風而行，「到諸神曾住處」，而且有天眼

---

❿❸ Paul Dundas, *The Jains,* 2nd ed. (London and New York, 2002), p. 17; Steven Collins, *Selfless Persons: Imagery and Thought in Theravada Buddhism* (Cambridge, U. K., 1982), p. 64; L. Dumont, *Homo Hierarchicus: The Caste System and Its Implications* (Chicago and London, 1980), p. 46。

❿❹ Gavin Flood, *An Introduction to Hinduism* (Cambridge, U. K. and new York, 1996), p. 91; Patrick Olivelle, "The Renouncer Tradition," in Gavin Flood, ed., *The Blackwell Companion to Hinduism* (Oxford, 2003), p. 271。

❿❺ Mircea Eliade, Yoga, *Immortality and Freedom,* trans. Willard R. Trask (London, 1985), pp. 39-40。

❿❻ J. C. Heesterman, *The Inner Conflict of Tradition: Essays in Indian Ritual, Kingship and Society* (Chicago and London, 1985), pp. 39-40。

❿❼ Patrick Olivelle, *Samnyasa Upanisads: Hindu Scriptures on Asceticism and Renunciation* (Oxford and New York, 1992)。

神通。他們崇拜魯特羅（Rudra），一個駭人的神，被辮髮，住在山裡和森林裡，會殺害牛犢和小孩。[108]《梨俱吠陀》很少提到魯特羅，他可能是原住民信仰的神。厭世者也很像浮浪者（vratya）的武士，他們在吠陀社會邊緣不斷流浪。[109]他們說印歐方言，可能是早期雅利安移民，不曾接受吠陀宗教。當浮浪者需要食物時，他們會到屯居的聚落去偷東西吃。他們〔121〕著黑袍（魯特羅的顏色），披著羊皮，奉行他們自己的祭禮，並且修習「三息」，以調息改變意識狀態。這種最早的瑜伽（其後成為厭世者的主要信仰），暗示著浮浪者和新的苦行者或許有著觀念上的關聯。

　　祭官摒除了祭祀裡的暴力元素，現在古老的武士卻成了崇尚「不害」的托缽僧團很奇怪的模範。厭世者又要回到偷牛賊那種古老的流浪生活。他們的先驅是開疆拓土，而他們則是探索內心世界，把古老的戰爭轉化為追求省悟的內心奮鬥。[110]在印度的軸心時代，格鬥的訓練經常被翻轉為和平而精神化的修行。我們可以在梵行者（brahmacarin）身上看到這點，他們離開家，住在老師的家裡研習吠陀[111]，他們的生活也很像浮浪者。除了背誦經文以外，他們也得朝夕事聖火，到森林裡撿柴，並且到外頭乞食。正如浮浪者，梵行者也執杖披鹿皮。其他印歐民族的年輕人經常要到曠野裡住一段日子，那是成為武士的入會禮前行期，是一種試煉，讓他學會狩獵、自給自足，以及其他求生技能。梵行者也必須獨居林中一段時間，那也是成年禮的一部分，但是不准狩獵、傷害動物或騎乘戰車。[112]

　　梵行（brahmacarya）是吠陀生活的入會禮。弟子們必須守貞且信守「不害」，不准吃肉，並且修習「苦行」（tapas），在聖火旁靜坐、流汗，並且調息。弟子們要背誦《梨俱吠陀》，學習如法的祭祀程序，但是

....

[108] Rig Veda 10:136; 1:114, in Ralph T. H. Griffith, trans., *The Rig Veda* (New York, 1992)。
[109] Flood, *Introduction to Hinduism,* pp. 79-80; Eliade, Yoga, pp. 103-4。
[110] Dundas, *Jains,* p. 17。
[111] Heesterman, *Broken World of Sacrifice,* pp. 164-74; Jan Gonda, *Change and Continuity in Indian Religion* (The Hague, 1965), pp. 228-35, 285-94。
[112] Manara Gryha Sutra 1.1.6, cited in Heesterman, *Broken World of Sacrifice,* p. 170。

更重要的是那無法言傳的聖知（vidya）。在印度，教育絕不只是習得事實性資訊而已。弟子們必須在做中學，唸咒、做功課、執祭或苦行，它們都和誦經一樣重要，如此潛移默化，他所見到的世界也會不同。梵行者生活於聖與俗的中間地帶，並且被尊為聖。老師是不可或缺的。在西元前八世紀，婆羅門被認為是「可見的神」❸。因為他知道吠陀的知識，梵的力量也就灌注在他身上，並且在祭祀裡開顯出來。婆羅門持之以恆地調心、如實語、不殺生，並且以出離心對待眾生，如是成就「梵行」。弟子們在 〔122〕
日常生活細節裡亦步亦趨，而和老師合而為一，習得吠陀知識的內在意義。於是，老師是個接生婆，每天努力為弟子新的自我（atman）催生，其力足以撼動群山。❹他的入會禮完成了，羽翼已豐的婆羅門回到世間，娶妻，置聖火，奉行其種姓的職責，開始家庭生活。

但是在西元前八世紀，有些早已經歷修行期的年長婆羅門，很渴望在沒有老師的指導下獨自修習梵行；他們認為如此會讓他們的祭祀更有效。❺於是他們林棲以成就梵行。有些人只待一陣子，有些人則終身成為梵行者。在吠陀祭禮當中，祭主和祭司固然可以升天，卻只是短暫的片刻。聖與俗的世界仍然是不相容的。如果祭主在升天後立即降到人間，人們會認為他大限將至。於是他們會以特殊的祭祀讓他由聖轉俗（desacralize），安全重返人間。但是遁世者並不想回來；他希望可以長住梵界，此即意味著他再也不能住在人間。祭主只在祭祀期間厭離社會，而遁世者卻是永遠地出離。❻

早期的遁世者對梵行有不一樣的詮釋。有些人住在團體裡，在林棲處事奉聖火並獻祭。有些人則是寂靜獨居，時而回到村子裡參與祭祀。然

❸ Shatapatha Brahmana (SB) 2.2.2.6; Taittiriya Samhita (TS) 1.7.3.1, cited in Gonda, *Change and Continuity,* p. 229。

❹ SB 11.3.3:3-6; 11.5.4; 5.7.10; 11.5.6.3, ibid.。

❺ Gonda, *Change and Continuity,* pp. 289-90。

❻ Collins, *Selfless Persons,* pp. 48-49; Flood, *Introduction to Hinduism,* pp. 87-88; *Heesterman, Inner Conflict,* pp. 42-43。

而有些遁世者開始厭惡外在的祭祀。⑰激進的遁世者在離家林棲的那個晚上，會收齊他的祭器，撥燃新火。翌日，他會沐浴、剃去鬚髮，把最後一次奶酥祭品拋到聖火裡，接著把火熄滅。據說，該儀式是要把聖火「內心化」，好讓遁世者帶著去流浪。那是終結一切儀式的儀式，是他永遠離開村子以前的最後一次行動。接著他穿著黃袍，拾起乞缽和拄杖，出發去尋找他的導師，好教導他如何開展新生命。⑱

〔123〕　遁世者認為他的「梵行」是更高形式的祭祀。他的聖火在內心燃燒，並且開顯在每個給予他生命的呼吸裡。他把每一餐都獻給這個看不見的內在的火。他再也不需要為外在世界的火添柴。祭祀的改革者說，一個人的內在自我「曾經是」生主（Prajapati），它「曾經是」祭祀，那麼為什麼還需要外在的動作呢？遁世者並沒有放棄獻祭，而是把它變成內在的行動。他其實是在問：什麼是真正的祭祀？誰是真正的婆羅門？是執行外在祭祀的祭司，或是帶著他的聖火到處流浪的遁世者？⑲他讓外在的宗教蛻變為在自我裡頭開展的宗教。遁世者是宗教內在化的先驅，而那也正是軸心時代的標記之一。祭官很早就主張說，祭祀會創造神聖而永恆的自我，祭祀「曾經是」自我，祭祀也維繫著梵的力量。遁世者更進一步說，他的自我讓他看到那維繫宇宙的力量。出離、苦行和梵行，會讓遁世者和那隱藏在他的自我裡的梵合而為一。

林棲的生活非常艱苦，那是無止盡的獻祭。漸漸的，兩種苦行融合在一起，也為了新成員而彼此競爭。林棲者遠離村落和人類社會，住在樹林裡，以樹根和水果為生，並且修「苦行」（tapas）。有些人則是帶著妻兒，以火壇為中心，在林中建立家庭。林棲者不能吃聚落裡的食物，但是他可以吃其他掠食動物留下的肉。他的言行舉止有點野蠻。他是森林裡的男人，和家主正好相反。他髮爪不剪，身著樹皮鹿皮，甚至不可以行經耕

....

⑰ Gonda, *Change and Continuity,* pp. 380-84。
⑱ Ibid., pp. 381-82; Olivelle, "The Renouncer Tradition," pp. 281-82。
⑲ Collins, *Selfless Persons,* pp. 56-60; Heesterman, *Inner Conflict,* p. 42。

地（那是人類文化的象徵）。

遁世者更加激進，他的出離是觀念上的而不是身體上的。他可以到村子裡乞食，但是不可以有家（在森林裡甚至不可以有隱居處），沒有家人、性愛、火、祭祀、財產。他可以在某處雨安居，除此之外，他必須不停流浪，不能在一個地方待兩夜以上。他必須嚴格的自我訓練，調伏自己的言語和意識。遁世者不像林棲者那樣留長髮，他剃髮，奉行「不殺生」，不可以「傷害種子」，「平等對待眾生，無論他們傷害他或和他友好」。❿正如在「梵論」（brahmodya）競賽裡讓對手啞口無言的婆羅 〔124〕門，遁世者必須是個「寂默行者」（牟尼〔muni〕），探索言語道斷的諸法實相。

《森林書》（Aranyakas）曾經解釋嚴格苦行的理論根據，闡述古老祭祀的幽微奧義。斷食、禁欲和苦行，再也不是吠陀宗教裡的祭祀的加行；它們就是祭祀本身。禁欲會把「苦行」的火裡的個人「加熱」（譯④），正如祭祀裡的祭物；遁世者最深層的自我就是祭祀，它涵攝了梵的究竟實相。因為諸神存在於梵裡頭，所以他們也就住在個人存有的核心裡。「寂默行者」專注於精神化的內在祭祀，而同時獻祭給內在和外在的天神們，他們其實也是一體的。⓬

新的信仰以有生命的、合理的方式自舊有的宗教裡成長茁壯。首先，禮官們改革了古老喧鬧而人潮擁擠的祭祀競賽。在新的祭祀裡只有祭主一人，他在獻祭期間斷離俗世社會。現在，遁世者主張更澈底的出離。即使後來的經典把遁世者表現為理想的婆羅門，試圖把他們融入吠陀正統，但是其實他們是在挑戰整個體系。⓬人們很推崇遁世者，認為他們

....

❿ Gautama Dharma Sutra 3:25-26, in Olivelle, "The Renouncer Tradition," p. 272。

⓬ Aitirya Aranyaka 3.2.3; Thomas J. Hopkins, *The Hindu Religious Tradition* (Belmont, Calif., 1971), p. 50; Mircea Eliade, *A History of Religious Ideas,* trans. Willard R. Trask, 3. vols. (Chicago and London, 1978, 1982, 1985), I:232。

⓬ Olivelle, *Samnyasa* Upanisads, p. 21。

譯④ 苦行（tapas）也意指「熱」。

是靈性英雄，勇敢探究新的信仰道路。遁世者宣稱他們離群索居，不行祭祀，不履行任何社會義務，緊抱著絕對的自由。在一個主張由出生決定階級的種姓社會裡，遁世者卻自己作決定。家主有他的社會網路、他的眷屬和孩子去界定他自己，而遁世者則是一個個人，自食其力而只為自己而活。軸心時代的新英雄不是個誇耀其英勇事蹟的戰爭英雄，而是一個奉行「不害」的僧侶，決心窮究其存有本源，據此去探索絕對者。遁世者追尋「如實」（yathabhuta），那是一個「省悟」，也可以「喚醒」他們真實的自我。

第四章

知識
（西元前 700-600 年）

吠陀宗教在《奧義書》（Upanishad）或即《吠檀多》（Vedanta）裡 〔125〕
才終於成熟。不斷的移民和開疆拓土，給予古老的吠陀宗教許多啟發。該
宗教原本發軔自一個暴力衝突的世界。但是在《奧義書》裡，有一群神祕
主義者致力於和平征服內在的空間。在宗教史裡，它意味著向前跨了一大
步。外在的儀式被嚴格的內省給取代，然而這不算是創新，而被認為是古
老傳統的實踐。西元前七世紀到二世紀之間著成的十三卷《奧義書》，其
地位和《梨俱吠陀》不相上下。它們也是「天啟」（shruti），被視為究
竟的經典。它們很難去詮釋，但是較諸其他吠陀經集，它們對於印度教的
開創影響更加重大。

最早的兩部《奧義書》相續源自《梵書》的世界。正如《森林書》
（Aranyakas），它們也是各個祭司派別的《梵書》論釋裡的部分祕傳經
文。（譯①）第一部《奧義書》其實也自稱為《森林書》。《布利哈德奧
義書》（Brhadaranyaka Upanishad）即為白夜柔吠陀派（Sukla yajus）的
「大森林書」（譯②）。它以討論吠陀宗教的「馬祠」為開端，馬祠是王
室最重要的祭祀，也是白夜柔吠陀派的專長。《奧義書》的作者以傳統方
式點出「般度」（親緣性），把馬的各個身體部位等同於自然世界。「維
朝霞，祭祀馬之首也。日，眼也。風，氣息也。」（譯③）但是在《奧義
書》裡，儀式是可以在心裡舉行且完成的。它不再和實體的、外在的祭祀
有關，而完全在「聖人」（rishi）的心裡成就。

《旃多格耶奧義書》（Chandogya Upanishad）（譯④）是詠歌者 〔126〕
（Udgatr）（負責詠歌的祭官）的《吠檀多》經文，以觀想「唵」開始，
詠歌者的每一首讚歌皆以「唵」為開端。在印度，聲音一直被認為是神聖
的；它是太初的實在，因為據說一切都是自它生出。而《旃多格耶奧義

....

譯①「奧義書」（upa-ni-shad）意為「近坐」、「近侍」，有祕語、祕教之意。詳見木村泰
　　賢、高楠順次郎《印度哲學宗教史》。
譯②《布利哈德奧義書》或譯為《大林間奧義書》。
譯③見徐梵澄所譯《五十奧義書》，以下引文皆同。
譯④或譯為《唱贊奧義書》。

書》則以「唵」代表一切音聲和宇宙萬有。「唵」是萬物的本質，是日月星辰的本質。它是以音聲為形式的梵，是凝聚一切的生命力量：「如諸葉簽於一杙，一切語言皆貫於此一『唵』聲矣。唯『唵』是此萬有矣。」❶但是該讚歌並不只是外在於詠歌祭官的一個超越性實在。它也和人類身體、自我（atman）、氣息、語言、耳、眼、心合而為一。《旃多格耶奧義書》要聽者反躬自省，回到內在自我。當一個祭司心裡有堅定的「般度」而吟詠「唵」字，他便成就了靈性探尋的目標。因為「唵」是梵，所以它「是不滅者，是無畏者」。❷吟詠此一不滅而無畏的音聲而思惟其「般度」者，自己就會成為不滅者和無畏者。

如此，我們窺見了《奧義書》的觀念精髓。他們不再著眼於外在的儀式活動，而重視其內在意義。只是建立儀式和宇宙之間的「般度」，那是不夠的；你必須知道自己在做什麼，而這個知識會帶你走向「梵」，也就是存有的根基。敬拜者不再注意外在於他的天神；他轉向內心，「唯彼所造，蓋彼唯此諸神也」❸。《奧義書》所重視的是與梵合而為一的自我（atman）。如果聖哲可以找到他自己存有的內在核心，他就得以踏入究竟實相，並且解脫生死痛苦。

對於教外的人們而言，它聽起來著實不可思議，只是一堆無法驗證的抽象陳述。的確，我們很難理解《奧義書》的教義。❹聖哲們並沒有就其觀念給予我們理性的證明。經文不成系統，而其邏輯經常顯得很怪異。我們沒有看到合理的論證，而只有難以測度的經驗、觀想、格言和謎語。有些語句一再重複，裡頭顯然有我們西方人難以體會的重要意義。「彼即大梵，」（Ayam atma brahman）聖哲如是說。「教言如是。」❺《旃多

---

❶ Chandogya Upanisad (CU) 2.23.3。所有奧義書引文見：Patrick Olivelle, ed. and trans., *Upanisads* (Oxford and New York, 1996)。

❷ CU 2.4.4-5。

❸ Brhadaranyaka Upanisad (BU) 2.4.4-5。

❹ Klaus K. Klostermaier, *A Survey of Hinduism,* 2nd ed. (Albany, 1994), p. 196。

❺ BU 2.5.19。

格耶奧義書》的說法更簡略：「彼為爾矣！」（Tat tvam asi）❻聖哲告訴 〔127〕
他兒子說。此誠「大哉言」（maha-vakyas），但是我們看不出來為什麼
要接受它。聖哲不曾開展有體系的論證，反而對聽眾說一長串表面上不相
關的話。有時候他們喜歡用否定的話，告訴我們它「不是」什麼。《布利
哈德奧義書》裡最重要的聖人雅若窪基夜（Yajnavalkya）（譯⑤）不肯定
義他所謂的「自我」是什麼：

> 彼性靈者，「非此也，非彼也」，非可攝持，非所攝故也。非可毀
> 滅，非能被毀故也，無著，非有所凝滯也。無束縛，無動搖，無損傷。❼

辯論的結果經常是讓對手啞口無言，不知以對。於是我們明白了，
聖哲是在操弄「梵論」，讓論辯者試著去闡釋梵的奧祕。競賽總是以沉默
作結，意味著實相是離言絕慮的。一般俗世的思考無法理解「大哉言」。
它是不講邏輯或感官知覺的，唯有長期的訓練、默觀、轉識成智，才能夠
去體會它。讀者如果沒有採用《奧義書》的方法，就無法領悟它的結論。
「奧義書」（Upanishad）一詞意為「近坐」，是指有神祕主義傾向
的聖哲要若干根器比較好的學生坐到跟前來，傳授他們祕教知識。那不是
每個人都可以知道的。大部分的雅利安人仍然以傳統方式在敬拜和獻祭，
因為他們既沒有能力也沒有意願去踏上漫長而艱辛的旅程。聖哲在探索新
的信仰方式。他們深入人煙罕至的心靈世界，他們是拓荒者，只有少數利
根的人才能跟隨他們。但是生命無常，那意味著有些人需要尋找一個能滿
足其變易環境的信仰。最早的《奧義書》形成於一個正要開始城市化的
社會。❽在經文裡鮮少有農業的形象，卻有很多地方提到編織、陶藝和冶

....

❻ CU 6.8.7。
❼ BU 4.5.15。
❽ Olivelle, *Upanisads,* p. xxix。
譯⑤ 或譯為「祠皮衣」。

169

〔128〕金。人們長途跋涉去向聖人求法，意味著交通更加便利。許多論辯都在國王的宮殿裡舉行。人們的生活安定，也有更多的閒暇去默觀。《布利哈德奧義書》一般認為是在毘提訶（Videha）王國裡著成的，那是西元前七世紀雅利安人向東部擴張的邊界國家。❾西部「雅利安地」的婆羅門嘲弄毘提訶是個粗鄙而青嫩的地方，然而東部疆域卻是個民族的大熔爐，包括早期的印歐民族移民、來自伊朗的部落（即後來的摩羅族〔Malla〕、跋耆族〔Vajji〕和釋迦族〔Sakya〕），以及印度的原住民。新的接觸有助於知識的激盪。遁世者以苦行作實驗，也創發了新的觀念。

當然，這兩部最早的《奧義書》都反映了這個知識和靈性的刺激。《布利哈德奧義書》和《旃多格耶奧義書》都不是由一個作者寫成的，它們是後來由一個編者彙編的文集。作者和編者都著眼於王室和村落裡頭共同流傳的軼事和觀念。人們不辭千里地自犍陀羅（Gandhara）到毘提訶向當時某個偉大的導師求法：閃笛耳耶（Sandiliya）沉思自我的本質；毘提訶王闍那迦（Janaka）；俱盧和般闍羅（Kuru-Panchala）國王耆跋利（Pravahana Jaivali）；迦尸（Kashi）國王阿闍世（Ajatashatru）；以及以終身禁欲著名的常童子（Sanatkumara）。❿新的觀念或許原本是由婆羅門開展出來的，但是武士和國王也會參與論爭和討論，其中也包括女性，尤其是迦吉（Gargi Vacaknavi），以及雅若窪基夜的妻子彌勒薏（Maitreyi）。梵論的其他競賽者似乎都能夠接納她們，編者也理所當然地收錄了她們的論點。不過，早期《奧義書》最重要的兩個聖哲，當屬毘提訶的雅若窪基夜和阿盧尼（Aruni）的烏達拉喀（Uddalaka），他們是俱盧和般闍羅地區著名的導師，他們都是西元前七世紀下半葉的人。⓫

....

❾ Ibid., p. xxxix; Michael Witzel, "Vedas and Upanisads," in Gavin Flood, ed., *The Blackwell Companion to Hinduism* (Oxford, 2003), pp. 85-86。

❿ Olivelle, *Upanisads,* pp.xxxiv-xxxvi; Witzel, "Vedas and Upanisads," pp. 83-84; BU 3.5.8; 2.4.1。

⓫ Olivelle, *Upanisads,* p. xxxvii。

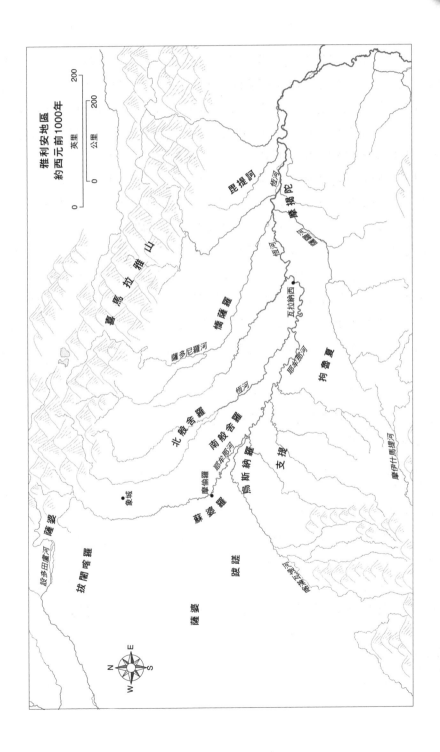

　　雅若窪基夜是毘提訶王闍那迦的宮廷哲學家，闍那迦自己就是新興信仰的先驅。正如《奧義書》時期的所有聖哲，雅若窪基夜相信人性深處有個不死的火花，它分受了那周遍宇宙萬物的梵，也和梵的本質相同。這是非常重要的發現，也將成為每個主要宗教傳統的核心洞見。究竟實相恆存於每個人裡頭。是故我們必須在自我的深處尋求它。《梵書》已經〔130〕談到，人類的核心（無論是氣息、水或火）即祭祀，而祭祀核心的力量即梵，它是萬物的本質。雅若窪基夜和《奧義書》其他聖哲開展這個概念，並且讓它擺脫了外在的祭祀。自我不再只是那賦與人類生命的氣息，而是呼吸者，它是在所有感官背後的主體，因而是言語道斷的。雅若窪基夜說：「汝不能見見之能見者也；汝不能聞聞之能聞者也；汝不能思思之能思者也；汝不能識識之能識者也。是即汝之性靈（自我），在一切內中者也。」[12]人類第一次有體系地明白人類意識的深層。軸心時代的聖哲以內觀訓練體會到在意識表層底下的自我之廣袤無垠。他們正在完全「自覺」。

　　因為自我與不死且不變易的梵為一，它也是「超乎飢、渴、憂、老、死者也」。[13]雅若窪基夜對彌勒薏解釋說，它是「非可毀滅，非能被毀故也」。但是正如梵自身，它是超越性的，「非可攝持」。唯有二元對偶，才能去定義或理解某物。有了彼此之別，我們才可以見、嗅、嚐或聞某物。「然若是處一切皆化為自我矣，則當由誰而見誰……由誰而思誰？」[14]「信誰而知此知者耶？」我們不可能在自身裡認知到認知者。所以你只能說「非此也，非彼也」（neti…neti）。聖哲肯定自我的存在，卻否認它和感官所知的一切事物有任何相似性。

　　然而新宗教的宗旨正是要認識那不可知的自我。要怎麼樣才做得到呢？雅若窪基夜並不傳授事實性的資訊，而是以傳統的「梵論」向對談者

----

[12] BU 3.4。
[13] BU 3.5.1。
[14] BU 4.5.13-15。

證明，當他思考梵或自我時，一般思惟是派不上用場的。梵論很像是後來的蘇格拉底（Socrates）的對話術。雅若窪基夜無視於對手關於自我的不當定義，予以個個擊破，引導他們從思考外在現象轉而省察內在世界更加深奧難解的實相。闍那迦國王舉示其他婆羅門關於自我的說法，例如自我是語言、氣息、眼識、風或心，雅若窪基夜都說：「吾父嘗以為不嘗施教，不可受賜也。」❻他們所探索的實相在這些現象的基底，如地基一般支撐 〔131〕
著它們。他們不能定義它，只能分受這個更根本的實相，就像在家裡一樣生活在其中。雅若窪基夜有系統地層層破除表面性的知識，而讓他的弟子認識到，日常的實在界正是絕對者的開顯，而自我的核心也不是那支配著我們的日常生活、受縛於物欲和恐懼的個別的「我」，而是真正的究竟實相。他們必須踏上自我探索的漫長旅程。它清楚表現了軸心時代的基本原則。省悟者會在他們自身裡面發現超越世界的方法；他們看穿了自身本性的奧祕（而不只是參與巫術祭祀），也就體會到了超越性。

雅若窪基夜不像其他儀式改革者那樣討論外在的宗教禮儀，他開始去探究人類的心理結構，以找出那支配且驅動我們俗世經驗裡的「我」的真正自我。我們必須超越這個「我」，才能發現那不同於我們由感官、常識和理性思考支配的一般意識的存有模式。雅若窪基夜要他的弟子去省察他們的夢境，在那裡，他們不再受限於時空。在我們的夢裡，我們分解了外在世界，創造我們自己的喜樂、快感和愉悅。我們變成如生主（Prajapati）一般的造物主，創造了淵泉、車、馬、馳道和牛群，以「內心之光明」❻建立整個新世界。在睡夢裡，我們意識到更自由、更高的自我，因為我們暫時擺脫了身體的繫縛。然而，當我們清楚覺知到痛苦、恐懼和欲望，我們也會有夢魘。但是在無夢的深睡境裡，自我連這些心理表象都給揚棄了。在深睡境裡，一個人「無有恐怖」。雅若窪基夜相信，深睡境並不是遺忘，而是一個無分別的意識狀態。雅若窪基夜把它比擬為性

....

❻ BU 4.1.1-7。
❻ BU 4.3。

愛經驗，「如人為其愛妻所擁持，不復知有內外矣。」他不再感覺到任何二元對待：「無第二者，異乎彼，別于彼，可為彼所見也。」**⓱**自我只意識到「唯一境性」，因而體驗到阿難陀（ananda），那是梵的「喜樂」。

〔132〕　但是我們在睡夢或高潮所經驗到暫時的解脫，只是永恆解脫的些許滋味，那是靈性追尋的目標，是一種完全自由和平靜的經驗。聖哲體驗到自我，悟境就會現前。他和內在存有的核心合而為一，他「歸于安靜、柔和、斂退、堅忍、定一」，因為他在梵的世界裡。他心裡充滿著不死、無畏的梵，「無罪垢、無塵氛、無疑慮」。因為他認識到「彼偉大不生不滅之自我，無老、無死、永生、無畏」，他也就認識了梵，也解脫了恐怖憂懼。**⓲**

於是，關於自我的知識是個純粹喜樂的經驗，是一種「出神忘我」（ekstasis）。這個知識超越了概念，也不依賴邏輯演繹。它毋寧是對於「內心之光明」的覺知，一種當下即是的直覺，非任何一般喜悅所能及。這個「知識」改變了個體。唯有長期的內心修練才能獲致，弟子們便以雅若窪基夜的辯論術去練習：有系統地破除一般思維的習慣；培養對於內在世界（他們的夢境和潛意識狀態）的覺知；並且時時提醒自己，他們所追尋的知識是言語道斷的，迥異於他們的俗世思維和經驗。雅若窪基夜不能把這個知識當作一般事性的資訊傳授給弟子們。他只能告訴弟子們獲致這個境界的方法。

雅若窪基夜相信，「知如是」（明白他與梵為一）的人死後會帶著他們的「知識」歸於梵。在傳統的吠陀儀式裡，一個人可以藉由儀式行為（karma）建立死後生至諸神世界的自我。但是對於雅若窪基夜而言，創造不死的自我的，並不是外在儀式，而是這個細心獲致的知識。祭官們相信，如法的祭祀日積月累，可以建立自我，但是雅若窪基夜認為，永恆的自我是以我們所有的行為和經驗為條件。「如其為此所成為彼所成，如其

....
⓱ BU 4.3.21。
⓲ BU 4.4.23-35。

所作，如其所轉，則亦如是而是，如作善則為善者，如作惡則為惡者。」雅若窪基夜說的不只是我們的外在行為。我們的意識活動，例如貪欲和執著，也至關重要。貪著這個世界的人，死後在天界短暫停留以後就會回到世間。他的心性仍然繫縛於俗世，因而墮於生死流轉，「更由彼世界，還此業世界」。但是如果以不死的自我為其唯一所求，並且不執著於此世，〔133〕那麼他就歸命於梵：「至若無欲望者：──彼無所欲，已離乎欲望，欲望皆已圓滿，即以性靈（自我）為其欲望者，──彼之生命氣息不離，彼即大梵，彼已臻至于大梵也。」❿他不再輪迴於這個痛苦且有死的生命。

這是我們第一次聽到的「業」（karma）的說法，其後它也成為印度宗教的重要元素。然而，在雅若窪基夜的時代，那是個嶄新而有爭議的觀念。雅若窪基夜的一個婆羅門朋友黎多薄迦（Artabhaga）問他死後的狀態，他回答說：「黎多薄迦，君執我手，此唯我二人所可以了知，不在此群眾中也。」❿關於「業」的新說法似乎頗為離經叛道。祭祀應該可以讓人永生天界，但是有些人不再相信儀式的效果。雅若窪基夜和其他《奧義書》時期的聖哲開始相信，無論祭祀多麼盡善盡美，一個人都有可能永墮生死流轉。他必須一再經歷老、病、死，而沒有解脫的希望。唯有關於自我的出神忘我的知識，才能讓他捨棄對於俗世無常事物的貪著，而解脫無盡的生死輪迴（samsara）。

但是要捨棄欲望和執著，是極為困難的事。我們基於本能，會貪著此世和我們個人的生命。我們認為我們的個體性是值得保存的，但是聖哲說那是個顛倒夢想。當一個人意識到他與那涵攝整個宇宙的梵為一，他便豁然明白，執著於現前有限的存在是無益的。有些聖哲相信，要獲得解脫智，最好的方法就是出離，放棄世間的得失榮辱，以苦行斷除貪欲。苦行並不是必要的，但是雅若窪基夜還是選擇了沙門（shramana）的生活，

....

❿ BU 4.4.5-7。
❿ BU 3.2.13。

「離家」林棲。㉑

　　但是《旃多格耶奧義書》裡最重要的聖哲，阿盧尼的烏達拉喀，則是作為婆羅門的一個家主，終身待在俱盧和般闍羅地區。該奧義書在末了肯定虔誠的俗世存在的價值。一個家主圓滿了他的梵行期，就必須回到家裡，根據所學去修行。他必須唱讚神聖的《吠陀》，扶養他的孩子們，靜坐，奉行「不害」，斷除瞋恨，慈悲對待眾生。《奧義書》的結論說：「唯如此生活至盡其形壽者，乃臻至大梵世界，不還生已。」㉒烏達拉喀是個仁慈長者，他基本上同意雅若窪基夜的說法。他也看到梵，究竟實相，和人類的自我為一，也倡言「業」的說法，並且觀想睡夢經驗，認為那是開悟的前兆。他和雅若窪基夜一樣，相信解脫（moksha）痛苦的生死輪迴是靈性生活的目標，唯有內在知識的追尋才能獲致，而不是假借外在的祭祀。

　　在《旃多格耶奧義書》第六篇裡，我們看到烏達拉喀告訴他的兒子施偉多凱也徒（Shvetaketu）新宗教的祕傳知識，讓他一窺寶貴的教義。施偉多凱也徒後來也成為重要的聖哲，但是在該篇裡，他剛圓滿了梵行期回家，「心氣高大，自視成學」，認為他已經通曉吠陀生活的要義。㉓烏達拉喀耐心地破除他的妄念，告訴他另一個觀照世界、自我以及究竟實相的方法。他首先解釋說，任何事物其實皆無異於其材料：泥、銅、鐵。宇宙亦復如是，它原本是由存有自身組成的，是絕對的、沒有分別的單純：「獨一無二」㉔。就像生主一樣，「彼一」以「熱」（tapas）自我繁殖，如是依序生萬物。因此，「彼一」成了萬物的緣起、本質和真實自我。烏達拉喀反覆解釋說：「是彼為至精微者，此宇宙萬有以彼為自性也。彼為『真』，彼為『自我』，施偉多凱也徒，彼為爾矣。」㉕這句話在全篇如

〔134〕

....

㉑ BU 4.5.15。
㉒ CU 8.15。
㉓ CU 6.1.2。
㉔ CU 6.2。
㉕ CU 6.8.7。

重覆句一般不斷出現，以強調其核心教義。施偉多凱也徒是梵，是宇宙非個人的本質，烏達拉喀和其他聖哲一樣，以不明確而省略的說法，稱它為「彼」。

然而僅僅形上學的說明是不夠的。施偉多凱也徒必須在心裡消化這個知識，讓它成為自己的，把這個外在教義融入他的個人心境。他必須「如實知之」，把它變成他自己生命裡的一個實在，烏達拉喀也必須扮演助產士的角色，循序漸進地讓他的兒子心裡生起這個新觀念。那並不是學院的、抽象的教育。施偉多凱也徒不只要聆聽父親的形上學解釋，更要學習以不同的方式去看世界。烏達拉喀以日常生活為譬喻，讓施偉多凱也徒一起去作實驗。其中最著名的例子，就是要他把一塊鹽巴丟到一杯水裡放一個晚上。翌日，鹽塊完全溶解，但是他父親要他由杯子的每個部分啜一口看看，施偉多凱也徒只得回答說：「很鹹。」鹽仍然在裡頭，在杯子的每個部分裡。「誠哉，吾兒。於此（身中）汝固不能見彼『有者』，然彼固在其中也。」不可見的梵、整個世界的本質和自我，亦復如是。「施偉多凱也徒，彼為爾矣。」❷❻ 〔135〕

梵就像鹽塊一樣不可見，卻可以被體會到。它顯現在諸有情裡。它是無花果種子裡的極微本質，然而當施偉多凱也徒切開種子，卻什麼也看不見。烏達拉喀解釋說，梵是遍在於大樹每個部分裡頭並且賦與它生命的汁液。❷❼因此，它是大樹的自我，也是每個人的自我；萬物皆分受同一個本質。但是大部分人們並不理解這點。他們以為他們是特殊而獨一無二的，和地表其他存有者都不相同。他們不僅無法品評他們自身的深層真理，反而執著於他們以為很寶貴的個殊性。然而他們的特質並不比流入同一個大海的諸水更恆久或更有價值。它們匯流而「化為海」，不再固執於它們的個體性，呼喊說「我為此水也，我為彼水也」。「世間眾生亦

....

❷❻ CU 6.13。
❷❼ CU 6.11; 6.12。

復如是，」烏達拉喀說：「當其來自『有者』也，不自知其來自『有者』也。」它們不再計執其個體性。無論是虎、獅、狼或野彘，「皆一一為其所是者矣」，因為它們曾是「彼」，也將只會是「彼」。因此，執著俗世的自我，只是會讓人痛苦困惑的顛倒夢想。唯有得到深義的解脫知識，明白梵即他們的自我，是他們最真實的東西，如此才能擺脫幻相。❷❽

但是這個知識並不容易得到。你如何找到不可知的自我呢？「自我」並不是西方所說的「靈魂」❷❾。《奧義書》並不區分身體和靈魂，認為人類是個四大和合的整體。烏達拉喀要他的兒子斷食十五日，但可以隨意飲水。斷食後的施偉多凱也徒非常虛弱，而記不得以前跟著老師熟背的〔136〕吠陀經文。於是他明白了，心不純粹是知性的，「蓋心思食成，氣息水成，語言光燄成也」。❸⓿自我既是身體的也是心靈的；它內在於身心，是方生方死的萬物究竟而不變易的內在核心。它不能被等同於或比擬作任何個別現象。它不是「非有」，而是萬有最深層的真理。❸❶人類只能經由長期修行，在自己心裡發現它。

弟子們需要多年的時間，才能開啟自我的深處，藉由靜默和內觀，他們了解到貪著無常事物是無益，而誇耀那不比釀蜜的花粉重要到哪裡去的個人特質，更是愚蠢的事。❸❷弟子們必須耐心跟隨老師，他會讓他們如實見到真正重要的東西。

早期的《奧義書》不是要背叛古老的吠陀祭祀，而是要超越它。除非聖哲在外在儀式裡看到其內在意義，否則他無法意識到在其核心裡的梵之絕對實相。《旃多格耶奧義書》說，無心而機械式地唱讚「唵」，無異於作聲求食的狗。❸❸諸神已經漸漸消失在背景裡。在早期的《奧義書》

....

❷❽ CU 6.10
❷❾ Klostermaier, *Survey of Hinduism*, p. 522。
❸⓿ CU 6.7。
❸❶ CU 3.7。
❸❷ CU 6.9。
❸❸ CU 1.12。

裡，作為梵的化身的生主，不再是高不可攀的造物者，而是一個平凡的老師，他要弟子們不要把他當作至高實相，而要去尋找他們自己的自我：「彼『自我』者，罪惡弗擾，無有老死，無有憂悲，無有飢渴；所欲者，真理，所志者，真理。是所當審辨，所當知解者也。」**❸❹**

　　天神和阿修羅也必須學習重要的真理，和人類一樣需要內在的修練。《旃多格耶奧義書》講到天神和阿修羅初聞「自我」的故事。他們對彼此說：「吾輩且求彼『自我』矣。彼『自我』既得，則一切世界與欲望皆得焉。」**❸❺**於是，諸天神的代表因陀羅，和阿修羅的領袖維樂者耶（Virocana）到生主那裡謙虛就教，「各手持束薪」。他們當了生主三十二年的門徒，卻始終找不到「自我」。生主要他們穿上美麗裝束，端詳自己在水鏡裡的倒影。生主問他們看到了什麼，他們說看到了自己的摹本，同樣美麗裝束，著上好衣，周遍華飾。生主說：「彼見於目睛中人，『自我』是也。彼是永生者，是無畏者，是即大梵也。」**❸❻**於是他們滿心慰足而去。維樂者耶回到阿修羅眾，向他們宣說該教義。「唯此身自我，〔137〕在世當加尊崇，對此身自我，當加侍奉，」再也不需要祭祀。

　　但是因陀羅還沒有回到天界，就心生疑慮。他明白到，即使此身美麗裝束，也難免於老、病、死。於是他帶著束薪回到生主那裡又待了三十二年，更深入探索自己。生主告訴他說，他擺脫了身體的束縛，就會發現「自我」在夢裡，於是因陀羅滿心慰足而去。但是他想到人在夢裡一樣會害怕、畏死而涕泣。於是他又回去找生主，這次生主告訴因陀羅說，他可以在深層無夢的熟睡裡找到「自我」，「安靜恬適，不知夢境，此『自我』也；彼是永生者，是無畏者，是即大梵也。」**❸❼**因陀羅再次法喜充滿，但是不久他又失望而歸；即使處於深層的無意識，一個人還是會

....

❸❹ CU 8.7.1。
❸❺ CU 8.7.2。
❸❻ CU 8.8.3。
❸❼ CU 8.11.1。

死。於是他又多留了五年，直到他因緣具足，得聞真理。

終於，生主告訴因陀羅說，覺者必須超越身心，才能發現那不依於一切身心作用的內在自我。自我是讓一個人能嗅、能看、能思考的東西：

> 若彼知「我且說此」，此「自我」也，以語言而說也。若彼知「我且聽此」，此「自我」也，以耳而聞也。若彼知「我且意度此」，此「自我」也，意，其神聖之眼也。彼以此意即神聖之眼視其所樂而樂焉。諸天之在大梵世界中者，敬拜此「自我」，是故一切世界皆屬焉，一切欲望皆歸焉。**38**

這個故事旨在說明自我探索的長路漫漫。老師不能把答案告訴弟子，而只能循循善誘幫助他走過內省的各個階段。就在弟子認為已經窮究本源時，卻自覺那不夠究竟，而必須繼續深入。即使是大能的因陀羅，也得花一百零一年的時間，才能發現那賜給諸神永生的「自我」。**39**

《奧義書》的聖哲探索著人性的本質，在過程中，有人會感到難以言喻的歡喜和平靜。生主把踏上內心旅程的人稱為「此安靜者」，「以其自相而現焉」。**40**他終究要回到自身，不是藉由殊勝的知識，而是藉由不〔138〕一樣的生活。歷程和終點成就一樣重要。然而僅僅誦讚《旃多格耶奧義書》，是無法有此體驗的。除非學生們實際去默觀並且長期內省，否則不會有開悟。更重要的是，形上學的沉思只是入理的一小部分。正如梵行者，《奧義書》時期的弟子們也必須過著韜光養晦的謙卑生活，它和知識的追求一樣重要。一向志得意滿的因陀羅，也得替他的老師生主撿柴、事奉聖火、打掃生主的屋子、守貞、放棄財富、奉行「不害」。人類聖哲和諸神都在探究一種靈性的方法，唯有人們放棄侵略性的我執，該方法才能生效。

....

38 CU 8.12.4-5。
39 CU 8.11.3。
40 CU 8.12.3。

＊　　＊　　＊

　　大約在那個時期，希臘則是另闢蹊徑。印度軸心時代的聖哲正在拋棄他們的英雄準則，把遠古的雅利安戰神貶抑為謙卑的吠陀弟子，希臘人卻把整個城邦武裝起來。印度諸神正要融合到出離者的心理歷程，希臘人卻為他們的諸神賦與比以前更大的定義。在某個意義下，西元前七世紀的希臘世界可謂興盛繁榮。雅典人仍然落後其他城邦，但是某些城市則正要崛起，例如伯羅奔尼撒（Peloponnesus）。**❹**那是科林斯（Corinth）的時代，他們善於在地中海往來經商，有繁榮的手工業，在埃及的影響下，也試著興建宏偉的建築。然而，最激進的城市要算是斯巴達（Sparta），它有獨一無二的政治體系，個人的利益完全臣服於城邦。**❹**所有公民都是「平等者」（homoioi）。這個體系其實是對軸心時代的「虛己」理想的嘲諷，因為斯巴達的虛己並不在於「不害」，而是為了軍事效率。再者，斯巴達公民的平等是奠基在無情地奴役他人。到了西元前八世紀末，斯巴達征服了麥西尼亞（Messenia）西南部，占領其土地，並且分配給斯巴達公民。麥西尼亞的原住民成了農奴（helots）。如此的體系難免要招致衝突。在西元前 670 年，麥西尼亞脫離斯巴達而獨立，不過在一次殘忍的戰爭裡再度被征服。

　　但是斯巴達不是唯一有麻煩的城市。儘管希臘人經濟繁榮，卻面臨著危機。**❹**起初，殖民一直是解決城邦內部問題的方法：只要把麻煩人物　〔139〕

---

❹ Charles Freeman, *The Greek Achievement: The Foundation of the Western World* (New York and London, 1999), p. 72。

❹ Oswyn Murray, Early Greece, 2nd ed. (London, 1993), pp. 173-85; Christian Meier, Athens: *A Portrait of the City in Its Golden Age,* trans. Robert and Rita Kimber (London, 1998), p. 41。

❹ Freeman, *Greek Achievement*, p. 101; Meier, Athens, pp. 54-56; Walter Burkert, *The Orientalizing Revolution: Near Eastern Influence on Greek Culture in the Early Archaic Age,* trans. Magaret E. Pinder and Walter Burkert (Cambridge, Mass., and London, 1992), pp. 76-77。

發配到另一個殖民地就好了。在西元前七世紀中葉，和東方已開發的社會接觸漸多，內部的民怨也日增。人民也想要像他們在外國看到的物質奢華，但是他們需要更多的資源。有些家庭變富有了，有些人卻入不敷出而舉債度日。西元前 650 年間，部落叛變不斷，血腥戰爭頻傳，城邦之間彼此黨同伐異。我們不很清楚暴行的細節，但是貴族們為了解決他們的財政問題而壓榨貧窮的農民，把公有地據為己有。有些佃農必須繳納六分之一的收成給地方的貴族，而一旦貴族控制朝政，就很難有匡正的機會。貴族和農民之間正形成一道危險的鴻溝，而農民卻是經濟的主要依靠。

農民也有自己的困境。希臘人自東方習得耕作的方法，也開始知道未雨綢繆，種植十年才能收成的葡萄和橄欖樹。他們也為了長期的生產力而蓄畜，但還是有許多人難以為繼而變賣資產或土地以籌措財源。而無力償債者就淪為奴隸。這些不安狀態引發了更多的社會問題。古老的價值正土崩瓦解。西元前七世紀初的詩人赫西奧德（Hesiod）提到，在某些城邦裡，孩子不再孝順父母，產生代溝，長者也無法成為年輕人的表率。他的詩正是要填補這個道德真空的狀態。

赫西奧德和荷馬是不同類型的詩人，他更能體察危機。[44]他不是戰士貴族階級，而是波伊提亞（Boetia）的一個農夫，受到許多東方觀念影響。他的父親從小亞細亞移民到希臘本土，比起希臘的英雄傳說，赫西奧德似乎更熟悉近東、胡里安族（Hurrian）或西台人（Hittite）的神話。他當然認為自己是希臘吟遊詩人，也曾因其詩而獲得獎賞，但是他不善於使用那些英雄故事的公式，而且可能是以書寫的方式創作，而不是吟唱。[45]他是第一個以第一人稱寫詩的希臘詩人，而他自己的名字也出現在詩裡。

赫西奧德似乎比較像是希伯來的先知，而不是如荷馬一般的吟遊詩人。就
〔140〕像阿摩司（Amos）一樣，「當赫西奧德正在神聖的赫利孔山下放牧羊群

....

[44] Burkert, *Orientalizing Revolution*, p. 90。
[45] Murray, *Early Greece*, p. 18。

時」，感受到神啟的震撼。宙斯的女兒繆思（Muse）要他如實敘事：

> 從一棵粗壯的橄欖樹上摘給我
> 一根奇妙的樹枝，
> 並把一種神聖的聲音吹進我的心扉，
> 讓我歌唱將來和過去的事情。❻

他覺得他的詩是一種默示；它可以撫慰人們的心靈，並且和諸神搭起橋樑。

社會正義的實踐亦復如是。因為這個信念，赫西奧德又更接近阿摩司一些。在歌頌農耕的長詩《工作與時日》（Works and Days）裡，赫西奧德提到他和他的兄弟佩西斯（Perses）辯論的事。他們分了家產，但是佩西斯貪得無饜，而向當地的貴族（basileis）告狀。

> 啊，王爺們！請你們也要好好考慮這個懲罰。
> 永生神靈就在人類中間，……
> 宙斯的眼睛能看見一切、明瞭一切，也看見下述這些事情。
> 如果他願意這樣，他不會看不出我們城市所擁有的是哪一種正義。❼

每個法律判決（dikai）都是來自正義女神（Dike），當貴族為中飽私囊而收賄或作偽證，使得正義受侵犯時，她會怒不可遏，立即向宙斯投訴；而社會的守護者宙斯便會降下瘟疫、飢荒或政治災難，以懲罰獲罪的城邦。❽這是個很天真的解決之道，它需要神的介入，而且大概經常落空

....

❻ *Theogony* 31-35; in Dorothea Wender, trans. *Hesiod and Theognis* (London and New York, 1973)。

❼ *Works and Days* 248-49; 68-70。

❽ *Works and Days* 28-67。

吧！然而那至少意味著一個改變。古老的貴族榮譽準則一直是很自私的。城邦的發展需要貴族和農民的緊密合作，卻使得英雄的理想背離了平民對於機會平等的渴望。赫西奧德相信，他的世代正面臨嚴酷的抉擇。希臘社會的特質將會是正義（dike）或是驕矜自私的傲慢（hubris）呢？

〔141〕

赫西奧德為了闡明其觀點，重新詮釋了一個「人的四個時代」的古老印歐神話。[49]傳說中，人類有前後相續而逐漸沒落的四個時代，而且皆以金屬為名：黃金、白銀、青銅、黑鐵。但是赫西奧德在青銅時代和當時的黑鐵時代（最壞的時代）之間加了一個英雄時代。在黃金時代，也就是人類歷史的開端，人和神沒有距離；人類過著幸福的生活，不知有疾病和衰老。對他們而言，死亡有如沉睡一般自然而安詳。他們不需要工作以維生，因為「肥沃的土地自動慷慨地出產吃不完的果實」。這個種族被埋葬了以後，奧林帕斯諸神創造了白銀種族，他們的孩子們要在母親身旁待很久才會成熟長大，而他們的「成人經歷非常短暫」，而且被傲慢支配著。「他們不能避免犯罪和彼此傷害，又不願意崇拜神靈和向幸福神靈的祭壇獻上祭品。」宙斯非常生氣，於是以更等而下之的青銅種族取代他們。他們「可怕而且強悍」，「喜歡戰爭製造的哀傷和暴力行為」，「心如鐵石，令人望而生畏」，身材魁梧而所向無敵。青銅種族驕矜自大而窮兵黷武，因而彼此毀滅。於是宙斯又創造了英雄種族。他們是半神半人，「高貴公正」，沒有上一代的傲慢，卻到特洛伊去打仗，結果生還無幾。後來他們就住在世界一隅的幸福島上。

英雄時代以後，黑鐵時代接踵而至，也就是我們的時代，是個傾覆的世界，蹣跚走向無法逃避的滅亡。生活是嚴酷而無望的。「人們白天沒完沒了地勞累煩惱，夜晚不斷地死去，」[50]赫西奧德如是反省。儘管如此，諸神還是給了他們一些幸福。在黑鐵時代，善與惡、痛苦和歡樂交織

....

[49] *Works and Days* 106-201. Wender trans.。
[50] *Works and Days* 116-18. Wender trans.。

184

在一起；人們必須辛苦工作才能圖個溫飽。那是個困惑和搖擺不定的時代。一切都攪和在一起。但是黑鐵時代的人們有個抉擇。他們不是服膺正義的命令，就是屈從於貴族傲慢的罪。如果他們忽視正義，就會見證到邪惡的勝利，強權就是公理，父親對兒子沒有親情，子女也不會孝順年邁的父母，以前的手足同袍之愛也都殞滅。「再也不能像以前一樣。」❺¹

　　故事的寓意很清楚。諸神喜愛且讚許那些實踐正義的種族。青銅時 〔142〕代窮兵黷武的戰士都死掉了；他們都到了幸福無憂的地方。正義讓凡人更接近諸神，因此他們必須待人正直，並且在奧林帕斯向諸神獻祭。他們也必須明白自己的角色。英雄時代結束了。赫西奧德暗示說，是時候要放棄古老的自我毀滅的戰士精神了。黑鐵種族不能再以為自己是阿奇里斯（Achilles）或奧德修斯（Odysseus）；他們只是農民，耕地的人，更謙卑地和大地競爭（eris）。他們不和敵人逞凶鬥狠，而是和鄰人競賽收成。如此的競爭讓諸神更悅納農民。這個歷史時期不同於黃金時代，那時候的人們不必犁田耕地。在黑鐵時代，宙斯說人們必須辛苦耕耘才能溫飽，那也是一種獻祭形式，每天向諸神敬拜。❺²

　　在《神譜》（Theogony）裡，赫西奧德更完整地探討這些理念，敘述奧林帕斯諸神如何戰勝他們的敵人❺³。它成了希臘宗教的教科書。許多人對於這些出自黑暗時代的神話細節非常困惑。各種冥府力量的彼此關係是什麼？泰坦神族（Titans）為什麼要背叛宙斯？是什麼造成人與神的分裂？赫西奧德以美索不達米亞和其他近東神話處理了這些瑣碎問題。他以諸神源起的殘酷鬥爭去解釋傳統的故事，諸神自太初的混沌誕生意味著追求明確、秩序和界定。最初，更實在的蓋婭（Gaia）和烏拉諾斯

----

❺¹ *Works and Days* 184. Wender trans.。

❺² Jean-Pierre Vernant, "At Man's Table," in Marcel Detienne with Jean-Pierre Vernant, *The Cuisine of Sacrifice Among the Greeks,* trans. Paula Wissing (Chicago and London, 1989), pp. 30-37。

❺³ Mircea Eliade, *Patterns in Comparative Religion,* trans. Rosemary Sheed (London, 1958), pp. 75-77; Burkert, *Orietnalizing Revolution,* pp. 87-90; Walter Burkert, Greek Religion, trans. John Raffar (Cambridge, Mass., 1985), pp. 122-23; Jean-Pierre Vernant with Pierre Vidal-Naquet, *Myth and Tragedy in Ancient Greece,* trans. Janet Lloyd (New York, 1990), pp. 95-101。

（Uranus）取代了無底深淵的混沌（Chaos），而故事則以奧林帕斯諸神戰勝悖逆自然律則的泰坦神族作結。赫西奧德以諸神父子相殘的可怕故事警告希臘人說，當下城邦裡的兄弟鬩牆是很危險的事。在他的筆下，宙斯所建立的正義有序的國度和以前的不符合自然的混沌正好相反。赫西奧德的《神譜》也提出一個其後的希臘哲學家不停思考的問題：世界的起源是什麼？混沌如何開始充滿秩序？如何自一生出多？雜多和形式的關係是什麼？

〔143〕　　赫西奧德也以神的體系去定位人類，那就是泰坦神族的普羅米修斯（Prometheus）[54]的故事。在黃金時代，諸神和人類平等相處，並且定期一同饗宴。但是到了黃金時代末期，諸神開始和人類世界漸行漸遠。人類只能以牲祭儀式和諸神維繫關係，在期間，諸神和人類可以分享祭肉。但是普羅米修斯認為分配不公，想幫助人類爭取更多一點。在一次祭祀後，他想騙宙斯悅納不能吃的骨頭部分，好讓人類分得祭肉。但是宙斯看穿了詭計：諸神不需要食物，只要有在祭壇上燒化骨頭的煙就夠了。因此，祭祀可以彰顯諸神高於人類，因為人類必須吃動物的屍體才能存活。普羅米修斯的詭計讓宙斯很忿怒，於是決定懲罰人類，奪走他們用來烤肉的火。可是普羅米修斯再次背叛宙斯，把火偷走，還給人類。宙斯為了報復他，就用鐵鍊把他捆在石柱上，並且命令工匠神黑腓斯塔斯（Hephaestus）造一個女人給人類，以懲罰他們。黃金時代的人類原本沒有兩性的區別。第一個女人潘朵拉（Pandora）是「美麗的邪惡」。她掀開了一只盒子，「給男人帶來痛苦和災難」。男人命中註定要娶女人，她們會給他們的世界帶來疾病、衰老和苦難。

這是軸心時代少數公然仇視女性的論調。赫西奧德想以此突顯黑鐵時代生命的困厄，意味著人類自恩寵的墮落。[55]於是善與惡交織在一起。

....

[54] *Theogony* 535-616; *Works and Days* 60-104。
[55] Vernant, "At Man's Table," pp. 22-86。

186

獻祭讓人類和諸神和好，但是它也顯示兩者之間無法踰越的區別。苦難成了生命無法逃脫的事實，這也是軸心時代的一個主題。在印度，聖哲矢志創造一種靈性技術，讓人們斷除諸苦，了生脫死。赫西奧德沒有這種野心。的確，他相信人類不應該希冀升到神的世界。普羅米修斯的故事讓人類找到他們的定位，位於諸神和萬物之間，而且環伺著潘朵拉所釋放的邪惡。他們或許也想如普羅米修斯一般的反叛，但是傲慢是自我毀滅：普羅米修斯反叛的結果，只是他自己的苦難以及人類無止盡的勞動。

　　其他的希臘人覺得認命不是辦法。當政治危機加劇，農民也漸漸要求賑濟、歸還被充公的財產、法律的保障，有野心的貴族利用群眾的主張 〔144〕去成就自己的政治權力，而得到群眾的擁護。❺❻第一個僭主（tyrannos）在西元前 655 年控制了科林斯，其他城邦也群起效尤。他們的統治者不是我們現在所謂的「暴君」，而只是僭越體制奪權、為人民福址而廢除傳統法律的統治者。❺❼作為正義的鬥士，僭主起初頗得人心，但是僭主制度不是長久的政治體系。僭主把權力下放給群眾，也讓他們更大膽。僭主到了晚年，他不合體制的統治就顯得殘暴而恣意，人民經常會起義推翻他的繼承人，並且唾棄僭主制度。但是實驗對人民證明，如果組織得當，他們可以制衡統治階級的剝削，把命運掌握在自己手裡。

　　更重要的是隨著僭主制度的興起而產生的軍事改革。西元前八世紀末，武器的製造技術突飛猛進，城邦也有能力組織大型軍隊，而不再倚賴貴族小規模的戰車團。❺❽在西元前 700-650 年間，城邦開始倚賴重步兵部隊，荷馬時代單打獨鬥的舊式戰士漸漸廢除。兵力成為關鍵，戰爭再也不是貴族的特權。於是，只要有所需的裝備（hopla），無論是領主或農民，不管其階級或出身，都可以加入這個光榮的隊伍。新的平等就隨著重

....

❺❻ Freeman, *Greek Achievement,* pp. 137-45.

❺❼ Aristotle, *Politics* 5.13.10b。

❺❽ Murray, *Early Greece,* pp. 124-37; Freeman, *Greek Achievement,* pp.91-95; Jean-Pierre Vernant with Pierre Vidal-Naquet, *Myth and Tragedy in Ancient Greece,* trans. Janet Lloyd (New York, 1990), pp. 39-53。

裝備軍隊誕生了。

重裝備戰鬥的特色是步兵方陣,由士兵肩併肩組成,一共八列。每個士兵皆以圓盾保護其左側,並且緊抓著右邊的士兵。方陣形成一體,向敵人推進,上下突刺盾牆。最後有一方會潰散逃跑。方陣證明非常有效,但是它也會重創敵人。重裝備軍隊是由平民組成的軍隊,徵召大量壯丁。幾乎可以說是全民皆兵。在印度,作戰是剎帝利族的特權;戰爭是很特別的行動,其他三個階級禁止加入。於是戰爭被圈限在一個範圍裡,而當「不害」的理想盛行時,戰爭也漸漸被認為是不淨的、悲劇的、邪惡的。〔145〕但是希臘卻反其道而行。在西元前七世紀,所有城邦都已經軍事化了。公民組成一個軍隊,而且可以迅速動員。

這是和過去的澈底決裂。赫西奧德暗示說,是該放棄傳統英雄理想的時候了;重裝備軍隊助長了這個決裂。渴望個人榮耀的戰士顯然不合時宜:集體性才是新的理想。重裝備步兵基本上是團隊的一員。他們同舟一命,一起覆亡或勝利,不能有個人的榮耀。阿奇里斯陷整個軍隊於險境的傲慢,現在顯得很不必要。「德行」(arete)被重新定義:愛國情操以及對全體福祉的奉獻才是德行。西元前七世紀末,斯巴達詩人提爾泰俄斯(Tyrtaios)如是描寫新的英雄:

> 此為德行,男人最美好的財產,
> 年輕人最高尚的獎賞:
> 此即所有城邦以及萬民的全體福祉;
> 當一個男人在前線屹立不搖,
> 沒有任何可恥的退卻念頭,
> 剛強其心志,百折不撓,
> 並且以言語鼓勵身旁的男人。❺⁹

....

❺⁹ Fragment 12.13-19, in Murray, *Early Greece,* p. 133。

　　士兵們不汲汲於個人的名譽和榮耀，以整個方陣的安危先於個人的得失。正如軸心時代的「虛己」理想，他們提倡一種無私和為他人奉獻的倫理。差別在於這種「捨己」是表現在戰場上成為殘酷的殺人機器。

　　重裝備步兵的改革改變了希臘，並且奠立了民主的基礎。和貴族在方陣裡並肩作戰的農民不再認同貴族政治。古老的順服習慣也難以維繫下去。不久以後，下層階級會要求**他們的**組織（人民議會）應該成為城邦政府的核心角色。重裝備步兵的改革改變了公民的自我認知。那是個寧靜革命；農民們沒有消滅上層階級，反而接受了他們的思想，以致於整個城邦成了一個教養的戰士階級。

　　言論自由原本是貴族英雄的特權。希臘軍隊的「將領」（basileis）可以向阿加曼農（Agamemnon）國王抗顏直言。現在這個權利擴及於方陣的所有成員。新的軍隊有了不同的語言。「對話」（logos）迥異於荷馬和英雄時代的諷刺詩。❻⓿神話原本是要表現難以理解的真理，而和外在世界的客觀實在並不完全相符。然而「對話」卻必須更實際、有效而準確。無論在戰場或作戰會議裡，士兵都面對著生死存亡的問題。對話者不問「這件事的終極意義是什麼」，而會問「怎麼回事」、「我們該怎麼辦」。「對話」以直接而現實的需求為導向，重要的是讓士兵能夠對於那影響到所有人的作戰計畫提出質疑，因為團隊需要所有專家參與。重裝備步兵的「對話」並不會取代詩人的「神話」（mythos）。兩者可以兼容並蓄，各有擅場。但是當更多的公民成了重裝備步兵，「對話」便成為政府的獨特語言和思考模式。

〔146〕

　　在西元前七世紀，斯巴達最為致力奉行重裝備步兵的精神。❻❶在西元前 650 年，所有男性公民都成了重裝備步兵，而民眾（demos）則是主權擁有者。古老的儀式都用在嚴酷的現實目的上面。在奧提亞（Orthia）的

❻⓿ Mary Douglas, *Leviticus as Literature* (Oxford and New York, 1999), pp. 26-29。
❻❶ Murray, *Early Greece,* pp. 164-86; Vernant, *Myth and Society,* p. 47。

古代豐年祭，年輕男孩會去偷阿提密斯（Artemis）神廟裡的乳酪，而被其他年輕人追打。在實行重裝備步兵的斯巴達裡，這個儀式被用來教導年輕戰士作戰技術。那不再是模擬作戰，而是真實的浴血戰鬥。他們不再讓年輕人到森林裡去，在成年以前學習勇氣和自信，而是挑選初露頭角的重裝備士兵成為特種軍人。白天他們深居簡出，夜裡則被派到鄉下去，大肆屠殺農奴。在印度，軸心時代方興未艾的倫理廢除了古老儀式裡的暴力；在希臘，古老的儀式卻變成軍事訓練的用途。

*　　　*　　　*

　　然而，中國卻正嘗試以「禮」的美去移風易俗而化解干戈。西元前七世紀的黃河流域正處於杌隉不安的年代，但是儘管各國戰事頻仍，所幸戰禍皆有限。主要則要歸功於魯國知識份子的禮儀改革。西元前七世紀，

〔147〕 各國率皆恪遵禮的規範，使得社會、政府和軍事都能夠宗法周禮。即使他們的恭謹慎行乍看來距離軸心時代的理想還很遙遠，有些禮法卻頗有精神的潛能。然而中國人並沒有實現它；直到兩百年後，他們的軸心時代才會到來，但是魯國的禮官已經為未來奠下基礎，即使在西元前七世紀，他們的目標只是要創造一個中庸自制的君子社會。

　　其時周室王權沒落，政令難行天下。周王地位被統治中國古老城市的諸侯所取代，諸侯也僭越周室的道統❷，成了神聖的人物。百官朝見國君前必須齊戒沐浴，因為作為「天」在人間的翻版，他不能沾染塵垢。諸侯也擁有天子的力量，但是重點是，該「道德」有賴於百官們奉行禮法。魯國的禮法改革是以一個意義深遠的原則為基礎。「禮」不只會改變行禮者，也會增長受禮者的神聖性。它基本上是個巫術的觀念，卻植基於一個深層的心理學洞見。當人們持續受到崇敬，他們會覺得自己值得被敬重；

....

❷ Marcel Granet, *Chinese Civilization,* trans. Kathleen Innes and Mabel Brailsford (London and New York, 1951), pp. 259-60, 308-9。

他們知道自己擁有絕對價值。在中國亦復如此，「禮」讓關係神聖化，也授與他人神聖性。「凡侍於君，紳垂，足如履齊，頤霤，垂拱，視下而聽上。」❻❸他們恭敬的態度維繫且增長了國君的德行。

國君自己的生活也有繁複的規範。他的權位並不能讓他頤指氣使。其實，他的行為必須是「無為」的（這是啟發軸心時代哲學家的另一個原理）。他不像現代國家的領導人那樣，必須制定政策並且實現他對國家的願景。國君必要完全被動。他並不指揮行政；他也不發號施令。他唯一的工作就是持身以正，授權百官去治國。為此，他必須服從嚴格的規範。如　〔148〕果他犯錯，他的臣子就有責任勸諫他。史官則會記錄他的一言一行。（譯⑥）他不能嬉戲，只能聽謹慎挑選的音樂，吃依據禮法準備的餐點。❻❹臣子朝見時必須步伐快速，「疾趨則欲發而手足毋移」，而國君走路則要徐緩，「行接武」❻❺。在朝臨政時，國君並不高談議論。如果他的官員請准某個政策，他只需說「可」，但是王命既出，新政策便已生效：正如《詩經》所說的：「思馬斯徂。」孔子也說：「無為而治者，其舜也與！夫何為哉，恭己正南面而已矣。」❻❻

禮的作用在於提高君子的地位和聲望。但是如果以正確的精神行禮，卻能夠去除為政的私欲。此處有個弔詭，也可以在戰場上的「禮」看到。西元前七世紀，諸侯們開始採取以新的中庸精神嚴格規範的戰爭禮節。❻❼「禮」嚴格限制戰爭的暴力，禁止軍隊「兼弱攻昧」。戰爭變成由禮節和自制規範的虛應故事。在貴族政治的社會裡，貴族們沉醉在他們的

❻❸ *Record of Rites* 1:704, in James Legge, trans., *The Li Ki* (Oxford, 1885)。

❻❹ *Record of Rites* 1:719。

❻❺ *Record of Rites* 1:720. Legge trans.。

❻❻ Confucius, Analects 15:4, in Arthur Waley, trans. *The Analects of Confucius* (New York, 1992)。

❻❼ Granet, *Chinese Civilization,* pp. 261-79; Jacques Gernet, Ancient *China: From the Beginnings to the Empire,* trans. Raymond Rudorff (London, 1968), p.75; Holmes Welch, *The Parting of the Way: Lao Tzu and the Toaist Movement* (London, 1958), p. 18; Huston Smith, *The World's Religion: Our Great Wisdom Traditions* (San Francisco, 1991), p. 160。

譯⑥ 《禮記‧玉藻》：「動則左史書之，言則右史書之。」

尊榮裡，私鬥始終是危險的事。「禮」認為此風不可長，要求士兵作戰也要像君子一樣。戰爭通常為時甚短。他們不為私利而戰，而是為了抵擋蠻族入侵或征討叛亂的國家，以恢復「天道」。戰爭被認為是一種刑罰，如果犯人願意上場打仗，就可以被赦罪。勝利顯示勝方的正當性，但是唯當戰役是依據「禮」進行的。

〔149〕
國君會御駕親征，但是由將軍指揮全軍。要決定動員多少兵力，他必須「大戶，已責，逮鰥，救乏，赦罪。悉師，王卒盡行」。[68] 軍械被認為會帶來災禍，必須妥善保管，士兵持兵器前必須齋戒沐浴。[69] 最後，眾人聚集在社廟，由國君獻祭。

軍隊面向南方開拔。士兵由被徵召的農民組成。他們被迫離開他們的田地而無歸期；無可奈何的士兵哀嘆他們在軍旅中的抑鬱。但是他們的角色其實無關緊要。他們並不真正加入戰鬥，只是充當挑伕和僕役，沒有和中軍一起行進，而是駐紮在樹林外面。[70] 相對的，貴族則是從容自在地坐著馬車，有絲竹為伴；每個車隊都有弓箭手、執戟者和御者，他們的兵器漆得光鮮亮麗，鞍轡的鈴鐺也與音樂唱和。[71]

他們面向敵人紮營，營地的規劃完全模仿城市的樣式。戰爭是個宗教儀式；國君先要齋戒，向祖先祝禱獻祭。此時將領必須評斷敵人的意圖：他們是否真的要戰？[72] 如果敵人是蠻族或是無道的國君，那就會是殊死戰：將領會身先士卒，由被赦罪的犯人組成的敢死隊，發出淒厲的叫聲，在兩軍初接時相互殘殺，戰爭於焉開始。然而戰士經常被要求以禮作戰，戰爭成了禮節的競賽。兩軍的君子競相表現誇張的寬容和貴族階級的施惠。

....

[68] *Zuozhuan* ("The Commentary of Mr. Zuo") 2:29-30, in James Legge, trans., *The Ch'un Ts'ew and the Tso Chuen,* 2nd ed. (Hong Kong, 1960)。
[69] *Zuozhuan* 2:412。
[70] *Classic of Odes* 35, 167, 185。
[71] *Zuozhuan* 2:18。
[72] *Zuozhuan* 2:132。

「禮」要求對敵人要揖讓，但是他們的「讓」總是態度高傲的。在騎士風範的競賽裡，要以寬大的行為壓倒敵人。兩軍交戰時，戰士大聲誇耀其壯盛，贈酒給敵人，見到國君時必摘下頭盔。如果其御者當場被要求贖回，君子總是會放走敵人的戰車。楚晉交戰，楚國的樂伯用最後一支箭 〔150〕射死擋在他車前的麋鹿，攝叔立即把麋鹿獻給緊追在後的晉國軍隊。晉國將軍鮑癸馬上認輸說：「其左善射，其右有辭，君子也。」**❼❸**

如果一個貴族殺人無數，他會失去其地位。「潘尪之黨與養由基蹲甲而射之，徹七札焉。以示王，曰：『君有二臣如此，何憂於戰？』王怒曰：『大辱國！詰朝爾射，死藝。』」**❼❹**君子不會因為戰勝而得意忘形。真正高尚的戰士不應該殺死三個以上逃亡者，而且應該閉著眼睛射箭。禮節總是優先於戰功。有一次兩軍短兵相接，其中一方轉戰撤退。勝方射之不中，欲搭箭再射，敵方說：「不狃，鄙。」於是他放下弓箭，平靜就戮。**❼❺**

西元前 638 年，「宋公及楚人戰于泓。宋人既成列，楚人未既濟。司馬曰：『彼眾我寡，及其未既濟也，請擊之。』公曰：『不可。』既濟而未成列，又以告。公曰：『未可。』既陳而後擊之，宋師敗績。公傷股。門官殲焉。國人皆咎公。公曰：『君子不重傷，不禽二毛。古之為軍也，不以阻隘也。寡人雖亡國之餘，不鼓不成列。』」**❼❻**幾年後，晉國和秦國交戰，「秦行人夜戒晉師曰：『兩君之士皆未憖也，明日請相見也。』臾騈曰：『使者目動而言肆，懼我也，將遁矣。薄諸河，必敗之。』胥甲、趙穿當軍門呼曰：『死傷未收而棄之，不惠也。不待期而薄人於險，無勇也。』乃止。」**❼❼**

即使戰勝了，也不可以驕矜失禮。有一次楚軍獲勝，臣子潘黨說：

....

❼❸ *Zuozhuan* 1:627. James Legge, trans.。
❼❹ Z*Zuozhuan* 1:320. James Legge, trans.。
❼❺ *Zuozhuan* 3:340. James Legge, trans.。
❼❻ *Zuozhuan* 2:234. James Legge, trans.。
❼❼ *Zuozhuan* 1:509. James Legge, trans.。

〔151〕「君盍築武軍而收晉尸以為京觀？臣聞克敵必示子孫，以無忘武功。」楚王卻說：「我使二國暴骨，暴矣。」這種戰爭和武王克商不可同日而語。楚王接著說：「今罪無所，而民皆盡忠以死君命，又何以為京觀乎？」**⑦⑧** 君子對此總是要哀矜勿喜。大部分將領都不願意趕盡殺絕，害怕以後遭到報復。許多國家寧可有限度的勝利，也不要完全的成功，有些國家則寧可以最少的傷亡暫時戰勝對方。勝利可能是危險的。國君會把征服來的疆土賜給臣子，卻因而使他們坐大而叛變。封建制度依賴的是各安其位。如果臣子勢力太大，可能危及國家的微妙平衡。

在朝廷上，每個君子也都要扮演好自己的角色，以增益宮廷的美和優雅。**⑦⑨** 君子總是裝束得宜；他的神情「瑟兮僩兮，赫兮咺兮」。**⑧⓪**「君子之容舒遲。」**⑧①** 臣子並不表現出其個體性，而完全臣服於騎士風範。「讓」必須是全心全意的。君子的首要義務就是「誠」。他不能以膚淺、鄙吝或虛偽的態度去守禮；他必須完全獻身於禮的規範，讓那些規範和他的人格成為一個整體。當他和君子的典範完全一致，便成為一個真正的仁者。經由如此的雕塑，他的人格會更完美，「有匪君子，如切如磋，如琢如磨」。因此，宗廟其實就是人性的教育。魯國的子游說：「禮：有微情者，有以故興物者；有直情而徑行者，戎狄之道也。禮道則不然……。品節斯，斯之謂禮。」**⑧②** 如果禮成為君子存有的真實部分，他就學會了中庸、自制和寬大，因為禮是用來節制心裡的暴力和驕矜的：「夫禮，禁亂之所由生，猶坊止水之所自來也。」**⑧③**

射藝也可以開顯君子的德行。那不只是技藝或武術的測試，也必須飾以禮樂以求和諧。任何野蠻人都可以中的，君子卻是行射禮以觀盛德。

....

⑦⑧ *Zuozhuan* 1:635. James Legge, trans. 。
⑦⑨ Granet, *Chinese Civilization,* pp. 287-309。
⑧⓪ *Classic of Odes* 55, cited ibid., p. 288。
⑧① *Record of Rites* 2:263. Legge trans. 。
⑧② *Record of Rites* 1:215. Legge trans 。
⑧③ *Record of Rites* 2:359. Legge trans. 。

他並不是真的要贏得競技，因為輸了並不可恥。「君子無所爭，必也射乎」，但它本身是揖讓的表現，因為赤裸裸的野心是鄙俗的，是小人的表徵。因此，「下而飲」其實是在向落敗的對手致敬。「故射者，進退周還　〔152〕
必中禮，內志正，外體直，然後持弓矢審固；持弓矢審固，然後可以言中。」[84]他們必須同時射箭，並且循著音樂的節奏，「其節比於樂」。射出的箭不在於命中鵠的，而在於空中交會：暴力和衝突轉向為和諧一致。競技結束，射者皆掬淚：勝者同情敗者，而敗者也憐憫勝者，因為他其實未曾贏。兩個勇士一起跪下，承諾以父子之禮相處。

　　禮旨在可能招致宿怨的好勇鬥狠。「禮讓」的精神也被用在政治上。[85]國君的臣子們不會激烈諫言或謀求晉升，而會以禮事君並且彼此揖讓。他們的任何見解皆源自國君的權力，因此不會有嚴重的衝突。即使臣子不贊成某個政策，一旦國君批准，他就必須盡力執行。拒絕國君的決定無異於孤立自己，因為那意味著否認整個王室的權力。如果臣子認為國君背離天道，就有諫言的義務。但是他不能義憤填膺地勸誡。一旦他表現抗議，就必須掛冠求去，如此他也失去了自我，因為他和王室的「道德」決裂。他必須放逐三個月，以儀式性的自殺對國君施壓，冀望他回歸正道。

　　家庭生活也必須遵循同樣的精神。父子的關係不是基於天性，而是以君臣關係為基礎。[86]中國的禮儀總是要改善生物學上的關係，而「禮」則創造了父子間的孝道，它在兒子出生時並不存在。兒子在一生中的前三十年幾乎看不到他父親。孩提時候，他住在婦女的居所，接著跟舅舅學禮。直到他完成教育，才能執行公務而和父親親近，並且在他們之間創造神聖的關係。恭敬謹慎比自然親情重要得多。就像國君一樣，父親也代表天；父子關係應該是疏遠而嚴格的。他不宜和兒子友好親密，正如國君不　〔153〕
應和臣子狎戲。

....

[84] *Record of Rites* 2:627. Legge trans.。
[85] Granet, *Chinese Civilization,* pp. 297-308。
[86] Ibid., pp. 310-43; Marcel Granet, *The Religion of the Chinese People,* trans. and ed. Maurice Freedman (Oxford, 1973), pp.82-83; Granet, Chinese Civilization, pp. 311-27。

　　兒子把父親當作未來的祖先一樣尊敬他。他一絲不苟地孝親，在他父母裡頭創造了神聖性，讓他死後得以升天。禮可以致養那使每個人獨一無二的神聖性，也就是「神」。如果「神」至強至盛，那麼這個神聖的個體性會在肉體死後繼續存在。長子能夠事親以至敬，也就可以盡其性命。他每天黎明即起，和妻子盛服等候雙親。他不可以在父親面前打嗝、打噴嚏、咳嗽或打呵欠，也不可以用父親的碗、拐杖或杯子。他要補綴和濯洗父母親的衣服，準備禮儀規定的八道菜，侍候父母親用餐。兒子總是以謙恭的語氣跟父親說話。如果他認為父親失道，便應該勸諫他，但是態度必須委婉和悅。如果父親執意不聽，兒子必須更加禮貌，不可以表現出憤怒或怨恨的樣子。父親七十歲告老還鄉，此時兒子更要設身處地為父親著想，父親安好時，他便快樂，父親有疾，他便憂心，父親胃口好，他才吃東西，父親生病，他也吃不下。❽如是他便學到了「恕」的德行，那也成為中國軸心時代的中心思想。

　　父親辭世時，兒子要盡可能分受死亡的體驗。他離家住在草棚裡，睡在地上，以土塊為枕，齊戒止語，羸弱其身，必須拄杖才能起身。（「父母之喪，居倚盧，不塗，寢苦枕塊，非喪事不言。」）兒子要服喪三年，讓父親的鬼魂轉化為「神」，與諸祖先同列。除喪時，父親已經成神，由兒子主祭。他隱居十日，齋戒憶念父親生前言行歡笑，以準備「殯禮」。期間由他的兒子扮演死者，感覺祖父的靈魂臨到他身上。（「致齊於內，散齊於外。齊之日，思其居處，思其笑語，思其志意，思其所樂，思其所嗜。齊三日，乃見其所為齊者。」）當喪父的兒子看到他「父親」前來享食，他要躬身引導父親到供桌前，知道他的任務已經完成。（「於是諭其志意，以其恍惚以與神明交，庶或饗之。」）如《禮記》所說的，「齊者精明之至也，然後可以交於神明也。」❽

〔154〕

---

❽ Granet, *Chinese Civilization*, pp. 328-43。
❽ Granet, *Religion of the Chinese People*, pp. 83-89。

　　即使是父親死後，兒子仍然沒有自己的生活，他必須「慎行其身，不遺父母惡名」，正如「戰陳無勇，非孝也」。他必須照顧自己的健康，因為那是家庭的財產，「不虧其體，不辱其身，可謂全矣」，他不可以拿父母交付給他的身體去做不必要的冒險行為（「不敢以先父母之遺體行殆」）——此精神也在中國軸心時代期間以新的形式重新浮現。如此的孝道看起來和現代的感受格格不入，因為它似乎把兒子貶抑為沒有價值的人。但是其實中國的家庭組織是要防止父權的專制。父親的權威被其他角色約制。大伯的權利幾乎大於父親。兒子有了子嗣並接受奉養，但是他仍然要事奉他的父親。在「殯禮」當中，他向「父親」的神敬禮，其實是對他**自己**的兒子鞠躬。於是，他們交換對彼此的尊敬。弟弟的主要責任不在事奉父親，而是尊敬且輔佐他的兄長。該制度旨在使家庭的每個成員都能得到部分的尊重。禮既要求兒子順從父親，而父親也有義務對孩子們公正、和藹、有禮。我們不知道中國人是否恪守這些禮。《禮記》或許只是個烏托邦，而不是歷史事實。然而，在西元前七世紀，該理想似乎把周朝社會從好勇鬥狠轉化為中庸節制。❽它也啟動了中國的軸心時代，並且賦與該時代獨特的方向。

　　其時，中原附近其他新興諸侯，齊、晉、楚、秦，也接受了禮的教化。但是時代在變。西元前七世紀後半葉，北方蠻族更加頻繁侵襲中國。新崛起的楚國也是個麻煩。楚國急於擴張，漸漸無視以禮約束的戰爭，威脅到諸侯。周王積弱不振，無法有效領導對抗楚國，於是西元前 679 年，〔155〕齊桓公稱霸，糾合諸侯，南制強楚。❾

　　至此，齊國霸業已成，開明的齊桓公也以維繫周室道統為號召。他以盟會的方式和諸侯商討各國的合作，諸侯也立誓為盟，使得該政治行動有了宗教的性質。盟會以公牛為祭，與會者以牲血塗其嘴唇，每個人都要

----

❽ Gernet, *Ancient China,* p. 75。

❾ Jacques Gernet, *A History of Chinese Civilization,* trans. J. R. Foster and Charles Hartman 2nd ed., (Cambridge and New York, 1996), p.60; Gernet, *Ancient China,* pp. 77-83。

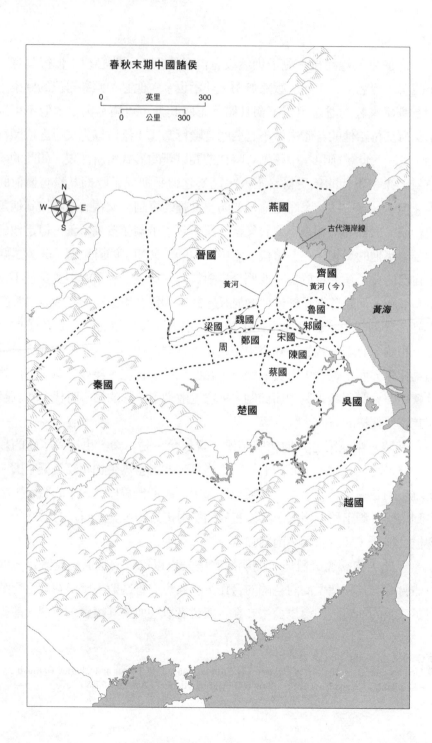

對著「名山、名川，群神、群祀、先王、先公」宣誓：

> 凡我同盟，毋薀年，毋雍利，毋保姦，毋留慝，救災患，恤禍亂，同好惡，獎王室。**91**

其目的是要營造凝聚力。盟會的儀式在諸侯之間創造了類似家庭的關係，他們甚至承諾為他們新的「親戚」服喪。如有違誓言，「明神殛之，俾失其民，隊命亡氏，踣其國家。」**92**霸主糾合諸侯，振王綱，興滅國，但其實已經取代了周室的地位。然而盟會並沒有維持很久。西元前643年桓公死後，諸子爭奪王位而內亂不斷，齊國一蹶不振。楚國重啟戰端，晉國繼續尊王攘夷的霸業，但是楚國在西元前597年打敗了聯盟。

儘管蠻族的勢力似乎戰勝了中道。但是在面對楚國的威脅時，舊有的諸侯反而更加重視他們的禮俗。他們無法在武力上和新興國家相抗衡，便轉向外交和遊說。但是邊區國家卻逐漸揚棄和諧和「揖讓」的精神。他們注意到，即使謹守盟誓，該精神卻無法制裁叛變者；的確，忠於盟約者 〔157〕的下場總是最悽慘。**93**方興未艾的懷疑論開始顛覆古老的假說。

* * *

在以色列，西元前七世紀是猶太教重要的分水嶺。希西家王（Hezekiah）由於驕矜自大而禍延子孫。他的兒子瑪拿西（Manasseh，西元前687-642年）不想重蹈覆轍，於是決定繼續臣服於亞述，猶大國在他長久的治理下興旺起來。**94**亞述人並不要求他們的臣屬國也信仰他們的國

....

91 *Zuozhuan* 2:272。
92 *Zuozhuan* 2:453. James Legge, trans.。
93 H. G. Creel, *Confucius: The Man and the Myth* (London, 1951), p. 19。
94 Israel Finkelstein and Neil Asher Silberman, *The Bible Unearthed: Archaeology's New Vision of Ancient Israel and the Origin of Its Sacred Texts* (New York and London, 2001), pp. 264-73。

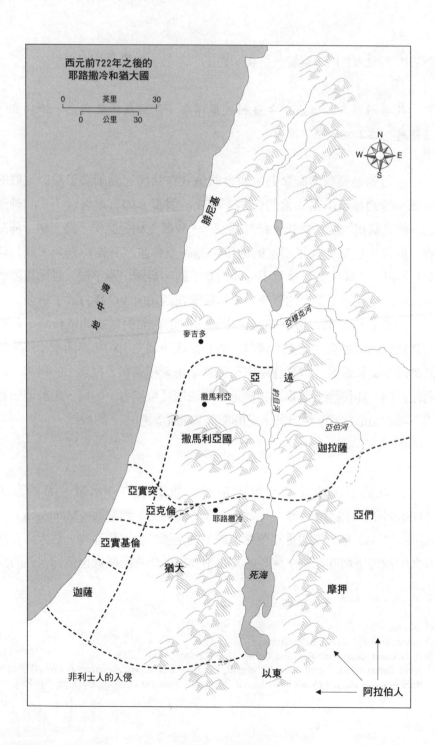

西元前722年之後的
耶路撒冷和猶大國

地中海

腓尼基

亞　述

撒馬利亞國

撒馬利亞

麥吉多

亞穆克河

亞伯河

迦拉薩

亞實突

亞克倫

耶路撒冷

亞們

亞實基倫

猶大

死海

迦薩

摩押

以東

非利士人的入侵

阿拉伯人

家神亞述爾（Assur）（譯⑦），但是他們的宗教符號難免到處可見。瑪拿西並不熱中於唯信耶和華。他重新建築他父親希西家所毀壞的邱壇，又為巴力神築壇，在耶和華的殿宇裡雕刻亞舍拉（Asherah），在耶和華殿門旁設置向日頭所獻的馬，在耶路撒冷城外行殺嬰祭（「使他的兒子經火獻神」）。⑨⑤聖經的作者為此憂心忡忡，但是瑪拿西的臣民卻覺得沒什麼好大驚小怪，因為據考古學家發現，他們自己的家鄉本來就有類似的神像。⑨⑥然而那些被亞述擄掠的鄉村處處動盪不安。⑨⑦即使希西家的民族主義政策招來災難，有些人仍然懷念先祖和平居住在該地而沒有外族侵擾的黃金時代。瑪拿西死後，人們鬱積的不滿爆發出來。他的兒子亞們（Amon）只統治兩年，聖經裡所謂的「國民」（am ha-aretz）背叛他，在宮裡殺了他。⑨⑧

政變的領袖立了亞們王年僅八歲的兒子約西亞（Josiah）作猶大王，因為他母親是波斯加（Bozkath）人，那是猶大國山區裡的一個小村莊，因此約西亞算是他們自己人。⑨⑨權力從城市菁英轉移到農村的領袖，起初一切似乎很順利。但是其時亞述已經式微，埃及正要興起。西元前 656 年，埃及第二十六王朝的建立者薩姆提克一世（Psammetichus I）法老迫使亞述軍隊撤離黎凡特（Levant）地區。猶大人又驚又喜，看著亞述人撤出北方古老的以色列王國。的確，約西亞成了埃及的臣屬國，但是法老忙著控制迦南低地有利可圖的經商道路，沒空理會猶大國，而聽任他們自行其是。

⑨⑤ 2 Kings 21:2-7; 23:11; 23:10; Ezekiel 20:25-26; 22:30; Arthur Mein, *Ezekiel and the Ethics of Exile* (Oxford and New York, 2001), p. 105。

⑨⑥ Psalms 68:18; 84:12; Gosta W. Ahlstroem, *The History of Ancient Palestine* (Minneapolis, 1993), p. 734。

⑨⑦ Finkelstein and Silberman, The *Bible Unearthed,* pp. 264-73。

⑨⑧ 2 Kings 21, 23。

⑨⑨ 2 Kings 22:1; William M. Schneidewind, *How the Bible Became a Book: The Textualization of Ancient Israel* (Cambridge, U.K., 2004), pp. 107-8。

譯⑦ 亞述爾（Assur），亞述城的城市神，後來成為亞述的國家神，吸收了諸神的屬性，也是戰神和審判神。見《神話學辭典》。

〔159〕 約西亞十六歲時「尋求他祖大衛的上帝」，大概是指他唯信耶和華。⑩原則上信奉民族神，可以說是宣告政治獨立。西元前 622 年，約西亞整修所羅門王的聖殿，那是猶大國黃金時代的紀念館。興建期間，大祭司希勒家（Hilkiah）有了重要的發現，他趕緊跑去找書記沙番（Shaphan）告訴他這個讓人興奮的消息：「我在耶和華殿裡得了律法書（sefer torah）。」⑩他說，那是耶和華在西乃山交付摩西的律法。沙番立刻帶著書卷去見國王，「在王面前讀那書」。

大部分學者相信該書卷記載了《申命記》的早期版本，敘述摩西在死前登上外約旦（Transjordan）的尼波山（Nebo）聚集他的百姓，傳給他們「第二律法」（deuteronomion）。但是它其實不是如沙番和希勒家所說的古老作品，而是幾乎全新的經文。直到西元前八世紀，無論猶大或以色列都很少有宗教典籍的閱讀和書寫。早期傳說並沒有提到耶和華的教義被書寫下來。在「J」和「E」裡，摩西以話語交付耶和華的誡命，而百姓也以話語回應：「耶和華所吩咐的，我們都必遵行。」⑩「J」和「E」都沒有提到十誡；「上帝用手指頭寫的」石版⑩，原本可能是記載耶和華指示製造在曠野所住的帳幕樣式。⑩直到後來，《申命記》的作者增補「J」和「E」的敘事，並且解釋說，「摩西將上帝的命令都寫上」，「又將約書念給百姓聽」⑩。而沙番卻宣稱說，希勒家在聖殿發現的就是該書卷。這份寶貴的文件已經佚失了好幾個世紀，也從來沒有人履行它的教義，現在，耶和華的百姓發現了「律法書」，也就可以重新開始。

然而那並不是憤世嫉俗的贗品。當時的人很習慣把新的教義附會到

....

⑩ 2 Chronicles 34:1-2。
⑩ 2 Kings 22:8。
⑩ Exodus 24:3, 7。
⑩ Exodus 31:18。
⑩ Exodus 24:9-31:18; Schneidewind, *How the Bible Became a Book,* pp. 121-34。
⑩ Exodus 24:4-8。這是聖經唯一再次提到 *sefer torah* 的地方。Schneidewind, *How the Bible Became a Book,* pp. 121-26。

以前的偉人身上。《申命記》的作者相信他們是在民族杌隉不安的時期裡為摩西代言。自從出埃及地以來，世界有劇烈的轉變，耶和華的宗教也面臨危機。西元前 722 年，北方的以色列王國滅亡，數千個百姓流離失所。在希西家統治下的猶大國則倖免於難。唯有耶和華才能拯救他的百姓，而不是瑪拿西所復辟的諸神崇拜。許多先知大聲疾呼要百姓唯信耶和華，現在終於有個國王可以重現以前的榮光。如果摩西現在要傳「第二律法」，這應該是他要對約西亞說的話。 〔160〕

約西亞一聽到書卷的話語非常苦惱，「便撕裂衣服」吶喊說：「因為我們列祖沒有聽從這書上的言語，沒有遵著書上所吩咐我們的去行，耶和華就向我們大發烈怒。」[106]宗教從口傳到書寫經文的轉變，是個極大的震撼。在這裡（正如聖經他處）流露出驚慌、罪惡、無能的感覺。[107]如此表現宗教真理，聽起來便完全不同。一切變得清楚而呆板，迥異於口傳教義難以捉摸的「知識」。在印度，人們認為無法以文字表達靈性的教義：例如說，你不能經由窮究經文去理解《奧義書》的真諦。但是《申命記》把耶和華信仰變成書卷的宗教。自此以降，在西方世界，書寫經文便成了宗教正統的基準。

約西亞立即去見女先知戶勒大（Huldah），她認為律法書只是在說一件事。她得到耶和華的神諭：「我必照著猶大王所讀那書上的一切話，降禍與這地和其上的居民。因為他們離棄我，向別神燒香。」[108]改革顯然是必要的，約西亞招聚所有百姓來聽書卷的指示：

就把耶和華殿裡所得的約書念給他們聽。王站在柱旁，在耶和華面前立約，要盡心盡性的順從耶和華，遵守他的誡命、法度、律例，成就這書上所記的約言，眾民都服從這約。[109]

....

[106] 2 Kings 22:11-13。
[107] Nehemiah 8:1-9。
[108] 2 Kings 22:16。
[109] 2 Kings 22:11。

於是約西亞遵從書上所載的耶和華的「律法」去行。

〔161〕 他首先廢除他祖父瑪拿西所復辟的宗教傳統，燒毀巴力和亞舍拉的神像，廢除城邑的邱壇，拆毀耶和華殿裡孌童的屋子，即以色列人「使兒女經火獻給摩洛（Moloch）」的帳幕，並廢去「亞述人向日頭所獻的馬」。它讀起來像是恣意的破壞。但是，當約西亞到了以色列國的古老地區，更加肆無忌憚。他不止拆毀了伯特利（Bethel）和撒馬利亞（Samaria）的耶和華聖殿，更殺了邱壇的祭司，污穢了壇。⑩

「律法書」顯示，數百年來，以色列和猶大的國王們對於耶和華自始即明白禁止的習俗始終姑息放縱。耶和華一直嚴格告誡要唯信他：「以色列啊，你要聽，」摩西在尼波山對他的百姓說：「耶和華我們上帝是獨一的主。」他們必要盡心盡性的愛他。⑪對耶和華的愛意味著「不可隨從別神，就是你們四圍國民的神」。⑫摩西堅稱，當百姓到了應許為業之地時，不得和迦南當地居民打交道，不能與他們立約，也可不憐恤他們，要滅絕他們的宗教：「你們卻要這樣待他們，拆毀他們的祭壇，打碎他們的柱像，砍下他們的木偶，用火焚燒他們雕刻的偶像。」⑬在約西亞的改革裡，他遵守耶和華一字一句的明確指示。

《申命記》的作者宣稱自己是保守派，主張回歸以色列的原始信仰。其實他們是激烈的改革派。他們禁止一直被許可的偶像（asherah）以及柱像（masseboth）的象徵⑭，在他們的律法裡，他們施行驚人的新立法。⑮首先，以色列的祭祀嚴格集中化：只能在耶和華「立他名的居所」獻祭。⑯經文裡沒有明確提到耶路撒冷，但是西元前七世紀左右，它是唯

⑩ 2 Kings 23:4-20。
⑪ Deuteronomy 6:4-6。
⑫ Deuteronomy 6:14。
⑬ Deuteronomy 7-2:6。
⑭ Bernard M. Levinson, *Deuteronomy and the Hermeneutics of Legal Innovation* (Oxford and New York, 1998), pp. 148-49。
⑮ Deuteronomy 12-26。
⑯ Deuteronomy 11:21; 12:5。

一能扮演該角色的聖殿，那意味著其他敬拜耶和華數百年的聖殿和城邑的邱壇都應該拆毀。其次，《申命記》的作者容許與宗教無關的宰殺牲畜。⑰在古代世界，一般只有在聖所裡獻祭的肉才可能吃。但是既然地方的聖殿被拆除了，離耶路撒冷很遠的百姓也就獲准在他們家鄉宰殺牲畜，但是「不可喫血，因為血是生命……要倒在地上，如同倒水一樣」。

《申命記》的作者創造一個俗世領域，有自己的法則和完整性，和宗教儀式並行不悖。⑱《申命記》作者的司法改革也循著相同的原則。傳統上，審判是由部落的長老在城邑的邱壇主持的，但是《申命記》作者在每個城市指派國家的審判官；在耶路撒冷設最高法院審理爭訟的案件。〔162〕⑲最後，《申命記》的作者剝奪了國王的傳統權力。⑳國王不再是神聖的人物。《申命記》的作者出人意料地揚棄了近東的習俗，大幅限縮了他的統治權。他唯一的職責就是誦讀《律法書》抄本：「他登了國位，就要將祭司利未人面前的這律法書為自己抄錄一本，存在他那裡，要平生誦讀，好學習敬畏耶和華他的上帝，謹守遵行這律法書上的一切言語，和這些律例。免得他向弟兄心高氣傲，偏左偏右，離了這誡命。這樣，他和他的子孫，便可在以色列中在國位上年久日長。」㉑國王不再是上帝的兒子、耶和華特別的僕人，或是位列聖班。他沒有特權，必須和他的百姓一樣遵守律法。《申命記》的作者如何證立這個顛覆了數百年神聖傳統的改革呢？我們不很清楚《申命記》的作者是誰。發現書卷的故事暗示著他們包括了祭司、先知和書記。他們的改革運動可能源自北方王國，西元前 722 年以色列國滅亡後傳到猶大國來。他們或許也反映了那些擁立約西亞為王的「國民」觀點。

約西亞對《申命記》的作者非常重要。他們推崇他是新的摩西，比

⑰ Deuteronomy 12:20-24。
⑱ Levinson, *Deuteronomy,* p. 50。
⑲ Deuteronomy 16:18; 17:8-13; Levinson, *Deuteronomy,* pp. 114-37。
⑳ Levinson, *Deuteronomy,* pp. 138-43; Schneidewind, *How the Bible Became a Book,* p. 110。
㉑ Deuteronomy 17:18-20。

大衛更偉大的國王。⑫除了律法的改革以外，《申命記》的作者也重寫了以色列的歷史，他們認為以色列的歷史在約西亞的統治底下到了極盛時期。首先，他們改編「J」和「E」的敘事以符應西元前七世紀的境況。⑬他們沒有增補先祖亞伯拉罕、以撒和雅各的故事，他們對此不感興趣，而著墨在領百姓脫離埃及奴役的摩西身上，因為當時約西亞希望脫離法老而獨立。其次，他們把出走的歷史延伸到《約書亞記》和他征服北方高地的故事。《申命記》的歷史學家認為約書亞時期是個黃金年代，當時百姓真正事奉耶和華⑭，並且相信以色列將再興起。就像摩西一樣，約西亞也要掙脫法老的桎梏；像約書亞一樣，他要征服亞述人撤離的領地，並且恢復真正的耶和華信仰。最後，在《約書亞記》和《士師記》裡，《申命記》的作者記錄了以色列國和猶大國的一段歷史，強調譴責北方王國，主張說猶大國的大衛王後裔是以色列的合法統治者。如是，整部《申命記》都在為猶大國的宗教和政治綱領背書。

〔163〕 但是那並不是廉價的宣傳。《申命記》的作者都是成就卓越的碩學鴻儒。他們援用早期文獻，古老的王室史料、法典、傳說和祈禱文，創作了一個全新的版本，讓古老的傳說與以色列和猶大國的新處境對話。《申命記》讀來就像現代的文獻。它對於俗世領域的看法，獨立的審判、君主立憲制，以及中央集權的國家，預示了我們的時代。《申命記》也開展了更理性的神學，對古老神話頗多存疑。⑮上帝並沒有在西乃山自天而降對摩西說話；你無法真正看到上帝，如某些以色列人所相信的，你也無法以獻祭去操弄他。上帝當然也不住在聖殿裡，作者記載所羅門王在聖殿裡的

....

⑫ 1 Kings 13:1-2; 2 Kings 23:15-18; 2 Kings 23:25。
⑬ Finkelstein and Silberman, The *Bible Unearthed,* pp. 283-84。
⑭ Judges 2:7。
⑮ R. E. Clements, *God and Temple* (Oxford, 1965), pp. 89-95; David S. Sperling, *The Original Torah: The Political Intent of the Bible's Writers* (New York and London, 1998), pp. 146-47; Margaret Barker, *The Gate of Heaven: The History and Symbolism of the Temple in Jerusalem* (London, 1991), pp. 7-8。

長篇祈禱，說明聖殿只是禱告的屋子，而不是天上和地下的交會處。「上帝果真住在地上嗎？看哪，天和天上的天，尚且不足你居住的，何況我所建的這殿呢？」㉖以色列擁有自己的土地，不是因為耶和華選擇住在錫安山，而是因為百姓服從耶和華的律法，而且只事奉他。

以色列人公正且仁慈對待別人，也是很重要的。田裡收割的莊稼、橄欖、葡萄，都要留一點給「寄居的與孤兒寡婦」。他們必須記念他們在埃及作過奴僕，效法耶和華的寬大。㉗摩西對他的百姓說：「在耶和華你的上帝所賜你的地土，無論哪一座城裡，你弟兄中若有一個窮人，你不可忍著心，搝著手，不幫補你窮乏的弟兄。總要向他鬆開手。」㉘以色列人必須保障被休的妻子的繼承權、困苦窮乏的雇工（ger）的權利，而奴婢服事六年以後也要釋放他們。㉙《申命記》對於正義、衡平與憐憫的堅持，甚至影響到阿摩司（Amos）和何西阿（Hosea）的教義。

如果《申命記》作者的改革都實現的話，那麼以色列的政治、社會、宗教和司法可能完全改觀。這是個重點。《申命記》的法學者和歷史學者給了經文一個新的中心地位。現在的人們經常引用經文以反對改革、維護傳統。但是在聖經正統的觀念上開創先河的《申命記》作者，卻以傳統的經文倡言基要的改革。他們改寫了西元前九世紀的約法，插入句子或更改語詞去支持他們的新立法，例如與宗教無關的宰牲、集中化的聖殿以及宗教曆法。㉚他們沒有讓古老的律法、口傳的故事或儀式習俗阻礙或限制他們的改革，而以創造性的方式去利用這些傳統。以前的神聖傳說並不是刻在石頭上而已，《申命記》的作者把它當作闡明他們當下處境的資源。

〔164〕

....

㉖ 1 Kings 8:27。
㉗ Deuteronomy 15:3。
㉘ Deuteronomy 15:7-8, in Everrett Fox, trans., *The Five Books of Moses* (New York, 1983); cf. Deuteronomy 14:29; 23:21; 24:17-18。
㉙ Deuteronomy 21:15-17; 24:14-15; 23:21; 24:17-18。
㉚ Levinson, *Deuteronomy,* pp. 11-95。

《申命記》使猶太教成為經書的宗教。但是對此發展似乎有一股極大的反對勢力。文字改變了百姓和他們的傳承關係，但並不一定是變好。例如說，在印度，經典的口傳需要長期的學徒制度、和一個導師的生命互動，以及虛己的修行。但是獨自的閱讀卻助長了更加個人而獨立的教育。學生不再依賴他的老師，而可以自己窮究經籍，得出自己的結論，他的知道可能比較淺薄，因為他可能不知道要理解文字背後的意義，或是體驗那言語道斷的光輝寂靜。

約莫在希勒家發現書卷的同時，先知耶利米（Jeremiah）正開始他的聖工。他認為他的奉召為先知和發現律法書有關，即使他自己不是書記，他的學生巴錄（Baruch）卻「將耶和華對耶利米所說的一切話寫在書卷上」，耶利米很敬重約西亞，或許也與希勒家以及沙番常有往來。《耶利米書》和《申命記》在風格和觀點上也有頗多相似之處。[131]然而他對於書寫的律法態度保留：「你們怎麼說：我們有智慧，耶和華的律法在我們這裡？」他質問他的對手說：「看哪，文士的假筆舞弄虛假。智慧人慚愧、驚惶、被擒拿；他們棄掉耶和華的話（davar），心裡還有什麼智慧呢？」[132]在聖經希伯來語裡，「davar」是神藉由先知說出的神諭，而智慧（mishpat）則是指團體的口說傳統。在這個早期階段，他們已經對於書寫經文的靈性價值頗多疑慮。

在關於現代猶太教運動的一個研究裡，索羅維齊克（Haym Soloveitchik）認為由口說傳統到書寫經文的轉移可能帶來宗教上的刺耳聲音，關於本質〔165〕上艱深莫測的事物，給予學生錯誤的清晰性和確定性。[133]《申命記》的作者是大膽而有創意的思想家，但是他們的神學經常很刺耳。「你們要將所趕出的國民事奉神的各地方，」摩西對他的百姓說：「也要拆毀他們的祭

....

[131] Jeremiah 29:1-3; 36:110; 39:14; 40:6; Richard Eliott Friedman, *Who Wrote the Bible?* (New York, 1987), pp. 125-27。

[132] Jeremiah 8:8-9; Schneidewind, *How the Bible Became a Book,* pp. 114-17。

[133] Hayn Soloveitchik, "Rupture and Reconstruction: The Transformation of Contemporary Orthodoxy," *Tradition* 28 (1994)。

壇，打碎他們的柱像，用火焚燒他們的木偶，砍下他們雕刻的神像，並將
其名從那地方除滅。」[134]耶和華或許曾要以色列人彼此仁慈對待，但是不
必憐恤外邦人。《申命記》的歷史學家描寫約書亞如何屠殺艾城的居民，
顯然也贊同他：

> 以色列人在田間和曠野殺盡所追趕一切艾城的居民。艾城人倒在刀
> 下，直到滅盡；以色列眾人就回到艾城，用刀殺了城中的人。當日殺斃的
> 人，連男帶女共有一萬二千，就是艾城所有的人。[135]

太多的確定性和清晰性可能導致冷酷的不容異說。

《申命記》作者的歷史可能就寫到在耶路撒冷聖殿舉行的第一次逾
越節為止。約西亞焚毀撒馬利亞的聖殿，殺死他們的祭司，召集人他的百
姓守逾越節，「照這約書上所寫的」。這是《申命記》作者的另一項改
革。以前逾越節一直是家庭的節日，如今它成了民族的習俗。[136]歷史學家
暗示說，百姓終於照耶和華的意思守逾越節。

> 自從士師治理以色列人和以色列王、猶大王的時候，直到如今，實
> 在沒有守過這樣的逾越節；只有約西亞王十八年在耶路撒冷向耶和華守這
> 逾越節。[137]（譯按：應為列下23:21-23）

那是一個政治和宗教新紀元的開始。猶大國的國王正要跨越到一個
新的黃金年代。

但是約西亞的偉大實驗卻以悲劇收場。中東的版圖正在改變。亞述

....

[134] Deuteronomy 12:3。
[135] Joshua 8:24-25。
[136] Levinson, *Deuteronomy,* pp. 53-97。
[137] 2 Kings 23:21-23

帝國已成昨日黃花，巴比倫正要崛起。西元前 610 年，法老薩姆提克去世，由法老尼哥（Necho III）繼位，次年越過巴勒斯坦助軍圍攻亞述王。約西亞在米及多（Megiddo）攔截埃及軍隊，第一次交戰就被殺。⓲在他死後，諸多改革無一倖存。政治獨立的夢想粉碎了，猶大國淪為在威脅其生存的埃及和新興的巴比倫帝國之間掙扎的卑微角色。

〔166〕

⓲ 2 Kings 23:29。

第 五 章

苦難
（約西元前 600-530 年）

〔167〕
　　西元前六世紀，以色列完全投入它的軸心時代，而改變的觸媒仍然是蠻橫、駭人的暴行。約西亞早逝以後，巴比倫王尼布甲尼撒（Nebuchadnezzar）統治該地區，其後二十年間，新巴比倫帝國為了迦南地與埃及不停爭戰。猶大國王在兩大強權之間左右為難，但是其後證明反抗巴比倫是很危險的事。猶大國三次背叛巴比倫的統治，尼布甲尼撒都以大軍屠殺鎮壓。西元前 597 年，猶大國新王約雅斤（Jehoiachin）向巴比倫投降，和八萬臣民一起被擄，其中包括王室家族、貴族、勇士和工匠：「都是能上陣的勇士，全被擄到巴比倫去了。」❶這是第一批被擄者開創了軸心時代新的遠見。

　　尼布甲尼撒掏走了猶大國的心臟，但是接下來的十年更加艱苦。巴比倫王封猶大國王約雅斤的叔叔西底家（Zedekiah）為王，西元前 587 年，西底家叛變，尼布甲尼撒率全軍攻打耶路撒冷，毀了聖殿，把該城夷為平地，「在西底家眼前殺了他的眾子，並且剜了西底家的眼睛，用銅鍊鎖著他，帶到巴比倫去」，隨西底家被擄的人共有五萬多人，只「留下民中最窮的，使他們修理葡萄園，耕種田地」。猶大國被納入帝國的行政結構，西元前 581 年，第三批百姓被擄。❷

　　那是個極為艱難的時期。近來有學者主張說，巴比倫被擄的創傷其實並不大：約有百分之七十五的百姓被留下，生活依舊。被擄者在巴比倫被善待。他們定居下來，以收租、作買賣、管理河道為生。有些人甚至擁有自己的田地。❸但是新出土的考古學證據顯示巴比倫人在耶路撒冷、猶大國以及整個黎凡特（Levant）的暴行更甚於亞述人的侵略。國家陷入黑暗時代，可以說是其歷史最悲慘的時期之一。❹耶路撒冷及其聖殿滿目瘡痍。
〔168〕

....

❶ 2 Kings 24:16。其數目有爭議。
❷ Jeremiah 52:28-30。
❸ Elias J. Bickerman, *The Jews in the Greek Age* (Cambridge, Mass., and London, 1988), pp. 46-47; Thomas L. Thompson, *The Bible in History: How Writers Create a Past* (London, 1999), pp. 217-25。
❹ Ephraim Stern, *Archaeology of the Land of the Bible, vol. 2: The Assyrian, Babylonian and Persian Periods (732-332 BCE)* (New York, 2001), p. 303。

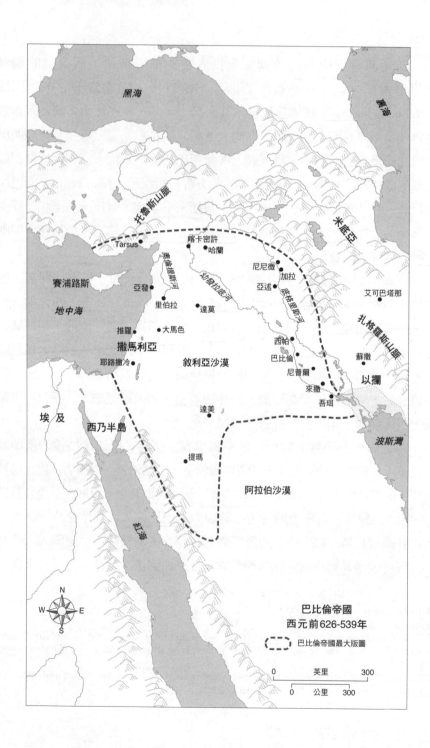

黑海

裏海

托魯斯山脈

米底亞

Tarsus

喀卡密許

哈蘭

尼尼微

加拉

亞述

艾可巴塔那

賽浦路斯

亞發

奧倫提斯河

幼發拉底河

底格里斯河

扎格羅斯山脈

地中海

里伯拉

達莫

推羅

大馬色

西帕

蘇撒

撒馬利亞

巴比倫

尼普爾

以攔

耶路撒冷

敘利亞沙漠

來撒

埃及

西乃半島

達美

吾珥

波斯灣

紅海

提瑪

阿拉伯沙漠

N
W E
S

巴比倫帝國
西元前626-539年

巴比倫帝國最大版圖

0　　英里　　300
0　　公里　　300

《耶利米哀歌》描繪空蕩蕩的廣場、傾圮的城牆和被毀的城門，昔日摩肩接踵的繁華城市，如今只住著野狗。人們在垃圾堆裡找東西吃，「慈心的婦人當我眾民被毀滅的時候，親手煮自己的兒女作為食物」，俊秀的年輕男子「在街上無人認識，他們的皮膚緊貼骨頭，枯乾如同槁木」。❺以色列的百姓空虛絕望，但是儘管失去了一切，有些人卻能夠自悲傷、失落和羞辱當中開創出新的見地。

先知耶利米並未被擄，因為他知道叛變只是暴虎馮河，而始終擁護巴比倫人。有些先知認為，既然耶和華住在聖殿裡，耶路撒冷萬萬不可以被毀，但是耶利米告訴他們說，那是危險的謊話。如同咒語一般唸唸有詞地說「這是耶和華的殿」是無濟於事的。如果人們不改正行動作為，耶和華就要毀掉這城市。❻這是大逆不道的話，耶利米差一點被處死，但是他一獲釋就繼續到街上宣說他駭人聽聞的神諭。他的名字成了誇張的悲觀主義代名詞，但是耶利米並不「消極」。他是對的。他堅定而勇敢的立場表現了軸心時代的一個重要原則：人們必須如實觀照萬物。無論真理有多麼痛苦可怕，如果我們把頭埋在沙子裡拒絕面對它，那麼在信仰或俗世生活上都不會有機會。

耶利米痛恨當個先知。他似乎不由自主地每天要哀聲吶喊「強暴和毀滅」，當他試著停止時，「便心裡覺得似乎有燒著的，閉塞在我骨中」，不得不再談論預言。他成了眾人的笑話，而恨不得不曾出生。❼正如阿摩司、何西阿，他覺得自己的主體性被上帝接管了；壓榨著他的四肢百骸的痛苦，正是耶和華的痛苦：上帝也覺得被羞辱、被放逐、被遺棄。❽耶利米並不否認他的苦難，在百姓面前表現為一個憂心悄悄的人，心裡充滿恐慌、憤怒，在存有深處哀嘆他的時代。否認是無濟於事的，那只會阻礙

〔170〕

....

❺ Lamentations 1:8-9。
❻ Jeremiah 7:1-15; 26:1-19。
❼ Jeremiah 20:7-9; 17-18。
❽ Jeremiah 2:31-32; 5:7-9; 28-29。

啟蒙。

第一次被擄不久以後，西元前 597 年，耶利米聽說巴比倫有所謂的先知給被擄者虛假的指望。於是他寫了一封公開信給被擄的百姓。他們在短期內不會歸回故土，相反的，耶和華要毀滅耶路撒冷。他們必須認命接受七十年的被擄期，是故他們必須定居下來，蓋房子，娶妻生子。更重要的是，被擄之民不可以怨恨（resentment），「我所使你們被擄到的那城，你們要為那城求平安，為那城禱告耶和華，因為那城得平安，你們也隨著得平安。」如果他們面對事實，不理會虛假的慰藉，也不心存憎恨，他們便「末後有指望」。❾耶利米相信將來要拯救以色列的，是西元前597 年被擄的百姓，而不是留下來的人們。如果他們能撐過試煉期，便會開展更內在的信仰。耶和華會與他們立新約。這次不會像與摩西立的約那樣寫在石版上：

> 我要將我的律法放在他們裡面，寫在他們心上。我要作他們的神，他們要作我的子民。他們各人不再教導自己的鄰舍和自己的弟兄說：你該認識耶和華，因為他們從最小的到至大的都必認識我。❿

失去一切之後，有些以色列人轉向內心世界。每個個體都必須為自己負責；他們開始探尋軸心時代更內在且更直接的知識。

然而，有些被擄者並不關心巴比倫人的福祉，而拿他們的嬰兒摔在磐石上。⓫放逐不只是變更地址而已。那也是屬靈的混亂。難民失去了文化和認同的根，經常覺得四處漂流，失去方向，漸漸枯萎而虛幻不實。⓬

....

❾ Jeremiah 29:4-20。
❿ Jeremiah 31:33-34。
⓫ Psalm 137:9。
⓬ Daniel L. Smith, *The Religion of the Landless: The Social Context of the Babylonian Exile* (Bloomington, 1989), pp. 39-52; Jonathan Z. Smith, *Map Is Not Territory: Studies in the History of Religions* (Chicago and London, 1978), p. 119。

猶大國被擄的百姓在巴比倫的處境其實還不錯。他們沒有被關在監獄或俘
虜營裡。約雅斤王在西元前 597 年主動向尼布甲尼撒投降以後被軟禁，
但是巴比倫王給他一份俸給，在巴比倫南部城堡和僕從生活優渥。❸有些
被擄者也住在城堡裡，其他人則住在新開挖的河道附近其未開發地區。❹　〔171〕
他們多少有自治的權力。❺但是他們仍然是難民。在耶路撒冷，他們有許
多人是呼風喚雨的權貴，在巴比倫，他們沒有政治權利，生活在社會邊
緣，地位比當地最窮的百姓還低。有些人被迫服勞役。❻他們的社會階級
一落千丈。他們在談到放逐時，經常用「鎖鍊」（maserah）和「鍊子」
（ziggin）之類的語詞。❼他們不是真正的奴隸，但是他們覺得自己是。

　　有些難民不再敬拜耶和華，祂被巴比倫神馬爾杜克（Marduk）澈底
打敗。❽以一則古老傳說為基礎的《約伯記》，可能就是在被擄期寫成
的。有一次，耶和華和撒但打了個賭，那時候撒但還不是罪大惡極的角
色，只是「上帝的眾子」之一，在會中「唱反調」而已。❾撒但說，耶和
華最喜愛的人類約伯（Job）從來沒有遭遇試煉，他敬畏上帝只是因為耶
和華保護他一切家產。如果他失去所有財產，他必當面棄掉耶和華。耶和
華對撒但說：「凡他所有的，都在你手中。」❿撒但立刻奪走約伯的牛、
羊、駱駝、僕人、孩子，約伯自己也長了毒瘡。他果真抱怨上帝，撒但打
賭贏了。

　　然而在接下來的長篇詩歌和論說裡，作者試著以公義、仁慈和全能
之神的觀念去解釋人類的苦難。約伯的四個朋友以傳統的說法安慰他：耶
和華只懲治惡人；我們無法測透他的計畫；上帝所行無不公義；因此約伯

....

❸ William M. Schneidewind, *How the Bible Became a Book: The Textualization of Ancient Israel* (Cambridge, U.K., 2004), p. 152。

❹ Ezekiel 3:15。

❻ Andrew Mein, *Ezekiel and the Ethics of Exile* (Oxford and New York, 2001), pp. 66-74。

❼ Isaiah 45:14; 52:2; Psalms 149; 107:14; Nahum 3:10。

❽ Bickerman, *Jew in the Greek Age,* pp. 47-48。

❾ Job 1:6。

❿ Job 1:12。

一定是做了什麼錯事。如此膚淺、廉價而陳腔濫調的說法，只有更激怒約伯，他埋怨安慰他的朋友們和上帝一樣沒有慈愛，只會指責他。至於耶和華，既是檢察官、法官和行刑者，和如此一個不可見的、全能的、任性而不公義的神，自然是不可能跟祂講道理。

耶和華終於紆尊降貴回應了約伯，祂並不憐憫祂殘忍對待的人，而只是長篇大論說他的奇妙威能。祂立大根基的時候，約伯在哪裡呢？海水衝出，如出胞胎，那時誰將它關閉呢？約伯能用魚鉤釣上鱷魚，讓馬跳躍像蝗蟲，能按時領出十二宮，引導北斗和隨他的眾星嗎？詩歌莊嚴崇高，卻風馬牛不相及。夸夸其言的演說並沒有碰觸真正的議題：慈愛的上帝為什麼讓無辜的人受苦難？讀者不像約伯，他們知道約伯的痛苦和耶和華的超越性智慧無關，而只是輕率打賭的結果。在詩歌末了，被耶和華的誇耀大能澈底打敗的約伯，收回他的埋怨，「在塵土和爐灰中懊悔」，耶和華便回復約伯的健康和財富。但是祂沒有把在《約伯記》裡第一章被奪走生命的孩子和僕人還給約伯。他們並沒有得到正義和補償。

如果《約伯記》確實是被擄者所寫的，那麼就證明某些團體是對耶和華完全失去信仰。但是也有些人以創新的方式去回應他們的災難，開展出全新的宗教見地。王室的文士開始編輯早期經文。《申命記》作者增補他們的歷史以解釋災難，而祭司也為了猶大國人在巴比倫沒有儀式和聖殿的生活而改編他們古老的傳說。他們失去了一切能為他們的生活賦與意義的東西，聖殿、國王、土地，必須學習以無家可歸的少數族群的身分生活，他們無懼於改寫他們的歷史，變更他們的習俗，重新詮釋他們傳統的神聖符號。

在年輕祭司以西結（Ezekiel）的先知生涯裡，我們可以看到這個軸心時代觀念的開展。他在西元前 597 年被擄到巴比倫，定居在提勒亞畢（Tel Aviv）的村子裡，在迦巴魯河（Chebar）附近。他得見一連串的異象，意味著自焦慮的恐懼到更和平而內在化之信仰的痛苦歷程。西元前 593 年，他被擄的五年後，當時耶路撒冷及其聖殿仍然安好，以西結

在迦巴魯河畔得到一個令人迷惑的異象。❷那時颳起強風，他看到「一朵包括閃爍火的大雲」，在風暴裡，他看到四個活物，各有四個臉面，拉著戰車。他們拍動翅膀的聲音震耳欲聾，「像大水的聲音，像全能者（Shaddai）的聲音，也像軍隊鬨嚷的聲音」。在戰車上有寶座的「形象」，坐著「彷彿人的形狀」，身分周圍有火的形狀，「這就是耶和華的榮耀」。他看見一隻手向他伸出來，手中有一書卷，「內外都寫著字，其上所寫的有哀號、歎息、悲痛的話」，他還沒來得及把神諭告訴他的百姓，就被迫吃下書卷。把他的時代的暴行和悲傷痛苦地吞下去。

上帝變得深奧難解，正如以西結在提勒亞畢的異鄉人感受。被擄的創傷粉碎了《申命記》裡乾淨俐落而理性化的上帝；耶和華再也不是和亞伯拉罕共餐的朋友，也不是萬王之王。以西結的異象一點道理也沒有；它是完全超越性的，是人類範疇所不能及的。他被交付的書卷不像《申命記》作者的律法書那樣有明確的指示，它不曾給人們任何確定性，而只有悲嘆和痛苦的哭號。那是戰爭的異象，充滿了戰爭的混亂和恐怖。耶和華沒有坐在天上的寶座，而是在戰車上，相當於現在的坦克車或戰鬥機。以西結的預言不外乎威脅警示。他只是要警告那些「面無羞恥，心裡剛硬」的被擄者，對他們說：「他們或聽或不聽，必知道在他們中間有了先知。」裡頭沒有慈悲或安慰。耶和華要讓以西結比他的百姓更加「額堅心硬」，「我使你的額像金鋼鑽，比火石更硬」。接著，以西結在震動轟轟的響聲中被靈舉起。他感覺到耶和華的手（靈）在他身上大有能力；他「心中甚苦，靈性忿激」，在提勒亞畢「憂憂悶悶的」坐了七日。❷

然而他還是得到慰藉。以西結吃了書卷，接受了它儘人的苦難和恐懼，卻「覺得其甜如蜜」。❷即使耶和華沒有帶來安慰，但是祂畢竟臨到了被放逐的子民。聖殿依舊屹立，但是耶和華已經離開了他的聖所，與被

〔173〕

....

❷ Ezekiel 1:1-2; 15。
❷ Ezekiel 2:12-15。
❷ Ezekiel 2:3。

静坐冥想
acatheia

大蜕变 | The Great Transformation

擄者同在。在其後的異象裡，以西結看到耶和華因為留置的猶大人拜偶像和腐敗而離開了祂的城市。[24]但是被擄者也要明白他們必須為災難負責。以西結的使命就是讓西元前 597 年的被擄者明白，不要再幻想復國，他們的職責只是悔罪，並且在巴比倫正正當當地生活。但是他們必須先去體會他們的苦難和重擔才能做得到。

　　以西結怪異而扭曲的言行，或許顯露了他個人的混亂，他覺得必須以詭異的啞劇讓他們知道百姓的困境。以西結的妻子死了，耶和華曉諭他不要悲哀哭泣；又有一次，耶和華要以西結向左側臥三百九十日，向右側臥四十日，耶和華用繩索綑綁他，關在屋子裡，使他的舌頭貼住上膛，以致他啞口。有一次，耶和華要他預備被擄時使用的物件，在提勒亞畢到處走動。他惶徨憂慮，不停顫抖，也無法坐下來，只能一直走動。他似乎要告訴他的百姓，難民的下場就是這樣：他們再也不會有正常的反應，因為世界已經顛覆了。他們無處可以安歇棲息，除非被擄者全心去體會，亦即如實認識事物本身，否則他們不會痊癒。無論往好處想或者告訴自己很快就可以歸鄉，都是沒有用，因為那是虛假的謊言。他們必須拋去這些幻想。

　　以西結是個祭司，他以聖殿的儀式去解釋危機，也就用傳統的禱告範疇去診斷他的百姓的道德淪喪。在耶路撒冷於西元前 586 年被毀以前，以西結就得見異象，看到耶和華為什麼要離棄耶路撒冷。他在異象中被領到聖殿，駭然看到猶大國的百姓大難臨頭還若無其事地膜拜其他神。聖殿變成夢魘般的地方，牆上畫著扭曲的蛇和可憎的走獸。祭司在暗中執行「可憎」的儀式，猶如鬼鬼祟祟的行淫：「人子啊，以色列家的長老暗中在各人畫像屋裡所行的，你看見了嗎？」[25]在另一個房間裡，有個婦女為安那托利亞（Anatolian）的植物神坦木茲（Tammuz）哭泣。也有些猶大人在耶和華的殿裡背向著耶和華膜拜日頭。

....
[24] Ezekiel 8-12。
[25] Ezekiel 8:12。

人民不只在儀式上背離耶和華，在道德上也干怒祂。耶和華的使者對以西結數落以色列和猶大的罪「極其重大，遍地有流血的事，滿城有冤屈，因為他們說：『耶和華已經離棄這地，祂看不見我們。』」❷⑥在這個強凌弱眾暴寡的世界裡，以西結尤其擔憂猶大人彼此施加的暴行。改革必須從客觀清楚地審視他們自己的墮落開始。以西結沒有指控巴比倫人的殘暴，把他們的痛苦歸咎於他們的敵人，而要他的百姓反省自己。在聖殿儀式裡，血祭是很重要的部分。大部分的祭司都是從祭祀的角度去談血祭的問題。但是以西結認為流人血是謀殺、非法、社會不義的象徵。❷⑦他以軸心時代新的道德律令去詮釋儀式。這些社會罪行和拜偶像一樣罪大惡極，而以色列人是咎由自取。在異象末了，他看到耶和華的戰車飛離橄欖山，他的榮耀也離開了聖城。

　　倖存的猶大人再也沒有任何希望，他們的罪和政治騙局終將導致耶路撒冷的毀滅。和耶利米一樣，以西結也沒有閒暇理會百姓。但是由於耶和華決定和被擄者同在，未來還是有希望的。以西結儘管憂心如焚，卻得見一個新生命的異象。他看到一片遍滿骸骨的平原，象徵被逐的族人；他們不停地說：「我們的骨頭乾枯了，我們的指望失去了，我們滅絕淨盡了。」但是以西結對那些骸骨說預言：「氣息就進入骸骨，骸骨便活了，並且站起來，成為極大的軍隊。」❷⑧有一天他們會真正悔罪，耶和華便會帶領他們歸鄉。但是那不是單純的復國而已。和耶利米一樣，以西結明白由被擄的苦難會得到更深刻的遠見。耶和華應許說：「我要使他們有合一的心，也要將新靈放在他們裡面，又從他們肉體中除掉石心賜給他們肉心，使他們順從我的律例。」❷⑨在他的第一個異象裡，耶和華對他說，他的心要硬如火石。但是因為以西結（他後來應該也是被擄者）吞卜了他們

〔175〕

....

❷⑥ Ezekiel 9:9; 11:6。
❷⑦ Ezekiel 7:23; 16:38; 18:10; 22:3。
❷⑧ Ezekiel 37:10-11。
❷⑨ Ezekiel 11:18-20。

的苦難，承認了他們自己的責任，讓他們的心粉碎，於是他們恢復了人性。

以西結晚年，耶路撒冷被毀以後，他得見一個異象，看到山頂上的一座城，叫作「耶和華的所在」（Yahweh Sham）。那些章節可能是以西結的弟子增補的，但是其核心理念或許是來自先知自己。❸即使耶路撒冷和聖殿淪為瓦礫，它們仍然活在先知的心裡，以西結看到它們的奧祕意義。所羅門殿被設計為伊甸園的翻版，以西結認為那將是人間樂園。在城中心有一座聖殿；殿門下有水湧出，流到聖山下，給土地帶來生命並且為它治病。在河畔，「必生長各類的樹木，其果可作食物，葉子不乾枯，果子不斷絕。……樹上的果子必作食物，葉子乃為治病。」❸聖殿是整個世界的原子核，以同心圓的方式放射出神聖的力量到以色列的土地和百姓。離源頭比較遠的區域，神性就比較稀薄。

城市的第一圈是國王和祭司的居所。第二區則分給以色列各支派，神聖性比較低。在那土地以外，神性不及的地方，則是「外人」（goyim）的世界。在聖殿儀式裡，耶和華為「聖」（qaddosh），意為「分出去」、「成為他者」。即使聖殿不再，以色列仍然可以在世界各地分受祂的神性。這個族群重建的遠見不是對於未來的周詳藍圖或建築計畫。印度人會稱它為「曼荼羅」（mandala），觀想的圖像❸，以神為中心的美好有序的生活。即使以色列百姓被擄，耶和華仍然與他們同在；他們必須如同在聖殿旁一樣地正當生活，不與「外人」混處。他們不可以和外人結善或被同化，他們的靈要團聚在耶和華四周。即使他們在巴比倫是邊緣民族，卻比拜偶像的鄰居（他們在地圖上幾乎找不到）更接近核心。既然強調內在生活，以西結的弟子們可能藉此把聖殿內在化，視其為內心的世界。他們默觀神聖性的各個圈子，而發現自己的「中心點」，找到自

〔176〕

....

❸ Ezekiel 40:2; 48:35; Mein, *Ezekiel*, p. 142。
❸ Ezekiel 47:11-12。
❸ Mein, *Ezekiel*, p. 254。

己的方向，而能夠盡其性命。被擄之民並不像《奧義書》的聖哲那樣嚴格地分析心靈世界，但是在默觀「曼荼羅」的時候，還是可能在他們的存有核心探索到神性的臨現。

以西結在默觀「耶和華的所在」時，花了很多時間仔細討論獻祭、祭服、聖殿的式度。人類學家告訴我們，在社會動盪不安的時期，儀式會重新被重視。[33] 尤其是難民，他們必須維持團體和別人的界線，再度關切潔淨、玷污以及異族通婚的問題，俾使團體抵擋主流文化的衝擊。以西結的異象當然有排外的心態。外邦人不許進入他想像的城市裡；到處都有圍牆和城門，保護以色列的神聖性免於外在世界的威脅。

以西結是最後的偉大先知之一。他的預言總是和以色列和猶大國的王室有關，當王室衰微，預言就不再有影響力。但是在聖殿裡任職的祭司則有了新的重要地位，負責聯繫一個似乎已經失去的世界。聖殿被毀以後，他們本來會懷憂喪志，但是少數被擄的祭司卻在瓦礫裡建構新的信仰。學者把聖經的這個祭司層稱為「P」，但是我們不知道「P」是指一個編者，或是一群祭司作者和編者。無論他們是誰，「P」都曾經深入古老的傳說，有些是書寫文字，也有些是口傳的。[34] 或許他們是被擄的約雅斤王的史官。「P」所接觸的文獻包括「J」和「E」的故事、先祖們的族譜，以及古代的獻祭經文，其中羅列以色列人在四十年的曠野期裡紮營的地方。但是「P」最重要的資料則是「聖典」（Holiness Code）[35]（西元前七世紀的律法雜集）以及會幕文獻，那是「P」的主要部分，描寫以色列人在曠野裡如何建造會幕祭壇，好讓耶和華的榮光充盈會幕。[36] 它被稱為「會幕」，因為摩西在裡頭和耶和華說話，並得到祂的指示。有些

〔177〕

....

[33] Mary Douglas, *Natural Symbols: Explorations in Cosmology* (London, 1970), pp. 59-64; Smith, *Religion of the Landless*, pp. 84, 145。

[34] Frank Moore Cross, *Canaanite Myth and Hebrew Epic: Essays in the History of the Religion of Israel* (Cambridge, Mass., and London, 1973), pp. 321-25。

[35] Leviticus 17-26。

[36] Exodus 25-27; 35-38; 40。

「P」的資料的確很古老，他的語言也刻意擬古，但是他的寫作目的卻不是老骨董。他要為他的百姓建構新的未來。

「P」對「J」和「E」裡頭的傳說做了重要的增補，也和《利未記》和《民數記》的寫作有關係。大部分讀者覺得祭司的知道深奧難讀；他們經常跳過冗長複雜的血祭解說，以及巨細靡遺的飲食規定。既然聖殿成了廢墟，為什麼還要費神去描寫落伍過時的禮儀？被擄之民都住在不潔淨的國家裡了，為什麼要強調潔淨？乍看來，「P」的執著於外在規定和儀式，似乎與軸心時代格格不入。但是正如吠陀祭典的改革者，他也關心許多相同的問題。「P」要被擄者以不同的方式生活，相信如果信受奉行，律法不僅不會把他們禁錮在沒有靈魂的盲從裡，反而會在更深的層次上轉化他們。

《創世記》第一章描寫以色列的上帝如何在六天裡創造天地，或許是「P」最著名的作品，也是很好的開頭。他的聽眾聽了創世的故事，便會期待血腥搏鬥的故事。被擄之民住在巴比倫，馬爾杜克（Marduk）曾在那裡征服提阿瑪特（Tiamat）（太初的海洋），他的故事總在新年的慶典裡被重演，而那裡也流傳著許多關於耶和華在創造天地時屠龍的故事。因此聽眾不會訝異「P」在開場白裡談到的海：「起初，神創造天地。地是空虛混沌，淵面黑暗；神的靈運行在水面上。」但是接下來「P」就讓他們瞠目結舌。沒有打鬥也沒有殺戮。上帝只是命令說：「要有光！」於是，沒有任何搏鬥，就有了光。上帝對世界說了一大串命令：「天下的水要聚在一處，使旱地露出來，」「地要發生青草和結種子的菜蔬，」「天上要有光體，可以分晝夜，」最後，「我們要照著我們的形像、按著我們的樣式造人（adam），」而每次「事就這樣成了」，沒有任何戰爭。[37]正
〔178〕如印度的婆羅門有系統地廢除傳統儀式裡的暴力，「P」也有方法地抽離傳統創世論裡的鬥爭。

....

[37] Genesis 1, in Everett Fox trans., *The Five Books of Moses* (New York, 1983)。

這是個非凡的靈性成就。被擄的百姓是殘酷侵略的受難者。巴比倫人使他們的家園荒蕪，讓他們的城市成為廢墟，把他們的聖殿夷為平地，並且強行放逐他們。我們知道有些人很想要報復巴比倫人：

將要被滅的巴比倫女子啊，報復你像你待我們的，那人便為有福！拿你的嬰孩摔在磐石上的，那人便為有福！[38]

但是「P」似乎要告訴他們那不是正途。他的創世故事可以說是要和征服者巴比倫人的宗教唱反調。耶和華的大能遠勝於馬爾杜克。祂要對宇宙發號施令時，不必和其他諸神作戰；海洋不是可怕的女神，而只是宇宙的原料；太陽、月亮和星星也只是受造者以及小官員。馬爾杜克的創世行動必須每年重新來過，但是耶和華六天就完成祂的工作，第七天休息。沒有其他諸神是祂的對手，祂無可比擬的，是宇宙唯一的力量，超越一切對立。[39]

以色列人可以對其他民族的信仰冷嘲熱諷，但是「P」不這麼做。他並不嘲弄巴比倫人的宗教。他的敘事沉著冷靜。即使被擄之民經歷了如此殘酷的滅族命運，這仍然是個各居其位的世界。在創世的最後一天，上帝「看著一切所造的都甚好」[40]。祂讓一切受造者都有福，當然也包括巴比倫人。每個人都應該效法耶和華，守安息日，事奉上帝的世界，並且讚美祂所有的受造者。

「P」刻意將會幕的建造比擬為世界的創造。[41]耶和華指示摩西建造會幕時說：「六日要作工，第七日乃為聖日，當向耶和華守為安息聖

---

[38] Psalm 137:8-9. Jerusalem Bible trans.。

[39] Mark S. Smith, *The Origins of Biblical Monotheism: Israel's Polytheistic Background and the Ugaritic Texts* (New York and London, 2001), pp. 167-71。

[40] Genesis 1:31. Fox trans.。

[41] Michael Fishbane, *Text and Texture: Close Readings of Selected Biblical Texts* (New York, 1979)。

日。」[42]會幕完成時，「摩西看一切的工都作成了，就給他們祝福」。[43]

〔179〕　出埃及地是「P」的重要見解，但是他的解釋和《申命記》的作者很不一樣。「P」沒有訴說在西乃山所立的聖約，當以色列人被逐出耶和華應許為業的土地，那段故事就成了痛苦而有疑問的回憶。[44]對「P」而言，故事的高潮不在於交付律法書，而在於上帝臨到會幕而給與生命。

耶和華對摩西說，祂將他們從埃及地領出來，「為要住在（skn）他們中間」。[45]在祂活動的聖所裡，無論以色列的百姓到哪裡，祂都跟隨著他們。字根「shakan」習慣譯為「生活」，原義為「過著游牧民族的帳幕生活」。「P」偏好用「yob」（住），暗示定居。上帝應許要和祂流浪的子民「住在帳幕裡」。祂沒有固定的居所，不限於任何一座帳幕，但是祂應許無論他們到哪裡，都和他們一起「生活」。[46]「P」在編輯「J」和「E」時，以會幕的完成作為《出埃及記》的結尾，上帝實現祂的應許，耶和華的榮光充盈會幕（mishkan），雲彩停在其上：

> 每逢雲彩從帳幕收上去，以色列人就起程前往；……日間，耶和華的雲彩是在帳幕以上；夜間，雲中有火，在以色列全家的眼前。在他們所行的路上都是這樣。[47]

經文裡用現在式，這非常重要。他們被擄到巴比倫時，耶和華**仍然**和祂的子民同在。以色列和他們的神一樣，是個居無定所的民族。「P」不同於《申命記》的作者，他不以約書亞的攻城掠地作為傳說的結局，而

---

[42] Exodus 35:2. Jerusalem trans. 。

[43] Exodus 39:43。

[44] Peter R. Ackroyd, *Exile and Restoration: a Study of Hebrew Thought in the Sixth Century BC* (London, 1938), pp. 91-96。

[45] Exodus 39:43。

[46] Cross, *Canaanite Myth and Hebrew Epic,* pp. 298-300; R. E. Clements, *God and Temple* (Oxford, 1965), pp. 114-21。

[47] Exodus 40:34, 36-38. Fox trans. 。

presence

讓以色列人留在應許之地的邊緣。❹以色列成為一個民族，不是因為住在某個地方，而是因為他們生活在上帝的臨現裡，無論他們到世界的哪個角落，祂都和他們一起旅行。

「P」關於以色列在曠野裡駐營的描寫顯露了被擄之民對於秩序的渴望。❹他們在夜裡紮營，在白天啟程，每個支派都依神的指示，在會幕四周有自己的位置。在《民數記》裡，以色列顛沛流離的歷史一直是不停遷徙的生活。「P」在「J」和「E」的敘事裡增補了他自己的聖職知識，而改寫了他的人民的歷史，證明他們被擄到巴比倫只是一連串悲劇性的遷徙其中一段的故事：亞當和夏娃被逐出樂園；該隱殺死了他的弟弟以後「流離飄蕩在地上」；人類在巴別塔的叛變以後「分散在全地上」。亞伯拉罕離開吾珥（Ur），支派移民到埃及，他在西乃山的子孫在曠野流浪了四十年，耶和華將他們自被擄之地拯救出來。但是祂曾經和他們一起「住」在曠野裡四十年，那意味著祂會繼續和被擄到巴比倫的百姓同在。 〔180〕

被擄的族人可能怨天尤人。「P」在他的故事裡經常提到曠野裡的百姓對上帝「發怨言」。❺被擄之民也是「硬著頸項的百姓」，但是「P」告訴他們前方的路在哪裡。即使是被擄，如果他們信守奉行古老的律法，上帝仍然會回到他們族裡。那是一項驚人的革新。「P」並不是要恢復已經被廢棄的古老法律，用以規範聖殿裡的祭司的禮儀律法、潔淨和飲食的規定，不曾適用於平信徒身上。❺現在「P」卻語出驚人。以色列的民族聖殿被毀了，現在是祭司的民族。所有百姓都必須宛如在聖殿裡事奉上帝那樣地生活，因為上帝就住在他們當中。「P」的律法將整個生活給儀式化，但是他以流亡的經驗為基礎，利用古老的聖殿律法推動了新的倫理革命。

....

❹ Cross, *Canaanite Myth and Hebrew Epic,* p. 321。
❹ Numbers 1-4; Ackroyd, Exile and Restoration, p. 100。
❺ Exodus 15:24; 17:3; cf. Exodus 16:2, 7-9, 12; Numbers 14:2, 27, 36。
❺ Ackroyd, *Exile and Restoration,* pp. 254-55; Mein, *Ezekiel,* p. 137。

　　即使被擄之民住在不潔淨的土地上，「P」仍然堅持被擄者和聖潔之間有著深刻的關係。在「聖典」裡，上帝告訴以色列人說：「你們要聖潔，因為我耶和華你們的上帝是聖潔的。」[52]聖潔意味著「隔離」。耶和華是「他者」，完全不同於平常的、俗世的實在界。「P」所提倡的律法以「隔離」的原則構作了聖潔的生活形態。百姓必須和巴比倫的鄰居隔離，也必須和自然世界保持距離。他們在生活的每個細節裡模仿上帝的「他者性」，也就可以如耶和華一般聖潔，與神同在。因為被擄基本上是一種疏離的生活，於是巴比倫成了實踐該理念的最好地方。在《利未記》裡，耶和華仔細規定了獻祭、飲食以及社會、性愛和信仰生活。耶和華應許說，如果以色列人都遵守這些規定，祂就會與他們同在。上帝和以色列一起流浪。如果他們忽視祂的誡命，耶和華就會降災在他們身上，「因你們的罪懲罰你們七次」。[53]祂會使他們的城邑變為荒涼，使他們的眾聖所變為荒場，把他們散在列邦中。「P」暗示說，這一切就要臨到他們頭上。以色列的人民沒有過聖潔的生活，所以被擄。但是如果他們悔罪，耶和華會記得他們，即使是在仇敵之地。「我要在你們中間立我的帳幕（mishkan），我的心也不厭惡你們。我要在你們中間行走。」[54]巴比倫也可以是上帝和亞當在夜涼裡行走的樂園。

〔181〕

　　對身處於軸心時代的「P」而言，聖潔有很濃的倫理意味，而不再只是宗教的事。聖潔也包括對於萬物神聖的「他者性」的絕對尊重。在自由的律法裡，耶和華說任何東西都不可以被奴役或擁有，即使是土地也不可以。在每五十年要守的禧年（Jubilee Year）裡[55]，要在遍地給一切的居民宣告自由，各人歸自己的產業，各歸本家。即使以色列人過著隔離而聖潔的生活，「和你們同居的外人，你們要看他如本地人一樣，並要愛他如

....

[52] Leviticus 19:2。

[53] Leviticus 26:27; David Damrosch, "Leviticus," in Robert Alter and Frank Kermode, eds., *The Literary Guide to the Bible* (London, 1987)。

[54] Leviticus 26:12; trans. Cross, Canaanite Myth, p. 298。

[55] Leviticus 25。

己，因為你們在埃及地也作過寄居的。」❺這是以同理心為基礎的律法。他們必須基於苦難的經驗而對他人的痛苦感同身受。你必須從自己的悲傷學會憐憫他人。然而「P」也是很務實的。「愛」的誡命並不是要百姓時時充滿憐憫。「P」不談感情。它是個律法，「P」的語言就像法條一樣技術性而保守，排除情緒的因素。在中東的文獻裡，「愛」是指幫助和忠實，並且給與實質的挹注。因此，愛的誡命不是往而不返的烏托邦，而是每個人都做得到的。

自始至終，「P」的主張都是兼容並蓄的。然而乍看來，關於飲食的律法似乎嚴苛、武斷而吹毛求疵。在創世時賜福給萬物的上帝，怎麼厭惡某個東西，說那是「不潔」或「可憎」呢？我們自然而然地會認為「不潔」或「可憎」有某種倫理或情緒的意義，但是希伯來文的「tamei」（不潔）並不是指「有罪」或「玷污」。它是個儀式裡的專門用語，並沒有情緒或道德的弦外之音。正如在希臘，某些行為或情況會招致瘴氣（miasma），而污染神殿，驅走上帝❺。對「P」而言，死亡是基本而原型的不潔：永生的上帝不能和死屍相容。接觸屍體以後到聖殿去，是個侮辱。所有主要的不潔，不當流血、痲瘋、漏症，都是因為和死亡有關，並且侵害了不屬於它們的地方。❺在聖殿裡，事奉上帝的祭司不可以觸摸死屍以及腐敗的符號。現在，所有以色列人也要如是奉行，因為他們也和上帝住在一起。

但是，「P」並沒有說其他人類是不潔或被玷污的，這點非常重要。❺　〔182〕聖潔和不潔的律法不是要把外人擋在界線外，在「P」的敘事裡，外邦人不是要去躲避，而是要去「愛」的。玷污不是來自你的仇敵，而是來自你自己。聖典並不是要以色列人迴避不潔的外邦人，而是要榮耀所有生命。

……………………………………

❺ Leviticus 19:34. Jerusalem Bible trans.。
❺ Mary Douglas, *In the Wildness: The Doctrine of Defilement in the Book of Numbers* (Oxford and New York, 2001), pp. 24-25, 42-43; Mein, *Ezekiel*, pp. 148-49。
❺ Numbers 19:11-12。
❺ Douglas, *In the Wildness,* pp.25-26。

在禁止吃「不潔」的動物的飲食律法裡，「P」很接近印度的「不害」（ahimsa）理想。和其他古代民族一樣，以色列人不認為牲祭是殺生。燔祭把祭牲轉化為馨香的、屬靈的實體[60]，並且禁止吃沒有依規定獻祭的動物。《申命記》裡准許百姓「隨心所欲宰牲喫肉」，但是「P」卻禁止，並且規定以色列人只能獻祭或吃自己飼養的牛羊。「潔淨的」動物是團體的一部分，因此也分受了上帝和以色列的聖約；牠們是祂的財產，沒有人可以傷害牠們。「潔淨的」動物也要守安息日，牠們有了死後的生命，百姓才可以吃牠們。[61]

但是「不潔的」動物，例如狗、鹿和其他野生動物，則不可以宰殺。無論任何情況，都不可以捕捉、宰殺、利用或吃牠們。牠們並非污穢或可憎。牠們活著的時候，以色列人沒有被禁止接近牠們。牠們只有死後才是「不潔的」。[62]禁止捫觸不潔動物的屍體的律法，其實是在保護牠們，因為那意味著屍體不可以被剝皮或肢解。因此牠們就沒有捕獵的價值。至於被列為「可憎」（sheqqets）的動物，在活著的時候也不是可憎的。以色列人只是不要接近牠們的屍體。在水裡和天空的「成群動物」是脆弱而值得同情的。例如鵪鶉，既弱小又容易被吹走。因為牠們繁殖力很強且「多如海沙」，於是得到上帝的賜福，並且屬於祂。[63]所有上帝的動物都是祂美麗的受造者。[64]「P」清楚指出，上帝在創造動物的那一天，賜福給一切潔淨和不潔的動物，在洪水時期也保存了潔淨和不潔的動物。傷害任何一種動物都是侮辱祂的聖潔。

因此，在「P」的敘事裡潛伏著一種憂慮。關於痲瘋、漏症和月經的律法，是害怕由身體構築的壁壘被打破，顯示了被擄的民族亟欲設置清楚

[60] Leviticus 1:9, 13, 17。
[61] Leviticus 1:1-3; Exodus 20:8; Mary Douglas, *Leviticus as Literature* (Oxford and New York, 1999), pp. 68-69, 135-36。
[62] Leviticus 11:31-39, 43-44。
[63] Numbers 11:31-33; Psalm 78:26-27。
[64] Douglas, *Leviticus as Literature,* pp. 150-73。

的界線。「P」呼求一個各安其位的世界，是源自流離失所的創傷。帝國　〔183〕
力量的無情展現侵害了被擄者的民族完整性。被擄期的祭司和先知的偉大
成就，在於他們抑止了以怨恨和報復為基礎的宗教，並且創造了一個肯定
生命的聖潔的信仰。

*　　　*　　　*

西元前六世紀初，社會危機使希臘世界許多城邦瓦解，最後也臨到
雅典。阿提卡（Attica）城邑的農民抱怨被剝削，群起反抗貴族。內戰一
觸即發。貴族們很脆弱：他們不團結，沒有軍隊或禁衛軍可以調度，許多
農民都是訓練有素的重裝備步兵，既有武器而且很危險。解決僵局的唯一
方法，便是找到公平仲裁的「調解者」。雅典人選擇了梭倫（Solon），
於西元前 594 年任命他為執政官，負責憲法的改革。

梭倫屬於當時的獨立知識份子圈，在危機時期裡在各城邦作為策
士。起初他們只是就實務問題獻策：經濟、就業或歉收。但是這些「智
者」也漸漸思考更抽象的、政治的問題。梭倫周遊希臘諸城邦，在他和
學圈其他成員的討論裡，他思考城邦迫在眉睫的各種問題。梭倫告訴雅典
人說，他們處於「失序」（dysnomia）的時代，而且面臨著災難。唯一的
希望即在於創造「良序」（eunomia），也就是回歸到那些最初支配希臘
社會的規範。農民是城邦的根本，無論是作為重裝備步兵或是財富的生產
者。貴族壓迫農民，而使得社會病態失衡，終將導致自我毀滅。

梭倫不以推動若干法律自滿。他要農民和貴族一樣都認知到政府的
問題，以及一個有秩序的社會之核心原則。國家的失序，所有公民多少都
有責任。那並不是天譴，而是人類自私自利的結果，唯有同舟共濟的政治
努力才能恢復和平與安定。諸神並不干預人類事務，也不會開顯神聖的律
法以匡時救弊。這是一項軸心時代的突破。梭倫一舉將政治給俗世化。就　〔184〕
全體去探討古代世界，正義是宇宙秩序的一部分，它甚至統治諸神：侮辱
該神聖原則的暴政，也會顛覆自然的四時運行。但是梭倫無暇於此。自然

有自身的法則，不受人類行為的影響。希臘人開始以新的分析方法，區分問題的不同元素，各自賦與它們完整性，並且探討一個合乎邏輯的解答。智者們也開始探索因果法則，讓他們得以預測危機的結局。他們試著走出城邦的個別問題，去發現放諸四海皆準的抽象普遍原則。⑥

梭倫的「良序」原則不只對希臘政治思想影響甚鉅，也有助於希臘早期科學和哲學的形成。它是基於平衡的觀念。社會沒有任何一個階層可以宰制其他階層。城邦必須如同步兵方陣一樣，所有士兵都要齊心協力。農民必須免除負擔，才能和壓迫他們的貴族抗衡。於是梭倫免除農民的債務，恢復古荷馬時期的民眾大會，以制衡貴族的長老會議。他也創設了四百人議會，主持城邦所有的官方會議。為了進一步削弱貴族的權力，梭倫以財富而非出身去界定社會地位，任何人每年能生產逾兩百蒲式耳（bushel）（譯①）的小麥、葡萄酒或橄欖油，就可以任政府官職。最後，梭倫也改革了司法，任何公民都可以控訴執政官。⑥⑥他將新的法律刻在兩塊木板上，任何識字的雅典人都可以查詢。

梭倫或許以為，一旦匡正了社會的不平衡，貴族就會自動地以公義去執政。但是他們當然會抱怨喪失特權，而新的尺度還沒有完全施行，窮人階級就產生騷動和不滿。很多人要梭倫在雅典建立獨裁政治，以推行他的改革，但是被他拒絕了，因為獨裁是社會的不平衡。梭倫沒多久就失敗了：百姓還無法接受他的理念。但是他在雅典的改革影響到其他城邦，成為進步的先驅。梭倫的拒絕獨裁，也為理想的公民樹立新的典範，他們大公無私，不求名聞利祿。⑥⑦

但是在西元前 547 年，一個僭主在雅典掌權。來自布勞隆（Brauron）附近城市的皮西斯特拉都斯（Peisistratos），他的家族控制了馬其頓北部

---

⑥ Christian Meier, *Athens: A Portrait of the City in Its Golden Age,* trans. Robert and Rita Kimber (London, 1998), pp. 150-52。
⑥⑥ Oswyn Murray, *Early Greece,* 2nd ed. (London, 1993), pp. 195-97。
⑥⑦ Meier, *Athens,* pp. 70-71。
譯① 一蒲式耳約36公升。

populism

平原，他成了雅典不滿民眾的共主。他和他的兒子執政到西元前 510 年。〔185〕皮西斯特拉都斯慷慨大方、有領袖魅力，又肯為平民著想。他將土地分給貧窮的農民，從事重要的公共建設，修繕水利系統和城郊道路，擴大貿易，詩人們齊聚在他的宮室，百姓的精神生活也得到提昇。

皮西斯特拉都斯要在雅典設置一個有特色的宗教中心。他和他的兒子讓衛城轉型為莊嚴的聖城，有石柱神殿以及上山的石階。有錢的贊助者委託雕塑神像，圍繞著神殿，宛若石林。[68]皮西斯特拉都斯也恢復汎雅典競技大會（Panathenaea），該慶典是紀念雅典的落成，每四年舉行一次，有自己的競技比賽。[69]那是新年慶典的高潮，在它之前則是陰森難解的儀式，紀念雅典的早期歷史。在儀式裡，會在衛城獻祭一頭牛而釀成重罪，執祭的祭司必須逃走；人民開庭審判，凶刀必須扔到海裡去。在「屠生」（bouphonia）的滑稽表演背後，潛藏著對於暴行的恐懼（它是一切獻祭和文明的核心），而總有人或東西必須為那暴行付出代價，卻經常在日常生活裡習焉而不察。

汎雅典競技大會的勝利驅散了那些讓人不安的儀式之詭異氣氛。[70]慶典的主軸是城市遊行，一直走到衛城的雅典娜新神殿。女神披上了番紅花色的長袍，潤飾以她和獨眼神族（Cyclops）的戰爭故事，象徵文明征服混沌。所有公民都在遊行裡上場表演：古希臘青年（ephebes）、重甲步兵、穿著黃色長袍的女孩、老人、工匠、寄居的外邦人、其他城邦的使者，以及祭牲。雅典既演出自己，也演出希臘世界的其他部分，以炫耀他們的認同。

....

[68] Robert Parker, *Athenian Religion: A History* (Oxford and New York, 1996), pp. 71-72。

[69] Ibid., pp. 75-79; Murray, *Early Greece,* p. 270。

[70] Walter Burkert, *Homo Necans: The Anthropology of Ancient Greek Sacrificial Ritual and Myth,* trans. Peter Bing (Berkeley, Los Angeles, and London, 1983), pp. 152-68; Walter Burkert, *Greek Religion,* trans. John Raffar (Cambridge, Mass., 1985), pp. 232-344; Parker, *Athenian Religion,* pp. 89-91; Louise Bruit Zaidman and Pauline Schmitt Pantel, *Religion in the Ancient Greek City,* trans. Paul Cartledge (Cambridge, U. K., 1992), pp. 105-6。

　　但是希臘人開始嚮往更加個人的宗教經驗。皮西斯特拉都斯在雅典城西二十英里的埃勒烏西斯（Eleusis）建了一座神廟，傳說狄美特在尋找波賽芬妮時曾待過那裡。在當時，埃勒烏西斯祕教已經是雅典人的重要宗教。**❼**那是個入會禮，與會者體驗到心境的轉變。由於儀式籠罩著神祕，我們只能約略知道大概，入會者（mystai）追隨狄美特的腳步，他們分受她失去女兒的痛苦，她的悲傷、絕望、恐懼和憤怒。他們分受了她的痛苦以及和波賽芬妮團圓的喜悅，而觀照到黑暗的核心，再也不像以往那樣害怕死亡。

　　他們在雅典開始準備儀式。入會者禁食兩天，站在海邊，給波賽芬妮獻祭一頭小豬，接著眾人步行到埃勒烏西斯。他們因為禁食而身體羸弱且不安，因為他們不知道會發生什麼事。去年入會的見證者（epoptai）陪著他們，一路上脅迫恐嚇他們。群眾有節奏而催眠式地呼喚蛻變之神狄美特，陷入瘋狂狀態，以致入會者到了埃勒烏西斯時既疲憊、恐懼又歡喜。其時已經日薄西山，於是他們點燃火炬，在神祕閃爍的火光裡，入會者成群結隊地在街上漫無目的地來回行走。最後他們湧入漆黑的入會禮殿堂。接下來的景象則非常狂亂：他們宰牲獻祭；有個可怕而「難以言喻」的事件；他們可能獻祭兒童，孩子過了十一個鐘頭才被救回來。接著會有「神啟」；從神聖的籃子裡舉揚某個東西。但是最後，高萊（Kore）（譯②）和狄美特終於團圓，祕教便以狂喜和神聖的場景作結，入會者也充滿歡悅和解脫。在埃勒烏西斯，他們處於「出神狀態」（ekstasis），「走出」他們平常工作的自我，體會新的洞見。

　　入會者並沒有被傳授任何神祕教義。誠如後來的亞里斯多德所說，入會者並不是到埃勒烏西斯去學什麼東西，而是要得到蛻變的體驗。**❼**

〔186〕

----

❼ Parker, *Athenian Religion,* pp. 97-100; Walter Burkert, *Ancient Mystery* Cults (Cambridge, Mass., and London, 1986), pp. 7-95; Burkert, *Homo Necans,* pp. 248-97。

❼ Aristotle, Fragments 15, cited in Burkert, *Ancient Mystery Cults,* pp. 69, 89。
譯② 即波賽芬妮。

「我走出祕教神殿，」一個入會者回憶說：「感覺自己像個陌生人。」[73]
希臘歷史學家普魯塔赫（Plutarch，約西元 46-120 年）認為埃勒烏西斯祕
教的經驗或許是瀕死經驗：

他們先是漫步，令人厭煩地繞圈子走，或是黑暗中不知名的可怕小
徑；在終了前，驚慌、顫抖、汗流浹背、訝異，所有可怕的事都湧了上
來。然後你看到奇妙的光，清淨的地方和草原在對你致意，有歌聲、舞
蹈，以及莊嚴的聖言和神聖的景象。[74]　　　　　　　　　　　　　〔187〕

最終的狂喜，在激昂的心理劇協奏下，人們恍若得到如諸神般的至
福。

希臘人正學習以邏輯和嚴格分析的方式去思考，但是他們偶而
會覺得需要沉浸在非理性裡。雅典的哲學家普羅克魯斯（Proclus，
約西元 412-485 年）相信，埃勒烏西斯的入會禮創造了一種共感
（sympatheia），和儀式的深層親密關係，於是渾然忘我，完全沉醉在儀
式裡，「那是我們無法理解而且神聖的」。並不是所有入會者都有此經
驗；有些人只是「驚慌失措」，被困在自己的恐懼裡，但是有些人則試
著「融入神聖的符號，拋開自我，與諸神合而為一，並且體驗神靈的附
身。」[75]在印度，人們也開始以內觀的方式去體會類似的妙樂。在埃勒烏
西斯則沒有這種內心旅程，它不同於軸心時代的某些神祕宗教裡個人式的
「出神」。埃勒烏西斯的光啟不在深山林棲處，而在數千群眾眼前。埃勒
烏西斯屬於軸心時代以前的古老世界。入會者模仿狄美特和波賽芬妮，重
演她們由死亡到生命的旅程，因而拋開他們的自我，和他們的神性典範合
而為一。

....

[73] Aristotle, Fragments, cited ibid., p. 90。
[74] Plutarch, Fragment 168, cited ibid., pp. 91-92。
[75] Cited ibid., p. 114。

　　戴奧尼索斯（Dionysus）祕教亦復如是。❼會眾和一個受難的神合而為一，追隨戴奧尼索斯瘋狂的流浪，他被繼母希拉逼瘋以後，為了治療而四處漫遊，穿梭在希臘的森林、埃及東部、敘利亞、弗里吉亞。戴奧尼索斯的祕教故事訴說著毀滅性的瘋狂和極其艱難的困境，但是他的慶典卻井然有序，儘管有些嘉年華的氣氛和一點點脫軌行為。❼男人穿著女裝，模仿戴奧尼索斯小時候躲避希拉時的裝扮。每個人都飲酒，也有音樂和舞蹈。戴奧索斯的女祭司（Maenads）則在街上奔跑，戴著常春藤葉子做的頭冠，手執柳條做的魔杖。但是有時候一群人會互相感染，陷入狂喜狀態。此時信徒就知道戴奧尼索斯臨到他們中間。他們把神的附身稱為「神入」（entheos）。

〔188〕　　在戴奧尼索斯的崇拜裡，始終有個滑稽劇的元素。在紀念他的遊行裡，所有市民都混雜在一起，奴隸和貴族一起行走。它和汎雅典競技大會正好相反，在競技大會裡，遊行的百姓劃分得很清楚。❼戴奧尼索斯的宗教裡頭含有一點反叛的意味，並且以技師、工匠和農民為訴求，但是因為他們多半支持獨裁者，於是獨裁者也轉而支持戴奧尼索斯的崇拜。西元前534 年，皮西斯特拉都斯在雅典設立「城市酒神節」（City Dionysia），並且在衛城朝南山坡為戴奧尼索斯建了一座小神廟。此外也在山腰上興建劇場。在節慶當天早上，信徒將神像隆重迎到城裡，安置在舞台上。其後三天，市民齊聚在劇場聆聽合唱隊吟誦古代神話，接著漸漸發展出完整的劇情。在「城市酒神節」的戲劇儀式裡，希臘人可以說最接近軸心時代的宗教經驗。

　　在西元前六世紀兩個居邊緣角色的宗教裡，若干希臘人也開展了在

❼ Burkert, *Ancient Mystery Cults,* p. 37; Joseph Campbell, *Transformations of Myth Through Time* (New York, 1990), pp. 191-93。

❼ Zaidman and Pantel, *Religion in the Ancient Greek City,* pp. 198-218; Burkert, *Greek Religion,* pp. 160-66; Jean-Pierre Vernant with Pierre Vidal-Naquet, *Myth and Tragedy in Ancient Greece,* trans. Janet Lloyd (New York, 1990), pp. 384-90。

❼ Zaidman and Pantel, *Religion in the Ancient Greek City,* pp. 199-200; Burkert, *Greek Religion,* pp. 290-93。

其他世界裡出現的軸心時代見解。其一是奧斐斯（Orphic）教派，他們揚棄城邦的尚武精神，主張非暴力的理想。[79]奧斐斯教派信徒甚至廢除牲祭，嚴格茹素，而因為獻祭對城邦政治是不可或缺的，所以他們也退出主流政治。奧斐斯（Orpheus）是他們的典範，他是色雷斯（Thrace）的神話英雄，色雷斯是希臘境內蠻荒、邊陲而「未開化」的地區。奧斐斯失去愛妻攸里狄克（Eurydice）而傷心欲絕，然而他也死於非命：他拒絕再婚而觸怒了色雷斯的女人，她們群起攻之，徒手將他碎屍萬段。然而奧斐斯是個愛好和平的人，他的詩歌可以馴服野獸，平息巨浪，讓人忘記爭吵。[80]第二個宗教是由畢達哥拉斯（Pythagoras）創設的，他是薩摩斯島（Samos）的數學家，他在西元前 530 年移民到義大利，在東部活動，傳授一種印度的「業報」理論。我們對他的個人生平所知甚少，除了他建立一個祕教教團，信徒茹素以潔淨其身，廢除牲祭，並且以科學和數學研究去尋求開悟。畢達哥拉斯信徒專注於純粹抽象概念，希望藉此斷除物質世界的染汙，窺見神性秩序。

但是大部分希臘人繼續以由來已久的傳統方式去崇拜諸神，儘管在西元前六世紀，一個嶄新的理性主義正方興未艾。有些哲學家開始研究科學，但不像畢達哥拉斯教團信徒那樣視其為靈性開悟的工具，而是為了科學本身。[81]這些最早的科學家住在米利都（Miletus），是小亞細亞海岸的愛奧尼亞人城邦，那是一座很富庶的港口，和黑海以及近東往來頻繁。第一

〔189〕

[79] Marcel Detienne, "Culinary Practices and the Spirit of Sacrifice," in Marcel Detienne with Jean-Pierre Vernant, *The Cuisine of Sacrifice Among the Greeks,* trans. Paula Wissing (Chicago and London, 1989), pp. 7-8; Zaidman and Pantel, *Religion in the Ancient Greek City,* pp. 158-75; Anthony Gottlieb, *The Dream of Reason: A History of Philosophy from the Greeks to the Renaissance* (London, 2000), pp. 25-26; Burkert, *Greek Religion,* pp. 296-303。

[80] William K. Freist, "Orpheus: A Fugue on the Polis," in Dora C. Pozzi and John M. Wickelsham, eds., *Myth and the Polis* (Ithaca and London, 1991), pp. 32-48。

[81] Gottlieb, *Dream of Reason,* pp. 4-20; Burkert, *Greek Religion,* pp. 305-11; Murray, Early Greece, pp. 247-51; Charles Freeman, *The Greek Achievement: The Foundation of the Western World* (New York and London, 1999), pp. 149-52; Richard Tarnas, *The Passion of the Western Mind: Understanding the Ideas That Have Shaped Our World View* (New York and London, 1991), pp. 19-25。

個惡名昭彰的人物就是泰利斯（Thales），他因預測西元前 593 年有日蝕而一夕成名。他只是幸運猜對了，但是他真正的成就在於將日蝕視為自然事件而不是神蹟。泰利斯並不反對宗教，他唯一留下來的話是：「萬物是水，世界充滿諸神。」太初的海一直被認為是宇宙神聖的質料，但是泰利斯卻以邏輯的方式探討這個神話直觀。在其他哲學家的作品裡可以看到他的若干片簡，他似乎認為所有其他萬物都是源自水的元素，沒有水就沒有生命。水可以改變其形式，變成冰或水蒸氣，因此可以演化為其他東西。另一位米利都哲學家，阿納克西美諾斯（Anaximenos，西元前 560-496年），循著相同的理路，相信空氣是原質：因為空氣是生命不可或缺的，而且可以變化：成為風、雲和水。

由於缺少經驗證據，這些思辨只是流於想像；但是它們卻很重要，因為它們顯示某些希臘人開始覺得有必要探究「邏各斯」（logos）的始終本末究竟，即使此舉會顛覆傳統的知識。泰利斯和阿納克西美諾斯分析物質世界，以期發現單純唯一的原因，他們開始像科學家一樣的思考。阿納克西曼德（Anaximander，西元前 610-546 年）是三位哲學家裡頭最具創新性的，他進一步說：若要發現原質，哲學家必須拋開感官可以知覺的東西，以探索更根本而無法觸摸的實體。他認為宇宙的基本質料是「無限定者」（apeiron）。因為它非經驗能及，也就沒有可以辨識的性質，然而萬物「在潛態」（in potentia）都存在於它裡頭。「無限定者」是神聖的，但是超越諸神；它是所有生命的無法測度或窮盡的源頭。經由阿納克西曼德不曾解釋的某個歷程，個別現象自「無限定者」「分離出來」，於是宇宙裡所有元素開始爭鬥，彼此侵害掠奪。時間為宇宙訂了「良序」，諭示每個元素各安其位，宇宙的任何部分都不能支配其他部分。而最終萬物也都要回歸到「無限定者」。

〔190〕　　「無限定者」本來可以成為神學家們所謂的「眾神之神」，雖然它與人類世界沒有交涉。以前的宇宙論並不要明確地描繪生命的起源。創世神話只是要解釋人間生命的困境。諸神和巨獸搏鬥，自混沌中創造秩序，

也是要開顯生命底層的衝突掙扎。而太初獻祭的故事則是要說，要有真正的創造，就得先捨棄自己。「P」在解說創世時，堅稱世界萬物都是好的，那時候被擄之民正處於絕望當中。但是米利都學派的宇宙論卻不是用來療傷的。它們和信仰的洞見無關。米利都學派為思辨而思辨，而替未來西方的理性主義播下種子。然而約莫同時，印度的哲學家們卻開展了一個創世神話，而將軸心時代的宗教向前推進一步。

＊　　　＊　　　＊

在印度興起了新的哲學，既迥異於《奧義書》，也拋開吠陀經典。那就是「數論派」（Samkhya）（分別），雖然該詞原本只有「反省」或「討論」的意思。數論派後來對印度影響甚深。幾乎每個哲學學派和信仰都吸收了它的某些觀念，即使反對數論者亦然。但是儘管它很重要，我們對於這個極具影響力的發展卻所知不多。據說西元前六世紀的迦毘羅（Kapila）仙人為其初祖，但是我們對他一無所知，甚至無法確實是否真有其人。

正如米利都學派，數論派將宇宙分析成各自獨立的組成部分，並回溯其本源，描繪世界初始的演化歷程。不過它們的共同點也僅止於此。希臘哲學家著眼於外在世界，而數論派則浸淫於內在世界。米利都學派還在主張「世界充滿諸神」，而數論派卻是個無神論的哲學。其中沒有梵、「無限定者」，也沒有涵攝萬物的世界靈魂。數論體系的最高實在是「神我」（purusha）（「人」或「自我」），但是數論的「神我」和《黎俱吠陀》的「原人」無甚關係，也不同於《奧義書》聖哲所探尋的「自我」（atman）。「神我」不在數論世界的二十四個範疇裡，它是絕對而不變易的。（譯③）但是「神我」並不是唯一的實在。其實「神我」其數甚 〔191〕

....

譯③ 數論派將宇宙萬有分為神我與自性（prakrti），而將世界轉變之過程分為二十五種，稱為二十五諦：從自性生「覺」；自「覺」復生我慢；復從我慢生出地、水、火、風、空等五大。又自五大生色、聲、香、味、觸等五唯，眼、耳、鼻、舌、身等五知根，語、手、足、生殖器、排泄器等五作根，以及心根。見《佛光大辭典》。

多。每個人都有他自己個別而永存的「神我」，它不落入輪迴，超越時空。就像「自我」一樣，「神我」也是無法定義的，因為它沒有我們可以認知的任何性質。它是人類的本質，但不是「靈魂」，因為它與我們的心理狀態無關。「神我」沒有我們所知道的知性，也沒有欲望。它遠離我們的日常生活，以致於我們不覺得自己有個永恆的「神我」。

在太初，「神我」與「自性」（prakrti）結合。所謂的「自性」不只是指可見的物質世界，因為「自性」也包含意識、知性和心理的存在，一般人誤以為那是他們最靈性的部分。只要我們被縛於「自性」的領域，就無法明白我們本性裡的永恆面向。但是「神我」和「自性」並不是仇敵。被描繪為女性的「自性」愛上「神我」。她的工作就是拯救每個人的「神我」脫離她的擁抱，即使那需要無明的人們拋棄他們誤以為真正自我的東西。❽❷「自性」亟欲拯救我們，讓「神我」自妄念和苦惱的羅網（那正是人類的生活）解脫出來。的確，「自性」是為了每個人的「神我」而存在的，雖然我們並不知道。「自梵乃至草葉，眾生皆為饒益神我，為得究竟智故。」❽❸

那麼「神我」當初是如何落入「自性」的羅網呢？其中有所謂的原罪嗎？數論派並沒有回答這些問題。它的形上學架構不是要以文字、科學或歷史的角度去解釋世界。在印度，真理的價值不在於其客觀性，而在於它的療癒作用。數論派的信徒應該去諦觀「自性」和「神我」的關係，才能夠回歸到他的真實自我。數論派的觀念很可能是來自於修行者對《奧義書》信仰的不滿。他們再以不要沉浸於非個人的梵，而要重拾他們的個體性。他們很清楚生命是有缺陷的。世界的確有種種顛倒，但是枯坐冥想這些苦難的緣起是無益的。在他們的諦觀裡，他們窺見內在的光，而了悟他們有另一個更加絕對的自我，只要他們可以讓它擺脫那些阻礙靈性成長

〔192〕

----

❽❷ Samkhya Sutra 3:47。
❽❸ Samkhya Sutra 3:47, in Mircea Eliade, *Yoga: Immortality and Freedom,* trans. Willard R. Trask (London, 1958), p. 12。

的妄想和貪欲。「數」（samkhya）可能也意指自我與心理和物質的「自性」領域的「分裂」。修行者已經脫離了社會，現在他要進一步探索他存在的真實核心：真正的精神、他的真正自我、他不死的「神我」。

數論派試著分析實在世界，只是要讓修行者得到解脫。他在林棲時可以觀想它，以了解人性的各個構成部分。唯有熟悉人類困境的複雜結構，才有希望超越它。數論派說，自性有三個要素（三德）（guna），可以在整個宇宙乃至每一個個人裡找到：

純質（satta）（喜、薩埵）：最接近神我的知性。

激質（rajas）（憂、羅闍）：物質或心理的能量。

翳質（tamas）（闇、多磨）：三德中最低者。

在未有個別眾生以前的太初，「三德」在原質裡和諧共存。但是「神我」的出現破壞了這個平衡，而啟動一個流出的歷程。首先自原始無分別的整體分出的是「覺」（buddhi），又叫作「大」。那是我們自性的最高部分，如果我們可以分出它且開展它，就得以證悟。「覺」和「神我」非常接近，可以如鏡映花一般映現自我，但是在未證悟的凡夫裡頭，它被世界的粗質掩翳。

其次復生「我慢」（ahamkara），所有其他眾生皆生自我慢：天神、人類、動物、植物，以及無情世界。「我慢」是我們問題的源頭，因為它以不同比例的「三德」將自性傳給所有個殊的存有者。在天神和聖哲裡，「純質」居主宰地位；在凡夫裡頭則是「激質」；而畜生界則被闇昧的「翳質」障蔽。無論我們的位階為何，苦的根源皆在於我執，它把我們困在與永恆「神我」無關的虛假自我裡。我們可以經驗到思考、感覺和欲望。我們會說「我思考」、「我要」或「我害怕」，以為那個「我」就是整個存有，於是我們為了保存且支撐這個「我」而殫精竭慮，期望它永存於天界。但那是顛倒妄想。我們執著的自我是生滅無常的，因為它受限於〔193〕

時間。它得經歷老病死，而在另一個身體開始整個不幸的歷程。而我們真正的自我，永恆、自律而自由的「神我」，則一直在渴望解脫。「自性」亟欲成就解脫。如果我們要超越生命的苦難和挫折，就必須明白那個自我不是真我。一旦我們轉識成智，就可以得到「解脫」（moksha）。

　　無明牽絆著我們。我們囿於自性的幻相，而將「神我」與我們日常的心理狀態混為一談，以為我們的思想、欲望和情緒是我們人性最高也最本質的部分。如此我們的生命便奠基在一個錯誤上。我們以為「自體」只是那主宰我們日常生活的「自我」的提昇。修行者必須在觀想和思惟裡對治這個無明。初學者必須明白自性的種種形式，以及支配其演化的法則。如是他會得到一種知識，不只是在知見上熟識數論的系統，更能洞察他的真實處境。在觀想裡，他息諸妄念，專注於「覺」，以期窺見「神我」。一旦他看到「神我」映現在他的知性裡，他會完全明白那就是他的真實自我。他大聲喊：「我被認識了，」[84]而那始終渴望這一刻的直接自性也撤退了，「猶如舞者愉悅了主人之後便退去」。[85]

　　自此以後，他便不退轉。開悟的修行者一旦醒覺了他的真實自性，就不再受生死煩惱的折磨。他仍然住在自然世界裡；他也會老病死，但是由於他與「神我」合而為一，痛苦就無法沾染他。是的，他會說「它受苦」，而不會說「我受苦」，因為煩惱已經成為遙遠的經驗，遠離他以為是他真正的我的那個東西。當他死了，「自性」就歸於寂滅，而「神我」便得到完全的自由，不再落入會死而受限於時間的軀殼裡。

　　在某個意義下，數論似乎完全悖離吠陀宗教。在數論派眼裡，獻祭是無益的。諸神同樣受縛於「自性」，因此向他們求助無異於緣木求魚。藉由儀式創造一個死後得生天界的自我，只會招致反效果，因為它終究要墮入生死輪迴。唯有那喚醒我們最真實的實在的殊勝知識，才能給我們永

〔194〕

---

[84] Samkhya Sutra 3:61, ibid., p. 30。
[85] Samkhya Karita 59, ibid.。

恆的解脫。雖說數論和吠陀正統有衝突，其實它是由傳統而原型的永恆哲學開展出來的。人們總是渴望沉醉於天上的典範，但是數論告訴他們說，那典範不是外在的實在界，而是在他們內心裡。要探索絕對者，不能以神為模範，而必須喚醒最屬己的自我。原型不在遙遠而神祕的國度，而是內蘊在個體裡。他們不應該模仿外在典範，而必須和內在化的「神我」合而為一。

數論代表一個自我意識裡的新階段。印度的人們開始意識到一個自體，它被日常生活的混亂遮翳，潛藏在我們身體裡，被我們的本能束縛，只能隱約覺察到自己。數論的形上學透露了人類對解脫的渴望。人們可以經由培養更開闊的自我意識去超越自己。但是那並不意味著自我耽溺，因為纏縛「自體」（self）的，正是「自我」（ego）。印度的人們開始明白我們俗世生活執取而自私的傾向。自我總是要我們如是問：「我要它嗎？」「我如何自它那裡獲益？」「它是否會威脅我？」「我為什麼沒有得到它？」結果，我們始終無法看到事物的實相，因為我們囿限於我執的羅網。數論告訴我們如何揚棄那個煩惱纏縛的我執，而踏入一種在日常生活裡無法想像的存有狀態。這種狀態不是神性的；它不是超自然的；它是我們人性的實現，任何嚮往這個自由的人都能夠得到它。

數論對於印度宗教有兩個重要的貢獻。首先是一切生命都是「苦」（dukkha），其實「苦」也意味著不滿足和挫折。不知道為什麼，我們在塵世的生活充滿不安和痛苦。我們的經驗受限於無明和煩惱。宇宙萬物都會分解、生滅而無常。即使那個虛假的「我」覺得滿足或快樂，也總是有什麼東西不對勁。如果「我」成功了，我的對手就會落落寡歡。「我」經常渴望一個目標或物質對象，最後總會失望而有缺憾。快樂總有悲傷緊隨在後。世事也不久長。我們混亂的內心狀態更是飄流不定。我們的朋友一個個死去，人們會衰老、生病、失去美麗和活力。許多人不願意面對那無所不在的苦，而落入幻相裡，因為苦是生命的法則。但是數論說，這個有缺陷的自性也是我們的朋友，因為「我」越是執著於生滅無常 〔195〕

243

的世界而受苦，就更加渴望「神我」的絕對而無限的實在。當我們反省自己混亂的內在世界，經常會嚮往別的東西：正如《奧義書》的聖哲，我們也會吶喊：「非此也，非彼也！」數論或許很像悲觀主義，但是它其實是樂觀主義而且很積極的。它主張說，「自性」並非究竟實相。人們真的可以得到解脫；他們也曾找到他們的「神我」，也就是他們的真實自體。一切眾生都在受苦，諸神、人類、動物、昆蟲，但是唯有人類才能「解脫」（moksha）並且離苦得樂。

　　但是許多修行者發現在修行裡求解脫非常困難。有些人的確經由思惟和觀想得解脫，但是也有人認為還需要更多的努力。「自性」緊緊纏縛著人們，因此需要更勇猛精進的手段。有些修行者便開展出現在世界各地的禪堂和健身房都流行的訓練方法。瑜伽是印度最偉大的成就之一，儘管演化出各種形式，最初其實是數論派用以讓「神我」揚棄「自性」束縛的方法。古典的瑜伽和現在西方國家教授的版本大相逕庭。❽它不是有氧運動，也不是幫助人們放鬆、壓抑過度的焦慮或更安於他們的生活，事實上剛好相反。瑜伽是有系統的襲擊「自我」，是很嚴格的攝生法，以長期的訓練，讓修行者放棄他們平常的意識及其虛妄假相，以發現他們的「神我」。

　　我們不知道是誰發明瑜伽的。相傳是巴丹闍梨（Patanjali），他在西元前二世紀寫了《瑜伽經》（Yoga Sutras）。但是瑜伽其實不是巴丹闍梨發明的，而是更古老的修行方法。有些人相信是出自在雅利安部落移民前的印度原著民。若干瑜伽技巧，尤其是調息法門，在早期的《奧義書》曾經提及，也出現在吠陀祭祀的儀軌裡。無論起源為何，在西元前六世紀，它在印度宗教裡已經很盛行了。婆羅門、正統的吠陀修行者，以及所謂的外道，都會修持瑜伽行。不同的學派會開展不同的瑜伽形式，但是《瑜伽經》裡描寫的基本訓練則是它們的基礎。

〔196〕

....

❽ Eliade, *Yoga,* passim; Edward Conze, *Buddhist Meditation* (London, 1956)。

瑜伽（yoga）一詞本身即意味深長。它的意思是「套上車軛」（yoking），吠陀時期的雅利安人曾經用來指在劫掠前將馱獸栓繫到戰車上。戰士是瑜伽行者。他們就像天神一樣隨時準備出征，而懶散的阿修羅則是閒居在家。但是到了西元前六世紀，瑜伽行者的戰場卻轉移到內在空間；他們不從事戰爭，而獻身於「不害」。瑜伽是要對治潛意識心靈，它是我們煩惱的根源。巴丹闍梨列舉了五種束縛我們的「用」（vrttis）（心理衝動），無明、我執、愛、憎、執取生死，這些本能相續浮現，其能量無窮無盡而難以駕馭。它們是我們人性的根本，瑜祇們相信它們根深柢固，不是數論的單純知識所能斷除。我們都受限於瑜祇們所謂的「習氣」（vasanas），下意識的各種知覺，產生構成個性的各種部分。它們是前世、過去的業報和現在的生活的結果。早在佛洛伊德（Freud）和榮格（Jung）以現代科學發掘心靈以前，印度的瑜祇們就已經以前所未有的嚴謹性去探索且分析潛意識領域。這些「用」和「習氣」必須「滅盡」。唯有如此，自體才能擺脫心靈生活的混亂以及自性的羅網，並且體驗到解脫妙樂。而唯有純粹的心理力量才能成就此一大事因緣。

然而，瑜祇們必須經歷長期的加行。他們必須成就種種制戒（yamas），才能夠修習瑜伽。其中又以「不害」（不殺生）（ahimsa）為首。瑜祇不可以殺死或傷害任何生命；他甚至不可以拍打蚊子，也不可以口出惡語。其次，他不可以偷盜，也意味著他不可以不與而取，並且對於財物不起分別。第三，他不可以妄語，必須時時誠實語，也包括兩舌、綺語。最後，他必須戒淫戒酒，因為那會障蔽心識，削弱心靈探險所需的身心能量。加行也包括身心的訓練，即內制（niyama）。修行者必須清淨 〔197〕
自身、修學、苦行、滿足、歸依最高神。

這些加行也顯示了瑜祇的願心。他們對短暫的覺受不感興趣。瑜伽是成就完全不同的人格的入會禮，那意味著根本的道德轉變。制戒和內制以傳統的原型為典範，創造了軸心時代的新原型。瑜祇必須拋開他們未開悟的自我，斷除我執，奉行使「神我」解脫的生活。以前的人們在祭祀裡

以神為模範，而有「踏出」日常生活以及提昇存有的體驗。制戒和內制亦復如是。他們藉由修行，使得倫理規範成為他們的第二天性，巴丹闍梨說，如是修行者會體驗到「難以言喻的妙樂」❽。他斷除了「我執」，才可以修證究竟解脫。

修行者的老師認為他成就了制戒和內制，才讓他開始修習瑜伽的第一步：坐法（asana）。他必須結跏趺坐，端正上身，不動如山，每次坐好幾個鐘頭。起初會很不舒服，甚至疼痛難當。活動是生命的特質，能動的東西都是有生命的。即使我們以為自己端坐不動，其實是持續在活動：我們會眨眼、抓癢、臀部左右移動，一有什麼動靜就會轉頭張望。即使在睡覺，我們也會輾轉反側。但是在靜坐當中，瑜祇學會切斷心靈和感官的相應，寂然不動，似乎比較像一座雕像或植物，而不像人類。以前雅利安人瞧不起閒居在家的阿修羅，現在新的瑜伽行者卻在僻靜處靜坐好幾個鐘頭而沒有生命跡象。

接下來，瑜祇要修習調息（pranayama），更深層地調伏他的本能生命。呼吸是我們最根本且自動的身體功能，是生命絕對必要的。然而在「調息」裡，瑜祇的呼吸越來越慢，延長出入息的間隔時間，彷彿完全停止呼吸。他的心跳也慢下來；他似乎已經死掉了，但是一旦他熟悉「調息」法門，便能體驗到一種新的生命。調息完全不同於日常生活裡不規則的呼吸，已經被證明有其身體和神經系統的作用。它可以讓人覺得安靜、和諧、鎮定，類似音樂的效果。人們也會感覺到莊嚴、開闊和高尚，那是一種專注當下的感覺。

〔198〕

瑜祇熟練了這些身體的訓練，便可以學習「心住一處」（ekagrata），息心絕慮，專注在一個對象或念頭而不間歇。重要的是不起其他情緒或念頭，摒除一切散亂心。「心住一處」有許多形式，瑜祇學習「制感」（pratyahara），唯以知性思惟對象。在「執持」（dharana）

----

❽ Yoga Sutra 2.42, in Eliade, *Yoga*, p. 52。

裡，他要在存有深處觀想「神我」為一朵蓮花，自池塘裡漸漸浮現。每一次執持要持續十二次靜坐，經由如此身心訓練，瑜伽行者得以深入內在世界，捨離日常俗世的意識而入定境。

如是，瑜祇覺得自己堅不可摧，寒暑不侵。他可以控制心理狀態，也就更加不為外境所動。而對於他所觀照的事物，也有了新的看法。因為他阻斷了記憶和聯想的種種念頭，也就不散亂。他不會將對象主觀化或個人化，不會以自己的渴求和欲望的扭曲透鏡去看它，而會如實觀照它。「我」自他的思惟裡消失，再普通的對象也開顯了全然不同的性質。當瑜祇如是觀想他們各自的學派的學說，例如數論的創世神話，一切了了分明，那些真理的理性主義說法盡皆黯然失色。他的知識不再只是知見而已；他以現量證得那些真理。它們也成了他的內在世界的一部分。

瑜祇不認為他們有什麼神啟，他們的體驗裡也沒有什麼超自然事物。畢竟，數論派是無神論，對天神也沒興趣。瑜祇相信他們只是在開展 〔199〕人類的自然能力。任何精進修行的人都能夠成就這些心智力量。他們發現了人性的一個新向度。「超越性」不是和一個「外在」的神相遇；而是潛到自己的存有深處。瑜祇有系統地截斷我執的生活方式，因而讓他的真實自體脫離了自性的羅網。軸心時代的聖哲，經由省察自己的本性，再次「踏出」俗世。

當瑜祇深入定境，他會經歷一連串與日常經驗無關的深層心理狀態。那就是「三昧」（samadhi），一種純粹的意識狀態，在其中，「我」及「我所」完全消失；瑜祇和他所觀想的對象合而為一，而不起其他分別心。他甚至沒有意識到自己在觀想它們。少數境界更高的瑜祇則成就了更極端的狀態，而只能以弔詭的方式去描述它：非有非無，亦空亦多，永存的當下，死亡裡的生命。瑜祇們稱之為「無」，因為它言語道斷；他們說那就像走進一個房間，裡頭只有空無、空間和自由。

瑜祇們對於他們觀想的發現有不同的詮釋。《奧義書》教派相信他們與梵為一；數論派認為他們讓「神我」解脫。但是他們的基本經驗並無

二致。無論他們如何解釋他們的成就，他們的確開啟了新的可能性。對於人類的苦難處境的深刻感受，促使他們發願以激烈的方式求解脫。他們開展了靈性技術，讓他們得以離苦得樂。然而並不是每個人都能夠修習瑜伽。他們必須捨棄日常生活。於是後來的聖哲開展了一種瑜伽，讓在家眾也有證道的機會。

＊　　　＊　　　＊

　　在此期間，中國正陷入危機。西元前 597 年，楚國打敗中原諸侯，該地區就成了新的殺戮戰場。眾人殺紅了眼。楚國無暇理會古老的戰爭禮〔200〕節，其他大國也拋棄傳統的約束，不停攻城掠地，即使殲滅敵人也在所不惜。戰爭不再是以往冠冕堂皇的競賽。例如在西元前 593 年，在長期圍城之下，宋國的百姓只得吃自己的骨肉。古老的國家面臨滅亡的命運。他們知道無法和大國匹敵，只能被捲入混亂當中，他們的疆域也成了大國彼此攻伐的戰場。例如齊國長年侵略弱小的魯國，而魯國只好向楚國求援，卻徒勞無功。西元前六世紀末，齊國打敗楚國成為霸主，魯國國君只能依附西方的秦國維持若干程度的獨立性。

　　內政問題也使這些國家積弱不振。西元前六世紀，齊國、秦國和楚國因為持續的內亂而疲於奔命。魯國的三桓使得魯君成為傀儡政權。那其實是時勢使然。周公的後裔除了禮法的義務以外，被褫奪了所有權力，而財政上也完全依賴其篡奪者。古老的政治和社會結構正在瓦解，中國似乎瀕臨無政府狀態。然而這些困境卻意味著一個更深層的改變。背叛諸侯的卿大夫當然是出於貪婪和野心，然而他們也努力要脫離古老的家族的宰制。中國正痛苦地走向更平等主義的政體，而那會顛覆世襲諸侯始終未被挑戰的統治。[88]鄭國和魯國的財政和農業改革，改善了農民的生活。西元

....

[88] Jacques Gernet, *Ancient China: From the Beginnings to the Empire,* trans. Raymond Rudorff (London, 1968), pp. 83-84。

前六世紀後半葉，鄭國宰相子產將刑法刻在銅鼎上示眾，從此就有了確定的律例，任何人都可以援引挑戰專斷的統治。

正如考古學家所發現的，他們漸漸蔑視禮法的存在：人們在親戚的墳墓裡安置不敬的東西，而不是禮法規定的器皿。古老的中庸精神也在式微：許多人窮奢極欲，招致經濟上的負擔，而需要更多的資源。在封建制度底層的士大夫，也開始過著大家族的生活。結果產生了太多貴族，使得士大夫窮途潦倒。新興的富商巨賈阡陌連雲，有些貴族再也無法擁有封 〔201〕地，因為沒有足夠的土地可以分封。許多貴族，包括諸侯的近親，失去了封地和頭銜，而被降為庶民。以前有些士大夫會擔任史官、禮官或是軍官，現在也只能離開城市，帶著他們的技能到鄉下和黎民百姓一起生活。

這不只是政治和社會的危機。天和地如此相互依賴，以致於許多人擔心時下的蔑視天道會危害整個宇宙。魯國的禮官認為貪婪、掠奪和物質主義會褻瀆神聖的禮法。有些人則抱持著懷疑論的想法。西元前 543 年，中國各地風災肆虐，森林大火也接踵而至。鄭國卜官請宰相子產獻祭禳解。子產搖頭說：「天道遠，人道邇，非所及也，何以知之？」[89]既然無法知天，那還不如專注於眼前可及的事。

大約這個時候，有個叫孔丘（西元前 551-479 年）的年輕人，正完成他的學業，在魯國擔任小吏。他的家庭剛到魯國不久，雖然他的祖先是宋國王室，但是就像其他貴族一樣，他們也不得不四處遷徙。孔丘雖出身名門，卻家徒四壁，必須賺錢謀生。他傾心於禮官，熱中於周室，尤其是周公，有時候還會夢見他。孔丘是個勤奮的學生。他三十歲就通曉禮法，四十歲就成了「不惑」的人。許多窮困的士大夫會怨天尤人，但是孔丘明白「禮」的深層意義，並且相信如果合宜地詮釋它，就可以讓中國百姓回歸天道。孔丘的門徒尊稱他為「孔夫子」。中國的軸心時代於焉開啟。

....

[89] James Legge, trans., *The Ch'un Ts'ew and the Tso Chuen,* 2nd ed. (Hong Kong, 1960), p. 109。

第 六 章

感同身受

（約西元前 530-450 年）

西元前六世紀晚期，魯國幾近陷入無政府狀態，原因是篡奪國君權 〔202〕
勢的三家權臣為了奪得大位而不斷鬥爭。禮學家對這種情形深感痛心。曾
經，中國各地的人士都來到魯國參與典禮儀式以及聆聽源自周朝初期的音
樂。來自晉國的一名訪客因此高呼：「周禮盡在魯矣，吾乃今知周公之
德，與周之所以王也。」❶然而，到了西元前518年，身為周公後代的魯
國正統國君卻窮蹙得雇不起樂師與舞者到祖廟舉行這些典禮，而其中一家
權臣反倒雇用了八組舞者，在自家的祖廟裡舉行皇室禮儀——此舉自是違
反國家法度的行為。時人都不禁深感憂慮。禮不再能夠抑制貴族世家的貪
婪與浮誇，上天也似乎不聞不問。

孔子聽聞這種擅自舉行皇室禮儀的僭越之舉，不禁深感憤怒，感嘆
而說：「道不行。」❷統治者如果不能落實匡正社會風氣的崇高價值觀，
那麼他只好訴諸一己之力。身為平民，孔子自然無法建立大道，唯有國君
才能做到這一點。但他能夠教育一群正直而博學的人士，由他們對各國國
君諫之以道，促使國君負起責任。孔子一心想要從政，卻總是未能如願。
他直言不諱的正直個性不適合政界，所以只在財政與會計等部門擔任職務
低微的官吏。不過，這樣的遭遇卻產生了極佳的結果。政治生涯的挫敗讓
他得以有時間思考，從而成為一位充滿熱情的老師，就算自己的仕途不順 〔203〕
利，也決心教出能夠擔任高官的學生。一如同時期的失志士人，孔子成了
流浪學者，帶著一小群忠心於他的門徒，不厭其煩地周遊於列國之間，盼
望至少能夠找到一位願意重用他的國君。

孔子不是超然世外的苦修者，而是深通世故的入世之士。他懂得享
受美酒佳餚，熱愛歌唱說笑以及富有啟發性的對談。他沒有把自己深鎖在
象牙塔內，也不靜坐冥想，而是一再透過與別人的對話發展自己的洞見。

....

❶ A. C. Graham, *Disputers of the Tao: Philosophical Argument in Ancient China* (La Salle Ill.,
1989), P.9.
❷ Confucius, Analects 5:6 cf. 16:2. Quotations from the Analects are taken from Arthur Waley,
trans. and ed., *The Analects of Confucius* (New Yourk, 1992), unless otherwise stated.

在《論語》這部記錄孔子思想的主要文獻裡，我們可以看到他經常與友人及門徒互相討論。他罕見地結合了和善的態度與卓越的才智，因而吸引了眾多學生，對於前來求教的人也從不拒絕。他的學生有貴族子弟，也有出身寒微的平民。他最心愛的學生可能是一貧如洗但據說天賦過人的顏回，但其實他對自己那一群門徒的每一個成員都極為疼愛：冷靜而堅強的閔子、充滿活力的子路，以及勇敢正直的子貢。面對前來求教的學生，有一項特質是孔子最重視的。他說：「不憤不啟，不悱不發。」❸他會責罵門徒，不斷鞭策他們進步，但從不會威迫他們。見過瑜祇令人望之生畏的成就之後，再轉向孔子的主張，不禁讓人深覺寬心。他的「道」是任何人都可以追求的目標。孔子慈愛、平靜而友善，從來不會武斷地強迫別人接受自己的意見。《論語》中看不到冗長的訓斥或說教，就算孔子不同意學生的看法，也總是容許他們擁有自己的觀點。有什麼好不容許的呢？畢竟，他不像堯、舜是受到上天啟發的聖人，也沒有獲得任何天啟或神示。他唯一的優點就是「學而不厭，誨人不倦」。❹

　　《論語》是在孔子死後許久才由弟子編纂而成的作品，所以無法確定其中記錄的格言是否真的都出自於孔子，但學者認定這部文獻的可靠度相當高。❺《論語》收錄了數百則簡短而互無關聯的話語，並不試圖整理出一套明確的觀點。這種風格就像中國的水墨畫：讀者必須感受留白的意境，從字裡行間找出完整的意義，並且將各種觀念串連起來。《論語》乍看之下雖然雜亂無章，整體上卻具有一致的連貫性。實際上，孔子的各種觀點之間都有著深切的關聯，有時甚至難以把各種不同主題分開看待。

　　一如軸心時代的其他哲學家，孔子也和自己的時代深感疏離。他深

....

❸ Analects 7:8.
❹ Analects 7:8.
❺ Benjamin I. Schwartz, *The World of Thought in Ancient China* (Cambridge, Mass., and London, 1985), P.62; Fung Yu-Lan, *A Short History of Chinese Philosophy,* ed. Derk Bodde (New York, 1976), p.12.

信中國之所以會陷入如此嚴重的亂象，乃是因為長久以來規範各諸侯國的
傳統禮教遭到了忽視。他認為堯、舜時代以及後來的周朝初年曾經切實　〔204〕
遵循天道，因此當時的人都過著和諧的生活。禮教促成了節制與寬容的精
神。不過，現在的國君卻都把「道」棄如敝屣，只忙著追求奢華的享受與
自私的野心。過往的世界秩序已經崩壞，卻沒有同等價值的新秩序隨之出
現。孔子認為，最好的解決方法就是回歸曾經在過去發揮極佳效益的傳
統。

　　孔子對於各國之間連年不斷的征戰深感驚恐，只怕這樣的鬥爭會把
小國消滅殆盡。然而，令他沮喪的是，這些小國卻似乎沒有真正意識到自
己面臨的危險。魯國的軍事力量完全比不上齊國這樣的大國，但魯國的各
個世卿家族不但沒有集中資源抵禦外來威脅，反倒在貪婪和虛榮的驅使下
打起了一場自我毀滅的內戰。三桓如果能夠遵循禮儀，這種情形一定不會
發生。過去，禮儀約束了暴力與仇殺的危險行為，也遏抑了戰爭的血腥程
度。禮儀一定要再次發揮同樣的功效。身為禮學家，孔子鑽研典禮和經書
的時間遠多於練習射箭與駕駛戰車等貴族技藝。❻於是他重新定義了「君
子」的角色：真正的君子應該是學者，而不是戰士。與其爭奪權力，君子
應當學習正確行為的規範，也就是家族、政治、軍事與社會生活的傳統
禮儀。孔子從來不曾號稱自己是個具有原創性的思想家。他曾說自己「述
而不作，信而好古」。❼唯有獲得上天賜予神聖洞見的聖人，才能擺脫傳
統。「我非生而知之者，好古，敏以求之者也。」❽然而，儘管孔子如此
謙遜自抑，但他的確是一位開創者，致力於「溫故而知新」。❾世界雖然
改變了，但如果沒有一定程度的連續性，就不可能產生豐碩的發展。

　　孔子詮釋傳統的若干方式，與過往的強調重點極為不同。古老的宗

....

❻ Analects 12:7.
❼ Analects 7:1.
❽ Analects 7:19.
❾ Analects 2:11.

教觀把焦點放在天上的鬼神：世人經常向上天獻祭，以求獲得神祇的保佑。不過，孔子關注的卻是現世。如同鄭國宰相子產，孔子認為與其把心思花費在未知的事物上，不如專注於已知之事。實際上，他寧可不談鬼神。門徒子貢指出：「夫子之文章，可得而聞也；夫子之言性與天道，不可得而聞也。」[10]孔子對形上知識不感興趣，也反對神學的無謂探討。子路曾問他君子該如何事奉鬼神，他的回答是：「未能事人，焉能事鬼？」但子路仍鍥而不捨，繼續追問祖先的生活是什麼模樣，孔子於是又答道：「未知生，焉知死？」[11]孔子不是懷疑論者。他一絲不苟地奉行傳統的祭祖禮儀，一旦想到上天也充滿了敬畏之心。不過，他和印度的聖哲一樣，懂得沉默的珍貴。孔子曾經感嘆道：「予欲無言。」子貢深覺不以為然，而質疑道：「子如不言，則小子何述焉？」孔子回答他：「天何言哉？四時行焉，百物生焉，天何言哉？」[12]上天從不言語，行事效率卻是無與倫比。與其浪費時間針對神學問題從事無謂的臆測，人實在應該以上天為榜樣，保持恭敬的沉默。如此一來，說不定自己也能在世界上發揮有意義的影響力。孔子讓中國的宗教觀從此腳踏實地。與其關注死後的世界，世人應當學習在現世就好好做人。孔子的門徒跟隨他，不是為了學習晦澀的鬼神之論。他們的終極關懷不是上天，而是正道。君子的任務就是要謹言慎行，並且了解這樣的作為本身就具有絕對的價值。這樣的教誨不會引領他們到極樂世界或是天神的身邊，而是會讓他們達到昇華的至善境界。禮儀就是引導他們踏上正道的地圖。

所有人都有成為君子的潛力。在孔子眼中，君子就是發展完善的人。過去只有貴族能夠成為君子，但孔子堅持認為任何人只要致力於道的學習，都有可能成為「君子」——也就是成熟而有深度的人。子貢曾經建議孔子的門徒共同採取這句座右銘：「貧而無諂，富而無驕。」孔子回答

[〔205〕]

---

[10] Analects 5:12.
[11] Analects 11:11.
[12] Analects 17:19..

道：「可也。未若貧而樂，富而好禮者也。」子貢隨即引用了詩經的內容
作為這句話的註腳：

如切如磋，

如琢如磨。❸

　　孔子深感欣慰：子貢終於開始懂得《詩經》的內容了！這兩句詩充
分描述了「君子」如何利用禮儀琢磨精鍊自己的人性。君子不是天生的，　　〔206〕
是經由後天努力而達到的成果。君子必須致力於自我改善，就像雕塑家透
過一刀一劃把粗糙的石頭雕刻成美麗的作品。真正的君子總是不斷致力於
超越自我，達到理想中的境界。顏回曾問如何達成仁的境界。孔子的回答
很簡單：「克己復禮為仁。」❹君子的一言一行都必須考慮及尊重別人。
目標就是要做到：「非禮勿視，非禮勿聽，非禮勿言，非禮勿動。」各
國國君如果都能做到這一點，即可拯救天下。「一日克己復禮，天下歸仁
焉。」❺

　　如同印度的聖哲，孔子認為自尊自大正是人性中卑鄙與殘酷的根
源。人只要能夠揚棄自私，在人生中遵循禮儀的博愛要求，即可受到神聖
之美所轉化。如此一來，他們就能夠合乎君子的典型理想，成為優越的
人。禮儀能夠把尋常的生物活動提升到不同的層面；確保我們對待他人不
會漫不經心，也不會以敷衍的態度看待自己和別人的關係。禮儀能夠確保
我們的行為不只單純出自功利與自私的動機。舉例而言，孝道規範要求兒
子必須恭敬侍奉父母的飲食，但現在許多人都只是把飯菜拋到桌上就算了
事。「至於犬馬，皆能有養！」孔子忿然指出。不過，只要兒子懷著恭敬

....

❸ *Classic of Odes 55,* in Arthur Waley, ed. and trans., *The Book of Songs* (London, 1937); Analects
1:15.
❹ Analects 12:1. Translation suggested in Schwartz, *World of Thought,* p.77.
❺ Ibid.

而感激的心情奉餐，這樣的行為就充滿了人道。❶身為軸心時代的成員，孔子希望世人能夠對自己的所作所為擁有清明的意識。遵奉禮儀不只是表面上行禮如儀即可交差了事，而必須對所有情境保持心理上的敏銳、細膩的感受以及明智的評估。❶孔子說：「有事，弟子服其勞；有酒食，先生饌；曾是以為孝乎？」❶如果孝行不僅是如此，那究竟還缺了什麼要素呢？「色難。」孔子下了這個結論。❶個人奉行禮儀之時所抱持的精神，將會呈現在每一項行為舉止和臉部表情當中。如果帶著鄙夷或不耐的心情，禮儀就可能反倒成為一種侮辱。

〔207〕 不過，在從前的時代，禮向來帶有一定程度的侵略性，經常被人用於爭取政治利益或是單純增進貴族的個人聲望。孔子致力於把這種自我為中心的心態排除於禮儀之外。長期研究禮儀之後，他發現唯有抱持真誠的「禮讓」精神，禮儀才有意義。兒子應當禮讓父親，戰士禮讓敵人，國君禮讓侍從。禮儀教導我們放棄自己的偏好，不再以自我為中心，而懂得以別人為優先。在政治當中，禮儀可讓政治人物難以倡議純粹自利的政策，因為禮儀教導乃是一種感同身受的習慣。所以，只要以正確的態度加以遵行，禮儀即是一種精神教育，有助於人超越自我中心的限制。禮儀一旦經過改革，排除過往對身分地位的執迷，即可讓人與人之間的往來重拾尊嚴與優雅，從而使得全中國成為充滿溫情的地方。

「禮」教導人平等對待他人。在典禮當中，所有參與者都會成為合作夥伴：在祭祀舞蹈裡，即便是扮演次要角色的人，對整個典禮而言同樣不可或缺，也是整體之美的功臣之一。禮儀讓人意識到生命的崇高，也為人賦予了神聖性。傳統上，朝拜之禮培養出國君的至高權力；孝道之禮則

....

❶ Analects 2:7.
❶ Jacques Gernet, *Ancient China: From the Beginnings to the Empire,* trans. Ralymond Rudorff (London, 1968), p.116.
❶ Analects 2:8.
❶ Ibid.

使得凡人在死後成為祖先，成為後代祭祀的神。禮儀要求我們以絕對的尊敬對待他人，從而把行禮與接受禮敬的對象提升到神聖的境界。

　　印度的瑜祇為了追求絕對的目標，而踏上孤獨的追尋之旅。孔子必定無法理解這種行為。在他的觀點中，個人完整的人性需要別人激發；自修是一種互惠的過程。印度的出家人認為家庭生活是悟道的障礙，孔子卻認為家庭是宗教追求的場域，因為家庭生活能夠教導家庭裡的每個成員為別人而活。[20]這種博愛情懷對於君子的自修是不可或缺的要素。孔子說：「己欲立而立人，己欲達而達人。」[21]後人批評孔子太注重家庭──因為人應當關懷世界上的所有人──但孔子認為每個人都是一個個同心圓的中心，而且都必須和這些同心圓建立關聯。[22]每個人都誕生在家庭裡，所以自我昇華的教育始於家禮，但絕不能以此為足。君子的視野必須逐漸擴張。透過關懷父母、配偶與兄弟姐妹而獲得的學習，會讓君子的心胸更寬大，從而對越來越多的人產生感同身受的同理心：先是他自己的社群，接著是國家，最後擴及全天下。

　　孔子最早明確指出崇高性與博愛密不可分。他曾說：「吾道一以貫之。」他的思想沒有深奧的玄學，也沒有複雜的宗教臆測；一切論點最後總是回歸到人必須以絕對神聖的尊敬去對待別人。他的一名門徒指出：「夫子之道，忠恕而已矣。」[23]所謂的道，就是全心致力於促進別人的崇高性，而自己內在的神聖性也會受到別人的激發。子貢問道：「有一言而可以終身行之者乎？」孔子回答：「其恕乎！己所不欲，勿施於人。」[24]「恕」的意思就是「設身處地為人著想」。有人稱之為黃金律，不但是最

〔208〕

[20] Tu Wei-ming, *Confucian Thought: Selfhood as Creative Tramsformation* (Albany, 1985), pp.115-16.
[21] Analects 6:28, as translated ibid., p.68.
[22] Tu Wei-ming, *Confucian Thought,* pp.57-58; Huston Smith, *The World's Religions: Our Great Wistdom Traditions* (San Francisco, 1991), pp.180-81.
[23] Analects 4:15, as translated in Graham, *Disputers of the Tao,* p.21.
[24] Analects 15:23.

基本的宗教實踐，而且實行起來遠比表面上看來困難許多。子貢曾經宣稱自己精通了這項德行，傲然說道：「我不欲人之加諸我也，吾亦欲無加諸人。」從孔子的回話裡，我們可以想像得到他臉上必定掛著莞爾但充滿慈愛的笑容：「賜也，非爾所及也。」❷❺

「恕」要求我們每日觀省內心，了解什麼樣的事物會造成我們的痛苦，然後盡可能避免對別人造成這樣的痛苦。這個道理要求人不再把自己視為不同於別人的特殊個體，而必須不斷把自己的體驗投射到別人身上。孔子是最早提倡這項黃金律的人。對於孔子而言，「恕道」具有超越性的價值。只要澈底精通禮，即有助於人達成他所謂的「仁」。這個字眼原本帶有「崇高」或「可敬」的意思，但到了孔子的時代已只是單純指「人」。孔子賦予了這個字眼全新的重要性，卻拒絕給予定義。後來有些哲學家把「仁」等同於「善心」，但這樣的詮釋對於孔子而言太過狹隘。❷❻「仁」字係由兩部分構成：首先是左邊的人字部首，代表自我；接著是右邊的兩橫，代表人際關係。所以，「仁」可以解釋為「人類共性」。有些學者認為「仁」的根本意義是「溫和」或「柔順」。❷❼因此，「仁」也就與禮儀的「讓」不可區分。不過，孔子認為「仁」是無可解釋的，因為這項概念無法歸入當時一般人所熟知的任何類別。❷❽唯有真正奉行仁道的人，才能了解仁的意義。仁近似於蘇格拉底與柏拉圖所謂的「善」。仁者是完美的人，可與堯、舜、周公相提並論。孔子認為「仁」就是讓聖王得以不必靠武力而遂行統治的「道德力量」。仁不該繼續被視為一種神奇的概念，而是一種道德功效，比暴力及戰爭更能有效改變這個世界。

孔子的一名弟子問道，什麼是仁，而仁又該怎麼實踐於政治當中呢？孔子答道：

〔209〕

....

❷❺ Analects 5:11.
❷❻ Graham, *Disputers of the Tao*, p.19.
❷❼ Tu Wei-ming, *Confucion Thought,* p.84.
❷❽ Analects 12:3.

出門如見大賓，使民如承大祭。己所不欲，勿施於人。在邦無怨，在家無怨。㉙

國君如果以這種方式對待其他統治者和其他國家，就不可能發生殘暴的戰爭。在黃金律的規範下，人絕對不可能侵略或蹂躪別人的領域，因為沒有一位國君會希望自己的國家遭到這樣的下場。如此一來，統治者也不可能壓榨平民百姓，因為統治者會把人民視為一場美好典禮中的夥伴，所以和自己是一樣的。仇怨之心將因此消逝無蹤。孔子無法解釋仁是什麼，但他能夠教導別人如何獲得仁。恕教導人在對待別人的時候，應以自己的感受為指引。孔子對子貢說，這種概念其實很簡單：

夫仁者，己欲立而立人，己欲達而達人。能近取譬，可謂仁之方也已。㉚

統治者若能遵奉這樣的行為，為平民授予福利，並且追求全國的利益，而不只是滿足自己的私欲，即可算得上是與堯、舜同等級的聖人。㉛

因此，孔子並不是膽怯的保守主義者，只會緊抱著傳統習俗不放，滿心關注宗教儀式的微末小節。他具有革命性的視野，為傳統的禮賦予了新的詮釋。禮儀的目的不在於提高貴族的聲望，而是把忘我的心態化為習慣，藉此讓人產生轉變。一旦把自我中心排除於禮儀之外，孔子於是發掘出禮儀深刻的心靈與道德潛力。他強調的不是奴性的順從。禮要求人必須〔210〕發揮想像力與智慧，了解每個情境都是獨一無二，必須個別判斷。孔子也提出了一種新的平等觀。以前只有貴族才行禮，孔子則堅決主張所有人都能夠奉行禮儀，甚至像顏回這樣出身低微的人，也一樣能夠成為君子。

....

㉙ Analects 12:2.
㉚ Analects 6:28.
㉛ Ibid.

　　軸心時代的其他中國哲學家雖然對中國面臨的問題提出了比較務實的解決方式，卻不一定像孔子具有這麼遠大的志向。孔子追求的目標不僅限於法律和秩序，他要的是人性尊嚴、高尚情操與正直的人格，也知道唯有在日常生活中致力達成恕道的德行，才有可能達到這樣的目標。這樣的想法非常大膽。孔子等於是要求人相信經過修養的人性能夠發揮比威迫更強大的力量。極少有人真正願意放棄自尊自大的心態，但努力實踐過孔子之道的人，則發現自己的人生確實產生了轉變。仁的境界之所以難以達成，原因是這樣的境界要求我們消除虛榮、怨懟以及宰制他人的欲望。❸❷但矛盾的是，仁的境界卻又相當容易。「仁遠乎哉？」孔子問道：「我欲仁，斯仁至矣。」❸❸只要「先難」，就可獲致仁的成就——所謂的「難」，即是精通於禮所帶來的教育。❸❹做到這一點需要的是毅力，不是超人的力量，而且可能就像學騎自行車一樣：一旦學會了技巧，日後實踐起來即可不費吹灰之力。不過，這樣的實踐隨時不可放鬆。不論何時何地，面對什麼人，你都必須把對方視為和自己同等重要。一旦鬆懈，沒有做到就是沒有做到。不過，只要做到了，就會獲得一種近乎捉摸得著的道德力量。仁的目標必須終其一生不斷追求，至死方休。❸❺孔子並不鼓勵學生臆測道的終點會有什麼獎賞。追求道的過程本身就是一種充滿活力的超凡體驗。孔子最心愛的門徒顏回對於仁的描述極為優美，他「喟然歎曰」：

　　仰之彌高，鑽之彌堅；瞻之在前，忽焉在後。夫子循循然善誘人，博我以文，約我以禮。欲罷不能，既竭吾才，如有所立卓爾。雖欲從之，末由也已。❸❻

....

❸❷ Analects 6:20; 16:2.
❸❸ Analects 7:29.
❸❹ Analects 6:20; Herbert Fingarette, *Confucius: The Secular as Sacred* (New York, 1972), pp. 51-56.
❸❺ Analects 8:7.
❸❻ Analects 9:10.

　　仁不是你可以「得到」的東西，而是你給予別人的東西。仁是一種　　〔211〕
嚴苛卻又令人振奮的生活方式。這種生活方式本身就是你所追求的昇華。
過著充滿同情與同理心的生活可讓你超越自我，進入另一個層面。禮儀和
仁的持續鞭策讓顏回得以暫時瞥見一種神聖的真實，不但內指而且超越凡
俗，一方面湧現自內在，同時也是一種怡人的存在，「如有所立卓爾」。

　　顏回在西元前 483 年去世之後，孔子悲慟不已，不再保有慣常的自
我節制。「噫！天喪予！天喪予！」[37]他說，唯有顏回去世才能讓他產生
如此深切的悲痛。他常說顏回在追求道的路途上超前於他自己。[38]孔子的
兒子也死於同一年，而他年紀最大的門徒子路又在三年後去世。孔子深感
淒楚：「鳳鳥不至，河不出圖，吾已矣夫！」[39]就連他崇拜的周公也不再
顯現於他的夢中。[40]西元前 479 年，孔子與世長辭，享年七十四歲。他以
慣有的謙遜態度認為自己一無所成，但他其實已在中國人的心靈上留下了
無可磨滅的影響。軸心時代的其他哲學家，就算對他的教誨抱持強烈的反
對態度，也無法擺脫他的影響。

　　　　　　　　　　＊　　　＊　　　＊

　　中東出現了一股新的力量。西元前 559 年，居魯士（Cyrus）登基為
帝，其所統治的波斯帝國位於當今的伊朗南部。十年後，他征服了米底亞
王國（Media）；西元前 547 年，在小亞細亞的愛奧尼亞沿岸擊敗了里底
亞王國（Lydia）與希臘城邦；最後又在西元前 539 年入侵巴比倫王國，
受到該國人民的熱烈歡迎，視他為解放英雄。居魯士就此建立了世界上有
史以來最大的帝國。他雖然是祆教徒，卻沒有強制臣民接受他的信仰。埃
及人把居魯士稱為太陽神的僕人，巴比倫人認為他是馬爾杜克之子，一位

....
[37] Analects II:8-9.
[38] Analects 5:8.
[39] Analects 9:8.
[40] Analects 7:5.

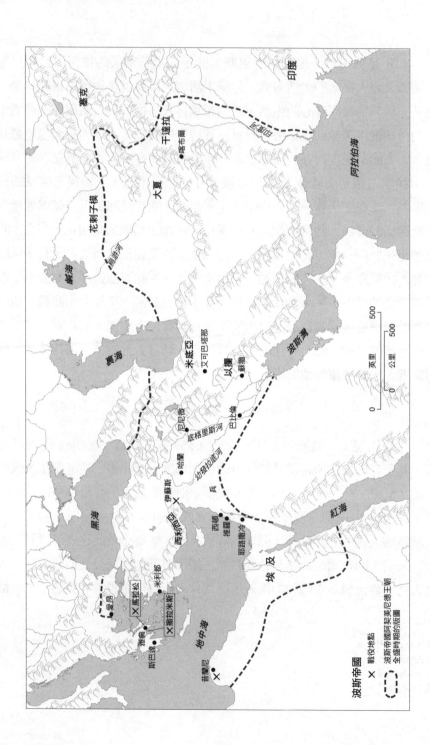

猶太先知稱他為基督——也就是經過耶和華「塗了膏油的國王」。[41]這位先知的名字並未流傳下來，我們只知道他在西元前六世紀下半葉期間活躍於巴比倫王國。由於他的神諭和以賽亞的神諭記載於同一份卷軸，所以一般皆稱他為第二以賽亞。先知滿懷興奮地看著居魯士的進展，深信猶太人的流亡生涯即將畫下句點。耶和華召喚居魯士擔任祂的僕人，而居魯士所建立的帝國將改變世界歷史。[42]他承諾把所有遭到流放的猶太人遣送回國，所以耶路撒冷將獲得重建，猶太人也將重新取回自己的土地。猶太人將經歷另一場大遷徙：遭到流放的猶太人將再次穿越荒野，前往他們的應〔213〕許之地。

　　以西結看見的前景充滿了痛苦與哀傷，但第二以賽亞卻望見了光輝的未來，並以如同聖詩般的抒情詩描述了他心目中的未來景象。他提及神妙的事件以及不同於過往觀念的創世過程。D 底本（譯①）對過去的神話嗤之以鼻，第二以賽亞卻是仰賴一套與摩西五書幾無關係的神話傳統。他採用的不是 P 底本那則秩序井然的創世神話，而是復興了耶和華的古老傳說，描繪出一位神聖的戰士，屠戮了海龍，為原始的混亂狀態帶來秩序。[43]第二以賽亞把 P 底本澈底排除的暴力元素重新呈現出來。他歡欣地指出，藉由擊敗以色列的歷史敵人，耶和華將再次重複當初戰勝海洋的崇高勝利。

　　不過，這些充滿欣喜之情的預言之間卻穿插了四首不凡的詩作，內

....

[41] Isaish 44:28.
[42] Isaish 41:1-4.
[43] Isaish 51:9-10.
譯① 傳統上雖然以為摩西五書（即舊約聖經前五卷，包括《創世記》、《出埃及記》、《利未記》、《民數記》、《申命記》）為摩西所著，但學術界普遍認為這五部經典係由四部文獻底本綜合而成，分別稱為「J底本」、「E底本」、「D底本」、「P底本」。J底本的作者皆以耶和華（Yahweh；此處的「J」係取自德文譯名Jahweh）稱呼上帝，寫作時間約在西元前十世紀；E底本以北國觀點為主，作者偏好把上帝稱為「以羅欣」（Elohist），寫作時間約在西元前八世紀；D底本以《申命記》為代表，據說來自南國，寫作時間約在西元前七世紀中葉以後；P底本據信作者為祭司，寫作時間在西元前六世紀北國以色列滅亡之後。

容描寫一名哀傷的人，自稱為耶和華的僕人。[44]我們不知道這名僕人是誰。他會不會是遭到流放的猶大國王？或是象徵了所有流亡的猶太人？許多學者認為這些詩不是出自第二以賽亞之手，有些人甚至認為這名僕人就是第二以賽亞本身，他的煽動性神諭說不定觸怒了巴比倫王國當局。另外有些人則認為這名僕人是典型的流放英雄，表達的宗教理想與軸心時代的精神深深相符。對於部分流亡者而言，這名受苦的僕人才是他們的模範，不是那位神聖的戰士。

　　在第一首詩裡，這名僕人宣稱自己獲得耶和華挑選執行一項特殊任務。他充滿了上帝的聖靈，被賦予了為全世界建立正義的重大任務。不過，他不會藉由武力達成這項目標。這名僕人不會發動征伐，不會強迫別人接受他的主張，而是會發動一場充滿溫情的非暴力運動：

> 他不喧嚷，不揚聲，
>
> 也不使街上聽見他的聲音。
>
> 壓傷的蘆葦，他不折斷；
>
> 將殘的燈火，他不吹滅。[45]

　　這名僕人偶爾也不免覺得無助，但耶和華總是會伸出援手，所以他能夠咬緊牙根，堅定立場，對別人的欺侮和羞辱置之不理。他不曾以暴力手段報復，而是毅然承受他人的欺辱。

〔214〕　　我並沒有違背，也沒有退後。

　　　　　人打我的背，我任他打；

　　　　　人拔我腮頰的鬍鬚，我由他拔；

....

[44] Isaish 42:1-4; 49:1-6; 50:4-9; 52:13-53:12.
[45] Isaish 42:2-3.

人辱我，吐我，

我並不掩面。❹

上帝將會審判及懲罰這名僕人的敵人，屆時他們將消融無蹤，就像遭到蛀蟲啃噬的衣服一樣。

第四首詩展望了最後的勝利。就目前而言，這名僕人引來的皆是他人的嫌惡。他「被藐視，被人厭棄」，相貌畸形醜陋得幾乎不像人。別人看到他，都不免驚恐而鄙夷地把臉轉開。不過，耶和華承諾他「必被高舉上升，且成為至高」。到了那時候，當初看著他遭受踐踏的人將目瞪口呆，但終究也將了解他其實是為了他們而受苦：「他誠然擔當我們的憂患，背負我們的痛苦……他為我們的過犯受害，為我們的罪孽壓傷。」由於他勇敢而安祥地接受痛苦，所以為他們帶來了平和與療癒。❹這種看待受苦的觀點極不尋常。在以色列人的勝利時刻，這名僕人提醒了他們痛苦無時不在，但他的自我犧牲卻帶來了歡欣與狂喜。他的仁慈遍及四方，從自己身邊延展到全世界──包括遙遠的島嶼和最偏遠的民族。耶和華對他說，單是「使雅各眾支派復興」還不夠，他還必須「作外邦人的光……施行我的救恩，直到地極」。❹

相對之下，第二以賽亞的神諭則是對於在任何方面阻礙以色列的國家帶有嚴厲的訊息。那些國家「必如無有，並要滅亡」，如同糠秕般隨風飛散。即便是協助過以色列的異邦統治者也將伏趴在以色列人面前，舔舐他們腳下的塵土。❹在這些篇章裡，以色列扮演的角色不是全人類的謙卑僕人，而是要展現戰神耶和華的強大力量。這段文字裡似乎有兩種不同的觀點，也許當時在流亡社群中確實有這兩種不同的思想派別。僕人藉著非

....

❹ Isaish 50:5-6, 9.
❹ Isaish 52:13-53:5.
❹ Isaish 49:6.
❹ Isaish 41:12, 16; 51:23.

暴力與謙抑的姿態達成目標，認為以色列遭受的苦難具有救贖的效果。但其他流亡人士則期待以征服別人為基礎的新秩序。第一種觀點深符於軸心時代的精神，第二種觀點則努力要擺脫既有的框架。這種拉扯將繼續存在於以色列。

〔215〕 第二以賽亞相信他那個時代的歷史逆轉將使得以色列與異邦都知道「我是耶和華」。❺⓪這樣的文字一再反覆出現。這種神聖力量的展現，將讓所有人知道耶和華是誰，也知道祂所具備的能力。為了自己的子民，祂啟發了居魯士，就此造成一股遍及全世界的國際政治革命，推翻了強大的巴比倫王國。在以色列人返回家園的途中，耶和華將把荒野轉變為一座湖泊，並且種上杉木、洋槐、桃金孃與橄欖樹，好讓祂的子民享有愉快的旅程。還有哪個神祇比得上這樣的作為？當然沒有，耶和華以鄙夷的神態對所有異教徒宣告道：「你們屬乎虛無；你們的作為也屬乎虛空。」腦筋正常的人絕對不會膜拜這些神祇。❺①耶和華消滅了其他的神祇，就此成為唯一的神，祂的充沛活力與巴比倫人那些沒有生命的死板神像恰成鮮明對比。❺②「我是耶和華，」祂傲然宣稱道：「在我以外並沒有別神。」❺③

這是聖經裡首度明確提出一神論的主張，認定宇宙間只有一個神。這項主張經常被視為猶太軸心時代的一大勝利。不過，這項主張的措辭方式卻顯然從軸心時代的若干基本原則退縮了回來。第二以賽亞筆下這位充滿侵略性的神祇並未展望一個和平而仁善的未來，反倒回歸為軸心時代之前的神聖戰士：

> 耶和華必像勇士出去，
>
> 必像戰士激動熱心，

....

❺⓪ Isaish 45:3.
❺① Isaish 41:17-24.
❺② Isaish 44:6-20; 46:1-9.
❺③ Isaish 5:7.

268

要喊叫，大聲吶喊，

要用大力攻擊仇敵。❺❹

不同於無我的僕人，這個神總是忍不住一再突顯自我：「我是耶和華！」那名僕人的行事作風是：「壓傷的蘆葦，他不折斷」，❺❺但好鬥的神則是等不及要看到異教徒身陷鐐銬，被以色列人拖在身後。軸心時代的眾多聖哲都摒棄暴力，第二以賽亞卻以神諭支持暴力的作為。

這位先知把關注焦點集中在人世間的耶路撒冷城，也似乎是退回了先前發展程度較低的神學觀點。在印度與中國，宗教崇拜不斷內化；在以色列，以西結的聖城象徵也代表了一種追求神聖境界的內在精神昇華。不過，第二以賽亞盼望的目標卻是人世間的聖城耶路撒冷。耶和華將在那裡展現神蹟，把荒蕪的廢墟化為人間天堂。以西結當初離開耶路撒冷之時所目睹的耶和華的「榮耀」，將再次回到錫安山——最重要的是，「凡有血氣的必一同看見」。❺❻第二以賽亞期待的是某種戲劇性的發展。在猶太人〔216〕流亡之前，耶和華的「榮耀」就已呈現在廟宇的儀式當中，但在重建之後的耶路撒冷（其城牆與城垛都必然嵌滿珍寶），將可更具體感受到神的存在。回歸家園的流亡人眾將直接體驗上帝的榮耀，而且由於耶和華將以公開而毫無疑問的方式與祂的子民同在，因此他們也將永遠安全無虞。從此以後，再也不會有國家膽敢攻擊以色列：

你……必遠離欺壓，不致害怕；

你必遠離驚嚇，驚嚇必不臨近你。……

凡為攻擊你造成的器械必不利用。❺❼

....

❺❹ Isaish 42:13.
❺❺ Isaish 42:17.
❺❻ Isaish 42:5; 51:3.
❺❼ Isaish 54:11-17.

第二以賽亞的承諾竟與當初預言耶路撒冷絕不會遭到巴比倫人攻陷的「偽先知」所說的話如此近似，不禁讓人感到不安。這樣的預言如果沒有實現，結果會如何呢？

原本一切都順利無礙地照著計畫進行。居魯士在西元前 539 年秋季征服了巴比倫之後，隨即下令把當初被尼布甲尼撒沒收至巴比倫的各民族神像歸還原主，並且重建其廟宇、恢復其祭拜的設備與器具。由於神祇需要信徒，遭流放者也可回歸家園。居魯士的政策雖然寬容，其實也是出於務實的考量。比起亞述人和巴比倫人的大規模遷徙計畫，讓各個民族回歸家園不僅成本低廉，也更有效率。如此一來，居魯士不但能夠獲得百姓的感激，也可獲得他們的神祇保佑。

在居魯士的加冕典禮過後幾個月，一群流亡的猶太人出發前往耶路撒冷，身上帶著當初尼布甲尼撒從廟宇中沒收的金銀器具。根據聖經記載，共有四萬兩千三百六十名猶太人踏上這趟旅程，連同他們的僕役與兩百名廟宇的歌者。❺❽不過，第一批回到家園的人大概為數不多，因為大多數的流亡者都選擇待在巴比倫。❺❾這個返鄉隊伍的領袖是設巴薩（Sheshbazzar），他是猶大王國的藩王。我們對他一無所知。他有可能是大衛王室的成員，假如真是如此，那麼他必然親吻過居魯士的雙手表示效忠，也一定是波斯政府的官方代表。猶大王國已成了波斯帝國的第五個行省，包括幼發拉底河以西的所有領域。

我們對猶大王國初年的情勢幾無所知，因為聖經裡的記載充滿混亂〔217〕又不完整。設巴薩就這麼從記錄中消失，我們完全不知道他後來下場如何。關於這個返鄉隊伍的記載也僅止於此，直到西元前 520 年，也就是波斯帝國第三任皇帝大流士（Darius，西元前 521-486 年）在位的第二年，才又見到這群返鄉猶太人的記載。這時候，耶路撒冷的猶太社群尊奉所羅

....

❺❽ Ezra 2:64.
❺❾ Josephus, *The Antiquities of the Jews* 11:8.

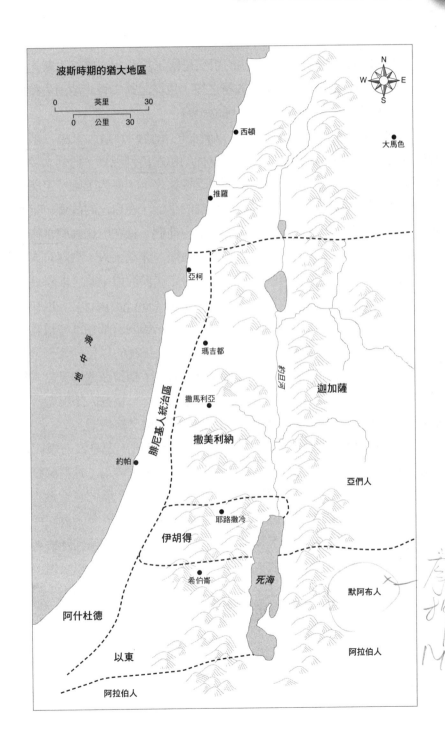

波斯時期的猶大地區

英里 0　30
公里 0　30

西頓

大馬色

推羅

亞柯

地　中　海

瑪吉都

約旦河

迦加薩

撒馬利亞

腓尼基人統治區

撒美利納

約帕

亞們人

耶路撒冷

伊胡得

希伯崙

死海

默阿布人

阿什杜德

以東

阿拉伯人

阿拉伯人

存押
Moabite

巴伯（Zerubbabel）為領導人。他的祖父是國王約雅斤，曾與大祭司約書亞共享權力。所羅巴伯卸任領導職務之後，也從記錄中神祕地消失蹤影，接下來五十年再也沒有關於猶大王國的記載。

這群歸鄉客如果滿懷心想第二以賽亞的預言回到猶大王國，那麼他們一看到自己的新家之後，一定馬上就從幻想跌落到現實。他們大多數人都生長於異鄉，和巴比倫王國的繁榮發達相比之下，猶大王國一定顯得淒涼、陌生而且荒蕪。他們早已習於巴比倫的生活，在自己的故鄉一定覺得格格不入。這塊土地上滿是陌生人，全都和他們一樣在巴比倫戰爭後喪失了國民身分。此外，在猶太人遠離家園的期間，非利士人、默阿布人、亞們人、以東人、阿拉伯人與腓尼基人都紛紛定居於海岸平原、耶斯列谷與高原地區。歸鄉客把這些人稱為「當地鄉民」（am ha-aretz），也在離鄉背井七十年後與自己的以色列同胞重逢。猶大王國的首都在這時稱為撒美利納（Samerina），剛回國的流亡人士都必須向這裡的以色列總督呈遞函件。[60]這些流亡人士的宗教信仰在離鄉期間出現了相當激進的變化，他們該怎麼看待從來不曾離開過猶大王國的南國部族——這些人不但崇拜耶和華以外的神祇，遵循的宗教習俗在當下也顯得野蠻又格格不入？

建設計畫停滯不前。在流亡人士返鄉二十年後，還是沒有祭祀耶和華的聖殿。重建工作顯然不像第二以賽亞預言的那麼容易。這群歸鄉客沒有建造屋宇的經驗，也沒有地方可住，所以大多數人也就同意聖殿必須等到他們有了新家之後才有可能動工。然而，在西元前 520 年，就在所羅巴伯抵達之後的幾個月，一位名叫哈該（Haggai）的新先知卻向歸鄉客指出他們犯了本末倒置的錯誤。收成狀況之所以不佳，經濟之所以衰退，原因就是他們只顧著為自己蓋房子，而耶和華的居所卻仍是一片廢墟。[61]遭到責備之後，流亡人士隨即重拾聖殿的建設工作。

....

[60] Margaret Barker, *The Older Testament: The Survival of Themes from the Ancient Royal Cult in Setarian Judaism and Early Christianity* (London, 1987). p.186.
[61] Haggai 1:19-11; 2:4-8.

〔219〕

地基在西元前 520 年完成，於是流亡人士也在傳統的秋節當天齊聚一堂，舉行重獻聖殿的儀式。祭司列隊走進聖地，一面敲鈸一面吟唱聖詩。不過，其中有少數年紀較大的人仍然記得宏偉壯麗的所羅門聖殿，其他人則可能懷抱著不切實際的期待。他們一看到新聖殿的所在地點如此僻陋，淚水不禁奪眶而出。[62]哈該努力鼓舞他們的士氣。他向流亡人士承諾新建的第二座聖殿將比先前的第一座聖殿更加雄偉。不久之後，耶和華將在錫安山上統治全世界。哈該的同僚撒迦利亞（Zechariah）同意這樣的說法。他預言耶和華的「榮耀」將隨著所有流亡子民返鄉而再次顯現。異邦人也將湧向耶路撒冷。來自各國的人士將「拉住一個猶大人的衣襟，說：『我們要與你們同去，因為我們聽見神與你們同在了。』」[63]哈該與撒迦利亞都相信他們正處在歷史的轉捩點，但沒有採取第二以賽亞那種排他性的觀點。在撒迦利亞的展望裡，猶太人將帶領異教徒平和進入聖殿。他希望耶路撒冷會是一個開放的城市，不能有城牆，因為屆時將有為數龐大的人口與牲畜定居於此。[64]此外，哈該與撒迦利亞對撒美利納與古老的北國也沒有表現出任何敵意。[65]

這種包容的精神也可清楚見於《歷代志》（Chronicles）的上下兩書裡，其寫作時間可能就在第二座聖殿的興建期間。[66]這些身為祭司的作者為了因應重建初期遇到的問題，於是修改了 D 底本的歷史記載。首先，他們強調聖殿的中心地位，認為大衛王室只是上帝藉以興建聖殿、召集信眾的工具。第二，他們強調聖殿向來都是以色列各族共同的膜拜處所，不只屬於猶大族人所有。《歷代志》的作者略去了 D 底本對北國的貶抑，期待再次建立大一統的大衛王國。他為希西家的改革賦予了極為重要的地

....

[62] Ezra 3:12-13.
[63] Zechariah 8:23.
[64] Zechariah 2:8.
[65] Zechariah 7:1-7; 8:20.
[66] Frank Moore Cross, *From Epic to Canon: History and Listrature in Ancient Isral* (Baltimore and London, 1998), p.170.

273

位，想像他邀集從但（Dan）乃至別是巴（Beersheba）的各族同到耶路撒冷歡慶逾越節。❻❼文中沒有疾言厲色地對西元前 722 年遭到亞述帝國滅亡的北國提出譴責，也沒有提到亞述人把異邦人遷入當地。《歷代志》的作者不願排斥北方部族或是不曾遭到流放的居民。他的目標是讓耶和華的子民團結於他們的庇護地。《歷代志》的初稿大概以西元前 520 年重獻聖殿儀式作結。作者承認有些老祭司確實因為回想起舊聖殿的雄偉壯麗而不禁嚎啕大哭，但也有人高聲歡呼，「甚至百姓不能分辨歡呼的聲音和哭號的聲音；因為眾人大聲呼喊，聲音聽到遠處」。❻❽在這個百感交集的時刻，

〔220〕 悲痛與歡悅無可區分地結合為一體。沒錯，過往的悲劇令人感到哀傷，但未來也令人充滿了歡欣與期待。他們開創了新的起點。以色列人民重新團聚於耶路撒冷，顯然準備和那名僕人一樣向全世界發聲。

＊　　＊　　＊

猶太人的聖殿完工之後不久，雅典人也展開了另一項重要的政治改革。庇西特拉圖（Peisistrids）的暴政已無以為繼，雅典人對於進一步參與政府的治理活動開始有了更熱切的要求。不過，斯巴達卻在西元前 510 年入侵雅典，盼能扶植一個支持斯巴達的傀儡政權取代庇西特拉圖。雅典人群起抗暴，在暴君西錫安（Sicyon）的兒子克利斯提尼（Cleisthenes）協助下驅逐了斯巴達人，廢止了暴政，並且擁護克利斯提尼擔任城邦的執政官。

克利斯提尼在位期間（西元前 508-507 年）推行了若干令人訝異的改革。❻❾他徹底整頓古老的部族制度，削弱貴族領導人的權勢。他也重新規

---

❻❼ 2 Chronicles 30:1-14.
❻❽ Ezra 3:13.
❻❾ Christian Meier, *Athens: A Portrait of the City in Its Golden Age,* trans. Robert and Rita Kimber (London, 1999), pp.157-86; Charles Freeman, *The Greek Achievement: The Foundation of the Western World* (New York and London, 1999), pp.167-69; Oswyn Murray, *Early Greece,* 2nd ed. (London, 1993), pp.274-81.

劃了梭倫創立的四百人議院，把人數擴增為五百人，挑選自各個部族。每年，議員皆由中產階級推選而來，而且一個人一生只能擔任兩任議員。所以，大多數的農民、工匠與商人都有機會進入議院服務，從而以充滿意義的全新角度體驗公民的身分。雅典仍由九名選舉自上層階級的執政官共同統治，負責舉行節慶、領導軍隊、推行司法。他們必須向貴族組成的長老院負責，其聚會地點在亞略巴古（Areopagus）這座岩石山丘上，鄰近於市集。儘管雅典仍由貴族治理，五百人議院與人民大會卻可對任何濫用權力的行為提出質疑。

這是有史以來最平等的政體，對希臘世界產生了極為振奮人心的影響。其他城邦也實驗了類似的政治制度，為整個希臘地區注入一股全新的活力。克利斯提尼對公民的要求相當高。由於五百人議院每月聚會三次，所以一般的農民與商人在任職期間也就必須把自己十分之一的時間投注在政治上。不過，他們的熱情並未因此消退，也從這種經驗當中獲得了許多學習。到了第五世紀，中產階級已能夠在議院裡參與辯論，也聽得懂雅典菁英分子的思想。這項實驗顯示，公民只要獲得適度的教育和激勵，政府就不必仰賴殘暴的武力，而且古老的制度也有可能透過理性的態度溫和改革。雅典人把這種新制度稱為「平等秩序」（isonomia）。❼⓿現在，雅典城邦已更加平衡，農民與商人的地位已和貴族較為均等。〔221〕

真理不再是只有少數菁英能夠接觸到的祕密，也不再是某種晦澀難解的啟示，而是在政治領域裡位於中心地位（en mesoi）。❼❶不過，希臘人仍然把政治視為一種神聖的活動，也認為城邦是諸神國度在人間的延伸。雅典仍是個高度虔誠的宗教城市，但也越來越是個「言說」（logos）的城市。隨著越來越多人參與政府的治理活動，他們也開始把自己在議院裡磨練出來的辯論技巧運用在其他的知識領域。政治演說與法

---

❼⓿ Murray, *Early Greece*, pp.279-80.
❼❶ Meier, *Athens*, p. 158: Jean-Pierre Vernant, *Myth and Society in Ancient Greece, trans.* Janet Lloyd, 3rd ed. (New York, 1996), pp.92-96.

律都開始受到嚴厲的批評,而重裝備步兵的言語也滿是挑釁意味。辯論以衝突與對立為特色,各方也致力於排除與己相異的觀點。

　　這個時代的哲學反映了政治的好鬥性質,以及希臘人對穩定與和諧的渴求。這點在赫拉克利特斯(Heraclitus,西元前 540-548 年)的著作裡尤其鮮明可見。他是以弗所(Ephesus)的皇族,因為常以精簡而晦澀的格言呈現自己的觀念,而被稱為「謎人」。他曾說:「自然喜愛躲藏」,事物的真相經常與表面所見的恰恰相反。❼❷他是史上第一位相對主義者,認為一切都必須視情境而定:海水對魚有益,對人卻可能足以致命;為了懲罰而打人是有益的行為,但出自謀殺犯之手就成了邪惡的舉動。❼❸赫拉克利特斯總是靜不下來,所以他也認為宇宙雖然表面上看似穩定,實際上卻是不斷變動,而且是各種元素相互衝突的戰場。「冷的會變熱,熱的會轉涼,溼的會乾,乾的會溼。」❼❹他對火尤其感興趣:火焰從來不會靜止不動;火會把木材化為灰燼,把水化為水蒸氣。火也是一種維繫秩序的神聖力量,能夠預防任何一種元素取得主宰地位——就像議院裡的衝突維持了城邦的平衡。然而,這種宇宙的動亂底下卻也存在著一體性。變動與穩定看起來雖然互相對立,實際上卻是同一個東西。夜晚與白晝是一體的兩面,爬坡的道路同時也是下坡的道路,出口也可以是入口。❼❺感官接收到的證據不可信,必須深入探究才能找到「理」(logos),也就是自然界的支配原則。這種「理」也適用於人類。赫拉克利特斯為希臘人發現了內省的新活動。「我去尋找自我,」他說。❼❻探究夢境、情感與人的個別特質,可以對人性產生些微的理解,但人性永遠都會是一團謎:「靈魂的界線不可能藉由旅行而找到,就算走遍各個地極也是一樣。」❼❼

〔222〕

⁂

❼❷ Heraclitus B17, in Jonathan Barnes, ed. and trans., *Early Greek Philosophy* (London and New York, 1987), p.110.
❼❸ Heraclitus B61, ibid., p.104.
❼❹ Heraclitus B125; B12; B49a; B26, ibid., pp.117, 120, 124.
❼❺ Heraclitus B60, ibid., p.103.
❼❻ Heraclitus B101, ibid., p.113.
❼❼ Heraclitus B119, ibid., p.124.

在政治改革當中，希臘人發現摒棄傳統制度並不一定會引起諸神的憤怒，於是有些人也開始質疑其他存在已久的既有假設。色諾芬尼（Xenophanes，西元前 560-480 年）是另一名來自愛奧尼亞沿岸的哲學家，他對過度擬人化的奧林帕斯諸神深感不以為然。一般人都以為神祇「是母親生下來的，而且服裝、語言及形貌都和我們一樣」。這樣的神祇也可能犯下偷竊、通姦與欺瞞等行為。由此可見，人類只是把自己的形象投射在神身上而已，馬和牛如果有能力的話，大概也會這麼做。[78] 不過，他相信實際上只有「一位神，是眾神與眾人之中最偉大的」，超越了所有的人類特質。[79] 這位神超脫於時間與變遷之外，以其心智（nous）掌控一切；只要心中念頭一動，事情即告完成。[80]

色諾芬尼從小亞細亞遷居義大利南部的伊里亞（Elea），那裡在當時已成為新哲學的重鎮。年紀比赫拉克利特斯小了一點的巴門尼德斯（Parmenides），則是在伊里亞土生土長的當地人，他因為經歷一場天啟而發展出一套淒切的哲學思想。他說自己曾搭著一輛火戰車飛上蒼穹，遠遠超越銀河，遇見了一名女神。那名女神牽著他的手，以這段話撫慰他驚恐的心情：「儘管這裡距離人類的世界非常遠，但你來到這裡不是因為厄運，而是出於公理與正義。你應當在此學得一切事物。」[81] 巴門尼德斯認為自己把人類從錯覺當中解放出來，就是為人類的心靈提供了珍貴的幫助。由於一切事物的表象都不等於真相，所以人的理性必須超越於嘗試、偏見以及未經驗證的意見之上。唯有如此，才能掌握真正的真實。[82] 不過，許多當代人都認為他的思想讓人根本無法對任何事物進行具有建設性的思考。[83]

....

[78] Xenophanes B14; B12; B15, ibid., p.95.
[79] Xenophanes B23, ibid.
[80] Xenophanes B26; B25, ibid., p.97.
[81] Fragment I.22, in Anthony Gottlieb, *The Dream of Reason: A History of Westren Philosophy from the Greeks to the Renaissance* (London and New York, 2000), p.52.
[82] Barnes, *Early Greek Philosophers,* pp.12-43.
[83] Gottlieb, *The Dream of Reason,* p.52.

巴門尼德斯認為世界絕不可能依循米利都學派主張的方式發展，因為一切變化都只是幻象。實相是單一的存有，簡單、完全又永恆。他堅持認為我們對於不存在的現象不可能提出任何有道理的論述。由於存有是永恆不變的，所以也就沒有所謂的變化。因此，我們永遠不能說某件事物誕生了，因為這樣的說法等於是暗示這件事物原本不存在；基於同樣的原〔223〕因，我們也不能說這件事物死亡或消失了。生物似乎生生滅滅，但這只是一種幻象而已，因為實相是超越於時間與變化之外的。此外，事物也不可能「運動」，不可能在任一個時刻從一個地點遷移到另一個地點。我們絕不能說某件事物有所「發展」，原本是某種狀態，後來變成另一種狀態。所以宇宙不像赫拉克利特斯所說的不斷變動，也不像米利都學派主張的是演化而來的結果。宇宙的所有區域在所有時刻都是一模一樣，永恆存在，毫不改變，也不是創造出來的結果。

米利都學派的哲學思想奠基於對水與火等現象的觀察，但巴門尼德斯不相信感官證據，而是毫不動搖地堅定仰賴純粹經由推理而來的論證。他培養了「第二序思考」的習慣，經常省思心智的思考過程本身。如同軸心時代的許多智者，他也對人類知識的侷限得出了新穎而重要的認知。此外，他還踏上了追求純粹存有的哲學旅程。與其思索個別生物，他企圖了解典型的存有。但在這樣的過程中，他卻創造了一個不可能讓人生存的世界。如果變化和運動都只是幻象，那麼怎麼可能有人會願意採取任何行動？他的門徒墨利索斯（Melissus）是海軍指揮官：按照巴門尼德斯的思想，墨利索斯該怎麼指引他手下的船艦？我們該怎麼評估自己體內的生理變化？人類真的只是幻影而已嗎？巴門尼德斯揚棄了宇宙的各種性質，結果也剝奪了宇宙的心。人類不僅以「理」面對世界，也是情感的動物，擁有繁複的潛意識。巴門尼德斯刻意忽略這一點，只致力於發展自己的理性能力，最後帶來的就是一種虛空的後果：根本沒有任何東西可供思考。隨著軸心時代的哲學家致力於實踐邏輯思考，他們眼中的世界與人類也因此變得陌生又古怪。

　　然而，純粹而堅定的「理」在人世間的事務卻可發揮絕佳的功效。西元前五世紀初，遵循「理」的邏輯思考促使希臘在一場海戰中大獲全勝，成為新式希臘精神的象徵。西元前 499 年，雅典與埃雷特里亞（Eritrea）做出了一項不智的舉動，竟然派遣軍隊協助米利都反抗波斯帝國的統治。大流士打垮了反抗勢力，洗劫了米利都，接著隨即把目標對準米利都的大陸盟友。雅典人對波斯帝國的龐大力量一無所知，可能根本沒有意識到自己招惹了多大的禍事。不過，這時他們已別無選擇，只能準備應戰。西元前 493 年，地米斯托克利（Themistocles）這位出身卑微的將領獲選為執政官，說服了亞略巴古長老院建造一支艦隊。

　　這是一項出人意料的決定。雅典人並不擅長海戰；他們的軍事力量在於他們引以為傲的重裝備步兵，而且從來沒有造船的經驗。不過，長老院贊同了地米斯托克利的提議，於是政府延請了航海專家，開始建造兩百艘三層排槳戰船，訓練四千名海軍。[84]這是偏離傳統的激進做法。以前，〔224〕只有本身具備足夠財力購買裝備的男性才能加入重裝備步兵部隊。現在，所有雅典男性，包括非公民在內，一致受到海軍艦隊的徵召。貴族、農民與地位低微的雇工階級都坐在同樣的划船長凳上，齊力拉動船槳。在重裝備步兵的方陣隊形裡，雅典人是面對面和敵人作戰，所以他們覺得坐在戰船上背對敵人是一種不光彩的行為。許多人必然對地米斯托克利的計畫深感厭惡，尤其他們首次戰勝波斯軍隊就是在陸地上獲得的成果。西元前490 年，波斯艦隊航越愛琴海，征服了納克索斯（Naxos），劫掠了埃雷特里亞（Eritrea），然後在馬拉松（Marathon）平原登陸，位於雅典北方二十五英里處。在米太亞德（Militiades）的領導下，雅典的重裝備步兵前來迎戰，結果在種種不利條件之下還是以驚人的表現擊敗波斯。[85]馬拉松成了特洛伊第二，重裝備步兵也被崇敬為現代英雄。舊有的做法既然如此

....

[84] Meier, *Athens*, pp.10-18.
[85] Meier, *Early Greece*, pp.281-83; Meier, *Atheens*, pp.219-25.

成功，何必揚棄傳統呢？

　　西元前 480 年，新任波斯國王薛西斯（Xerxes）率領一千兩百艘三層排槳戰船航向雅典，船上載運了十萬大軍。[86]即便在斯巴達及其他伯羅奔尼撒城邦的支援下，雅典海軍仍然處於眾寡懸殊的劣勢。有些執政官想要放棄海軍艦隊，但米太亞德之子奇蒙（Cimon）卻鄭重地將自己的馬具遺留在衛城，出發前往比雷埃夫斯（Piraeus）的海港：馬拉松已是過去的歷史了。在波斯大軍抵達之前，地米斯托克利撤離了雅典全城的人民，包括婦女、兒童與奴隸，將他們送到薩羅尼克灣（Saronic Gulf）對岸的薩拉米斯島（Salamis）。[87]波斯大軍抵達之後，見到的只是一座詭異的空城。他們衝進雅典的街道，恣意劫掠，並且燒毀衛城裡新建的雄偉廟宇；雅典人只能無能為力地待在薩拉米斯島上，對這樣的羞辱深感不堪。不過，地米斯托克利已設下了一道致命的陷阱。波斯海軍對雅典盡情摧殘之後，隨即航向薩拉米斯島，但龐大的艦隊卻難以駛入狹窄的海灣。他們的三層排槳戰船全部堵塞在一起，無法移動，於是雅典海軍對波斯船艦各個擊破。到了傍晚，倖存的波斯船隻紛紛逃離，薛西斯也離開了阿提卡，返國鎮壓一場暴動。

　　薩拉米斯戰役改變了希臘歷史，標誌了一個全新時代的誕生。希臘人透過嚴謹運用理性而打敗了一個龐大的帝國。雅典的公民如果不是長年學得了邏輯思考的能力，而能夠把情感和理性區分開來，否則地米斯托克利絕不可能說服他們採用他的計畫。他的策略展現了軸心時代的許多價值觀。希臘人必須背棄過往，踏上實驗的道路。這項計畫必須自我犧牲才能成功。重裝備步兵的方陣隊形是希臘人自我認同的關鍵要素，但他們在薩拉米斯卻必須背棄自己的英勇傳統，拋卻「自我」，任由波斯人摧殘他們的城市以及其中的神聖場所。薩拉米斯是軸心時代的典範，但一如希臘歷

[225]

....

[86] Murray, *Early Greece,* pp.236-46; Meier, *Athens,* pp.3-33.
[87] Murray, *Early Greece,* pp.281-83; Meier, *Athens,* pp.219-25.

史上的許多重要時刻，同時也是一場軍事勝利，並且帶來了更多的戰爭。

西元前 478 年，一百多座城邦在雅典的領導下組成了一個軍事聯盟，目的在於預防波斯再次侵略，把愛奧尼亞各城邦從波斯的統治解放出來，並且增進希臘人之間的友誼。聯盟裡的各個城邦都承諾提供船隻與裝備，並且同意每年在提洛島（Delos）聚會——也就是該聯盟守護神阿波羅的誕生地。西元前 477 年，雅典主動進攻，征服了愛昂（Eion），這是波斯在愛琴海北岸最重要的據點。不過，儘管獲致這項勝利，雅典人心中卻潛藏著恐懼和焦慮。在西元前 476 年的城市酒神節，劇作家弗利尼可斯（Phrynichus）推出了一套描寫波斯戰爭的三部劇。這套名為《米利都陷落記》（The Fall of Miletus）的劇作並未流傳下來，但史學家希羅多德（Herodotus，西元前 485-425 年）記得當時的演出對觀眾造成的影響。「全場觀眾都不禁落淚，結果弗利尼可斯遭罰一千德拉克馬（譯②），理由是他喚起了如此近期的國難回憶，並且永遠禁止該劇演出。」[88]城市酒神節演出的悲劇通常不描寫時事。弗利尼可斯的劇作內容距離觀眾還不夠遙遠，無法讓人以超然的眼光觀賞而獲得悲劇的「滌清」作用。

悲劇是備受雅典人珍視的一種習俗。在每年的城市酒神節上，雅典都會把自己搬上舞台。劇作家習於選擇能夠反映時事的題材，但通常以神話故事的方式表現，以便與當下的情境保持距離，讓觀眾能夠分析、省思劇中提出的議題。城市酒神節是一種集體的沉思，觀眾可藉著這個機會思索自己的問題與困境。所有男性公民都必須參加，連囚犯都會在節慶期間獲得釋放。如同汎雅典競技大會，城市酒神節也是雅典自我展現的機會，藉此展現公民的自豪。聯盟裡的各城邦都會派遣代表前來致意；傑出公民可獲頒花環；父親為了雅典而戰死沙場的兒童則齊聚遊行，並且全副武

....

[88] Herodotus, *Histories* 6.21, in Jean-Pierre Vernant with Pierre Vidal-Naquet, eds., *Myth and Tragedy in Ancient Greece,* trans. Janet Lloyd (New York, 1990), p.244.
譯② 德拉克馬（drachma）為希臘貨幣單位。

裝。❽

〔226〕　　不過，他們不會沉浸在盲目的愛國主義當中。公民齊聚在劇院裡，為的是讓自己有機會流淚，藉此滌清內心的情緒。希臘人以戲劇方式呈現他們賴以定義自我的神話，總是不忘對過往的確定性提出質疑，同時也以嚴厲的眼光檢驗傳統中的各種絕對要素。希臘悲劇也標誌了軸心時代的心靈特質，亦即儀式的內化與深化。這種新興的文學類型也許源自酒神戴奧尼索斯的祕密儀式，也就是由合唱隊以正式的詩化語言敘述戴奧尼索斯受苦的故事，合唱隊隊長則站在隊伍前方，以口語說明其中較為隱晦的意義，以便還不習慣這種儀式的新進觀眾能夠了解。❾在城市酒神節當中，這種原本僅限特定人士參加的儀式改為公開舉行，顯見已然經過民主化，並且被置於中心地位。

　　多年來，這種儀式逐漸增加了新角色，與合唱隊隊長相互對話，使得儀式過程更具戲劇性與衝擊性。到了西元前五世紀，城市酒神節期間演出的戲劇都反映了軸心時代的內省特質。劇中可見到著名的神話人物——阿加曼農（Agamemnon）、伊底帕斯（Oedipus）、阿伊阿斯（Ajax）或赫拉克列斯（Heracles）——踏上內心的旅程，為了難以取捨的抉擇而掙扎不已，並且面對自己的抉擇所帶來的後果。這些戲劇展現了軸心時代新興的自覺。觀眾看著劇中主角把觀省的目標轉向內在，思索各種選項，經過一番掙扎之後才得出結論。如同那個時代的哲學家，悲劇作家也對一切事物都提出質疑：神祇的本質、希臘文明的價值，以及人生的意義。過去從來沒有人如此深切檢視過這些神話故事，現在的劇作家則是對原本的故事增添各種元素、擴充故事內容、改變故事發展，藉此探究希臘世界各種前所未有的糾結難題。

....

❽ Simon Goldhill, "The Great Dionysia," in J.J. Winckler and F. Zeitlin, eds., *Nothing to Do with Dionysos? Athenian Drama in Its Social Context* (Princeton, 1990).
❾ Freeman, *Greek Achievement*, p.169.

希臘悲劇不會提出簡單的答案，也不只有單一的觀點。[91]劇中主角是過去的神話英雄，合唱隊則通常代表社會邊緣的人士：女人、老人、異國人，這些人經常以驚駭的眼光看待主要角色，認為他們的世界不但陌生又難以理解，而且充滿危險。合唱隊並不為雅典城邦發言。合唱隊的成員雖是社會的邊緣人，也通常沒受過什麼教育，但他們使用的語言卻是一種高度形式化且充滿情感的古典方言；劇中的貴族主角則是使用雅典城邦的日常用語。因此，悲劇當中也就存在一種鮮明的觀點衝突，主角與合唱隊的個別看法都算不上「正確」。觀眾必須衡量各種觀點，就像在議院裡論政一樣。他們要了解一齣戲的意義，就必須分析劇中的各種論點，一方是合唱隊——這些人平日在城邦裡通常沒有發聲的機會——另一方則是神話過 〔227〕往的英雄，活在古老的過去以及遙遠的地區。透過悲劇，雅典人學會了把自己投射在「別人」身上，並且在同理心中納入思想觀念遠遠不同於自己的人。

更重要的是，悲劇把苦難呈現在舞台上。悲劇不讓觀眾忘卻人生充滿了「苦」（dukkha）：痛楚難耐、令人不滿，也罕能如意。西元前五世紀的悲劇作家——包括伊思奇勒斯（Aeschylus，約西元前 525-456 年）、索弗克勒斯（Sophocles，約西元前 496-405 年）與優里庇德斯（Euripides，約西元前 484-406 年）——都把深受煎熬的人物呈現在城邦面前，分析這個人物的痛苦，並且協助觀眾對其產生同理心，從而深刻體現了軸心時代的心靈特質。希臘人深信分享哀傷與淚水可在人與人之間創造一種珍貴的聯繫。[92]敵人可因此發現彼此共同的人性，就像阿奇里斯與特洛伊國王普利阿摩斯在史詩《伊利亞德》（Iliad）結尾的相互諒解：他們的淚水滌除了哀傷當中的仇恨。在城市酒神節上，雅典人絲毫不覺羞

....

[91] John Gould, "Tragedy and Collective Experience," in M. S. Silk, ed., *Tragedy and the Tragic: Greek Theatre and Beyond* "Otherness: The Authority of the Greek Chorus," in Silk, *Tragedy,* pp.245-60.

[92] Charles Segal, "Catharsis, Audience and Closure in Greek Tragedy," in *Silk, Tragedy,* pp.149-66.

怯地大聲痛哭。這種行為不僅強化了公民之間的認同感，也讓個人得以理解到自己的哀傷並不孤獨。他們以一種全新的方式意識到所有凡人都不免在痛苦中掙扎。同情與感同身受的體驗帶來了滌清的效果，因為能夠設身處地想像別人的感覺是悲劇體驗的核心要素。這點在伊思奇勒斯（Aeschylus）的《波斯人》（The Persians）劇中尤其明顯可見——這齣戲推出於西元前 472 年的城市酒神節。

在弗利尼可斯的《米利都陷落記》遭禁才不過四年之後，伊思奇勒斯又選擇了這麼一項當代主題，可說是冒了相當大的風險。不過，他的劇作成功拉開了內容與觀眾的距離，採取的方式乃是從波斯人的觀點呈現薩拉米斯戰役。這齣戲演出之後並未引起騷動，一方面彰顯了伊思奇勒斯的寫作功力，但其實也突顯了雅典觀眾的包容性。雅典的城市與聖地在短短幾年前才剛遭到波斯人的摧殘與褻瀆，但現在他們已能為波斯的死者落淚。薛西斯和其妻阿朵莎（Atossa）以及大流士的鬼魂，都以動人的言詞述說了喪失親友的深切痛楚，從而剝除了安全的表象，揭露出人生的恐怖。劇中沒有因為雅典人打了勝仗就表現出自命正義的姿態，也沒有對敵人的落敗幸災樂禍。伊思奇勒斯筆下的波斯人不是敵人，而是服喪的哀痛之人。劇中不但頌揚了波斯人的英勇，也把希臘和波斯描述為「同一種族的姐妹……其美麗與優雅都無懈可擊」。這齣戲以一場哀悼儀式作結，薛西斯則在合唱隊溫柔而充滿敬重的引領下走進他的宮殿。《波斯人》是個傑出的典範，顯示人在衝突記憶猶新的情況下，仍然有可能對以前的敵人投以同情。

這齣戲省思了戰爭帶來的教訓。薛西斯犯了傲慢之罪。他不知滿〔228〕足，並且拒絕接受上天為他劃定的帝國疆域。大流士的鬼魂對他提出了嚴正的警告：

> ……任何人都不該
> 鄙夷自己既有的財富，為了貪圖更多

而浪擲錢財。天神宙斯
嚴厲懲罰傲慢自大的人。❾❹

不過，不是只有波斯人犯了這種過度自負的錯誤。這時候，有些雅典人已開始對雅典自身的傲慢感到憂心，因為雅典不但侵略其他城邦，還利用戰爭掠奪而來的財物資助自己昂貴的建設計畫。薛西斯受到的警告也許深深引起雅典觀眾的共鳴。❾❺

西元前 470 年，富庶的納克索斯島想要退出提洛聯盟（Delion League），雅典隨即對這座城市發動攻擊，夷平了城牆，迫使納克索斯乖乖待在聯盟裡。提洛聯盟原本的目的是要促進各城邦之間的友誼，但現在卻可清楚看出其真正目的乃是為了增進雅典的利益。次年，提洛聯盟在潘菲利亞（Pamphylia）擊敗波斯艦隊，就此終結了波斯戰爭。波斯的威脅既然已經受到遏制，許多人想必覺得聯盟已可功成身退。另一方面，雅典內部也浮現了緊張狀況，因為身為海軍中堅力量的雇工階級，在薩拉米斯戰役之後地位已有所提升。他們不再那麼受到傳統觀念的束縛，而且只要有任何激進政策能夠提高他們在人民大會裡的能見度，他們就願意給予支持。階級之間出現了新的摩擦，雅典逐漸成為一座分裂的城市。

這種種焦慮都在伊思奇勒斯的《七軍聯攻底比斯》（Seven Against Thebes）劇中浮上了表面。這齣戲在西元前 467 年演出，內容講述伊底帕斯的兩個兒子波利奈西茲（Polynices）與伊提俄克里茲（Eteocles）之間毫無意義的征戰。這則兄弟鬩牆的沉重故事也許令人想起不久之前發生於納克索斯的希臘人攻打希臘人的悲劇。波利奈西茲侵略自己生長的城邦，犯下了傲慢的過錯；伊提俄克里茲則似乎體現了真正的公民所應具備的節

....

❾❸ Aeschylus, The Persians 179-84, in Philip Vwllacott, trans., *Aeschylus: Prometheus Bound and Other Plays* (London and New York, 1961).
❾❹ The Persians 826-29. Vellacott translation.
❾❺ Meier, *Athens,* pp.207-8.

制與自我掌控：他厭惡古時候那種非理性的宗教。合唱隊裡的恐慌女子就是信奉那種宗教，每次總是一、兩人個別衝上舞台，問著互不關聯的問題，發出愚蠢又語無倫次的儀式性呼喊。然而，伊底帕斯當初弒親的惡毒行為已經對整個家族造成了影響，即便是充滿理性的伊提俄克里茲也免不了遭到這種瘴氣的感染。[96]劇末，這種瘴氣終於造成兄弟兩人在底比斯的城牆外自相殘殺。

〔229〕

　　伊思奇勒斯描繪了一個分裂的社會，受到兩個無可調和的世界相互拉扯。一如伊提俄克里茲與當時的哲學家，有些公民對古老的宗教深感鄙夷，卻又無法完全擺脫其影響。古老的宗教觀念仍然宰制著他們內心深處比較不理性的部分。在這齣戲的結尾，陰間的復仇三女神（Erinyes）勝出，擊敗了現代的理性力量。雅典人也許認為自己是城邦的理性成員，掌控了自己的命運，心裡卻仍然覺得自己可能遭到外來影響的宰制，例如由上天引發而具有自主性的瘴氣。雅典人在納克索斯顯露的傲慢會不會造就新的瘴氣，而為他們自己的城邦帶來毀滅性的後果？希臘人的心思正受到兩個方向的拉扯，伊思奇勒斯並未提出簡單的解答。在劇末的哀嘆當中，合唱隊也分裂為二，一半支持波利奈西茲，另一半出席伊提俄克里茲的喪禮。

　　西元前 461 年，厄菲阿爾特斯（Ephialtes）與友人伯里克利（Pericles）共同率領一群雅典年輕人對人民大會的長老發動協同攻擊，接著剝奪了亞略巴古長老院的權力，標舉「民治」（demokratia）的口號。這場政變澈底顛覆了政治秩序。亞略巴古長老院受到五百人議院取代，自此以後的一切決定也都由人民大會的所有公民共同做出。不過，這種新式的民主制度並不完全有利。公民之間的爭論經常粗暴而充滿攻擊性。法庭同樣由公民組成，他們不僅擔任法官，也擔任陪審團。這樣的制度完全沒有法治可言，法庭審判基本上就是被告與原告的鬥爭。

....

[96] Vernant, *Myth and Society*, pp.133-35.

伊思奇勒斯在不久之後又寫了《歐勒斯特亞》（Oresteia）這套三部劇，其中顯示了雅典人受到這場革命的影響有多麼深刻。伊思奇勒斯再次描寫了新舊之間的衝突——舊的一方是復仇三女神，新的一方則是比較現代而且深富「政治性」的奧林帕斯諸神。這套三部劇描述了城邦的興起過程，從原始部落的混亂與仇殺演變至雅典秩序井然的社會，公民也自此能夠掌握自己的人生。這是一段充滿陣痛的發展過程，從原本盲目信奉武力演變為非暴力的言詞辯論。但伊思奇勒斯明確指出，理想不等於現實，世事發展並沒有簡單的答案，法律和秩序的終極理想只是一種盼望，不可能實現。

《歐勒斯特亞》正視了暴力的問題，這是軸心時代的核心關注。這齣戲講述阿特留斯家族的故事——這個家族遭到親人之間自相殘殺的瘴氣所污染，深陷於無可遏阻的仇殺循環。這個循環始於阿加曼農之妻克呂頓妮絲卓的弒夫之舉，接著是她的兒子歐勒斯特斯為了報父仇而殺害母親，〔230〕最後則是以歐勒斯特斯慌忙逃離復仇三女神作結。由於復仇三女神出現在舞台上的模樣極為嚇人，有些女性觀眾甚至因驚嚇過度而流產。劇中的主角無法遏止暴力，原因是每次的仇殺都釋放出新的瘴氣，而身為城邦守護神的奧林帕斯諸神雖然應當彰顯法律和秩序，卻似乎樂於對這些凡人發出不可能達成的命令，使他們陷入必敗的情境。因此，人生也就充滿了無可逃避的哀傷。「採取行動之人必然受苦，」合唱隊指出：「律法就是如此。」[97]但在「對宙斯的禱告」當中，伊思奇勒斯為觀眾揭露了一絲微弱的希望。只要宙斯掌管天地——「不論宙斯是誰」——受苦就會是人類境遇當中必然的元素。不過，宙斯也「教導了人類思考」，並且引導他們踏上通往智慧的路途：

....

[97] Aeschylus, *Agamemnon* 1592, in Robert Fagles, trans., *Aeschylus: The Oresteia* (New York and London, 1975).

他發布了律法：透過受苦而學習。

哀傷無孔不入，即便在睡夢中也持續滲入心裡，

讓人無法忘卻受苦的經驗。

即便是心懷抗拒的人，也經由學習而獲取了智慧。

人生的確充滿痛苦，但痛苦教育了人類，所以他們也就學會了昇華，超越於看似無望的困境之上。

《和善女神》（Eumenides）是這套三部劇的最後一齣。劇中，仍然遭到復仇三女神追逐的歐勒斯特斯抵達雅典，拜伏在雅典娜腳下，於是她召集了亞略巴古長老院裁決歐勒斯特斯的案子。殘暴的仇殺正義必須臣服於平和的法律程序。復仇三女神指出，歐勒斯特斯的弒母舉動違反了神聖的血親律，所以必須接受正當的制裁。陪審團意見分歧，但握有決定票的雅典娜宣告歐勒斯特斯無罪，但也提出了安撫復仇三女神的方案，也就是在衛城為她們建立一座神殿。自此之後，復仇女神改稱為和善女神。城邦的美德——以中庸之道平衡對立勢力——雖然勝出，但過往的黑暗行為仍未消逝。不論是世間男女，還是神祇或復仇女神，都必須從受苦中學習，吸收並消化黑暗行為的過往記憶。劇末，和善女神在莊嚴的遊行隊伍護送下前往她們新建的神殿。[98]這項儀式象徵了悲劇已納入城邦當中。暴力的血腥、仇恨與夢魘是無可漠視的要素，而這些正是復仇三女神象徵的對象。雅典必須包容這種沉重的哀傷，將其吸納進來，加以接受，並且在城邦的神聖中心對其致敬，將其轉化為善的力量。

不過，雅典並未學得歷史的教訓。這座城市雖然高談自由，壓迫他人卻毫不手軟，也因此在希臘世界裡普遍遭到厭惡。自由城邦組成的提洛聯盟實際上變成了雅典帝國。任何城邦如果想脫離聯盟，就會遭到殘暴

〔231〕

....

[98] Segal, "Catharsis," pp.157-58; Oliver Taplin, "Comedy and the Tragic," in Silk, *Tragedy,* pp.198-99.

壓制而被迫屈服。雅典為了祭祀雅典娜而在衛城興建的帕德嫩神廟於西元前 438 年完工，但這座神廟卻是藉著羞辱與剝削希臘同胞而獲致的成果。這座新建的神廟成了雅典的地標，代表了全體公民的榮耀與至高無上的地位。然而，伯里克利卻提出警告，指稱他們踏上了一條危險的道路。反叛活動一旦遍地四起，雅典絕對無力鎮壓。這座帝國成了一個令人進退維谷的困境。當初也許不該打造這座帝國，但現在卻也不能放手，因為雅典已深遭其所控制的人民痛恨，一旦放手即可能招致危險。

雅典開始意識到本身也具有侷限。索弗克勒斯在西元前 440 年代中期推出的《安蒂岡妮》（Antigone），描寫了家族忠貞與城邦法律之間無可妥協的衝突。劇中兩名主角——底比斯國王克里昂（Creon）與伊底帕斯的女兒安蒂岡妮——都無法化解這項衝突。實際上，這項衝突完全不可能化解。劇中顯示，堅定的信念和明確的原則不一定會帶來好的結果。劇中的所有人物都心懷善意，沒有人希望造成悲劇，但儘管他們竭盡全力，結果卻還是付出慘痛的人命代價。[99]儘管雅典傲然宣稱自己尊崇自由與獨立，卻容不下安蒂岡妮。她因為虔誠的動機而違背了雅典的法律，事後也為自己的信念挺身而出，並以充滿熱情與說服力的言詞為自己辯護。由老人組成的合唱隊，在頌揚進步的讚歌裡聲稱人類無所不能。人類創造的科技足以克服一切障礙，也培養出論理的能力，從而建立了穩定的社會。人類能夠掌控自己所探究的一切事物，而且顯得所向無敵——唯一的例外是無情的死亡，只有死亡能夠讓人真正感到無能為力。人如果忘卻了這一點，就會踏入傲慢的陷阱，而只能「孤獨一人傲然走向人生的終點」。[100]

軸心時代的民族都深切察覺到人類處境的侷限，但在世界其他地區，這項知覺並未阻止他們追求最崇高的目標，也沒有阻止他們發展出一

....

[99] Vernant, *Myth and Tragedy,* p.277; Michael Trapp, "The Fragility of Moral Reasoning," in Silk, *Tragedy,* pp.76-81.

[100] *Antigone* 348-70, in E. F. Watling, trans., *Sophocles: The Theban Plays* (London and New York, 1957).

種超越人生苦難的心靈科技。實際上,就是因為天生易於受傷的特性為人類帶來了極為痛苦的經驗,許多民族才會致力於在脆弱的自我當中尋求絕對。不過,希臘人卻似乎只看得見人生中的深淵。安蒂岡妮一旦理解到自己再也無能為力,便接受了她身為伊底帕斯女兒的命運,承認自己抗拒不了感染了整個家族的「瘴氣」。安蒂岡妮不像妹妹伊斯美妮(Ismene)猶疑不決,而是毅然接受自己的苦難,並且確實孤獨一人傲然走入自己的墳墓。

〔232〕

索弗克勒斯似乎對著他的城邦指出,覺悟之夢只是一場幻象。人類雖然在文化與智識上達成了非凡成就,卻還是必須面臨難以招架的痛苦。人類的技藝、原則、虔誠,以及理性思考的能力,都無法把他們從人生的苦難當中拯救出來。這種苦難不是個人造業所帶來的報應,而是源於自身以外的神聖來源。凡人無法掌握自己的命運,必須竭盡全力避免悲劇——就像安蒂岡妮一樣。不過,一旦盡力之後,他們就只能鼓起勇氣,毫不畏縮地接受自己的天命。索弗克勒斯認為這才是人類了不起的地方。但在印度,覺悟之夢非但沒有消亡,還進一步成為具體存在的事實,而且接觸的人數之多更達到了史無前例的程度。

* * *

印度也出現了心靈上的真空,於是新興的聖哲致力找尋全新的解答,甚至不惜孤注一擲。業報說在雅若窪基夜(譯③)的時代原本還頗富爭議性,但到了西元前五世紀末已獲得廣泛接受。[10]所有人都認為自己身陷在死亡與重生的無盡輪迴當中。每個人的所作所為都是欲望驅使的結果,而行為的性質將決定個人來生的狀態。個人如果累積了惡業,來世就可能誕生為奴隸、動物或植物。善業則可讓人在來生成為國王或神祇。不

....

[10] Thomas J. Hopkins, *The Hindu Religious Tradition* (Belmont, Calif., 1971). pp.50-51.
譯③ 雅若窪基夜為印度古代哲學家,在佛陀出現以前的印度哲學思想係以他為代表。他在奧義書裡被視為第一哲人。

過，因果循環並不會就此畫下圓滿的句點：即便是神祇也不免耗盡善業，
而在死後轉世為比較卑微的個體。隨著這種新式概念的普及，印度的氛圍
因此改變，許多人都不免抑鬱沮喪，覺得自己註定只能在一世接一世的短
暫生命中不斷輪迴，即便善業也拯救不了他們。放眼四顧自己的社群，映
入眼簾的皆是苦難。就連財富與物質享受也不免因為老化與死亡的威脅而
失色。實際上，他們認為世間財物會「消耗……所有感官的精力」，從而
加速其衰竭。[102]隨著這種鬱悶的氣氛逐漸強烈，許多人因此開始努力尋找
出路。

　　越來越多人對古老的吠陀儀式感到幻滅，因為那些儀式解決不了這
個問題，頂多只能讓人在來世誕生於神的世界裡。不過，在新哲學的觀點 〔233〕
中，這樣的成果也只能讓人暫時擺脫不斷循環的苦難與死亡。此外，眾
人開始注意到這些儀式甚至也沒有產生其所承諾的物質利益。有些人揚
棄了《梵書》記載的儀式。奧義書承諾最終的解脫，但這種靈性境界不
是每個人都能達成。要獲得這種解脫，必須精熟於吠陀思想的細節，但
大多數人都不具備這種能力。而且，這套體系乃是奠基在「梵」與「真
我」（atman）之上，但許多人也對這兩者的實際內容持疑。瑜伽也可讓
人解脫，但瑜祇怎麼詮釋他們體驗到的狂喜狀態？這種狀態是否合乎吠陀
的正統觀念？寫於這段期間的奧義書認為答案是肯定的。《卡達奧義書》
（Katha Upanishad）聲稱肉體係由真我控制，就像駕駛操控戰車一樣。瑜
祇學習控制自己的心智與感官，猶如戰車駕駛駕馭一隊良馬。如此一來，
一個人只要「具備覺知，就會隨時留心，永遠保持純淨」，最終從無盡輪
迴的循環中解脫出來。[103]但有些人認為單是瑜伽並不夠，還需要有其他的
東西。

　　瑜伽需要全心投入，每天都必須花上好幾個小時的時間練習，顯然
不是必須養家活口的一般人所能兼顧。到了西元前六世紀，大多數人都認

....

[102] Katha Upanishad I.26, in Patrick Olivelle, *Upanisads* (Oxford and New York, 1996).
[103] Katha Upanishad 3:2-4, 6, 8; 6:11. Olivelle translation.

為家主絕對沒有機會達成解脫，因為這樣的人深受業報的循環所奴役，為了滿足其種姓的職責而必須不斷從事各種行為。這些行為全都受到欲望所驅動，但欲望正是問題的根源。家主如果沒有欲望，就不可能生小孩；如果沒有想要成功的欲望，就不可能發動戰爭、種植作物，或是做生意。每一項行動都帶來了新的職責，使得他只能永遠深陷在無止盡的輪迴裡。想要尋求解脫，唯一的方法就是「邁開大步」到森林裡去，成為隱士或托鉢僧，擺脫一切俗務。印度人不認為這些棄世者是半途而廢的弱者，而是對他們深為崇敬，把他們視為大無畏的先驅，不惜自己付出龐大的代價，為全人類尋求靈性的解答。由於印度瀰漫著絕望的氣氛，因此許多人都渴望著耆那或佛陀的出現，前者意為「靈性征服者」，後者意為「覺悟者」，亦即對存在的不同面向獲得了「覺醒」。

這種心靈方面的抑鬱又因為一場社會危機而更加惡化。如同希臘人，印度北部的人民也面臨了重大的政治與經濟變動。吠陀體系是一個不斷遷徙的社會所產生出來的心靈狀態，但到了西元前第六與第五世紀期間，一般人都已逐漸在越來越大的永久社群中定居下來，認真從事農業。包括重犁在內的鐵器科技出現之後，農民即可開墾更多土地，加以灌溉，並且砍除濃密的森林。現在，村莊周圍都環繞著精心照顧的田地，而且布滿了灌溉溝渠。新作物紛紛出現：水果、稻米、雜糧、芝麻、小米、小麥、大麥。不但農民越來越富有，[104]也出現了政治上的發展。西元前六世紀末，小型的酋長邦都已被較大的單位吸收。在這些新成立的王國當中，最大的是東南方的摩揭陀國（Magadha）與西南方的憍薩羅國（Kosala）。這些王國的統治者都以緩慢漸進的武力遂行統治，逐漸把人民忠於部族的心態轉變為初生的愛國精神，效忠對象不再是親屬關係，而

〔234〕

....

[104] John Keay, *India: A History* (London, 2000), pp.47-73; Olivelle, Upanisads, pp.xxviii-xxvix; Gavin Flood, *An Introduction to Hinduism* (Cambridge, U.K., and New York), pp.80-81; Hermann Kulke, "The Historical Background of India's Axial Age," in S. N. Eisendstadt, ed., *The Origins and Diversity of Axial Age Civilizations* (Albany 1986), p.109.

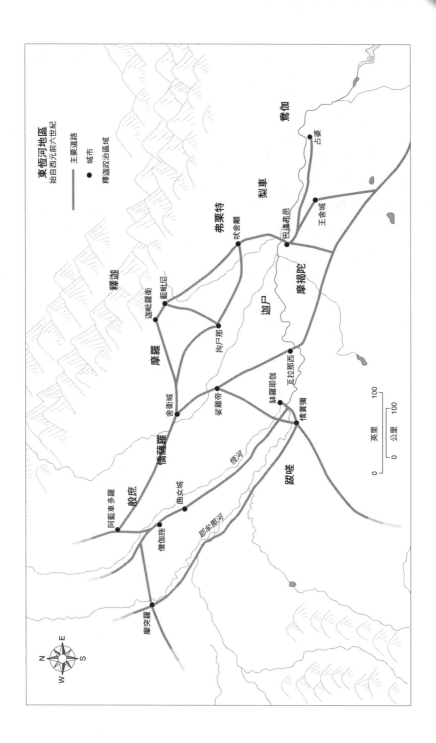

是地理疆域。於是，負責防衛與行政的剎帝利戰士種姓也就更加重要。新時代的國王不再像以前的國王那樣順服於婆羅門，頂多是口頭上尊崇古老的理想而已。

君主政治不是唯一的政體。在這些新王國的東方，有不少國家也紛紛出現，由古老部族的長老組成議會遂行統治。這種協議統治的方式與希臘城邦明顯具有相似性，但實際上我們對印度的議會所知極少。我們不知道這種部族議會有多少成員，涵蓋哪些種姓，以及議會成員是否透過選舉產生。每個國家採用的制度大概都不盡相同，但不論如何，這些「共和國」——摩羅、拘梨、毘提訶、奈耶、跋耆、釋迦、伽藍磨、梨車——雖然覺得深受憍薩羅國與摩揭陀國的擴張意圖所威脅，卻也發展得更加強大。衝突的可能性揮之不去，一般人也意識到這些大型國家之間的戰爭必然會比以前的征伐更具毀滅性，尤其武器在鐵器出現之後已變得越來越致命。

這些新興國家刺激了恆河盆地的貿易活動。它們建造道路，也確保貿易路線的安全。貨幣取代了牛隻，成為財富的象徵，商人階級也隨之出現，在恆河盆地的各個區域交易金屬、紡織品、鹽巴、馬匹與陶器。有些具生意頭腦的人開始建立貿易帝國。文獻記載了一名陶匠，他不但擁有五百家作坊，還有一支船隊能夠把他的陶器運至恆河谷地各處。[105]貿易活動產生了更多的財富，於是國王與部族議會即可利用這些財富購買奢華物品、壯大軍隊，並且興建新的城市，成為貿易與工業的中心。

吠陀經典提及不少大城市，例如哈斯提納普拉（Hastinapura），可是〔236〕這些所謂的大城市其實只不過是村落而已。考古研究發現都市化是西元前六世紀才開始發生的現象，而且新興的城鎮——諸如瓦拉那西、王舍城、舍衛城、憍賞彌、迦毗羅衛——都出現在恆河谷地的東端。至於西側地區，也就是吠陀時代的核心區域，則維持著舊有的農村景象。過去，婆羅

....

[105] Kulke, "Historical Background," p.384.

門向來認為東方是污穢的邊緣地帶，但現在權力已開始轉移至東方。這項發展對於吠陀的正統觀念又是一大打擊。這種觀念不但不適合都市環境，在東部地區的根基也不穩固。如果說國王已逐漸擺脫僧侶的控制，各個共和國對婆羅門更是毫不理會，也不再遵行傳統的獻祭儀式。與其舉行誇富宴把額外的財富花費殆盡，他們寧可把這些錢拿來挹注政府，或是資助都市建設、貿易，以及工業。一種原始的資本主義就此產生，注重的優先目標與過去大為不同。舉行盛大舖張的祭典，目的是為了討得神祇的歡欣，並且強化贊助者的聲望。不過，到了西元前五世紀，東方各國卻發現先進的貿易與農業所帶來的財富與地位遠勝於吠陀儀式。

新興城市不再遵循傳統，而是鼓勵個人的進取和創新。不論是成功的商店老闆、勤奮的製造商，還是精明的金融家，個人的地位亦發重要，而且這些人也不再能夠輕易歸類在原本的階級體系裡。個人主義開始取代部族與社群的認同。此外，這些成功人士大多來自吠陀體系中的下層階級。商人、農夫與銀行家通常屬於吠舍種姓，身世較不顯赫。現在，有些吠舍藉由積聚土地而在農業革命中居於領導地位；有些則是從事貿易與工業，變得比剎帝利還要富有。工匠通常來自土著的首陀羅種姓。這個階級的成員不得參與吠陀儀式，也不屬於雅利安人。過去，這個階級的主要功能在於提供勞動力；但在新興城鎮裡，有些首陀羅則獲取了以前無可想像的財富與地位，例如有個陶匠就建立了龐大的陶器帝國。

這些發展雖然正面，卻也令人不安。都市化帶來的重大社會變革使得許多人隱隱感到茫然無措。有些家族變得富有而強大，有些則逐漸沒落。城鎮與貿易鼓勵個人流動。接觸其他地區的人雖然令人振奮，但這種發展也破壞了比較小的地方社群。新的階級界線開始出現。婆羅門與「剎帝利」經常結合起來對抗「吠舍」與「首陀羅」。昔日的農村菁英自覺遠〔237〕遠疏離於新興的都市階級，因為許多都市人都是吠舍與首陀羅。富有的吠舍不是商人就是銀行家，也和鄉間務農的吠舍漸行漸遠。四種階級之間的關係原本都有一定的規範，但這些規範已然不合時宜，所有人都必須重新

學習如何共同相處。部族認同的消失導致有些人產生遭受剝奪的感受,並且陷入虛空當中。

這種社會緊張關係在東方也許更為強烈,因為東方的都市化程度比較高,而印度軸心時代的第二階段也正是在這裡展開。在這裡,雅利安居民是少數,土著傳統還非常活躍。許多人因此能夠自由探索新的解決方案。由於城鎮裡的物質發展速度相當快,都市居民也就比較能意識到變革的腳步,不像鄉間居民的生活總是按著既有的規律年年循環重複。在都市裡,人生也許更顯得短暫而虛幻,所以也進一步證實了人生就是苦難的信念,尤其都市擁擠混亂的環境帶來了疾病與失序現象盛行的結果。傳統價值已然崩塌,新的生活方式又顯得可怕而陌生。城市是令人興奮的地方,街道上滿是色彩鮮艷的馬車;大象馱運著貨物來往遙遠的國度,印度各地的商人則齊聚於市集裡。都市階級充滿了力量、衝勁與野心。不過,都市裡的賭博、劇場、舞蹈、賣淫以及喧囂嘈雜的酒館,在保守人士的眼裡看來則是令人震驚。

人與人之間的競爭比以前更為嚴重。共和國裡充滿了內鬥與社會衝突。君主國家之所以能夠實行有效率的中央集權,原因是這種國家能夠對人民施以強制力。軍隊的效忠對象不是整個部族,而是國王一人,所以國王能夠以他個人的戰鬥機器維持秩序,以及征服鄰近的區域。這種新式的王權強化了區域的穩定,但國王以這種方式把自己的意志強加在人民身上,也令許多人感到不安。經濟由貪婪所驅動,銀行家與商人則在毫不鬆懈的鬥爭中互相劫掠。這種殘暴無情的社會與印度北部奉為圭臬的「不害」理想差距多遠呢?和過去以趕牛為主要活動的農村社會比較起來,當今的社會生活顯得更為狂暴而可怕。吠陀宗教似乎已逐漸與當代的現實脫節。商人不斷到處奔走,不再能夠維繫聖火的燃燒或是遵循傳統的家庭禮〔238〕儀。在人民普遍以家畜飼養為主業的時代,獻祭牲畜的活動也許言之成理;但現在家畜飼養既已受到農業與貿易的取代,牲畜不僅逐漸稀少,以動物獻祭也顯得浪費而殘忍──太容易讓人想起公共生活中的暴力鬥爭。

這個時代顯然需要不同以往的宗教。

眾人自然而然地把目光投向棄世者。棄世者和商人一樣，都是當代的當紅人物，而且也踏出了吠陀體系的界線之外，闖出了自己的一片天地。在這個時代，棄世者已然隨處可見。有些隱士社群仍維持在森林裡，依然遵行吠陀儀式，但其他隱士社群則存在於東方社會中。到了西元前六世紀，無可計數的學派紛紛出現。許多老師都因為提倡特殊的生活方式，並且聲稱自己的教誨可使人擺脫死亡與轉世的循環，而吸引了眾多門徒。這些學生把老師尊稱為佛陀或耆那，因為他們相信這些老師發現了悟道的祕密。我們對這些學派所知極少。印度仍是個口傳社會，絕大多數的靈修大師都沒有留下文字經典；我們經常只能仰賴他們的辯論對手所留下的記錄，但這些記錄恐怕不免扭曲他們的教誨。這些老師深受當代競爭精神的影響，在吸收門徒上針鋒相對，並且到處巡迴傳播自己的教誨。一群群的棄世者身穿黃袍，和商人的車隊一同行走在貿易道路上，而各地民眾期待他們前來的熱切程度也不下於對商品的渴求。每當有新的老師抵達鎮上，就有大批群眾聆聽他傳道。在市集、市政廳以及市郊綠意盎然的熱帶公園裡，社會各階層的人士都熱烈討論著這些靈修大師的教誨。家主雖然無意離開家庭，卻也需要找尋新的心靈解答，於是經常以世俗支持者的身分加入特定學派。棄世者又稱為「沉默的聖哲」，總是默默地在城鎮街道上托缽乞食，而家主及其妻子都樂於以殘羹剩飯賜贈。這是一種善行，說不定能確保他們在來生也成為僧侶，從而獲得達到解脫的機會。

各種新興的教誨都帶有若干共同元素：人生充滿苦難；要獲得自由，就必須藉由禁欲和冥想而摒棄促使人採取行動的欲望。這些教誨沒有龐雜的經典和注釋，都是完全實用的道理。靈修大師教導的方法是任何人都可以實行的，你不需要是學者或儀式專家，只要願意學習就可以學得到。教導內容通常都奠基於老師本身的經驗，如果門徒確實能夠因此感受到解放與覺悟，這樣的教誨就是有效的。如果門徒覺得沒有收穫，就會轉而找尋其他老師，而不會對於背棄原本的老師感到任何愧疚。實際上，僧〔239〕

侶之間常見的問候語就是：「你的老師是誰？你現在奉行什麼教誨？」

有些學派教導的修行方法非常極端，顯示了當時對於解脫的渴求已越來越迫切。[106]「天鵝」（譯④）沒有自己的家，在每個村莊都只能住一晚，而且靠著牛糞為食。「優曇婆羅」靠著水果、野菜以及根莖為食。「無上天鵝」則睡在樹下、墓地以及廢棄的房子裡。有些人遵循數論派的教誨，並且實行瑜伽，一心想要獲得讓人解放的知識。另外有些人則抱持比較懷疑的態度。一位名叫刪闍耶（Sanjaya）的老師認為最終的答案絕不可能找得到，人所能做的只是培養友誼和內心的平靜。由於真理都是相對的，討論必然導致爭執，因此也應當避免。另一位名叫阿逸多（Ajita）的老師則是唯物主義者，否認重生的觀點：既然人類是純然由物質構成的生物，死後自然也會化散為各種元素。因此，個人的作為並不重要，因為所有人都擁有同樣的命運。不過，促成善意和快樂也許是比較好的選擇，最好能夠從心所欲，只積累有助於這些目標的業。[107]

這些教誨全都顯示了找尋出路擺脫輪迴僵局的決心：有些人認為自己可以藉由令人望之生畏的苦修做法達成這項目標，有些人則認為重點在於避免敵對與不愉快的情境。目的不在於尋求形上真理，而是獲得心靈的平靜。不同於索弗克勒斯，這些聖哲並不認為自己必須以尊嚴的態度接受人生的苦難。他們相信這種困境是可以擺脫的。在這些老師當中，最重要的一位名叫末伽梨瞿舍利（Makkhali Gosala，卒於約西元前 385 年）。他沉默寡言，嚴厲奉行苦修的做法，並且鼓吹宗教宿命論：「人的努力毫無效果。」人類不必為自己的行為負責。「一切動物、生物、個體及靈魂都缺乏力量與活力。他們只能受到外力的形塑，包括命運、自身階級的環境，以及各自的天性。」[108]他創立了順命派（Ajivaka），相信所有人都註

....

[106] Mircea Eliade, *Yoga: Immortality and Freedom,* trans. Willard R. Trask (London, 1958), pp.130-40, 158.
[107] Trevor Ling, *The Buddha: Buddhist Civilization in India and Ceylon* (London, 1973), pp.78-82.
[108] Eliade, Yoga, pp.189-91; Hopkins, Hindu Religious Tradition, p.54.
譯④ 在吠陀傳統中，天鵝是純潔與昇華的象徵。

定必須經歷幾世的輪迴，才能達成「解脫」，所以個人行為對命運毫無影響。矛盾的是，順命派卻又奉行嚴苛的修行方式。他們不穿衣服，行乞討食，而且飲食規範也極為嚴格，有些人甚至因此餓死。他們也對自己的身體施加劇烈的痛苦。舉例而言，剛加入的新成員必須頸部以下全身埋在土裡，讓人把頭髮一根一根拔除。他們如此苦修不是因為認為這麼做對自己有幫助，而純粹是因為自己的個人循環已達到了必須苦修的階段。 〔240〕

這種灰暗的教誨在當時非常盛行，可見那個時代的焦慮有多麼強烈。末伽梨瞿舍利的競爭者對他的攻擊極為猛烈，遠甚於對其他靈修大師的攻擊，原因就是他們怕他成功。碑文顯示不少國王送他禮物，也向順命派捐贈財物。這個教派在印度一直存續到西元十世紀。不過，我們對其了解也許並不完全。末伽梨瞿舍利可能教導了一種特別有效的冥想方式，但是祕不外傳。他倡導的苦行之所以如此極端，可能只是對新進者的震撼教育，藉此讓他們達成超脫痛苦與樂趣的境界；至於他的宿命論，則可能只是一種達成心境平和的方式：如果一切真的都是早已注定，就根本無需擔心未來。

據說末伽梨瞿舍利曾經師事筏馱摩那（Vardhamana Jnatrputra，約西元前 497-425 年），是當代最重要的一位導師。他的弟子稱他為摩訶吠羅（Mahavira），意為「大雄」。他是摩揭陀國一名剎帝利族長的次子，擁有健壯的體格和俊美的相貌，卻在三十歲那年決定棄世修行。他決心不跟隨靈修大師，而要靠著自己的力量悟道，所以拒絕加入既有的學派。據說神祇為他舉行了展開流浪生活的啟始儀式，然後他在接下來的十二年半期間，就以托缽僧的生活方式遊蕩在恆河谷地，奉行常見的苦修方式：不穿衣服，讓身體暴露在夏日的酷熱與冬季的嚴寒當中；他齋戒、少睡，也不為自己尋找遮風避雨的處所。他就是在這段期間收取了末伽梨瞿舍利為徒，並且與他共同遊蕩了六年。後來，末伽梨瞿舍利宣稱自己達到了解脫的境界，於是自稱為耆那，而離開了摩訶吠羅。不過，這段記載卻是後來

才添補進入原本的文獻裡。⑩這段記載對末伽梨瞿舍利頗具敵意，指稱他是因為嫉妒摩訶吠羅在靈性上的優越境界，而提早脫離他的教導。不過，後來他們兩人還是和解了：末伽梨瞿舍利臨終前肯定摩訶吠羅是真正的導師，摩訶吠羅則預言末伽梨瞿舍利終有一天會悟道。他們兩人的學派可能有些歷史關聯，摩訶吠羅也許受到順命派初期的影響，但後來仍然發展出獨立的教誨。

〔241〕 摩訶吠羅嚴苛的生活方式具有一項特殊目的。如同所有苦修者，他也希望把自己的真我從肉體的束縛當中解脫出來，從而達成內在控制與心靈的平靜。不過，他卻是在許久之後才真正達成解脫的境界，關鍵在於他發展出一種看待世界的全新方式，完全奠定在「不害」的基礎之上。⑩每個人都擁有靈魂（jiva），一種活生生的內在實體，充滿了光明、福佑與智慧。不過，動物、植物、水、火、空氣，乃至岩石也都有靈魂。這些物體之所以成為現在這種狀況，乃是前世業報的結果。因此，一切物體都具備相同的本質，我們必須以自己希望獲得的禮貌和尊重對待其他萬物。⑪即便是植物，也擁有某種型態的知覺；在未來的輪迴裡，它們可能會成為神聖的樹木，接著進展為人類，最後達成悟道的境界。動物只要揚棄暴力，就有可能重生在天堂裡。同樣的道理也適用於人類。人類唯有不傷害同胞生物，才能達到解脫的境界。苦修者如果不對世界達成這種同理心的觀點，就不可能獲得解脫。

在摩訶吠羅的觀念裡，解放就是非暴力。他在四十二歲獲致這項洞見之後，立刻就獲得了悟道的體驗。根據最早的記載，他那時住在河邊的一片田野上。⑫他禁食了兩天半，也沒有喝水，把自己曝曬在炎熱的太陽下，從而達成了「純一」（kevala）的境界，也就是一種獨特的知識，賦

⑩ Paul Dundas, The Jains, 2nd ed. (London and New York, 2002), pp.28-30.
⑩ Ibid., p.27; Hopkins, *Hindu Religious Tradition,* pp.54-55.
⑪ Dundas, *Jains,* pp.106-7.
⑫ Acaranga Sutra (AS) 2. 15-25.

予了他全然不同的觀點。現在，他可以在時間與空間的每個層面同時察覺真實的所有層次，就像神祇一樣。對於摩訶吠羅而言，神祇也不過就是生物，只是神祇可藉由覺知及尊重所有生物內在的神聖靈魂，而達到了純一的境界。

這種心靈狀態自然無法以言語描述，因為這種狀態完全超越了尋常的意識。那是一種與所有存在體都處於絕對友好的狀態，不論對方多麼卑微。在這種覺悟的狀態下，「言詞徒勞無功，凡俗邏輯的論述派不上用場，頭腦也完全無法理解」。對於這種狀態，你唯一能說的就是：「不是這樣……不是這樣。」悟道的人一旦獲得這種觀點，將會發現這種狀態「無與倫比。其存在沒有型態。……這種狀態不是聲音，不是形體，不是靈魂，不是天堂，也不是觸覺，什麼都不是。」❶❸不過，摩訶吠羅深信任何人只要遵循他的修行方式，就可自動達到這種無法形容的狀態，從而成為耆那。因此，他的追隨者就被稱為耆那教徒（Jains），而他的教誨則是「征服者之道」。

摩訶吠羅是剎帝利種姓的成員。他認為歷史上陸續出現許許多多的耆那，他自己只是最新的一位。他們全都跨越了苦難之河而獲得解放。摩訶吠羅死後，耆那教徒編造了一段詳盡的前代史，聲稱過去曾有二十四位橫越了苦難之河的聖哲，他們都發現了通往解脫的橋樑。這些聖哲全是剎帝利，體格強壯，相貌俊美，而且像獅子一樣勇敢。因此，「大雄」摩訶吠羅為這個戰士階級提供了一種不同於以往的性格。這種新式的英雄主義徹底揚棄了戰鬥，但仍然需要高度的勇氣。後來，不少國王與戰士雖然無法放棄現世的職責，卻也資助耆那教，盼望來生能夠獲得解脫。耆那教的教誨雖然標舉非暴力，卻經常採用軍事意象。耆那教的苦修者是戰士，必須奮力抗拒自己的好鬥本能，對於凡人內心皆有的侵略性所帶來的負面影響，也必須努力抵擋。藉由實踐「不害」的生活，苦修者即可為自己以及

〔242〕

....

❶❸ AS 1 5.6.3, in Dundas, *Jains,* p.43.

自己的家族與教派贏取榮譽，就像戰士在戰場上爭取榮譽一樣。耆那教社群稱為「部隊」（gana）。要成為耆那，就必須具備勇氣和決心，也必須對自己毫不留情。唯有如此，才是真正的英雄。

　　極少有人能夠像摩訶吠羅那樣堅持不懈地追求「不害」的理想。後來的耆那教徒發展出一套詳盡的末世論和宇宙論，從而衍生出一種形上觀，認為「業」是像塵土般的細微物質，係由各種行動的不同性質所產生。這種物質會沉澱在靈魂上，壓住靈魂，使其無法昇騰到宇宙的頂端。就我們所知，摩訶吠羅和他初期的追隨者並不關注這類議題，他們認為非暴力是唯一的宗教任務。如果沒有做到「不害」，其他一切道德作為都毫無用處。但要達到「不害」的境界，就必須對所有生物都產生同理心：「所有活生生、會呼吸、有知覺的動物都不該遭到殺害，也不該遭到暴力對待，或是遭受虐待、折磨、驅逐。這是純粹而且永恆不變的定律，已受到悟道者的宣告。」⓮

　　當然，這種認知不只是一種概念上的同意。耆那教徒必須深切知覺到，即便是石頭這種表面上看似沒有生命的物體，實際上也擁有靈魂，也能感受疼痛，而且所有生物都和人類一樣不願受苦。

　　耆那教徒之所以能夠獲得這項洞見，乃是透過一套苦修的方法，才能意識到這項令人驚奇的真理。藉由改變自己的行為舉止，他們發現自己的觀點也隨之改變，而開始以全新的眼光看待世界。他們行動必須小心翼翼，以免無意間踩死昆蟲或是踏到草葉。他們放下物體的動作必須輕柔，也不得在黑暗中行走，因為這麼做極易傷害其他珍貴的生物。他們甚至不能摘採樹上的水果，只能撿拾自然掉落在地上的果實。耆那教徒當然也需要進食，所以他們早期允許吃別人施捨的肉，只要不是自己宰殺動物即可。不過，真正的理想乃是禁絕一切活動，因為即便是最小的動作或生理衝動，也可能造成傷害。

〔243〕

⓮ AS 1.4.1.1-2, ibid., pp.41-42.

　　不過，耆那教徒的「不害」並非完全只是消極的概念，僅著重於不傷害其他個體。耆那教徒也必須對所有存在體培養出一種積極關愛的態度。所有生物都應該互相幫助。不論面對的對象是人類、動物、植物、昆蟲，還是鵝卵石，耆那教徒都必須以友誼、善意、耐心與溫柔的態度待之。如同瑜祇，耆那教徒也遵循五項「持戒」（yama），誓言棄絕暴力、說謊、性行為、偷竊，以及對財物的所有權。不過，摩訶吠羅對這些持戒的詮釋都深受他認為一切物體皆有生命力的觀點所影響。早期的耆那教徒自然把焦點集中在第一項戒律，也就是「不害」，並且在實踐上及於人生中最微小的細節。不過，他們對其他戒律的實踐也都充滿了非暴力的精神。耆那教徒不但不得說謊，而且言詞都必須經過深思熟慮，以免其中帶有任何刻薄或不耐的語氣。言語可能導致肢體衝突，所以說話越少越好。此外，如果說實話會傷害其他生物，那麼也寧可不說。耆那教的誓約就是為了造就一種警覺而謹慎的態度。耆那教徒單是棄絕偷竊還不夠；他們不能擁有任何東西，因為每個物體都有自己的神聖靈魂，獨立自主而且自由。[115]

　　耆那教徒無時無刻都必須知覺身周一切物體所具備的生命力。人如果沒有意識到這一點，就不可能和其他生物建立適切的互動關係。不過，耆那教徒為了做到這一點，卻必須發揮超乎常人的自制力，對人生的各個面向似乎都不免造成限制。他們不能點火，不能挖掘，也不能犁地。他們只能喝過濾後的水，每踏出一步都必須先檢查周遭的環境，並且避免任何輕率的行為。如果能夠以這樣的方式實踐誓約，耆那教徒就會達成非凡的自制與同情心，而得以獲致覺悟。同理心是關鍵要素。摩訶吠羅的教導指出，耆那教徒首先必須取得「世界的知識」，才會了解一切物體都擁有神聖的生命力。一旦擁有了這種世界的知識，接著就必須培養「對世界的同理心」。[116]

....

[115] AS 1.2.3, ibid.
[116] Dasavairtaklika 4.10, ibid., p.160.

303

摩訶吠羅發展出了他自己的黃金律。耆那教徒必須以自己希望獲得的對待方式對待其他所有存在體。充斥於世界上的苦難就是由無知者的行為所造成的,因為他們傷害別人的時候根本不曉得自己在做什麼。否認其他生物擁有靈魂,就等於是否認自己的內在自我。⑰耆那教徒要和一切事物及所有人都建立友誼,完全沒有例外。他們一旦達成了這種態度,隨即就能夠獲得覺悟。解脫不是由高高在上的神祇賜給值得受賞的人。耆那教徒對這種神學觀毫無興趣。他們發現,只要嚴格遵循戒律,即可獲得超越凡俗的平靜。

〔244〕

摩訶吠羅悟道之後,在占婆城郊一座樹靈的祭壇旁首次傳道。⑱這場傳道活動的詳細記載最早見於一部頗為晚期的文獻,出現在西元前一世紀,但卻自此成為耆那教傳統的核心。占婆國的國王與王后出席了這場傳道會,連同一大群神祇、苦修者、俗民與動物,他們全都專注聆聽摩訶吠羅的非暴力福音。那是個象徵性的時刻。在吠陀的獻祭儀式裡,神祇聚集觀看人類宰殺動物,但在占婆,神祇、人類、動物卻是齊聚一堂,聆聽「不害」的講道,形成一個相互關愛的群體。這種和諧融洽以及普世關懷的理想,就是人生中每一項行動都必須具備的要素。

耆那教徒對瑜伽沒有興趣,但是自有一套冥想方式。他們會靜靜站著,雙臂垂在身側,但不碰觸身體,一面嚴厲壓抑內心一切具有敵意的思想或衝動,同時也努力讓自己對所有生物充滿愛與善意。⑲經驗豐富的耆那教徒可達到一種半冥想的狀態,稱為「平靜」(samayika)。在這種狀態下,修行者全身上下都深深知覺世上所有生物盡皆平等;在這種時刻,他對所有物體都懷有同樣的善意,不對誰特別鍾愛,也沒有厭惡的感受。一切個體在他眼中毫無差別,不論這項個體有多麼卑下、多麼討人厭、多麼微不足道。耆那教徒每天會有兩次站在大師面前,懺悔自己無意間可能

⑰ AS 1.21; 1.13.2.
⑱ Dundas, Jains, pp.34-35.
⑲ Ibid., pp.170-71.

造成的痛苦，包括「踐踏種子、綠色植物、露水、甲蟲、苔霉、潮濕的土壤，以及蜘蛛絲」。他們最後會以這段話作結：「我祈求所有生物的原諒，願所有生物寬恕我。但願我和所有生物都友好相處，毫無敵意。」[120] 這種新興的理想不再只是避免暴力，更要培養一種無限的善心與同情心。

....

[120] Avashyaksutra 32, in Dundas, *Jains,* p.171.

第七章

關懷天下人
（約西元前 450-398 年）

在以色列，軸心時代已接近尾聲。到了西元前五世紀下半葉，耶路　〔245〕
撒冷已成為一座破敗的小城市，位於波斯帝國一個不起眼的角落裡。巨變
發生的地點，通常是變革與發展的先鋒地區。以色列與猶大王國備受帝國
勢力的蹂躪，但這些帝國也讓他們認識了外界更寬廣的世界。以色列的軸
心時代在地區首府巴比倫趨向高峰。在耶路撒冷，返鄉的流亡人士不再是
世界事務的焦點，而是過著沒沒無聞的生活。求生的掙扎已取代了追尋宗
教異象的需求。《以賽亞書》（Book of Isaiah）裡的幾個章節也許足以表
達以色列社群在第二座聖殿完工之後的關注事項。❶第二以賽亞的夢想仍
未消逝。眾人仍然盼望耶和華會在耶路撒冷「造新天新地」，從此以後再
也沒有淚水，過往的痛苦也將被遺忘。❷其他人則期待著這座上帝之城對
所有人開放，包括遭到放逐的人、異邦人，以及太監，因為耶和華曾經這
麼宣告：「我的殿必稱為萬民禱告的殿。」有一天，祂會把這些外人帶進
耶路撒冷，允許他們在錫安山上向祂獻祭。❸但實際上，當時一種嚴屬排
外的態度卻預告了軸心時代的終結。

西元前 445 年左右，一名新總督被指派為耶路撒冷的波斯代表。尼
希米（Nehemiah）是波斯首都蘇薩的猶太人，曾經擔任波斯國王亞達薛
西一世（King Artaxerxes I）的斟酒人。他聽說耶路撒冷的城牆仍然殘破
頹圮，震驚之下懇求國王允許他到猶大王國重建他祖先的城市。他隱姓埋
名，在無人知曉的情況下抵達，並且在一天夜晚偷偷出門，騎馬環繞舊城　〔246〕
牆的殘跡一圈，看到「城牆拆毀，城門被火焚燒」。他一度甚至找不到馬
匹能夠通行的路徑。尼希米在第二天向長老揭示自己的身分，市民隨即發
起大規模的合作，在短短五十二天內就建造了新城牆。不過，流亡社群和
鄰居之間的關係已嚴重惡化，以致重建工作成為一項充滿危險的任務。在

....

❶ Margaret Barker, The Older Testament: *The Survival of Themes from the Ancient Royal Cult in Sectarian Judaism and Early Christianity* (London, 1987), pp.201-16.
❷ Isaiah 65:16-25.
❸ Isaiah 65:7.

重建工作期間，尼希米必須努力說服若干地方統治者，改變其堅決反對的態度。其中包括撒美利納總督參巴拉（Sanballat），其統治地區位於舊北國的範圍裡；還有參巴拉手下的官員多比雅（Tobiah）；以及以東總督革順（Gershon）。新城牆是在充滿了恐懼和緊張關係的情況下建成的：所有人「都一手做工一手拿兵器，修造的人都腰間佩刀修造。」❹

這段時期的時間很難確認。我們主要的資料來源是《以斯拉記》與《尼希米記》，其內容包含了許多互不相干的文獻，係由後代的編纂者串連而成。這位編纂者假定以斯拉（Ezra）與尼希米是同時代的人，並且讓以斯拉先抵達耶路撒冷。不過，我們其實有充分的理由認定以斯拉的任務比尼希米晚了許多，發生於亞達薛西二世（King Artaxerxes II）在位期間。❺尼希米為了恢復耶路撒冷的財富而投注許多心力，不但讓人口增加約一萬人，也試圖預防貴族對窮人的壓迫。不過，他在耶路撒冷所做的第一件事是建造城牆，這點深具象徵意義。在他始於西元前 432 年左右的第二任任期裡，他訂立了新法，禁止流亡社群的成員與當地居民結婚，連不曾遭到流放的以色列人也不行。他驅走了大祭司以利亞實（Eliashib），因為他的妻子是參巴拉的女兒。在流亡期間，有些祭司曾經警告以色列人不得與異邦人同化。現在，只要是被視為陌生人及敵人的對象，就算過去曾是以色列家族的成員，也不能夠成為流亡社群的結婚對象。

流亡期間，俗民曾被鼓勵遵循祭司的貞潔律法，可見猶太平民也必須接受專家指導，學習儀式律法的細節。以斯拉就是如此，他「定志考究遵行耶和華的律法，又將律例典章教訓以色列人」。❻他可能也在波斯宮廷裡擔任過負責處理猶太人事務的官員。這時候，波斯人正在檢查帝國轄

---

❹ Nehemiah 2:14; 4:11-12.
❺ Gosta W. Ahlström, *The History of Ancient Palestine* (Minneapolis, 1993), pp.80-83; Elias J. Bickerman, *The Jews in the Greek Age* (Cambridge, Mass., 1988), pp.29-32; W.D. Davies and Louis Finkelstein, eds., *The Cambridge History of Judaism,* 2 vols. (Cambridge, U.K., 1984), 1-1:144-53.
❻ Ezra 7:6.

下各民族的律法，確認不會對波斯帝國的安全造成威脅。以斯拉身為巴比倫王國的法律專家，想必為摩西五書與波斯帝國的法律體系找出了令人滿意的暫時妥協方案。他的任務是在耶路撒冷推廣摩西五書，使其成為當地的正式律法。❼聖經的作家認為以斯拉的任務是以色列人民歷史上的轉捩 〔247〕點：以斯拉前往猶大王國的旅程被比擬為出埃及的那段歷史，而且他也被描寫為新的摩西。以斯拉抵達耶路撒冷之後，對眼前的景象深感驚恐。祭司仍與當地鄉民同流合污，而且許多人也仍然娶異邦人為妻。在一整天的時間裡，耶路撒冷的居民只能驚慌地看著國王的使者撕扯著頭髮，以哀悼的姿態坐在街上。接著，他召集了流亡社群的所有成員召開會議：如果有人拒絕與會，就會被逐出社群之外，財產也將遭到沒收。

元旦日當天，以斯拉帶著摩西五書來到水門前方的廣場，站在木講台上，周圍環繞著市民的意見領袖。他向民眾朗讀摩西五書的內容，一面讀一面解說。❽我們不知道他讀給群眾聽的內容是哪個部分，但他們確實深感震驚。以文字呈現的宗教真理一旦誦讀出來，通常會產生完全不一樣的效果。眾人對耶和華嚴苛的宗教要求不敢置信，於是淚水也不禁奪眶而出。以斯拉只得提醒大家當天是節日，應當歡欣喜慶，接著讀出經文內容，要求以色列人在結茅節（Sukkoth）當月必須住在特殊的小屋裡，紀念祖先在野地裡流亡四十年的苦難經歷。眾人隨即爬上山丘撿拾橄欖樹、桃金孃、松樹與棕櫚樹的的枝葉，不久之後全城各處就紛紛出現了以枝葉搭建的小屋。此外，城裡也瀰漫著節慶的氣氛：每天傍晚，眾人都會聚集聆聽以斯拉朗讀律法。

第二次的聚會比較沉鬱。❾當時正下著冬季大雨，所有人站在一座聖殿前方的廣場，都不禁瑟瑟發抖。以斯拉命令他們趕走自己的異邦妻子，於是許多婦女和兒童都因此被逐出流亡社群外，成為當地鄉民的成員。如

....

❼ Ezra 7:21-26; Bickerman, *Jews in the Greek Age,* p.154.

❽ Nehemiah 8.

❾ Ezra 10.

此一來，只有父祖曾被流放至巴比倫，以及願意遵循摩西五書律法的人士，才能擁有以色列人的身分。《以賽亞書》可能保存了被排擠在外的人士所發出的哀嘆：

亞伯拉罕雖然不認識我們，

以色列也不承認我們，

你卻是我們的父。耶和華啊，你是我們的父。……

我們好像你未曾治理的人，又像未曾得稱你名下的人。❿

〔248〕　苦難的經驗與支配的權力相互結合之下，導致了一種防衛性的排他態度，和其他地區的軸心時代精神背道而馳。

　　不過，那一幕淒風苦雨的景象並非最終的結局。《以斯拉記》與《尼希米記》只占了希伯來聖經的一小部分。這兩部書的觀點雖然受到許多人的認同，但並非唯一的觀點。在西元前第五及第四世紀，聖經的編纂者不只一人，以色列與猶大王國較具包容性的觀點也納入聖經當中。P 底本堅持認為沒有人是不潔的，而這種觀點不但支配了摩西五書的前三卷，也節制了 D 底本較具排他性的觀點。其他幾卷則提醒了猶太人大衛王本身是摩押婦女路得（Ruth）的後代。《約拿書》提及耶和華敦促一名希伯來先知挽救亞述帝國首都尼尼微城（Nineveh），儘管亞述帝國曾在西元前722 年滅了以色列王國。約拿向上帝表示抗議，但耶和華的回答想必可獲得軸心時代其他許多聖哲認同，尤其是耆那教徒：「這尼尼微大城，其中不能分辨左手右手的有十二萬多人，並有許多牲畜，我豈能不愛惜呢？」⓫

　　以色列軸心時代的第一階段已經結束，但我們在本書最後一章將會看到，以色列的軸心時代後來又再次開出美麗的花朵：拉比猶太教、基督

....

❿ Isaiah 63:10-19.
⓫ Jonah 4:11.

教與伊斯蘭教也都奠基在以色列的軸心時代洞見上，開創出以黃金律為準據的信仰，充滿了「禮讓」、同理心以及關懷天下人的精神。

＊　　＊　　＊

到了西元前五世紀下半葉，雅典雖然表面上興盛繁榮，年紀較大的雅典人對未來卻充滿了疑懼。在伯里克利的領導下，雅典的權勢達到巔峰。衛城的新建築非常成功，雕塑家創作了驚人的作品，各大悲劇作家也持續在城市酒神節推出經典作品。西元前 446 年，雅典與斯巴達協商了一項為期三十年的休戰協議，共同瓜分希臘世界：雅典控制愛琴海，陸上強權斯巴達則分得伯羅奔尼撒（Peloponnesus）。從此以後，雅典可以期待一段和平繁榮的盛世，但伯里克利卻建造了長長的防禦牆，把整座城市連同比雷埃夫斯港（Piraeus）全部圍繞起來。儘管如此，許多雅典人仍然毫無安全感，沉重地意識到他們治下的各個城邦都深深痛恨雅典的帝國統治。西元前 446 年，雅典在波伊提亞（Boetia）遭受重大損失；有些城邦想脫離提洛聯盟，於是在薩摩斯島爆發了戰火，波斯也有意介入。雅典不是世界強權，只是個勢力過度延展的小城邦。四萬名戰士怎麼可能統治整個希臘？不過，年輕一代卻無法體認這一點。他們出生於馬拉松戰役之後，從小就只看到雅典總是一帆風順。他們對已經六十歲的伯里克利漸感不耐，也打算聽從自西元前 430 年代以來就在城市裡廣為流傳的新觀念。〔249〕

這段期間出現了重大的智識移轉。一般人開始對哲學家的思想言論感到挫折與困惑，因為他們的著作越來越深奧難懂。芝諾（Zeno，生於西元前 490 年）是巴門尼德斯的弟子。他為了證明巴門尼德斯各項備受爭議的概念其實有其道理，於是提出了一系列令人頭腦打結的悖論。巴門尼德斯曾說感官證據不可信，世間的一切事物其實都是不動的。為了證明這一點，芝諾指出一根射出去的箭其實靜止不動。這根箭在每一秒鐘都占據了相等於其本身的空間，因此不論在什麼地方，都是靜止不動的。「移動的

物體不是在其所在的位置移動，也不是在其不在的位置移動。」❷後來，芝諾又說，即便是跑步速度遠比任何人都快的阿奇里斯（Achilles），在汎雅典競技大會的賽跑上卻連跨出起點線都做不到：他要跑完全程，首先必須先跑完一半；但在跑完一半之前，也得先跑完四分之一。這樣的推論可以無窮無盡地持續下去：不論阿奇里斯想前進多少距離，都必須先達到這個距離的一半。❸因此，我們不可能對運動提出任何合理的論述，所以不如像巴門尼德斯所建議的，最好不要妄談這個議題。

芝諾希望證明常識在邏輯上的荒謬，結果發現運動其實只是由一連串的不動所構成。後世的哲學家都對他這種觀點深為著迷。我們後續會談到，中國的名家也提出類似的難題。不過，與芝諾同時代的許多人卻認為這種推論乃是自我挫敗。如果真理不可能闡述，那麼討論還有什麼意義？西西里哲學家安庇朵克勒斯（Empedocles，西元前 495-435 年）一面承繼巴門尼德斯的若干洞見，另一面又試圖恢復正常世界在哲學思辨中的地位。他認為風火水土四大元素確實恆久不變，但會到處移動、互相結合，形成我們眼睛所見的現象。士麥那的阿那克薩哥拉（Anaxagoras of Smyrna，西元前 508-428 年）相信每種物質都帶有其他各種物質的部分，只是這些部分是肉眼見不到的。因此，既然一切物體都帶有其他一切存在物的種子，所以任何東西都可發展成其他任何東西。如同米利都學派，他想要找出萬物發生的本源。他稱之為「心靈」（nous）。這種宇宙的智慧雖然神聖，卻非超自然，而只不過是另一種型態的物質。「心靈」一旦推動了萬物，就再也無事可做。這時，客觀無情的自然力量隨之接手，於是萬物發生的過程即可在沒有引導的情況下持續進行。在德謨克利特（Democritus，西元前 466-370 年）的想像中，空間裡隨時都有無數的微小粒子到處飛竄。他把這些粒子稱為「原子」（atoms），從「atomos」

〔250〕

──────────

❷ Diogenes Laertius, *Lives of the Philoso-phers* 9.72, in Jonathan Barnes, trans. and ed., *Early Greek Philosophy* (London and New York, 1987), p.157.
❸ Plato, *Parmenides* 127a-128d.

（不可切割）一詞衍生而來。原子是堅實的個體，不可分割，也不可消
滅。它們一旦互相碰撞，就會黏附在一起，形成我們在日常生活中見到的
各種物體。原子一旦四散分開，物體就會崩解，表面上看來是死了，但這
些原子卻會另外構成新的物體。❹

這些哲學家並非孤身封閉在象牙塔內的思想家，而是當時的名流。
例如安庇朵克勒斯就自命神聖，身穿紫長袍、腰繫金腰帶，足蹬銅鞋。群
眾紛紛湧來聽他演說。事後回顧，我們可以看出這些哲學家的若干洞見確
實極為非凡。德謨克利特的原子說後來受到現代物理學家的進一步發展；
安庇朵克勒斯則想像了愛與鬥爭在宇宙間的重大衝突，與電磁學及大霹靂
理論都頗有相似之處。❺不過，無論他們的洞見有多麼深刻，卻因為無法
證明，而只能是空想。哲學距離一般人太過遙遠。這些異想天開的宇宙論
無法回應一般人的需求，也違反尋常的經驗。如果感官經驗不可信，那麼
人怎麼可能得出任何結論？巴門尼德斯或德謨克利特既然提不出證據證明
自己那些離奇的想法，為什麼會有人願意相信呢？常識遭到這些邏輯學家
毫不留情的拆解之後，許多人都不免覺得失去了方向感。科學一直都免不
了對平民大眾造成這種困惑的感受。哥白尼、伽利略與達爾文的假說，在
剛提出之際都曾經引起騷動。希臘的這些自然哲學家也開始對當代人造成
了同樣的感受。

西元前 460 年左右，阿那克薩哥拉抵達雅典，並且隨即成為備受爭
議的人物。這是雅典這個宗教信仰虔誠的國家首度直接接觸新觀念。許多
人都深感好奇，但也有些人感到驚慌。阿那克薩哥拉對天文學產生興趣，
據說曾經預測了西元前 467 年墜落在色雷斯的隕石。他不可能具備這樣的
預測能力，但想必對著火的巨石從天上落下的消息深感興奮。無論如何，
他由此斷定太陽是一顆石頭，月亮則是地球的一塊物質。天體不是神祇，

❹ Anthony Gottlieb, *The Dream of Reason: A History of Philosophy from the Greeks to the Renaissance* (London, 2000), pp.65-71.

❺ Ibid., p.78.

〔251〕　而是炙熱的石塊。與其崇拜天體，人應當避開它們才是。❶這種論點在愛
奧尼亞也許相當常見，在雅典卻是不可接受。

　　一群新興的知識分子企圖把哲學變成入世的學問，並且與日常生活
產生關聯。這群知識分子對雅典的思想家造成了深切的影響，但許多人卻
覺得他們和自然哲學家一樣令人苦惱。❶他們被稱為詭辯家（Sophist，字
面意義為「智者」）。後來的蘇格拉底、柏拉圖與亞里斯多德對他們痛加
批判，於是詭辯家在一般人心目中成了運用似是而非的論點迷惑眾人的騙
子。不過，這種形象對原本的詭辯家並不公平，他們也是以自己的方式認
真追求真理，並且相信自己肩負重要的任務。他們認為哲學走錯了方向。
高爾吉亞（Gorgias）是一名來自西西里雷昂提努（Leontinum）的詭辯
家，他曾對米利都與伊利亞學派迂迴曲折的邏輯提出這樣的諧擬說法：

・沒有任何事物存在。

・就算有事物存在，也不可能對這些事物提出解釋。

・就算能夠提出解釋，也不可能把這樣的解釋傳述給任何人。❶

　　否認常識和語言的用處到底有什麼意義？與其創造不可置信的空
想，不如發展一套真正對人有所助益的哲學。

　　詭辯派自命為教育家。在民主制度下，任何有天賦的人只要具備雄
辯而有說服力的口才，即可在人民大會裡以傑出的表現獲得他人的注意。
然而，一般的教育課程卻無助益於年輕人獲得這樣的能力。希臘男孩必須

....

❶ Plato, *Apology* 26d; gottlieb, *Dream of Reason,* p.84.
❶ G. B. Kerferd, *The Sophistic Movement* (Cambridge, U.K., 1981); Gottlieb, *Dream of Reason,*
　pp.109-28; Walter burkert, *Greek Religion,* trans. John Raffan (Cambridge, Mass., 1985),
　pp.311-17; Richard Tarnas, *The Passion of the Western Mind: Understanding the Ideas That
　Have Shaped Our World View* (New York and London, 1991), pp.26-31; Christian Meier, *Athens:
　A Portrait of the City in Its Golden Age* (London, 1999), pp.440-45.
❶ Gorgias, Fragment 3.

316

學習閱讀、寫作、體育，以及許多關於荷馬的課程，但他們的教育在十四歲即告結束。詭辯家於是挺身填補教育上的空缺，任何人只要願意支付必要的學費，就可以獲得他們提供的高等教育。伊利斯的希皮亞斯（Hippias of Elis）是極為著名的詭辯家，他相當博學，教導的科目包括算術、記憶術、測量、歷史、音樂、詩，以及數學。他和安庇朵克勒斯一樣是名流，不但在奧林匹克運動會上朗誦自己的詩作，也向大群聽眾講學。他還精通工藝，身上穿的衣服和鞋子都是自己親手製作。這種自給自足的能力就是他哲學思想的重點。人必須仰賴自己的見解。希皮亞斯和他的同僚不貶抑常識，而是讓學生對自己的心智運作產生自信。他們絕不可能知道絕對真理，但只要理解所有的思想都是主觀的，至少能夠擺脫錯誤的認知。他們自己的想法並不遜於別人，所以應該認為自己的思想崇高而自主。

〔252〕

詭辯家觸及了軸心時代的許多主題：追求解放、自主與個體性的渴求，以及向眾人推廣知識的能力，不再把知識侷限於一小群菁英。儘管如此，卻有一項根本上的差別：希臘人不像瑜祇，至今對激進改變仍然毫無渴望。希臘人對自己身為人的潛力充滿自信，對於這樣的潛力能夠把他們帶到哪裡去卻沒什麼興趣。他們著重的是自己的現況，而不是未來可能成為什麼模樣。❶由於他們專注於現狀，感興趣的對象是「技藝」（techne），也就是讓自己在現世能夠生活得更有效率的技術。詭辯家所要的不是一種能夠讓自己出世的技藝。他們無意創造出超凡的人，只是想要強化學生的世俗能力。詭辯家不但不揚棄財產，對賺錢還相當熱切。其他哲學家對於他們這項特點雖然深感鄙夷，但詭辯家並非利欲薰心的貪財奴。他們真心認為自己提供了一種極有價值的服務，協助一般大眾善用這種新出現的機會，不受出身與地位所影響。

有些詭辯家教導修辭學與說服的技藝。例如高爾吉亞（Gorgias）就寫了幾本公開演說的手冊，也教導學生任何論點都可以提出具說服力的

....

❶ Meier, *Athens,* pp.405-12.

論辯。他曾為特洛伊城陷落的禍首海倫寫了一篇著名的辯護文,而且他本身也是風采迷人的講學家。他在西元前 427 年以雷昂提努大使的身分來到雅典,隨即一夕成名,雅典的年輕人紛紛湧入他的課堂。他有一個學生名叫亞西比德(Alcibiades),是伯里克利的姪子,曾在一場關於民主的辯論中以詭辯法大勝他的叔叔。亞西比德後來成為人民大會裡的傑出演說家,而我們後續將會看到,這項發展卻為雅典帶來了可怕的後果。有些詭辯家的學生確實濫用自己學得的辯論技巧,但這不是詭辯家的錯。高爾吉亞相信有效的雄辯能力能夠維繫自由。一個人只要真正懂得如何論辯,就可以為無辜的人辯護,並且為自己的城邦宣傳。雅典演說家安提豐(Antiphon)曾說,在民主當中,「勝利屬於說得最好的人」。[20] 這句話不一定是種憤世嫉俗的說法,而是對民主運作的事實陳述。在人民大會裡,如果誰的論述最具說服力就能獲得勝利,那麼詭辯法確實可確保正義獲得伸張。

不是所有詭辯家都專注於鍛鍊演說技巧。最著名的詭辯家是阿布德拉的普羅泰哥拉(Protagoras of Abdera),他就對修辭學毫無興趣。他的專長在於法律和政府,但他也撰寫過探討語言和文法的著作,並且寫過一本探討真理本質的哲學作品。他在西元前 430 年代期間抵達雅典,成為伯里克利的朋友,並且受他委託為雅典在義大利圖里(Thurii)設立的新殖民地起草法規。普羅泰哥拉教導學生對一切都要抱持質疑的態度。他們絕不能聽信傳言或二手消息,而必須以自己的判斷與經驗檢驗一切真相;也不能在沒有堅實的證據支持下,繼續對宇宙提出自我耽溺的臆測。傳統的神話如果不合常理,也不能天真地深信不疑。

詭辯家在焦慮漸深的時代教人以一致性的質疑態度面對一切事物。他們走遍各地,知道其他文化雖然擁有不同習俗,卻也運作得相當良好,因此斷定世界上沒有絕對的真理。巴門尼德斯與德謨克利特摒斥主觀信

〔253〕

....

[20] Antiphon, Fragment 44, in gottlieb, *Dream of Reason,* p.125.

318

念，普羅泰哥拉卻張開雙臂接納。一個人認定的真理也許和鄰居不同，但不表示他一定是錯的。每個人的認知對自己都是正確有效。在普羅泰哥拉眼中，真理不是凡人接觸不到的某種遙遠真相，而是每個人都可以有自己的詮釋觀點。每個人只需要以自己的心智為依歸。「人是萬物的尺度，」他在自己的認識論著作裡寫道：「可以衡量一切存在事物的存在，也可以衡量一切不存在事物的不存在。」㉑個人必須仰賴自己的判斷力；沒有什麼超凡的權威或是至高無上的神可以把自己的觀點強加在人類身上。

有些雅典人覺得這種想法深具解放性，並且發現這種質疑基本假設的習慣能夠為人打開新的道路，讓人對宗教產生新的理解。劇作家優里庇德斯（約西元前 480-406 年）就有這樣的感受，而普羅泰哥拉則是在他的家鄉朗讀了那篇探討諸神的爭議性文章。「關於諸神，」普羅泰哥拉指出：「我無法知道他們究竟存不存在，也不知道他們是什麼型態。有許多障礙阻卻我們獲得這種知識，其中包括主題過於晦澀，人生也太過短暫。」㉒沒有足夠的資訊，他就無法對神祇提出任何陳述。他只是把巴門尼德斯的原則套用在神學上而已。諸神的真實性無可證明，所以不是知識或討論的適切對象。

這篇文章引起了一片嘩然，結果雅典在西元前 432 年通過法律，禁止教導這種褻瀆的思想，普羅泰哥拉與阿那克薩哥拉也雙雙被逐出雅典。不過，這種新興的懷疑論存留下來，生動呈現在優里庇德斯的悲劇裡。他一再針對諸神提出各種難以回答的問題：他們存在嗎？他們善良嗎？如果 〔254〕答案是否定的，那麼人生怎麼可能有任何意義？他深受詭辯派的影響。「你認為蒼穹上有神祇的存在嗎？」他在這段期間寫道：「沒有，根本沒有神祇這種東西，除非有人愚蠢地決心相信古老的童話。……你們自己想想看：不要只聽我說。」㉓他的個人經驗與昔日的神學完全不符。暴

....

㉑ Protagoras, Fragment 1, ibid., p.119.

㉒ Protagoras, Fragment 4, in Tarnas, *Passion of the Western Mind,* p.28.

㉓ Euripides, "On the Nature of the Gods." Quoted in Meier, *Athens,* p.443.

　　君燒殺擄掠，生活卻過得比一般人還舒適。他崇拜的英雄海克力斯是宙斯的兒子，卻在宙斯的妻子希拉（Hera）施咒之下喪失理智，而在瘋狂當中殺死了自己的妻子和子女。誰能接受這樣的神祇？「誰能對這樣的神祈禱？」海克力斯在劇末向雅典國王提修斯（Theseus）問道：「關於神祇的傳說只是詩人編造出來的混帳神話。」❷不過，優里庇德斯並未徹底否認神祇的存在。藉由毫不留情地質疑古老的傳說，他其實逐漸發展出一套新的神學。「我們每個人的『心靈』都是一位神祇，」他堅持道。❷在《特洛伊婦人》（Trojan Women）裡，特洛伊王普利阿摩斯的妻子赫谷芭（Hecuba）在經歷敗戰與喪子之痛的情況下，向不知名的神祇祈禱道：「啊，滋養天地也受到大地滋養的天神，不論你是誰，你是超越人類所知的力量，宙斯，不論你是嚴酷的自然定律還是人的智慧，我現在向你祈求；因為你指引凡間一切事務的正義，以無聲的步伐在天地間行走。」❷

　　西元前 431 年，優里庇德斯的《米蒂亞》（Medea）在城市酒神節上推出。劇中女主角米蒂亞是科爾奇斯（Colchis）人，嫁給傑森，幫他找到了金羊毛，後來卻遭到丈夫狠心拋棄。為了復仇，她殺了傑森再娶的妻子、他的父親，最後更手刃她自己為傑森產下的兩個兒子。不同於先前的悲劇主角，米蒂亞的作為並非出自神祇的指示；驅使她做出這些行為的力量是她自己嚴苛的理性。她強大的母性本能反對自己打算殺害兒子的可怕計畫，但她經過理性與情感的拉鋸之後，發現自己如不殺害他們的兒子，就不可能真正懲罰傑森。理性在此成了一種駭人的工具，可以把人帶入靈性與道德的虛空，一旦以具有技巧的方式加以運用，更可為人找出充分理由實行殘酷及邪惡的行為。以米蒂亞的聰明，絕不可能找不到最有效的報

....

❷ Heracles 1307; 1341-46, in Philip Vellacott, trans., *Euripides: Medea and Other Plays* (London and New York, 1963).

❷ Fragment 1018, in burkert, *Greek Religion,* p.319.

❷ Trojan Women 884-88, in John Davie, trans., *Euripides: Electra and Other Plays* (London and New York, 1998).

復方式；以她堅毅的個性，也絕不可能不落實這樣的報復手段。❷她如果追隨高爾吉亞，必然會是他的傑出弟子。

邏輯理性的運用，是悲劇滌清作用的關鍵元素。亞里斯多德後來宣稱道，「良好的理性思考能力」是產生憐憫這種淨化情緒的必要條件。❷如果沒有嚴謹的分析能力，個人就無法理解別人的觀點。對希臘人而言，理性不只是冷靜的分析，而是充滿了情感。法院與人民大會裡的辯論就和劇院舞台上的辯論一樣充滿熱情與火花，城邦公民在這些地方也同樣能夠學習到「出神」的體驗，也就是「踏出」自我的立場而體會不同的觀點。❷理〔255〕性可促使觀眾為自己沒有理由憐憫的對象感到同情。優里庇德斯延續了以同理心對「他者」產生理解與同情的悲劇傳統，即便是對罪行令人髮指的米蒂亞與海克力斯也不例外。在《海克力斯》的結尾，提修斯對這個遭到污染的頹喪之人表現出同情。他帶著海克力斯走下舞台的時候，這兩名主角以手臂環抱著對方，形成「友誼的連結」，而合唱隊則「哀悼流淚……因為今天我們失去了我們最崇高的朋友」。❸這些話促使觀眾一同落淚。這就是酒神式的「出神」——原本充滿了自我意識的觀眾，在觀賞悲劇的演出之後，竟能「踏出」自己根深柢固的偏見與既定觀念，進而對別人發揮同情心。

優里庇德斯的《米蒂亞》，講述了一名女子說服自己犯下可怕罪行的故事。當時的觀眾也許從中看到雅典人民大會裡一場延續許久的辯論，後來經過若干見不得人的政治運作之後，把整個希臘世界推向了伯羅奔尼撒戰爭（Peloponnesian War）。觀眾在西元前 431 年觀賞這齣悲劇的時候，雅典已經展開了發動攻擊的各項準備。伯里克利的計畫是犧牲阿提卡

....

❷ *Medea* 1021-80; Bernard Seiden-sticker, "Peripeteia and Tragic Dialectic in Euripidean tragedy," in M. S. Silk, ed., *Tragedy and the Tragic: Greek Theatre and Beyond* (Oxford, 1996), pp.387-88.

❷ Aristotle, *Rhetoric* 1385b.11-1386b.7, in Richard McKeon, ed., *The Basic Works of Aristotle* (New York, 2001).

❷ Seidensticker, "Peripeteia and Tragic Dialectic," pp.402-3.

❸ *Heracles* 1233-38; 1398-1428. Vellacott translation.

以挽救雅典的帝國。他命令所有鄉間居民遷入城裡，於是十萬名鄉下地區的人口湧入了雅典的城牆內。他們待在城裡，任由斯巴達人在阿提卡鄉間焚燒劫掠，而雅典的艦隊則掃蕩了伯羅奔尼撒。西元前430年爆發瘟疫，過度擁擠的雅典城於是成了活生生的地獄。約有兩萬人——所有人口的百分之二十五——因此喪生。許多雅典人在恐懼和哀傷之中看著虔誠的信徒與沒有信仰的人士一同受苦，從而對諸神喪失一切信心。他們也不再信任伯里克利，而卸除了他的職務。雖然他後來僅隔幾個月就重新獲得任命，卻在西元前429年秋季即告去世。後話暫且不提，此時的雅典不但瘟疫肆虐，戰事也形成了僵局。雅典與斯巴達互相劫掠彼此的國土，卻極少正面交戰，因此雙方都無從宣稱自己獲得決定性的勝利。

伯里克利死後幾個月，索弗克勒斯在城市酒神節推出了《伊底帕斯王》（Dedipus the Tyrant）。在這齣戲一開頭，底比斯正慘遭瘟疫肆虐，原因是伊底帕斯的父親萊奧斯王（King Laius）遭人謀殺的仇怨仍未得報。伊底帕斯於是發動調查，結果發現不但自己無意間成了殺父凶手，而且還在不知情的狀況下娶了自己的母親。詭辯派宣稱人是自由獨立的，可以掌控自己的人生。然而，個人是否真如雅典的法律所宣告的，

〔256〕 必須為自己的行為負起完全的責任？一個人就算行事經過深思熟慮的策劃，他的作為所具備的完整意義以及和過往關聯仍然可能不為他所知。許多事情是我們不可能看清楚的。伊底帕斯一輩子都努力做出正直的行為，也向來樂於採用最佳的忠告。結果，他卻在自己完全沒有過錯的情況下，成了令人髮指的惡人，成了他的城邦的污染源，因為自己在不知情的狀況下所做出的行為而聲名掃地。他雖然有罪，卻又無辜；雖是凶手，卻也是受害者。

伊底帕斯素有睿智之名。他曾因順利解答獅身人面獸的謎語而拯救了底比斯；而他的名字據說也可能衍生自「oida」一詞，意為：「我知道。」結果，他以為自己睿智過人，實際上卻是無知至極。真相讓人無可忍受，於是——索弗克勒斯在劇末加上了一項原本故事所沒有的駭人舉

動——伊底帕斯得知自己的所作所為之後，伸手挖出了自己的眼睛。❸儘管他以識見卓越（oidos）著稱，實際上卻是對真相盲目無知。伊底帕斯的自殘舉動把自己帶到了知識的極限，超越語言和知覺之外——對神祕的洞察力幾乎形成了嘲諷。他在劇首原本是受到臣民敬奉如神的國王，到了劇終卻成為污穢的罪犯，為自己的城邦帶來了死亡和疾病的瘴氣。

不過，他的人生旅程還沒結束。伊底帕斯喪失視力之後，情感的脆弱又達到了前所未有的程度。❸現在，他的話語充滿了無言的悲嘆（「啊……啊！唉……唉！」）。伊底帕斯學到了哀痛。他向自己的兩個女兒伊斯美妮與安蒂岡妮伸出雙手，即因同情她們悲苦的處境而忘卻了自己的厄運。合唱隊也深感驚恐，一開始甚至不敢正視殘缺的主角。不過，這幕言語無法形容的苦難景象讓他們產生了同情心。他們努力理解伊底帕斯的痛苦有多麼深沉，於是心中的恐懼也漸漸褪去。他們開始以溫柔的語氣和他說話，稱呼他為「我的朋友」以及「親愛的」。❸一如以往，合唱隊的同情就是對觀眾的引導，促使他們對主角產生憐憫，儘管他所犯下的罪行理當使他們深感厭惡。觀眾一旦擺脫了原本的主觀而產生同理心的「出神」，也可因此獲得昇華的體驗。

伊底帕斯終於步下舞台，身影消失在宮殿裡面之後，他已學到了悲劇作家所要教導的苦難教訓。不過，這項新獲致的知識很難評估。劇中人物和觀眾所學到的是一種同情心，可為人帶來滌清的效果。伊底帕斯必須放棄自己的確信、清明以及原本以為自己具備的洞見，才能認知到人類境況中黑暗的曖昧現象。當初為他帶來聲望與地位的智慧，必須拆毀剷除。

....

❸ Cf. *Odyssey* 11:275-76.

❸ Charles Segal, "Catharsis, Audience and Closure in Greek Tragedy," in *Silk, Tragedy and the Tragic,* pp.166-68; Claude Calame, "Vision, Blindness and Mask: The Radicalization of the Emotions," in Silk, *Tragedy and the Tragic,* pp.19-31; Richard Buxton, "What Can You Rely on in Oedipus Rex?," in Silk, *Tragedy and the Tragic,* pp.38-49.

❸ *King Oedipus* 1297; 1312; 1299; 1321, in E. F. Watling, trans., *Sophocles: The Theban Plays* (London and New York, 1947).

〔257〕 他自己雖然沒有過錯，卻還是以高超的勇氣接受了懲罰。自此以後，他就受到了世人的棄絕。按照希臘宗教的古老邏輯，他成了一個禁忌，一個自成一格的人物，所以也就具有神聖性。索弗克勒斯在臨終之前寫下了《伊底帕斯在柯羅納斯》（Oedipus at Colonus），劇中伊底帕斯於死後獲得了極高的讚頌，幾乎被奉為神明；而他的墳墓則為雅典帶來福佑，因為當初雅典收容了他。❸

　　西元前 420 年代期間，伯羅奔尼撒戰爭仍然綿延不絕，各種殘暴行為層出不窮，這時一名新興的哲學家成了雅典的著名人物。不同於精明的詭辯派，這名哲學家呈現出來的形象頗為邋遢。他對賺錢沒有興趣，對於向學生收取學費的觀念更是完全無法接受。這位哲學家名叫蘇格拉底，是石匠之子，相貌醜陋，厚唇塌鼻又有個大肚子，但他因為買得起必要的武器，而得以加入重裝備步兵部隊，並且參與伯羅奔尼撒戰爭。蘇格拉底雖然出身卑微，卻從雅典的顯赫家族吸引了一小群學生。這些學生對他深為著迷，敬奉他為哲學英雄。蘇格拉底喜於和任何人交談。他需要與人對話，但也能夠從事深刻的抽象思考。他曾在一場戰役當中整晚靜靜站著不動，專注思考一項智能問題，而把他的軍中同僚嚇了一大跳。又有一次，他在前往晚宴的路上陷入了沉思，而遠遠落在同伴身後，結果整晚就在一個鄰居的門廊上度過，深深沉浸於自己的思索當中。「這就是他的習慣，」一個朋友解釋道：「不論他身在哪裡，他總是一陷入沉思就這麼站著不動了。」❸ 不過，他的思想非常實用：蘇格拉底深信他有責任促使他的雅典同胞更加了解自己。

　　和蘇格拉底對話總是讓人頭昏腦脹。他只要在智性上受到某個人的吸引，那個人「就很可能會被他引入爭論當中，而且不論自己提起什麼主

....

❸ Jean Pierre Vernant with Pierre Vidal-Naquet, *Myth and Tragedy in Ancient Greece,* trans. Janet Lloyd (New York, 1990), pp.113-17.

❸ Plato, *Symposium* 220c; 174d; 175b, in W. Hamilton, trans., *The Symposium* (Harmondsworth, 1951).

題，都不免被他一再牽著鼻子走，」蘇格拉底的友人尼西亞斯（Niceas）
說：「而不得不把自己的過去和當下的生活都完整交代一遍。而且，蘇格
拉底一旦困住了一個人，就一定要把他澈底查究一番才肯罷休。」㊱蘇格
拉底的目的不在於傳遞資訊，而在於解構別人先入為主的觀念，藉此讓他
們了解自己其實什麼都不知道。和蘇格拉底對話，會讓人的自信從雲端跌
落谷底，猶如伊底帕斯的遭遇，只是沒有那麼激烈而已。真正的知識不可
能經由二手傳遞而獲得。唯有經歷整體自我的痛苦掙扎，才有可能發現真
正的知識。這是一種雄偉的成就，不只是隨便同意幾項事實或觀念就可以
達到，而是必須深入檢驗自己的過去和現在，才能找到內在的真理。 〔258〕

　　蘇格拉底自稱為接生婆：他和別人對話，就是促使對方內在的真理
誕生。在他與人的對話裡，通常先就目前討論的主題提出幾項明確的既定
觀念。例如軍隊將領拉契斯（Laches）深信勇敢是一種高尚的特質，但蘇
格拉底卻舉出一個接一個的例子，指出勇敢的行為經常莽撞而愚蠢——他
們彼此都知道這兩種特質「卑下又對人有害」。另一位將領尼西亞斯隨即
加入對話，指出個人必須具備懂得害怕的智力程度，其英勇行為才稱得上
勇敢，所以因缺乏經驗而不懂得危險的動物或兒童，其所作所為都不算真
正的勇敢。蘇格拉底答道，我們害怕的恐怖事物其實都在未來，所以對我
們而言是不可知的；而我們對未來的善惡所具備的知識，絕不可能脫離於
我們過去和現在所經歷過的善惡經驗。我們說勇敢只是一種德行，但真正
英勇的人必然也具備自制、正義、智慧與善良等特質，因為這些特質都是
英勇的必備要素。你如果想培養一種德行，就必須同時也精通其他德行。
所以就根本上而言，每一種單一德行——例如勇敢——都必然和其他德行
毫無差別。在對話的結尾，這三名重裝備步兵都不得不承認，儘管他們經
歷過戰場上的恐怖體驗，對於勇敢的議題應當具有深入的了解，但他們其

....

㊱ Plato, *Laches* 187e, in Benjamin Jowett, trans., with M.J. Knight, *The Essential Plato* (Oxford,
1871); reprinted with introduction by Alain de Boton (London, 1999).

實無法定義勇氣。他們並未發現勇氣究竟是什麼，無法確認勇氣和其他德行有什麼不同，而且深感困惑。他們極為無知，必須像兒童一樣回到學校學習。❸

蘇格拉底發明了辯證法，也就是一種嚴謹的對話，目的在於揭露虛妄的信念，從而找出真理。藉由提問以及分析答案所隱含的意義，蘇格拉底和他的同僚因此發現每一種觀點的缺陷與矛盾之處。一項接一項的定義因此遭到揚棄，對話的結果經常導致參與者陷入震驚與迷惑當中，就像拉契斯與尼西亞斯一樣。蘇格拉底的目標不在於提出巧妙或是在智識上令人滿意的答案。經過一番辯論的結果，他與自己的對話對象通常只能承認他們找不到答案，但發現這種令人困惑的結局遠比得出乾淨俐落的結論還重要，因為我們一旦理解到自己什麼都不知道，才能展開哲學上的追尋。

蘇格拉底的辯證法可說是希臘理性版本的印度梵論。梵論這種辯論比賽的目的在於闡述絕對真理，但最後總是以沉默作結。在印度聖哲的認知裡，他們一旦理解到語言的不足，就會因此獲得洞見，而直覺認知到那言語無法述說的事物。在最後的靜默時刻，他們意識到梵，儘管他們無法對其提出條理清晰的定義。蘇格拉底的目的也在於喚出那認知真理的關鍵時刻，讓他的對話對象體會到人類的無知具有一種創造性的深奧意義。

藉此獲得的知識和德行是不可區分的。不同於詭辯家，蘇格拉底雖然無法對勇氣、正義、虔誠及友誼等特質提出定義，卻不認為這些特質就只是虛妄的幻想。他深信這些特質指向某種真實存在的事物，只是神祕地超越於我們的認知範圍之外。如同他的對話所顯示的，我們永遠不可能真正掌握真理，但只要用心追求，就可以讓真理成為人生中的真實存在。在他與拉契斯及尼西亞斯的討論裡，他把勇氣視為一種德行，而不是概念。知識就是道德。只要懂得善的精義，就一定會做出正當的行為。你如果困惑不清，或是對善只有自利性或膚淺的理解，那麼你的行為就不可能合乎

❸ Plato, Laches, "On Courage." Jowett translation.

最高標準。在蘇格拉底眼中，哲學的目的不在於對宇宙提出深奧的理論，而是在於學習如何生活。世界上為什麼有那麼多邪惡？原因就是人對生命和道德欠缺充分的認識。人一旦了解到自己有多麼無知，就比較能夠知道該表現出什麼樣的行為。

我們很難確切知道蘇格拉底的話語或思想，因為他沒有留下任何著作。實際上，他反對寫作，因為他認為寫作會讓人對真理的認知形成一種華而不實的臆測。關於蘇格拉底的主要文獻，是他的學生柏拉圖在他死後多年寫下的對話錄。柏拉圖把自己的許多洞見及態度歸給了蘇格拉底，這種傾向在中期和後期的作品中尤其嚴重。不過，在早期的對話錄裡——例如《拉契斯篇：論勇敢》（Laches: On Courage）——他對蘇格拉底採取的方法倒是可能描寫得相當精確。我們看到他最關注的議題是善，而且他認為善是不可切割的。因此，蘇格拉底的善和孔子的仁頗為相似。他追求的似乎是一種絕對德行的超越性概念，永遠無法受到充分的認知或表達。我們在下一章將會看到，後來柏拉圖更把善視為至高無上而且無法以言語形容的理想。

蘇格拉底想要倡導的也許不只是他每次與人討論所造成的茫然與困惑，但他似乎無法再達到進一步的發展。藉由嚴謹運用理性，他發現了一種超越性，而且認定這種超越性是人生不可或缺的。不論他和他的同伴多麼縝密推論，總是有某種東西讓他們捉摸不到。蘇格拉底對於自己在每一項既有觀念的核心所發現的無知深感自豪。不論是別人多麼堅定抱持的觀念，最後都一定不免發現其中充斥著無知。他明白自己所知極少，對於一再碰觸到自身思想的侷限也不覺羞惱。他如果確實覺得自己有優於別人之處，那麼這項優勢就是他了解自己永遠不可能為自己提出的問題找到答案。詭辯派以實際行動逃避這種無知，蘇格拉底則是把這種無知的體驗視為一種「出神」，能夠揭露人生的奧祕。人必須質疑自己最基本的假設。唯有如此，他們才能做出正確的思考與行動，才能見到事物的真相，超越錯誤的觀念，從而覺察到那完美的直覺，促使他們隨時維持良好的行為表

〔260〕

現。如果沒有做到這一點，就只能過著權宜而膚淺的生活。正如他那句名言所說的：「未經檢驗的人生不值得活。」❸

　　如果不能深刻思考意義，就是背棄了「靈魂」（psyche）。發現靈魂是蘇格拉底與柏拉圖最重要的成就之一。不同於「自我」（atman），靈魂與肉身是分離的，在個人誕生之前就已經存在，在個人死亡之後也不會隨之消失。靈魂賦予了人類思考的能力，也激發了人類對善的追求。修養靈魂是人類最重要的任務，遠比世俗成就重要得多。錯誤的行為會損害靈魂，正確而正直的行為則對靈魂有益。「不論我們遭到別人什麼樣的惡行對待，都絕不該以惡報惡，」❸蘇格拉底在臨終之前說道。以牙還牙的誘惑難以抗拒，但報復絕對不合乎正義。因此，如果有人打了我們一巴掌，我們絕對應該把另一個臉頰也轉過去給他打。這樣的觀念大幅偏離了希臘的習俗，因為希臘人向來認為報仇是神聖的命令。不過，蘇格拉底卻堅稱唯有克制報復的衝動才是通往快樂的唯一道路，因為對所有人忍耐——不論是朋友還是敵人——是有益靈魂的行為。❹

　　蘇格拉底並未以教條的方式呈現這些觀念。柏拉圖後來提筆記錄老師的教誨，還必須自行發明對話錄的文學型態。一如孔子，蘇格拉底也是透過討論的方式教導學生，而且從不曾提出確切的命題。每個人都必須透過和別人的對話找出屬於自己的善與正義。在這段努力的過程中，他們將獲得啟發，從而對自我覺醒。前來找尋蘇格拉底的人通常認為自己對本身的主張具備透澈的理解，但蘇格拉底卻是透過條理分明的論辯讓他們意識到自己的無知，從而引領他們發掘原本就存在於他們內在的真實知識。他〔261〕們一旦發現了這種知識，感覺就像是記起了自己早已知曉的洞見。蘇格拉底認為，這種深具啟發性、幾乎有如宗教異象般的發現，將會促使人做出正確的行為。

---

❸ Plato, *Apologia* 38a5-6. Jowett translation. 。
❸ Plato, *Crito* 47e. Jowett translation.
❹ Plato, *Crito* 49a.

　　如同其他各種口傳的教學方式，蘇格拉底的辯證法也不只是純粹智性的活動，而是一種啟蒙。柏拉圖記述蘇格拉底的這些對話，論證過程中每個階段的觀念都瀰漫著深刻的情感。參與對話的人逐漸體會到，有一種渴望帶著他們來到自身存有的核心。他們散發出不斷奮鬥的毅力，卻沒有狂熱或武斷的確信態度，而是對絕對抱持著一種樂於接納而且熱切的開明心態。在柏拉圖的對話錄裡，我們可以感受到蘇格拉底對別人所造成的影響。伯里克利的姪子亞西比德似乎愛上了蘇格拉底。他把蘇格拉底視為一個神祕的人物，總是在別人最意想不到的時候出現。他就像是羊人賽倫諾斯（Silenus）的塑像一樣，一旦打開來，就會發現裡面有個小神像。他也像是羊人馬西亞斯（Marsyas），能夠以音樂讓人陷入狂喜當中，而渴望與神祇合而為一。不過，蘇格拉底並不需要樂器。他光靠話語就能深深觸動人心。「我只要一聽他說話，就不禁心跳加速，彷彿進入了宗教狂熱的狀態，而且忍不住淚流滿面，」亞西比德坦承道。他聆聽叔叔伯里克利說話的時候從來不曾有過這種經驗。蘇格拉底一開口，就讓亞西比德覺得「我仍然充滿了不完美」。全世界只有蘇格拉底能夠讓他感到羞愧。表面上看起來，蘇格拉底似乎是個丑角，玩世不恭，隨意開玩笑，到處追求年輕男子，而且整夜飲酒作樂。不過，亞西比德說：

　　我猜可能沒有人看過他嚴肅起來的時候所揭露的內在寶藏。我見過一次，發現是如此聖潔、美麗而令人驚嘆。簡單說，我因此別無選擇，只能對蘇格拉底言聽計從。

　　蘇格拉底的理性為他的聽眾引發了「狂熱」，就像酒神給予人的感動一樣；聽眾感到「迷狂」（ekplexis），彷彿即將獲得開示。[41]

　　不過，不是每個人都對蘇格拉底感到如此著迷。在這個充滿焦慮而

....

[41] Plato, *Symposium* 215de. Hamilton translation.

且遍地戰火的時代，一般人並不想陷入困惑茫然，不想被觸動心靈深處，也不想鮮明意識到自己的缺陷，他們要的是確定性。西元前 423 年，亞里斯多芬（Aristophanes）在《雲》（Clouds）這齣喜劇裡大肆嘲諷蘇格拉底。這齣戲對於詭辯派的相對主義表現了極度的不安。即便是最荒謬的命題，他們也能夠提出深具說服力的論辯。蘇格拉底雖然不是詭辯家，但不曾體驗過他教導方式的雅典人大概無法區分兩者的不同。畢竟，他毫不留情地破除既定觀念，看起來和詭辯派否定絕對真理的做法確實頗為相似。在亞里斯多芬筆下，蘇格拉底坐在自己的「邏輯店舖」裡，把黑的說成白的，並且指示眾人敬拜雲朵而不是宙斯。劇中主角是個忠心的雅典公民，他後來深感憤怒，於是放火燒毀了蘇格拉底的學校。亞里斯多芬一定沒想到，這齣戲竟然成了一則相當準確的預言。

〔262〕

這時，雅典在伯羅奔尼撒戰爭中節節敗退。許多人認為戰敗的災禍是諸神對哲學家背棄宗教的懲罰。蘇格拉底雖然相當虔誠，也像當初進入軍隊服役一樣盡責參與公眾儀式，但雅典人卻認為他的教誨是對神的褻瀆。後來，焦慮更進一步轉為歇斯底里。西元前 416 年，亞西比德在人民大會裡發表了一場動人的演說，指稱雅典位於西西里（Sicily）的盟友瑟傑斯塔（Segesta）遭到了鄰邦瑟林那斯（Selinus）攻擊，雅典應當出兵援助。將軍尼西亞斯（蘇格拉底鬥嘴的同伴）反對這項軍事行動，但亞西比德和其他年輕成員成功說服了會眾。這是一項災難性的決定，因為大部分投票支持出戰的公民對西西里的疆域大小和軍事力量都毫無所悉。在艦隊登陸之前，有人破壞了雅典城內的赫姆雕像（herms）──這是一種神祇赫美斯的陽具崇拜雕像，設置於雅典各處以保護街道與房屋。沒有人知道是誰做出這樣的行為，但這起事件讓雅典人驚懼不已。民眾深信這項公然褻瀆的舉動將會引來神祇的報復，於是雅典城內發起了獵巫行動，也有嫌犯遭到處決，最後亞西比德也從西西里遭到召回，面對褻瀆神祇的指控。

隨之而來的是一連串的災難。雅典海軍被圍困在敘拉古撒（Syracuse）的港口內，部隊全被監禁在鄰近的採石場。雅典一夕之間喪

失了四萬名兵將與半數的船艦。西元前411年，一個支持斯巴達的陰謀集團推翻了雅典的民主政府。這場政變僅如曇花一現，民主制度在次年就獲得了恢復，但由這次事變已可看出雅典遠比過去脆弱。與斯巴達的戰事持續到西元前 405 年，最後由斯巴達將領萊山德（Lysander）迫使雅典投降。三十名支持斯巴達的貴族在雅典再次建立了寡頭政府，但由於其恐怖統治殺害了太多公民，不久就遭到推翻，民主制度又在一年後獲得恢復。雅典重新獲得了獨立、民主以及海軍艦隊，但勢力已大不如前，帝國不復存在，伯里克利建造的城牆也遭到拆除。

在如此可怕的時代背景下，雅典出現了兩部悲劇巨作。優里庇德斯 〔263〕在雅典於西元前 406 年承認戰敗前夕去世，留下來的最後幾部作品充滿了黑暗與忿恨的氣息，帶有災難臨頭的陰鬱氛圍，而這些作品也都在他死後演出。其中最後一齣劇作是《酒神的女祭司》（The Bacchae），在西元前 402 年演出。❷在這齣戲的開頭，酒神戴奧尼索斯以偽裝的身分來到底比斯，因為這座城市當初在他母親西蜜莉懷孕的時候把她驅逐出城，而且一再禁止人民膜拜他。不過，現在大部分的底比斯民眾都深受這位突然出現的陌生人所吸引。城裡的婦女不曾接觸過酒神的祕教，於是深陷在毫無節制的狂喜之中，漫遊於樹林裡，身上只裹著獸皮。年輕的國王潘修斯（Pentheus）努力想要恢復秩序，卻徒勞無功。最後，他同意扮成女子，以便暗中窺探這些狂歡活動。不過，那些情緒激動的婦女卻徒手把他撕成碎片，以為自己殺死了一頭獅子。潘修斯的母親阿伽薇（Agaue）更是趾高氣昂地提著兒子的頭顱，帶領一群神智失常的婦女列隊走進城裡。

悲劇經常描寫親人之間的互相殘殺，但優里庇德斯把這項違背天理的罪行歸咎於悲劇的守護神戴奧尼索斯，卻似乎是對這整個文類提出了質

❷ Charles Segal, *Dionysiac Poetics and Euripides' Bacchae,* 2nd ed. (Princeton, 1997); Richard Seaford, "Something to Do with Dionysus: Tragedy and the Dionysiac," in Silk, *Tragedy and the Tragic,* pp.284-92; Oliver Taplin, "Comedy and the Tragic," in Silk, *Tragedy and the Tragic,* pp.284-92; George Steiner, "Tragedy, Pure and Simple," in Silk, *Tragedy and the Tragic,* pp.538-89; Vernant, *Myth and Tragedy,* pp.381-412; Meier, *Athens,* pp.575-78.

疑。這齣戲的結尾完全沒有一絲希望的光芒。王室就此破碎，婦女淪為野獸，啟蒙的理性敵不過野蠻的狂熱，底比斯——一如當下的雅典——顯然已逃不過滅亡的命運。對於這麼一位恣意殺人、折磨人、羞辱人，又從不提出任何合理解釋的神祇，每年發洩情感向他致敬究竟有什麼意義呢？

　　雅典已成長到超越悲劇的境界，也因此開始與軸心時代分道揚鑣。這齣戲向雅典提出警告，拒絕外來者的加入是危險的行為。在索弗克勒斯的《伊底帕斯在柯羅納斯》（Oedipus at Colonus）（西元前406年）裡，伊底帕斯這位遭到污染的神聖人物在瀕死之際獲得了雅典的尊敬與接納，結果這項同情之舉也為雅典帶來了賜福。在《酒神的女祭司》裡，潘修斯拒斥了陌生人，結果遭到了毀滅。拒絕陌生人的舉動不但會帶來政治上的災難，個人也必須認可及接納自己在神祕的慶祝儀式中在自身內心發現的陌生人。雅典在每年的祭典中向戴奧尼索斯致敬，即是讓他所代表的「他者」得以在這座城市的中心享有崇高的地位。然而，雅典多年來卻未能尊重其他城邦不可侵犯的獨立權，而對他們加以剝削攻擊，結果陷入傲慢的陷阱當中。

　　在他這部最後的作品裡，優里庇德斯趨近了軸心觀點的核心。由酒神的女祭司所組成的合唱隊因為以正確的方式加入了酒神的祕教，而經歷了一種平和、喜悅、合一的異象；但底比斯的婦女對轉變的紀律毫不理解，因此失控，被自己心靈裡所不知道的黑暗面帶入瘋狂當中。阿伽薇高舉著兒子的頭顱走進城裡時，並未達到「出神」的境界，只是著迷於她自己的成就：

〔264〕

> 在世人的眼中多麼了不起，
> 如此了不起的是我成就的功業，
> 以及我在那裡獵得的獵物。❸

....

❸ Euripides, *The Bacchae* 1168-1231, in Philip Vellacott, trans., *Euripides: The Bacchae and Other Plays* (London and New York, 1973).

此一貧瘠的自私心態，具體表現為一項慘痛駭人的逆倫暴力行為。

在這齣戲裡，優里庇德斯也呈現了希臘人的神聖體驗中最動人也真正具有超越性的一幕。戴奧尼索斯雖然表面上看來毫無道德、殘酷又陌生，但他卻明明確確存在於舞台上，不論以意志還是其他方式都驅不走他。他裝扮成一個陌生人的模樣看起來頗令人毛骨悚然。戴奧尼索斯向來是個戴著面具的神祇——他臉上的面具一再提醒我們，他的真實面目與表象並不相同。他顯現出來的本質不是一個人形的幽靈，而是突然間消失無蹤。他在只相信眼見為憑的人類面前刻意隱身，突然間從舞台上消失。大地隨即陷入一片沉寂，這時眾人更可強烈感受到他的存在。❹昔日的奧林帕斯觀點超越了自我，開始追求象徵符號背後那言語無法形容的真相。

這段時期的第二大悲劇是蘇格拉底在西元前 399 年遭到處死的事件。他遭到指控的罪名包括不敬拜城邦的神祇、提倡新的神明，以及腐化年輕人。年輕的柏拉圖目睹了這場審判，結果在他心中烙下了深刻的印象。從法律的觀點來看，蘇格拉底的辯護極為薄弱。他說他不可能腐化年輕人，因為他根本沒有足夠的知識能夠教導任何人。他的所作所為都是為了雅典著想，但雅典卻不了解他的苦心。儘管如此，他還是不能放棄自己的任務。個人能夠做出的最佳選擇，就是「每天都要討論善以及你聽到我談論的其他各項議題」。❺他未能說服審判團，結果被判處了死刑。

長久以來，蘇格拉底就一直是備受疑懼的對象。他的部分友人——例如亞西比德——涉及雅典的軍事災難，於是蘇格拉底成了代罪羔羊。他說的都是對的，但卻挑錯了時間。他一心忠於雅典，至死都對雅典的法律遵行不悖。即便判決不公，他還是拒絕逃獄，也不接受放逐的選項：他淡然指出，自己已經快七十歲了，不想住在別的地方。他提倡真理，卻目睹著反真理的潮流而死。他臨死之際沒有憤怒，也沒有怪罪任何人。他對弟子說，死亡一點都不悲哀，因為根本沒有人知道那是什麼，說不定死亡其〔265〕

❹ Euripedes, *Bacchae* 1075-95.
❺ Plato, *Apologia* 37e. Jowett translation.

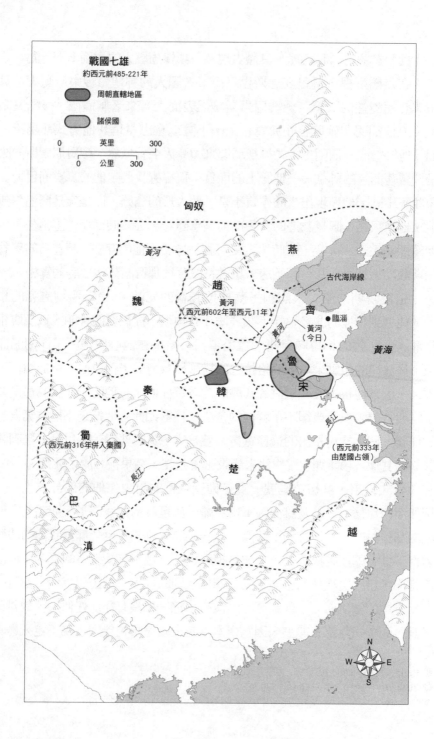

實是一大好事。他終生都認為自己身邊伴著一位神靈（daimon），總是會在關鍵時刻對他說話。這位神靈從不指示他怎麼做，只會警告他避免採取特定行為。他發現自己的這道內在聲音在審判期間都沒有出現，所以深感振奮，相信自己必然走在正確的道路上，朝著善的目標前進。

在他喝下毒藥的時候，他的朋友都聚集在他的床邊。柏拉圖說，他在飲下毒芹自盡之前，還先清洗了身體，以省卻收殮婦女的麻煩。他很有禮貌地感謝獄卒的親切對待，甚至還對自己的處境開了些玩笑。他能夠祥和地面對死亡，要求友人不得為他哀悼，並且平靜而慈愛地接受他們的陪伴。他臨終的時刻沒有撕心裂肺的悲痛，只有安祥寧靜的接納。蘇格拉底證明了人即便在苦難當中，心靈的祥和仍有可能超脫於外在的處境。

*　　*　　*

孔子死後不久，中國隨即進入了一個混亂而可怕的時代，史學家稱之為戰國時代。這個時期是中國歷史上一個決定性的轉捩點。西元前 453 年，晉國遭到三家瓜分，形成韓、趙、魏三國。衰頹已久的周朝至此正式終結：在此之前，各諸侯國的國君仍然接受周天子的分封；但這幾個新國家卻純粹是靠著武力建國，周天子完全無能為力。從這一刻開始，各個較大的強國就為了稱霸中國而陷入激烈鬥爭。在主要的競爭者當中，南方的楚國只具有一半的漢人血統，位於陝西西部的秦國是個粗野好戰的國家，齊國是富有的沿海國家，「三晉」就是新成立的韓、趙、魏三國，燕國的所在位置則接近於北方的戈壁沙漠。剛開始，中原地區的小國曾試圖藉由外交手腕自保，但在接下來的兩百年間，這些小國一一遭到消滅，併入較具競爭力的大國。

〔207〕

戰國時代是歷史上一種極為罕見的時期，由於一連串相互強化的變遷，而加快發展的速度，結果促成社會的根本改變。❹這段期間的動亂終

❹ Jacques Gernet, *A History of Chinese Civilization,* trans. J.R. Foster and Charles Hartman, 2nd ed. (Cambridge, U.K., and New York, 1996), p.62.

335

於在西元前 221 年結束之後，中國的政治、宗教、社會、經濟與智識面向都與過去完全不同。不過，在戰國時代初期，大多數人只注意到中原突然變得極為動盪不安。惶懼之下，許多人因此更加積極追尋新式的宗教觀點。

戰爭本身也出現了變化。❹交戰雙方不再以禮為重，不再爭相表現出勝過對方的寬大與謙恭。這些軍事國家交戰的目的在於兼併土地、征服人民、消滅敵人。戰役持續的時間更長，征戰的地點也更遙遠。這時的戰鬥著重效率，因此必須有統一的指揮、明確的策略、訓練精良的部隊，以及充足的資源。戰爭由軍事專家主導，命令、紀律和效率遠比榮譽和名聲重要得多。殺害老弱婦孺以及受傷之人，在過去是想都不敢想的事情，但到了戰國時代，「今之勍者，皆吾敵也。雖及胡耇，獲則取之，」當時一名將領指出：「傷未及死，如何勿重？」❹

早在西元前六世紀末，各國已開始發展新的軍事科技。專家建造了活動的瞭望塔與裝有輪子的車梯以便攻城；他們挖掘地道，並且設計風箱，把煙霧吹入敵人的地道。地形也成為戰爭利用的工具：楚與齊率先在河南與山東建造防禦牆；秦在黃河的水道上建築了防禦工事。各國都在國界上建造堡壘，並且由職業部隊駐守。越來越多土地都排水開墾成田地，並且開挖運河以增加農業產量，藉此資助昂貴的戰事。

越來越多人口受到動員。在過去封建時代注重禮節的戰爭，農民只扮演了邊緣的角色，並不參與實際的戰鬥。現在，數十萬的農民都被徵召為步兵，而步兵也成為軍隊當中最重要的部隊。現已滅亡的晉國是最早採用步兵部隊的國家，時間在西元前六世紀末，原因是他們發現多山的地區不適合車戰。越、吳兩國因為境內充斥湖泊與水道，同樣不適合車戰，

[268]

....

❹ Jacques Gernet, *Ancient China: From the Beginnings to the Empire,* trans. Raymond Rudorff (London, 1968), pp.93-94, 96-101; *Gernet, History of Chinese Civilization,* pp.65-67.

❹ *Zuozhuan* ("The Commentary of Mr. Zuo") 2:30, in James Legge, trans., *The Ch'un Ts'ew and the Tso Chuen* (Hong Kong, 1960).

所以也跟進採用步兵。於是，農民戰士越來越成為社會與政治裡的重要勢力。貴族戰車隊漸漸遭到淘汰，服兵役也因此成為下層階級的活動。軍事專家向戈壁的遊牧民族學習，在西元前四世紀開始採用騎兵，機動性優於笨重的戰車部隊，因此能夠發動突襲而澈底擊潰敵人。這些新式的戰士也採用遊牧民族的武器：劍與十字弓。十字弓不但比傳統的摺弓準確，射擊距離也長達半英里。

積極擴張領土的大國國君紛紛把中庸與節制的理想拋在一旁。葬禮再次成為殘忍而舖張的炫耀機會。一名國君為女兒下葬，不但準備大批財寶，還強迫成群的舞者與平民的童男童女陪葬。⓮這時候的統治者都擁有繽紛華麗的宮殿，滿是嬪妃宮女、樂舞雜戲之人，以及弄臣與鬥士。原本負責向國君和大臣提供宮廷禮儀諮詢的文人，這時都培養出高明的辯論技巧，經常提供公共關係與外交方面的建議。貧困的游士也聚集於宮廷，爭相展現才能，盼能藉此獲得重用。其中有些人是學者。魏文侯（西元前 446-395 年）成了學問的贊助者，收養了一群文人，為他在禮儀與道德方面提供意見。由於貴族已成了國君的競爭者，因此這些國君不再信任貴族，而轉向這些「有才之士」尋求諮詢。魏文侯的其中一名門客是孔子的門徒子夏。

不過，在這個務實的時代，國君通常覺得儒士太過理想化，而較為偏好「俠」，也就是一群群流浪的軍事專才，因為和士人一樣在城市裡喪失了立足之地，而遊歷於各國之間尋求雇用機會。然而，到了戰國時代，許多俠士都是由下層階級招募而來，他們其實就是傭兵，只要報酬好，不論哪一國的軍隊他們都願意效力。不同於較為貴族傾向的儒士，俠士屬於慷慨激昂的行動派。後代一名史家寫道：俠士「其言必信，其行必果，已諾必誠，不愛其軀，赴士之阨困」。⓯

....

⓮ Marcel Granet, *Chinese Civilization,* trans. Kathleen Innes and Mabel Brailsford (London and New York, 1951), pp.32-33.
⓯ Sima Qian, *Records of the Grand Historian* 124, in Fung Yu-Lan, *A Short History of Chinese Philosophy,* ed. and trans. Derk Bodde (New York, 1976), p.50.

〔269〕　　　然而，到了西元前五世紀末，一名俠士揚棄了好鬥的習性，轉而宣揚非暴力的理想。他叫做墨子（約西元前 480-390 年）。我們對他所知極少，因為《墨子》一書裡記載他的對話，文字比《論語》還要不帶情感，因此我們也就只看得到墨子的理念，而無法對他這個人有所了解。❺❶他領導了一個紀律嚴明的團體，成員共有一百八十人。❺❷不同於孔子那群組織鬆散的門人，墨子的學派有如一個教派，具有嚴格的規則，並且澈底遵循平等的理念，所有成員的打扮都如同農民或工匠。墨者不當傭兵，而是致力於遏止戰爭，以及協助小國守城。❺❸《墨子》裡有九個章節探討防禦的技術，以及如何建造守城器具。不過，墨子也是哲學家。他並不以行為恪遵紀律為足，而是到處遊歷，向各國國君宣揚他深富原創性的理念。

　　觀諸《墨子》的記載，墨子可能是藝匠或工匠出身。他運用工人的意象，把上天對世界的安排比擬為車輪修造工匠的圓規與木工的角尺，就像他們以這些工具「度天下之方圓」。❺❹《墨子》的文字不像《論語》那麼優雅，而是有些陰鬱沉重，顯示他的學問可能是自學而來，在寫作上不是那麼得心應手。❺❺儘管墨子對傳統深為熟悉，他的文體仍然帶有些微彆扭，顯示他對貴族的菁英文化並不完全感到自在。墨子和他的追隨者都是從下層社會攀爬上來的，所以對貴族注重聲望與地位的心態頗為不耐。他希望所有人都能夠控制支出、抑制奢華享受，也要求社會應當反映他那個階層的儉樸特質。

　　舉例而言，墨子對周朝充滿批判，對孔子崇拜的周公也毫無好感。

---

❺❶ Fung Yu-Lan, *Short History of Chinese Philosophy,* pp.50-52.

❺❷ *The Book of Huainan* 20. The *Huainanzi* is a collection of twentyone essays compiled in the second century.

❺❸ A. C. Graham, *Later Mohist Logic, Ethics and Science* (Hong Kong, 1978), p.4; Gernet, *Ancient China,* pp.116-17.

❺❹ *The Book of Mozi* 26:4. Quotations from the *Mozi* are from Burton Watson, trans. and ed., *Mo-Tzu: Basic Writings* (New York, 1963), unless otherwise stated.

❺❺ A. C. Graham, *Disputers of the Tao: Philosophical Argument in Ancient China* (La Salle, Ill., 1989), p.34; Benjamin I. Schwartz, *The World of Thought in Ancient China* (Cambridge, Mass., and London, 1985), p.137.

周朝的禮儀、音樂和文學對孔子深具啟發性，墨子卻絲毫不感興趣。社會下層的百姓從不曾參與過這些繁複的宮廷典禮，墨者更認為「禮」是時間與金錢的澈底浪費。墨子具有非常虔誠的信仰，認為人一定要向上天以及自然的神靈獻祭，但他對祖廟那種奢華鋪張的典禮深感厭惡。他對花費昂貴的喪禮以及長達三年的哀悼期間更是憤怒不已。這種種繁複的禮節對於游手好閒的富有階級自然沒什麼問題，但如果所有人都遵循這種禮儀，結果會是如何？勞工將傾家蕩產，經濟也將因此衰頹，進而削弱國家的實力。❺❻墨子對禮儀採取完全務實的觀點。統治者在這些典禮上花費豪奢，一般人卻連衣食都成問題。禮並未提升人的靈魂。禮學家只是藉由討論繁複晦澀的禮儀，逃避當代的問題，澈底放棄補救世界的希望。〔270〕

　　孔子死後不久，情勢就出現了劇烈的改變。我們後續將會看到，在西元前第四與第三世紀期間，儒士對窮人的苦難深感痛心，而不屈不撓地致力追求社會改革。然而，在墨子的時代，有些禮學家可能對中原的快速變遷深感震驚，而確實像墨子所言那樣退縮於公共生活之外。墨子對農民的處境極為擔憂，他們經常被迫從軍打仗，也必須從事勞役，還因為沉重的稅負而窮困不已。他們在住所、穿衣與安全等方面的基本需求必須獲得滿足。墨子不是革命家，他無意推翻統治階級，但是堅信中國的價值觀需要激進的改變。他相信古代的聖王曾以獲致基本的生活需求為足。因此，中國必須回歸堯、舜、禹的理想。這三位聖王並未過著精緻奢華的生活，也沒有以鋪張的作為炫耀自己的權勢與地位，更沒有因此剝削平民。他們的宮殿只高得足以屏蔽溼氣，宮牆也只厚得足以擋住霜雪雨露，內部隔間的高度也僅足以區隔男女而已。❺❼墨子最景仰的對象是禹，因為他雖然地位崇高又擁有豐厚的財富，卻終生致力於研發控制供水的科技，藉此預防洪水，以務實的作為增進人民福祉。

　　墨子的教誨功利又實際，但他卻懷有烏托邦的夢想。他相信人類有

....

❺❻ *Mozi* 26:4.
❺❼ *Mozi* 6:17-18.

可能接受說服而捨恨就愛。他和孔子一樣，以「仁」貫穿其哲學思想，但他認為孔子把這種慈愛的倫理侷限於家庭，根本是扭曲了這種理想。在他的觀點中，貴族的宗族精神正是當前許多問題的根源：對家族的盲目忠心、競逐聲望、宗族之間的世仇，以及為了禁制個人行為而造成的支出。他希望以博愛取代親屬關係當中的自私心態。[58]每個人對待別人，都必須像對待自己的親人一樣。他說，人必須「視人之身若視其身」，而且必須「天下之人皆相愛」。[59]改革必須發自統治者：要遏止中國人在這些可怕的戰爭中自相殘殺，唯一的方法就是說服所有人實行「兼愛」。

〔271〕 兼愛經常被解釋為「普世之愛」，但以墨子的功利取向，這種詮釋其實太過濫情。[60]墨子並不期望中國人對所有人都培養出親愛濃密的情感。他在乎的是正義，而不是感情。「愛」是一種刻意培養出來的仁慈之心，可以讓人對所有人充滿善意，甚至是──也許該說尤其是──不屬於自身社群的人。兼愛奠基於一種強烈的平等與公正感，以及對所有人一視同仁的關懷。墨子認為這是和平與安全的必備條件。在當前的狀況下，統治者只愛自己的國家，對於攻擊其他國家絲毫不覺得不安。不過，他們如果能夠學會以關懷自己的同樣心態關懷別人，就不可能產生這樣的情形。「視人之國若視其國，視人之家若視其家，視人之身若視其身，」墨子敦促道：「是故諸侯相愛則不野戰。」兄弟之間互不相敬就會不和，國君之間缺乏兼愛就會相互征伐。「凡天下禍篡怨恨，其所以起者，以不相愛生也。」[61]

墨子的黃金律也許不像孔子表達得那麼優雅，但隨即被視為更加激進。儒家認為人最早在家庭中學會愛別人，墨子卻認為唯有做到兼愛，才能適切地愛自己的家庭與國家。人如果沒有培養出對天下人的仁慈之心，

....

[58] Gernet, *Ancient China,* p.116.
[59] *Mozi* 3:16, trans. Fung Yu-Lan, *Short History of Chinese Philosophy,* p.55.
[60] Graham, *Disputers of the Tao,* p.41.
[61] Mozi 15:11-15.

愛家與愛國的精神就會淪為集體的自我中心。他認為儒家所認知的家庭只是一種特殊利益團體。罪犯也愛自己的家，並且不惜搶劫別人的財物供自己親人享用。人的愛心如果不推廣至家庭或國家以外，就會陷入極為危險的自私心態，而這種自私心態正是世界上種種問題的肇因。

兼愛會直接帶來非暴力的結果。在《墨子》書中標題為〈非攻〉的章節裡，墨子仔細比較戰爭的代價與利益。戰爭毀棄農產收穫，殺害眾多平民百姓，耗費武器與馬匹，並且使得祖先不再有後代能夠為其獻祭。統治者聲稱出兵征戰有利於國家，但征服一座小城鎮就可能導致數千人傷亡，但這個時代最需要的就是耕作田地的人力，所以這樣的後果怎麼可能對國家有利呢？大國以為征服小國可藉此獲利，但這樣的戰爭在一萬人當中大概只造福了五人。《墨子》書中有些章節可能是由後代的墨者所寫，〔272〕其中贊同國家為了自衛而從事戰爭，並且指示守城的技巧。不過，墨子本身應該是嚴格的和平主義者，反對一切的暴力行為，勤奮不懈地遊歷各國，說服統治者打破戰爭的惡性循環，以免中原各國都從此沉淪其中。**❻❷**

許多中國人都認為家庭價值觀神聖而不可侵犯，因此對墨子的觀念深感震驚。於是，他發展出一套理性論述的方法，為自己的信念提供論據。這就是為什麼《墨子》書中收錄了中國史上第一篇探討邏輯與辯證法的論文。書中有些後期的章節，撰寫於西元前三世紀，其中展現了高超的論述與定義能力，不但條理分明，對於文法的掌握也極為精確。這種寫作方式與《論語》那種印象式的風格截然不同。孔子認為君子只要經過長時間的學習與思考，自然就會獲得洞見與理解，但墨子心目中的賢良之士不但即知即行，也會藉由理性論辯獲致真理。**❻❸**這樣的人「厚乎德行，辯乎言談」。**❻❹**他們的言語必須精確，才能在這個歷史危急時刻說服反對者，讓對方了解兼愛的重要性。墨者關注的是行善，而不是修身。在孔子眼

------

❻❷ Graham, *Disputers of the Tao,* pp.47.48.
❻❸ Schwartz, *World of Thought,* p.157.
❻❹ *Mozi* 8.

中，「仁」主要是一種內在的美德，但賢良之士注重的卻是外在世界。墨者對於自我修養的緩慢過程不感興趣，只想以他們務實的技能、理性與意志為社會謀求福祉。

墨子以十篇文章概括了自己的觀點，每一篇都呈現為一個命題。人是否應當「兼愛」？是否應當「非攻」？墨者對於舖張的喪禮以及禮樂和天意有什麼看法？人的行為是不是由命運決定？墨者應如何面對在上位者？每一道命題都以三項標準衡量：這種行為是否合乎聖王的作為？是否受到常識判斷的認可？還有最重要的一點——這種行為是否有益於人類？如果沒有通過這些標準的檢驗，就必須加以揚棄。奢華的喪禮和音樂無益於社會，所以應該摒棄。從來沒有人見過「命運」，所以儒士認為自己不可能改變世界的宿命論，並不是賢良之士應當抱持的態度。

墨子的倫理觀是嚴格的功利導向。一項行為如果能夠提高窮人的生活水準、避免不必要的死亡、增加人口、促成公共秩序，那麼這就是一項有德的行為。人必須受到說服才會擺脫自私性。人天生就是自我中心的動物，所以必須以無可辯駁的論述讓他們了解自己的福祉完全仰賴於天下人〔273〕的安樂。唯有以公平正義的態度「關懷天下人」，才能獲致繁榮與和平以及安全的保障。❻❺墨者必須說服統治者了解侵略並不合乎他們的利益。戰爭會使他們自己的人民受苦，也會導致經濟衰頹，勝利更會導致別國的嫉恨。他們若想獲得心中渴求的財富、快樂與成功，唯一的方法就是促使所有人平等對待別人，超脫於自利之上。統治者「不可以不勸愛人者」。❻❻

統治者如果自私又暴力，就會引來天譴。孔子寧可不談上天，墨子則是隨時不忘援引上天支持自己的觀點。上天對所有人的愛毫無分別，正是兼愛的典範。「天之行廣而無私，」墨子堅稱道：

其施厚而不德，其明久而不衰，故聖王法之。既以天為法，動作有

....

❻❺ *Mozi* 15.
❻❻ Graham, *Later Mohist Logic*, p.256.

為，必度於天。❻⓻

　　長期以來，貴族已逐漸把天神視為一種非人化的客觀存在，但墨子表達的可能是一般平民的信仰，因為他們仍然把上天視為一種擬人化的神明。不過，墨子雖然深切信奉神靈，卻沒有什麼宗教情感。他和孔子不同，對於上天並不感到敬畏或驚奇。他的神學思想和他的倫理觀一樣冷酷而實際。上天具有功利用途，可以迫使人相信自己必須培養出關懷天下人的心態，否則就必須承擔後果。

　　如果能夠說服所有人以尊重自己的方式尊重別人，全世界就可獲得和平與和諧。奉行兼愛的人絕不可能夷平一座城市，或者屠殺全村的百姓。墨子對這種理想世界的描述非常令人動容：

　　今吾將正求與天下之利而取之，以兼為正，是以聰耳明目相與視聽乎，是以股肱畢強相為動為宰乎，而有道肆相教誨。是以老而無妻子者，有所侍養以終其壽；幼弱孤童之無父母者，有所放依以長其身。❻⓼　　　　〔274〕

　　墨子不相信這種夢想不可能達成。在這個章節裡，他一再反覆強調：「今唯毋以兼為正，即若其利也，不識天下之士，所以皆聞兼而非者，其故何也？」❻⓽古代的聖王建立了以兼善天下為基礎的帝國；這項理想在過去曾經奏效，當今也可以再次實現。他認為世界確實有可能改善，而賢良之士就必須面對這項挑戰。

　　在戰國時代期間，墨子遠比孔子廣受尊敬，原因是他談論的議題直接涉及當代的恐怖與暴力狀態。他看著中原各國紛紛動員一切資源投入戰爭，不禁覺得世人似乎走上自我滅絕的道路。人如果無法抑制自私與貪

....

❻⓻ *Mozi* 4, in Schwartz, *World of Thought,* p.145.
❻⓼ *Mozi* 16.
❻⓽ Ibid.

婪，將不免自相毀滅。人類要繼續生存下去，唯一的方法就是培養出無盡的同情心，不取決於情感上的認同，而是以理性而務實的理解為基礎，了解所有人都和自己擁有同樣的需求、渴望及恐懼，即便是敵人也不例外。

＊　　＊　　＊

西元前五世紀末，在喜馬拉雅山腳下的釋迦國，一名剎帝利剃除了自己的頭髮和鬍鬚，穿上棄世者的橙黃色長袍，踏上前往摩揭陀國的道路。他名叫悉達多·喬達摩（Siddhatta Gotama），當時年方二十九歲。他後來回憶提到父母在他離家時傷心痛哭，而且他還趁著妻子仍在睡夢中偷偷進她的臥房，看了她和他們的新生兒最後一眼，彷彿害怕自己的決心會禁不起妻子的哀求而動搖。[70]他對父親的華麗屋宇感到深受羈束：層層疊疊的俗務瑣事壓得他幾乎喘不過氣來。他看著人生，眼裡所見盡是苦難的循環。一開始就是誕生的痛楚，接著是一連串的「老化、病痛、死亡、哀傷與腐朽」，然後又是下一世的循環。不過，一如其他棄世者，喬達摩也深信這些痛苦必然有其相對的正面狀態。他說：「我若開始尋求無生、無老、無死、無哀、不毀而且無上的自由，擺脫這一切羈束，結果將會如何？」[71]他把這種極樂的解脫稱為「涅槃」＊（nibbana，意為「熄
〔275〕滅」），因為一旦達到這種境界，原本束縛著他的情感和欲望都將如熄滅的火焰一樣消失無蹤。他面前仍有一段漫長而艱困的追尋之旅，但他從未喪失希望，認定人必然能夠在此生中達到一種必然、完美而且恆久的存有型態。「有種東西並非以一般的方式誕生，不是造作而來，也永不損

....

[70] Majjhima Nikaya (MN) 26, 85, 100; Jataka 1.62. The Pali scriptures include four collections of the Buddha's sermons (*Majjhima Nikaya, Digha Nikaya, Anguttara Nikaya, and Samyutta Nikaya*) and an anthology of minor works, which include the *Udana*, a collection of the Buddha's maxims, and the *Jataka*, stories about the past lives of the Buddha and his companions. The quotations from the Pali Canon given here are my own version of the texts cited.

[71] MN 26.

＊ 涅槃：梵文 "nirvana"，巴利文作 "nibbana"。

壞，」他堅稱道：「這種東西如果不存在，人就不可能找到出路。」**⓻**

他相信自己確實找到了這種東西，而追隨他的僧侶也如此認為。這些僧侶以口頭傳述喬達摩的教誨，在他死後約一百年間發展成當今的這種型態。他們稱他為佛陀（Buddha），意為「悟道」或「覺醒」之人。這些佛教經典皆以巴利文——印度東北部的梵語方言——寫成，是我們了解佛陀生平的主要文獻。如同在恆河平原東部興起的新學派，佛教的教誨與實踐**也是奠基於創始人的人生經驗，因此這些巴利文的經典也就特別強調他人生中能夠幫助他人達成涅槃境界的面向。別人如果想要悟道，就必須和佛陀一樣離家出走，並且拋除一切既有的觀念。

後代佛教徒所傳述的一則神話故事，更突顯了喬達摩離家之舉的深刻意義。喬達摩出生之後，他的父親邀請了幾位婆羅門來看他，並且為他算命。其中一人預言喬達摩將會見到四幕令他心神不寧的景象，從而決心棄世苦修，最後他也將發現新的靈性真理。喬達摩的父親對兒子有著較為世俗的期許，所以為了避免他看見世間的苦難景象，而在宮殿四周設置警衛，禁止喬達摩外出。因此，喬達摩雖然過著無憂無慮的奢華生活，實際上卻等於被監禁在宮中。喬達摩的享樂宮殿正是個鮮明的意象，象徵了一般人拒絕面對現實的心態。我們一旦封閉自己的心胸，不願對身周的種種哀傷賦予同情，就不可能成長，也不可能覺悟。不過，在喬達摩二十九歲那年，由於眾神也和人類一樣需要佛陀宣揚佛法，於是決定出面干預。他們派出四名神祇，分別裝扮成一名老人、一名病患、一具屍體，和一名棄世者，通過警衛的關卡，進入了宮中。喬達摩對這幕充滿痛苦的景象深感震驚，當晚就隨即穿上黃袍而離家出走。人類境況無可避免的苦難一旦打破了我們否認現實的心理屏障，我們就再也不可能以過去的眼光看待世界。喬達摩允許苦難的知識進入他的人生，於是他的追尋才得以展開。〔276〕

在通往摩揭陀國的道路上，喬達摩可能也以一般的方式和途中遇到

⓻ Udana 8:3.
** 巴利文作 "dhamma"，梵文作 "dharma".

的棄世者相互問候，詢問對方拜什麼人為師，奉行什麼樣的教誨，因為他想要找個老師學習「流浪」的入門知識。他首先到吠舍離追隨兩名當代最偉大的瑜祇——阿羅邏迦藍（Alara Kalama）與優陀羅羅摩子（Uddalaka Ramaputta）。他是個傑出的學生，很快就達到出神的最高狀態，令他的老師深感欣喜。不過，他卻無法接受他們對這種體驗的解釋。他們遵循數論派的教誨，相信自己一旦進入這種至高的心靈狀態，就能夠把「神我」從自然的束縛中解放出來。然而，喬達摩一生卻都對各種形上理論抱持懷疑的態度：這種出神狀態明明是他利用瑜伽技巧刻意造成的體驗，怎麼可能會是毫無條件而且不經造作而來的「神我」？此外，他一旦內觀自省，也發現自己其實沒有真正的轉變。他仍是原本那個冥頑不靈、貪婪又充滿欲求的自我。他的出神狀態不是涅槃，因為涅槃不可能稍縱即逝。喬達摩不反對瑜伽，但他不願接受不合乎自身體驗的解釋。**❼❸**

喬達摩離開了他的兩名老師，加入了一個苦修團體。他跟著這群人奉行極端的苦修作為，結果對自己的健康造成了嚴重損害。他躺在釘床上，吞食自己的屎尿，而且嚴格禁食，以致骨頭突出，歷歷可見，「猶如一排紡錘……又像老舊小屋的橫樑。」他的身體一度極為衰弱，甚至被人拋在路旁等死。**❼❹**不過，這一切卻只是徒勞。不論他的苦行多麼嚴厲——也可能正因如此——他的肉體仍然一再要求他的注意，而他仍擺脫不了把自己拘束在輪迴循環中的欲望與渴求。他完全感受不到自己所追尋的平和與解脫。

儘管如此，喬達摩還是沒有放棄。自此以後，他就只仰賴自己的體悟，而這也成了他靈修方法的一項核心原則。他一再告誡自己的弟子，別人的教誨只要不合乎自己的經驗，就不該加以接受，不論那門教誨顯得多麼威嚴堂皇都一樣。他們絕不該單靠信仰或二手的傳述而奉行任何一項教

---

❼❸ MN 26, 36, 85, 100.
❼❹ MN 12, 36, 85, 200.

誨。就算是他自己的教誨，只要無法讓追隨者悟道，也同樣應該予以揚
棄。人如果只仰賴某個權威人物，那麼他們就不可能對自己獲得真切的認
識，所以也絕不可能獲致涅槃的澈底解脫。在當初那個最困頓的時刻，喬
達摩一方面因為過度苦修而破壞了健康，靈性的追尋又走入了死胡同，於
是在絕望又不甘於認輸的情況下，決心自立自強，找出自己的方向。「悟
道必然還有別條道路吧！」他高喊道。結果，一道新的解答就在這時浮現 〔277〕
於他心中，彷彿證明了他的獨立宣言的確是正確的方向。❼❺

他突然回想起兒時的一件事情。他的保姆曾經為了觀看春耕之前的
犁地儀式而把他放在蒲桃樹的樹蔭下。當時仍是小男孩的他坐了起來，看
著剛長出的嫩草被犁具連根拔起，昆蟲也因此被壓死。望著眼前這幕殘殺
的景象，喬達摩不禁感到一股奇怪的哀傷感受，彷彿看到自己的親人死去
般。❼❻那股無私的同情心帶來了一陣短暫的靈性解脫。那天的天氣相當美
好，小小年紀的他感到一道純粹的喜悅從內心湧出。於是，他本能地擺出
瑜伽的姿勢，進入了出神的狀態，儘管他從來不曾學過瑜伽。

回顧兒時的這段經歷，喬達摩意識到他在那一天感受到的喜悅完全
沒有渴望與貪婪的成分。「這會不會就是通往悟道的道路呢？」他在內心
自問。如果不曾學過瑜伽技巧的兒童也能夠達成瑜伽的狂喜狀態，並且窺
見涅槃的境界，那麼人類也許天生就擁有解脫的潛力。與其藉由飢餓馴服
肉體，以及利用瑜伽修行抑制自己的心靈，也許他應該致力於發展這種與
生俱來的傾向，藉此獲得「心解脫」（cetovimutti），從而達成涅槃。他
應該培養「善」（kusala）的心理狀態，例如當初自然浮現的那種無私的
同情心，並且避免任何可能有礙這種解脫的心理與生理狀態。❼❼

如同耆那教徒，喬達摩也了解傳統的五項「持戒」——也就是棄絕
暴力、偷竊、說謊、喝酒以及性行為等「不善」（akusala）狀態——必

....

❼❺ MN 36.
❼❻ Joseph Campbell, *Oriental Mythology: The Maskes of God* (New York, 1962), p.236.
❼❼ MN 36.

347

須以相對的正面特質加以平衡。與其單純避免做出侵犯性的行為，他更必須以溫柔和善的態度對待所有人事物，並且培養仁慈的心念。不能說謊雖然重要，但他也必須確保自己所說的一切都「合理、準確、明白，而且有益」。**❼❽**除了不得偷竊之外，他更應以只擁有滿足基本生活所需的財物為樂。自此以後，他不再對抗自己的本性，而是與本性合作。於是，他吃下了好幾個月以來的第一口固體食物，慢慢養好自己的身體。此外，他也開始發展一種特殊的瑜伽。首先是「正念」（sati）。這是冥想的前奏，必須時時刻刻檢驗自己的行為，注意情緒和感官的起伏以及意識的波動，以便察覺在一個小時裡不斷流過心中的各種欲望、煩惱與想法。這種內觀的目的不在於引起神經質的罪惡感。喬達摩只是要熟悉自己的心思與身體的運作，以便利用其能力獲取最大的效益。正如馬術家也必須深切了解自己所訓練的馬匹。

〔278〕

如同許多其他棄世者，喬達摩也深信人生充滿苦難，而欲望正是苦難的源頭。正念的修行可讓他更加意識到人生的短暫與無常，以及其中無可計數的挫折與失望。人生之所以如此令人不滿足，不只是因為老年、疾病與死亡等各種重大痛苦。「疼痛、哀傷與絕望皆是苦，」他後來解釋道：「被迫接近自己厭惡的對象是苦，與所愛分離也是苦，得不到想要的東西同樣是苦。」**❼❾**他也觀察一項接一項的渴望如何占據他的理智與情感，注意到自己總是不斷渴求成為不同的人，渴求到其他地方，渴求獲取自己沒有的東西。在這一連串無窮無盡的欲望當中，人類似乎總是想要尋求不同於現狀的存有──例如新生命，或是重生。他在自己肉體上的躁動不安即可看出這一點：他總是不斷變換姿勢，不斷前往森林裡的不同地方。「世界的本質就是變化，一再決意成為不同的東西，」他總結道：「世界只能任由變化宰制，只有在變化的過程中才會感到快樂。不過，這

---

❼❽ Anguttara Nikaya (AN) 9:3; MN 38, 41.

❼❾ *Vinaya:* Mahavagga 1.6. This text is part of the *Vinaya Pitaka*, the Book of Monastic Discipline, which codifies the rule of the Buddhist order.

種對變化的熱愛也帶有一定程度的恐懼，而這種恐懼本身就是苦。」⓼

　　這樣的觀點不只是理性思考的產物。喬達摩是非常傑出的瑜伽修行者，能夠以富有紀律的專注力從事這種正念的修行，從而更「直接」地看見這些真理，不必經過自我保護的自私心態所扭曲。但他不只思考這種負面的真理，也在瑜伽修行中培養「善」的狀態，盤腿而坐，練習著呼吸控制法。他不但要消除內心的仇恨，還要確認心中「充滿同情，渴望所有生物的福祉」。他不但把自己從懶惰與慣性中解放出來，還要培養「清明的頭腦，不但對本身具備明白的認知，而且具有高度的警覺性」。透過條理井然的方式——消除腦中的焦慮念頭，他發現自己的心智變得「平靜而安祥……超脫了讓人停滯不前的疑慮」，而且不再遭到「不利『akusala』的心理狀態」所纏擾。⓼一旦以瑜伽方式深入修行，他相信這種心理上的追求將可轉化潛意識與顯意識裡那種焦躁不安而且充滿破壞性的傾向。 〔279〕

　　後來，喬達摩宣稱這種瑜伽正念催生了一種不同的人類，這種人不受渴望、貪婪與自私的宰制。他曾經因為過度苦修而差點害死自己，現在則相信只要藉由遵循紀律與按部就班的方式培養同情心，不但能夠取代過去那種懲罰性的禁欲苦修，還能讓有心者接觸到自己本性中從來不曾發現的面向。每天從事瑜伽修行的時候，他都會進入不同的意識層次，並且在每次的出神狀態融入一種遍及全世界的仁愛之心。

　　他把這種冥想修行稱為「無量」（appamana）。在他進入心靈深處的瑜伽旅程當中，他在每個階段都會刻意召喚愛的情感——「一種寬廣龐大、無可度量的情感，完全不知仇恨為何物」——並且將其推廣至世界的各個角落，把所有的植物、動物、朋友與敵人都完全包含在這種同情心當中。這是一種四個步驟的修行方式。首先，他對一切事物與所有人培養出友善的態度。接著學習對他們感同身受，體會他們的痛苦，就像當初他在蒲桃樹下對小草和昆蟲感到同情一樣。在第三階段，他喚起一種「同情的

....

⓼ Udana 3:10.
⓼ MN 38.

喜悅」，為別人的快樂而開心，絲毫不感嫉妒，也不覺得別人的得意會對自己造成損失。最後，他一旦達到最深的出神狀態，就會完全融入自己冥想的對象，超越於痛苦與喜樂之上，從而對別人產生一種澈底平和的態度，沒有喜好也沒有厭惡。這是一種非常困難的成就，因為人的自私心態總是不斷觀察著其他人事物是否對自我有利或有害，而喬達摩在這個階段就必須澈底擺脫這種心態。傳統瑜伽為修行者建立了一種不受外界影響的自主性，喬達摩則是學習著把自己完全對他人開放，以同情與仁愛之心對待其他所有生物，從而超越自我。[82]這種經由技巧而達成的正面狀態，一旦以不間斷的瑜伽修行加以培養，就更容易植根於潛意識裡，成為一種習慣。「無量」的目的就在於拆毀我們為了保護自己脆弱的自我而在自身與別人之間建造屏障。心靈一旦擺脫了平常那種只重視自己的羈束，就會感到「寬大無垠，鮮明而活躍，而且絲毫沒有仇恨或鄙瑣的惡意」。[83]一旦達到最高的層次，這種培養同情的瑜伽即可使人達到「心解脫」，也就是涅槃。[84]

〔280〕 我們不曉得喬達摩花了多少時間才恢復健康，在發展出這套修行方法之後又花了多少時間才達成至高的覺悟。根據巴利文經典中的記載，這段過程似乎頗為快速。不過，喬達摩自己說，要達到這種逐步漸進的轉變，有可能需要花上長達七年的時間。修行者將可逐漸學會拋棄毒害我們的人生與人際關係的自私欲求，慢慢不再受到這些任性的渴望所影響。我們一旦理解到這些不斷侵擾我們心靈的念頭其實轉瞬即逝，自然不會再認同這些觀念，也能逐漸熟練地監控這些破壞我們心靈平靜的雜亂念頭。[85]經典中描述喬達摩在一夜之間悟道，原因是這些經典只著重於呈現整個修

[82] Hermann Oldenberg, *Buddha: His Life, His Doctrine, His Order,* trans. William Hoey (London, 1882), pp.299-302; Edward Conze, *Buddhism: Its Essence and Development* (Oxford, 1951), p.102.

[83] AN 8.7.3.

[84] Richard F. Gombrich, *How Buddhism Began: The Conditioned Genesis of the Early Teachings* (London and Atlantic Highlands, N.J., 1996), pp.60-61.

[85] Michael Carrithers, *The Buddha* (Oxford and New York, 1993), pp.75-77.

行進程的概要，不在乎歷史細節的準確性。喬達摩的悟道過程幾可確定絕對不是突然之間「重生」的體驗。他後來曾經告誡弟子：「在這種方法當中，訓練、熟悉與實踐的過程都是逐步漸進，不會突然領悟終極的真理。」[86]

傳統說法指稱喬達摩在一棵菩提樹下打坐，地點在尼連禪河畔的優樓頻螺村附近一片怡人的樹林裡。巴利文經典指出，他只打坐一次，就獲取了清明的洞見，從此永遠改變了他，而他也認為自己已經擺脫輪迴的循環。[87]不過，這項通常歸納為「四聖諦」的洞見，似乎沒有什麼新穎之處。大多數棄世者想必都會同意其中的前三項：存在是苦，欲望是苦難的源頭，而且這種困境有解脫之道。第四項聖諦也許正是他的突破之處：喬達摩宣稱自己發現了從苦難通往涅槃的道路。這條道路傳統上稱為「八正道」，是一套行動計畫，構成要素包括道德（培養「善」的狀態）、禪定，以及智慧（panna）。有了這樣的智慧，修行者即可透過瑜伽修行「直接」了解喬達摩的教誨，並且將此教誨融入自己的日常生活。喬達摩從來不曾宣稱他的四聖諦是獨特的，他只不過是這個時代第一個「理解」這些聖諦並且將其「實現」於自己人生的人。他發現自己確實擺脫了奴役所有人的渴望、仇恨與無知。他達到了涅槃。儘管他仍然避免不了生理病痛以及其他無常的變化，卻沒有東西能夠影響他內心的平靜或是對他造成嚴重的心理痛苦。他的方法奏效了。「生已盡，梵行已立，所作已辦，不更受有。」[88]　〔281〕

涅槃是什麼？我們先前已經提過，這個字眼隱含的意義是，在悟道之後，喬達摩這個人也跟著「熄滅」了。他悟道之後，經常被稱為如來（意為「消失」），表示這個人已不復存在。不過，這並不表示他已經死了。熄滅的不是喬達摩這個人，而是貪婪、仇恨與妄想之火。消除了「不善」的心靈狀態之後，成為佛陀的喬達摩就達成了徹底無我的平靜。這是

....

[86] AN 8.20.
[87] MN 36; Samyutta Nikaya 12.65.
[88] MN 36

351

一般人根本無可想像的狀態，因為我們仍然深受自我中心的心態所羈絆。這就是為什麼佛陀總是拒絕為涅槃提出定義：因為這麼做並不「恰當」，這種狀態是語言無法描述的。[89]佛陀還是會受苦；他和其他人一樣會老化，也一樣會生病，但藉由勤奮地打坐以及道德上的努力，他已找到一個內在的避難所，可以讓實踐這種修行法的人接納痛苦、掌握痛苦、肯定痛苦，並且在苦難當中體驗到一種深刻的寧靜。經過終生致力於誠實不諱，蘇格拉底可能也達到了類似的境界，所以才能平靜面對不公正的死刑。因此，涅槃潛藏於每個人的內在，是一種完全自然的狀態。涅槃是個平靜穩固的中心，為人生賦予了意義。人一旦與內在這個寧靜的地方失去聯繫，即可能崩潰瓦解。不過，他們一旦學會進入這片平靜的綠洲，就不會再遭到恐懼和欲望所驅使，而且會因為確立了正確的中心而獲得力量，超越於自私之上。

佛陀認為涅槃雖然不是超自然的現象，卻是一種超越的狀態，因為人如果沒有獲得內在的覺悟，就無法達到這樣的狀態。這種狀態無法以言詞描述，原因是語言乃是從我們在不快樂的人生當中所獲得的感官資料衍生而來，所以我們在語言當中無法想像全然沒有自我的人生。純粹就世俗的觀點來看，涅槃就是「無」，因為這種狀態無法對應於我們所知的現實。不過，只要是找到了這個神聖境界的人，都發現自己的人生因此豐富得多。[90]後代的一神教信徒提到上帝，描述的方式也相當類似，指稱上帝是「無」，因為「祂」不只是一個存在體，所以說祂不存在反倒還比較精確，原因是我們對存在的概念太過侷限，根本無法用於理解神。[91]一神教的信徒也聲稱充滿同情心的無私人生可讓人與上帝同在。不過，一如印度的其他聖哲及神祕主義者，佛陀也認為擬人化的神祇觀太過侷限。佛陀向

〔282〕

....

[89] AN 10.95.
[90] MN 29.
[91] Karen Armstrong, *A History of God: The 4,000 Year Quest of Judaism, Christianity and Islam* (London and New York, 1993).

來否認有所謂的至高個體存在，因為標舉一個握有權威又能督導人類的神明，只會成為另一道阻礙人悟道的束縛。巴利文經典從未提及「梵」。佛陀來自釋迦國，距離婆羅門教的大本營相當遙遠，所以可能對這項概念並不熟悉。不過，他對上帝或眾神的排拒卻是平靜而適度的。他只是平和地把這種觀念排除於自己的心智之外。若是猛烈抨擊這種信仰，就會淪為一種自我的展現。昔日的眾神偶爾還是會出現在他的人生中，例如死神魔羅（Mara）就不時出現於巴利文經典裡，誘惑佛陀，勸他選擇比較容易的路途，彷彿是佛陀心中的一個面向。

每當佛陀試圖向弟子提示涅槃是什麼樣的狀態，他總是結合消極與積極的表述方式。涅槃是「消滅貪婪、仇恨與妄想」；是「無污染」、「無軟弱」、「無崩解」、「不可侵犯」、「沒有苦惱」、「沒有敵意」的狀態。涅槃就是消除一切我們覺得難以忍受的東西。描述涅槃最常見的形容詞就是「無死」。不過，涅槃也能以積極的方式描述：涅槃是「真理」、「細微」、「彼岸」、「平和」、「永恆」、「至高的目標」、「純潔、自由、獨立，是島嶼、遮蔽處、港口、庇護所，也是超越現實的彼處」。[92]涅槃是人與眾神一致追求的至高目標，是一種無可理解的寧靜，是個澈底安全的避難所。這些意象都不免讓人想起後來的一神教信徒描述自己接觸上帝的經驗。

發現涅槃之後，佛陀已經達成了目標，但他的人生及任務並不就此結束。一開始，他只想盡情享受這種超越凡俗的平和狀態。他當時雖想到自己也許該向世人傳達這項好消息，卻覺得這個念頭太過勞累也太令人沮喪，而決定不這麼做。他的佛法太難解釋了。大多數人根本不會想要拋棄自我，而是深深珍惜自己在世間的各種羈絆，完全不會想要聆聽這項自我棄絕的訊息。[93]這時候，神祇婆羅摩（Brahma）（他是梵的化身，在恆河

....

[92] Sutta-Nipata 43:1-44. The Sutta-Nipata is an anthology of early Buddhist poetry.
[93] *Vinaya:* Mahavagga 1.5.

東部極受歡迎）決定出面干預。在巴利文經典裡，他也和魔羅一樣，似乎代表了佛陀自身性格的一個面向：在內心深處，佛陀明瞭自己不能對同胞置之不理。在巴利文經典的一段記載當中，神祇與佛陀的尋常角色突然對調了過來。婆羅摩從天上降臨世間，跪伏在悟道的佛陀面前。「大人，」他祈求道：「請你傳播佛法。請你看看浮沉於苦難之中的人類，請你四方奔走，拯救世界。」佛陀仔細聆聽了他的話，然後巴利文經典的記載指出，他「在同情心的驅使下，以佛陀的眼光凝望了世界」。❹這句話非常重要。佛陀不只自身獲得救贖，也必須仍然能夠同情別人的苦難。對全世界各個角落的同情與仁愛為他帶來了悟道。自私的退隱將違背他佛法中的一項關鍵信念，也就是他必須回到市集，介入這個哀傷的世界。他在菩提樹下獲得的洞見有一項關鍵的重點，就是唯有為別人而活，才是道德的人生。在他往後四十五年的人生當中，佛陀孜孜不倦地走遍恆河平原的每一座城鎮，把他的教誨傳播給神祇、動物以及男男女女。

〔283〕

佛陀最早的弟子原本就是棄世者，其中一人據說在佛陀的第一場開示中獲得了覺悟。每一部經典對這段經過的描寫都一樣。憍陳如（Kondanna）聆聽著佛陀闡釋四聖諦，突然「直接」體驗到了佛陀的教誨；這種體驗從他體內「湧出」，彷彿源自他的內在深處，彷彿他原本就已經知道。❺不久之後，剎帝利與婆羅門種姓的年輕人紛紛前來追隨佛陀。吠舍商人也受到他強調的自立自強所吸引。沒有出家為僧的人，通常成為俗家追隨者與贊助人。佛陀的僧伽在短短的時間內就形成一個龐大的教派。僧侶每天除了從事佛陀充滿同情與正念的瑜伽修行之外，也必須向別人教導這套方法。這不是一門僅供菁英分子參與的宗教，不像古老的吠陀儀式，而是「大眾的」宗教。僧侶經常住在市郊的公園裡，因此城鎮裡的居民很容易找他們諮詢，而佛陀每到一座城鎮附近，成群的商人、貴族和妓女都會前來聆聽他的開示。不過，僧侶大部分的時間其實都是到處遊

---

❹ Ibid.
❺ *Vinaya:* Mahavagga 1.6.

走，「出自對世界的同情，而為人民的福祉與快樂而奔走」。**96**

　　追求涅槃最普遍的方式，就是根據佛教的「無我」（anatta）教旨進行禪定。佛陀並不相信永恆的「自我」（atman；purusha）是至高無上的實在。正念的修行讓他了解到人其實隨時都在變動。人的肉體與感受無時無刻都在變化。一個誠實的人一旦深入檢視自己變動不斷的信念、情緒和觀點，必然只能坦承這些思緒絕對不是眾多棄世者所追尋的自我，因為這些思緒不僅充滿缺陷，而且短暫無常：「這不是我的；這不是我真正的模樣；這不是我的自我。」**97**不過，佛陀卻又更進一步，認為穩定的「凡俗」自我根本不存在。他認為「自己」和「自我」這兩個字眼只是一種慣俗的說法，因為每個有意識的個體都只是一連串短暫而可變的存在狀態。當今有些後現代哲學家與文學評論家也提出類似的論點。〔284〕

　　佛陀喜歡使用燃燒的火焰或奔流的小溪這類比喻描述人的個性。每個人的個性都具備某種同一性，但在每一個時刻卻也都各自不同。不過，和後現代觀念不同的是，「無我」不只是一項抽象的形上信條，而是一如他的其他所有教誨，也是一套行動計畫。「無我」要求佛教徒在每一天、每一個小時，都必須表現得彷彿自我並不存在。「自我」的概念不但會導致「我」與「我的」這類不善的念頭，而且把自我置於優先地位還會導致嫉妒、憎恨對手、自負、驕傲與殘忍等心態。此外，自我一旦覺得遭到威脅，還會導致暴力行為。佛陀企圖讓他的弟子了解，他們不必為了捍衛、抬升、哄誘或強化自己的「自我」而傷害別人。僧侶一旦精通了正念的修行，就不會再把自我注入這些變幻不停的心理狀態，而會認為自己的恐懼和欲望只是一種短暫而遙遠的現象，和自己沒有什麼關聯。佛陀指出，一個僧侶一旦達到這種程度的平靜，距離悟道就不遠了。「他的貪婪逐漸褪去，而渴望一旦消失，即可體驗到心靈的解脫。」**98**

....

96 *Vinaya:* Mahavagga 1.11.
97 *Vinaya:* Mahavagga 1.6; SN 22:59.
98 *Vinaya:* Mahavagga, 1.6.

　　經典的記載指出，佛陀的第一批弟子聽到他闡釋「無我」之後，心中都充滿喜悅，隨即就獲得涅槃的體驗。他們聽到所有人都珍惜的自我並不存在，為什麼會這麼高興呢？佛陀知道「無我」聽起來可能令人害怕。不熟悉佛法的人可能會因此陷入恐慌，心想：「我要被消滅了，我將不再存在！」[99]不過，巴利文經典卻指稱眾人聽到「無我」的教誨之後，都覺得如釋重負，而且滿懷欣喜。他們以自我彷彿並不存在的方式過活，結果發現自己不但變得更快樂，也和修行無量法門一樣體驗到存有的放大。能夠擺脫仇恨與貪婪，並且不再對地位與生存感到焦慮，是一種令人深深感到解放的經驗。

　　不過，這種成果無法受到理性的證明。唯有親自實踐，才能知道佛陀的修行方法是否有效。佛陀對於脫離了實際行動的抽象教條完全不屑一顧。他根本不在乎個人的神學思想。因為某個人物的權威性而接受某一種教義，是不善的行為，等於是放棄個人的責任，絕不可能讓人因此悟道。信奉佛法就是相信涅槃存在，並且決心加以實現。他向來堅持弟子必須親自試驗他所教給他們的一切。宗教觀念很容易成為心理上的偶像，成為一種引人執著的東西，但佛法的目的乃是要幫助人學會放手。就算是他自己的教誨，一旦達到目標，也必須加以揚棄。他常說一個故事，指稱有個旅人來到一大片水邊，迫切需要前往對岸。不過，四周沒有橋也沒有渡船，於是他紮了一艘木筏，划過水面。接著，佛陀就會問他的聽眾，這個人一旦到了對岸，他的木筏該怎麼辦呢？是不是因為這艘木筏幫他很大的忙，他就應該把木筏背在背上，走到哪裡帶到哪裡嗎？還是他應該把木筏繫在岸邊就好，自己繼續踏上後續的旅程呢？答案顯而易見。「同理可見，各位僧侶，我的教誨就像木筏，只是用來渡河，不是要讓人帶在身邊的，」佛陀總結道。[100]他的任務不在於提出絕對正確的陳述，也不在於滿足追尋智識的好奇心，而是在於幫助人度過苦難之河，抵達「彼岸」。只要是無

〔285〕

....

[99] MN 1.
[100] MN 22.

助益於這個目標的事物，就一點都不重要。

因此，佛陀沒有提出任何關於創世或上帝存在的理論。這類議題當然極為吸引人，但他拒絕討論。為什麼？「因為，弟子們，這些議題對你們沒有幫助，對於追求聖性也沒有幫助；這些議題不會帶來平靜，也不會帶來涅槃的直接知識。」[101]一名僧侶一再纏著他問宇宙論的問題，以致沒有心思從事瑜伽與道德的修行。佛陀對他說，他就像是一個受了箭傷的傷患，卻堅持一定要先知道是誰射的箭，那個人來自哪個村莊，否則就不肯就醫。為了這些無用的資訊，他竟不惜害自己白白送命。知不知道世界是上帝創造的，對人究竟有什麼差別？憂傷、苦難與痛楚不還是一樣存在？「我教人的是化解現世痛苦處境的方法，」佛陀向這名熱愛形上思考的僧侶解釋道：「所以，永遠不要忘了我沒有向你解釋哪些事物，以及我拒絕解釋這些事物的原因。」[102]

佛陀總是盡量不說明闡釋。他和蘇格拉底一樣，希望弟子自行發現自己內在的真理。這種做法對俗家人一樣適用。有一次，恆河北岸的伽藍磨人派了一群代表謁見佛陀。他們說，棄世者一個接一個來到他們的村莊，但每個人都互相貶抑對方的教誨。他們怎麼知道誰說的才對呢？佛陀回答道，他可以了解他們為何如此茫然。他沒有自顧自地講述起四聖諦，讓伽藍磨人更添困惑，而是為他們提供了一場即席指導。他說，他們期待〔286〕從別人身上獲得答案，但他們只要探索自己的內心，就會發現自己其實早已知道人生的正道。舉例而言，貪婪是好還是壞？他們有沒有注意到，一個人一旦沉迷在欲望當中，就有可能會偷竊、說謊，甚至殺人？這種行為是不是會讓自私的人受人厭惡，從而使他不快樂？仇恨與妄想是不是也會導致痛苦與懊惱？經過這段對話之後，伽藍磨人發現他們確實原本就已懂得佛陀的佛法。「所以我才叫你們不要仰賴任何一個老師，」佛陀總結

....

[101] Samyutta Nikaya 53:31.
[102] MN 63.

道：「你的內心一旦知道某些事物有益，某些事物無益，你就應該確切遵循這套原則，不管別人怎麼說。」[103]他藉此為俗家人提出了一種無量修行的方法，幫助他們獲取一首早期佛教詩歌所描述的良善態度：

> 願眾生喜樂！不論弱小強壯，地位高低，
> 小或大，可見或不可見，近或遠，
> 活著或尚未出生──願眾生皆有完全的喜樂！
> 願所有人都不欺騙別人，也不鄙視任何個體。
> 願所有人都不因憤怒或仇恨而對眾生心懷惡意！
> 願我們珍惜眾生，猶如母親珍惜其獨生孩子一樣！
> 願我們的愛心充滿全世界，不論天上、地下，還是遠方的角落──
> 沒有界線；以無盡的善意面對全世界，
> 不受拘束，沒有仇恨，也沒有敵意！[104]

佛陀指出，他們如果按照這種方式過活，而且確實有來世的話，那麼他們就有可能累積善業，在將來轉世為神明。就算沒有來世，這種體貼而友善的生活方式也可能鼓勵別人以同樣的方式對待他們。最低限度而言，伽藍磨人一旦做到這一點，至少可以知道自己的行為無愧於天地，而這也足以令人欣慰了。[105]

佛陀開示他人，總是會站在對方的立場著想，不論他認不認同這樣的立場。一如往常，同情心乃是關鍵所在。憍薩羅國的波斯匿王也是佛陀的追隨者，他指稱自己和太太在近來相互坦承自己最珍視的乃是自己本身。這樣的觀點顯然悖逆了佛陀的思想，但他並未斥責這位國王，也沒有闡述「無我」的重要性，而是請波斯匿王考慮這一點：如果他覺得自己最

〔287〕

----

[103] AN 3.65.
[104] Sutta-Nipata 118.
[105] AN 3.65.

珍視的對象就是自己本身，那麼別人必然也有同樣的想法。因此，佛陀指出：「一個人如果深愛自我，就不應傷害別人的自我。」[106]這就是他的黃金律。俗家人不可能像鎮日修行的僧侶一樣澈底消滅自我中心的心態，但可以利用自己的自私經驗對別人的脆弱感同身受。如此一來，他們即可超脫於為了自我而不惜傷害別人的惡行之上，並且了解到同情的基本價值。

在波斯匿王晚年，他的太太早他一步去世，於是他陷入長期的憂鬱當中，經常駕車在鄉間漫無目標遊蕩。有一天，他發現了一片林地，長滿了高大古老的樹木。他下了馬車，走在這些樹木的巨大樹根之間，發現這些樹根「為人引發信賴與自信」。「它們默默無語，沒有任何嘈雜的聲響侵擾它們的寧靜；它們感覺上似乎獨立於尋常的世界之外，可讓人逃避人生的殘酷。」看著這些壯觀的樹木，國王隨即想到了佛陀，於是跳上車，奔馳了好幾英里的路程，來到佛陀所住的屋子。這時候的佛陀，已是八十歲的老人了。[107]對於當代的許多人來說，在這個充滿暴力與悲傷的世界當中，佛陀是個能讓他們獲得祥和的避難所。在軸心時代，許多人追求上帝，追求梵，追求涅槃，其實都是想要追尋一個獨立於世界之外卻又存在於世界當中的特殊處所。這個地方對人沒有偏見，澈底公正而平靜，並且可讓我們充滿自信，相信無論如何，我們的人生畢竟有其價值。佛陀本身似乎就具體而微地象徵這樣的理想。眾人沒有對他不動感情的客觀態度感到厭惡，他對萬物一視同仁的觀點也沒有令人覺得高不可攀。他並未因此變得冷酷、駭人或者缺乏人性，而是為所有見過他的人啟發了非凡的情感。他隨時總是溫和仁善、寧靜祥和、公正不倚，而這樣的姿態顯然牽動了人心，喚起了人類某種深沉渴望的共鳴。如同蘇格拉底與孔子，佛陀成了存在主義哲學家雅斯培（Karl Jaspers）所謂的典範人格——也就是人類最高理想的模範。[108]軸心時代的這些傑出人物已成為典型的榜樣；只要模

....

[106] Samyutta Nikaya 3.1-8.
[107] MN 89.
[108] Karl Jaspers, *The Great Philosophers: The Foundations,* ed. Hannah Arendt, trans. Ralph Manheim (London, 1962), pp.99-105.

仿他們，即有助於其他人達成他們所代表的那種崇高人性。

〔288〕 有一天，一個婆羅門發現佛陀坐在樹下。看著佛陀的祥和、平靜與自制，讓這名婆羅門不禁深感敬仰。在他眼中，佛陀就像是一頭長牙大象：他們同樣都穩固控制了巨大的力量與龐大的潛力，並且將其化為一種非凡的平靜狀態。這名婆羅門從來不曾見過這樣的一個人。「你是神明嗎，先生？」他問道：「還是天使……或是精靈？」佛陀說他不是。他只是揭露了人類本性中一種新的潛能而已。生活在這個痛苦的世界裡，人類還是有可能平靜祥和，保有掌控力，並且和其他生物和諧共處。人一旦斬斷了自我中心的根源，就能夠徹底發揮自己的能力，也將喚醒平常自我當中沉睡的部分。這名婆羅門請教該怎麼描述他？佛陀說：「就記得我是個覺醒的人吧！」[109]

....

[109] AN 4.36.

第 八 章

萬物歸一
（約西元前 400-300 年）

到了西元前四世紀，中國的經濟與政治變遷已達到令人震驚的速〔289〕
度。戰爭持續不斷，各國國君都必須投注資金從事昂貴的戰役，所以紛
紛鼓勵新式商業經濟的發展。❶西元前五世紀末，中國人發現了鑄鐵的方
法，因此能夠以堅韌的鐵器清除大片林地。到了西元前四世紀末，渭谷、
成都盆地與中原都受到持續不斷的耕作。農民學會使用馬糞，也懂得辨別
不同的土壤，以及犁地、播種與排水的最佳時機。收穫狀況因此改善，儘
管戰爭深具破壞力，人口仍然迅速成長。新的商人階級興起，與國君密切
合作，興建鑄造廠又開挖礦坑。深富生意頭腦的商人建立起了龐大的貿易
帝國，商品銷售至北朝鮮、戈壁沙漠，甚至遠至印度，交易貨品包括紡織
品、穀物、鹽巴、金屬、獸皮、皮革，也雇用了越來越多的工匠、仲介，
以及車隊與船隊。

城市不再只是政治與宗教重鎮，而逐漸成為貿易與工業中心，容納
數以千計的居民。在封建時代，小型宮殿城鎮的城牆總長僅有五百碼，現
在有些城市的城牆則長達兩英里以上。西元前四世紀，齊國首都臨淄是中
國最大的城市，共有三十萬名居民。那裡出現了一群都市階級的技工與藝
匠，不再依附於皇室，而且富有人士也得以享受新的奢華生活與欣欣向榮
的娛樂產業。齊國國君成了中國頂尖學者的贊助人，並且在西元前 357 年於
臨淄西門旁成立了稷下學宮，為文人學士提供設備完善的宿舍，也給予豐厚〔290〕
的津貼。❷

許多人深深喜愛這樣的變化，但也有人對此頗感不安，意識到自己
的人生已和前人那種禮儀式的生活極為不同。各個大國的國君不再受到禮
的限制，不再遵循皇家禮儀要求的「無為」，而是熱切追求自己充滿野心

---

❶ Jacques Gernet, *A History of Chinese Civilization,* trans. J.R. Foster and Charles Hartman, 2nd ed. (Cambridge, U.K., and New York, 1996), pp.67-81; Jacques Gernet, *Ancient China: From the Beginnings to the Empire,* trans. Raymond Rudorff (London, 1968), pp.89-114.

❷ Benjamin I. Schwartz, *The World of Thought in Ancient China* (Cambridge, Mass., and London, 1985), pp.238-39.

的政策，並且致力將大權集於一身。西元前四世紀初，魏國國君以一群領取薪水的官員取代世襲的侯爵。過去，行政職務都由大家族壟斷，現在則由國君挑選官員，只要不聽從命令，即可直接換掉，表現不佳的政治人物更是隨即遭到流放或處決。隨著其他各國紛紛以魏國為榜樣，政治於是成了極度危險的遊戲。各國國君偶爾會諮詢標舉道德的士人，但更重視商人。他們的政策逐漸呈現出精明的務實考量與新興商業精神的細密算計。

經濟繁榮造成不平等現象更加惡化，從而導致社會秩序的大幅瓦解。農民不斷受到徵召從軍，被迫離開自己的家園和田地；有些人雖然務農有方，成了大農夫，但更多人卻債務纏身，以致保不住自己的土地。統治者竊奪了許多沼澤地與森林地，原本都是農民賴以捕魚、狩獵或撿拾木柴的地方。村莊社群分崩離析，許多農民都被迫到工廠與鑄造場內擔任勞工。有些貴族家族逐漸沒落，傳統的小型侯國也隨時面臨滅國的危機。許多人的人生都出現了一道巨大的空洞。「何去何從？」楚國公子暨詩人屈原問道：「世溷濁而不清……黃鐘毀棄，瓦釜雷鳴；讒人高張，賢士無名。」❸他曾懇求國君請教聖賢之士而回歸正道，卻遭到罷黜流放，結果在西元前299年投江自殺。

有些人完全不想和這個新世界有任何瓜葛，於是退隱山林。隱士揚棄城市生活的現象已存在一段時間，孔子就曾遇過幾位隱士，他們都對他改革社會的努力多所嘲諷。❹這些隱士和印度的棄世者完全不同，只想過著平靜的生活。不過，其中有些人也採行高道德標準，談起當今世事不免「高論怨誹」。❺這些隱士崇拜的對象是神農，也就是傳說中發明了農業的古代聖王。❻不同於當代這些充滿野心的統治者，神農不曾追求中央集

〔291〕

---

❸ Marcel Granet, *Chinese Civilization,* trans. Kathleen Innes and Mabel Brailsford (London and New York, 1951), P.32.

❹ Analects 14:39, 41; 18:6.

❺ *The Book of Zhuangzi,* 15:1, in Martin Palmer with Elizabeth Brenilly, trans., *The Book of Chuang Tzu* (London and New York, 1996).

❻ A. C. Graham, *Disputers of the Tao: Philosophical Argument in Ancient China* (La Salle, Ill., 1989), pp.64-74.

權，而是允許每個封建采邑保有自主性。他沒有威迫自己手下的官員，而且除了定期巡察作物之外，盡皆採取「無為」的治理方式。有些隱士僅以過著田園生活為滿足，藉由在森林與沼澤地裡漁獵為生。❼不過，到了西元前四世紀中葉，他們也發展出了一套哲學，並且歸之於楊朱。❽

楊朱並未留下著作，但不少文獻都記載他的思想。他對儒家與墨家提出了一項直接又令人困惑的挑戰。家禮主張個人的生命不屬於自己所有。上天為每個人賦予既定的生命長度，所以人如果讓自己遭受危險，就是違背上天的意志。在當時那個時代，在朝為官既然充滿危險，追求仕途顯然是錯誤的行為。❾因此，楊朱學派的追隨者也就依其原則而退出於公共生活之外。他們聲稱堯、舜當初退位並非儒家所說的出於謙讓，而是因為他們不願把自己與別人帶向危險。楊朱學派常舉周王的祖先亶父為例，因為他當初寧可放棄王位也不願與外來的侵略軍作戰。他在退位時表示：「殺人父子而君之，予不忍為。」❿

楊朱學派對於「仁」或是「關懷天下人」的觀點不屑一顧，他們的哲學思想是「為我」。⓫在儒家眼中，這種思想簡直自私得駭人。儒家指控楊朱學派的追隨者「拔一毛而利天下，不為也」。⓬不過，楊朱學派堅稱任意涉入其他人或其他組織的事務乃是不負責任的行為；人的主要責任就是保全自己的性命，並且依循自然而行。⓭楊朱學派不願干涉人的本性，只致力於遵循上天建立的「道」。拒絕享樂或是屈從於朝廷生活的虛偽禮儀只會扭曲人與人之間的關係。遵循禮而漠視自己的感受，絕不可能讓人與別人產生真正的接觸。人生應當是自發而真誠的。

....

❼ *The Book of Zhuangzi* 15:5.

❽ Fung Yu-Lan, *A Short History of Chinese Philosophy,* ed. and trans. Derk Bodde (New York, 1976), pp.60-66.

❾ *Annals of Spring and Autumn* 1.3.

❿ *Annals of Spring and Autumn* 21.4, in Graham, *Disputers of the Tao,* p.251.

⓫ *The Book of Mencius* 3B9, in D. C. Lau, trans., Mencius (London 1970).

⓬ *The Book of Mencius* 7A 26. Lau translation.

⓭ *The Book of Huainan,* 13.

　　許多中國人都深受楊朱學派的理想吸引，但也有人對其感到疑懼。❶這些人向來認為禮儀在世間確立了天道。禮是否真的對人有害？楊朱學派如果是對的，那麼為了人民而犧牲自身享樂的正直國君豈不是愚蠢又乖戾？反倒是只顧自己享樂的暴君才比較接近天道？人是否基本上是自私的？如果是的話，那麼我們該怎麼做才能讓世界變得更好？道德的基礎是什麼？儒家的自修理想是違反自然的嗎？此外，楊朱學派如此讚頌的「人性」究竟是什麼？稷下學宮的學者對這些問題多所討論，其中一人寫了一篇題為〈心術上〉的神祕主義文章，作為儒家思想對楊朱思想的回應，同時也是對統治者的引導。

〔292〕

　　這篇文章的作者指稱「仁」不是對人性的扭曲，而是人性的實現。實際上，「仁」與「人」本來就是同義詞。一位國君如果想要擁有真正的「人心」，就必須找出自己本身的核心。與其逃到山林裡尋求平靜與保障，他必須透過冥想的方式培養內在的寧靜。一旦學會節制激情、遏抑欲望、摒除心中各種雜亂的思緒，這名獲得覺悟的國君即可找到真正的自我。他將可獲得清明的心智力量，生理健康也將改善，並且將會發現自己不必付出進一步的努力，就已「自然」成為仁人。中國人發現了內觀的方式，在西元前四世紀已發展出他們自己的瑜伽修行法。我們對這些早期的冥想方法所知極少，但似乎必須以集中注意力以及控制呼吸等手段。昔日的聖王藉由採取正確的身體姿勢而確立了正道，但根據〈心術上〉的指導，現在的國君只要找到自己內在的真正中心，即可讓天下回歸正道。

　　中國的冥想係以掌控「氣」為基礎——但「氣」這個字眼非常難以解釋。「氣」是生命的原料，是生命的基本能源，也是生命的原始精神。「氣」是萬物的生命來源，也為每一件物體賦予了獨特的形體與態樣。「氣」是實在界的基本結構，充滿無窮無盡的活力，有點像是德謨克利特所謂的原子，但是更為神祕。在「道」這種終極控制力的導引下，「氣」

---

❶ *The Book of Mencius* 3B9.

會不斷聚合成各種不同型態的組合，而形成石頭、植物，或者人。不過，這些物體都不會恆久存在。過了一段時間之後，「氣」就會消散，於是人或植物會死，石頭也會分解。儘管如此，形成這些物體的「氣」仍然存在，在不停的變化當中持續翻騰，最後再次重新聚合，形成不同的物體。因此，宇宙間的萬物都分享了共同的生命，只是強度各自不同而已。

最純粹也最集中的「氣」，就是存在本身，也就是實在界的「精華」。透過冥想，人可以學會解放自己的「氣」。欲望、仇恨，以及躁動不安的心智活動都會對「氣」的自然流動造成阻礙。藉由循序漸進地摒棄這些心中的雜質，冥想者即可依照上天原本的用意，讓自己的「氣」毫無〔293〕障礙地流過身心。個人一旦與「道」達到這樣的完全一致，就會陷入出神的狀態，內在也會湧出一種神聖的平和感受。這就是「神」，也就是一個人最深刻也最神聖的自我，與存在之「精」乃是一體。因此，人在冥想當中可以發現自己真正的本質；不但「心」因此達到完善，聽覺、視覺和四肢也都會變得更為健康。❶如此一來，冥想者即可盡享天命。由於他與萬物的精華合而為一，因此會覺得自己與實在界的整體結合為一體，從而能夠宣稱：「正心在中，萬物得度。」❶

就在中國遭到可怕的戰爭撕扯得四分五裂的同時，中國的神祕主義者卻在自己內在發現了一種平靜的境界，能夠把萬物聚合在一起。這種追求一致性的渴望也影響了辯證與辯論的新風潮。墨家、儒家與楊朱學派之間的激烈爭論，促成了學者對於辯論機制的著迷。如同希臘的詭辯家，中國的辯者也對自己能以高超的辯論能力證明任何論點或是推翻各種既有觀念而深感欣喜。許多人認為這些辯者淺薄輕浮又不負責任，但他們卻認為自己發揮了凝聚力，把表面上看似不同的東西聚合在一起，並且揭露出它們潛在的一致性。其中一人宣稱自己「合同異，離堅白；然不然，可不可」。❶

....

❶ *Inward Training* 2.100, in Graham, *Disputers of the Tao,* pp.100-105.
❶ *Inward Training* 2.102. Graham translation.
❶ *The Book of Zhuangzi* 17:34. Palmer translation.

在這些早期的辯證家當中，最著名的是卓越出眾的惠子（西元前370-319年），曾在戰國時代擔任魏國的宰相。**⑱**他存留下來的著作不多，但他似乎相當認同墨家思想。他唯一留存至今的著作是「歷物十事」，其中揭露了他對存有的核心所察覺到的不穩定性。**⑲**惠子希望證明這一點：詞語會對人造成誤導，原因是詞語經常為事物賦予恆久與堅實的假象。他說：「今日適越而昔來。」時間完全是一種相對的概念：今天的「昨日」就是昨天的「今日」，而今天的「今日」也將成為明天的「昨日」。在另外一則悖論裡，他指出了空間概念的相對性：「我知天下之中央，燕之北，越之南也。」由於燕位於中國北方，越位於南方，因此「中央」理當位於這兩極之間。不過，我們一旦跳出中國的觀點，即可明顯看出任何一個地點都可以成為天下的中央，就像圓形邊緣線上的任何一個點都可以是這個圓形的起點。

〔294〕 這些悖論其實都是引人思考的問題，目的在於讓人了解：我們認為自己所看到的，其實都只是幻象。就連生死也只是一體的兩面：「日方中方睨，物方生方死。」萬物隨時不斷變動，所以每個生物自誕生的那一刻，就已開始走上腐敗之路。人常把「高」、「低」視為絕對的概念，而沒有意識到一件物體之所以「高」，只是相對於另一件物體而言。所以，「天與地卑，山與澤平。」把事物分別歸入固定的類別是一種錯誤的做法，因為每一件事物都是獨特的，即便表面上看來相似的東西，其實也各自不同：「連環可解也。」因此，萬物都是一體：天與地、生與死、優越與卑下。惠子是政治人物，也是激進分子，又是墨家信徒，他也許想要證明所有人都具有相等的價值，而且社會時運也會變動。**⑳**

在第一則悖論裡，惠子指出了一項存在於日常生活之外的真實：

....

⑱ Graham, *Disputers of the Tao*, pp.76-82; Schwartz, *World of Thought*, pp.223-24; Fung Yu-Lan, *Short History of Chinese Philosophy*, pp.83-94.
⑲ *The Book of Zhuangzi* 33. Palmer translation.
⑳ Schwartz, *World of Thought*, p.224.

「至大無外，謂之大一；至小無內，謂之小一。」我們說一件物體「大」，只是因為這件物體比另一件大；但實際上，所有物體都是「大」的，因為世界上的每一件物體都比其他某些物體還大。然而，我們心中還是存有「至大」與「至小」的概念，可見我們有能力想像絕對的境界。語言揭露了一種先天即存在於我們思想中的超越性。惠子的悖論帶有靈性與社會意義的弦外之音，這是芝諾的悖論所沒有的。此外，他的「歷物十事」也以超越性與同情心的概念為基礎。在第一則悖論裡，惠子把我們的注意力導向沒有其他物體可以比擬的「至大」。最後一則悖論則表達了墨家思想：「泛愛萬物，天地一體也。」由於我們的愛憎情緒所奠基其上的區別都只是幻象，因此我們應當對萬物帶有同等的關愛。最後這則悖論呼應了第一則，因為「至大」包含了實在界的整體：天與地並無區別，也不是對立的雙方，而是相同的一體。❷❶因此，萬物都值得我們的愛與終極關懷。

　　這項靈性觀點可讓我們了解惠子為何會與看似和他南轅北轍的莊子（約西元前 370-311 年）建立深厚的友誼。莊子是中國軸心時代數一數二的重要人物，❷❷信奉楊朱學派的思想，而且還是隱士，乍看之下與高高在上的魏國宰相毫無相似之處。他終生是個局外人，曾經身穿破舊的長袍晉見魏國國君，鞋子還破得必須以繩子綁起來。他也曾經有幾年住在陋巷裡，靠著編織草鞋為生。不過，莊子的心智活潑奔放，充滿原創性，而且輝煌耀眼，在有財有勢的人物面前也從不覺得不自在。他熱愛與惠子鬥嘴，在惠子死後曾感嘆沒有人可以和他說話。不過，莊子畢竟認為辯證過於狹隘。舉例而言，惠子信奉墨家思想，可是儒家思想難道不能夠也是正　　〔295〕

....

❷❶ Fung Yu-Lan, *Short History of Chinese Philosophy,* p.91.

❷❷ Graham, *Disputers of the Tao,* pp.172-203; Schwartz, *World of Thought,* pp.215-36; Fung Yu-Lan, *Short History of Chinese Philosophy,* pp.104-17; Mark Elvin, "Was There a Transcendental Breakthrough in China?," in S. N. Eisenstadt, ed., *The Origins and Diversity of Axial Age Civilizations* (Albany, 1986), pp.342-46.

確的嗎？如果確實如惠子所說，一切都是相對的，那麼為何只有一種哲學思想可以是正確的呢？在他眼中，哲學家之間的爭論與攻防只是自我中心的心態作祟：「道」其實超越於人類對是非真偽的有限認知之外。

一般歸為莊子所寫的著作，實際上是一部文集，收集的文章從西元前四世紀至三世紀末。傳統上認為只有前七章包含莊子本身的教誨，但現代的分析顯示這些「內篇」也包含後代的文章，有些章節的風格反倒與莊子較為近似。這本書一開頭先是為私人生活提出辯護。莊子對墨家與儒家頗覺反感，他認為這兩個學派都充滿了自大，傲慢地以為他們擔負了拯救世界的責任。政治不可能改變人性：國君與政治人物一旦干涉人民的生活，結果總是越來越糟。莊子信奉無為而治。強迫百姓遵守由人制定的法律是違反自然的行為，就像強迫鶴縮短雙腿、為馬兒套上韁繩，或是用繩索穿過牛隻的鼻子。[23]

莊子首次退隱以尋求平靜與保障時，原本是楊朱學派的信徒。不過，他後來卻發現不可能有任何生物能夠過著徹底安全而獲得保護的生活。[24]他曾闖入一片狩獵場偷獵鳥兒，當時他發現了一隻異鵲，於是仔細地瞄準，一心認為那隻鳥兒會受到驚動而飛走。然而，那隻異鵲根本沒有注意到莊子，因為牠正瞄準了一隻美味的蟬，那隻蟬正棲息在舒適的陰影下，絲毫沒有注意到自己的安危。同時，一隻螳螂也弓起身子，準備撲向那隻蟬，因為全神貫注地注視自己的獵物而沒有注意到一旁正虎視眈眈的鳥兒。於是，那隻異鵲興奮地一撲而上，一口吃掉螳螂和蟬——仍然沒有發現莊子正拿著弓弩對準了牠。莊子充滿同情地嘆息道：「物固相累，二類相召也。」這幾隻生物都沒有注意到即將降臨在自己身上的危險，因為牠們的天性就是互相獵食。不論牠們是否有意如此，總之就是活在一個互相毀滅的食物鏈當中。沒有人能夠過著完全與世隔絕的生活，即便是隱士

---

[23] *The Book of Zhuangzi* 17.
[24] *The Book of Zhuangzi* 20:61-68. Palmer translation.

也不可能：莊子自己就因為忙著瞄準那隻異鵲，而沒注意到獵場看守者已 〔296〕
出現在他身邊，結果被那個看守者憤怒地趕出獵場。這個經歷讓莊子留下
深刻印象，為此沮喪了三個月。由於這段經驗，他發現楊朱學派的信念乃
是基於一項虛幻的想像：人不可能像楊朱教導的那樣保護自己。我們天生
就是要摧毀別人，也遭人摧毀；吞食其他生物，也遭到其他生物吞食。這
種命運不可能逃避。除非我們接受這種毀滅與消亡的無盡循環，否則就不
可能獲得平靜。

　　經過狩獵場那次事件之後，莊子發現自己看待世界的觀點已然改
變。他開始意識到萬物不斷變動，而且隨時都處在轉化為其他事物的過
程。但儘管如此，我們卻總是努力要把自己的思想和經驗凝結起來，使
其成為絕對。這不是天道的運作方式。任何事物如果想要自外於生命無盡
的變化，獲得獨立自主的地位，就是違背了宇宙的自然韻律。莊子深切理
解到這一點之後，隨即感到一種令人振奮的自由。他發現自己不再害怕死
亡，因為致力於永久保有生命是徒勞無功的事情。生死哀樂相繼循環，就
像日夜一樣。他一旦告別人世，不再是「莊子」，一切還是沒有改變。屆
時他仍是這個變幻無盡的宇宙中極其微小的一部分。

　　莊子偶爾會利用震撼教育的方式讓他的友人及弟子了解真理。莊子
的妻子去世之時，惠子前來向他悼問，卻驚訝地發現他盤腿坐著，高聲歌
唱，一面敲打著一只舊盆子──公然違反治喪期間應有的莊嚴態度。惠子
斥責他道：「與人居，長子老身，死不哭亦足矣，又鼓盆而歌，不亦甚
乎！」莊子微微一笑。妻子剛死的時候，莊子原本也像別人一樣哀傷不
已。不過，他後來把心思轉向她出生之前的時候，當時她只不過是世間一
股翻騰不停的「氣」，只是宇宙間造物原料的一部分。後來有一天出現了
美妙的變化：這股「氣」以新的方式混合成形，於是他親愛的妻子突然出
現了！現在她告別人世，只不過是再度經歷另一段變化而已。「是相與為
春秋冬夏四時行也，」莊子省思道。現在，她已平靜回歸了「道」的懷
抱，回到宇宙間最雄偉的宅邸。他如果哀哭悲嘆，就徹底違反了自然界的

正道。㉕

軸心時代的其他許多賢哲對於世間的變化、死亡與消解總不免深感沮喪，但莊子和他的友人卻對這種現象帶有一種事不關己的歡欣態度。有一天，莊子一個名叫子犁的弟子前往探訪一位病重的朋友，發現那名友人的妻兒圍在床邊啜泣。他滿心憎惡地將他們趕到一旁：「叱！避！無怛化！」然後，他倚在病人的房門，若有所思地說道：「偉哉造化！又將奚以汝為？將奚以汝適？以汝為鼠肝乎？以汝為蟲臂乎？」那位瀕死的友人答道：

〔297〕

> 父母於子，東西南北，唯命之從。陰陽於人，不翅於父母。彼近吾死而我不聽，我則悍矣，彼何罪焉？
>
> 夫大塊以載我以形，勞我以生，佚我以老，息我以死。故善吾生者，乃所以善吾死也。今大冶鑄金，金踊躍曰：「我且必為鏌鋣！」大冶必以為不祥之金。今一犯人之形，而曰：「人耳人耳！」夫造化者必以為不祥之人。今一以天地為大鑪，以造化為大冶，惡乎往而不可哉！」成然寐，蘧然覺。㉖

莊子和他的友人一旦不再認為自己是獨特而珍貴的個體，必須不計一切保全自己的性命，他們即可以饒富興味的以旁觀的眼光看待自己的困苦，而保有內心的平靜與滿足。㉗人一旦完全接受天道，就會因為認清現實而保有心靈的平和。

「道」究竟是什麼？莊子一再堅稱「道」是無可想像、無可言說也無可定義的東西，沒有性質也沒有形體。「道」只能體驗，無法以肉眼看

....

㉕ *The Book of Zhuangzi* 18:15-19. Palmer translation.
㉖ *The Book of Zhuangzi* 6.53, in David Hinton, trans., *Chuang Tzu: The Inner Chapters* (Washington, D.C., 1998).
㉗ *The Book of Zhuangzi* 5:84.

見。「道」不是神明，但在天地出現之前就早已存在，而且超越於神聖之上。「道」的歷史比遠古時代還要悠久，卻一點都不古老。「道」是有，也是無；❷而且代表了自然界各式各樣的規律、形體以及潛力。❷「道」以神祕的方式命令「氣」的種種變化，但其存在之處卻沒有我們尋常認知中的各種區別。如果想要解釋這種言語無法形容的議題，只會導致不必要的爭論而已。我們必須了解自己一無所知。我們如果選擇採信一項理論而〔298〕揚棄另一項，就是扭曲現實，把充滿創造力的生命之流強制導入我們自己鑿出的河道裡。唯一有意義的主張，就是令人陷入疑惑與無知當中的問題。我們一旦發現根本沒有所謂確定的存在，絕不該感到氣餒，因為這種困惑的狀態正可能引導我們趨向於「道」。

自傲是悟道最大的障礙。我們就是因為擁有過度膨脹的自我概念，才會選擇認同某一種意見，才會和別人爭論不休，也才會好管閒事，希望改變別人以合乎我們的期望。莊子經常偽託孔子之言表達自己的觀念。他曾經說過這麼一個故事：魏國的國君是個殘暴、莽撞又不負責任的年輕人。有一天，顏回向孔子說他打算勸說魏國國君改過向善。了不起呀！孔子苦笑答道，但顏回並不完全了解自己。他怎麼可能改變別人？他唯一能做的事情就是指出律法，說明幾條儒家原則而已。這些外在的指示怎麼可能影響魏國國君潛意識難以捉摸的內在衝動，從而改變他的殘暴行為？顏回唯一能做的只有一件事，就是虛其心智，摒棄這種妄自尊大的忙碌念頭，並且找出自己的內在核心。

仲尼曰：「若一志，無聽之以耳而聽之以心；無聽之以心而聽之以氣。耳止於聽，心止於符。氣也者，虛而待物者也。唯道集虛。虛者，心齋也。」❸

....

❷ *The Book of Zhuangzi* 6:29-31.
❷ Elvin, "Was There a Transcendental Breakthrough in China?," p.343.
❸ *The Book of Zhuangzi* 4:26-28. Hinton translation.

　　與其利用一切機會培養我們的自大心態，我們應當加以遏抑。即便是最良善的意圖，也可能助長我們的自私。然而，「氣」並沒有特定的目標，只是單純任由自己接受「道」的形塑與轉化，最後就可獲得良好的結果。顏回只要不再阻擋「氣」的流動，不再阻礙其自然的流向，「道」即可透過他而發揮作用。唯有如此，他才能成為世界上一股善的力量。不過，到了這段對話的結尾，顏回似乎已對勸導魏國國君的計畫完全喪失興趣了。

〔299〕

　　人一旦不再爭辯信條和理論，即可獲得莊子所謂的「大知」，從此不再聲稱「這個」指的不可能是「那個」，而會發現表面上看似矛盾的事物其實構成了一項神祕而神聖的整體。這種「對立的統一體」將把人帶至「道」的軸心。「樞始得其環中，以應無窮。是亦一無窮，非亦一無窮也。」❸尚未覺悟的人就像是井底之蛙，誤以為天空只有自己看到的那麼一小片。等到他看見完整的真實之後，他的觀點就會從此改變。❷「大知」絕不可能受到定義；莊子只能描述其效果。聖人就是因為擁有這種宏大的知識，所以對於每一種情境都能做出細膩而明智的反應。聖人不會事先盤算自己將怎麼做，不會面對各種行動方案而苦惱不已，也不會只墨守一套既定的規則。人一旦不再阻礙「道」，就會產生一種自發性，如同才華洋溢的工匠所具備的高超本領。

　　莊子還講過另一個關於孔子的故事。有一次，孔子和弟子在旅途中穿越一座森林，結果遇到一個駝背之人用沾了黏液的桿子捉蟬。孔子看到他從不失手，不禁深感訝異。他是怎麼做到的呢？他顯然善於把注意力完全集中在自己的工作上，以致達到一種忘我的境界，而能夠在「道」裡悠遊自得。「子巧乎，有道邪？」孔子問他。「我有道也！」駝背之人答道，但他完全不知道自己是怎麼得道的！他只是連續練習了好幾個月，現在已能完全專注於捉蟬的活動：「雖天地之大，萬物之多，而唯蜩

....

❸ *The Book of Zhuangzi* 2:29-31. Palmer translation.
❷ *The Book of Zhuangzi* 17:3.

374

翼之知。吾不反不側，不以萬物易蜩之翼，何為而不得！」他把自我拋在腦後，任由「氣」取而代之。孔子向弟子解釋道：「用志不分，乃凝於神，」因此他的雙手彷彿自行移動。事前的刻意計畫只會令人分心，對人造成障礙。這個駝背之人讓莊子想起了木工扁，扁曾說：「斲輪，徐則甘而不固，疾則苦而不入，不徐不疾，得之於手而應於心，口不能言，有數存焉於其間。臣不能以喻臣之子，臣之子亦不能受之於臣。」❸❸同理，智者一旦學會不去分析，不加以區別，不衡量各種選項，就是拋棄了自我而順應自然，從而和宇宙最深邃也最神聖的韻律合而為一。

　　這是什麼感覺？莊子向弟子提到子綦這位沉思者。有一天，子綦的〔300〕
友人發現他「仰天而噓，苔焉似喪其耦」。這種現象以前從來不曾出現過，子綦看起來似乎完全變了一個人。究竟發生了什麼事？「今者吾喪我，汝知之乎？」子綦問道。他完全忘卻自我，就像工匠全心投入工作當中一樣。我們若是緊抓著自我，就會疏離於「道」的「大變化」。子綦澈底忘我，所以從自私的束縛當中解脫了。現在，他已能夠比以前看得更加清楚。他對友人說：「汝聞人籟而未聞地籟，汝聞地籟而未聞天籟夫！」人一旦獲得這種宏大的觀點，即可聽聞萬物共同歌唱，卻又能夠清楚分辨其中每一種聲音。這就是宏大的知識：「大知閑閑，小知閒閒。」❸❹

　　唯有拋棄過往的思考習慣，才有可能達到這種覺知。真正的智者不會積聚知識，而會學著忘卻一件又一件的事物，到最後完全忘卻自我，而能夠在喜悅中與「道」融合為一體。莊子還講過另一則關於孔子和顏回的故事。

　　有一天，顏回宣稱道：「回益矣！」

　　「何謂也？」孔子問道。

　　「回忘仁義矣。」顏回答道。

....

❸❸ *The Book of Zhuangzi* 19:19-21; 13:70-75. Palmer translation.
❸❹ *The Boook of Zhuangzi* 2:1-3. Hinton translation.

「可矣，猶未也。」孔子說。

幾天後，顏回又宣稱道：「回忘禮樂矣。」

「可矣，猶未也。」孔子說。

不過，顏回最後還是讓他的老師出乎意料之外。「回益矣！」他說：「回坐忘矣。」

孔子不太自在地移動了自己的坐姿。「何謂坐忘？」他問。

顏回說：「墮肢體，黜聰明，離形去知，同於大通，此謂坐忘。」

聽完之後，孔子不禁臉色一片蒼白。他的弟子已超越了他。

仲尼曰：「同則無好也，化則無常也。而果其賢乎！丘也請從而後也。」㉟

〔301〕　　「知道」一事，就是能夠將其與其他一切分辨清楚。忘卻這樣的區別，則是意識到無可區分的一體，不再覺得自己是有別於其他事物的個體。

莊子的覺悟和佛陀不一樣，似乎不是一旦覺悟就從此大澈大悟。他並沒有隨時處在出神的狀態下，有時候在日常生活中還是必須對事物進行分析及區辨。㊱他偶爾「與天為徒」，偶爾「與人為徒」。㊲但在他人生的中心，他卻是平和接受了「道」，也就是萬物生長的「根」或「本」，也是萬物繞轉的軸心。

莊子對於墨家的「愛」或「關懷」並不完全滿意，因為墨家的觀點要求人把注意力集中在個別的人，但人的存在實在太過短暫，不值得賦予如此高度的關注。不過，他也鼓吹一種推己及人的精神。他認為聖賢基本上是不自私的。他說：「至人無己。」㊳他把別人視為「我」。「人哭

....

㉟ *The Boook of Zhuangzi* 6:93. Hinton translation.
㊱ *The Boook of Zhuangzi* 6:19.
㊲ *The Boook of Zhuangzi* 6:20. Palmer translation.
㊳ *The Boook of Zhuangzi* 1:21. Palmer translation.

亦哭，是自其所以乃，」因為他已完全不認為自己是個別的特殊個體。❸
他的心已然「虛空」，只完整映照了別人，就像鏡子一樣，而且沒有經
過自我的扭曲。❹真正的聖賢不需要仁的規範。他自然而然就會追求對別
人有益的事物，而不會多此一舉地認為自己關懷別人。❹他一旦擁有「大
知」，就獲得在不知不覺間廣施博愛的本領。

在莊子眼中，與他同時代的孟子（西元前 371-288 年）大概就是個自
以為是又好管閒事的傢伙，因為孟子一心一意想在公共生活中扮演積極的
角色。❹孟子是熱切的儒家信徒，雖然成為稷下學宮的學者，真正的志向
卻是入朝為官。不過，他和孔子一樣並不得志。他雖曾遊說齊宣王與梁惠
王，這兩名國君卻都認為他的思想根本不切實際。儘管如此，孟子還是沒
有輕易放棄，多年來仍然走訪各國，致力於勸說國君回歸大道。他沒有辦
法像莊子一樣背棄這個世界，而深信自己是上天指派的救星。

孟子在歷史中發現了一套規律。聖王每五百年才會出現一次，介於
其間的統治者只是尋常的「名世者」。可嘆的是，從周初至今已過了七百
多年，可見得新一代的聖王已然遲到。孟子深深察覺到中國已經改變，而
且在他看來是變得越來越糟。「以其數則過矣，」他感嘆道：「夫天，未　〔302〕
欲平治天下也。」假如上天有意平治天下，那麼世界上除了他還有誰辦得
到？❹身為布衣平民，他不可能成為聖王，但他認定自己是上天為各國國
君指派的使者。百姓渴求良好的領導，只要有哪一位統治者能夠以仁與慈
愛公正的態度對待他們，他們就會群起追隨。

後來孟子發現沒有一個國君願意認真採行他的理念，於是退隱寫了

....

❸ *The Boook of Zhuangzi* 6:80. Palmer translation.
❹ *The Boook of Zhuangzi* 7:32; 13:2-6; 33:56.
❹ *The Boook of Zhuangzi* 6:11.
❹ Graham, *Disputers of the Tao,* pp.111-32; Elvin, "Was There a Transcendental Breakthrough
in china?," pp.340-42; Schwartz, *World of Thought,* pp.255-90; Fung Yu-Lan, *Short History of
Chinese Philosophy,* pp.68-79; Tu Wei-ming, *Confucian Thought: Selfhood as Creative Transfor-
mation* (Albany, 1985), pp.61-109.
❹ *Mencius* 2A 1; 2B 13; quotations from *Mencius* are taken from Lau, *Mencius.*

一本書記錄他與國君之間的對話。他認為治理不可能憑恃武力而遂行。人民之所以屈服於威迫性的統治，是因為他們別無選擇。如果有一位熱愛和平的國君掌握大權，則所有人將率皆來歸，「中心悅而誠服」，因為仁具有轉化人的力量。❹他向梁惠王說，與其仰賴軍事力量，應當「省刑罰，薄稅斂，深耕易耨」。身強體健的年輕人在閒暇時間應學習遵循家禮，實行孝悌。他們一旦擁有這種道德基礎，自然就會對國家忠心，並且成為強大力量的來源，「可使制梃以撻秦楚之堅甲利兵矣」。❺為什麼？因為最傑出的官員都想為公正而仁愛的國君服務；農夫願意為其耕種田地；商人也願意在他統治下的城市從事貿易，「天下之欲疾其君者皆欲赴愬於王，」孟子說：「其若是，孰能禦之？」❻

　　孔子相信單靠禮儀就足以轉變社會，但孟子目睹了戰國時代的經濟與農業革命。孟子對堯舜的仰慕不在於他們對禮的精熟，而是著眼於他們在工程方面的成就，以及他們務實積極的態度。在堯的時代，中國遭遇一場嚴重的洪水氾濫，堯「獨憂之」。❼他開鑿運河，把水排入海裡，於是人民也就能夠把土地夷平，開墾成可居之地。舜指派禹為工程大臣，結果禹花了八年的時間疏通河流，挖掘河床，興建新的堤岸。在這段期間，他從來不曾回家過夜。他沒有多餘的時間理會農業，於是舜指派后稷教導人民種植五穀。不過，人民一旦填飽肚子，道德水準也隨之下降，這種現象使得舜深感憂慮。於是，他指派放勳為司徒，教導人際交往的禮儀。❽

〔303〕　　孟子特別強調聖王對人民的仁愛與關懷。根據他的說法，堯、舜的聖性皆發端於他們對人民的關愛，只要見到人民遭遇困苦就焦慮不已，內心充滿擔憂和苦惱。聖人無法眼睜睜地看著別人受苦。「先王有不忍人之心……行不忍人之政，」孟子說。聖王不以擔憂人民為足，而是積極且富

❹ *Mencius* 2A 3.
❺ *Mencius* 1A 5-6.
❻ *Mencius* 1A 7.
❼ *Mencius* 3A 4.
❽ *Mencius* 3B 9.

有創造力地把自己的關懷轉化為有效的行動。他們良善而務實的治理行為源自於仁，不以自利為務，「知皆擴而充之矣」。❹

戰國時代的各國國君也許沒有堯、舜的稟賦，但仍然可以也必須模仿他們的博愛。孔子拒絕定義仁，孟子則為其賦予一個明確而狹隘的意義：「善心」。就是因為這項基本美德，他才無法背棄這個世界。他對墨子的「兼愛」抱持懷疑的眼光，擔心這種無所區別的善意將會破壞對社會至關重要的家庭關係，❺但他也同意人的關懷不能僅止於自己的家庭。孟子向齊宣王說，他首先必須敬重自己家裡的長輩。一旦精通這種敬老的習慣，自然而然會推廣至別人家的長輩。最後，他就能夠以慈愛的態度對待所有百姓，而人民也將樂於接受他的統治。❺

孟子不認為仁的規範是由人所制定的，他相信人天生就會對苦難產生同情的反應。他提起齊宣王在不久之前放走了一頭即將被宰殺獻祭的牛。當時宣王看到那頭可憐的牛穿越他的宮殿，聽到牠發出哀鳴聲，於是向身邊的侍從說道：「舍之！吾不忍其觳觫，若無罪而就死地。」❺這項舉動就是出自良善的衝動，但這只是開頭而已。接下來，齊宣王應當把這種本能的同情心擴展到人民身上，仁慈對待他們。最後，他更應該把這樣的關懷推展到其他國家。孟子認為人性本善，自然而然就會傾向於仁道。墨者認為人只會受到自利的動機所驅動，所以善性必須由外而內地灌輸至人的心中。不過，孟子卻認為人自然而然就會做出合乎道德的行為，就像我們的身體自然發育為成人的型態。壞習慣也許會阻礙我們的生理及道德成長，但本能的善性不會因此消失。

每個人都擁有「四端」，只要適切加以培養，即可發展成為四項基本德性：仁、義、禮，還有辨別是非的智。人的四端就像是能夠成長為值 〔304〕

....

❹ *Mencius* 2A 6.
❺ *Mencius* 3A 5.
❺ *Mencius* 1A 7.
❺ Ibid.

物的幼苗。❸這些「幼苗」是人類的天性，就像我們天生有四肢一樣。沒有人會對別人完全沒有同情心。一個人如果看到一個小孩搖搖晃晃地站在井邊，隨時可能跌下去，一定會隨即衝上前救他。他這麼做不是為了討好小孩的父母，不是為了贏得朋友的讚賞，也不是因為他被那個孩子的哭聲惹得心煩，而完全是出自仁愛之心的本能衝動。一個人如果能夠眼睜睜看著一個孩子摔死而無動於衷，那麼這個人一定有問題。同理，一個人如果完全沒有羞恥之心，或是完全沒有是非意識，那麼這個人也一定有缺陷。你可以踐踏這些「幼苗」——就像你也可以自殘肢體——但只要適切培養這些德性的初端，它們就會產生一股活躍而積極的力量。這些德性一旦發揮作用，不但會轉化實行這些德性的人，也會轉化他所接觸到的其他所有人——有如君王的權力一樣。一個人一旦充分培養了這四端，即可拯救世界。❹

　　孟子生存的年代是戰國時代一個充滿動亂的時期。他知道善的種子非常脆弱。他放眼四顧，所見皆是貪婪自私的行為。他認為這種行為會阻礙「氣」的流動，阻礙善心的自然傾向。「四端」天生存在於「心」——也就是人身上具有思考能力以及情感表達能力的器官——但許多人都拋棄了自己的心。平民因遭受暴行、飢餓以及剝削而導致天性敗壞；上層階級則是熱中於追求奢華、享樂、權勢與名聲，以致忽略「四端」，而任其枯萎死亡。只有成熟的君子保有本心。❺大多數人的心就像牛山一樣，過去曾經長滿濃密的樹叢，後來卻遭到殘暴魯莽的濫砍而變成光禿禿的一片。現在，我們很難想像牛山過去曾長滿了樹木，就像我們也很難想像一個自私墮落的人也曾擁有善良的特質。不過，這樣的潛能確實存在。「苟得其養，無物不長；苟失其養，無物不消。」❻

....

❸ *Mencius* 2A 6.
❹ Ibid.
❺ *Mencius* 6A 8.
❻ Ibid.

　　孟子是樂觀主義者。一個人就算失去本心，也總是有可能再度找回來。「無為」不是答案，這個社會需要的是「有為」，如此才能讓人與上天和諧一致。儒家教育的目的就是要尋找誤入歧途的仁心。世人對自己的〔305〕人性陷入萎縮的現象竟然毫不在乎，豈不是太奇怪了嗎？人可以花費許多時間精力尋找走失的雞犬，卻絲毫無意找回自己的心。❺❼無一例外，每個人都有能力培養德性的四端，從而成為像堯、舜一樣的聖人。仁心一旦找回，並且獲得修補，其潛力就會隨之爆發，猶如森林大火衝上空中，又像湧泉從地底噴出。聖人也是人，只不過他澈底實現人性，而與上天合而為一。❺❽大多數人一開始都會覺得發揮仁愛之心並不容易；我們必須不斷從事仁愛、崇敬、正義、平等的行為，才能培養與生俱來的德性。我們每次做出良善的行為，就會對自己的德性之「端」有所強化。到最後，四大基本德性就會習慣成自然。只要認真實行「有為」，即可造就「不動」之心，從而節制難以駕馭的激情。

　　一個人只要堅定實行這種對於善的追求，就能夠培養出孟子所謂的「浩然之氣」——這是孟子發明的詞語，而且不容易解釋。這是一種特殊的氣，可讓人昇華至神聖的境界：

　　其為氣也，至大至剛，以直養而無害，則塞于天地之閒。其為氣也，配義與道；無是，餒也。是集義所生者，非義襲而取之也。❺❾

　　仁的實踐可讓平凡而脆弱的人與大道合而為一。莊子也有過類似的體驗，但聲稱自覺只會阻礙氣的流動。孟子持反對意見，他認為透過有紀律而且持續不斷的道德修養，即可與道合而為一。

　　黃金律至關緊要。君子唯有具備這項德性，才能真正達到人道的境

....

❺❼ *Mencius* 6A 11.
❺❽ *Mencius* 7A 1.
❺❾ *Mencius* 2A 2; Fung Yu-Lan, *Short History of Chinese Philosophy,* p.78.

界；而人也必須具備這項德性，才能和整個宇宙建立起神祕的關係。「萬
〔306〕　物皆備於我矣，」孟子在他最重要的一項教導中指出：「反身而誠，樂
莫大焉。強恕而行，求仁莫近焉。」[60]一旦把別人視為與自己同等重要，
即可感受到與萬物合而為一的狂喜狀態。在這種狀態下，君子不再認為自
己和萬物有任何區別；這樣的人在動亂的世界會成為一股推動善的神聖力
量。

　　回顧昔日的封建時代，孟子認為由於當時國君的自私心態受到禮的
節制，所以人民都過著快樂知足的生活。相較於戰國時代充滿暴力與恐怖
的情形，過去那些遙遠的日子看起來就像是黃金時代一樣。古代的賢王發
揚正道的力量，對人民發揮了深刻的道德影響力，因此他的人民「皞皞如
也」，而且「日遷善而不知為之者」。當今找不到如此卓越的國君了。不
過，任何人都可以成為君子，成為完全成熟的人，而對自己周遭的環境產
生同樣的影響。「夫君子所過者化，所存者神，上下與天地同流，豈曰小
補之哉？」[61]

＊　　　＊　　　＊

　　中國的軸心時代起步較晚，但現在已綻放得繽紛燦爛。在世界上的
其他地區，軸心時代不是已經接近尾聲，就是逐漸產生變化。這一點在印
度史詩《摩訶婆羅多》當中即可明顯看得出來。[62]這首史詩的故事發生於

----

[60] *Mencius* 7A 4.
[61] *Mencius* 7A 13.
[62] E. Washington Hopkins, *The Great Epic of India* (New York, 1902); Thomas J. Hopkins, *The Hindu Religious Tradition* (Belmont, Calif., 1971), pp.87-89; Klaus K. Klostermeier, *Hinduism: A Short History* (Oxford, 2000), pp.58-62; John Brockington, *The Sanskrit Epics* (Leiden, 1998); John Brockington, "The Sanskrit Epics," in Gavin Flood, ed., *The Blackwell Companion to Hinduism* (Oxford, 2003), pp.116-23; R.C.Zaehner, *Hinduism* (London, New York, and Toronto, 1962), pp.84-120; Alf Hiltebeitel, *The Ritual of Battle: Krishna in the Mahabharata* (Ithaca and London, 1976); David Shulman, "Asvatthaman and Brhannada: Brahmin and Kingly Paradigms is the Sanskrit Epics," in S.N. Eisenstadt, ed., *The Origins and Diversity of Axial Age Civilizations* (Albany, 1986), pp.407-25.

《梵書》時代的俱盧與般闍羅地區，當時國家體系尚未出現。這首史詩的口頭傳述始於西元前 500 年，直到西元第一世紀才出現文字版本，而確立整首史詩的形式。因此，《摩訶婆羅多》是一部繁複而且層次豐富的著作，融合許多的傳統。不過，故事的大綱也許早在西元前四世紀末就已確立。軸心時代的代表性著作都是由僧侶及棄世者所撰寫，但這首史詩卻反映了剎帝利種姓的氣質。軸心時代的宗教革命為他們留下了一項令人困惑的難題。國王或戰士如果認同「不害」的理想，該怎麼讓自己的理想與職業不至於產生衝突？畢竟，他們的責任就是必須戰鬥殺敵，保衛自己的社群。

每個種姓的職責都是神聖的。每個種姓都有自己的「法」（dharma），也就是上天規定的生活方式。婆羅門的職責是精通吠陀傳說；剎帝利負責維繫法律和秩序以及捍衛家園；吠舍則必須把精力投注於創造財富。棄世者必須仰賴戰士與商人的施捨與保衛，才能全心全力追求宗教上的了悟。然而，為了善盡自己的職責，國王、戰士與商人卻必須從事在佛教觀點中視為「不善巧」乃至罪惡的行為。為了在商場上獲得成功，吠舍必須充滿野心，必須渴望世俗的財物，也必須和對手積極競爭，而這樣的「欲望」就不免讓他們跳脫不了輪迴的循環。不過，剎帝利的職責更是讓人苦惱。在軍事戰役中，剎帝利有時不得不隱瞞事實或甚至說謊，可能必須背叛先前的朋友與盟友，甚至殺害無辜的人。這樣的活動完全不符合瑜伽的精神，因為瑜伽要求人必須採行非暴力，也必須隨時誠實無欺。剎帝利只能期盼自己下輩子轉世為僧侶。不過，以他每天所累積的業，恐怕連這項有限的目標都達不到。難道這些人就沒有希望了嗎？《摩訶婆羅多》對這些問題反覆琢磨，卻找不到令人滿意的答案。

我們很難確認《摩訶婆羅多》個別段落的寫作年代，也無法區辨出哪些部分屬於原本的故事。經過長久的傳述，新舊材料早已緊密融合為一體，而且在西元初期又受到僧侶學者的重新詮釋。不過，這首史詩的整體敘事確實可讓人看出剎帝利在軸心時代末期所關注的問題。《摩訶婆羅

〔307〕

383

多》講述兩個家族之間災難性的戰爭，一方是俱盧族，另一方是般度族，雙方為了爭奪俱盧與般闍羅地區的控制權而相互爭戰。不僅家族因此分崩離析，他們之間的戰爭也差點導致全人類的滅亡。這場戰爭終結了英雄時代，帶來黑暗時代，也就是我們這個充滿缺陷的時代。

　　這是一場關乎世界存亡的戰爭，但《摩訶婆羅多》卻沒有將其呈現為善惡之戰。般度族註定要獲勝，但他們卻採用了若干極不光彩的手段才打敗了俱盧族，而這些手段則是由他們的盟友耶陀婆族酋長黑天所提議的。般度族雖然對自己的行為別無選擇，卻還是覺得這種不光榮的行為深深傷害了他們自己。他們在戰爭結束後環顧殘破不堪而且死傷慘重的世界，不禁覺得自己的勝利毫無意義。相對之下，俱盧族的許多成員反倒成了崇高的戰士模範。俱盧族的首領難敵戰死沙場之後，他的靈魂隨即升上天堂，屍體也覆蓋在上天落的花瓣下。

〔308〕

　　就某些方面而言，《摩訶婆羅多》的宗教世界似乎完全沒有受到軸心時代的影響。這首史詩提醒了我們，只有一群菁英分子參與大蛻變。大多數人仍然遵循原有的宗教信仰，至少在表面上看來並未受到軸心時代的新發展所影響。舉例而言，《摩訶婆羅多》裡最重要的神祇仍是因陀羅──在宗教思想較為先進的僧侶揚棄了因陀羅之後，他顯然還是頗受剎帝利的喜愛。在史詩裡，古老的吠陀神話都轉化成歷史事件：般度族與俱盧族的戰爭就是提婆與阿修羅之戰的翻版，而般度族家族的每個兄弟都可對應於一位吠陀神祇，同時也是那位神祇的兒子。這首史詩乃是奠基於早期吠陀時代的神學思想。戰士一旦在戰場上捐軀，就立即加入神明的世界，史詩的文字並未暗示他們還會轉世而面對另一次死亡。詩中沒有現代的棄世者，只有傳統的隱士在森林裡照顧祭火。《摩訶婆羅多》裡有幾個瑜祇，但他們比較感興趣的是如何運用自己經過強化的腦力所發揮的超能力，而不是如何抑制自我。軸心時代堅持個人必須為自己負責，但這首史詩的主要角色根本沒有選擇，經常被神祇逼迫著違背自己的心意行事。《摩訶婆羅多》的尚古精神，尤其鮮明呈現在詩中對古老獻祭傳說的重

視。舉例而言，般度族的五兄弟（般度五子）都娶了他們的妹妹黑公主。
這樣的婚姻顯然不合習俗，卻讓人回想起古老的馬匹獻祭儀式：在這種為
國王賦予王權的儀式當中，王后必須和獻祭的種馬進行模擬的性交，從而
把種馬代表的統治權轉交給她的丈夫。在史詩裡，黑公主是皇權的代表，
於是透過婚姻把這權力交給了她的五位哥哥。

　　不過，《摩訶婆羅多》也反映了獻祭競賽在受到儀式專家改革之前
為人帶來的恐懼。在故事的開頭，般度族的大哥堅戰（Yudishthira）藉由
武力奪得王國之後，召集各族酋長參加他的登基儀式。他必須承受這項儀
式的挑戰與煎熬，才能證明自己擁有梵。他雖然順利即位為王，但登基儀
式卻導致悲慘的後果。堅戰難敵因嫉妒而在儀式裡的擲骰遊戲所下的戰 〔309〕
帖，結果堅戰在眾神的干預下落敗，以致輸掉了他的妻子、財產，以及王
國。般度族因此被迫流亡十二年，於是幾乎導致世界滅亡的大戰也就成為
無可避免的後果。這首史詩對獻祭競賽的災難性觀點，可讓我們了解到這
種競賽所引起的焦慮，而《梵書》的儀式改革就是這種焦慮所促成的。

　　堅戰的苦難顯示《摩訶婆羅多》畢竟還是受到了軸心時代的影響。
他似乎深受新興理想的感染，為人溫和而寬容，格外欠缺戰士的特質，
以致經常激怒眾位弟弟。他不但無意突顯自己，不想以傳統的方式自吹自
擂，而且似乎根本覺得自己沒有辦法這麼做。此外，他也認為戰爭邪惡、
野蠻又殘酷。❸堅戰是軸心時代的人，結果這一點卻成了令人幾乎無可
容忍的缺陷。他不能退隱到森林裡去實踐「不害」的理想。他是正法神
（Dharma）的兒子，也是婆羅那的化身。婆羅那是維護宇宙秩序，讓生
命得以出現的神，因此堅戰身為他在俗世間的代表，也就肩負了獲取王權
的責任，唯有如此才能為世界帶來秩序。身為正法神的兒子，他也必須遵
循徹底誠實以及堅守諾言的傳統德行，因為這是維繫社會秩序的基本要
素。然而，在戰爭當中，堅戰卻被迫做出可恥的說謊行為。

....

❸ *Mahabharata* 5.70.40-66.

385

　　在歷時十八天的戰爭裡，般度族必須殺死俱盧族陣營的兩名將領。由於這首史詩的故事發生在英雄時代，所以這些人都不是普通的凡人，而是具備超凡力量的神人。舉例而言，般度族兄弟馳入戰場的時候，他們的戰車都不會碰觸地面。戰士不同於我們這個黑暗時代的凡人，不受種種世俗條件的限制；因此，以一般的方法根本殺不死領導俱盧族大軍的毗濕摩（Bhishma）與德羅納（Drona）。他們對般度族的軍隊造成嚴重死傷，使得般度族兄弟深感挫折。世界的未來懸於一線，因為堅戰如果不取得統治權，神聖的秩序就將澈底遭到推翻。在這個可怕的時刻，黑天（Krishna）於是提出讓般度族兄弟沮喪不已的建議。

〔310〕　　般度族兄弟認識那兩名將領，對他們也深為敬重，因為他們都是英勇而正直的人。般度族兄弟小時候首度接觸剎帝利的規範與武術，就是來自毗濕摩的傳授。他是個完美的戰士，以誠信不欺著稱。德羅納曾經教導般度族兄弟箭術與戰車駕馭技術，而且身為婆羅門的他信仰極為虔誠。對這兩人來說，說謊和違背諾言絕對是連做夢都不敢想的事情，所以他們也絕對不會相信身為正法神之子的堅戰竟然會對他們說謊或是占他們便宜。然而，黑天在連續兩場作戰會議中提出的建議，就是要求堅戰這麼做。他說，堅戰必須利用毗濕摩堅守誠實的個性誘使他說出能夠殺死他的唯一方法。此外，堅戰也必須以卑劣的謊言欺騙德羅納，讓他誤以為自己的兒子阿斯瓦塔曼（Aswatthaman）已經喪命。如此一來，他就會在戰鬥中放下武器，而無法抵擋攻擊。

　　黑天詳細描述了這兩項卑鄙策略的細節之後，般度族兄弟都驚恐不已。阿周那是般度族兄弟當中最傑出的戰士，一開始完全拒絕參與黑天的陰謀。黑天說他必須躲在另一名戰士身後偷襲毗濕摩，而且更令他深感羞辱的是，那名戰士上輩子竟是女人！阿周那是因陀羅之子，怎麼可能做出這樣的行為？不過，黑天向他指出，他已鄭重發誓要殺死毗濕摩，這是他唯一能夠實現諾言的方法。因陀羅之子怎麼可以違背神聖的諾言？[64]

....

[64] *Mahabharata* 6.103.71:82-90.

後來，毗濕摩終於按照黑天的計畫而遭到殺害，但所有人都盡可能以崇高的態度行事。阿周那以一根箭引出地底深處的水，好讓他過去的老師能夠解渴並且清洗傷口。而且，毗濕摩的身體在臨死之際也沒有碰觸地面，仍然保有英勇與崇高的道德。不過，德羅納的死卻深切傷害了般度族兄弟。黑天向阿周那說，為了拯救世界，他們必須「把德行拋在一旁」，於是堅戰也「勉為其難」地同意以殘忍的謊言欺騙德羅納。❻❺「不實可能優於真實，」黑天表示：「為了拯救生命而說謊，這樣的不實不會對我們造成玷污。」❻❻

然而，儘管有黑天的保證，堅戰卻還是遭到了玷污。他的戰車原本都飄浮在地面以上四指的高度，但當他向德羅納謊稱他兒子已死，他的戰車隨即墮下地面。德羅納則是神聖陣亡，直接被帶到天上。德羅納剛聽到堅戰聲稱他的兒子已死，本來還無意停止戰鬥，但一群古聖人卻在異象中現身於他眼前，警告他已即將喪生，而說服他放下武器。身為婆羅門，他絕不該在死前的最後時刻仍然戰鬥不休。於是，德羅納隨即放下武器，以瑜伽姿勢在戰車裡坐下，陷入出神的狀態，而平和地直升神明的世界。他遭到般度族的一名盟友砍下頭顱的時候，生命早已離開肉體。堅戰的玷辱與德羅納的升天帶有毀滅性的影響。阿周那痛斥堅戰，指稱他的惡毒謊言將使他們所有人蒙羞。❻❼ 〔311〕

我們該怎麼看待黑天這種模稜兩可的角色？他不是撒旦（Satan），沒有誘惑般度族兄弟犯罪。他和他們一樣也是吠陀神祇的兒子。他的父親是毗濕奴（Vishnu），祭品的守護神。❻❽ 在《梵書》裡，毗濕奴的任務是「修復」在祭儀中因犯錯而糟蹋的祭品，好讓該祭品還是能夠發揮作用，恢復宇宙的秩序。在《摩訶婆羅多》裡，黑天是毗濕奴在世間的代表。

....

❻❺ *Mahabharata* 7.164.63, in K. M. Ganguli, trans., *Mahabharata*, 12 vols. (Calcutta, 1883-96).
❻❻ *Mahabharata* 7.164.98-99. Ganguli translation.
❻❼ *Mahabharata* 7.164.41-42.
❻❽ Taittiriya Samhita 3.1.10.3; Shatapatha Brahmana 4.2.2.4.

隨著英雄時代趨近猛烈的尾聲，宇宙的秩序也必須由一場龐大的獻祭儀式加以恢復。大戰就是這場祭儀，其中的祭品——也就是在戰場上陣亡的戰士——將把歷史導回正軌，把統治權回歸到堅戰手上。不過，這場戰爭不可能以尋常的手段獲勝：黑天指出，德羅納與毗濕摩都是超人，「不可能在公平的打鬥中被殺」。❻❾他不擇手段的策略就像是僧侶為了把祭儀導回正軌而採用的特殊祭祀做法。

就古吠陀的精神而言，黑天的論點完全無懈可擊；他甚至還能夠舉出因陀羅的前例：當初他為了斬除妖怪烏里特那，以便在混亂中建立秩序，就曾經採用過類似的欺騙手段。不過，堅戰是軸心時代的人，因此對於這道古老的儀式傳說並不信服。他的哀痛無可撫慰。在《摩訶婆羅多》裡，他一再發出絕望的哀嚎：「世界上最邪惡的東西就是剎帝利的職責。」❼❶戰爭不是神祇能夠接受的血祭，而是一種暴行。這則史詩故事顯示暴力只會帶來更多的暴力，而卑鄙的背叛行為也會帶來更多同樣的行為。

德羅納的兒子阿斯瓦塔曼悲慟不已，誓言一定要報殺父之仇，於是自我犧牲，獻祭給印度原住民的古老神祇濕婆（Shiva）。他的殉身對於棄世者所實踐的非暴力式棄絕自我而言，實在是一種可怕的翻版。濕婆交給他一把閃閃發亮的劍，然後占據了他的身體，於是他的身體散發出一股超凡的光芒。阿斯瓦塔曼在神聖的狂怒當中，趁著所有人都在睡覺的時候闖入般度族陣營的營區屠殺敵人，但他的偷襲舉動其實就像堅戰背叛他的父親一樣卑劣。阿斯瓦塔曼是婆羅門；他把這場大屠殺視為神聖的儀式，但實際上這卻是一場失控的獻祭。在吠陀儀式裡，獻祭的牲禮應當以快速而無痛的方式宰殺，但阿斯瓦塔曼抓住第一個報仇對象的時候——對方是砍掉他父親頭顱的人——卻是把對方踢踏至死，拒絕讓他痛快地一劍斃

....

❻❾ *Mahabharata* 9.60.62. Ganguli translation.
❼❶ *Mahabharata* 5.70.66. Ganguli translation.

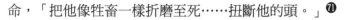

命，「把他像牲畜一樣折磨至死……扭斷他的頭。」❼

　　般度族兄弟逃過了一劫，因為黑天勸告他們當晚睡在營區外。不　　〔312〕
過，他們的家人卻大多慘遭殺害，連兒童也不得倖免。般度族兄弟後來終
於找到阿斯瓦塔曼，發現他身穿儀式服裝，擺出典型的婆羅門姿勢，和一
群棄世者平靜地坐在恆河畔。他一看到般度族兄弟，隨即摘下一片草葉，
將其變為梵天武器（brahmasiris）──一種大規模毀滅性武器──然後大
叫一聲：「毀滅般度族吧！」隨即把武器釋放出去，化為一片足以吞噬全
世界的大火。為了抵消這片大火的力量，阿周那立即發射自己的梵天武
器，並且同樣在一個時代的結尾化成一團火焰。❼

　　這兩件武器形成了致命的僵局，世界的命運也再次懸於一線。然
而，阿斯瓦塔曼身旁的兩名棄世者卻挺身站在這兩件武器的中間。他們秉
持軸心精神──「追求所有生物與所有世界的福祉」──而要求兩名戰士
各自收回自己的武器。阿周那向來遵循戰士的「神聖生活」：他實踐特定
形式的瑜伽，也謹慎遵循誠實與忠誠等神聖的剎帝利美德。❼他能夠控制
自己的憤怒，也因為不是在盛怒之下發射自己的武器，所以能夠把武器收
回。不過，阿斯瓦塔曼的武器卻是在狂怒中發射的，無法收回，只能改變
方向：於是他把攻擊對象轉為般度族兄弟之妻的子宮。如此一來，她們再
也無法生育子女，般度族家族的血脈就此斷絕。黑天對他施以詛咒：往後
三千年，阿斯瓦塔曼必須在世界上獨自遊蕩，一心想成為棄世者卻達不成
目標，只能住在森林裡以及無人居住的土地上。

　　堅戰統治了十五年，但他的人生已沒有了光芒。他對於剎帝利的殘
暴職責與他內心的「不害」理想及同情感受無法取得調和。《摩訶婆羅
多》裡有許多段落為戰士的職責提出辯護，並且歡欣鼓舞於戰鬥與殺戮的
行為，但根本上的疑慮仍然存在。這首史詩顯示了軸心時代的靈性思想讓

....

❼ *Mahabharata* 10.3.33. Ganguli translation.
❼ *Mahabharata* 10.14.6-7.
❼ *Mahabharata* 10.15.1-10.

印度的部分俗民深感不安，他們覺得自己似乎突然失去方向。他們受限於世俗的職責，無法加入棄世者和瑜祇的行列，卻又發現過去的吠陀信仰已不再能夠為他們形成心靈上的支持。實際上，昔日的吠陀信仰有時候看來還頗為邪惡：阿斯瓦塔曼的「自我犧牲」差點毀滅了世界。他在夜間發動突襲的故事帶有屠殺、殉身、冤冤相報以及莽撞地發射武器等意象，由當今的時代看來幾乎可說是一則鮮明的預言。暴力、背叛，以及為了一時的權宜而不惜說謊，這些行為造成的惡性循環將導致悲劇性的毀滅：

〔313〕　　大地女神顫抖，山岳隨之晃動。風不吹，火點了也不燃，就連天上的星辰也焦躁地四處游移。太陽不發亮，月亮也失去了光芒。萬物皆不知所措，空間包覆在黑暗當中。眾神也遭受影響，不再知道自己的領域何在，獻祭之火沒有發光，吠陀於是離棄了他們。❼❹

唯一拯救世界免於毀滅的，就是那兩名賢哲的軸心精神，因為他們「追求所有生物與所有世界的福祉」。現在，這種精神已逐漸普及於一般的戰士與家主之間，而得以把他們從絕望邊緣拉回來。

＊　　＊　　＊

蘇格拉底在西元前 399 年遭到雅典的民主制度處死之時，他的弟子柏拉圖年方三十歲。這場悲劇在這名年輕人的心目中留下了難以磨滅的印象，也深深影響了他的哲學思想。❼❺柏拉圖原本一心想要從政。不同於他所崇拜的蘇格拉底，柏拉圖乃是出身自富有的貴族家庭：他的父親是雅典

....

❼❹ *Mahabharata* 10.18.9cd-12, quoted in Hiltebeitel, *Ritual* of Battle, p.334.

❼❺ Richard Tarnas, *The Passion of the Western Mind: Understanding the Ideas That Have Shaped Our World View* (New York and London, 1991), pp.4-54; Bernard Williams, "Plato: The Invention of Philosophy," in Frederic Raphael and Ray Monk, eds., *The Great Philosophers* (London, 2000), pp.41-75; Anthony Gottlieb, *The Dream of Reason: A History of Philosophy from the Greeks to the Renaissance* (London, 2000), pp.169-219; Walter Burkert, *Greek Religion*, trans. John Raffan (Cambridge, Mass., and London, 1992), pp.321-37.

最後一名國王的後代，繼父是伯里克利的好友，還有兩名叔叔在雅典於伯羅奔尼撒戰爭戰敗之後所成立的三十暴君政府內相當活躍。這兩名叔叔曾經邀請柏拉圖加入他們的行列。這雖是個極佳的機會，但柏拉圖看出這個下場悽慘的政權其實充滿缺陷。雅典恢復民主之後，他深感振奮，確信自己的時機已然來臨，但蘇格拉底的審判與處決使得他完全幻滅，而懷著厭惡的情緒退出公領域。他環顧四方，發現每個城邦的政府體制都非常糟糕：

> 因此我不得不說……除非真心誠意追求哲學的人士取得政權，或是已經擁有政治權力的人物受到天意引導而成為真正的哲學家，否則人類永遠見不到天日。❼⑥

軸心時代的洞見該怎麼融入殘暴而狡詐的政治世界裡？柏拉圖的哲學思想經常顯得彷彿不屬於這個世界，而且必須超脫凡俗，進入理性而純淨的抽象界。然而，柏拉圖並不希望他的哲學家退隱於人世之外。他和孔子一樣，認為智者應該是具有行動力的人，必須影響公共政策。理想上，〔314〕哲學家應當親自統治人民。一如佛陀，柏拉圖也堅持認為智者一旦悟道，就必須回到市集裡，為改善人類福祉而努力。

蘇格拉底死後，柏拉圖在東地中海四處遊歷，盼望自己能獲得啟發。他曾在麥加拉（Megara）與歐幾里得（Euclid）相處了一段時間。歐幾里得是伊利亞學派的哲學家，也曾是蘇格拉底的弟子；他和柏拉圖一樣對巴門尼德斯的思想相當著迷。柏拉圖也深受畢達哥拉斯學派所吸引，並與他們建立終生的友誼。他們對數學的狂熱尤其對他深具啟發性，因為數學讓他們的心思得以擺脫雜亂的個別事物，而昇華至數字與幾何形體的純粹世界。他曾遊歷埃及（Egypt）與利比亞（Libya），也在敘拉古暴君戴

----

❼⑥ *Seventh Letter* 326a, quoted in Gottlieb, *Dream of Reason*, p.176.

奧尼索斯一世（Dionysius I）的宮廷裡結識狄昂（Dion），而深受他的激賞。柏拉圖也許希望狄昂能夠在西西里成為哲學運動人士，但他初訪敘拉古的經驗卻以極糟的下場作結。據說戴奧尼索斯一世把柏拉圖賣為奴隸，他在最後一刻才受到朋友解救。經歷了這場不愉快的事件之後，柏拉圖在西元前 387 年回到雅典。

然而，家鄉卻沒有什麼足以讓他振奮的景象。為了從伯羅奔尼撒戰爭的失敗重新站起來，雅典和底比斯建立同盟對抗斯巴達。不過，和平並不久長，往後三十年的事件也顯示希臘大陸上的城邦關係長期以來一直處於不穩定的狀態。各城邦之間持續爭戰不斷，沒有一個城邦能夠實行前後一貫的外交政策。所有人都深受這種無休止的衝突所苦；貿易因此衰退；貧富之間再次出現對立。這些內部摩擦偶爾會爆發成為可怕的暴行。西元前 370 年，阿哥斯（Argos）的民主派殘暴地把一千兩百名貴族棒打至死；泰耶阿（Tegea）的寡頭政權領導人也遭到暴民屠殺。

面對這樣的動亂景象，柏拉圖的回應是創立一所數學與哲學的學校。這所學校稱為「學園」，原因是學者的聚會地點在雅典市郊一片紀念英雄阿卡狄米厄（Academius）的神聖樹叢。（譯①）學園的教學方式採用蘇格拉底式的討論，而不是講課。在初期階段，柏拉圖無意把自己的觀點灌輸給弟子，而是鼓勵他們獨立思考。同時間，他也在寫作中發展自己的個人思想，從而成為第一位留下完整著作的哲學家。他並未以教條的方式記載自己的洞見，而是採取對話錄的形式，同時呈現不同的觀點。由於這些對話的主角都是蘇格拉底，所以最後都不會得出確切的結論。柏拉圖的對話不是決定性的論證，而是邀請讀者進一步思考，吸引他們更深入了解一項議題的複雜性。柏拉圖不像現代的學者。他不會以嚴肅而嚴謹的方式闡述思想，而是經常以戲謔、間接、暗示的手法呈現自己的觀點，採用寓言的方式，並且簡略晦澀地指涉基本真理。他認為探尋真理的過程極為艱

〔315〕

譯① 「學園」（Academy）一詞係從「阿卡狄米厄」（Academius）演變而來。

難，必須接受長期而嚴格的辯證訓練。不過，他的著作也保留了古老的口傳方法，認為真理不可能單純經由列舉事實而傳授給他人，必須結合直覺、審美觀、想像力，還有實際的觀察與嚴謹的邏輯推理。

柏拉圖的哲學思想以所謂的「理型論」（doctrine of the forms）為主，但這個觀點從未發展成為一貫的理論。現代學者追蹤了他的思想發展過程，有些人認為他在晚年徹底揚棄了理型論，但在柏拉圖的著作中尋求明確的智識演化進程其實是錯誤的做法。**⑰** 他可能一部對話錄還沒寫完就開始寫下一部，甚至同時撰寫好幾部。有時候他會嘗試一種探討方式，有時候又嘗試另一種；他偶爾把理型描述成神祕的神聖人物，有時候又以較為理性的方式加以定義。在每一部對話錄裡，他都會從不同的起點探究這個晦澀的概念，所以存留下來的乃是一連串相互重疊的論述，藉由提出許多不同的哲學問題，大致上把理型呈現為一種抽象的思考對象。不過，他也總是試圖找出這個深奧的概念對於西元前四世紀那個動亂不安的世界是否有任何實際作用。

蘇格拉底企圖找出善的真正本質，卻似乎沒有提出足以讓任何人滿意的論點，可能連他自己也不滿意。在早期的對話錄裡，柏拉圖也許密切採行他老師的方法。我們先前提過，他在對話錄裡讓蘇格拉底要求自己的對話人思考一項德行——例如勇氣——的各種表現案例，盼能從中找出相同的特質。如果這種行為是勇敢的行為，而那種行為不是，那麼我們從這樣的現象當中能夠對勇氣的本質產生什麼樣的了解？人如果對德行不了解，怎麼可能做出有德的行為？在柏拉圖那個時代的政治動盪當中，每一種政體——不論是民主、寡頭統治、極權統治、貴族統治，還是君主制度——都有支持者熱切闡揚其優點。柏拉圖於是認為，找出解答的唯一方法，就是找出良好治理的基本原則。他和蘇格拉底一樣，對詭辯派的相對主義深感憂心。他想要在實在界當中找出一個恆久不變的層次，但這個層 〔316〕

....

⑰ Williams, "Plato," p.47; Tarnas, *Passion of the Western Mind,* p.13.

393

次唯有經由持續不斷的理性思考才能理解。

　　儘管如此，柏拉圖卻因為提出一項非凡的提議而走出與蘇格拉底不同的道路。他說，德行不是一種能夠藉由在日常生活中累積同類型的行為而建構出來的概念，而是一種獨立的個體，一種客觀的實在，存在於比物質世界更高的境界當中。善良、正義或美麗等概念是感官體驗不到的；我們不能見到、聽到或摸到這些概念，但可藉由靈魂裡的理智能力加以理解。物質世界裡的所有物體都有其永恆不變的理型：勇氣、正義、龐大──甚至連桌子也不例外。我們站在河畔，之所以會知道眼前這片水是一條河流，而不是池塘或海洋，原因是我們心裡有河流的理型。不過，這種普世的概念並不是我們為了自己的方便而創造出來的東西，而是一種獨立存在的個體。舉例而言，人世間沒有兩樣事物是完全相等的，但我們儘管在日常生活中不曾實際經驗過何謂絕對相等，我們卻仍然擁有這種概念。「事物擁有其本身的固定存在或者本質，」柏拉圖筆下的蘇格拉底說道：「和我們沒有相對關係，也不會因其呈現在我們眼前的模樣而變動。事物是本身獨立的存在，僅和自己的本質具有相對關係，而這種本質原本就屬於它們所有。」❼❽

　　希臘文的「idea」（理型）一詞不同於現代英語的「idea」（觀念）。希臘文的「idea」或「eidos」不是私人主觀的心理建構，而是一種「形式」、「樣本」，或者「本質」。理型是原型，是一種原始的模式，能夠為個別物體賦予獨特的形貌與狀態。柏拉圖的哲學概念其實相當於古代的永恆哲學，只是經過了理性化與內化。這種永恆哲學認為世間的所有物體或經驗在神聖的世界裡都有相對應的存在。❼❾這種觀點在軸心時代以前的宗教占有關鍵地位，因此柏拉圖的觀念──亦即俗世只是絕對世界不

....

❼❽ *Cratylus* 386e, trans. C. D. C. Reeve in John M. Cooper, ed., *Plato: Complete Works* (Indianapolis, 1997).
❼❾ Mircea Eliade, *The Myth of the Eternal Return, or, Cosmos and History,* trans. Willard R. Trask (Princeton, 1959), pp.34-35.

完美的表現——對當代人而言其實頗為熟悉，不像在現代人眼中看來那麼奇怪。理型體現於時間的世界裡，但它們本身卻是較為優越、超乎自然，而且永久存在。它們為我們的生命賦予了形體，卻又超越於我們的生命之上。俗世的萬物總是不斷變動而且日漸腐敗，但柏拉圖指出，即便美人因年老而失去美貌，喪失性命，美本身仍然持續存在。這個美人擁有的不是絕對的美——世間的個體絕不可能擁有這種美——只是受到美的影響，並且參與了這種永恆的性質。她的美和其姊妹的美不同，和詩的美、山的美、建築的美更是極為不一樣，但旁人還是看得出她的美，因為我們每個人對永恆的理型都擁有與生俱來的知識。我們愛上一個美麗的人，原因是〔317〕我們臣服於她身上所顯現出來的美。覺悟的人（包括女人在內，因為柏拉圖相信女人也可獲得這種知識）可訓練自己看穿俗世不完美的表象，而看到潛藏在背後的永恆理型。

　　因此，理型的世界是首要的，物質世界則是由理型界衍生而來的次要世界，就像永恆哲學也認為天界比俗世更為優越也更為恆久。理型具有一種真實的強度，是短暫無常的現象不可能具備的。世間的人、行動或是物體雖然不完美，但我們一旦窺見其背後的理型，就是見到其潛藏的本質，並且接觸到一種存有的層次，比俗世的化身更加真實。一如莊子與佛陀，柏拉圖也意識到我們在世間見到的一切都隨時不斷變化為其他東西。不過，這種變動的過程與理型無關。理型靜止不變，而且恆久存在。哲學家為了探究更深層次的意義，於是致力培養一種奠基於純粹理性而不是感官資料的知識。畢竟，感官資料本質上就讓人不滿意——套用佛陀的說法，感官資料充滿了「苦」（dukkha）。

　　柏拉圖雖然呼應了古老的神祕觀，卻也深受當代數學的啟發。學園的大門上銘刻著這麼一句警語：「不懂幾何學之人不得進入。」數學的訓練是必要的。如同畢達哥拉斯學派的學者，柏拉圖也認為宇宙的秩序奠基於數字與幾何的基本概念上。我們在自然界的物體中從未見過完美的圓形或三角形，但這些理型卻是所有物體的基礎。柏拉圖認為理型不是由愛好

395

秩序的心智強加在我們周遭這個不潔的世界，而是獨立存在，超越於能夠察覺理型的理智之上。因此，理型只能被人發現，而且無法由尋常的思考模式發現，而是必須採用經過訓練的智慧。柏拉圖追尋的是一種絕對確定的知識，但無法從日常生活的經驗中獲得，而數學正是這種知識的典範。[80] 即便到了今天，數學家也還是以柏拉圖式的語彙談論這門學問。「人一旦『看見』數學真理，」彭羅斯（Roger Penrose）說：「意識就會衝入這個觀念的世界，和其產生接觸。」[81]

〔318〕 不過，這項知識雖然只能經由痛苦而艱辛的過程才能獲得，柏拉圖卻深信這是人類天生具備的能力。這種能力是與生俱來的，只是必須喚醒而已。真理不是由外在引入心智裡，而是必須從誕生前的存有當中「回憶」而來。在出生前的狀態下，每個人都擁有理型的直接知識。柏拉圖筆下的蘇格拉底解釋道：每個靈魂（psyche）都誕生過許多次，「也見過人世與冥間的一切。靈魂沒有沒學過的事物，所以能夠回憶起過去所知並無任何令人意外之處，不論是關於德行還是其他事物……整體上而言，追尋和學習都是回憶」。[82]他證明這項理論的方式就是喚來一名奴隸男孩，協助他解答一個困難的幾何問題，聲稱他只是單純幫這個孩子記起他所遺忘的知識而已。[83]

柏拉圖和許多軸心時代的哲學家一樣，也認為實在界有一個層次超越於我們的尋常經驗之上，但又可為我們所觸及，並且是人性與生俱來的一部分。別人認為這種洞見無法藉由推理獲得，柏拉圖卻持相反的看法。不過，他堅稱知識基本上就是回憶，可見這種嚴謹的辯證並非冷冰冰的分析思考，而是帶有直覺的成分；重拾這種先天知識似乎會讓心智本身感到意外。在部分對話錄裡，柏拉圖確實單純利用理型探究某一項概念，或是

---

[80] Meno 82 b-c.
[81] Quoted in Gottlieb, *Dream of Reason*, p.170.
[82] *Meno* 81c-d, trans. G. M. A. Grube in Cooper, ed., *Plato: Complete Works*.
[83] *Meno* 82b-c.

追究某一項問題的根源。❽儘管如此，柏拉圖的理性追尋卻也充滿了熱情
與浪漫的情懷。在古希臘，理性「熾熱」而不「冷酷」，是一種追尋意義
與價值的靈性之旅。❽理性幫助靈魂確認目標，並且遏制欲望以便達成目
標。就我們從留存至今的斷簡殘編所見，希臘哲學家經常把自己的體驗侷
限在抽象與理性的詮釋當中。但在學園裡，希臘教育開始偏向心靈層面。

　　柏拉圖經常使用埃勒烏西斯與戴奧尼索斯祕教的意象與詞彙描述覺
悟與回憶的過程。不過，他的弟子不是透過儀式與戲劇達成洞見，而是透
過辯證的實踐而洞察理型。由於這種辯證法極為嚴謹精確，因此似乎把他
們推入了不同的意識狀態。這項過程被描述為一種神祕的提升，進入一種
更高的存有層次，就像埃勒烏西斯祕教的入會者在入會儀式中感受到的福
佑狀態一樣。在《饗宴篇》（Symposium）裡，柏拉圖筆下的蘇格拉底把
這種追尋描述為一段求愛過程，追求者全心投入於其中，最終達到出神狀
態，超越尋常的感知。蘇格拉底說他從一個名叫狄奧提瑪（Diotima）的
女祭司身上學到這一點，她曾向入會者說明他們對美好肉身的愛意可以淨
化並轉化為一種對美的理型的神視（theoria）。一開始，哲學追求者只是 〔319〕
單純對於自己所愛之人的完美生理外貌感到狂喜；但他接著就會發現眼前
這個人只是美的一種體現，而這種美也同樣可見於其他個體當中。在下一
個階段裡，他了解到肉體的美在層次上低於難以捉摸的靈魂之美，而且即
便是外貌醜陋的人，也可能具備這種靈魂之美。最後，狄奧提瑪解釋道：
「啟蒙過程接近尾聲之際，入會者將會突然經歷一種奇妙的異象，見到美
的真正本質，而這正是他長久以來致力找尋的對象。」這種美是永恆的，
不能夠再侷限於特定的物體內，而是「絕對，單獨存在，獨特，永恆」。
其他萬物都參與了這種美，「但它們雖然出現又消失，這種美卻沒有增加
也沒有消減，也沒有任何改變」。靈魂「了解愛的奧祕」，把物質世界拋

....

❽ Gottlieb, *Dream of Reason,* p.174.
❽ Ibid., p.207.

在後頭，對絕對的美獲得出神的知識。❽

　　現代人認為思考是我們的一種行為，但柏拉圖卻認為思考是發生在心智上的一種東西：思考的對象是活生生的真實，一個人一旦學會看見它們，它們就存在於他的靈魂裡。看見美的理型不只是一種美學經驗。人一旦獲得這種體驗，就會產生深刻的道德改變，再也不可能過著卑鄙而不道德的生活。一個人一旦獲致這種知識，即可「產生真正的善，而不只是善的體現，因為他接觸到的不是間接的體現，而是真理本身」。這個人已產生了根本的轉化：「產生又培養了真正的善之後，他將擁有獲得上帝鍾愛的特權，而且自身也變得永恆不朽。」❽柏拉圖對美的描述顯然相當近似於其他人所謂的「上帝」或「道」：

　　這種美一旦出現在想像當中，不會像是臉或手的美，也不會像是任何有形的物體，也不會像是思想或科學的美。這種美只存在於本身當中，不是呈現於其他事物，不論是生物、大地、天空，或是其他任何事物。

　　如同上帝、梵或涅槃，這種美徹底超越於凡俗之上：「絕對，單獨存在，獨特，永恆。」❽

　　不過，洞察美的理型並非追尋的終點，而是明確指向「善」，也就是人類一切渴求的本質。其他一切理型都包含在善裡，也受到善的滋養。在善當中，萬物都成了一體。善是無可描述的，柏拉圖筆下的蘇格拉底只〔320〕能以寓言加以談論，而最讓人難以忘懷的就是《理想國》裡的洞穴寓言。❽在這則寓言裡，蘇格拉底想像一群人終生被鏈在洞穴裡，有如囚犯一樣。他們全都背對陽光，只能看見外界事物投射在洞壁上的影子。這幅畫面代

❽ *Symposium* 210e, in W. Hamilton, trans., *The Symposium* (Harmondsworth, 1951).
❽ *Symposium* 201e. Hamilton translation.
❽ *Symposium* 210e. Hamilton translation.
❽ *Republic* 504d-509d.

表的就是人類在尚未覺悟之前的狀態，無法直接看見理型。我們深受環境的侷限，而誤把這些短暫無常的影子當成真正的真實。我們若是從這種禁錮的狀態中釋放出來，就會對燦爛的陽光以及洞外生氣盎然的世界目瞪口呆。如此眩目的真相也許會讓我們難以承受，以致我們想要再次回到原本陰暗的生活當中。

因此，蘇格拉底解釋道，邁向光芒的上升過程必須逐步漸進。陽光象徵了善。正如物質世界的光線讓我們能夠看得清楚，善也是真正知識的源頭。我們一旦從原本的禁錮狀態獲得釋放，而看到了善，我們感知到的即是真實存在的東西。太陽使得萬物得以生長茁壯；如同善，太陽是萬物存在的原因，所以也超越於我們在日常生活中經驗到的一切事物之上。在這段漫長的啟蒙儀式結束之後，覺悟的靈魂將可清楚看見善，就像一般人可以清楚看見太陽一樣。不過，這樣的成就仍然不是追尋的終點。獲得解放的人也許會想要待在洞穴外享受陽光——就像佛陀也想好好享受涅槃的平靜——但他們卻有義務回到陰暗的洞穴裡幫助自己的同胞。「因此，你們每個人都必須輪流去住在別人的平凡居所裡，」蘇格拉底堅稱道：「你們會比那裡的人看得更清楚。而且，由於你們已經看過美好、公正而良善的事物的真實面貌，所以你們會知道每個形象的本質。」❾⓿一般人也許會對他們充滿敵意，洞穴裡的陰暗環境也許會讓他們茫然無措，他們先前的同伴也可能嘲笑他們，說他們其實是受到了妄想的蒙蔽。覺悟的人怎麼可能「在辨認陰影的能力上與恆久的囚犯相比」？❾❶囚犯甚至可能殺害前來解放他們的人，柏拉圖暗示道，就像雅典人處決了蘇格拉底一樣。

在柏拉圖對於理想國所提出的政治描述中，洞穴寓言是不可或缺的一部分。他總是把自己的理想付諸實際的應用，而洞壁上的影子除了代表尚未覺悟的人深受侷限的視野，也象徵了當代政治的短暫無常，因為當時的政治總是仰賴著威迫以及自利的幻想。在《理想國》裡，柏拉圖想要證

....

❾⓿ *Republic* 520c, trans. G. M. A. Grube and C. D. C. Reeve, in Cooper, ed., *Plato: Complete Works*.
❾❶ *Republic* 517a. Grube and Reeve translation.

〔321〕 明正義是理性的，而且人唯有成長在良好的社會裡，接受理性的統治者所治理，才有可能過著他們該有的生活。這部著作充滿許多令人厭惡的菁英主張。舉例而言，柏拉圖的理想城邦是個採行遺傳工程的地方：能力較差的市民不准生育，天生有缺陷的嬰兒會被低調地處理掉，富有潛力的嬰兒則被帶離父母身邊，送到一個隔離區域裡的國家托兒所培養長大。天賦過人的兒童必須接受漫長而嚴苛的教育，讓他們最終能夠從洞穴中解放出來。他們一旦覺悟之後，即可自行看見善，從而達成內在的穩定，如此才能為理想國帶來和平與正義。

　　因此，為了你也為了我們，這座城邦的治理方式將與當今絕大多數的城邦不同，統治者不會為了影子而爭執，也不會為了掌握統治權而互相傾軋──彷彿統治權是多麼了不起的東西一樣。這座城邦的統治者是覺醒的，並不陷在夢幻當中，因為實際上的狀況必然是如此：一座城邦的未來統治者對於掌握治理權愈是不熱衷，這座城邦愈不可能發生內戰。**❾❷**

　　幾可確定的是，柏拉圖並未把自己想像的理想國當成實際國家的藍圖，而可能只是藉此刺激討論。不過，他的烏托邦所帶有的殘忍特質畢竟偏離了軸心時代的博愛精神。

　　《理想國》充滿了威權性，把自己的觀點強加在別人身上──佛陀必然會認為這種手段是「不善巧」的。柏拉圖並不在乎人性。他對強調文學與音樂的傳統希臘教育抱持懷疑的態度，因為他認為藝術只會激起不理性的情感。柏拉圖的理想國不鼓勵人際關係：性只是一種單純的手段，目的在於生育具有適當遺傳特質的市民。此外，柏拉圖的理想城邦也禁止悲劇。西元前四世紀，新推出的悲劇持續吸引阿提卡各地的大批觀眾，**❾❸**

....

❾❷ *Republic* 520c. Grube and Reeve translation.
❾❸ P. E. Easterling, "The End of an Era: Tragedy in the Early Fourth Century," in a. H. Sommerstein, ed., *Tragedy, Comedy, and the Polis* (Bari, 1993).

但雅典人卻滿心懷念伊思奇勒斯、索弗克勒斯與優里庇德斯的那段黃金時代，也渴望著他們在悲劇中呈現的洞見。❽然而，柏拉圖卻揚棄了悲劇。他不信任悲劇的悲觀態度，也反對悲劇看待人類潛能的負面觀點，並且認為悲劇對諸神的懷疑眼光可能會造成致命的虛無主義。觀眾以同理心看待悲劇英雄，就等於是認同他們對人生的陰鬱評價，從而鼓勵深沉的哀傷與無可控制的憤怒。即便是有德的市民，其靈魂也不免遭到悲劇「殘害」；〔322〕一般人只要暴露於悲劇的影響之下，人生就不免「越來越糟也越來越悲慘」。更重要的是，悲劇觸及人性中一種悲傷的自然傾向，可能引起「情感上的耽溺」。❾為己哀痛以及對人憐憫都應該有所節制。悲劇裡的合唱隊總是指示觀眾同情別人，對別人的苦難感同身受，但這種行為會嚴重危及正直之人的中庸與自制。社會必須採取積極措施壓抑這種與生俱來的同情心，因為這種同情心與德行互不相容。❿

與其像孟子所說的那樣培養同情之「端」，柏拉圖反倒希望加以消滅。他後期的著作顯露出一種嚴厲的態度，很可能是受到他的第二次西西里之旅所強化的結果。敘拉古暴君戴奧尼索斯一世去世之後，柏拉圖極不明智地涉入一場政治陰謀，導致他過去的資助人狄昂在西元前354年遭到刺殺。柏拉圖因此被軟禁，還差點遭到處死。他的哲學思想不但證明完全無效，而且他自己也深受傷害。於是，他自此之後採取更加強硬的立場。

柏拉圖的理型觀為希臘宗教注入了一股新活力。自從荷馬以來，希臘人一再被鼓勵要接受現實，所以也就沒有超越現實或大幅改變自身處境的野心。詩人、科學家與悲劇作家都堅持認為存在短暫無常、稍縱即逝，而且經常具有殘酷的毀滅性。人生充滿苦難，連諸神也改變不了這種令人不滿的狀態。這才是真正的真實，成熟的人必須挺身面對，不論是帶著英

....

❽ P.J. Wilson, "The Use of Tragedy in the fourth Century," in M. S. Silk, ed., *Tragedy and the Tragic: Greek Theatre and Beyond* (Oxford, 1996), pp.314-16.

❾ *Republic* 606d. Grube and Reeve translation.

❿ *Republic* 603e-606b; Stephen Halli-well, "Plato's Repudiation of the Tragic," in Silk, *Tragedy and the Tragic*.

勇的反抗姿態，還是帶著悲劇性或哲學性的洞見。柏拉圖則把這種觀點翻轉過來。我們在世間的有形人生確實悲慘又充滿問題，但這並不是真正的真實。真實的世界不是凡俗的人間，而是永恆不變的理型界，而且人類也可以進入這個完美的世界。人不需要忍受苦難與死亡。只要願意投入漫長而嚴酷的哲學啟蒙過程，個人的靈魂即可昇華至神聖的世界，完全不需要諸神的幫助，並可就此達成過去只有奧林帕斯諸神能夠享有的永恆不朽。在柏拉圖之後，希臘人開始熱切渴求一種超越於諸神之外，而且言語無法形容的真實。

不過，柏拉圖在晚年卻又回歸現世，他的神學也變得較為具體。在《提麥奧斯篇》（Timaeus）裡，他指稱世界係由一名神聖的工匠（demiourgos）所創造，這名工匠永恆存在，也是全然的善，但並非無所不能；他不能按照自己的意思自由打造宇宙，而必須按照理型創造各項物體。這名工匠不會引起人對他進行宗教上的追求，因為他對人類毫無興趣。他不是至高無上的上帝：在他之上還有一個更高的神，但那位神也同樣對人類的困境無動於衷。「要找到這個宇宙的造物者與父親已經夠困難了，」柏拉圖表示：「而且就算我能夠成功，也不可能把他宣告給所有人知道。」❾柏拉圖的目標不是宗教性的，他只是想提出一套理性的宇宙論。他的宇宙按照理型而創造，並且充滿理性，所以帶有一種可理解的模式，能夠受到實務的探究。如此一來，將不再有奧林帕斯諸神的任性干預；宇宙受到一套完整的計畫所掌管。人只要運用邏輯思考，即可理解宇宙。

實際上，依此方式創造的宇宙本身就是個生物，具有理性的心智（nous）與靈魂（psyche），由宇宙的數學比例與天體的規律運行即可察覺。星體也帶有造物者的神聖性，「肉眼可見，而且會產生神祇」；至於蓋婭，則是「最重要也最年長的星體」，並且同樣是根據完美的理型

〔323〕

....

❾ *Timaeus* 28c, trans. Donald J. Zeyl, in Cooper, ed., *Plato: Complete Works*.

402

創造而來。(98)同理，每個人的心智也是神聖的；每個人內在都具有神靈（daimon），目的在於「提升我們，讓我們遠離地面，升向上天近似於我們的對象」。(99)因此，人類乃是生活在一個完全理性的世界，探索這個世界不但是科學的活動，也是靈性的活動。柏拉圖提出了一種新的宇宙宗教，取代過去的奧林帕斯諸神觀，成為覺醒的哲學家的信仰。這種信仰獲得柏拉圖弟子的一致接受——儘管各有不同詮釋——後來又與一神教的觀點結合，從而成為西歐的基本宇宙觀，一路延續到西元十二世紀。

柏拉圖的神聖宇宙對哲學家是一大啟發。這種觀點鼓勵他們利用感官探究宇宙，並且相信自然界的奧祕可以找到解答。這種觀點指稱人的心智具備神聖性，所以哲學家因此確信自己的心智有能力解開自然界的奧祕。此外，這種觀點也把神聖的世界帶進人類的層次，使其變得可以察覺。我們每天都可以見到神祇——也就是太陽、月亮及其他星辰——在天空中閃閃發光。哲學家一旦以科學的方式探究大地，就等於是在鑽研神的奧祕。不過，柏拉圖的宇宙宗教對沒有受過哲學訓練的一般人而言毫無意義。對人類絲毫不感興趣的神祇不可能為一般人的人生賦予意義。柏拉圖曾經試圖修補這項缺點。他把奧林帕斯山上的諸神與英雄都視為地位較低的神靈，負責守護人世，以及在凡界與天界之間傳遞訊息。沒有人能夠與 〔324〕
至高無上而且無可理解的上帝溝通，但他們可以崇敬奧林帕斯諸神：宙斯看管城邦的界線，也照顧陌生人；希拉是婚姻的守護神；雅典娜與阿利斯則在戰場上看護重裝步兵。(100)奧林帕斯諸神就此淪為守護天使*，就像逐漸遭到軸心宗教淘汰的自然神靈。

奧林帕斯諸神雖然喪失了地位，但柏拉圖堅持認為對諸神的膜拜儀式仍對城邦具有關鍵重要性。在他的最後一部著作《法律篇》（The

(98) *Timaeus* 39-41. Zeyl translation.
(99) *Timaeus* 90a. Zeyl translation.
(100) *Symposium* 202e-203a; *Laws* 834a; 729e; 941a.
* 英文的「天使」（angel）一詞源自希臘文的「aggelos」與拉丁文的「angelus」，兩者的意思都是「使者」，這種神靈比人類優越，是神祇的侍從。

Laws）裡，他又描寫另一個想像中的理想城邦，古老的崇拜儀式在其中仍然具有重要地位。他否認理性與傳統的希臘信仰有所衝突。雖然沒有堅實的證據證明奧林匹亞諸神存在，但就此否認古老的神話也是不理性且不明智的做法，因為神話就像童話一樣，仍然帶有少許的真理。柏拉圖想要改革這種崇拜儀式。他堅持認為奧林帕斯諸神不可能受到獻祭或禱告的影響，但人類應當向這些凡界與天界之間的中介神靈表達感激。❿在他的理想城邦裡，衛城上必須設有赫斯特、宙斯與雅典娜的聖壇；城邦裡的廣場四周圍繞著神殿，各項慶典、遊行、獻祭、祈禱都必須一絲不苟地舉辦。在這座想像的城邦裡，最重要的神祇是阿波羅與赫利歐斯（Helios）。這兩位神祇向來都被視為太陽神，能夠輕易融入柏拉圖的宇宙神學裡。柏拉圖企圖讓新舊互相結合。在這座城邦的慶典中，神祇與神靈會在肉眼看不見的情況下與人共舞。實際上，這些慶祝儀式的目的就是要「共享『諸神』的節日」。❿這種慶典包括「狂歡」（orgiazein），意指一種出神的神祕慶祝活動。❿獻祭無法取悅奧林帕斯諸神，但仍可振奮人心，讓人對昇華有所體認。儘管如此，柏拉圖雖然認同過往的宗教，卻還是認為這種宗教的地位不如哲學，無法為人帶來真正的覺悟：唯有透過心智的理性思考能力，才能領會理型，神話或儀式中的神聖戲劇所帶來的洞見無助於達成這項目標。傳統宗教的地位已然降低；「神話」（mythos）屈居於柏拉圖神祕性的「邏各斯」（logos）之下。

　　《法律篇》裡有一項黑暗的指示，使得柏拉圖更加偏離軸心時代的思想。❿他的想像城邦是個神權國家，其首要任務就是對人民灌輸「有關諸神的正確認知，然後遵循這樣的觀念生活：不論活得好不好。」❿正確的信仰擺第一，道德行為僅是次要。正統神學是道德的先決條件。「只要

〔325〕

❿ *Laws* 771d.
❿ *Laws* 653b; 654a, trans. Trevor J. Saunders, in Cooper, ed., Plato: Complete Works.
❿ *Laws* 717b.
❿ Burkert, Greek Religion, pp.333-34.
❿ *Laws* 716c. Saunders translation.

404

是依照法律規定信仰神的人，絕不會刻意做出不神聖的行為，也不會刻意說出違法的言語。」❿軸心時代的思想家從來不曾這麼強調形上學的重要性，有些人甚至認為形上學的臆測是一種錯誤的行為。道德行為是首要之務；博愛的行為才能讓人領會神聖，正統教義無濟於事。不過，在柏拉圖眼中，正確的信仰不但不可或缺，而且極度重要，因此還必須設立「夜間議事會」監督市民的神學意見。在他的城邦裡，有三項信條是必要的：諸神確實存在；他們關懷人類；而且不可能受到獻祭與禱告所影響。抱持無神論以及迷信儀式的實際效果，在柏拉圖的理想城邦裡都是唯一死罪，因為這種觀念可能危及國家。市民也不得質疑奧林帕斯諸神的存在，或是針對他們提出刺探性的問題。詩人可以利用奧林帕斯諸神的寓言教導大眾，但這些故事不能太過天馬行空，而必須把焦點集中在正義的重要性、靈魂的遷移，以及違法犯紀之人在死後遭到的懲罰。這些信條將可保證未受教育的大眾也可做出良好的行為。柏拉圖知道有些無神論者的生活也堪為典範，因此允許被定罪的無信仰者利用五年的時間回歸正途。在這段時間裡，這名罪犯會被隔離拘留，以便好好反省。如果他在期滿後仍然拒絕追隨真正的信仰，就會遭到處決。❼

柏拉圖踏上哲學路途之初，曾經因為蘇格拉底遭到處決的事件而驚恐不已。當初蘇格拉底被處死的罪名是教導虛妄的宗教觀念，結果柏拉圖到了晚年卻也主張對抱持不同意見的人處以死刑。他的觀點顯然陷入了乖戾，變得強制、偏狹又苛刻。他認為德行應當由外而內灌輸，不信任同情的衝動，並且完全由智性的角度提倡他的哲學宗教。希臘的軸心時代在數學、辯證、醫學及科學等方面都做出了非凡的貢獻，卻逐漸偏離了靈性的需求。

柏拉圖最傑出的弟子又進一步加深這道鴻溝。亞里斯多德（Aristotle，約西元前 384-322 年）不是土生土長的雅典人。他來自卡爾息底斯半島

....

❿ *Laws* 888b; 885b. Saunders translation.
❼ *Laws* 907d; 909d.

（Chalcidice）的希臘殖民地，父親是馬其頓王阿敏塔斯二世（Amyntas II）的御醫暨好友，因此他從小和阿敏塔斯的兒子菲利普一同長大。不過，亞里斯多德在十八歲那年來到雅典，而在學園追隨柏拉圖學習達二十年之久。在這段期間，亞里斯多德是柏拉圖的忠實弟子，也信奉他的理型論。不過，他後來卻逐漸認定理型並非獨立客觀的存在。美、勇氣、渾圓或雪白等特性只存在於它們所依附的俗世物體上。他後來強力批判理型界比物質宇宙更真實的概念。有些實體的確永恆而神聖，比易於腐敗的物體優越，但我們很難對這些實體獲得精確的知識，因為這些實體的存在超越我們的感官之外。因此，我們應當專注在感官所及的範圍內，例如植物與動物的結構。

〔326〕

　　柏拉圖在西元前 347 年去世以後，亞里斯多德隨之離開雅典。他可能對自己沒有被指派為學園的領導人感到失望，但也可能因為他和馬其頓的關係而在雅典成了不受歡迎人物。他的朋友菲利普在西元前 360 年繼位為王。身為軍人與天才政治人物，菲利普把落後孤立又搖搖欲墜的馬其頓王國轉變成了區域強權，對雅典的利益構成威脅。雅典遭遇一連串的軍事失利之後，被迫在西元前 346 年與馬其頓簽訂條約，但仍然對這個生氣蓬勃的新國家充滿敵意與厭憎，因為馬其頓持續不斷擴張領土，並且開始侵入希臘本土。

　　西元前 342 年，菲利普邀請亞里斯多德到馬其頓定居，擔任他兒子亞歷山大的老師。亞里斯多德教導亞歷山大至少有三年的時間，當時菲利普已成為希臘霸主，在西元前 338 年於一場決定性的戰役中打敗雅典之後，為整個希臘地區重新帶來穩定。所有城邦都獲益於和平的狀態，雅典尤其因此享有另一段繁榮時期。菲利普原本打算侵略波斯，卻在西元前 336 年遭到刺殺，而由兒子亞歷山大繼位。次年，亞里斯多德回到雅典，成立了自己的學校，稱為呂克昂學府（Lyceum），因為學校的所在地鄰近於阿波羅·呂克斯（Apollo Lyceus）的神殿。

　　這時候，亞里斯多德已成為生物學家。他曾花了幾年時間在小亞細

亞解剖動物與植物，並且為自己的研究工作寫下詳細的描述。亞里斯多德把哲學樸實化。他對發育和腐敗的過程尤其深感興趣，曾經每週打破一顆蛋記錄小雞胚胎的成長。柏拉圖和其他軸心時代的智者對變動無常感到懊惱，亞里斯多德卻單純對「形成」的過程深感好奇。變化不是「苦」，而是所有生物的自然狀態。與其在無形的世界尋求意義，亞里斯多德反倒在轉變的物理型態當中找到了意義。在他看來，「理型」不是超越於感官之外的永恆實相，而是每一件實體的內在結構，控制這件實體邁向成熟的演化過程。每個人或物體都具有「潛態」（dynamis），迫使其成長成為既定的型態，例如橡實就具有長成橡樹的「潛力」。我們不需害怕變化，反而應該加以頌揚；變化代表普世萬物追求實現潛力的努力。　〔327〕

　　不過，這是一種純粹屬於俗世的成就。亞里斯多德無意離開柏拉圖的洞穴。哲學家只要懂得如何運用自己的理性，現象界就已有許多的美可供發現。亞里斯多德回到雅典之後，開始把注意力轉向形上學與道德的主題，但他的焦點仍然堅定集中在理性的能力和運用。亞里斯多德致力於實踐「邏各斯」。人類和其他動物的區別就在於理性思考的能力。每個生物都致力於達成本身的型態。對於真理本身的追求，是人的最終「型態」，也可稱為目標（亞里斯多德的談論對象只限於男人；他對女性沒什麼興趣，認為女性是一種有缺陷的人類型態）。因此，人的「至福」（eudaimonia）取決於其智力。人的「善」就在於清晰而有效的思考，以及規劃、計算、研究、解決問題。人的道德福祉也仰賴理性，因為勇氣或寬容等特質必須受到理性的節制。「依循理性的人生是最優秀也最愉悅的人生，」他在後期的一篇文章裡寫道：「因為理性就是人，而且比其他一切更是人類的必備要素。」[108]人的智力（nous）是神聖而不朽的，不但讓人與諸神產生關聯，也讓人擁有理解終極真理的能力。不同於感官享受，追求真理所帶來的快樂沒有起伏，而是一種持續的喜悅，讓思考者享有自

---

[108] *Nichomachean Ethics* 1178a, in Richard McKeon, ed., *The Basic Works of Aristotle* (New York, 2001).

給自足，也就是至高生命的特性。我們「必須竭盡全力根據自己內在最佳的特質而活，」亞里斯多德堅稱。我們不可能像神祇一樣完全沉浸於智性思考當中，但我們只要努力這麼做，即可啟動內在的一種神聖原則。人「唯有內在具備神聖性」，才能趨近這種神聖的特質。❿

　　就某些方面而言，追求真理就像是軸心時代其他賢哲達到的出神狀態。他們同樣致力於徹底實現自己的人類潛力，找尋一種沒有高低起伏的喜悅，以及絕對的自給自足。不過，他們卻試圖超越於理性和「邏各斯」之上。我們不知道亞里斯多德對真理的追求包含了哪些元素。⓾其中是否包括他的科學研究？他是否從事較為冥想性也較為超越性的活動？對亞里斯多德而言，「思想」（noeton）顯然是最高形式的存有；「對思想的思考」（noesis noeseos）則是存有本身，是萬物的源頭，也是神潛在生活的特徵。

　　如同柏拉圖，亞里斯多德也認為研究神的學問（theologia）是「第一〔328〕哲學」，因為這門學問的主題乃是存有的最高肇因。他完全接受柏拉圖的宇宙宗教，認為宇宙具有神聖性，星體是活生生的神祇，並且認為神聖工匠及其造物之上還有另一個至高無上的神。由於宇宙神聖而永恆，因此亞里斯多德的上帝不是第一因，而是「不動的推動者」。他注意到物體的移動都是其他物體促成的結果。那麼，究竟是什麼力量觸動了星星及其他天體持續不變地繞著地球旋轉呢？不論推動這些星體的力量是什麼，其本身必然靜止不動，否則我們就必須再假設還有另一個更高的個體促成了這項力量的移動。根據理性的要求，因果鏈必定有個單一的起點。因此，亞里斯多德的上帝乃是由他的宇宙論根據邏輯推理而來的結果，不是經由直覺的神祕感知而體會到的真實。他指出，在動物的世界裡，欲望會促成行動。飢餓的獅子跟蹤羊隻，原因是牠有進食的欲望。因此，星體可能也是

---

❿ *Nichomachean Ethics* 1177a, ibid.
⓾ Gottlieb, Dream of Reason, pp.270-72.

受到欲望而推動。由於星體本身已相當完美，因此它們只會渴求更高層次的完美，而這種渴求乃是產生自一種智性的愛，愛好一個從事至高活動的個體。亞里斯多德的上帝就是「對思想的思考」，沉浸於對自己的冥想當中。

因此，亞里斯多德的「不動的推動者」乃是永恆的，是至高的型態，因為只有這種型態能夠不依附於物質而存在。身為最高的神靈，它是純粹的心智，自我陶醉又自給自足，因為它不可能留意比它低下的其他一切事物。上帝就是對真理的純粹追求。一如柏拉圖的神學，亞里斯多德的上帝觀對一般人也毫無意義。⓫除了不動的推動者完全無視於人類之外，亞里斯多德也不認為奧林帕斯諸神對人類有任何興趣。奧林帕斯諸神涉入人類事物的概念，對柏拉圖而言是一項信條，但亞里斯多德卻認為這只是一項假設。⓬然而，亞里斯多德也和柏拉圖一樣，不想禁絕傳統的信仰。世人向來渴求比自己優越的個體。崇敬神祇是人的天性，而且這種崇拜應當被接納為既有的事實。過去的神話充滿疑點，但也許含有少數的古老智慧，例如認定天體具有神聖性。藉由對城邦的法律和規定賦予神聖的認可，宗教也可能具備實際的用途。⓭

哲學產生了一個新的上帝，但這個上帝與耶和華毫無相似之處。所謂一個至高無上的神明突然決定創造世界，並且親自涉入人類歷史，這種論點聽在亞里斯多德耳中想必顯得荒謬可笑。亞里斯多德曾以含糊的「證據」證明不動的推動者存在，而儘管一神論者後來也採用這些證據證明他們的上帝，較具識別力的人士還是把哲學家的神視為「退位神」（deus otiosus），對靈性追尋毫無用處。⓮亞里斯多德必然會認同這種觀點。他

〔329〕

....

⓫ Burkert, *Greek Religion*, p.331.
⓬ *Nichomachean Ethics* 1099b11; 1179a24.
⓭ *Politics* 1335b.15; 1314b39; 1331a27; 1336b6; *Rhetoric* 1391b1.
⓮ Karen Armstrong, *A History of god: The 4,000 Year Quest of Judaism, Christianity and Islam* (London and New York, 1993), pp.171-208.

409

的形上學沒有任何神聖之處，「形上學」（metaphysics）這個名詞只是編纂者與圖書館員為了替他留下的著作與講稿殘篇分類而編造出來的字眼。他們只是把十四篇主題互不相關的文章歸在同一部文集裡，將其標題定為「meta ta physika」（《物理學》之後的文章）。

　　就某些方面而言，亞里斯多德似乎比柏拉圖更了解傳統的靈性。他不關注正統觀念，指稱入會者參與神祕的儀式並非為了學習事實與教義，而是要「體驗特定情緒，並且處於特定性情當中」。⑪這種宗教的重點在於感受（pathein），而不是思考。亞里斯多德似乎比柏拉圖更能接受情感。舉例而言，發怒在某些狀況下是好事，只要不憤怒過頭就好。柏拉圖在他理想國裡當中禁止悲劇，亞里斯多德則認為悲劇仍然有其功用。在某些情況下，人確實應當產生憐憫與恐懼的感受，而悲劇有助於教導人以適當的方式體驗這類感受。⑪舉例而言，膽怯的人一旦看到伊底帕斯的苦難，就會發現自己的煩惱其實沒那麼糟糕，而高傲的人則會因此學會同情弱者。藉由模擬嚴肅而恐怖的事件，悲劇確實能夠淨化這類感受。⑪如此一來，情緒當中的危險潛力即可獲得抒發，從而對個人及社群有益。實際上，這些感受乃是悲劇賴以娛樂觀眾的必要元素。亞里斯多德以理性察覺了儀式奉行者向來直覺感受到的要點：利用象徵性、神祕性或是儀式性的手法重現日常生活中令人難以忍受的事件，可以把我們最深的恐懼轉化為純淨而超越性的感受，甚至讓人感到樂趣。不過，亞里斯多德認為悲劇只應當是個人私自閱讀的文本。在他對悲劇的探討當中，他強調的是悲劇對個人的影響，而不是悲劇的公民與政治功能。他沒有討論悲劇的儀式層面，對諸神也沒什麼興趣。他的文學評論以人為中心，而且和他的哲學思想一樣，完全以俗世為依歸。他的理性智力把深刻的宗教體驗細膩轉化成

---

⑪ Fragment 15, quoted in Walter Burkert, *Ancient Mystery Cults* (Cambridge, Mass., and London, 1987), pp.69, 89.

⑪ Gottlieb, *Dream of Reason,* p.277.

⑪ Poetics 6, 1449b28.

了較為務實的東西。

　　亞里斯多德是天賦過人的偉大先驅。他幾乎隻手奠定了西方科學、
邏輯學與哲學的基礎。可惜的是，他也對西方的基督教留下了無可磨滅的　　〔330〕
影響。自從歐洲人在西元十二世紀發現他的著作之後，許多人就對他以理
性證明不動的推動者深感著迷，但這其實是他較為平庸的一項成就。亞里
斯多德原本就無意為自己所認知的上帝賦予宗教價值，所以與軸心時代的
要旨格格不入。軸心時代認為終極實相是言語無可描述的，而且也無法理
解──但人類仍然可以體驗得到，只是並非透過理性。然而，亞里斯多德
已把西方帶上科學的道路，並且在第一次軸心時代的將近兩千年後，促成
第二次大蛻變。

第 九 章

帝國
（約西元前 300-220 年）

西元前三世紀初始，在其他地區已接近尾聲的軸心時代，在中國卻〔331〕
仍方興未艾。不過，即便在這裡，有些原本的理想也逐漸轉變得越來越強
硬。幾個世代以來，魏國與秦國一直是中國最強大的王國。為了求取生
存，各個小國都在這兩大強國之間來回擺盪，支持一方對抗另一方，但百
姓已對無止盡的戰亂深感厭倦。許多人都渴望能夠出現一名強大的統治
者，建立大一統的中原帝國，就像堯舜時代一樣。對和平的渴望極為強
烈，幾可觸摸得到。中國人對希臘人深為著迷的科學、形上學與邏輯學等
方面的問題不感興趣。由於政治情勢極為嚴峻，以致這類議題顯得微不足
道。中國人的優先關注是恢復法律和秩序，因此中國的哲學家、道德家與
神祕主義者都致力於解決治理問題。這時已明顯可見他們必須採行全新的
做法。變遷的腳步非常快速，單是隔一個世代就可能存在極大的不同。當
時有一種越來越強烈的信念，認為若是真有一個新的帝國能夠從戰國時代
的混亂狀態中誕生，那麼這個帝國的運作方式絕對不可能和堯舜時代的古
老帝國一樣——甚至也不可能像周朝初年。在不斷擴張的大國裡，國君不再
仰賴自己職務的道德影響力。這些國君是現實主義者，他們知道經濟才是
成功的關鍵。哪個統治者能夠掌握最大的領土、最多的人力、最豐碩的資
源，以及最充足的存糧，就能獲得勝利。

到了西元前四世紀末，統治者甚至也不再假裝聆聽儒家與墨家顧問
的意見，而是直接轉向新興的商人階級，因為商人和他們同樣抱持強硬的
現實主義。商人仰賴精密的計算與金融法則；他們不沉思大道的問題，而〔332〕
是推測社會對穀物與奢侈品的需求，思考的對象是金錢與合約。不過，另
一個哲學學派也在此時興盛了起來。一個接一個國家的統治者都紛紛轉
向政治學家，也就是所謂的「法家」，英文通常翻譯為「法律學派」。❶

....

❶ A. C. Graham, *Disputers of the Tao: Philosophical Argument in Ancient China* (La Salle, Ill.,
1989), pp.267-76; Benjamin I. Schwartz, *The World of Thought in Ancient China* (Cambridge,
Mass., and London, 1985), pp.321-45; Fung Yu-Lan, *A short History of Chinese Philosophy,* ed.
and trans. Derk Bodde (New York, 1976), pp.155-65.

不過，這樣的翻譯可能對人造成誤導。法律的確是法家感興趣的議題，但並不是他們首要關注的對象。法家的「法」意指「標準、模範」。他們以「法」字描述一種工具，例如鉛錘或木工的角尺，可用來形塑原料，使其合乎既定的模式。❷法家希望讓人遵行他們的理想，因此又把這個字眼的意義加以衍伸，包括控制社會行為的規範方法。於是，「法」也就經常搭配「刑」這個字。他們聲稱國家必須施行嚴酷的刑罰才能讓人悔改，就像角尺能夠矯正歪曲的材料一樣。墨家與儒家認為唯有充滿博愛與道德的賢王能夠改革社會，法家卻對國君的道德修養毫無興趣。他們認為，只要經過適當的規劃，再加上嚴苛的刑罰與嚴峻的刑法，他們的方法即可自動產生效果。

法家大概向來都活躍於政府圈子當中。即便在受到理想化的封建時代，政治必然也帶有一定程度的強制性。不過，時代已經改變了。在過去一百年間，中原人口大幅暴增；而且由於持續不斷的擴張戰爭，各個國家已比過去的封建侯國龐大許多。要治理如此廣大的王國，光靠仁和禮顯然是不夠的。法家希望建立一種切實可行的政體。他們不認為歷史的發展在昔日的黃金時代之後即每況愈下。這樣的看法只會導致嚮往過去的懷舊情緒。我們如要獲得救贖，就必須理性評估現狀。像魏與秦這樣的興盛國家，在擴張了領土之後，面對的乃是一群國家遭到他們消滅而對他們心懷怨恨的人民，因此也就需要一套有效率的行政手段，不必仰賴統治者的魅力，而能夠一體適用於所有人民，不論富有或貧窮，也不論是華夏或蠻夷的子民。

法家喜歡把法律機制比擬為磅秤，因為磅秤提供了衡量的標準。商人與商店老闆可能都想從顧客身上多搾些錢，但磅秤明確顯示了他們能夠收取多少價錢。「人知事權衡之無益，故不事也，」西元前四世紀的一名作家寫道：

〔333〕

---

❷ Schwartz, *World of thought,* pp.321-23.

　　故明主在上位，則官不得枉法，吏不得為私，民知事吏之無益，故財貨不行於吏，權衡平正而待物，故姦軸之人不得行其私。❸

　　他們的政治理論一旦獲得實行，就會自動而公正地發揮功效。法家從封建時代的人治政府轉型為客觀的法律體系，相當於現代西方的法律概念，不過古中國的法律不以保護個人為目的，而是為了政府遂行控制所用。統治者的智識能力或道德修養完全不重要，因為這套體系不需要國君介入即可自行運作。因此，國君不但可以無為而治，也確實應該如此。

　　奇怪的是，法家竟與道家頗有相似之處：例如莊子也教導「無為」的重要性，並且堅稱天道的運作獨立於人類意圖之外。早期的法家對此深表認同。因此，慎到這位與孟子同時代的稷下學者，就把國家客觀的統治制度比擬為天道的運行，不受個人的欲望與偏好所影響。聖賢之所以無為，原因是人的作為不免對天道構成阻礙，因此國君也應當避免干預國家體系的運作。慎到想要為自己澈底務實的治理觀念找出相應的意識形態，而法家理想中的無為之君在中國正有著深遠的根源。封建時代的禮儀法同樣規定國君應當無為而治，任由道的神奇力量透過他而發揮作用。

　　法家思想首先發展於韓、趙、魏三國，也就是在西元前五世紀初瓜分晉國而獨立的三個國家。這三國皆非正式受封的侯國，因此其國君與傳統的關聯較不緊密，而比較能夠接納激進的治理理論。西元前 370 年左右，一個志向遠大的年輕人，名叫商鞅（約西元前 390-338 年），在魏國定居了下來，參與了當地政治學家的討論。這些政治學家沒有宏大的靈性〔334〕論述，只是單純想要改革軍隊、提升農業產量、削弱貴族以強化君權，並且發展出一套明晰有效的法典。商鞅未能獲得魏王的垂青，卻在西元前361 年成為秦王的首席顧問。這是一項大好機會。秦國擁有龐大的蠻夷人

---

❸ *The Book of Guanzi* 67.3.55, quoted in Graham, *Disputers of the Tao,* p.274. The *Guanzi* was attributed to the seventh-century statesman Guan Ahong, but is actually of a much later date.

口，對周朝傳統一無所知，而貴族的權勢與財力又不足以抗拒商鞅的改革計畫。他的改革違背了軸心時代的許多原則，結果把秦國從一個落後孤立的王國轉變成中國最強大也最先進的國家。由於商鞅影響深遠的變法，秦國後來在西元前三世紀末征服了其他各國，秦王也在西元前 221 年成為中國歷史上第一位皇帝。

商鞅對過往的傳統毫不留戀。他說：「民道弊而所重易也，世事變而行道異也。」❹緬懷博愛的賢王治下的黃金時代，是無濟於事的做法。過去的人如果比較寬大，原因不是他們實行仁道，而是因為當時人口較少，所以糧食豐足無缺。同理，戰國時代的腐敗與衝突現象不是欺詐造成的結果，而是純粹因為資源匱乏。❺商鞅不但不提倡非暴力，反而還要求秦國的人民像餓狼一樣渴求戰爭與流血衝突。他只有一個目標：「富國彊兵。」❻要達到這項目標，政府必須善用人民的恐懼和貪婪。極少有人願意讓自己暴露在現代戰爭的危險之下，但商鞅為逃兵設計了極為嚴酷的刑罰，讓他們寧可戰死沙場也不敢逃避兵役。此外，不論農民還是貴族，只要立下傑出的戰功，都可獲得農地的獎賞。

商鞅條理分明又充滿理性的改革澈底改變了秦國人民的生活，百姓在他的教導下成了致命的戰鬥機器。兵役與勞役都是強制的義務，軍事生活的嚴厲紀律也實行於全國。商鞅最重要的創新，就是把農業生產和軍隊綁在一起。表現傑出的農兵紛紛成為地主，並且獲得頭銜與津貼，原本的貴族制度則遭到拆解。貴族如果在戰場上表現不佳，就會被貶為平民；如果有人不認真參與商鞅充滿野心的闢地計畫，就會被販賣為奴隸。所有人都必須遵守同樣的法律：即便是太子，也因為犯了微罪而逃不過遭到處決的命運。

〔335〕

....

❹ *Shanqiunshu* ("The Book of Lord Shang") 2:7, quoted in Fung Yu-Lan, *Short History of Chinese Philosophy*, p.159.

❺ *Shanqiunshu* 9:1.

❻ *Shanqiunshu* 8:8, quoted in Schwartz, *World of Thought*, p.328.

商鞅不但不管國君的道德修養，甚至認為有德的賢哲治國會導致災難。他宣稱道：「以強政弱，削；以弱政強，王也。」❼提倡和平的儒家是危險人物。如果所有人都遵循禮，那麼每個人都會變得謙遜而節制，如此一來國君就根本不可能說服任何人踏上戰場。商鞅毫不掩飾自己對黃金律的鄙夷。真正有能力的國君，一定能夠把己所不欲的傷害加諸在敵人身上。他對手下的官員指出：「兵行敵之所不敢行，強；事興敵之所羞為，利。」❽

他嚴厲的改革獲致了重大的成功。西元前340年，秦國大敗主要對手魏國，從而成為稱霸中原的重要角色。商鞅原本期待自己會因功獲得大片土地的獎賞，結果卻反倒成為苛法的受害者。西元前338年，支持他的秦孝公去世之後，新君聽信了商鞅政敵的讒言，而以他為秦國購置的戰車把他撕裂分屍處死。不過，新一代的法家仍然持續遵循他所規劃出來的路線，而其他國家也開始跟隨秦國的模範。

法家最傑出的一名學者是韓非（西元前 280-233 年），後來成為秦王嬴政的大臣。他不像商鞅那麼憤世嫉俗，並且認為自己背負著幫助人類的崇高任務。在〈孤憤〉一文裡，他認為自己和其他流浪士人不同，因為其他流浪士人提倡的觀點在他看來都是毫無實際用處的觀念。他和其他法家人士都應當具備無可挑剔的道德修養，而且必須致力追求國君的最高利益。❾韓非知道國君不太可能是德行的模範，但他希望藉由建立一套有效率的制度，協助平凡人成為有能力的統治者。統治者必須挑選適當的官員，也應該懷有協助人民的渴望。這樣的統治者「期於利民而已。故其與之刑，非所以惡民，愛之本也」。❿統治者應該公正無私。即便是朋友與 〔336〕

---

❼ *Shanqiunshu* 20, quoted in Mark Elvin, "Was There a Transcendental Breakthrough in China?," in S. N. Eisenstade, ed., *The Origins and Diversity of Axial Age Civilizations* (Albany, 1980), p.352.

❽ *Shanqiunshu* 20, quoted in Graham, *Disputers of the Tao,* p.290.

❾ *Shanqiunshu* 20, in Schwartz, *World of Thought,* pp.342-43.

❿ *Han Feizi* ("The Book of Han Fei") 54, in Graham, *Disputers of the Tao,* p.290.

家人，該懲罰的時候還是要懲罰；即便是敵人，該獎賞也一樣要給予獎賞。一首據稱為韓非所寫的詩，為統治者的「無為」賦予了近乎神祕的重要性：

> 去智而有明，
> 去賢而有功，
> 去勇而有強。❶

　　法律不該是遂行懲罰與壓迫的方法，而是一種教育，可讓國君和臣民習於遵循不同的行為。這樣的改革一旦完成，就再也不會需要刑罰，因為所有人的行為都將與國家的利益一致。然而，韓非雖然立意良善，卻也落得悲慘的下場。他遭人訕謗而因此入獄，後來在西元前 233 年面對死刑，而選擇了自我了斷。

　　韓非成為法家之前，曾經跟隨當時最傑出的儒家哲學家學習，而且他的理想主義可能主要也是受到這位老師的感染。荀子（約西元前340-245 年）充滿熱情與詩意，同時卻也是個理性極為嚴謹的思想家。他吸收其他哲學家的洞見，融入自己的儒家觀點，綜合成為一套強而有力的思想。❷他不認為墨家、楊朱學派以及法家的觀點是錯誤的，這些學派只是在一項複雜的議題當中各自強調其中一個面向而已，所以全都有值得學習的地方。荀子也深受道家思想的影響。他的著作比中國軸心時代的其他著作都還要具有說服力，條理也最為分明。然而，他的散文常常帶有詩文的優美特質，邏輯推論也經常化為神祕性的洞見。

　　荀子對於新興的實用主義深感驚恐，因為他認為這種觀點造成了道

....

❶ *Han Feizi* 5, ibid., p.288.

❷ Graham, *Disputers of the Tao*, pp.235-67; Schwartz, *World of Thought*, pp.299-320; fung Yu-Lan, *Short History of Chinese Philosophy*, pp.143-54; Elvin, "Was There a Tran-scendental Breakthrough in China?," pp.348-51.

德標準的低落。他不論到何處，所見皆是「權謀傾覆」，以及對財富、權力與奢華的自私追求。❸由於國君拒絕接受禮的約束，因此不惜以殘忍無情的方式追求自己的野心，於是暴力與戰爭也隨之盛行不已。荀子不接受法家的現實主義；他仍然認為唯有博愛的國君能夠重建和平與秩序，但也願意考慮任何能夠暫時帶來紓解的制度，就算這種制度偏離了傳統儒家原則也沒關係。荀子是行動主義者。他盼望從政為官，但和孔子與孟子一樣不盡如意。他曾三度被指派為稷下學宮的祭酒，但後來因為齊愍王驅逐學者而不得不離開齊國。西元前 255 年，他遷居楚國，獲得楚國宰相任命為鎮令。不過，他的贊助人在西元前 238 年遭人刺殺之後，他的職位也隨即〔337〕遭到革除。荀子於是退出公共生活，專心編纂自己的文集。

在他的文集裡，其中一篇文章描寫他走訪秦國的過程。儘管法家理想和他本身的觀念天差地遠，他卻還是對自己看到的景象深為讚嘆。秦國的官員正直又有效率，朝廷裡沒有貪腐，沒有內鬥，平民百姓純樸善良。他們雖然害怕政府，卻還是順服政府的統治，也相當讚賞新法的穩定與公正。❹不過，秦國並不完美。荀子發現秦國的改革之所以能夠成功，只是因為那裡的人民不曾接觸過高級文明。他認為嚴苛的刑罰也許有其必要，但也注意到秦國是個充滿憂慮的國家；那裡的人民似乎「常恐天下之一合而軋己也」。❺他相信秦國絕不可能稱霸全中國，因為其嚴苛的治理方式將疏離其他國家的人民。除非秦國出現一位成熟而人道的統治者，否則將難以存續下去。荀子的看法有對也有錯。秦國後來雖然征服其他各國而建立了大一統的帝國，但其殘酷無情的治理方式卻也導致秦朝在統一中國之後短短十四年即告滅亡。

儘管如此，秦國對於儒家思想仍是一大挑戰。荀子晉見秦昭王之

....

❸ *Xunzi* ("The Book of Master Xan") 9, in Burton Watson, ed. and trans., *Xunzi: Basic Writings* (New York, 2003).
❹ *Xunzi* 16.
❺ *Xunzi* 16, in Schwartz, *World of Thought,* p.305.

421

時，說他對於秦國政府內沒有禮儀家深感遺憾，結果秦昭王不假辭色地回答道：「儒無益於人之國。」❶觀諸儒家乏善可陳的記錄，荀子確實難以辯駁他這項論點。此外，荀子面對自己充滿野心的年輕弟子李斯，也一樣無法提出有效的答案。荀子曾說只要君子掌權，天下即可享有和平，因為君子的義與仁乃是無可抵擋的良善力量。這是一幅美好的儒家願景。荀子表示，國君的博愛會從他身上散發出來，就像聖王的影響力。不論他到哪裡，都可輕易轉變自己身周的環境。這樣的國君絕對不會為了實現自己的野心而攻打其他國家。

　　彼兵者所以禁暴除害也，非爭奪也。故仁者之兵，所存者神，所過者化，若時雨之降，莫不說喜。

〔338〕　　李斯認為這樣的說法根本是「幻想」。荀子該怎麼解釋秦國的興盛，歷經四個世代而屢戰不敗？「兵強海內，威行諸侯，非以仁義為之也，以便從事而已。」❶不久之後，李斯就背棄了荀子，轉而投身法家，遷居秦國，成為秦國宰相，並且主導了閃電戰，促成秦國在西元前 221 年的最終勝利。

　　西元前 260 年，就在荀子遊訪秦國的幾年後，秦國大軍征服了荀子的故鄉趙國。趙國國君雖然投降，秦軍卻還是屠殺了四十萬名趙國兵將。荀子身為君子，卻連在政府裡的一項低微職務都保不住，又怎麼能夠對這麼殘忍的政權發揮任何約束力？不過，隨著政治情勢趨於惡化，而且越來越多國家也紛紛採用法家的制度，荀子卻從來不曾喪失信心。儘管面臨如此嚴苛的逆境，他仍然相信禮讓的精神與仁愛的道德可為中國帶來和平與秩序。但他也承認，在這種艱困的時刻，禮讓與仁愛可能也必須由賞罰的手段加以支撐。聖賢不是遙不可及的理想。只要願意全心全力轉變自我，

....

❶ *Xunzi* 8, quoted in Graham, *Disputers of the Tao*, p.238.
❶ *Xunzi* 15:72. Watson translation.

任何人都可以達成堯的境界，從而拯救世界。

在《荀子》裡，可以見到作者一再倡議「有為」，也就是有紀律而且有意識的作為。從自己的秦國之行，荀子發現人只要付出足夠的努力，即可澈底改變社會。不過，他們必須為自己負起責任。上天不是一個會干預人世事務的神祇，所以仰賴上天的幫助或是藉由求神問卜而試圖改變上天的意志，是無濟於事的。荀子非常厭惡這些操弄性的古老迷信。上天就是大自然本身；天道可見於天體運行與四季更迭的秩序和規律當中。天道與人類完全無關，不可能對人類產生引導或幫助。不過，上天仍然為人類賦予了所需的資源，讓他們能夠找出自己的道路。這就是君子的任務。像莊子那樣一心思考天道而忽略人間事務是毫無意義的做法。退隱於社會之外是錯誤的行為。文明是一項令人嘆為觀止的成就，為人類賦予了神聖地位，也讓人得以和天地平起平坐。「從天而頌之，孰與制天命而用之！」荀子問道。我們究竟該像道家那樣渴求上天，還是該善加運用上天為我們提供的資源，「與有物之所以成」？❶⑱荀子一次又一次堅稱道，我們如果只是一心注意上天，而忽略了人所能達到的成就，「則失萬物之情」。❶⑲ 〔339〕

然而，要做到這一點，就必須全心全意付出深切的努力。荀子從法家學到了人必須接受改造。他和孟子不同，認為人性本惡。他說，所有人「生而有疾惡焉，順是，故殘賊生而忠信亡焉」。❷⑳他也採用和法家一樣的意象：「枸木必將待檃栝、烝矯然後直。」㉑不過，只要付出足夠的努力，任何人都能夠成為聖賢。人無法獨自達成這項目標，首先必須找到一個老師，並且服從禮的教導：唯有如此，才能依循禮儀和謙遜的要求，遵守社會規範而達成秩序。㉒像楊朱學派與道家那樣順其自然並不是合乎善的行為。善是刻意追求而來的結果。君子利用人為的努力把自己的熱情導入

----

⑱ *Xunzi* 17:44. Watson translation.
⑲ Ibid. Watson translation.
⑳ *Xunzi* 23:1-4. Watson translation.
㉑ Ibid. Watson translation.
㉒ Ibid.

建設性的方向。這種人為努力不會扭曲人性，而是能夠完全激發人的潛力。

　　荀子深信人只要善加運用自己的智力與推理能力，即可了解到恢復和平與秩序的唯一方法就是建立合乎道德的社會。教育至關緊要。他採取法家的觀點，承認智力低下的人無法理解這一點，所以必須由法律和刑罰構成的司法體系迫使他們接受道德教育。不過，比較聰明的人則會自願透過研習過往的智慧而改變自己。過去，堯、舜、禹觀察這個世界，結果發現他們如果要終結自己身周那種種令人難以忍受的苦難，唯一的方法就是在智性層面上採行龐大的努力，而這項努力必須以改變自己為起點。於是，他們創造了崇敬、禮節與退讓的禮儀。這些禮儀節制了難以駕馭的激情，讓他們得以達成內在的平和。藉由探索自己的心、評判自己的行為，以及觀察自己對人生苦樂的反應，古代的聖王於是發現了規範社會關係的方法。㉓因此，禮乃是奠基在恕的原則上，也就是「推己及人」。統治者一旦能夠掌控自己，才能為社會帶來和平與秩序。

　　因此，古代的聖王並不是把一套陌生的規範加諸在人民身上；禮是他們分析人性而得出的結論。禮儀把情感人性化，就像藝術家從不起眼的材料中形塑出美麗的形體：他們「斷長續短，損有餘，益不足，達愛敬之文，而滋成行義之美者也」。㉔禮是一種自然法。宇宙本身也必須遵循在混亂中造就秩序的規範。即便是天體和四季也必須互相禮讓，而不能侵占對方的領域。「天地以合，日月以明，四時以序，星辰以行，」荀子指出。如果天地萬物不遵循禮，就會陷入混亂。要求萬物在宇宙秩序中各司其位的禮，也能夠淨化人類的情感。㉕禮不僅不會不自然，而且能夠把人帶往真實的核心。「禮之理誠深矣，」荀子一再反覆強調：「『堅白』『同異』之察入焉而溺。」㉖

〔340〕

．．

㉓ *Xunzi* 21:28-30.
㉔ *Xunzi* 19:63. Watson translation.
㉕ *Xunzi* 19:17-79. Watson translation.
㉖ *Xunzi* 19, passim. The sentence is repeated throughout the chapter like a refrain. Watson translation.

　　儘管荀子關注的是人世而不是天界，他卻不是世俗的人文主義者。和所有中國人一樣，他也把自然界敬奉為「神」。他的宗教理性乃是奠基於神祕性的沉默。他經常感嘆一般人的「蔽」，也就是自以為是地堅持單一信念。任何人想要改革社會之前，首先必須知「道」，但要知「道」絕不能只堅持己見，認定別人的看法都是錯的。要知「道」，就必須保持心的「虛壹而靜」。在這一點上，荀子的看法和莊子完全一樣。所謂「虛」，就是願意接納新知，不只抱守自己的意見；所謂「壹」，就是不把生命的千緒萬端硬塞進一套自利的單一體系裡；所謂「靜」，則是不耽溺於「夢劇亂知」當中，也不培養充滿野心的計謀，以免阻礙真正的知識。❷ 荀子說：「虛壹而靜，謂之大清明。」

　　去除了自以為是的蒙蔽之後，平凡人即可達成與聖人一樣的開闊視野。如此一來，人就不會再侷限於狹隘自私的觀點內，而能夠直覺體會到治理之道的深層原則。

　　　坐於室而見四海，處於今而論久遠。疏觀萬物而知其情，參稽治亂而通其度，經緯天地而材官萬物，制割大理而宇宙裡矣。❷　　〔341〕

　　一旦達到這種境界，人的智力已有如神一般。法家的野心不夠遠大。經過改造之後的人，不只是經濟或軍事機器裡的一個齒輪，而是神聖的個體。「恢恢廣廣，孰知其極？」荀子問道：「罩罩廣廣，孰知其德？滔滔紛紛，孰知其形？明參日月，大滿八極，夫是之謂大人。」❷ 人一旦以這種方式徹底發揮人性的潛能，即可拯救世界。

　　沒有人認真看待荀子的政治觀念，但到了西元前三世紀中葉，另一

....

❷ *Xunzi* 21:34-39. Watson translation.
❷ Ibid. Watson translation.
❷ Ibid. Watson translation.

部神祕性的治國手冊卻吸引了廣泛的注意。❸法家尤其對這部著作深感興趣。今天,《道德經》在西方已成為一部流傳普遍的靈性經典,但這部著作原本並不是為了一般個人而寫,而是寫給小國的統治者。我們對這位以假名「老子」寫作的作者幾無所知。關於他的傳說不少,但都沒什麼歷史根據。於是,這位一再強調不名與無我的作者也就不為後人所知,而這也可能正合他的心意。

　　《道德經》共有八十一個簡短的章節,全都以謎樣的詩文寫成。儘管老子遠比法家注重靈性層面,他們雙方卻有相似之處,法家也立即發現了這一點。老子與法家都鄙視孔子;都對世界抱有矛盾性的觀點,認為只有反向追求才能達成目標;他們雙方也都認為統治者應當無為而治,儘可能不干預國家運作。不過,老子和法家不同的是,他認為國君應當是有德之士,但不是像儒家的聖王那樣不斷想要為人民做事。恰恰相反。只有謙遜無為的國君才能終結戰國時代的暴力現象。據說古代的帝王藉由舉行一連串的外在典禮,而把天道實行於大地。老子把這些古老的禮儀內化,而建議國君在心靈上遵循天道。

　　對於小國而言,這是一段可怕的時期,隨時都可能遭到秦國消滅。這種大難臨頭的恐懼貫穿於《道德經》當中,因為這本書就等於是小國國君的求生指導手冊。與其挑釁大國,小國國君應當退縮而表現出弱小的模樣;與其圖謀策劃,不如拋棄思考,沉靜心思、放鬆身體,擺脫看待世界的傳統觀點。國君應當謹守無為,讓問題自行解決。❸不過,他必須先改革自己的心,使其立足於虛與靜的基礎上。所以老子才會在書中以三十個

〔342〕

----

❸ Graham, *Disputers of the Tao,* p.215; Elvin, "Was There a Transcendental Breakthrough in China?," p.352; Huston Smith, *The World's Religions: Our Great Wisdom Traditions* (San Francisco, 1991), p.197; Max Kalten-mark, *Lao Tzu and Taoism,* trans. Roger Greaves (Stanford, Calif., 1969), p.14.

❸ Schwartz, *World of Thought,* pp.186-215; Elvin, "Was There a Tran-scendental Breakthrough in China?," pp.352-54; Kaltenmark, *Lao Tzu and Taoism;* Fung Yu-Lan, *Short History of Chinese Philosophy,* pp.93-103; Graham, *Disputers of the Tao,* pp.170-231; Holmes Welch, *The Parting of the Way: Lao Tzu and the Taoist Move-ment* (London, 1958).

章節的篇幅探討這種神祕的修行。這種修行可轉變國君的內在，讓他得以
充盈天下及恢復世界秩序，就像古代的聖王一樣。

《道德經》的第一章首先為讀者介紹老子的方法。賢良的統治者必
須學習以完全不同的方式思考。一般的理性思考毫無用處：學說、理論、
體系只會阻礙個人的進展，因為人必須進入一個超越於語言和概念之上的
層次。老子因此指出：

道可道，非常道；

名可名，非常名。

無名，天地之始。

世間萬物都有名，但老子所談的乃是超越於凡俗之上的事物，比我
們想像得到的任何事物都還要基本。因此，這種東西不可名狀也不是肉眼
可見。大多數人都對這個潛藏的層面一無所知。只有澈底摒棄了欲望的
人，才能知道這個層面。一個人如果從來不曾把欲望排除於心智之外，就
只能看見這個無可名狀的真實所幻化出來的現象——也就是肉眼可見的現
象界。不過，不可見的真實和可見的現象其實都根源自存有當中一個更深
沉的層面，是萬物的祕密本質，「玄之又玄」。我們該怎麼稱呼這種層
面？老子指出，我們也許該稱之為「玄」，以便提醒自己這種層面有多麼
深沉隱晦：因為這個層面乃是「眾妙之門」。❸❷

老子不斷揭露更深層的真實，就像剝洋蔥一樣。賢良的統治者在展
開追尋之前，首先必須了解語言的不足；就在他以為自己已經瞥見了那個
潛藏的世界之時，老子隨即提醒他還有一種更深層的奧祕存在。接著，老
子又警告他，這種知識的重點不在於獲取別人沒有的資訊，而是需要所有

❸❷ *Daodejing* (*"Classic of the Way and Its Potency"*) 1, in D. C. Lau, trans., *Tao Te Ching* (London and New York, 1963).

軸心時代的聖哲所堅持的那種為世人犧牲自己的精神。他必須揚棄一再叫囂著「我要！」的欲望。而且，就算他已體會到這一點，也只不過是來到〔343〕最終奧祕的「門口」而已。老子把「道」置於中央，強調靈性的流動；真實的目標難以捉摸，追尋的道路總是不斷出現新的轉折，一再吸引我們向前，同時卻又距離我們越來越遠：

> 有物混成，
> 先天地生。
> 寂兮寥兮，
> 獨立而不改，
> 周行而不殆，
> 可以為天下母。
> 吾不知其名，
> 字之曰道，
> 強為之名，曰大。
> 大曰逝。❸❸

老子對於這種難以捉摸又隱匿退縮的「物」究竟該叫什麼名稱並不太在乎，所以只「強為之名」。我們無法談論這種「物」，但只要加以效法，即可對其獲得了解。

老子簡略的詩文並沒有邏輯上的意義。他刻意以矛盾的論述困惑讀者。他說崇高的境界是不可名的，但稍後又指出「可名」與「不可名」都出自同一個源頭。賢良的統治者必須把這些矛盾銘記在心，從而察覺到一般思考程序的不足之處。老子提出的論點不是臆測，而是引人省思的問題。他只寫下結論，但沒有記述達成這些洞見的過程，因為賢良的統治者

....

❸❸ *Daodejing* 25. Lau translaion.

必須親自追尋「道」，從現象界進入那個不可見的世界，最後到達最玄暗之處。要達到這樣的洞見，絕不能仰賴別人的二手傳述。中國人有自己的瑜伽型態（坐忘），要求人必須排除外界，關閉尋常的知覺模式。莊子把這種做法稱為「忘」，也就是拋棄知識。老子偶爾也提及這種修行方式，**㉞**但沒有詳細描述。不過，這種修行方式對於他所概述的神祕過程卻是不可或缺的。讀者要評判他的結論，唯一的方法就是踏上這趟追尋之旅。

老子經常把肉眼看不見的真實稱為「玄」，因為這種真實無法定義，而這個名稱正標舉了「有為」的心智所害怕的空虛狀態。我們天性害 〔344〕怕虛空，所以在心中填滿觀念、言詞與思想，看起來似乎充滿活力，實際上卻毫無意義。在《道德經》裡，玄又稱為萬物之母，因為玄會帶來新生命。**㉟**老子利用谷地的意象描述「玄」，指的就是一種不存在的東西。除了指向存有不可描述的奧祕之外，這種意象也指出了無為的心在揚棄自我之後為世人犧牲之舉。賢良的統治者在其存有當中必然有著一道空虛。在冥想的出神狀態中，他可以體驗到這種「玄德」。根據老子的說法，這種境界就是回歸到人在還未受到文明污染之前的本性。文明把人為的虛妄帶進了人的生活中，而人也因為干預自然而迷失了道路。

其他生物依循上天賦予他們的道，人類卻因為忙於有為的思緒而偏離了道：人做出各種原本不存在的區別，提出各種莊嚴的行為準則，實際上卻只是自我中心的投射。老子在這方面與莊子抱持相同的觀點。聖人一旦訓練自己拋開這些心理習慣，即可回歸本性，回到正確的道路上。

> 致虛極，
> 守靜篤。
> 萬物並作，

㉞ *Daodejing* 59.
㉟ *Daodejing* 21; 6.

> 吾以觀復。
>
> 夫物芸芸,
>
> 各復歸其根。
>
> 歸根曰靜。❸⑥

萬物都會回歸自己的本源,就像樹葉落在樹根上,逐漸腐爛,再重
新進入生命的循環當中。樹葉從那不可見的世界冒了出來,在現象界出現
一陣子,然後又回到黑暗當中。悟道的賢良統治者卻能夠超脫於這種變動
之上。他一旦和那個不可見的世界合而為一,即可獲致完全的智慧與客觀
性。這首詩的結論指出,如此一來,他就與道融合為一體:「道乃久,沒身
不殆。」❸⑦

玄可讓人擺脫瀰漫於《道德經》裡的那種恐懼。統治者如果害怕遭
到消滅,他所害怕的其實只是自己心中的妄念而已。我們不該害怕虛空,
〔345〕 因為虛空正是真實的核心。「三十輻,共一轂,」老子指出:「當其無,
有車之用。」❸⑧同理,我們製作水壺的時候,雖然把黏土捏塑成美觀的形
體,但這個器具存在的理由卻正是其中的虛空之處。於是,老子提出這項
結論:

> 故有之以為利,
>
> 無之以為用。❸⑨

公共政策也是一樣。國君一旦發現了內在那沃腴的虛空,就是做好
了遂行統治的準備。如此一來,他就達成以天與道為基礎的「王」性。❹⓪

....

❸⑥ *Daodejing* 16. Lau translaion.
❸⑦ Ibid.
❸⑧ *Daodejing* 11, in Kaltenmark, *Lao Tzu and Taoism*, p.43.
❸⑨ Ibid.
❹⓪ *Daodejing* 16.

430

賢良的統治者必須像天一樣，遵循自己不可理解的進程，但不干預其他生物的道。這就是萬物之道，而能夠為世界帶來和平的也正是這樣的道，而不是一再刻意採行的行動。

所有的統治者、政治人物與行政官員總是不斷圖謀策劃。許多哲學家造成的危害遠甚於裨益。墨家強調分析、策略與行動的重要性；儒家推崇文化，但老子卻認為這種文化阻礙了道的流動。儒家崇仰的堯、舜、禹總是一再干預自然——包括改變河道，以及放火焚燒森林與山岳開闢可耕地。儒家把他們的禮儀強加在社會上，鼓勵眾人專注於一種純粹外在的靈性修養。世間已經有太多目標導向的有為行動；這類行動和道的運行並不相容。道的運行溫和、輕柔而且自發，對天下萬物毫不干預：

道常無為而無不為。
侯王若能守之，
萬物將自化。

接著，這位道家統治者提出這項結論：「不欲以靜，天下將自正。」❹

求生的祕訣就是違背直覺而行事。❹在政治當中，人總是認為忙亂的作為勝於無為，知識優於無知，強硬優於柔弱；然而，老子卻主張反其道而行，而令他同時代的人大感震驚，也對這種新奇的觀念頗感好奇。❹

〔346〕

天下莫柔弱於水，
而攻堅強者莫之能勝，
以其無以易之。

....

❹ *Daodejing* 37. Lau translaion.
❹ Graham, *Disputers of the Tao,* pp.223-24.
❹ See *Xunzi* 17:51; *Spring and Autumn Annals* 17:7.

> 弱之勝強，
> 柔之勝剛，
> 天下莫不知，莫能行。❹

　　人類的一切作為都是為了抗拒消極，所以和那些積極謀劃的政治人物反向而行，就是回歸道的自發性。❹物體上升之後必然下降，這是自然之道。所以，藉由屈服而讓你的敵人更強大，其實反倒是加速他的衰亡。天地之所以恆久不滅，正是因為它們從不致力追求延長自己存在的時間：

> 是以聖人後其身而身先。……
> 非以其無私邪？故能成其私。❹

　　要達成這樣的自我謙遜，必須先經過漫長的修行訓練。不過，賢良的統治者一旦達成內在的虛空，就會充滿活力、善於變通而且豐饒多產，就像世界上那些所謂比較弱小的生物。

　　武力和脅迫本質上具有自我毀滅性。在這方面，老子回歸古老戰爭禮儀的精神，敦促戰士禮讓敵人。「兵者不祥之器，非君子之器，」老子堅稱道：「不得已而用之。」❹有時候，戰爭是必要之惡。不過，君子如果被迫踏上戰場，必然是以遺憾之心拿起武器。君子絕不能自以為自己的政治體系或國家必然優於敵國，並且因此對敵人懷抱殘酷之心。君子絕不能以武力威嚇天下，因為這種好戰行為必然會反過來對他自己造成傷害。君子必須致力於終結戰事。「果而勿矜，果而勿伐，果而勿驕。果而不得已，果而勿強。」❹

....

❹ *Daodejing* 78. Lau translaion.
❹ *Daodejing* 43.
❹ *Daodejing* 7. Lau translaion.
❹ *Daodejing* 31. in Kaltenmark, *Lao Tzu and Taoism*, p.56.
❹ *Daodejing* 30. Lau translaion.

因此，無為的意思並不是完全不採取任何行動，而是懷抱不好鬥也　〔347〕
不強勢的態度，以免仇恨深化。

> 善為士者，不武；
> 善戰者，不怒；
> 善勝敵者，不與；
> 善用人者，為之下。❹

老子說，這就是他所謂的「不爭之德」。只要這麼做，君子即足以
「配天古之極」。❺
　　我們的行事結果取決於我們的態度，而不是行為。人總是能夠察覺
自己的言語和行為背後的情感與動機。君子必須學會吸收別人的敵意。他
要是報復別人的暴行，必然會引來另一波的攻擊。君子必須對別人的挑釁
視而不見。「曲則全。……夫唯不爭，故天下莫能與之爭。」❺暴君的暴
行乃是自掘墳墓，因為國君一旦對其他人採取行動，對方自然不免抗拒，
於是通常會產生與意圖相反的結果。無為必須結合謙遜的心態。君子不會
強力鼓吹自己信守的原則；實際上，他本身沒有既定的觀念。君子不會
強制別人變成他所要的模樣，而是「以百姓心為心」。❺老子深信人性本
善，只是因為遭到繁雜的法律和道德規範強制才會變得殘暴。❺一旦遭到
大國侵犯，賢良的統治者必然會想要知道仇恨究竟會造就更多的仇恨，還
是會在同情心的回應下逐漸減弱。老子雖然很少明確提到同情心，但這項
德行卻隱含在他致力對別人感同身受的論點當中：

....

❹ *Daodejing* 68. in Kaltenmark, *Lao Tzu and Taoism,* p.56.
❺ Ibid.
❺ *Daodejing* 22. in Wm. Theodore de Bary and Irene Bloom, *Sources of Chinese Tradition from Earliest Times to 1600* (New York, 1999), p.85.
❺ *Daodejing* 49. Lau translaion.
❺ *Daodejing* 18; 19.

> 吾所以有大患者，為吾有身，
>
> 及吾無身，吾有何患？
>
> 故貴以身為天下，
>
> 若可寄天下；
>
> 愛以身為天下，
>
> 若可託天下。❺❹

〔348〕　　老子是中國軸心時代的最後一位偉大聖哲。他的理想基本上是烏托邦式的理想。一個君子若是真能達到這種程度的「虛空」，必然不可能為了獲取權位而算計謀劃，所以也就難以想像這樣的人有可能掌權。❺❺一如孟子，老子可能也懷有某種救世盼望，希望他那個時代的動亂將促使百姓自發擁護一名重視心靈修養的統治者。當然，後來終結戰國時代的戰亂而統一中國的不是道家聖賢，而是奉行法家觀念的秦國。這項耀眼的成就，似乎證明了要稱霸天下不能不訴諸武力。秦國的統一帶來了一定程度的和平，軸心時代追求的道德、博愛與非暴力的夢想卻為之幻滅。在秦帝國的統治下，軸心時代的心靈學說出現了融合，結果轉變成極為不同的思想。

＊　　＊　　＊

　　中國人與軸心時代的其他民族相互隔離，完全不曉得亞歷山大大帝的非凡功業。這位亞里斯多德的學生在西元前 333 年於西利西亞（Cilicia）的伊蘇斯河大敗大流士三世的軍隊，從而征服波斯帝國。接著，他率軍在亞洲東征西討，建立龐大的帝國，疆域幾乎涵蓋當時所知的全世界。他的推進猛烈而無情，不容忍任何人的反抗。只要有哪座城市膽敢阻擋他的去路，他就毫不留情地加以摧毀，並且殺盡所有居民。亞歷山

---

❺❹ *Daodejing* 13, in de Bary and Bloom, *Sources of Chinese Traditions,* pp.83-84.
❺❺ Schwartz, *World of Thought,* p.211.

大的帝國建立在恐懼之上，但他卻懷有政治與文化統一的願景。不過，他在西元前 323 年英年早逝於巴比倫之後，他的帝國也隨之瓦解。亞歷山大死後，他手下的主要將領隨即爆發內鬥。往後二十年間，亞歷山大征服的土地在六名「繼承人」（diadochoi）的相互征戰之下慘遭蹂躪。帝國的「和平」已由毀滅性的戰爭取而代之。最後，到了世紀末，其中兩名繼承人除掉了其他人，而彼此瓜分了亞歷山大的帝國。托勒密（Ptolemy）是亞歷山大手下最機巧的一名將領，取得了埃及、非洲沿岸、巴勒斯坦與敘利亞南部；曾獲亞歷山大任命為巴比倫總督的塞琉古（Seleucus）則控制了舊波斯帝國的大部分地區，包括伊朗在內。由於印度難以掌控，於是塞琉古放棄這塊區域，確立了遠東地區的疆界。

　　亞歷山大沒有讓印度人留下什麼印象。他只征服了幾個小部落，而且有些印度早期史家甚至連他的入侵都沒有提及。他的成就不在於征服印度，而是抵達了印度。他待在印度的兩年期間，精力也主要投注於地理考察，而不是軍事戰役。亞歷山大似乎是希臘精神的代表。他聽著荷馬的神話長大，深受雅典的理想所啟發，又曾受亞里斯多德的教導。希臘對軸心時代的宗教觀並不像其他地區參與得那麼深入。希臘不少令人震驚的「軸心」成就都是軍事成就。亞歷山大在印度的兩年探險也是屬於這樣的時刻：一支希臘軍隊抵達了他們認為是地球末端的地方。面對終極的境界，他們不惜縱身一躍，就像瑜祇勇敢衝破人類心靈的侷限。神祕主義者征服了內在，亞歷山大則探索了物質世界最遠的疆界。如同軸心時代的許多聖哲，他總是不斷「追求更多」。[56]他想要比波斯王更深入印度，達到他認為環繞著地球的海。這種「啟蒙」向來深深吸引西方探險家，[57]但與印度神祕主義者追求的涅槃或解脫非常不同，沒有自我貶抑、不害以及博愛的理想。

〔349〕

....

[56] Robin Lane Fox, *Alexander the Great* (London, 1973), p.331.
[57] John Keay, *India: A History* (London, 2000), p.71.

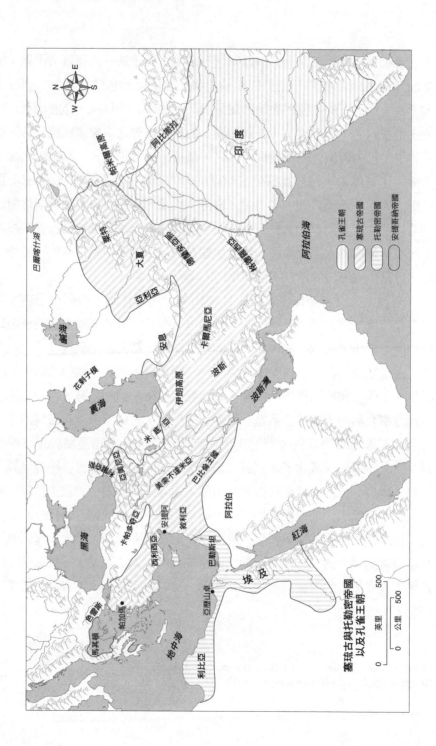

塞琉古與托勒密帝國
以及孔雀王朝

　　希臘士兵對印度的宏偉壯觀又著迷又驚恐。那裡的雨季令人害怕，戰象令人震驚，夏季酷熱無比，山隘又難以穿越。他們尤其對他們遇見的「赤裸哲學家」——可能是耆那教徒——深感好奇。不過，印度人雖然對希臘人沒有留下深刻印象，本書中提到的若干其他民族卻因為亞歷山大及其繼位者的出現而徹底改變了命運。在伊朗的祆教徒眼中，亞歷山大是歷史上最惡毒的罪人，因為他屠殺了許多祭司與學者，並且踏滅了他們許多的聖火。他是「被詛咒者」（guzustag），背負這個罵名的除了他之外，就只有「忿怒的靈」。屠殺祭司造成了無可彌補的損失：祆教經典在當時仍只依靠口傳，許多內容都只存在於祭司的腦袋裡，他們一旦遭害就永遠失傳了。

　　對猶太人影響較大的不是亞歷山大本身，而是他的繼承者。自從以斯拉與尼希米的時代以來，耶路撒冷就一直是個落後的城市，沒有一條主要貿易道路通過這裡：在佩特拉（Petra）或迦薩停留的車隊沒有理由前往耶路撒冷，因為耶路撒冷欠缺原料，無法發展自己的工業。然而，在亞歷山大繼任者的戰爭當中，猶太地區陸續遭到不同軍隊入侵。這些軍隊分別來自小亞細亞、敘利亞和埃及，也帶來了他們的行李、裝備、家人，以及奴隸。耶路撒冷在西元前 320 至 301 年間曾經易手不下六次。那裡的猶太人所遭遇到的希臘人都是凶橫殘暴又窮兵黷武。西元前301年，猶太地區、撒美利納、腓尼基與整個海岸平原都被救星托勒密一世（Ptolemy I Soter）的軍隊攻占。往後五百年間，耶路撒冷都在托勒密王朝的控制下，但托勒密王朝鮮少干預地方事務。　〔351〕

　　不過，這個區域已經逐漸改變。亞歷山大及其後繼者在近東地區建立了新城市，成為希臘化文明的學術與文化中心：諸如埃及的亞歷山卓、敘利亞的安提阿，以及小亞細亞的帕加馬。這些都是希臘城邦，通常把當地的原本住民排除在外，而且城市規模達到了希臘世界前所未見的程度。這些城市是所謂的「國際都市」，當時也正是大移民時代。希臘人不再覺得和自己出生地的小城邦密不可分。亞歷山大的英勇冒險打開了他們的視

野，許多人於是覺得自己是世界公民。希臘人開始以商人、傭兵以及大使的身分踏遍世界，許多人覺得城邦生活微不足道又過於封閉。有些人在近東地區建立了新城邦。亞歷山大把馬其頓人遷移到撒美利納，後來的希臘殖民者也抵達敘利亞，把迦薩、示劍、馬里薩（Marissa）與安曼等古城轉變為希臘式的城邦。希臘軍人、商人與企業家定居於這些希臘飛地，以便把握各種新興的機會。學會說、寫希臘文的當地人也成了「希臘人」，而得以進入軍隊與行政體系擔任低階職務。

如此一來，於是產生了文明的衝突。有些當地人對希臘文化深感著迷，另外有些人則對城邦生活的世俗色彩、希臘諸神的敗德行為以及青年在體育場內裸身運動的情景深感驚恐。猶太人對希臘人的反應相當分歧。在亞歷山卓，托勒密王朝拒絕讓埃及人進入體育場，卻允許外國人進入，於是當地的猶太人皆在體育場內接受訓練，達成了希臘與猶太文化的獨特融合。比較保守的耶路撒冷則發展出了兩個派別。其中一個派別由多比雅宗族所領導，他們的祖先是多比雅（Tobiah），當初曾對尼希米造成諸多阻礙。這一派在希臘世界裡如魚得水，成了耶路撒冷城內提倡新觀念的先鋒。不過，其他人卻認為這種外來影響深具威脅性，於是緊緊抱持過往傳統，而聚攏在歐尼亞家族（Oniads）的旗下。歐尼亞家族是個祭司家族，決心維繫原本的法律和習俗。西元前三世紀是耶路撒冷歷史上的灰暗時期，但這兩大陣營的緊張關係在這段期間似乎仍在控制之下。然而，在軸心時代結束之後，卻因為有些猶太人想要把耶路撒冷轉變為城邦，並且取名為「猶太地區的安提阿」，結果產生了嚴重衝突。

〔352〕 這些動亂的年代又以另外一種方式影響耶路撒冷的歷史。波斯帝國很少遭到反抗。波斯王散播了一項神話，聲稱他們繼承一個永遠不會消滅的帝國：這個帝國由亞述人創立，後來由巴比倫人接手，最後則傳給了居魯士。因此，任何反抗行為都注定失敗。不過，隨著亞歷山大的繼承人互相征戰，陸續取得這個地區的控制權，近東地區的人民也開始改變他們的觀點。世界已經被翻攪得亂七八糟，於是有些猶太人開始盼望他們能夠在

自己的救世主之下取得獨立。西元前 201 年，托勒密王朝被塞琉古王朝逐出猶太地區，這樣的盼望再次死灰復燃。西元前二世紀，塞琉古王安提阿古四世（Antiochus IV）的所作所為掀起了猶太人的末世想像，而這樣的想像乃是奠基於大衛王朝的古老神學。不過，這種對於救世主的虔誠信仰並非根源於軸心時代，於是把猶太教帶往了後軸心時代的不同方向。

亞歷山大在希臘智識成就達到巔峰的時候開創了他的帝國，而他的功業也標誌新時代的展開。在他死後，希臘本土包括雅典在內的部分城邦對馬其頓的統治發起反抗，結果六名原本繼承人之一的安提派特（Antipater）採取殘暴的報復行動，雅典的民主制度就此終結。隨著希臘移民與殖民者定居於新開闢的區域，希臘文明也逐漸與東方文化出現融合。十九世紀的學者把這種融合現象稱為「希臘化」。這種文化接觸所帶來的挑戰深深充實了文化內涵，但希臘實驗的強度也在這段過程中遭到稀釋。這種融合現象遍及廣大的異邦地區之後，逐漸變得片段而零碎，不再是真正的希臘文化，而只是帶有希臘的色彩。只要是出現重大社會變遷的時代，都不免動盪不安。舊秩序的瓦解與不可避免的政治動亂都令人深感茫然，[58]民眾也普遍困惑不安。在希臘人的認同感當中，個人與政治的自主性向來至關緊要，但現在他們的世界卻因劇烈擴張而讓人覺得自己的命運彷彿受到龐大無情的力量所操控。

西元前三世紀期間，三名新興哲學家有感於當代的痛苦，而試圖緩和這種異化的感受。[59]舉例而言，伊比鳩魯（Epicurus，西元前 341-270 年）在三十五歲之前的人生幾乎都在動亂當中度過。他的家族遭到馬其頓人逐出薩摩斯島，於是他只好在各個城邦之間遊蕩，最後才在西元前 306

....

[58] Charles Freeman, *The Greek Achieve-ment: The Foundation of the Western World* (New York and London, 1999), pp.362-65.

[59] Anthony Gottlieb, *The Dream of Reason: A History of Philosophy from the Greeks to the Renaissance* (London, 2000), pp.283-345; Richard Tarnas, *The Passion of the Western Mind: Understanding the Ideas That Have Shaped Our World View* (New York and London, 1991), pp.73-85.

年抵達雅典。他在學園附近買下一棟附有花園的房子，並且和一群好友成立一個社群。他的教誨指稱享樂是人生的主要目標，但他並不是像他的詆毀者所說的那樣縱情逸樂。實際上，他的社群在「花園」裡採行一種平靜而簡單的生活方式。享樂的重點不在於感官享受與自我耽溺，而是在於「不動心」（ataraxia）。伊比鳩魯學派的追隨者盡力避免一切足以造成心理不安的事物。城邦裡的生活極為緊張，又充滿不可預測性，因此有能力的人都應當退出公共事務，與意氣相投的人共同享有平和的生活。他們必須避免一切可能帶來苦惱的事物，也不該迷信反覆無常的神祇，因為這種神祇只會對無辜的人降下重大的苦難。最重要的是，伊比鳩魯學派的信徒絕不該對生命有限的事實感到苦惱。他們必須了解，死亡只是意識的終結。伊比鳩魯指出：「我們活著的時候，死亡並不存在；死亡一旦存在，我們就不再活著。」擔心死亡是毫無意義的事情。「一旦正確認知到死亡其實不值一顧，即可讓人好好享受有限的生命。這樣的樂趣不是來自於為人生添加無盡的時間，而是因為揚棄了對永生的渴望。」[60]

〔353〕

就在伊比鳩魯和朋友一同在花園裡享著退隱生活的同時，芝諾（Zeno，西元前 342-270 年）則是在雅典廣場的彩色柱廊（Painted Stoa）講學。他生長於賽浦路斯島，是個經過希臘化的腓尼基人。由於他的講學地點，他和他的追隨者於是被人稱為斯多噶派（Stoics）。芝諾深受亞歷山大統一天下的偉大功業所啟發，因此深信宇宙是個整體，肉體與靈魂沒有分別，整個實在界的活動與組織乃是來自一種灼熱而捉摸不著的氣息，他稱之為「理性」（Logos）、「靈」（Pneuma）或者「上帝」。這股有智慧的神聖力量充斥於萬物之中，而且完全是內在固有的。人類只要依循理性過活，即可達到快樂，因為這種理性就呈現在自然秩序當中。自由即是臣服於上帝的抑制；既然上帝早已預先決定一切，反抗命運自然徒勞無功。正確的人生態度就是默默順從。斯多噶派在人生中沒有什麼欲望，對

---

[60] Epicurus, *Letter to Menoeceus* 125, in Gottlieb, *Dream of Reason*, p.296.

自己的外在處境毫不在乎。他們必須培養內心的平靜，避免各種焦慮不安，並且認真奉行自己的義務，言行上進退有節，避免任何極端的表現。人生的目標就是與神聖理性無可改變的運作進程和諧共處，不要違逆。

「不動心」也是艾利斯的皮羅（Pyrrho of Elis，約西元前365-275年）追求的目標。他是懷疑學派（Skeptics）的創始者，但我們對他所知極少。他沒有寫下任何作品，懷疑學派直到他死後五百年左右才開始有著作出現。皮羅似乎堅決認為人不可能確知任何事情，所以如果想過平靜的生活，最好的方法就是遏制自己的判斷力。固執己見的人注定只能活得不快樂。「沒有所謂的崇高、卑下、正義或不正義，」據說他曾表示：「習俗和慣例是人類一切作為的基礎，因為任何事物都不過就是習俗與慣例。」**❻❶** 當〔354〕然，這項主張有其矛盾性。如果我們確實不可能知道任何事情，那麼皮羅怎麼可能知道這一點——甚至還發展出一套哲學？不過，皮羅顯然把懷疑論視為一種治療方法，而不是一種認識性的理論。人因為自己的強烈意見而太過激動，也為了發現真理而焦慮不已。於是，懷疑論者破除他們的確定性乃是出於好意，把他們心裡的所有智識騷亂滌除乾淨。塞克斯都·恩披里柯（Sextus Empiricus）是第一位懷疑論作家，活躍於西元三世紀，他說皮羅及其弟子原本也是為了獲得內心的平靜而追尋真理，卻因為得不到滿意的成果而選擇放棄，結果隨即覺得舒坦許多。「他們一旦不再發揮判斷力，平靜也隨之降臨，就像陰影隨著物體而出現一樣。」**❻❷** 於是，他們被人稱為「探求者」（skeptikoi），因為他們仍然在找尋真理，還未封閉自己的心智，只是學到快樂的祕訣就在於保持謙遜的態度與開放的心胸。

對於這些希臘化時代的哲學家而言，軸心時代確確實實結束了。然而，他們的著作裡還殘留聖哲與先知在過去五百多年來不斷探索的開創性靈性主題。孔子、佛陀、以西結與蘇格拉底的英勇奮鬥，已被一種比較平

....

❻❶ Diogenes Laertius, *Lives of the Philoso-phers* 19. 61, ibid., p.329.
❻❷ Sextus Empiricus, *Outlines of Pyrrhonism* 1.29, ibid., p.335.

易近人的追尋方式所取代。芝諾理想中依循自然的人生雖然帶有一抹道家思想的色彩，但斯多噶派的目的不在於藉此改變世界，而是單純接納現狀。這些西元前三世紀的希臘哲學都帶有一種違背軸心時代的宿命論態度。佛陀曾警告弟子不得執著於形上觀念；《奧義書》的神祕主義者藉由指出理性思考的謬誤而使得他們的對話者無話可說，但他們並沒有像懷疑論者那樣單純「遏制判斷力」。他們藉由解析尋常思考習性的經驗讓人體會到存在於語言和概念之上的奧祕。印度的棄世者背棄了這個世界，但不是住在市郊的伊比鳩魯花園裡；佛陀也堅持他的僧侶必須回到市集，實踐對所有生物的同情。

　　這就是差別所在。希臘化時代的哲學家沒有提出英勇的道德要求。他們都主張把柏拉圖與亞里斯多德那種深奧難懂的形上學放在一邊，回歸蘇格拉底教導人如何生活的教誨。他們希望能夠像蘇格拉底一樣，即便面〔355〕對不公的死刑也還是沉著平靜。此外，他們也和蘇格拉底一樣是推廣者，願意和所有人對話，不論對方是學者還是文盲。然而，蘇格拉底從來不曾聲稱人生的唯一目標就在於消除煩惱。芝諾、伊比鳩魯和皮羅都想要獲得平靜的人生，於是決心避免軸心時代各大哲學家的那種極端追求與努力。他們單純只想「不動心」，不受煩惱的侵擾。軸心時代的聖哲全都指出存有本身令人不滿又充滿痛苦，也一心想要超越這種苦難。不過，他們並不滿於單純避免痛苦而不再關懷任何事物或任何人；他們堅持認為只有勇敢面對苦難才能獲得救贖，退入否認現狀的心態無濟於事。伊比鳩魯與外界隔離的花園就像佛陀年輕時的享樂花園。一旦想到大部分的伊比鳩魯學派信徒都擁有足以支應退隱生活的私人財力，這兩者之間的相似性就更加鮮明了。畢竟，這樣的財力是庶民所沒有的。

　　與其追求「不動心」，軸心時代的思想家反倒強迫當代人接受痛苦的現實。耶利米曾把否認現況的人譴責為「偽先知」。雅典的悲劇作家把苦難呈現於舞台上，讓觀眾不禁落淚。唯有穿越悲傷才能達成解脫，而不該想方設法自我保護，把悲傷隔絕在外。苦難的經驗是覺悟的前提要件，

因為追求者唯有經歷過苦難才能對別人的悲痛感同身受。不過，希臘化時代的哲學家卻把焦點完全集中在自我身上。的確，斯多噶派要求追隨者參與公共事務，為別人的福祉努力。不過，他們卻不得對自己服務的對象感同身受，因為這麼做會破壞他們內心的平靜。這種冷酷的自給自足心態是軸心時代不曾出現過的。友誼與善意是伊比鳩魯社群的必要條件，但不會延伸到花園以外。此外，懷疑學派的治療方式雖然出於善意，卻帶有挑釁的色彩，因為他們總是到處和人挑起爭論，以便破除對方的信念。這種做法與佛陀及蘇格拉底極為不同，他們總是以對方的立場為出發點，而不是擅自認定對方應當採取什麼樣的立場。

軸心時代的許多思想家都對純粹的理性抱持懷疑，但希臘化時代的哲學家卻都以科學為基礎，而不是直覺。舉例而言，伊比鳩魯進一步發展德謨克利特的原子論，藉此證明恐懼死亡只是浪費寶貴生命的行為，因為原子一定會分散，死亡也無可避免。請求神祇幫助也毫無意義，因為他們〔356〕同樣由原子構成，也同樣受制於原子。斯多噶派認為，人如果要和自然界的神聖進程取得一致，就必須從科學的角度了解這種進程乃是受到理性的設定，而且無法改變。西元前三世紀是希臘科學的重要時代。托勒密與塞琉古的新興希臘化王朝遠比過去的城邦富庶得多，國王也競相吸引學者前來他們的首都，利用津貼和薪水等利誘手法。歐幾里得與阿基米德（Archimedes，西元前 287-212 年）都居住在亞歷山卓。米利都學派與伊利亞學派的哲學家都把焦點放在自然科學中與人類有關的面向，就像今天的普及科學家，但西元前三世紀的新興科學家卻是走在數學、物理學、天文學與工程學的尖端。科學不再奠基於宗教之上，而是成了純然世俗的學問。

希臘化時代的哲學家沒有對原本的異端宗教造成影響：獻祭、節慶與各種儀式仍然持續舉行。神祕主義漸趨盛行，也經常和觀念相近的東方信仰結合。西元前 399 年，蘇格拉底因為引誘人遠離傳統神祇的罪名而遭到處死，但伊比鳩魯、芝諾與皮羅雖然都試圖推翻舊信仰的可信度，在西

元前四世紀之後卻再也沒有哲學家因為宗教觀而遭到迫害。當時出現了一種新的寬容態度，雖然不曾受到政府當局的正式背書，卻在菁英階層之間確立下來。❸大多數人仍持續實行古老的儀式，不但沒有受到軸心時代的影響，在軸心時代之後也一直存續下去，直到基督教在西元五世紀強制訂立為國教之後才告消失。

希臘化時代的哲學家雖然不像前輩那麼具有革命性，卻留下了持久的影響力，而且他們在許多方面也代表了新興的西方精神。西方人越來越傾向科學與理性，不像印度與中國的聖哲那麼具有追求靈性的志向。希臘化時代的哲學家並沒有英勇往內在尋求一個超越凡俗的平和境界，而是希望追尋平靜的生活。他們不訓練心智的直覺能力，反倒轉向科學的理性。西方不重視達成神祕性的覺悟，而是追求世俗的啟蒙。西方對科學的偏好後來轉變了全世界，十六世紀的科學革命也帶來了另一次的軸心時代。這一次的軸心時代對人類極有裨益，卻是由另一種才智促成。第二次軸心時代的主角不是佛陀、蘇格拉底和孔子，而是牛頓、佛洛伊德、愛因斯坦。

＊　　＊　　＊

〔357〕　　　印度也出現了一個新帝國，但這個帝國與亞歷山大的帝國非常不同。摩揭陀國自從西元前四世紀以來就稱霸恆河谷地，在強盛的難陀王朝（Nanda dynasty）時期又大幅擴張了領土。不過，摩揭陀國的王位在西元前 321 年落入身為吠舍的旃陀羅笈多（Maurya, Chandragupta）手中。他可能來自其中一個部落共和國，趁著希臘人離開旁遮普之後所留下的權力真空，而在當地建立了自己的權力基礎。我們對他的統治狀況以及他的軍事戰役所知極少，但他的孔雀王朝（Mauryan empire）後來盤據的疆域從孟加拉延伸到阿富汗，然後旃陀羅笈多又接著染指印度中部與南部。孔雀王朝的皇帝出身於邊緣地位的部落國家，所以和吠陀宗教的關係並不

<hr>

❸ Robert Parker, *Athenian Religion: A History* (Oxford and New York, 1996), p.280.

深刻，反而對非正統的教派比較感興趣。旃陀羅笈多本身偏好耆那教，耆那教徒曾經隨著他的大軍南征，而在印度南部蔚為一股勢力。他的兒子毗陀沙羅（Maurya, Bindusara）提倡邪命外道，在西元前 268 年繼位的第三任皇帝阿育王則庇護佛教徒，他的弟弟宿大哆甚至還成了佛教僧侶。巴利文的記載指稱阿育王皈依佛教之前原本是個殘暴而縱慾的統治者，藉由謀害自己的兄弟而取得王位。登基之後，他為自己冠上了「天愛」（Devanampiya）的頭銜，繼續征服新疆域，直到他遭遇了一大震驚。

西元前 260 年，孔雀王朝的大軍征服了羯陵迦國，位於當今的奧里薩邦。阿育王在一份敕令中記錄了這場勝利，並且銘刻在一大塊岩石上。敕令內容沒有提及他的軍事策略，也沒有慶賀自己的勝利，而是對死傷人數之多深切反省。羯陵迦國有十萬名兵將戰死沙場，更有「數倍之多」在戰後死於受傷與飢餓，另外又有十五萬名百姓遭到流放。阿育王對於如此龐大的苦難景象深感痛心，表示自己深感後悔：

> 一個獨立的國家遭到征服，那屠殺、死亡與流放的景象讓「天愛」深感哀痛，並且沉重地壓在他心上。……就算得以幸運生還，並且仍保有內心的愛，也不免為親友同僚的厄運感到悲傷。……因為併吞羯陵迦國而造成的死亡或流放人數就算只有實際上的百分之一或千分之一，也不免讓「天愛」深感沉重。❻❹ 〔358〕

這份敕令的目的在於勸誡其他國王打消進一步發動征服戰事的念頭。如果真的發動戰事，也應當以人道的方式作戰，並以「耐心和輕微的攻擊手段」追求勝利。真正的征服成就其實在於「法」（dhamma），也就是一種道德上的努力，能夠在此生與來生對人產生裨益。❻❺

....

❻❹ Thirteenth Mjor Rock Edict, quoted in Romila Thapar, *Asoka and the Decline of the Mauryas* (Oxford, 1961), .256.
❻❺ *Dhamma* is the Pali form of the Sanskrit *dharma*.

　　這是一個重要的時刻。考底利耶（Kautilya）這位婆羅門是旃陀羅笈多的良師益友，他著有《政事論》（Arthashastra）一書，其中明確指出征服鄰近區域是國王的神聖義務。不過，阿育王提議以「不害」取代武力。這起事件的細節有些令人存疑之處。阿育王也許誇大死傷人數：孔雀王朝的軍隊只有六萬多人，實在不太可能殺害十萬名敵軍。此外，孔雀王朝的軍隊紀律嚴明，通常不會騷擾平民。阿育王如果因為看到百姓遭到流放的情景而深感哀痛，為什麼不乾脆讓他們返回故土？他也許想要藉著強調這場勝利的龐大規模與慘烈結果而嚇阻反抗行動，而且他後來也沒有放棄戰爭。在其他敕令裡，阿育王承認戰爭有時是必要的手段，也不曾解散他的軍隊。❻❻

　　不過，這樣的期待也許過於嚴苛。阿育王確實對羯陵迦國的暴力與苦難景象深感震驚，而且他也確實企圖推行一套以「法」為基礎的政策。現在，他統治下的印度王國，疆域之廣已達到了史無前例的程度。他在國內各地的崖壁與梁柱上都銘刻了敕令，簡介自己創新的政策。這些銘文都刻在極為醒目的地點，可能也在國家慶典上大聲朗誦給群眾聽。這些銘文都採用巴利文，並且裝飾有動物與佛教法輪等圖案，每一份銘文都以「天愛如是說」起頭，並且宣揚非暴力與道德改革的人道倫理。這些銘文的分布範圍極為驚人，就像是在澳洲格蘭屏（Grampians）、義大利、德國與直布羅陀都見得到同樣的石刻記號一樣。❻❼

　　阿育王既然認為這種政策可行，可見軸心時代的博愛與「不害」等理想已經根深柢固，儘管政治人物絕不可能澈底實行這樣的理想。阿育王[359]可能真心認為暴力只會帶來更多的暴力，而且屠殺與征服也只會造成反作用力。他的「法」並不專指佛法，而能夠吸引各大學派的支持。阿育王也許希望推行一套具有共識基礎的政策，以便讓這個龐大帝國的百姓能

---

❻❻ Keay, *India,* pp.91-94.
❻❼ Ibid., p.88.

夠團結一心。他的「法」並未提及佛教的「無我」（anatta）教義，也沒有提及瑜伽，而是把注意力集中在和善與仁慈的美德上。[68]「任何贈禮都比不上『法』……與『法』的分享，」阿育王在第十一大摩崖法敕（the Eleventh Major Rock Edict）中寫道。他所謂的「法」，乃是：

善待奴隸與傭僕，服從父母，慷慨對待親友、棄世者與婆羅門，以及戒絕殺害生物。父子、兄弟、主人、親友、鄰居都應當說：「這是好的，我們應當這麼做。」如此一來，此世即可獲益，來世也將透過「法」的贈禮而獲得無盡的善業。[69]

這些敕令不但沒有把佛教強加在人民身上，而且還強調不得有宗教沙文主義。婆羅門與揚棄吠陀體系的棄世者都同樣必須受到尊崇。國王「以獎賞與表揚榮耀所有教派，苦修者與俗民也都包含在內」，第十二大摩崖法敕指出。「推廣其他各種信仰的基本教義」是最重要的事情。沒有人可以貶抑別人的教誨。如此一來，各種不同學派都可充分發展。「和諧是值得稱許的，這樣人才可聽見彼此的原則。」[70]

阿育王是個現實主義者。他沒有禁止暴力；有時候暴力也許不可避免——例如林棲者如果挑起麻煩，可能就需要以暴力鎮壓。死刑仍是一個選項。不過，阿育王在他自己家中確實減少肉類的食用量，並且明列特定飛禽走獸和魚類不得狩獵。這是一項大膽的實驗，但是沒有成功。在他掌權的最後十年，阿育王沒有增設新的銘文，而且他的龐大帝國可能也已經開始瓦解。他在西元前 231 年去世之後，他的「法」也隨之失效。社會對立與派閥之爭越來越嚴重，於是孔雀王朝也就逐漸解體。有人說阿育王提

....

[68] Ibid., p.94-100; Romila Thapar, *Early India: From the Origins to AD 1300* (Berkeley and Los Angeles, 2002), pp.202-4.

[69] Thapar, *Ashoka,* p.254.

[70] Ibid., p.255.

倡非暴力的主張削弱了軍隊的力量，以致國家無法抵擋外來入侵。不過，阿育王從來不曾把「不害」立為僵化的教條。應該是孔雀王朝的規模超過了資源能夠支撐的程度。阿育王從來不曾被遺忘。在佛教傳統中，他是「轉輪聖王」，是普天下的共主，其統治轉動了法輪。後來的領袖，例如錫克教創始人納拿克（Nanek）以及聖雄甘地，也曾重新喚起教派與社會階級之間的和諧與團結。

〔360〕

　　阿育王死後，印度進入了一段黑暗時代。儘管有若干文獻存留下來，我們對這段政治動盪時期的眾多王國與王朝並沒有多少可靠的資訊。直到笈多王朝在西元 320 年興起，這段黑暗時代才告結束。不過，我們知道印度在這段期間經歷了重大的靈性變革。在這段期間，印度宗教轉為有神論，當時的人也發現了上帝。吠陀與棄世者那種荒涼寂寥的無偶像宗教曾經大幅貶抑神祇的角色，現在則由印度教取而代之，出現色彩鮮豔的廟宇、五彩繽紛的遊行、民眾的朝聖活動，信徒也膜拜各種奇特神祇的偶像。

　　這項發展的初步徵象可見於《白淨識奧義書》（Shvetashvatara Upanishad）——亦即「騎白騾的智者」的教誨。這部書可能寫於西元前四世紀末。傳統的吠陀宗教向來不注重視覺圖像。即便在吠陀宗教的全盛期，也從來沒有人特別想知道因陀羅或毗濕奴究竟長什麼模樣。信徒體驗神聖境界是透過誦經與曼特羅，而不是透過膜拜神祇的雕塑與肖像。《白淨識奧義書》深受數論瑜伽的教誨所影響。數論瑜伽原本雖是無神教，但《白淨識奧義書》卻把梵——絕對的實在——等同於魯特羅／濕婆這個擬人化的神祇，而且瑜祇必須仰賴他才能從輪迴的痛苦循環中解放出來。瑜祇一旦達到這樣的解脫，即可在自身內在看到這位神祇。

　　這也許不算是全然的創新。上層階級雖然信奉及提倡吠陀宗教，但一般信徒很可能向來都有製作神像的習慣，只是使用的都是易於腐敗的材

....

❼ Thomas J. Hopkins, *The Hindu Religious Tradition* (Belmont, Calif., 1971), p.72.

料，所以沒有留存下來。❼到了軸心時代末期，這個可能自從印度河谷文明時代就已存在的普及宗教，開始和聖哲的高深修行方式出現了融合。在《黎俱吠陀》裡，魯特羅只是個無足輕重的神祇，但他和濕婆這位印度本土神祇結合之後，就成了梵的具象化身，也是宇宙之主，會在瑜伽修行當中向信徒現身。唯有和宇宙之主、自然的主宰以及自我（atman）合而為一，瑜祇才能打破輪迴的束縛：「他一旦認識了上帝，就擺脫了一切束縛。……藉由冥想上帝、努力趨向上帝，最後更與上帝合而為一，一切幻象將就此消失。」❼各種阻礙消散無蹤，在死亡的時刻，自我已和魯特羅完全結合在一起。

天主不只是一個超越凡俗的個體，而是存在於自我當中，就像火的〔361〕型態（murti）潛藏在木頭裡一樣：唯有在木頭經過摩擦而開始燃燒之後，我們才看得到潛藏在裡面的火。天主存在於我們內在，就像芝麻裡的油脂或是凝乳裡的牛油。透過冥想，瑜祇可以直接接觸「梵的真正本質」，而且梵已不再是非人的實在，而是「無生也無所變化」的山棲者魯特羅。❼他「比梵還要崇高，無邊無際，潛藏於萬物裡，而且整個宇宙都包含在他當中」。❼然而，魯特羅卻也「和拇指一樣大」，藏身於自我裡。❼冥想可讓瑜祇在自身人格的深處看見神祇的具體型態。

為了創造一套一貫的神祇觀，《白淨識奧義書》採用了各種不同靈性概念：包括《奧義書》的梵與自我、轉世輪迴與解脫的概念、數論、瑜伽，以及唸誦「唵」這個咒語。《白淨識奧義書》把這些無神教與造物主的形象結合起來。在後來的古典印度教，這項融合造就了一套新的神學，可以適用於任何神明，不只是魯特羅／濕婆。重要的不在於這位天主是誰，而是在於天主已可透過冥想而接觸得到。瑜祇知道這位神存在，不是

❼ Shvetashvatara Upanishad 1:8, 10, in Patrick Olivelle, trans., *Upanisads* (Oxford and New York, 1996).

❼ Shvetashvatara Upanishad 2:15. Olivelle translation.

❼ Shvetashvatara Upanishad 3:7. Olivelle translation.

❼ Shvetashvatara Upanishad 3:13. Olivelle translation.

因為形上證據的證明，而是他們親眼看見了這位神。

在《白淨識奧義書》的最後一行，可以見到一個重要的新詞。這行詩句指出，「唯有對神和自己的老師帶有最深的愛『bhakti』」，才能達成書中描述的這種解脫狀態。**❼**宗教革命已然展開。過去，許多人都覺得自己被《奧義書》和苦修者那種深奧難解的神祕信仰排除在外，現在他們已開始創造一套合乎自身生活方式的靈修法。他們想要分享軸心時代的洞見，但需要一種比較不抽象而且又有感情的宗教。於是，他們發展出「虔信」（bhakti）的概念，而虔信的對象則是一位鍾愛關懷信徒的神祇。**❼**「虔信」的核心活動就是臣服：信徒不再抗拒天主，而是認知自己的無助，並且堅信神會幫助他們。

「虔信」（bhakti）這個詞語相當複雜。有些學者認為這個詞衍生自「分離」（bharij）：亦即人意識到自己和神祇之間隔著一條鴻溝，但他們信奉的神卻又同時慢慢脫離自己創造的宇宙，而與他們面對面接觸。另外有些學者則認為這個詞與「bhaj」——意為「分享」、「參與」——有關，因為《白淨識奧義書》裡的瑜祇和魯特羅合而為一。在這個階段，〔362〕「虔信」才剛萌芽而已。《博伽梵歌》（Bhagavad-Gita）是一部關鍵著作，有些學者認為寫於西元前三世紀末。這部著作進一步發展了《白淨識奧義書》的神學，將其帶往新方向，而對興起於黑暗時代的印度教產生了深遠影響。

《博伽梵歌》原本可能是一本獨立的作品，但後來被納為《摩訶婆羅多》的第六書。《博伽梵歌》以對話型態呈現，對話的一方是般度族兄弟中最偉大的戰士阿周那（Arjuna），另一方是他的朋友黑天（Krishna）。阿周那的大哥堅戰一心想要避免的可怕戰爭即將展開。阿周那站在黑天駕駛的戰車上，以驚恐的雙眼望著戰場。直到這一刻之前，

....

❼ Shvetashvatara Upanishad 6:23. Olivelle translation.
❼ Klaus K. Klostermaier, *A Survey of Hinduism,* 2nd ed. (Albany, 1994), pp.221-37.

阿周那並不像堅戰那麼對戰爭感到不安。不過，他這時卻對即將發生的龐大毀滅深感驚恐。他的家族出現了無可挽回的分裂，現在般度族兄弟即將攻打自己的親人。根據古老的教誨，戰士只要殺害自己的親戚，就會連累整個家族被打入地獄。他寧可放棄這個王國，也不願殺害勇敢的表哥以及毗濕摩與德羅納這兩位他所敬愛的老師。大戰一旦爆發，將會導致無政府狀態，社會秩序也將遭到摧毀。他的雙手如果沾上了表親的鮮血，他將再也無法快樂，而般度族兄弟也將終生活在邪惡的陰影下。「王位、享樂，甚至生命本身對我們還有什麼意義？」他問黑天。❼❽就算是在戰場上手無寸鐵而且毫不反抗地死於敵人手下，也比殺害自己的表親光榮得多。

> 在戰亂期間說了這句話之後，
> 阿周那癱坐在戰車裡，
> 放下了手上的弓和箭，
> 內心深受哀痛的折磨。❼❾

《博伽梵歌》是軸心時代最後一部重要著作，標誌了宗教變遷的時刻。一如人類歷史上常見的現象，對於暴力的厭惡促成了新的宗教洞見。黑天列舉了傳統上支持戰爭的各種論述，盼能藉此鼓舞阿周那的士氣。他說，在即將發生的大戰中，戰死的戰士不會真的死亡，因為「自我」是永恆的。而且，由於戰死沙場的戰士能夠直接升上天堂，所以阿周那其實是造福他的表親。阿周那如果拒絕打仗，就會被指控為懦夫，更嚴重的是，他也將違反剎帝利種姓的「法」。身為戰士，打仗乃是他的神聖義務，是眾神、宇宙秩序以及社會所賦予他的責任。一如堅戰，阿周那也面臨了剎 〔363〕帝利種姓規範的兩難困境。阿育王雖然信奉非暴力，卻不能解散軍隊。婆

---

❼❽ *Bhagavad-Gita* 1:30-37. All quotations from the *Bhagavad-Gita* are taken from Barbara Stoler Miller, trans., *The Bhagavad-Gita: Krishna's Counsel in Time of War* (New York, 1986).
❼❾ *Bhagavad-Gita* 1:47.

羅門祭司可以棄絕戰爭，棄世者可以對這個混亂的世界置之不理而藏身於森林中，但總得有人捍衛社群，維繫法律和秩序。不幸的是，要維繫秩序，甚至只是為了自衛，就不能不打仗。戰士該怎麼善盡自己對社會的義務，又能夠不造惡業呢？

阿周那對黑天提出的第一項論點不為所動。「我不打仗！」他堅持道。⑧規模如此龐大的戰爭必然是錯誤的。為了世俗的利益而濺血絕不可能是對的。也許他該棄世苦修？不過，他仍然敬重黑天，於是在絕望中還是向他求助。黑天同意擔任阿周那的靈性導師，於是必須反駁耆那教與佛教的論點，也必須反駁那些苦修者認為一切世俗行動都悖離解脫之道的觀點。但如此一來，就表示絕大多數人都沒有獲得救贖的希望。阿周那指出印度軸心時代的一大缺陷。黑天要他從另一個不同觀點思考這個問題，但沒有提出一項全新的教誨，推翻其他一切教派，而是企圖以「虔信」的新概念融合各種古老的信仰。

黑天提議阿周那實踐一種不同形式的瑜伽：業力瑜伽。他提出了一項令人震驚的說法：就算是在戰場上殊死戰鬥的戰士，也有可能達成解脫。要達到這樣的目標，他必須把自己和自身行為的後果分離開來──在阿周那的例子裡，就必須讓自己超脫於戰爭與親人之死的後果。如同瑜祇，行動造業之人必須揚棄欲望。戰士絕不能允許自己渴求戰爭所可能帶來的名氣、財富或權力。人之所以跳脫不了無盡的輪迴，不是因為遭到行動的羈束，而是因為他們斬不斷自己對這些行為結果的欲求。戰士必須在不期盼個人利益的情況下履行義務，就像瑜祇一樣超脫物外：

> 專心致志於行動上，
> 而不在於行動的結果上；
> 不要受到結果的吸引，

....
⑧ *Bhagavad-Gita* 2:9.

452

也不要執著於不作為！
從事行動，堅守紀律，
揚棄執著；
對失敗與成功毫不動心──
這種平靜就稱為紀律。⑧

〔364〕

不過，貪婪與野心深植於人類意識裡，所以戰士唯有實踐瑜伽，才能達到這種不動心的境界。戰士必須把「我」和「我的」排除在自己的行動之外，才能客觀行事而不動感情。他一旦做到這一點，其實就已「靜止不動」，因為「他」將不會參與在戰爭當中：「永遠滿足而獨立，即便從事行動也仍然無所為。」⑧剎帝利有其應負的責任，不能隨隨便便退隱於森林裡。不過，只要實踐業力瑜伽，即可超脫於俗世之外；雖然肉身仍活躍於人世，心卻不為所動。黑天教導阿周那遵循尋常的瑜伽紀律，但他所提議的冥想方式卻是為剎帝利種姓量身打造，因為剎帝利不可能每天花上好幾個小時的時間靜坐內觀。職業苦修者的冥想方式較為嚴格，但業力瑜伽可讓仍然負有人間義務的世俗男女實踐。傳統瑜伽從來不曾以神祇為中心，但業力瑜伽卻以一位神為核心。《白淨識奧義書》要求瑜祇把心思集中在魯特羅／濕婆，而黑天則要求阿周那冥想毗濕奴。

黑天提出了一項令阿周那大出意外的說法。他說他自己不但是毗濕奴的兒子，而且其實就是披著人類外皮的毗濕奴。毗濕奴雖是「無生無死的萬物之主」，卻曾多次以人形降生於世上。⑧毗濕奴創造了這個世界，也維繫了這個世界的運作，但每當出現嚴重的危機──「每當神聖的義務衰敗而亂象盛行」──他就會為自己創造一個俗世的形體，而降生在世界

....

⑧ *Bhagavad-Gita* 2:47-48.
⑧ *Bhagavad-Gita* 4:20.
⑧ *Bhagavad-Gita* 4:6.

上：

> 為了保護有德之人、
> 消滅作惡之徒，
> 並且確立神聖義務的標準，
> 我世世代代都會現身世間。❽

黑天既已透露了這項令人震驚的消息，即可更為暢所欲言地向阿周那講述「虔信」的議題。阿周那可以藉由模仿黑天，而學會讓自己超脫於自我中心的欲望之外。黑天／毗濕奴身為世界的統治者，也必須持續處於活躍的狀態下，但他的行為所造就的業並不會對自己造成傷害：

> 這些行動不會羈束我，
> 因為，阿周那，
> 我總是超脫於自己的行動之外，
> 彷彿旁觀者一般。❽

〔365〕

不過，阿周那如果想模仿黑天，首先必須了解神性的本質；他必須看見黑天／毗濕奴真正的模樣。

黑天在戰場上向阿周那顯現了自己的神聖本質，使得阿周那驚駭不已。黑天的永恆型態就是毗濕奴，世界的創造者與毀滅者，是萬物必然回歸的本源。阿周那看到黑天散發出神聖的光芒，涵蓋整個宇宙。「我在你體內見到了眾神！」他高喊道。

> 我見到你無盡的形體，

....

❽ *Bhagavad-Gita* 4:8.
❽ *Bhagavad-Gita* 9:9..

454

無所不在，
數不盡的手臂、
肚腹、嘴巴、眼睛；
萬物之主，
我看不到盡頭，
看不到起始，看不到中間，
你的整體無窮無盡。[86]

萬物——包括人與神——都存在於黑天的體內。他充盈於空間當中，也涵蓋了一切可能的神祇型態：「尖嘯的風暴之神、太陽之神、明亮之神，以及儀式之神。」不過，黑天／毗濕奴也是「人類的堅韌精神」，亦即人類的精華。[87]萬物都趨向他，就像河水流向大海，飛蛾抵擋不了火光的吸引一樣。於是，阿周那也看到般度族與庫拉閥陣營的戰士紛紛湧入黑天／毗濕奴烈焰燃燒的嘴裡。

阿周那原本以為自己已對黑天非常了解，這時卻不禁困惑大喊：「你是誰？」「我是老化的時間，」黑天答道——時間是推動世界運轉的力量，同時也是摧毀世界的力量。黑天／毗濕奴是永恆的，超越於歷史進程之上。在阿周那眼中，雙方軍隊雖然才正在列陣，戰鬥還沒展開，但身為毀滅者的黑天／毗濕奴卻早已消滅了雙方軍隊。結果早已注定，而且不可改變。為了保持宇宙的存在，各個時代必須不斷更迭交替。般度族與俱盧族的戰爭將會終結英雄時代，揭開另一個歷史紀元的序幕。「就算沒有你，」黑天對阿周那說：「這些列陣敵對的戰士也將不再存在。」

他們早已

....

[86] *Bhagavad-Gita* 11:15-16.
[87] *Bhagavad-Gita* 9:18.

〔366〕　　　　被我所殺。

　　　　　　就當我的工具吧，

　　　　　　當我身邊的弓箭手。**88**

　　因此，阿周那必須踏上戰場，扮演上天賦予他的角色，恢復世間的「法」。

　　這是一幅令人困惑的景象。黑天的教誨似乎免除了人類的一切責任，讓人不必為自己犯下的屠殺之舉負起罪責。許多政治人物與戰士都託言自己只是命運的工具，並且利用這樣的藉口合理化各種令人髮指的行為。然而，卻極少有人能夠排除追求個人利益的欲望，而這正是黑天認為不可或缺的必要條件。唯有戰士瑜祇的紀律行動，才能為這個充滿毀滅性的世界帶來秩序。黑天似乎冷酷無情，但他卻向阿周那指出自己是救主，能夠挽救那些愛他的人免於業力的負面後果。唯有「虔信」的人能夠看見黑天的真正本質，而這種虔誠需要徹底臣服才能達成：

　　　　只為我採取行動，全神貫注於我，

　　　　不受任何事物的羈束，

　　　　對萬物皆不懷敵意。阿周那，

　　　　如此虔誠之人即可來到我面前。**89**

　　超脫與漠然是與神合而為一的第一步。唯有和神合而為一之後，人才能免於人生的一切苦難。**90**

　　《博伽梵歌》的影響力大概遠勝於其他一切印度經典。這部著作的優點在於其平易性。其他信仰把能夠獲得救贖的對象侷限於少數具有天賦

----

88 *Bhagavad-Gita* 11:32-33.
89 *Bhagavad-Gita* 11:55.
90 *Bhagavad-Gita* 18:63-66.

而且英勇過人的苦修者，《博伽梵歌》提倡的卻是所有人的宗教。極少有人擁有足夠的時間或天賦把人生完全投注於瑜伽當中，也沒有多少人能夠放棄家庭而隱居於森林裡。不過，「阿周那，只要他們仰賴於我，」黑天承諾道：「不論是女人、吠舍、首陀羅，甚至是誕生自邪惡之中的人，都可達到最高的道。」❾任何人都可以愛天主，也都可以模仿天主，並且學會超脫於日常生活義務的自私欲望之外。即便是戰士，雖然負有殺人的職責，也能夠實踐業力瑜伽。黑天顯現了他的神聖本質之後，接著說明整個物質世界其實就是一片戰場，凡人必須利用超脫、謙遜、非暴力、誠實與自制等武器追求覺悟。❾《博伽梵歌》沒有否定軸心時代的靈性觀，而是讓所有人都能夠加以實踐。

....

❾ *Bhagavad-Gita* 9:32.
❾ *Bhagavad-Gita* 13:7.。

第 十 章 ｜ **未來的方向**

　　軸心時代的靈性革命發生於一個充滿動亂、遷徙與征戰的背景當　〔367〕
中，而且經常夾在兩個帝國之間。在中國，軸心時代在周朝瓦解之後終於
展開，而在秦國統一中原之後結束。印度的軸心時代在哈拉巴文明解體之
後展開，後來隨著孔雀王朝興起而結束；希臘的蛻變發生於邁錫尼王國與
馬其頓帝國之間。軸心時代的聖哲都生活在失去精神支柱的社會裡。雅斯
培指出：「軸心時代可以稱為兩大帝國之間的過渡期，是個追求自由的間
歇時刻，也是一道深呼吸，帶來了最清明的覺知。」❶即便是猶太人，雖
然在中東的帝國征伐當中遭受了如此駭人的苦難，卻也在故鄉遭到摧毀之
後，由於長期流放而與過去斷了連結，因此在被迫重新開始的可怕自由當
中也展開了他們的軸心時代。不過，到了西元前二世紀末，世界已恢復穩
定。建立於軸心時代之後的帝國，其所面對的挑戰乃在於如何找到一種靈
性觀點，能夠肯定新出現的政治統一狀態。

　　中國人渴求和平與統一已有許久的時間。秦國征服了其他六國而在
西元前 221 年建立中央集權的帝國之後，許多人必然深感寬慰，但他們
隨之體驗到的帝國統治卻令他們震驚不已。秦帝國的建立是法家的一大勝
利。即便是傳說中的聖王，也只不過是封建主，而不曾成就過這樣的帝
國。秦朝知道其所建立的帝國在中國並沒有先例，於是秦朝統治者也就自
封為「始皇帝」。御史頌揚道：「海內為郡縣，法令由一統，自上古以來　〔368〕
未嘗有。」❷這已是一個新時代，因此秦始皇並未聲稱自己的君權來自天
授，而是推翻傳統，訴諸一群不曾參與過中國軸心時代的哲學家。在戰
國期間各大國的統治者眼中，朝廷的卜筮官、曆官與天文官大概都比墨
家或儒家人士來得重要，而這些官員現在又為秦朝的統治提供了合理的
基礎。

　　後來，這種由魔法式的原雛科學所構成的宇宙論被稱為陰陽家，並

---

❶ Karl Jaspers, *The Origin and goal of History,* trans. Michael Bullock (London, 1953), p.51.
❷ Sima Qian, *Records of the Grand Historian* 6:21, in A. C. Graham, *Disputers of the Tao: Philosophical Argument in Ancient China* (La Salle, Ill., 1989), p.370.

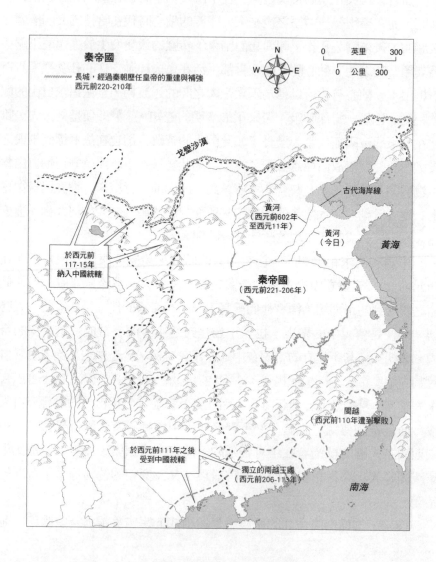

秦帝國

〜〜〜〜〜〜 長城，經過秦朝歷任皇帝的重建與補強
西元前220-210年

戈壁沙漠

古代海岸線

黃河
（西元前602年
至西元11年）

黃河
（今日）

黃海

於西元前
117-15年
納入中國統轄

秦帝國
（西元前221-206年）

閩越
（西元前110年遭到擊敗）

於西元前111年之後
受到中國統轄

獨立的南越王國
（西元前206-113年）

南海

且在西元前第三世紀至第一世紀期間深深宰制了中國人的想像。❸我們先前看過，陰陽的概念可能源自於中國的農民社會，而秦朝採用的這種宇宙論也可追溯到新石器時代。這種觀念在這個時候再次復甦，代表一種智識上的退化，幾乎可說是逃避軸心時代的艱難要求。這種觀念的目的在於尋找人與自然現象之間的對應。朝廷裡的哲學家聲稱時事不但可以預測，而且受到宇宙的法則所操控。於是，這樣的觀點也就讓人在此一重大變遷的時代能夠覺得自己「了解內幕」。這項理論係由西元前四世紀的哲學家鄒衍所提出，他聲稱土、木、金、火、水等五項基本元素按照嚴格的先後順序更替：木生火，火生灰或土，土生金，金生水。每一項元素都與一個季節有關，而且每個元素都會取代前一個元素，就像夏季被秋季所更替一樣。舉例而言，火會吞噬木，土會蓋熄火。軸心時代的哲學家根本不屑理會這種臆測。墨家就曾毫不客氣地指出：「五行毋常勝。」❹不過，鄒衍認為自己能夠利用這套理論說明歷史上的朝代興替。黃帝屬土，夏屬木，商屬金，周屬火。因此，新成立的秦朝必然屬水，而水又屬於冬季。

〔369〕

秦始皇利用這項觀念為自己的統治賦予正當性。他身穿黑衣，因為黑色是冬季的顏色，而且正好也符合法家的冷酷政策，「剛毅戾深，事皆決於法，刻削毋仁恩和義」。❺此外，他也支持當時找尋長生不老藥的實驗。鄒衍有些弟子在秦朝任官，企圖利用草藥與礦物調製出長生不老的藥物——這是一種低等的方術，後來被人歸屬於道家。❻這些早期的科學家有人實驗藥物，也有人透過呼吸和運動的方法延長壽命；秦始皇甚至派遣探險隊前往中國北部沿海找尋仙島，據說島上住著永生不死的仙人。這種種行為都顯示了他掌握控制權的欲望，並且不再信奉靈性修行，而企盼利

❸ Benjamin I. Schwartz, *The World of Thought in Ancient China* (Cambridge, Mass., and London, 1985), pp.350-82; Fung Yu-Lan, *A Short History of Chinese Philosophy,* ed. and trans. Derk Bodde (New York, 1976), pp.130-202; Graham, *Disputers of the Tao,* pp.325-58.

❹ A. C. Graham, *Later Mohist Logic, Ethics and Science* (Hong Kong, 1978), p.411.

❺ Sima Qian, *Records of the Grand Historian* 6:237, in Graham, *Disputers of the Tao,* p.371.

❻ Holmes Welch, *The Parting of the Way: Lao Tzu and the Taoist Movement* (London, 1958), pp.89-98.

用物質手段預測未來、逃避死亡。另一方面，這些行為也悖離了軸心聖哲的觀點，他們認為追求世間的永恆與保障乃是不成熟也不切實際的行為。

〔370〕　秦始皇必須決定該怎麼組織他所征服的龐大疆域。他是否該像周朝帝王那樣分封自己的兒子？曾經跟隨荀子學習的宰相李斯建議秦始皇為諸子給予津貼，而不要分封土地，並且要對自己的帝國保有絕對的控制權。西元前 213 年，一名御史批評這種違背傳統的做法，李斯於是向秦始皇呈上一份影響深遠的奏疏。他指出，以前的人各自諮詢不同學者，遵循不同思想學派，但這種情形絕不能持續下去：

> 今皇帝并有天下……私學而相與非法教，人聞令下，則各以其學議之……如此弗禁，則主勢降乎上，黨與成乎下。❼

於是，李斯提議道：「臣請史官非秦記皆燒之。非博士官所職，天下敢有藏詩、書、百家語者，悉詣守、尉雜燒之。」❽結果，不但大規模焚燒書籍，也有四百六十名儒士遭到坑殺。中國軸心時代的哲學家已在靈性上體悟了萬物的統一。對於李斯而言，統一就是澈底消滅反對勢力。只有一個世界，一個政府，一套歷史，一種意識形態。

所幸，秦始皇允許七十名博士保有中國典籍，否則一切可能就此失傳。不過，這些野蠻的政策對於秦帝國卻是有害無益。秦始皇於西元前209 年去世之後，百姓隨即起而造反。經過三年的動亂，平民出身、當過地方官的劉邦率領部眾取得勝利，創立了漢朝。劉邦想要保持秦代的中央集權政體，他雖然看得出李斯的政策並不正確，卻也知道帝國一方面需要法家的現實主義，另一方面也需要比較具有教化性的意識形態。因此他在融合法家與道家的黃老思想找到了所需要的妥協。❾法家與道家向來有其

❼ Sima Qian, *Records of the Grand Historian* 6:87, in Fung Yu-Lan, *Short History of Chinese Philosophy,* p.204.
❽ Ibid.
❾ Schwartz, *World of Thought,* pp.237-53.

相似之處，而他們之所以一致以黃帝為崇拜對象，也許就是因為儒家與墨家向來不重視他。人民已對獨斷的帝國統治感到厭倦，據說黃帝當初就是奉行無為而治。皇帝必須把權力授予官員，避免親自干預公共政策；國家應該訂立理性的刑律，但不該實施嚴苛的刑罰。　　　　　　　〔371〕

軸心時代末期的中國賢哲對於固守單一思想立場的做法深感戒慎，而逐漸趨向融合論，不過，許多人都茫然困惑，不懂得該如何在不同學派之間做出選擇。《莊子》裡的〈天下〉一文大概寫於漢初，其作者認為中國的靈性思想已開始瓦解。過去，聖王的教誨曾經清楚明確，但現在：

> 天下大亂，賢聖不明，道德不一。天下多得一察焉以自好。❿

中國人已吸收了軸心時代的一項重要教訓。他們知道沒有一個學派能夠獨得真理，因為「道」是超越凡俗而且不可言說的。這時候，道家思想已逐漸興盛。在〈天下〉的作者眼中，幾乎所有賢哲都獲得了重要的洞見，但莊子是其中最可靠的一位。他「無端崖之辭，時恣縱而不儻，不以觭見之也」。由於他極為開明，又不受人間的定見拘束，因此「可謂稠適而上遂矣」。⓫

不過，儒家思想的優點逐漸顯露出來。⓬漢朝皇帝向來深明禮儀的重要性。漢高祖指派地方禮儀學家制定朝儀，後來首度施行的時候，他不禁感嘆：「吾乃今日知為皇帝之貴也！」⓭人民一旦從遭到秦代迫害的創傷當中恢復之後，道家思想就開始顯得不切實際。道家向來帶有不守法紀的

....

❿ *The Book of Zhuangzi* 33, in Martin Palmer, trans., with Elizabeth Brenilly, *The Book of Chuang Tzu* (London and New York, 1996).

⓫ Ibid.

⓬ Fung Yu-Lan, *Short History of Chinese Philosophy,* pp.205-16; Graham, *Disputers of the Tao,* pp.313-77; Schwartz, *World of Thought,* pp.383-406.

⓭ Sima Qian, *Records of the Grand Historian* 8:1, in Fung Yu-Lan, *Short History of Chinese Philosophy,* p.215.

無政府色彩，而當時則是認為百姓需要某種道德上的導引。不論「無為」有什麼優點，皇帝畢竟不可能完全靠著「虛無」遂行統治。黃老思想在漢文帝（西元前 179-157 年）在位期間達於極盛，接著漢朝政權就準備改弦易轍了。

西元前 136 年，博士董仲舒上書武帝（西元前 140-87 年），指稱當時思想流派太多，而推薦以儒家所教導的六經為國學。漢武帝同意這項提議，但沒有像秦代那樣廢止其他學派，而是允許它們繼續存在。儒家哲學支持漢代的菁英制度，亦即利用公開考試選拔文官。儒家向來認為，人不論出身高低，只要有德有才就應當在政府中擔任高位。他們支持家庭這種社會的基本組織，更重要的是，他們不但是學者，也是思想家，熟知中國民族認同當中不可或缺的文化史。

〔372〕

因此，到了西元前一世紀，儒家思想已深受重視，但中國人仍然對軸心時代其他哲學的洞見頗為欣賞。史家劉歆（西元前 46 至西元 23 年）指稱禮儀學家「於道最為高」，他們「游文於六經之中，留意於仁義之際，祖述堯舜，憲章文武，宗師仲尼」。不過，儒家也並未獲得完整的真理：「道術缺廢，……彼九家者，不猶瘉於野乎？」每個學派皆有其長處與短處。道家懂得如何達到靈性的核心，「知秉要執本，清虛以自守，卑弱以自持」，卻低估了禮和道德規範所扮演的角色。陰陽家教人自然科學的知識，但可能淪為迷信。法家知道治理國家必須仰賴法律與威嚇手段，但其弊病在於揚棄仁愛。墨家譴責奢華浪費與宿命觀點的態度，以及提倡「兼愛」的論點，都深深有其價值，但劉歆不認同他們揚棄禮儀及「不知別親疏」的傾向。❹

中國人知道沒有人是真理的絕對權威。再怎麼權威性的學說，也不可能要求所有人的思想就此定於一尊。尊重別人的意見遠比找出一項絕對

......

❹ *Hanshu* ("History of the Former Han") 130, in Graham, *Disputers of the Tao,* pp.379-80.

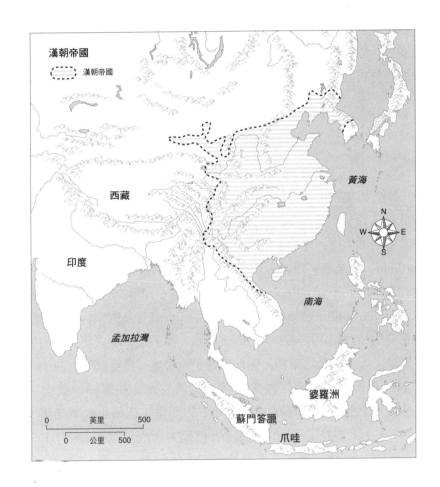

漢朝帝國

漢朝帝國

西藏

印度

黃海

南海

孟加拉灣

婆羅洲

蘇門答臘

爪哇

0　英里　500

0　公里　500

不會錯的觀點來得重要。中國的包容精神極為獨特。❶後來，中國人也把佛教吸收入他們本土的信仰當中。在印度與西方世界，宗教的競爭通常相當激烈，但中國人卻可以白天信奉儒家思想，晚上皈依道家哲學。即便是法家也沒有遭到摒棄。隨著帝國的疆域不斷擴張，中國人也越來越需要法家的洞見，以致儒士經常指控統治者「外儒內法」。❶中國人普遍認為每個學派各自有其適用的領域——這種軸心態度正是當今這個時代的迫切需求。

〔373〕

〔374〕

* * *

印度的孔雀王朝在阿育王（Ashoka）於西元前 232 年去世之後隨即崩解。南方出現不少區域性王國。摩揭陀國已告沒落，來自大夏（位於阿富汗北部）這個波希殖民地的希臘侵略軍控制了印度河谷。西元前一世紀中葉，希臘人遭到來自伊朗與中亞的西徐亞人（Scythian）與巴底亞人（Parthian）所推翻。這些外來統治者對印度的宗教並沒有敵意，但由於婆羅門認為他們不潔，所以他們也就比較傾向非吠陀教派。在西元前 200 年至西元 200 年間，佛教與耆那教大概是印度最普及的宗教。「虔信」信仰在這時突然竄起，反映了當時的人渴望一種親密、個人化又富有情感的靈性體驗；而且這種渴望極為強烈，幾乎等於是一場全民革命。

對於孔雀王朝瓦解之後的發展，我們只有一些零碎的概念，因為印度自此開始進入黑暗時代，直到北方的笈多王朝興起於摩突羅（西元 319-415 年），帕拉瓦王朝也興起於印度南方（西元 300-888 年），掃除了所謂的異端運動之後，這段黑暗時期才告結束。不過，佛教在斯里蘭卡、日本、東南亞與中國等地都扎下根。在印度，古典印度教取得了主要地位，但與軸心時代的吠陀宗教非常不同。當初那種嚴格的無偶像信仰已

....

❶ Huston Smith, *The World's Religions: Our Great Wisdom Traditions* (San Francisco, 1991), p.189.
❶ Fung Yu-Lan, *Short History of Chinese Philosophy*, p.215.

被許許多多燦爛耀眼、色彩繽紛的神明、神像及廟宇所取代。印度人曾經透過聲音體驗神聖的境界,現在更想進一步看見神祇的形象,他們相信眾神就棲身於這些形象當中。由於神聖是無窮無盡的,每位神祇都代表了梵的一個面向,但最受歡迎的神祇是濕婆與毗濕奴,兩者都是「虔信」之神。就某些方面而言,菁英式的吠陀宗教已被較為簡樸的大眾信仰所掩蓋。

　　不過,我們絕不可因此就認為印度的宗教發展具有明確的結構性。有些看似新興的信仰其實都可追溯到印度河谷文明或南印非雅利安人的德拉威(Dravidian)文化。**⓱**此外,吠陀宗教雖然表面上看似已經消亡,實際上卻絕非如此。不過,婆羅門教在孔雀王朝瓦解之後產生了重要的發展。**⓲**新出現的儀式典籍依循軸心時代的精神重新詮釋了家主的家庭獻祭。這種祭典不再被視為公眾祭典的簡略版本,而是這種活動的典型。只要家主熟悉獻祭的儀式,隨便一個簡單的動作——例如把一杯牛奶潑向聖火——就足以具體而微地象徵整個繁複的獻祭典禮,並可藉此善盡一切獻祭義務。極少有人擁有足夠的財力舉辦昂貴的吠陀典禮,但任何人都可以把一根木柴丟進火裡,藉此象徵「自我犧牲」。「他必須唸誦吠陀經的部分內容,就算只是發出『唵』這個聲音也可以。如此即可達成對梵的獻祭。」**⓳**藉由這些細微的舉動,家主不但能夠償付自己對眾神的「債務」,也可對日常生活中無可避免的暴力行為做出補償。軸心時代的「不害」理想已深深根植於印度人的宗教意識裡。眾人都深切意識到自己可能對表面上看似沒有生命的物體造成傷害。這些新出現的典籍指出,每個家主在家中都有五座「屠宰場」——壁爐、石磨、掃帚、缽與杵,以及水罐——這些物體每天都「羈束」著他,讓他不得不犯下「殺生」罪行。刻 〔375〕

....

⓱ Louis Renou, *Religions of Ancient India* (London, 1953), pp.46-47.
⓲ Brian K. Smith, *Reflections of Resem-blance, Ritual and Religion* (Oxford and New York, 1989), pp.195-202.
⓳ Budhayana Dharma Sutra 2.6.11:2-6, in Smith, *Reflections on Resemblance,* p.196.

意舉行小規模的家庭祭典就是一種「贖罪」的行為。❷⓿

　　這些典籍也記錄一種大幅偏離軸心理想的發展。❷① 也許印度長久以來一直都有「賤民」種姓的存在；據說婆羅門與「賤民」種姓大約出現於同一個時間，是社會階級的兩個極端。❷② 不過，《摩奴法典》（Law of Manu）並未揚棄這種古老的觀念，而且還確認了三個最低階級的卑下地位。木工、雕刻工以及令人厭惡的「賤民」，是吠舍、剎帝利與婆羅門之間通婚產生的後代。這些人必須被澈底排除在吠陀社會之外，只能居住在村莊外圍，從事皮匠以及清掃糞便等髒污的勞動工作。❷③

　　「虔信」革命企圖把《梵書》與棄世者的嚴格宗教帶進一般大眾之中。這些信仰廣受歡迎的現象，顯示一般人開始對有神論出現渴望。不是每個人都想要與非人性的梵合而為一；許多人寧可和人性化的神祇接觸，因為這樣的神祇至少是他們能夠了解的。「虔信」的定義是：「全心熱切渴求天主。」天主的愛可讓人超越自私，從而達到「完美、滿足，而且沒有厭憎、驕傲與自利心態」的境界。❷④ 因此，「虔信」乃是消除自我中心與攻擊性的另一種方式。許多人也許不懂得該如何依循內在的智識性典範過活，但他們都能夠模仿神祇所展現出的愛與無私。在《博伽梵歌》裡，黑天就是這麼教導阿周那：

把你的注意力集中在我身上，
讓你的理解進入我；
如此一來，你就可安身於我當中，
不再有任何疑慮。

❷⓿ *The Law of Manu* 368-69, ibid., p.198.
❷① Gavin Flood, *An Introduction to Hinduism* (Cambridge, U.K., and New York, 1996), p.61.
❷② L. Dumont, *Homo Hierarchicus: The Caste System and Its Implications* (Chicago and London, 1980), p.54.
❷③ *The Law of Manu* 10.51.
❷④ Quoted in Klaus K. Klostermaier, *A Survey of Hinduism,* 2nd ed. (Albany, 1994), p.222.

你如果無法全心全意
專注於我；
那麼，阿周那，
就透過嚴謹的實踐趨近我吧。❷⑤

「虔信」宗教承認每個人的專注能力不一。有些人也許會覺得在日常生活中持之以恆地模仿黑天，比長時間的冥想來得容易。

這不是一種令人望之生畏的信仰，而是可以透過簡單的敬拜行為慢慢培養。信徒可以先聆聽毗濕奴／黑天的講道，接著開始唸誦他的名，心中一面想著他愛護人類的偉大功業。信徒可以在他的聖壇獻上簡單的祭品，並且學著把他視為朋友，最後則能夠在不特別努力的情況下完全臣服於他。❷⑥臣服是「虔信」的核心行為；是一種「虛己」的行為，可將人轉變為「虔信者」。到了這個階段，信徒不再抗拒天主，也學會了和天主一樣仁愛待人。《博伽梵歌》把最崇高的讚譽賜給了達到這種境界的虔信者，因為他們學會實踐儒家所謂的「恕」──也就是「推己及人」。〔376〕

他一旦能夠推己及人，
而對一切產生認同，
不論喜悅或是苦難，
那麼他就是修行精純之人。❷⑦

「虔信」鼓勵信徒承認自己的無助與需求。人一旦體會到自己的脆弱，即可對別人感同身受。因此，這種新興信仰深深切合軸心時代的思

----

❷⑤ *Bhagavad-Gita* 12:8-10, in Barbara Stoler Miller, trans., *The Bhagaved-Gita: Krishna's Counsel in time of War* (New York, 1986).

❷⑥ Bhagavata Purana (c. 800 CE), in Klostermaier, *Survey of Hinduism,* p.229.

❷⑦ *Bhagavad-Gita* 6.32. Miller translation.

想。

本身就是愛的模範。毗濕奴教的核心要素是「權化」（avatara），亦即神「顯現」或「降生」為人的現象。在重大危機時刻，毗濕奴就會放棄上天的福樂而投身拯救世界。[28]據說他曾十度降臨人間：黑天是這些化身當中最重要的一位，但毗濕奴也曾化身為魚、熊、侏儒、烏龜——這些生物也許都曾是本土神明的象徵，所以也就被移植到吠陀體系當中。權化概念的發展極為複雜，也許是從許多不同教派融合而來，其中有些可能非常古老；但在「虔信」當中，這些教派取得了軸心重要性。藉由「降生」於權化當中，毗濕奴顯示了自己乃是出類拔萃的救世主，為了幫助苦難的人類不惜放棄神聖的榮耀。

毗濕奴（Vishnu）向來都具有這種潛力。《黎俱吠陀》只偶爾提到他，但他的名字可能衍生自「vish」一詞，意為「進入」。[29]他不但參與世事、充盈於世界裡，而且還是把地球扛在肩上的「宇宙軸心」。他也是造物主，但不像因陀羅那樣以暴力和欺騙的方式在混亂中建立秩序。他為〔377〕眾神與人類征服世界的方式就是跨出三大步，範圍涵蓋了整個宇宙，「步伐又長又大，三步跨越地球，追求自由與生命」。[30]他是個仁慈的神，是人類的朋友，也是還未出生的胎兒保護者。[31]《梵書》把他等同於獻祭的療癒力量。吠陀傳說認為他是原人布爾夏，自願放棄生命而促成世界誕生，從而成為無私之愛的代表。

濕婆（Shiva）是「虔信」的另一位神，與毗濕奴非常不同。[32]他與可怕的山神魯特羅關係密切，一般人總是祈求魯特羅遠離他們的住處和牲畜。濕婆可怕又仁慈，他的神話中雖有暴力，但他也是幸福的來源。他對

---

[28] Freda Matchett, *Krsna: Lord or Avatara? The Relationship Between Krsna and Visnu* (Richmond, U.K., 2001), pp.1-4.

[29] Ibid., p.5.

[30] Rig Veda 1.155.4, in Ralph T. Griffith, trans., *The Rig veda* (New York, 1992).

[31] Rig Veda 7.100.2; 8.25.2.

[32] Klaus K. Klostermaier, *Hinduism: A Short History* (Oxford, 2000), pp.135-78; Klostermaier, *Survey of Hinduism*, pp.262-69.

不崇拜自己的人毫不留情，但總是會對自己的虔信者伸出援手。此外，他也是個心胸狹窄的神。在早期的神話故事裡，他殺了毗濕奴的信徒達剎，因為毗濕奴拒絕邀請濕婆參加他的祭典；於是，兩個教派也就因此針鋒相對。不過，身為喜馬拉雅山神之女帕爾瓦蒂（Parvati）的愛人，濕婆也是迷人的舞蹈之神，並且是救贖的象徵：濕婆腳下的侏儒代表被濕婆制服的邪惡，他伸出的手代表恩典，舉起的腳象徵自由，環繞在他頸項的蛇象徵不朽。濕婆是創造者也是毀滅者，是家主也是偉大的瑜祇。他把靈性修行的各種矛盾融合於一身，也讓他的信徒瞥見超越世俗的超越性與統一性。

神像在「虔信」當中占有非常重要的地位：濕婆、毗濕奴或黑天的型態（murti）乃是他們的「化身」，一般認為神就棲身在化身裡面。❸
神像一旦經過奉祀儀式之後，神就會降臨到神像裡面，於是神像也就成了神的住所。在有些古老的廟宇，神像如果不是「找到」的，就是由神所送來，或是在夢中得知其所在位置。因此，神像本身就是權化，體現了神自我犧牲的愛。有些典籍甚至提及神明因為同情世人而把自己壓縮入人造神像當中所受的苦難。神像一旦成為冥想的焦點，就成了博愛的象徵。佛教徒與耆那教徒也受到這種新興的印度教信仰所影響。西元一世紀，他們史無前例地開始建造佛陀與二十四名靈修領袖的雕像。這些靈修領袖稱為渡津者（Tirthankara），悟道比摩訶呔羅早。這些形象最早出現於印度西北部的犍陀羅與耶牟那河上的摩突羅。

佛陀向來反對個人崇拜，也一再把弟子的注意力從他身上導引到他〔378〕
所教導的訊息與方法上。崇拜個人可能形成「束縛」，讓人養成依賴與戀慕等有礙覺悟的不良習慣。在佛陀死後的幾百年間，佛教徒必然覺得敬拜佛陀的雕像是不適當的做法，因為他已「消失」在涅槃的福樂裡。不過，後來佛像卻變得非常重要。信徒看著佛像那平靜而滿足的表情，就會意識到人可以達到什麼樣的境界。他是悟道之人的代表，全身充滿了無可言說

....

❸ Klostermaier, *Survey of Hinduism*, pp.307-19.

的涅槃,以致與涅槃成為一體。因此,就某個重要意義而言,他就是涅槃,並且也表達了人類形體內的超越性真實。

到了這個時候,佛教已分裂為兩個教派,兩者都被視為是正統的佛教。歷史上,這兩個教派並沒有什麼敵意或競爭。小乘佛教比較重視出世苦修,所以信徒不問世事,孤身隱居以尋求悟道。大乘佛教則較為民主,而且強調同情的美德;他們指出,佛陀在悟道之後還是回到市集,花了四十年的時間教導別人如何面對人生無所不在的痛苦。在西元一世紀期間,大乘佛教產生了一位新的佛教英雄:菩薩(bodhisattvas)。菩薩雖是處於悟道邊緣的人,卻沒有消失於涅槃的福樂裡,而是為了世人犧牲自己的幸福,回到輪迴的世界上教導別人獲取解脫。他們就像是「虔信」的救世主,從上天降臨世間幫助苦難的人類。如同以下這部西元前一世紀的經典所言,菩薩對於達成自身的涅槃並不感興趣。

恰恰相反,他們對於存有的痛苦世界早已了解透徹,又一心想要獲得至高的覺悟,並不害怕生死。出於對世人的憐憫,他們因此致力裨益世人,紓解世人的苦難。他們已經下定決心:「我們將成為世人的避難所,世人的休憩所,世人的最終慰藉,汪洋中的島嶼,黑暗中的光芒,以及世間救贖的導引。」[34]

菩薩是慈悲的新典範,把軸心時代的舊理想轉化為新的型態。

* * *

〔379〕　　猶太人的軸心時代以早夭作結,也許是因為離散和重新定居的困難而提前遭到遏抑。不過,他們的軸心時代後來又出現了第二度與第三度的

---

[34] Astasahasrika 15:293, quoted in Edward Conze, *Buddhism: Its Essence and Development* (Oxford, 1951), p.125.

興盛，終於還是畫下圓滿的句點。西元一世紀期間，占領聖地的羅馬帝國陷入了動亂，一群猶太政治狂熱分子激烈反對羅馬統治，並且在西元 66 年策劃了一場造反行動，結果出乎意料地抵擋了羅馬軍隊達四年之久。羅馬當局擔心海外猶太人得知這項消息，於是發動殘酷的鎮壓。西元 70 年，羅馬皇帝韋斯巴薌（Vespasian）征服了耶路撒冷，並且把聖殿付之一炬。聖殿第二度遭毀雖是一大打擊，但事後回顧起來，巴勒斯坦的猶太人向來都比海外猶太人保守，所以可能早就已經對這樣的災難有心理準備。愛色尼派（Essenes）與昆蘭教派（Qumran）已退出主流社會，深信耶路撒冷的聖殿已經腐敗，而他們的純淨社群將會成為新的聖靈聖殿。他們吸收了軸心時代之後所發展出來的末世信仰，而且和祆教徒一樣，嚮往著光明之子與黑暗之子在世界末日的正邪大戰。這種觀點內化了那個時代的暴力現象，並且為其賦予神聖的支持。

不過，思想最進步的巴勒斯坦猶太人乃是法利賽人，他們發展出猶太軸心時代最具包容性也最先進的靈性觀點。他們認為整個以色列注定要成為祭司的神聖國度，即便在最簡陋的家舍裡，也像聖殿一樣能夠感受到上帝的存在。上帝無所不在，即便在日常生活中最細瑣的事物裡也不例外。猶太人不需要繁複的儀式，即可趨近上帝。他們不必獻祭牲畜，只要透過仁愛的行為就可贖罪。慈善是律法中最重要的戒律。從巴比倫王國遷居巴勒斯坦的拉比希勒爾（Hillel，約西元前 80 至西元 30 年），大概可算是最了不起的法利賽人。在他的觀點中，摩西五書的精華並不在於律法的字面內容，而是在於其精神，他將其歸納為黃金律。在一則著名的猶太教法典傳說裡，據說有一天有個異教徒來到希勒爾面前，聲稱只要希勒爾能夠在他用一腳站立的短短幾分鐘內教導他摩西五書的全部內容，他就皈依猶太教。希勒爾的回答很簡單：「你所不欲的，不要施加在別人身上。這就是摩西五書的全部內容，其他只不過是註解而已。你去好好學學吧。」❸⁵

....

❸⁵ Shabbat 31a, in A. Cohen, ed., *Every-man's Talmud* (New York, 1975), p.65. Some scholars believe that this story should be attributed to another rabbi, some two hundred years later.

法利賽人不願涉入環繞在他們身周的那種暴力現象。在反抗羅馬帝

〔380〕 國的造反運動期間，法利賽人的領袖是拉比撒該（Johanan ben Zakkai），

他是希勒爾最傑出的學生。他深知猶太人絕不可能打敗羅馬帝國，於是

挺身反對戰爭，因為保存宗教比國家獨立更加重要。他的建議遭到揚棄之

後，他就藏身在棺材裡偷渡出城，以免被看守城門的猶太狂熱分子發現。

逃出耶路撒冷之後，他便前往羅馬陣營，請求韋斯巴薌准許他到巴勒斯

坦南部沿岸的亞夫內（Javne）和那裡的學者一起生活。聖殿遭到摧毀之

後，亞夫內於是成了猶太宗教的新首都。猶太軸心時代在拉比猶太教當中

達到成熟。

同情的黃金律和仁愛是這種新猶太教的核心理念。在聖殿遭到摧毀

之際，有些法利賽人早已了解到他們不需要透過聖殿才能敬拜上帝。以下

這則猶太教法典的故事就明白顯示了這一點：

拉比撒該離開了耶路撒冷，拉比約書亞跟在他身後，看見了聖殿燒

毀之後剩下的廢墟，於是說道：「這個以色列的贖罪處所竟然被夷為平

地，實在令人唏噓。」拉比撒該回答道：「不要哀傷，我們還有另一個贖

罪處所，絲毫不亞於聖殿。這個處所就是從事仁愛的行為。正如我們聽人

所說的：『我喜愛良善，不喜愛祭祀。』」[36]

仁慈是通往未來的關鍵。猶太人必須捨棄戰亂年間的暴力與分裂，

建立一個統一的社群，「身體只有一個，聖靈只有一個」。[37]他們的社群

一旦統合於愛與互相敬重當中，上帝就會與他們同在；但他們只要彼此爭

吵，上帝就會回到天上。在那裡，天使皆以「同一個聲音和同一個旋律」

[36] Aboth de Rabbi Nathan 1. N, 11a, in C. G. Montefiore and H. Loewe, eds., *A Rabbinic Anthology* (New York, 1976), pp.430-31.

[37] Mekhilta de Rabbi Simon on Exodus 19:6, in J. Abelson, *The Immancence of God in Rabbinical Literature* (London, 1912), p.230.

齊聲歌唱。❸❽只要有兩、三名猶太人和諧地坐在一起學習，聖靈就會和他們坐在一起。❸❾

在西元 132 年遭到羅馬人殺害的拉比阿奇巴（Akiba）指出，「愛人如己」這條戒律就是「摩西五書的首要原則」。❹⓿在拉比眼中，所有人皆是依據上帝的形象所造，因此我們如果輕蔑任何人，就是背棄上帝，相當於信奉無神論。謀殺也是褻瀆的行為：「聖經教導我們，任何人只要手染別人的鮮血，就等於是貶抑了神聖的形象。」❹❶上帝最初只造了一個人，藉此教導我們，只要摧毀一條人命，就等於是消滅整個世界；只要拯救一條人命，也足以救贖全人類。❹❷羞辱別人等同謀殺，也是一種毀損上帝形象的褻瀆行為，就算對方是奴隸或非猶太人也一樣。❹❸散播誹謗別人的謊言，就等於是否認上帝的存在。❹❹宗教和人與人之間的相互尊重脫不了關係。如果要敬拜上帝，就必須實踐黃金律，尊重自己的人類同胞，不論對方是什麼人。〔381〕

在拉比猶太教裡，學習的重要性相當於冥想在其他宗教裡的地位。學習是一種靈性的探索：「學習」的希伯來文是「darash」，意為「尋找」、「追求」。學習帶來的結果不是對別人的觀念產生智識上的理解，而是產生新的洞見。所以，拉比對經典的註釋可能談得比原文更進一步，發現原文裡沒有提及的東西，並且找出全新的詮釋。如同一部拉比猶太教經典所說明的：「當初不曾透露給摩西的事物，後來透露給了拉比阿奇巴及他那個世代。」❹❺學習也和行動脫不了關係。拉比希勒爾向那名抱持懷

---

❸❽ Song of Songs Rabbah 8:12, ibid., p.231.

❸❾ Yakult on Song of Songs 1:2.

❹⓿ Sifre on Leviticus 19:8, in Samuel Belkin, *In His Image: The Jewish Philosophy of Man as Expressed in Rabbinic Tradition* (London, 1960), p.241.

❹❶ Makhilta on Exodus 20:3, ibid., p.50.

❹❷ Sanhedrin 4:5.

❹❸ Baba Metziah 58b.

❹❹ Arakim 15b.

❹❺ Midrash Rabbah, Numbers 19:6, in Gerald L. Bruns, "Midrash and Allegory," in Robert Alter and Frank Kermode, eds., *The Literary Guide to the Bible* (London, 1987), p.632.

疑態度的異教徒解釋了黃金律之後，接著就是對他說：「你去好好學學吧。」唯有在日常生活中實踐黃金律，才有可能了解黃金律的真理。

學習是與上帝之間一種充滿活力的接觸。有一天，一個人向拉比阿奇巴說亞賽之子西緬（譯①）坐著闡釋聖經，身周閃動著火焰。拉比阿奇巴親自探究了這件事情。西緬是不是討論了以西結所見到的戰車異象，因而啟發了具有神祕主義傾向的人，促使他們自行昇華至天堂？不是，西緬答道。

我只是把摩西五書的內容串連起來，接著又與先知的教誨串連起來，再把先知和著作串連起來，於是字詞皆為之歡騰，就像當初在西奈山宣講的時候一樣，而且聽起來也和那時候一樣甜美。**㊻**

聖經仍有寬廣的詮釋空間，天啟也不是發生於遠古時代的歷史事件。每當有一名猶太人閱讀這部經典，接受這部經典的教導，並且把其中的教誨應用在自己的人生裡，就是又一次的天啟。這種動態活力的觀點可以點燃世界的活力。

因此，實際上並沒有所謂的「正統」信仰。沒有人能夠箝制別人的思考，就連上帝本身的聲音也不行。在一則創世傳說裡，拉比埃利澤（Eliezer ben Hyrcanus）和同僚對於猶太律法陷入了激烈爭論。他無法說服對方接受他的觀點，於是請求上帝展現神蹟支持他的論點。一株角豆樹因此自行移動了四百腕尺（譯②），一條水道裡的水向上逆流，學習之屋的牆壁也劇烈震動，整棟建築彷彿即將倒塌。不過，拉比埃利澤的同伴卻絲毫不為所動。最後，他別無他法，只好請求「上天的聲音」（bat qol）幫助他。神聖的聲音從善如流，隨即響起：「你們為何與拉比埃利澤爭

〔382〕

....

㊻ Midrash Rabbah 1.10.2, ibid., p.627.
譯① 亞賽之子西緬（Ben Azzai）為西元二世紀初的猶太聖賢，視阿奇巴為其師。
譯② 古代測量單位，意指中指尖至手肘的距離，約四十三至五十六公分長。

478

辯？律法的判決向來都合乎他的觀點。」然而，拉比約書亞卻挺身而起，引述了《申命記》的內容：「不是在天上。」上帝的教誨已不再僅限於神聖的世界裡。祂的教誨已宣揚於西奈山上，就此屬於每一個猶太人所有，不再是上帝的禁臠。「因此，我們不再聆聽上天的聲音。」❹

猶太拉比終於接納了軸心時代的原則，認為終極真實超越於凡俗之外，是言語無法表達的。關於上帝的議題，沒有人的意見可以做為準則。猶太人不得說上帝的名，這是一項鮮明的提醒，明確指出話語根本不足以描述神聖的世界，因此言說神聖的企圖可能造成褻瀆。拉比甚至要求以色列人不得在禱告中太常讚美上帝，因為即便是讚美的言語也是有缺陷的。他們一旦談到上帝在世間的存在，總是只論及上帝允許我們見到的特徵，而不提人類永遠無法理解的神聖奧祕。他們常常提及上帝的「光榮」（kavod）與「神的所在」（Shekhinah），也只說「聖靈」而不說「上帝」（tout court），藉此強調他們體驗到的真實並不等於神性的精華。任何神學都不具有決定性。拉比經常暗示指出，當初在西奈山上，每個以色列人對上帝的體驗都各自不同。由此可見，上帝會「依據每個人的理解能力」呈現出不同的面貌。❹我們所謂的「上帝」對每個人而言都不盡相同。每位先知體驗到的都是不同的「上帝」，因為每個人的個性都影響自己對神的概念。這種深奧的緘默，後來一直是猶太人的神學與神祕主義的特徵。

基督教剛開始也是西元一世紀的另一項運動，目的在於尋求身為猶太人的新方式。基督教的核心人物是個加利利信仰醫療者，在西元三十年左右被羅馬人處死於十字架上；他的信徒聲稱他死後又再度復活。他們相信拿撒勒人耶穌是猶太人長久期待的救世主，將在不久之後帶著榮耀回歸人世，並把上帝的國度引進人間。他是「上帝之子」，在意第緒語中，這

❹ Baba Metziah 59b, Deuteronomy 30:12, in Cohen, *Everyman's Talmud,* pp.40-41.
❹ Exodus Rabbah 34:1; Hagigah 13b, in Abelson, *Immanence of God,* pp.115-16.

個詞語的意思是指這個人受到上帝指派特殊任務，也享有和上帝特別親近的關係。古代的王者神學曾把以色列王視為耶和華的兒子與僕人；與耶穌有關的第二以賽亞，也為了他的人類同胞而遭受不少羞辱，後來獲得上帝把他提升至極高的地位。❹耶穌無意創立新宗教，本身也是個澈澈底底的猶太人。聖經裡記錄他的話語，都與法利賽人的教誨相當近似。如同希勒爾，耶穌教導的也是黃金律。❺耶穌和那些猶太拉比一樣，認為全心愛上帝以及愛人如己乃是摩西五書裡最重要的誡命（mitzvoth）。❺

〔383〕

　　把基督教轉變為非猶太宗教的關鍵人物是保羅。他是第一位基督教作家，深信耶穌就是救世主，是「受膏者」（希臘文為「christos」）。（譯③）保羅是海外猶太人，生長於西利西亞的塔索斯（Tarsus）。他原是法利賽人，因此使用通用希臘語寫作。他相信自己肩負向異邦人傳達福音的使命，因此致力為猶太人與非猶太人的世界搭建連接的橋樑。在他心目中，耶穌不但是猶太人的救世主，也是異教徒的救世主。保羅擁有軸心時代的普世觀，認為上帝「關懷天下人」。他深信耶穌的死與復生創造了一個新的以色列，對全人類一致開放。

　　在耶穌死後二十五年左右的西元 50 年代中期，保羅寫信給馬其頓腓立比（Philip）這座城市的信徒，信中引用了早期的一首基督教聖歌，其中顯示基督徒從一開始就體驗到耶穌的使命乃是一種「虛己」行為。❺這首聖歌先是指出，耶穌和全人類一樣，都是依據上帝的形象所造，但他並沒有緊抱著這個崇高的地位：

　　　　反倒虛己，

　　　　取了奴僕的形像。……

....

❹ Matthew 12:18-21.
❺ Matthew 7:12; Luke 6:31.
❺ Matthew 22:34-40; Mark 12:29-31; Luke 10:25-28.
❺ Philippians 2:5-11.

存心順服，以至於死，且死在十字架上。

不過，正由於這樣的「卑微」，上帝於是把他高高舉起，並且賜給他至高無上的名銜：主（kyrios），藉此榮耀父神上帝。這項觀點與菩薩的理想頗為相似，就像他們為了苦難的人類而刻意放棄涅槃的福樂。基督徒後來都把耶穌視為上帝的權化，因為愛護世人而不惜承受「降生」世間的痛苦，以便拯救人類。不過，保羅引述這首聖歌並不是為了闡釋化身的原理。身為法利賽人，他知道宗教真理必須化為實際行動。因此，他向腓立比的基督徒引述這首聖歌之時，首先提出了這項指示：「你們當以基督耶穌的心為心。」他們必須清除心中的自我中心、自私與驕傲。他們必須團結在愛裡，「有一樣的心思，有一樣的意念」。❺❸

不可貪圖虛浮的榮耀；只要存心謙卑，各人看別人比自己強。各人　〔384〕
不要單顧自己的事，也要顧別人的事。❺❹

他們如果以這種無我的態度敬重別人，即可了解耶穌虛己的神話。

耶穌是基督徒的典範。藉由模仿他，他們即可一致成為「上帝之子」，享有更加充實的人生。在新興基督教的儀式裡，受洗乃是一種象徵，代表信徒和基督一同埋進墳裡，對他的死亡感同身受，從而與過往的人生告別，就此展開全新的生活。❺❺他們可以藉此擺脫髒污的自我，和主共同享有崇高的人性。❺❻保羅聲稱他自己已超越了有限而單獨的自我：「現在活著的，不再是我，乃是基督在我裡面活著。」❺❼這是古老的典型宗教受到軸心精神影響，由愛的美德支配而產生的結果。後代的基督徒非

....

❺❸ Philippians 2:5.
❺❹ Philippians 2:2-4.
❺❺ Romans 6:1-11.
❺❻ Romans 8:14-39.
❺❼ Galatians 2:20.

常重視正統，認為信徒必須接受「正確的教誨」。最後，他們甚至把信心等同於信仰。不過，保羅一定無法理解這樣的觀念。對他而言，宗教就是虛己和愛。這兩者在他眼中是不可區分的。你也許具備足以移山填海的信心，但如果沒有愛，這樣的信心就毫無價值。要擁有愛，就必須一再超越自我中心的心態：

愛是恆久忍耐，又有恩慈；愛是不嫉妒；愛是不自誇，不張狂；不作害羞的事，不求自己的益處，不輕易發怒，不計算人的惡，不喜歡不義，只喜歡真理；凡事包容，凡事相信，凡事盼望，凡事忍耐。❺⑧

愛就是不妄自尊大，不自以為了不起，而是虛懷若谷、忘卻自我，並且永遠尊敬別人。

寫於西元 70 至 100 年左右的福音書，就是依循保羅的這種觀點。福音書沒有把耶穌的教誨呈現為教條，三位一體及原罪等概念都是後來才變得僵化嚴格。在福音書的記錄裡，耶穌實踐的相當於墨子所謂的「兼愛」——關懷天下人。耶穌的當代人經常對他結交的對象深感不以為然，因為其中許多都是「罪人」，包括妓女、痲瘋病患者、癲癇症患者，以及為羅馬收稅而遭人排擠的人。他的行為讓人不禁想起佛陀對「賤民」的接觸，因為他顯然沒有把任何人排除在自己關懷的對象之外。他堅決要求自己的追隨者不得評判別人。❺⑨只有實際實踐同情心，為飢餓的人提供食物，探望病患或獄囚，才得以進入天堂。⑥⓪他的追隨者應當把自己的財富分給窮人，⑥①也不該吹噓自己的善行，應該過著仁慈而謙遜的生活。⑥②

〔385〕

耶穌顯然也奉行「不害」的原則。「你們聽見有話說：『以眼還

……………………………………………

❺⑧ 1 Corinthians 13:4-8.
❺⑨ Matthew 7:1.
⑥⓪ Matthew 25:31-36.
⑥① Matthew 19:16-22; Mark 10:13-16; Luke 18:18-23.
⑥② Matthew 6:1-6.

眼、以牙還牙，』」他在〈登山寶訓〉裡對群眾說道：「只是我告訴你們：不要與惡人作對。有人打你的右臉，連左臉也轉過來由他打。」❻❸他後來遭到逮捕，也不准追隨者為他抗爭：「凡動刀的，必死在刀下。」❻❹在臨死之際，他更原諒了執行死刑的人員。❻❺在他最引人矚目的一項指示當中——學者認為此一記載的真實性極高——他禁止了一切的仇恨：

你們聽見有話說：當愛你的鄰舍，恨你的仇敵。只是我告訴你們：要愛你們的仇敵，為那逼迫你們的禱告。這樣，就可以作你們天父的兒子。因為他叫日頭照好人，也照歹人；降雨給義人，也給不義的人。你們若單愛那愛你們的人，有甚麼賞賜呢？就是稅吏不也是這樣行麼？你們若單請你弟兄的安，比人有甚麼長處呢？就是外邦人不也是這樣行麼？所以你們要完全，像你們的天父完全一樣。❻❻

耶穌之所以提出「愛你們的仇敵」這項對比強烈的主張，也許是刻意語出驚人，讓他的聽眾因為震驚而產生新洞見。人必須虛己才能做到這一點，因為這麼做等於是明知絕不可能有所回報而仍然發揮愛心。

軸心時代最後一次的盛放，發生在七世紀的阿拉伯，當時先知穆罕默德為漢志（Hijaz）的居民帶來了古蘭經（Qur'an）。當然，穆罕默德從來不曾聽過軸心時代這個名稱，但他想必懂得這種概念。古蘭經並未宣稱自己是受到上天啟示所產生的原創經典，而只純粹是重新闡述亞當獲得的訊息。亞當不但是人類的始祖，也是第一位先知。古蘭經堅稱穆罕默德的出現不是要取代過往的先知，而是要回歸亞伯拉罕的原始信仰。亞伯拉罕生存在摩西五書與福音書的時代之前，也就是上帝的宗教還未分裂成不同

....

❻❸ Matthew 5:39-40.
❻❹ Matthew 26:53.
❻❺ Luke 22:34.
❻❻ Matthew 5:43-48.

教派而互相競爭的時候。❻上帝曾經向世界上的每個民族派遣使者,當今
〔386〕 的穆斯林學者也認為,如果阿拉伯人在當初也知道佛陀與孔子的存在,那
麼古蘭經應該也會贊同他們的教誨。古蘭經的基本訊息並不是教條——實
際上,古蘭經對神學臆測抱持懷疑的態度,稱之為「自我耽溺的猜測」
(zannah)——而是要求信徒實踐同情心。為了積聚私有財富而犧牲別人
是錯誤的行為;人應當公平分享自己的財富,創造一個公正而正直的社
會,讓窮人與弱者都能獲得尊重。

　　如同軸心時代的所有聖哲,穆罕默德也生活在舊價值觀崩解的動盪
社會裡。當時的阿拉伯陷入部落戰爭的惡性循環,每一項復仇行為都不免
造成另一場仇恨。不過,當時也是經濟與物質生活進步的時代。阿拉伯半
島嚴酷的地形與氣候使得阿拉伯人與世隔絕,但在西元六世紀末,麥加建
立了繁榮的市場經濟,商人也紛紛帶著車隊前往波斯、敘利亞與拜占庭等
發展較為先進的地區。穆罕默德本身也是個成功的商人,在競爭激烈的資
本主義和財務交易複雜的氛圍下向麥加人傳播他的訊息。這時候,麥加居
民的富有程度已經遠遠超越他們的夢想,但在所有人都致力追求財富的情
況下,認為社群應當照顧弱勢成員的舊有部落價值觀已遭人淡忘。當時社
會上普遍瀰漫著抑鬱不安的情緒,古老的異教信仰雖然在阿拉伯人遊牧於
沙漠中的時代對他們極有幫助,卻已不再適用於當前的環境。

　　穆罕默德在西元 610 年左右首度獲得啟示,當時許多阿拉伯人都
深信他們最高的神明阿拉*與猶太教徒和基督徒的上帝乃是同一位神。
信奉基督教的阿拉伯人經常到卡巴聖殿朝聖。卡巴聖殿是阿拉位於麥加
(Mecca)的殿堂,矗立於異教徒當中。穆罕默德要求信徒的第一件事,
就是指示他們面對耶路撒冷的方向祈禱,因為他們即將敬拜的神,就是
這座城市的猶太教徒與基督徒所信奉的神。由於猶太教徒與基督徒也各
自都曾經獲得上天的啟示,因此這個新興的阿拉伯宗教並不強制要求——

....
❻ Qur'an 3:58-62; 2:129-32.
＊在阿拉伯文裡,「阿拉」的意思即是「上帝」。

也沒有邀請——他們加入，除非是他們自己特別表達這樣的意願。在古蘭經裡，上帝要求穆斯林必須以尊敬有禮的態度對待「基塔」（ahl al-kitab），亦即「先前接受神諭的人」：

　　切勿與先前神諭的追隨者爭論，即便不得不爭論——例如他們一意想要從事惡行——也必須保持和善的態度，說：「我們信奉上天向我們揭示的神諭，也信奉你們所領受的神諭：因為我們的上帝和你們的上帝乃是同一位，我們全都臣服於祂。」❻❽ 〔387〕

　　在穆罕默德死後許久，穆斯林帝國仍然遵循這項政策。直到西元八世紀中葉之前，伊斯蘭教都不要求異教徒皈依信奉。穆斯林認為伊斯蘭教是阿拉伯人的宗教，而阿拉伯人乃是亞伯拉罕之子以實瑪利（Ishmael）的後代，一如猶太教是以撒與雅各後代的宗教，基督教則是福音書追隨者的宗教。今天，有些穆斯林詆毀猶太教與基督教，有些極端主義分子更鼓吹穆斯林有責任以伊斯蘭教征服全世界，但這些主張其實都是後來的創新，悖離了數百年來的神聖傳統。

　　後來，穆罕默德的宗教稱為「伊斯蘭教」（islam；意為「臣服」）；「穆斯林」（Muslims）則是把人生臣服於上帝的男男女女。這乃是軸心時代的核心精神。穆罕默德要求信徒每天數次俯伏在地祈禱，當時阿拉伯人都覺得很難做到，因為阿拉伯人不認同君主統治，也認為像奴隸一樣匍匐在地上是丟臉的行為。不過，這種身體姿勢就是要讓他們從內心深處體會伊斯蘭教的要求：超越自我。自我總是不斷搔首弄姿，時時刻刻吸引著我們的注意。

　　此外，穆斯林也必須固定把自己的部分收入施捨給窮人。這種「天課」（zakat；意為「淨化」）可讓穆斯林滌除內心慣有的自私。穆罕默

---

❻❽ Qur'an 29:46. Quotations from the Qur'an are taken from Muhammad Asa, trans., *The Message of the Qur'an* (Gibraltar, 1980).

德的宗教剛開始似乎稱為「tazakkah」，這個罕見的字眼與「zakat」有關，很難翻譯，意思大概近似「精進」、「慷慨」、「俠義精神」。在這種宗教當中，穆斯林必須奉行同情與慷慨的美德，必須利用自己的智慧培養關懷他人而且負責任的精神，願意對上帝的所有造物殷勤付出。他們必須仔細觀察阿拉對人類的大方贈與，觀察自然的「徵象」（ayat）：

> 祂為所有生物鋪設大地，布滿水果，還有長滿棗子的棗椰樹，以及高高生長在莖桿上的穀類，和氣味甜美的植物。[69]

〔388〕 藉由冥想造物的奧祕，穆斯林必須學習以同樣的慷慨姿態對待別人。由於阿拉的仁慈，世界上才有秩序和豐富的物產，而不是一片混亂與貧瘠。穆斯林如果能夠遵循阿拉的榜樣，就會發現自己的人生因此轉化。如此一來，他們人生將不會充滿自私與野蠻，而能夠獲得性靈上的提升。

這個新宗教激怒了麥加的居民，他們並不認同穆罕默德提倡的這種平等精神。當地的大家族紛紛迫害穆斯林，也企圖刺殺穆罕默德，最後他和七十個穆斯林家庭只好被迫逃到麥加北方兩百五十英里左右的麥地那（Medina）。在信奉異教的阿拉伯，血緣關係是最神聖的價值，因此這種行為等於是褻瀆。從來沒有人會離開自己的親人，和自己沒有血緣關係的部落住在一起。在這次遷徙（hijrah）之後，穆斯林面臨了與麥加這座阿拉伯最強大的城市開戰的可能性。往後五年間，他們打了一場艱苦的生存之戰。在伊斯蘭教普及之前的阿拉伯，戰士都極為殘酷無情。麥加人若是征服了穆斯林的社群，必然會殺盡所有男人，奴役所有的婦女和兒童。

在這段黑暗時期，古蘭經的若干啟示指示了穆斯林在戰場上的行為。伊斯蘭教不是「不害」的宗教，但古蘭經也只允許自衛戰爭。古蘭經

....

[69] Qur'an 55:10.

486

把戰爭譴責為「可怕的惡行」，禁止穆斯林主動挑起敵意。❼❶好鬥是嚴格禁止的行為，穆斯林絕不可發起先發制人的攻擊。不過，有時候為了捍衛良善的價值觀，還是不得不挺身抗爭。❼❶穆斯林遭到攻擊的時候可以自衛，在戰爭期間也必須全心戰鬥，致力擊敗敵人，好讓世事回歸正常。不過，敵人只要一旦請求停戰，戰鬥就必須停止，而且穆斯林必須接受對方提出的任何條件。❼❷戰爭不是處理衝突的最佳方式。和敵人坐下來理論才是正道，只要這樣的爭論「保持和善的態度」即可。原諒和忍讓絕對是較佳的做法，「因為上帝與能夠忍受苦難的人同在。」❼❸

「吉哈德」（jihad）的意思其實不是「聖戰」，其主要意義是「奮鬥」。要在殘酷而危險的世間實踐上帝的旨意並不容易，所以穆斯林必須在各個領域裡全力奮鬥，包括社會、經濟、智識與靈性等層面。有時候，戰鬥也是必要的作為，但有一項重要而深具影響力的傳統把戰爭放在次要地位。據說穆罕默德曾在一場戰役結束後對追隨者說：「我們要結束次要的吉哈德『戰爭』，回歸大吉哈德了。」所謂的大吉哈德，就是改革社會與自己內心的迫切挑戰。後來的穆斯林律法進一步闡釋了古蘭經裡的這些指示。穆斯林只有為了自衛才能戰鬥；復仇絕對必須合乎比例；只要是容許穆斯林自由奉行其宗教的國家，穆斯林就不得對其發動戰爭。此外，平民的傷亡一定要避免，樹木不得砍伐，建築物也不得燒毀。 〔389〕

在對抗麥加的五年戰爭中，雙方都犯下了不少暴行，這種情形在伊斯蘭教普及之前的阿拉伯相當常見。許多屍體都遭到肢解。麥地那一個猶太部族試圖刺殺穆罕默德，又與麥加合謀，協議在圍城期間打開麥地那的城門，結果該部族的男性全部遭到處決。不過，穆罕默德漸居上風之後，就隨即斷絕了互相攻打的毀滅性循環，而推行一項大膽得令人咋舌的非暴

....

❼❶ Qur'an 2:217; 2:190.
❼❶ Qur'an 22:39-40.
❼❷ Qur'an 2:292.
❼❸ Qur'an 16:125-26.

力政策。

西元 628 年，他宣布自己要到麥加朝聖，並且邀請穆斯林志願者與他同行。這是一項非常危險的舉動。在朝聖期間，阿拉伯朝聖者都不得攜帶武器，而且麥加的聖殿裡也禁止一切暴力，甚至連口出惡言或殺害昆蟲都不可以。因此，在毫無武裝的情況下前往麥加，穆罕默德等於是羊入虎口。然而，卻有一千名穆斯林決定陪伴他同行。麥加人派遣騎兵前去殺害朝聖群眾，但當地的貝都因人卻引導他們從另一條道路抵達聖殿。他們進入聖地之後，穆罕默德隨即要求穆斯林坐下來平和示威，心知自己讓麥加人陷入了一個兩難的境地。他們如果在阿拉伯最神聖的地方傷害這群朝聖者，侵犯卡巴聖殿的神聖性，他們的理念就再也站不住腳。最後，麥加人派了一名使者前往談判，結果在現場所有穆斯林的驚恐之下，穆罕默德遵照古蘭經的指示，接受了對方開出的條件。這項舉動不僅顯得極不光彩，也似乎放棄了穆斯林不惜性命奮戰而來的優勢。儘管如此，穆罕默德還是簽下了條約。陪同他去朝聖的穆斯林群眾都深感氣憤，差點爆發叛變。好不容易化解這場一觸即發的情勢之後，所有人在悶悶不樂的沉默中踏上歸途。

然而，在回家的旅途上，穆罕默德卻收到了上帝的神諭，指稱這項表面上的落敗乃是「顯而易見的勝利」。[74]麥加人在古老宗教的暴力心態之下，「內心仍然懷著頑固的鄙夷，」上帝卻賜給了穆斯林「內在和平的贈禮『sakinah』」，因此他們才能以平靜的態度面對敵人。[75]他們因為完全臣服於神而獲得榮顯，而這點也就突顯了他們與信奉異教的麥加人大不相同，反倒比較近似於我們所謂的軸心時代宗教。古蘭經指出，和平的精神是穆斯林與摩西五書及福音書的共通之處：「他們就像種子一樣，發出嫩芽，接著受到上帝的強化而生長茁壯，最後高高挺立在莖桿上，令播種

〔390〕

....

[74] Qur'an 48:1.
[75] Qur'an 48:26.

488

人深感喜悅。」**⑯**原本看似沒什麼前景的條約終究還是帶來了和平。兩年
後，麥加人自願打開城門讓穆罕默德進入，結果他不流一滴血就征服了這
座城市。

*   *   *

　　在軸心時代的每一個宗教裡，都有信徒未能達到該宗教的崇高理
想。在這些信仰當中，都有人陷入排他、殘忍、迷信，乃至暴行的陷阱
裡。但軸心宗教的核心觀念其實都帶有同情、尊重與普世關懷的理想。當
時的聖哲都活在如同今天這樣的動亂社會，他們創造的是一種靈性科技，
利用自然的人類精力對抗這種攻擊性。其中最具天賦的聖哲理解到，如果 〔391〕
想要禁絕野蠻而殘暴的行為，單純頒行外部指令是沒有用的。如同莊子所
言，顏回向魏國國君講述儒家的崇高原則，並不可能促使他改變，因為那
名國君的殘暴行為乃是源自潛意識的偏見，而顏回的勸說根本無法觸及這
種潛意識的偏見。

當今的軸心時代宗教
世界人口數

基督徒	1,960,993,000
穆斯林	1,179,326,000
印度教徒	767,424,000
佛教徒	356,875,000
錫克教徒	22,874,000
道教徒	20,050,000
猶太教徒	15,050,000
儒家信徒	5,067,000
耆那教徒	4,152,000
祆教徒	479,000

---

⑯ Qur'an 48:29.

　　戰爭與恐怖狀態一旦猖獗,就會對人的一切行為造成影響。仇恨與恐懼會滲入人的夢想、人際關係、渴望以及志向。軸心時代的聖哲發現這種現象發生在當代人的身上,於是設計了一種教育方式,根植於自我當中較為深沉而且缺乏意識的層面,藉此協助世人克服內心的仇恨和恐懼。這些聖哲採行的道路各自不同,提出的解決方案卻都如此類似,可見他們確實發現了人類運作方式的某種重要面向。不論他們的神學信仰為何——如同我們在本書所見,這些聖哲並不特別重視信仰的問題——他們都認為人只要以嚴謹的方式重新教育自己,就可體驗到自身的人性獲得提升。他們提出的修行方式雖然各自不同,目的卻都是在於消除造成暴力的自我中心,並且提倡黃金律的同理心。他們發現如此可讓人接觸到人類經驗的一種不同層面。如此可讓他們獲得「出神」的體驗,「踏出」平常侷限於自我範圍內的意識,從而領悟一種超越凡俗的真實,稱為「上帝」、「涅槃」、「梵」、「自我」(atman),或是「道」。重點不在於先信仰「上帝」,然後才選擇奉行富有同情心的人生。嚴謹實踐對別人的同情,這種行為本身就可讓人體悟到超越性的經驗。人類也許在環境的影響下而習於自我防衛。自從人類穴居的時代以來,我們就一再遭到掠食動物和其他人的威脅。即便在自己的社群和家庭裡,別人還是有可能反對我們的利益、打擊我們的自尊,我們總是隨時準備反擊或是先發制人,不論在言語上、心理上或生理上都是如此。不過,軸心時代的聖哲發現,我們如果能夠循序漸進地培養出一種完全不同的心態,即可體驗到一種不同的意識狀態。這些聖哲在各自的追尋中紛紛回歸黃金律,我們也許可以由此看出人性結構的一些端倪。

　　舉例而言,每當我們想對同事、兄弟姐妹或是敵對國家說出具有敵意的話語之前,若是能夠先考慮一下自己聽到這麼一句話會有什麼感受,從而把到口的話嚥了回去,那麼我們在那一刻就是超越了自己,獲得了昇華的體驗。這樣的態度如果養成習慣,人即可活在持續不斷的「出神」狀態下,但不是因為他們沉浸在某種修行方式的恍惚情形中,而是因為他們

〔392〕

超越了自私心態的侷限。軸心時代的各種修行方式都提倡這種態度。如同拉比希勒爾所說的，這正是宗教的精華。儒家的禮讓就是要培養敬重他人的習慣。瑜伽追隨者在從事瑜伽修行之前，首先必須精通「不害」，在所有的言行舉止都不得顯露敵意。瑜伽追隨者必須讓「不害」的理想成為自然而然的習慣，他的導師才會允許他開始修行。但經典中也指出，在熟習「不害」的過程中，個人即可體驗到「無可言喻的喜樂」。

　　軸心時代的聖哲把揚棄自私與培養同情心視為首務。對他們而言，宗教就是黃金律。他們把注意力放在人所應該超越的對象——貪婪、自我中心、仇恨、暴力。超越之後的結果並不容易定義，但總之是未開悟的人無法想像的至福狀態，因為他們仍然遭到自我的羈束。人如果把注意力集中在超越之後所能夠達到的境界，而一心執著於此，就可能對這樣的境界一再追問不休。在佛教眼中，這乃是一種「不善巧」的行為。

　　這不是說所有的神學都應當遭到揚棄，也不是說有關上帝或終極狀態的信仰都是「錯」的，只是單純指出這些神學與信仰並不代表完整的真相。超越性的價值在本質上就無法定義，因為「定義」一詞原本的意義就是「設定界線」。舉例而言，基督教非常重視教義的正統，因此許多基督徒都無法想像自身傳統信仰之外的宗教。這點當然沒什麼問題，因為這些教條通常表達了深刻的靈性真理。自我檢驗的方式很簡單：個人不論信奉世俗或宗教性的信仰，只要他因此變得好鬥、偏狹，而且對別人的信仰抱持敵意，那麼他就陷入「不善巧」的境地。如果他的信念促使他博愛待人，並且敬重陌生人，那麼他就是善良而健全。在所有的主要傳統當中，都可利用這種方式檢驗個人是否真的虔誠向善。

　　與其揚棄宗教教義，我們應該做的其實是探尋這些教義的核心靈性觀點。宗教教誨絕不只是單純陳述客觀的事實，而是一套行動計畫。保羅當初向腓立比人引述早期的基督教聖歌，目的不在於確立上帝化身的律法，而是要促使他們實踐虛誠己。他們如果能表現出像基督一樣的行為，就可在他們對他的信仰中發現真理。同理，三位一體論的部分目的也是為了

〔393〕　提醒基督徒不要把上帝想成一個單純的人格，而應該明白神聖的精華超出於他們的理解之外。有些人認為三位一體論是以人際關係或社群的觀點看待上帝；也有些人發現三位一體論的核心要素就是虛己。不過，這項教義的目的乃是在於促成省思與道德行動。西元十四世紀，希臘正教的神學家提出了一項合乎軸心時代核心思想的神學原理。他們指出，任何有關上帝的陳述都應該具備兩種特質：第一，這項陳述必須是矛盾的，藉此提醒我們上帝無法歸入有限的俗世分類裡；第二，這項陳述必須是「否定」（apophatic）的，引導我們陷入沉默，不再言說。**⑰**因此，神學討論不該回答我們對神的一切問題，而是應該像梵論競賽，讓所有參賽者都陷入說不出話的敬仰當中。

　　數百年來的制度、政治及智識發展，通常都掩蓋了慈悲在宗教中的重要性。主導公共論述的宗教似乎都經常表達一種體制性的自我中心：我的信仰比你的優秀！如同莊子所說的，人一旦把自我投射在自己的信仰裡，就會喜於和人爭辯，好管閒事，甚至心生惡毒。慈悲不是一種常見的德行，因為要做到慈悲，就必須排除我們深深認同的自我。所以，一般人總是寧可義正詞嚴而不願慈悲。基本教義派的宗教吸收了我們這個時代的暴力現象，而發展出一種極端化的觀點，因此這種宗教的信徒就像早期的祆教徒，經常把人類區分為兩個敵對的陣營，虔誠的信徒必須誓死對抗「作惡者」。我們已可從世界付出的代價中看到，這種態度極易造成暴行。此外，這種態度也經常產生不良後果。如同《道德經》指出的，施暴者通常會遭到暴力帶來的反作用力所傷害，不論他施行暴力的用意有多麼良善。人不能強迫別人的行為舉止都合乎自己的要求；實際上，強制性的措施反倒更可能促使別人反其道而行。

　　所有的世界宗教都出現過這種激進的虔誠態度。有些人因此斷定認為宗教本身必然會產生暴力，不然就是認為特定傳統充滿了暴力與偏狹。

⑰ Gregory Palamas, *Theophanes,* in J.P. Migue, ed., *Patrologia Graeca* (Paris, 1864-84), 9.932D.

不過，軸心時代的歷史顯示實情正好相反。這些信仰在興起之初，都謹守原則，真心排拒當代前所未見的暴力現象。印度的儀式改革者開始把衝突與攻擊性排除於獻祭競賽之外，就是印度軸心時代的開端。在耶路撒冷遭到摧毀，大批猶太人被流放到巴比倫王國之後，以色列的祭司作者開始發展出和解與「不害」的理想，於是以色列的軸心時代也告展開。中國的軸心時代發展於戰國時期，當時儒、墨、道等學派都找出了各種方式對抗種種無視於法律的侵略活動。在希臘，暴力受到城邦的制度化，因此希臘人雖然對軸心理想也做出了不少貢獻——尤其是在悲劇的領域——終究卻沒有出現宗教的蛻變。 〔394〕

　　儘管如此，宗教的批判者卻指出暴力與神聖觀念之間有所關聯，而且他們說得其實沒錯，因為「宗教人」（homo religiosus）關注的對象一向都是人生的殘酷現象。動物獻祭是古代一種普世皆有的儀式，其目的就在於透過公開展示的殘暴行為遏制我們與生俱來的攻擊性。這種儀式可能源起於舊石器時代的獵人在屠殺其他動物之時所體驗到的罪惡感。宗教經典經常反映其誕生之際的動亂背景。宗教為屠殺行為提出合理化的解釋並不罕見。如果把宗教經典抽離於宗教傳統，那麼舊約聖經、新約聖經以及古蘭經當中的篇章都可輕易用來支持不道德的殘暴行為。宗教經典經常這麼被人利用，大多數的宗教傳統也都有過極不光彩的過往。在當今這個時代，世界各地都有人採行受到宗教啟發的恐怖行動。促使這些人採取這種行為的動機可能是恐懼、絕望與挫折，也可能是完全違背軸心理想的仇恨與憤怒。於是，宗教也就不免牽連於近代史上若干最慘酷的事件當中。

　　我們該採取什麼樣的反應？軸心時代的聖哲為我們提出了兩項重要的忠告。第一，人一定要自我批判。我們不能只是單純譴責「對方」，也必須檢驗自己的行為。猶太先知在這方面特別做出了強而有力的領導。在以色列王國與猶大王國遭到帝國強權威脅之際，阿摩司、何西阿與耶利米卻都要求猶太人反省自己的行為。他們沒有鼓勵自命正義的危險行為，而是希望戳破民族的自大心態。想像上帝站在自己這一方而反對自己的敵

493

人，並不是成熟的宗教態度。阿摩司見到神聖戰士耶和華以亞述為工具，懲罰以色列王國的組織不公與缺乏社會責任。以西結被流放到巴比倫王國之後，看見猶太人因為國家的侵略行動而遭受流放的痛苦，卻堅決要求猶大王國的人民反省自己的暴力行為。耶穌後來也要求他的追隨者不要只看到鄰人眼中的刺，卻沒注意到自己眼中的梁木。❼❽軸心時代的虔誠信仰要求人為自己的行為負起責任。印度的業報說堅稱我們所有的行為都會帶來深遠的後果；不先反省自己的缺點而只知道責怪別人，可能會導致悲慘的後果，不僅「不善巧」、不實際，也不合乎宗教要求。因此，在我們當今的困境之下，軸心聖哲可能也會告訴我們，改革必須從自身開始。在我們大聲要求別人的宗教改邪歸正之前，我們應該先檢視自己的傳統、經典與歷史，並且修正我們自己的行為。我們不先改革自己，就絕不可能改革別人。排拒宗教的世俗人士也應該注意世俗的基本教義立場，這種立場看待宗教的偏狹態度就像部分宗教排斥世俗主義的情形一樣嚴重。世俗主義的歷史雖然不長，卻也同樣不乏災難：希特勒、史達林與海珊的例子顯示，以激進的態度把宗教排除於公共政策之外，一樣可能導致致命的後果。

〔395〕

第二，我們應該追隨軸心聖哲的模範，採取實際而有效的行動。當初他們挺身面對自身傳統中的侵略性，並沒有假裝這樣的侵略性不存在，而是積極改革自己的宗教，改變儀式，改寫經典，藉此消除多年來累積而成的暴力傾向。印度的儀式改革人士消除了獻祭儀式裡的爭鬥；孔子企圖排除扭曲了禮的激進自我中心；P 底本則剔除了古老創世傳說中的侵略性，形成一種宇宙進化論，指稱耶和華賜福於祂所造的萬物，甚至包括祂在古老傳說中屠殺的海怪。

今天，極端主義者都扭曲了軸心時代的傳統，只強調數百年來演化出來的好戰成分，而對其中提倡慈悲與尊重別人神聖權利的部分視若無睹。這些宗教的其他信徒應該展開規律而富有創意的學習、討論、省思與

．．

❼❽ Matthew 7:5.

494

行動，致力恢復信仰的原貌。與其把令人蒙羞的經典內容及過往災難掩蓋起來，藉此保有宗教的「正直性」，學者、神職人員與俗民信徒都應當研讀這些令人難堪的典籍，提出深刻的問題，並且分析過往的缺失。另一方面，我們全都應該努力重拾慈悲的觀點，並且找出創新而具有啟發性的表達方式——就像軸心時代的聖哲一樣。

這樣的一場運動不必單純只是智識上的努力，也應該是靈性上的追尋。在這個危險的年代，我們亟需新觀點。不過，如同軸心時代的聖哲所一再指出的，宗教理解不只是一種概念。許多聖哲反對文字經典，因為他們害怕這樣的經典會導致華而不實的膚淺知識。謙遜、慈悲而非暴力的生活方式和研讀經典一樣重要。就連因陀羅也必須先改變自己的好戰習性，〔396〕以謙卑的姿態學習吠陀經，才能了解吠陀傳統最深刻的真理。此外，這段學習過程也花了很長的時間。今天，由於我們活在即時通訊的社會裡，因此我們也期待自己對宗教的理解能夠在瞬間完成。我們如果在接觸一個宗教之後不能立即懂得欣賞其美妙之處，甚至會覺得可能是什麼地方出錯了。不過，軸心時代的聖哲一再反覆說明，指出真正的知識總是難以捉摸。蘇格拉底相信自己有責任讓理性的希臘人了解，就算我們奉行最嚴謹的邏輯思考，還是不可能完全理解真理的所有面向。我們唯有在智識上虛己，了解自己其實什麼都不知道，才能「清除」腦中既有的觀念，從而獲得真正的理解。軸心時代的聖哲並不怕質疑基本假設，我們面對當今的問題，也必須對各種新觀念保持開放的心胸。

我們生存在一個充滿恐懼和痛苦的時期。軸心時代教導我們勇敢面對人生無可避免的苦難，唯有承認我們本身的痛苦，我們才能學會對別人感同身受。今天，我們目睹的災難影像遠多於以往的任何一個世代；我們每晚都可在自己的客廳裡看到發生於世界各地的戰爭、自然災難、饑荒、貧窮、疾病。人生確實充滿了「苦」。看到這種普遍存在的恐怖景象，我們很可能會為之退縮，否認這一切和自己有關，從而培養出一種「正向」的態度，只看見自己的苦難，而把別人的苦難全部排除在外。不過，軸心

時代的聖哲堅稱我們絕對不能選擇這樣的做法。否認人生的苦難，而像鴕鳥一樣把頭埋在沙裡的人，乃是「偽先知」。除非我們讓環繞在身周的悲苦侵入我們的意識裡，否則就不可能展開靈性的追尋。在這個國際恐怖主義的時代，我們很難想像自己活在佛陀的享樂花園裡。苦難早晚都會侵入我們的人生，即便是在備受保護的第一世界社會裡也一樣。

軸心時代的聖哲告訴我們，與其厭憎這樣的事實，我們應該將其視為一種宗教機會。與其任由我們的痛苦不斷惡化而爆發為暴力、偏狹與仇恨，我們應當鼓起勇氣，以建設性的方式運用我們的痛苦。耶利米向遭流放的猶太人說，訣竅就在於不要任由厭憎的情緒發酵。復仇不是答案。P底本的祭司作者向流亡猶太人說：要敬重身旁的陌生人，因為在埃及，你們才是陌生人。過往苦楚的記憶使我們回歸黃金律；這樣的記憶應有助於我們把別人的苦難視同自己的苦難，甚至（也許該說尤其是）敵人的痛苦也不例外。希臘人把人的苦難呈現在舞台上，於是雅典觀眾對於才在幾年前摧殘了雅典的波斯人也同樣能夠感到同情。悲劇裡的人物所犯下的罪行，雖然在現實生活中會讓人驚恐不已，合唱隊仍然引導觀眾為這些人物悲憫落淚。悲劇無可否認，必須直接呈現於城市的神聖中心，形成善的力量——一如在《歐勒斯特亞》劇末，充滿仇恨的復仇三女神轉變成了「和善女神」，並且在衛城獲得了一座祀奉她們的神殿。我們必須學習對我們所厭惡並傷害我們的人感同身受；在《伊里亞德》結尾，阿奇里斯與普利阿摩斯一同哭泣。憤怒與惡毒的厭憎可能使我們喪失人性；阿奇里斯與普利阿摩斯分享自己的哀傷，並且在對方身上看到和自己一樣的淒苦之後，才找回了他所喪失的人性。

〔397〕

我們必須一再提醒自己，軸心時代的聖哲在恐怖而動盪的情況下發展出了慈悲的倫理。他們不是在象牙塔裡冥想，而是生存在遭到戰亂撕裂的社會當中，眼睜睜看著古老價值不斷消失。他們和我們一樣，也意識到了世間的虛無與深淵。這些聖哲不是空想者，而是極為實際的人士；許多都極為關切政治與治理的問題。他們深信感同身受不只是一種具有教化效

果的觀念，而且實際可行。慈悲與關懷所有人是最佳的策略。我們應當認真看待他們的洞見，因為他們的確是這方面的專家。他們投注了許多時間與精力思考善的本質，也花費了許多創造力為人類的靈性病症尋求療癒之道，就像今天的科學家致力尋求癌症的解藥。我們關注的對象和他們不同。軸心時代是個靈性天才輩出的時期，當今則是科學與科技天才的年代，而我們的靈性教育通常極為不足。

軸心時代需要開創新觀點，原因是人類在社會與心理層面都已向前躍進了一大步，發現每個人都是獨特的。過去的部落倫理為了確保團體生存而發展出來的社群心態，已逐漸受到新興的個人主義所取代。這就是為什麼軸心時代的許多靈性追尋都聚焦於如何發現自我。一如商人，棄世者也是靠著自己的力量白手起家。聖哲要求每個人都對自己擁有清明的覺知，了解自己的所作所為；獻祭儀式必須因人而異，每個人也都必須為自己的行為負起責任。今天，我們又出現了更大幅度的躍進。我們的科技創造了全球化的社會，世界各地在電子、軍事、經濟、政治等方面都有著緊密的聯繫。現在，我們已發展出一種全球意識，因為不論我們喜不喜歡，我們畢竟都活在同一個世界裡。我們面對的問題雖然和軸心時代的聖哲不一樣，但他們仍然能夠對我們有所幫助。他們沒有揚棄過往宗教的洞見，而是加以深化及擴大。我們也應該以同樣的方式進一步發展軸心時代的洞見。

聖哲比一般人更早意識到同情心不能僅限於自己的群體。我們必須 〔398〕
培養佛教徒所謂的「無量」觀點，關懷範圍普及全世界，而且萬物都涵蓋在內。黃金律對軸心時代剛萌芽的個人主義提出了這項提醒：我重視自己的程度正如你對自己的重視。每個人如果都以自己為絕對標準，人類就不可能組成社會，因此我們都必須學習互相禮讓。我們面臨的挑戰，就是進一步發展這項洞見，並且為其賦予全球性的重要性。在聖典當中，P 底本堅稱世界上沒有不潔的生物，而且每個人都擁有自主權，即便是奴隸也不例外。我們必須「愛」鄰人如己。如同我們先前提過的，P 底本的意思不

是說我們必須對所有人都懷抱愛戀情意；在其法律術語當中，「愛」的意思是指樂於助人、對人忠誠，以及給予別人實際的支持。今天，全球的每個人都是我們的鄰人。墨子曾經致力說服當時的國君，讓他們知道實行兼愛其實具有充分而實際的理由。他指出，這麼做絕對有助於這些國君本身的利益。現在，我們已經知道他說的確實沒錯。今天發生在阿富汗與伊拉克的事情，明天將對倫敦或華盛頓造成影響。做為最後手段，「愛」與「關懷」將比自利或短視的政策更有利於所有人。

在《酒神的女祭司》裡，優里庇德斯讓觀眾了解到排拒「陌生人」是危險的行為。不過，接納陌生的外來人事物需要時間；我們的世界觀向來習於以自我為中心，要改變這一點也需要付出極大的努力。佛教徒推薦我們冥想「無量」，以培養不同的心態。如果沒有時間及天賦從事瑜伽修行，也可以反覆唸誦佛陀的詩：〈願眾生喜樂〉——這項祈禱不需要有任何神學或教派的信仰。儒家也體認到自修的重要性。禮儀的目的在於培養「君子」，也就是成熟而發展完滿的人，對待別人絕不輕率隨便，也絕不自私。不過，禮儀也轉變了禮敬的對象，彰顯其獨特的神聖性。實際表達對別人的尊重，大概是全球社會達成和平的必要條件，可能也是「感化」流氓國家的唯一方法。不過，這種尊重必須發自內心。如同《道德經》所言，人總是能夠察覺行為背後的動機。國家同樣會知道自己是否遭到剝削，也察覺得到其他國家是否為了本身的利益而迎合自己。

以理性建構的神學雖然可能清晰明瞭，卻禁不起苦難的衝擊。以西結那充滿恐怖與混亂的觀點就與《申命記》作者那種簡明的意識形態極為〔399〕不同。奧許維茨集中營、波士尼亞戰爭，以及世貿大樓遭到撞毀，都顯露了人心黑暗的一面。今天，我們活在一個悲劇性的世界裡，希臘人知道這種世界當中沒有簡單的答案。悲劇的體裁要求我們學習從別人的觀點看待事情。宗教如果要為這個殘破的世界帶來光明，我們就必須像孟子說的，努力找回失落的本心，而且這個本心存在於各種傳統的核心，也就是慈悲的精神。

詞彙表

A

Achaean：阿開亞人；邁錫尼文明的希臘人，住在阿開亞。

Acropolis（希臘文）：衛城；雅典城外的聖山。

Agnicayana（梵文）：火壇祭；吠陀祭典；祭祀火神阿耆尼的磚造火壇。

Agon（希臘文）：爭鬥。

Agora（希臘文）：集會所；希臘城市中心的廣場或市集。

Ahimsa（梵文）：「不害」；非暴力。

Ahl al-kitab（阿拉伯文）：「基塔」；原意譯為「經書的子民」，但是在西元前七世紀的阿拉伯《古蘭經》的時代，書籍其實很少見，所以應譯為「先前接受神諭的人」比較正確。

Ahura（祆語）：阿胡拉，「上主」；雅利安眾神中的至高者。後來瑣羅亞斯德教徒也崇拜眾「阿胡拉」。

Am ha-aretz（希伯來文）：「國民」；指西元前七世紀猶大國的地方貴族。自被擄歸回以後，則指在巴比倫戰爭後屯居在迦南地的外邦人，以及沒有被擄到巴比倫的猶大人和以色列人。

Amesha（祆語）：聖神；在瑣羅亞斯德教指隨侍阿胡拉‧馬茲達的七聖神。

Anatta（巴利文）：無我；佛教教義不認為有恆常不滅的自我，要修行者捨棄我執。

Apeiron（希臘文）：無限定者；阿納克西曼德的哲學裡宇宙的初質。

Aranya（梵文）：阿蘭若，森林；《森林書》以祕義解釋吠陀祭禮。

Archetype（源自希臘文）：原型或典範。永恆哲學認為世間萬物或經驗皆為天上世界更強大豐富的實在者的翻版或淡影。在古代宗教裡，回歸到原型的實在者被認為是個人或萬物的實現，由此得到更滿全豐富的存在。

Areopagus（希臘文）：亞略巴古；雅典市集附近的岩丘，為長老院貴族開會所在，一般稱為「亞略巴古會議」。

Aristeia（希臘文）：英雄行為；希臘戰士在激戰中奮不顧身的行為。

Arya; Aryan：字面意思是「高貴的」或「光榮的」；指發跡自南俄羅斯草原的印歐民族，後來遷徙到印度和伊朗。

Asana：坐法；修習瑜伽冥想的正確姿勢，端正上身，結跏趺坐。

Asha（祆語）：秩序；維繫宇宙和生命的神聖法則。

Ashavan（祆語）：「阿夏梵」；瑣羅亞斯德教裡宇宙秩序的守護者。

Asura（梵文）：阿修羅；源自瑣羅亞斯德教的 ahura，吠陀時期的雅利安人把他謫降為 asura，不同於有活力的天神（devas），阿修羅被動而定居在一地。

Ataraxia（希臘文）：免於痛苦。

Atman（梵文）：我；苦行者和奧義書神祕教派追求永恆不滅的自我，以求梵我合一。

Avatara（梵文）：阿梵達、權化、化現；諸神在人間的化身。例如黑天就是毗濕奴的一個化身。

B

Bandhu（梵文）：般度、相應。在吠陀祭法裡，祭官在行祭應該連繫天上和人間。般度是基於兩者在功能、表象的相似性，或是神祕的連繫。

Basileus（希臘文）：希臘貴族。複數為 basilei。

Bhakti（梵文）：虔信、信愛；印度宗教裡指對一個神的情感奉獻。例如一個信愛者（bhakta）奉獻給濕婆或毗濕奴。

Bin（中文）：賓（儐）禮；祭祖的饗禮，由家族裡的年輕人扮演祖先，他們相信在儀式裡有祖靈降身。

Brahmacarya（梵文）：梵行；吠陀生活的入會禮。弟子們稱梵行者（Brahmacarin），必須守貞且信守「不害」，修習吠陀經文。

Brahman（梵文）：梵、一切；指宇宙萬有、存在的本質、萬物的根基、存有自身、生成化育宇宙的力量，是吠陀宗教的究竟實在者。

Brahmasiris（梵文）：梵天武器。

Brahmin（梵文）：婆羅門；祭司階級。

Brahmodya（梵文）：梵論；儀式競賽，以言詞描繪不可名狀的梵。競賽經常以語默收場。在靜默中感受梵的臨現。

Buddha（梵文）：佛；覺者。

Buddhi（梵文）：覺。數論派裡最高的人類範疇；人性中唯一能反映「自我」的部分。

C

Cheng（中文）：誠；恭敬而不偽詐地行禮。

Chthonian（源自希臘文）：陰間、地府；希臘神話中住在地底下的諸神，例如復仇三女神。

City Dionysai：城市酒神節；祭祀戴奧尼索斯的牲祭，在衛城南坡的劇場演出悲劇。

Coincidentia oppositorum（拉丁文）：對立的統一；超越塵世表象對立的合而為一的神祕經驗。

D

Daeva（袄語）：神，提婆、惡魔；「發光者」，複數為 daevas，瑣羅亞

斯德教認為提婆是惡魔，轉而崇拜阿修羅，眾神之主，真理和秩序的守護者。

Daimon（希臘文）：神靈、次神。為更高等的神和人類之間的中介者。

Dao（中文）：道。禮的目的是要符合天的道。人的德行也是循道而行。在道家裡，道則是指言語道斷的究竟實在，所有現象和存在的根源，世界秩序和穩定性的維繫者。

Daode（中文）：道德。尤其指國王和諸侯的德行。為世界和國家賦與秩序的神祕力量。

Demos（希臘文）：人民。

Deva（梵文）：神、天神、提婆；吠陀諸神。瑣羅亞斯德教認為 daevas 是惡魔，但是吠陀宗教喜愛他們的活力，捨阿修羅轉而崇拜他們。

Dhamma（巴利文）：法；見 dharma，在佛教裡，通常指某部派的教法。或指解脫道。

Dharma（梵文）：法；有多重意義的詞。原本指事物的本性，它們的本質，存在的基本法則。後來則指吠陀社會裡的律法和責任，界定生活的功能和方式。最後才指宗教的真理、教義和修行，構成一個宗教系統。

Diadochoi（希臘文）：繼承人；亞歷山大大帝的六個繼承人，在他死後奪權。

Dike（希臘文）：正義；正義女神。

Dukkha（梵文）：苦。

Dysnomia（希臘文）：失序；失衡的社會政策，造成階級的不平等。

E

Ekagrata（梵文）：心住一處；一種瑜伽訓練。

Ekstasis（希臘文）：出神；字面意思即「走出」，走出自我、超越平常的經驗。

Elohim（希伯來文）：神、埃洛希姆；神性的總稱。為耶和華的正式稱
　　呼，譯為「神」。

En mesoi（希臘文）：中心地位；指雅典民主的開放和自由性質。

Entheos（希臘文）：神入；被神附身的神祕經驗，尤其指酒神崇拜。

Erinyes（希臘文）：復仇三女神，古代地府神，專司懲罰弒親惡行。

Eunomia（希臘文）：良序；維持社會平衡的秩序，為西元前六世紀雅典
　　的梭倫所創。

F

Fa（中文）：法。

G

Gathas（祆語）：神歌；瑣羅亞斯德教經典，相傳為瑣羅亞斯德所做的
　　十七首詩歌。

Golah（希伯來文）：被擄。

Goyim（希伯來文）：外人；外邦人。

Grama（梵文）：聚落。原指移居戰士的部隊。

H

Haoma（祆語）：豪麻；在雅利安人的儀式裡使用的迷幻植物。採其莖、
　　榨汁、混合水而成神酒。豪麻也指一個神。另見 soma（蘇摩）。

Helots（希臘文）：農奴；麥西尼亞的原住民，斯巴達人征服該地區而奴
　　役他們。

Herem（希伯來文）：聖戰；古代以色列的聖戰。

Hesed（希伯來文）：愛，喜愛；原本指親族關係的忠誠，對自己族人的
　　寬大和利他的行為。

Hinneni（希伯來文）：「我在這裡」；先祖和先知們經常如此叫喊應答

上帝，意指他們隨時都在一旁，表現他們的臣服和忠實。

Homoioi（希臘文）：平等者；斯巴達公民的稱謂。

Hoplite（源自希臘文）：裝備；希臘重裝備的士兵。

Hotr（祆語；梵文）：勸請者；專司聖歌的祭司。

Hubris（希臘文）：傲慢；自私；踰矩的行為。

I

Isonomia（希臘文）：平等秩序；克利斯提尼（Cleisthenes）於西元前六世紀初統治雅典時的政策。

J

Jian ai（中文）：兼愛；墨家的主要德行。

Jina（梵文）：耆那；意譯為「勝者」。

Jing（中文）：精；氣的最高形式，存有的神聖本質。

Jiva（梵文）：靈魂；有知覺的生命。耆那教相信每個生命，包括人類、動植物，甚至岩石，都有能感知痛苦悲傷的靈魂，是故應該長養愛護。

Junzi（中文）：君子；原指貴族，孔子捨棄其階級意義，認為一個成熟而能力充分開展的人就是君子。

K

Karma（梵文）：業、行為；最初指儀式行為，後來泛指一切行為，包括愛欲瞋恨的心理行為。

Karma-yoga（梵文）：業力瑜伽；在《博伽梵歌》裡，黑天用以說明戰士的瑜伽，讓戰士得失不縈懷。

Katharsis（希臘文）：洗滌；原指祭祀和儀式的潔淨，在悲劇裡，觀眾可以滌清他們的厭惡和恐懼的情緒。

Kenosis（希臘文）：虛己；在宗教裡意指拋棄自我中心。

Kshatriya（梵文）：剎帝利、武士；印度的武士階級，統治且保護族人。

L

Li（中文）：禮。

Logos（希臘文）：道、言談；理性的思維。在斯多噶學派裡，指自然的
理性原理。

M

Mandala（梵文）：曼荼羅；宇宙的象徵圖像，通常是一個圓圈，意指涵
攝一切；冥想的圖像。

Mantra（梵文）：咒、真言；在儀式裡唱誦的祕密語。在吠陀宗教裡，聲
音是神聖的，因此咒也是神，可以在人類的語言形式裡涵納神性。

Messiach（希伯來文）：「受膏者」。原指以色列和猶大國的國王，在登
基時被膏立而和耶和華接近。他成為「神的兒子」，因而有特別的
神性任務。在「第二以賽亞書」裡則指波斯王古列（Cyrus），因為
他是耶和華立的王，要行耶和華的工。

Miasma（希臘文）：瘴氣；因弒親而招致的傳染性力量，它有自己的生
命，會傳染給犯惡行者的親戚甚至鄰居，有點像是輻射線。一旦犯
了惡行，唯有懲罰（通常是死刑）才能消除其瘴氣，由復仇三女神
主司。

Mitzvah（希伯來文）：耶和華的誡命。

Moksha（梵文）：解脫；經由證道而脫離生死輪迴。

Monolatry（源自希臘文）：一神崇拜。不同於相信只有一個神存在的一
神教，一神崇拜相信有諸神，但是只敬拜其中之一。以色列的先知
相信有其他諸神的存在，但是要人民只敬拜耶和華。

Muni（梵文）：寂默的聖哲。

Mystai（希臘文）：希臘祕教教徒；有強烈的神性經驗。

Mythos（希臘文）：神話；一個曾經發生而又不斷重複發生的世界。神話探討難以理解的、永恆的真理，以及終極意義，以補「道」的不足。

N

Nibbana（巴利文）：涅槃；自我的斷滅，永離諸苦。

Niyama（梵文）：內制；瑜伽行者的加行，包括修習教義、清淨自身以及不殺生。

Nous（希臘文）：睿智。

P

Panathenaea（希臘文）：汎雅典競技大會；雅典的新年慶會，紀念城市的建立。包括從雅典街道遊行到衛城，獻新袍子給雅典娜的雕像。

Pesach（希伯來文）：逾越節；紀念以色列出埃及地，死亡天使會越過以色列人的家，殺死埃及人的頭生子。

Physikoi（希臘文）：自然學家；義大利南部米利都和伊利亞的自然科學家。

Polis（希臘文）：城邦。

Pranayama（梵文）：調息；瑜伽呼吸訓練，可以得到身心安樂。

Prophet（源自希臘文）：先知；神的代言人或代理人。

Purusha（梵文）：原人、自我；原本指在太初自我獻祭以創世的第一個人。《梨俱吠陀》裡的〈原人歌〉讚頌原始的祭祀。後來原人和生主融合，成為印度軸心時代儀式改革的核心。在數論派裡，原人（自我）指解脫了的永恆神聖的自我。

Q

Qaddosh（希伯來文）：聖哉。

Qi（中文）：氣；生命的原質，生命的基本能源，生命的原始精神，萬物的生命來源，根據道而有不同的組合方式，氣消散了以後，生物就會死去或解體，但是氣仍然存在。氣給萬物各種形式。讓氣自由運行成了中國神祕主義的主要學說：它是人的基礎，生命的根基，因此和道完全和諧。

R

Raja（梵文）：王、族長、羅闍。

Rajasuya（梵文）：即位禮。

Rang（中文）：讓、揖讓。

Ren（中文）：仁；原指「人」；孔子給它新的意義，但是不去定義它，因為它超越其時代的知識範疇，它是超越性的德行，最高善。後來的儒家把它等同於同情心。

Rig Veda（梵文）：梨俱吠陀。吠陀經典中最神聖的一部，有一千頌。

Rishi（梵文）：仙人；原指梨俱吠陀的詩人。也指聖哲。

Rita（梵文）：利陀、秩序。

Ru（中文）：儒；禮法專家。

S

Sabaoth（希伯來文）：萬軍；「萬軍之耶和華」為耶和華的主要稱謂。

Samkhya（梵文）：數論派；將宇宙分類為二十四個範疇，構成一套宇宙論，以冥想得到解脫。

Samsara（梵文）：輪迴；眾生的生死流轉。

Sangha（梵文）：僧伽；原指雅利安人的部落，後來指出家眾的團體。

Satrap（波斯語）：統治者。

Sefer torah（希伯來文）：西元前622年在耶路撒冷發現的律法書卷。

Shen（中文）：神；一個人的神聖本質，使人生天得以和祖先同列。

Shi（中文）：士；最下層的貴族階級。通常任小吏、軍人或史官。

Shruti（梵文）：天啟。

Shu（中文）：恕；儒家主要德行：己所不欲，勿施於人。

Shudra（梵文）：首陀羅；印度非雅利安人的原住民，吠陀社會的最低階級。

Soma（梵文）：蘇摩；在雅利安人儀式裡使用的有迷幻作用的植物；在印度，蘇摩也是個神聖的祭司，保護人民免於瘟疫，照顧他們的牛隻。

Sympatheia（希臘文）：同情；在儀式裡的投入，後來也指同情其他人的痛苦。

T

Tapas（梵文）：熱、苦行；坐在聖火旁大汗淋漓，而感到神性和創世力量。

Techne（希臘文）：技術。

Theoria（希臘文）：沉思。

Thetes（希臘文）：農奴；希臘社會的最低階級。

Torah（希伯來文）：律法書；摩西在西乃山得自上帝的律法。

U

Upanishads（梵文）：奧義書；字面意思是「近坐」；為吠陀經典裡的祕傳部分。西元前七世紀到二世紀共著有十三部奧義書。

V

Vaishya（梵文）：毘舍族；庶民。吠陀社會的第三階級，主要為商人。

Veda（梵文）：吠陀；意譯為「知識」，指印度雅利安人的聖典。

W

Wu wei（中文）：無為。

X

Xian（中文）：賢。

Xie（中文）：俠。

Y

Yamas（梵文）：制戒；瑜伽行者的五種戒律，即戒殺、盜、淫、妄語、飲酒。

Yoga（梵文）：瑜伽；原指給車騎套上軛，後來指制心的力量，以去除我執而得解脫。

Yogin：瑜祇、瑜伽行者。

Yu wei（中文）：有為。

Yuga（梵文）：劫、一千時；一個歷史循環。

參考書目

Abelson, J. *The Immanence of God in Rabbinical Literature*. London, 1912.

Ackroyd, Peter R. *Exile and Restoration: A Study of Hebrew Thought in the Sixth Century BC*. London, 1968.

Ahlström, Gosta W. *The History of Ancient Palestine*. Minneapolis, 1993.

Alt, A. *Essays in Old Testament History and Religion*. Trans. R. A. Wilson. Oxford, 1966.

Alter, Robert, and Frank Kermode, eds. *The Literary Guide to the Bible*. London, 1987.

Bareau, A. *Recherches sur la biographie du Buddha*. Paris, 1963.

Barker, Margaret. *The Gate of Heaven: The History and Symbolism of the Temple in Jerusalem*. London, 1991.

————. *The Older Testament: The Survival of Themes from the Ancient Royal Cult in Sectarian Judaism and Early Christianity*. London, 1987.

Batto, B. *Slaying the Dragon*. Philadelphia, 1992.

Bechert, Heinz. "The Date of the Buddha Reconsidered." *Indologia Taurinensia* 10, n.d.

Becking, B., and M. C. A. Korpel, eds. *The Crisis of Israelite Religion: Transformations and Religious Tradition in Exilic and Post-Exilic Times*. Leiden, 1999.

Belkin, Samuel. *In His Image: The Jewish Philosophy of Man as Expressed in Rabbinic Tradition*. London, 1960.

Ben-Tor, Amnon, ed. *The Archaeology of Ancient Israel*. New Haven, 1992.

Bespaloff, R. *On the Iliad*. Trans. M. McCarthy. 2nd ed. New York, 1962.

Biardeau, Madeline. "Etudes de mythologie hindoue." *Bulletin de l'Ecole Francaise d'Extreme-Orient* 63 (1976).

Biardeau, Madeline, and Charles Malamoud. *La sacrifice dans l'Inde ancienne*. Paris, 1976.

Bickerman, Elias J. *From Ezra to the Last of the Maccabees*. New York, 1962.

————. *The Jews in the Greek Age*. Cambridge, Mass., and London, 1988.

Birrell, Anne. *Chinese Mythology: An Introduction*. Baltimore and London, 1993.

Boccaccini, Gabriele. *Roots of Rabbinic Judaism: An Intellectual History from Ezekiel to Daniel*. Grand Rapids, Mich., and Cambridge, U.K., 2002.

Boedeker, Deborah, and Kurt A. Raaflaub, eds. *Democracy, Empire and the Arts in Fifth-Century Athens*. Cambridge, Mass., and London, 1998.

Boodberg, Peter. "The Semasiology of Some Primary Confucian Concepts." *Philosophy East and West* 2, no. 4 (October 1953).

Booth, Wayne C. *Modern Dogma and the Rhetoric of Assent*. Chicago, 1974.

Bottero, Jean. *The Birth of God: The Bible and the Historian*. Trans. Kees W. Bolle. University Park, Pa., 2000.

Bowman, J. *Samaritan Documents Relating to Their History, Religion and Life*. Pittsburgh, 1977.

Boyce, Mary. *A History of Zoroastrianism*. 2 vols. Leiden, 1975, 1982.

———. *Zoroastrians: Their Religious Beliefs and Practices.* 2nd ed. London and New York, 2001.

———, ed. and trans. *Textual Sources for the Study of Zoroastrianism.* Chicago and London, 1984.

Brickhouse, Thomas C., and Nicholas D. Smith. *Plato's Socrates.* London and New York, 1994.

Brockington, John. *The Sanskrit Epics.* Leiden, 1998.

———. "The Sanskrit Epics." In Gavin Flood, ed., *The Blackwell Companion to Hinduism.* Oxford, 2003.

Bronkhorst, Johannes. "Dharma and Abhidharma." *Bulletin of the School of Oriental and African Studies* 48, no. 2 (1985).

Bruns, Gerald L., "Midrash and Allegory." In Robert Alter and Frank Kermode, eds., *The Literary Guide to the Bible.* London, 1987.

Burckhardt, Jacob. *The Greeks and Greek Civilization.* Ed. Oswyn Murray. Trans. Sheila Stern. New York, 1999.

Burkert, Walter. *Ancient Mystery Cults.* Cambridge, Mass., and London, 1986.

———. *Greek Religion.* Trans. John Raffan. Cambridge, Mass., 1985.

———. *Homo Necans: The Anthropology of Ancient Greek Sacrificial Ritual and Myth.* Trans. Peter Bing. Berkeley, Los Angeles, and London, 1983.

———. *The Orientalizing Revolution: Near Eastern Influence on Greek Culture in the Early Archaic Age.* Trans. Margaret E. Pinder and Walter Burkert. Cambridge, Mass., and London, 1992.

———. *Savage Energies: Lessons of Myth and Ritual in Ancient Greece.* Trans. Peter Bing. Chicago and London, 2001.

———. *Structure and History in Greek Mythology and Ritual.* Berkeley, Los Angeles, and London, 1980.

Buxton, Richard. *Imaginary Greece: The Contexts of Mythology.* Cambridge, U.K., 1994.

———, ed. *Oxford Readings in Greek Religion.* Oxford, 2000.

Campbell, Joseph. *The Hero with a Thousand Faces.* Princeton, 1949.

———. *Oriental Mythology: The Masks of God.* New York, 1962.

———. *Primitive Mythology: The Masks of God.* New York, 1959.

———. *Transformations of Myth Through Time.* New York, 1990.

Campbell, Joseph, with Bill Moyers. *The Power of Myth.* New York, 1988.

Carrithers, Michael. *The Buddha.* Oxford and New York, 1983.

Carroll, Robert. "Psalm LXXVIII: Vestiges of a Tribal Polemic." *Vetus Testamentum* 21, no. 2 (1971).

Cartledge, Paul. *The Spartans: An Epic History.* London, 2002.

Chakravarti, Sures Chandra. *The Philosophy of the Upanishads.* Calcutta, 1935.

Chang, K. C. *Art, Myth and Ritual: The Path to Political Authority in Ancient China.* Cambridge, Mass., 1983.

———. *Early Chinese Civilization: Anthropological Perspectives.* Cambridge, Mass., 1976.

Chaudhuri, Nirad C. *Hinduism: A Religion to Live By.* New Delhi, 1979.

Ching, Julia. *Mysticism and Kingship in China: The Heart of Chinese Wisdom.* Cambridge, U.K., 1997.

Choksky, Jamsheed K. *Purity and Pollution in Zoroastrianism: Triumph over Evil.* Austin, 1989.

Chottopadhyana, D. *Indian Atheism.* London, 1969.

Clark, Peter. *Zoroastrianism: An Introduction to an Ancient Faith.* Brighton, U.K., and Portland, Ore., 1998.

Clements, R. E. *Abraham and David.* London, 1967.

———. *God and Temple.* Oxford, 1965.

———, ed. *The World of Ancient Israel: Sociological, Anthropological and Political Perspectives.* Cambridge, U.K., 1989.

Clifford, Richard J. *The Cosmic Mountain in Canaan and the Old Testament.* Cambridge, Mass., 1972.

Cogan, Mordechai, and Israel Ephal, eds. *Studies in Assyrian History and Ancient Near Eastern Historiography.* Jerusalem, 1991.

Cohen, A. *Everyman's Talmud.* New York, 1975.

Cohn, Norman. *Cosmos, Chaos and the World to Come: The Ancient Roots of Apocalyptic Faith.* New Haven and London, 1993.

Cohn, Robert, and Laurence Silberstein. *The Other in Jewish Thought and History: Constructions of Jewish Culture and Identity.* New York, 1994.

Colaiaco, James A. *Socrates Against Athens: Philosophy on Trial.* New York and London, 2001.

Collins, Steven. *Selfless Persons: Imagery and Thought in Theravada Buddhism.* Cambridge, U.K., 1982.

Conze, Edward. *Buddhism: Its Essence and Development.* Oxford, 1951.

———. *Buddhist Meditation.* London, 1956.

———. *A Short History of Buddhism.* Oxford, 1980.

Cooper, John M., ed. *Plato: Complete Works.* Indianapolis, 1997.

Cornford, F. M. *From Religion to Philosophy: A Study in the Origins of Western Speculation.* New York, 1957.

Creel, H. G. *Confucius: The Man and the Myth.* London, 1951.

———. *The Origins of Statecraft in China.* Chicago, 1970.

Cross, Frank Moore. *Canaanite Myth and Hebrew Epic: Essays in the History of the Religion of Israel.* Cambridge, Mass., and London, 1973.

———. *From Epic to Canon: History and Literature in Ancient Israel.* Baltimore and London, 1998.

Crossan, John Dominic. *The Birth of Christianity: Discovering What Happened in the Years Immediately After the Execution of Jesus.* New York, 1998.

Csikszentmihalyi, Mark, and Philip J. Ivanhoe, eds., *Religious and Philosophical Aspects of the Laozi.* Albany, 1999.

Damrosch, David. "Leviticus." In Robert Alter and Frank Kermode, eds., *The Literary Guide to the Bible.* London, 1987.

———. *The Narrative Covenant: Transformations of Genre in the Growth of Biblical Literature.* San Francisco, 1987.

Davids, T. W. Rhys. *Dialogues of the Buddha.* 3 vols. London, 1899, 1910, 1921.

Davie, John, trans. *Euripides: Electra and Other Plays.* London and New York, 1998.

Davies, W. D. *The Territorial Dimension of Judaism.* Berkeley and Los Angeles, 1982.

Davies, W. D., with Louis Finkelstein. *The Cambridge History of Judaism.* 2 vols. Cambridge, U.K., 1984.

Dawson, Raymond. *Confucius.* Oxford, Toronto, and Melbourne, 1981.

De Bary, Wm. Theodore, and Irene Bloom, eds. *Sources of Chinese Tradition.* Vol. I, *From Earliest Times to 1600.* 2nd ed. New York, 1999.

Detienne, Marcel. *Masters of Truth in Archaic Greece.* Trans. Janet Lloyd. London, 1996.

Detienne, Marcel, with Jean-Pierre Vernant. *The Cuisine of Sacrifice Among the Greeks.* Trans. Paula Wissing. Chicago and London, 1989.

Dever, William G. *What Did the Biblical Writers Know and When Did They Know It? What Archaeology Can Tell Us About the Reality of Ancient Israel.* Grand Rapids, Mich., and Cambridge, U.K., 2001.

Di Cosmo, Nicola. *Ancient China and Its Enemies: The Rise of Nomadic Power in East Asian History.* Cambridge, U.K., and New York, 1992.

Di Vito, R. A. *Studies in Third Millennium Sumerian and Akkadian Personal Names: The Designation and Conception of the Personal God*. Rome, 1993.

Dubs, H. H., ed. and trans. *The Works of Hsuntze*. London, 1928.

Dull, Jack. "Anti-Qin Rebels: No Peasant Leaders Here." *Modern China* 9, no. 3 (July 1983).

Douglas, Mary. *Implicit Meanings: Essays in Anthropology*. London, 1975.

———. *In the Wilderness: The Doctrine of Defilement in the Book of Numbers*. Oxford and New York, 2001.

———. *Leviticus as Literature*. Oxford and New York, 1999.

———. *Natural Symbols: Explorations in Cosmology*. London, 1970.

———. *Purity and Danger*. London, 1966.

Dumezil, Georges. "Métiers et classes fonctionelles chez divers peuples indo-européens." *Annales (Economies, Societies, Civilisations 13e Année)* 4 (October–December 1958).

Dumont, L. *Homo Hierarchicus: The Caste System and Its Implications*. Chicago and London, 1980.

Dundas, Paul. *The Jains*. 2nd ed. London and New York, 2002.

Durham, J. I., and J. R. Porter, eds. *Proclamation and Presence: Essays in Honour of G. Henton Davies*. London, 1970.

Durkheim, Emile. *The Division of Labour in Society*. 2 vols. Trans. George Simpson. London, 1969.

Dutt, Sukumar. *Buddha and Five After-Centuries*. London, 1957.

———. *Early Buddhist Monarchism, 600 BC to 100 BC*. London, 1924.

Duyvendark, J. J. L., trans and ed. *The Book of Lord Shang*. London, 1928.

Eck, Diana L. *Banaras, City of Light*. New York, 1999.

———. *Darsan: Seeing the Divine Image in India*. New York, 1996.

Edwardes, Michael. *In the Blowing Out of a Flame: The World of the Buddha and the World of Man*. London, 1976.

Eisenstadt, S. N., ed. *The Origins and Diversity of Axial Age Civilizations*. Albany, 1986.

Eliade, Mircea. *A History of Religious Ideas*. 3 vols. Trans. Willard R. Trask. Chicago and London, 1978, 1982, 1985.

———. *The Myth of the Eternal Return, or, Cosmos and History*. Trans. Willard R. Trask. New York, 1959.

———. *Myths, Dreams and Mysteries: The Encounter Between Contemporary Faiths and Archaic Realities*. Trans. Philip Mairet. London, 1960.

———. *Patterns in Comparative Religion*. Trans. Rosemary Sheed. London, 1958.

———. *The Sacred and the Profane*. Trans. Willard R. Trask. New York, 1959.

———. *Yoga, Immortality and Freedom*. Trans. Willard R. Trask. London, 1958.

Elvin, Mark. "Was There a Transcendental Breakthrough in China?" In S. N. Eisenstadt, ed., *The Origins and Diversity of Axial Age Civilizations*. Albany, 1986.

Epsztein, Leon. *Social Justice in the Ancient Near East and the People of the Bible*. London, 1986.

Erdosy, G. *Urbanization in Early Historic India*. Oxford, 1988.

Fagles, Robert, trans. *Aeschylus: The Oresteia*. London and New York, 1966.

Faraone, C., and T. H. Carpenter, eds. *Masks of Dionysus*. Ithaca, 1993.

Fensham, F. Charles. "Widow, Orphan and the Poor in Ancient Near Eastern Legal and Wisdom Literature." In Frederick E. Greenspahn, ed., *Essential Papers on Israel and the Ancient Near East*. New York and London, 1991.

Fingarette, Herbert. *Confucius: The Secular as Sacred*. New York, 1972.

Finkelstein, Israel, and Neil Asher Silberman. *The Bible Unearthed: Archaeology's New Vision of Ancient Israel and the Origin of Its Sacred Texts*. New York and London, 2001.

Finkelstein, Israel, and Nadar Na'aman, eds. *From Nomadism to Monarchy: Archaeological and Historical Aspects of Early Israel.* Washington, D.C., 1994.

Fishbane, Michael. *The Exegetical Imagination: On Jewish Thought and Theology.* Cambridge, Mass., and London, 1998.

———. *Text and Texture: Close Readings of Selected Biblical Texts.* New York, 1979.

Flood, Gavin. *An Introduction to Hinduism.* Cambridge, U.K., and New York, 1996.

———, ed. *The Blackwell Companion to Hinduism.* Oxford, 2003.

Fox, Everett, trans. *The Five Books of Moses.* New York, 1983.

Frankfort, H., and H. A. Frankfort, eds. *The Intellectual Adventure of Ancient Man: An Essay on Speculative Thought in the Ancient Near East.* Chicago, 1946.

Frauwallner, E. *The Earliest Vinaya and the Beginnings of Buddhist Literature.* Rome, 1956.

Frawley, David. *Gods, Sages and Kings: Vedic Secrets of Ancient Civilization.* Salt Lake City, 1991.

Freedman, David N., ed. *The Anchor Bible Dictionary.* 6 vols. New York, 1992.

Freeman, Charles. *The Greek Achievement: The Foundation of the Western World.* New York and London, 1999.

Freist, William K. "Orpheus: A Fugue on the Polis." In Dora C. Pozzi and John M. Wickersham, eds., *Myth and the Polis.* Ithaca and London, 1991.

Freud, Sigmund. *New Introductory Lectures on Psychoanalysis.* Trans. and ed. James Strachey. New York, 1965.

Friedman, Richard Eliott. *Who Wrote the Bible?* New York, 1987.

Fung Yu-Lan. *A Short History of Chinese Philosophy.* Ed. and trans. Derk Bodde. New York, 1976.

Ganguli, K. M., trans. *Mahabharata,* 12 vols. Calcutta, 1883–96.

Gernet, Jacques. *Ancient China: From the Beginnings to the Empire.* Trans. Raymond Rudorff. London, 1968.

———. *A History of Chinese Civilization.* 2nd ed. Trans. J. R. Foster and Charles Hartman. Cambridge, U.K., and New York, 1996.

Ghosh, A. *The City in Early Historical India.* Simla, 1973.

Girard, René. *Violence and the Sacred.* Trans. Patrick Gregory. Baltimore, 1977.

Girardot, N. J. *Myth and Meaning in Early Taoism.* Berkeley, 1983.

Gokhale, B. G. "The Early Buddhist Elite." *Journal of Indian History* 42, part II, n.d.

Gombrich, Richard F. *Buddhist Precept and Practice: Traditional Buddhism in the Rural Highlands of Ceylon.* London and New York, 1995.

———. *How Buddhism Began: The Conditioned Genesis of the Early Teachings.* London and Atlantic Highlands, N.J., 1996.

———. *Theravada Buddhism: A Social History from Ancient Benares to Modern Columbo.* London and New York, 1988.

Gonda, Jan. *Change and Continuity in Indian Religion.* The Hague, 1965.

———. *Notes on Brahman.* Utrecht, 1950.

———. *Vedic Literature.* Wiesbaden, 1975.

———. *The Vision of the Vedic Poets.* The Hague, 1963.

Goody, Jack, and Ian Watt. *Literacy in Traditional Societies.* Cambridge, U.K., 1968.

Gordon, R. L. *Myth, Religion and Society.* Cambridge, U.K., 1981.

Gottlieb, Anthony. *The Dream of Reason: A History of Philosophy from the Greeks to the Renaissance.* London, 2000.

———. "Socrates." In Frederick Raphael and Ray Monk, eds., *The Great Philosophers.* London, 2000.

Graham, A. C. *Disputers of the Tao: Philosophical Argument in Ancient China.* La Salle, Ill., 1989.

————. *Later Mohist Logic, Ethics and Science*. Hong Kong, 1978.

Granet, Marcel. *Chinese Civilization*. Trans. Kathleen Innes and Mabel Brailsford. London and New York, 1951.

————. *Festivals and Songs of Ancient China*. Trans. E. D. Edwards. London, 1932.

————. *The Religion of the Chinese People*. Trans. and ed. Maurice Freedman. Oxford, 1975.

Green, Arthur. *Jewish Spirituality*. 2 vols. London and New York, 1986, 1988.

Greenspahn, Frederic E., ed. *Essential Papers on Israel and the Ancient Near East*. New York and London, 1991.

Griffith, Ralph T. H., trans. *The Ṛ Veda*. Reprinted New York, 1992.

Hamilton, G., trans. *The Symposium*. Harmondsworth, 1951.

Haran, Menahem. *Temples and Temple-Service in Ancient Israel: An Inquiry into the Character of Cult Phenomena and the Historic Setting of the Priestly School*. Oxford, 1987.

Hatto, A. T., ed. *Traditions of Heroic and Epic Poetry*. London, 1980.

Havelock, Eric A. *Preface to Plato*. Cambridge, Mass., and London, 1963.

Heesterman, J. C. *The Ancient Indian Royal Consecration*. The Hague, 1957.

————. *The Broken World of Sacrifice: An Essay in Ancient Indian Ritual*. Chicago and London, 1993.

————. *The Inner Conflict of Tradition: Essays in Indian Ritual, Kingship and Society*. Chicago and London, 1985.

————. "Ritual, Revelation and Axial Age." In S. N. Eisenstadt, ed., *The Origins and Diversity of Axial Age Civilizations*. Albany, 1986.

Heschel, Abraham J. *The Prophets*. 2 vols. New York, 1962.

Hilliers, Delbert. *Covenant: The History of a Biblical Idea*. Baltimore, 1969.

Hiltebeitel, Alf. *The Ritual of Battle: Krishna in the Mahabharata*. Ithaca and London, 1976.

Hinton, David, trans. *Chuang Tzu: The Inner Chapters*. Washington, D.C., 1998.

————, trans. *Mencius*. Washington, D.C., 1998.

Holloway, Richard, ed. *Revelations: Personal Responses to the Books of the Bible*. Edinburgh, 2005.

Hopkins, D. C. *The Highlands of Canaan*. Sheffield, 1985.

Hopkins, E. Washington. *The Great Epic of India*. New York, 1902.

Hopkins, Thomas J. *The Hindu Religious Tradition*. Belmont, Calif., 1971.

Hubert, H., and M. Mauss. *Sacrifice: Its Nature and Functions*. Trans. W. D. Halls. Chicago, 1981.

Ivanhoe, Philip J. *Confucian Moral Self-Cultivation*. 2nd ed. Indianapolis, 2000.

————. *Ethics in the Confucian Tradition*. 2nd ed. Indianapolis, 2002.

Jacobi, H., ed. and trans. *Jaina Sutras*. 2 vols. Oxford, 1882-85.

Jaspers, Karl. *The Great Philosophers: The Foundations*. Ed. Hannah Arendt. Trans. Ralph Manheim. London, 1962.

————. *The Origin and Goal of History*. Trans. Michael Bullock. London, 1953.

James, E. O. *The Ancient Gods: The History and Diffusion of Religion in the Ancient Near East and the Eastern Mediterranean*. London, 1960.

Jowett, Benjamin, trans., with M. J. Knight. *The Essential Plato*. Oxford, 1871. Reprinted with introduction by Alain de Botton. London, 1999.

Kak, S. C. "On the Chronology of Ancient India." *Indian Journal of History and Science* 22, no. 3 (1987).

————. "The Structure of the Rgveda." *Indian Journal of History and Science* 28, no. 2 (1993).

Kaltenmark, Max. *Lao Tzu and Taoism*. Trans. Roger Greaves. Stanford, Calif., 1969.

Karlgren, Bernhard, trans. *The Book of Odes*. Stockholm, 1950.

Keay, John. *India: A History*. London, 2000.

Keightley, David N. "The Making of the Ancestors: Late Shang Religion and Its Legacy." *Cahiers d'Extreme-Asie,* n.d.

———. "The Religious Commitment: Shang Theology and the Genesis of Chinese Political Culture." *History of Religions* 17, nos. 3-4 (1978).

———. "Shamanism, Death and the Ancestors: Religious Mediation in Neolithic and Shang China ca. 5000-1000 BCE." *Asiatische Studien* 52, no. 3 (1998).

———, ed. *The Origins of Chinese Civilization.* Berkeley, 1983.

Keith, Arthur Berridale. *The Religion and Philosophy of the Veda and Upanishads.* Cambridge, Mass., and London, 1925.

Kennedy, K. A. R., and G. L. Possehl, eds. *Studies in the Archaeology and Palaeoanthropology of South Asia.* New Delhi, 1983.

Kerferd, G. B. *The Sophistic Movement.* Cambridge, U.K., 1981.

King, Ursula. *Women in the World's Religions, Past and Present.* New York, 1987.

King, Winston L. *Buddhism and Christianity.* Philadelphia, 1962.

Kirk, G. S., and J. E. Raven. *The Pre-Socratic Philosophers.* Cambridge, U.K., 1960.

Klawans, Jonathan. *Impurity and Sin in Ancient Judaism.* Oxford, 2000.

Kline, T. C., III, and Philip J. Ivanhoe. *Virtue, Nature and Moral Agency in the Xunzi.* Indianapolis, 2000.

Klostermaier, Klaus K. *Hinduism: A Short History.* Oxford, 2000.

———. *A Survey of Hinduism.* 2nd ed. Albany, 1994.

Kosambi, D. D. *The Culture and Civilization of Ancient India, in Historical Outline.* London, 1965.

Kramer, Samuel N. *Sumerian Mythology: A Study of the Spiritual and Literary Achievement of the Third Millennium BC.* Philadelphia, 1944.

Kramrisch, Stella. *The Presence of Siva.* Princeton, n.d.

Kulke, Hermann. "The Historical Background of India's Axial Age." In S. N. Eisenstadt, ed., *The Origins and Diversity of Axial Age Civilizations.* Albany, 1986.

Lambert, W. G. *Babylonian Wisdom Literature.* London, 1960.

Lane Fox, Robin. *Alexander the Great.* London, 1973.

Langdon, Stephen. *Babylonian Wisdom.* London, 1923.

Lattimore, Richmond, trans. *The Iliad of Homer.* Chicago and London, 1951.

Lau, D. C., trans. *Lao-tzu: Tao Te Ching.* London, 1963.

———, trans. *Mencius.* London, 1970.

Legge, J., trans. *The Ch'un Ts'ew and the Tso Chuen.* 2nd ed. Hong Kong, 1960.

———, trans. *Classic of Filial Piety (Hsiao Ching).* Oxford, 1879.

———, trans. *The Li Ki.* Oxford, 1885.

Leick, Gwendolyn. *Mesopotamia: The Invention of the City.* London, 2001.

Lemche, N. P. *Early Israel: Anthropological and Historical Studies on the Israelite Society Before the Monarchy.* Leiden, 1985.

Lenski, G. *Power and Privilege: A Theory of Social Stratification.* New York, 1966.

Lenski, G., and J. Lenski. *Human Societies: An Introduction to Macrosociology.* 2nd ed. New York, 1974.

Lesky, A. "Decision and Responsibility in the Tragedy of Aeschylus." *Journal of Hellenic Studies* (1966).

Levinson, Bernard M. *Deuteronomy and the Hermeneutics of Legal Innovation.* Oxford and New York, 1998.

Lévi-Strauss, Claude. *The Savage Mind.* Chicago, 1966.

———. *Structural Anthropology.* New York, 1969.

Liao, W. K., trans. and ed. *Han Fei Tzu.* 2 vols. London, 1938, 1959.

Lieb, Michael. *The Visionary Mode: Biblical Prophecy, Hermeneutics and Cultural Change.* Ithaca and London, 1991.

Ling, Trevor. *The Buddha: Buddhist Civilization in India and Ceylon.* London, 1973.

Lloyd, G. E. R. *Adversaries and Authorities: Investigations into Ancient Greek and Chinese Science.* Cambridge, U.K., 1996.

Loewe, Michael, and Edward L. Shaughnessy, eds. *The Cambridge History of Ancient China.* Cambridge, U.K., 1999.

Lopez, Donald S. *Buddhism.* London and New York, 200.

Machinist, Peter. "Distinctiveness in Ancient Israel." In Mordechai Cogan and Israel Ephal, eds., *Studies in Assyrian History and Ancient Near Eastern Historiography.* Jerusalem, 1991.

———. "Outsiders or Insiders: The Biblical View of Emergent Israel in Its Contexts." In Robert Cohn and Laurence Silberstein, *The Other in Jewish Thought and History: Constructions of Jewish Culture and Identity.* New York, 1994.

Mann, Th. W. *Divine Presence and Guidance in Israelite Traditions: The Typology of Exaltation.* Baltimore, 1977.

Masparo, Henri. *China in Antiquity.* 2nd ed. Trans. Frank A. Kierman Jr. Folkestone, 1978.

Matchett, Freda. *Krsna: Lord or Avatara? The Relationship Between Krsna and Visnu.* Richmond, U.K., 2001.

McCrindle, J. W. *Ancient India as Described by Megasthanes and Arrian.* Calcutta, 1877.

McKeon, Richard, ed. *The Basic Works of Aristotle.* New York, 2001.

Mei, Y. P., ed. and trans. *The Ethical and Political Works of Mot-tse (Chapters 1–39; 46–50).* London, 1929.

Meier, Christian. *Athens: A Portrait of the City in Its Golden Age.* Trans. Robert and Rita Kimber. London, 1999.

———. "The Emergence of Autonomous Intelligence Among the Greeks." In S. N. Eisenstadt, ed., *The Origins and Diversity of Axial Age Civilizations.* Albany, 1986.

Mein, Andrew. *Ezekiel and the Ethics of Exile.* Oxford and New York, 2001.

Mendenhall, George W. *The Tenth Generation: The Origins of Biblical Tradition.* Baltimore, 1973.

Miller, Barbara Stoler, trans. *The Bhagavad-Gita: Krishna's Counsel in Time of War.* New York, Toronto, and London, 1986.

Montefiore, C. G., and H. Loewe, eds. *A Rabbinic Anthology.* New York, 1974.

Mote, Frederick F. *Intellectual Foundations of China.* New York, 1971.

Moulinier, L. *Le pur et l'impur dans la pensée et la sensibilité des Grecs jusqu'à la fin de IV siècle avant J-C.* Paris, 1952.

Muffs, Yochanan. *Love and Joy: Law, Language and Religion in Ancient Israel.* Cambridge, Mass., 1992.

Mujamdar, B. P. *Socio-Economic History of Northern India.* London, 1960.

Muller, Max. *The Six Systems of Indian Philosophy.* London, 1899.

Murray, Oswyn. *Early Greece.* 2nd ed. London, 1993.

Nanamoli, Bhikku, trans. and ed. *The Life of the Buddha, According to the Pali Canon.* Kandy, Sri Lanka, 1972.

Narain, A. K. ed. *Studies in the History of Buddhism.* Delhi, 1980.

Needham, Joseph. *Science and Civilization in China.* Cambridge, U.K., 1956.

Neusner, J. *The Idea of Purity in Ancient Israel.* Leiden, 1973.

Nicholson, Ernest. *The Pentateuch in the Twentieth Century: The Legacy of Julius Wellhausen.* Oxford, 1998.

Niditch, Susan. *Oral World and Written Word: Ancient Israelite Literature.* Louisville, 1996.

Noth, Martin. *Exodus.* London, 1960.

———. *A History of Pentateuchal Traditions.* Sheffield, 1981.

Oldenberg, Hermann. *Buddha: His Life, His Doctrine, His Order.* Trans. William Hoey. London, 1882.

Olivelle, Patrick. "The Renouncer Tradition." In Gavin Flood, ed., *The Blackwell Companion to Hinduism*. Oxford, 2003.

————. *Samnyasa Upanisads: Hindu Scriptures on Asceticism and Renunciation*. Oxford and New York, 1992.

————, ed. and trans. *Upanisads*. Oxford and New York, 1996.

Ollenburger, Ben C. *Zion, the City of the Great King: A Theological Symbol of the Jerusalem Cult*. Sheffield, 1987.

Otto, Rudolf. *The Idea of the Holy: An Inquiry into the Non-rational Factor in the Idea of the Divine and Its Relation to the Rational*. Trans. John W. Harvey. Oxford, 1923.

Owen, E. T. *The Story of the Iliad*. 2nd ed. Ann Arbor, 1966.

Palmer, Martin, with Elizabeth Breuilly, trans. *The Book of Chuang Tzu*. London and New York, 1996.

Pankenier, David W. "The Cosmo–Political Background of Heaven's Mandate." *Early China* 20 (1995).

Parker, Robert. *Athenian Religion: A History*. Oxford and New York, 1996.

Patai, Ralph. *Man and Temple*. London, 1994.

Poliakov, L. *The Aryan Myth*. New York, 1974.

Polley, Max E. *Amos and the Davidic Empire: A Socio-Historical Approach*. New York and Oxford, 1989.

Pozzi, Dora C., and John M. Wickersham, eds. *Myth and the Polis*. Ithaca and London, 1991.

Puett, Michael J. *The Ambivalence of Creation: Debates Concerning Innovation and Artifice in Early China*. Stanford, Calif., 2001.

————. *To Become a God: Cosmology, Sacrifice, and Self-Divinization in Early China*. Cambridge, Mass., and London, 2002.

Rahula, Walpola. *What the Buddha Taught*. 2nd ed. Oxford and Boston, 1959.

Raphael, Frederic, and Ray Monk, eds. *The Great Philosophers*. London, 2000.

Redfield, J. M. *Nature and Culture in the Iliad: The Tragedy of Hector*. Chicago and London, 1975.

Redford, D. B. *Egypt, Canaan and Israel in Ancient Times*. Princeton, 1992.

Renfrew, Colin. *Archaeology and Language: The Puzzle of Indo-European Origins*. London, 1987.

Renou, Louis. *Religions of Ancient India*. London, 1953.

————. "Sur la notion de *brahman*." *Journal Asiatique* 237 (1949).

Rickett, W. Allyn, ed. and trans. *Guanzi (35 Chapters)*. Princeton, 1985.

————, ed. and trans. *Kuan-tzu (10 Chapters)*. Hong Kong, 1965.

Roth, Harold D. *Original Tao: Inward Training and the Foundations of Taoist Mysticism*. New York, 1999.

Rowley, Harold H. *Worship in Ancient Israel: Its Form and Meaning*. London, 1967.

Sandars, N. K., trans. and ed. *Poems of Heaven and Hell from Ancient Mesopotamia*. Harmondsworth, 1971.

Schein, Seth L. *The Mortal Hero: An Introduction to Homer's Iliad*. Berkeley, Los Angeles, and London, 1984.

————, ed. *Reading the Odyssey: Selected Interpretive Essays*. Princeton, 1996.

Schniedewind, William M. *How the Bible Became a Book: The Textualization of Ancient Israel*. Cambridge, U.K., 2004.

Schwartz, Benjamin I. *The World of Thought in Ancient China*. Cambridge, Mass., and London, 1985.

Scott, James. *Domination and the Arts of Resistance: Hidden Transcripts*. New Haven, 1990.

Seaford, Richard. "Dionysiac Drama and Dionysiac Mysteries." *Critical Quarterly* 31 (1981).

————. "Dionysus as Destroyer of the Household: Homer, Tragedy and the Polis." In C. Faraone and T. H. Carpenter, eds., *Masks of Dionysus*. Ithaca, 1993.

Segal, Charles. *Dionysiac Poetics and Euripides' Bacchae*. 2nd ed. Princeton, 1997.

Senart, Emile. "Bouddhisme et yog." *La Revue de l'Histoire des Religions* 42 (1900).

Shaffer, J. G. "Indo Aryan Invasions: Cultural Myth or Archaeological Reality." In K. A. R. Kennedy and G. L. Possehl, eds., *Studies in the Archaeology and Palaeoanthropology of South Asia*. New Delhi, 1983.

Sharma, R. S. *Material Culture and Social Formations in Ancient India*. Delhi, 1983.

Shewring, Walter, trans. *Homer: The Odyssey*. Oxford and New York, 1980.

Shulman, David. "Asvatthaman and Brhannada: Brahmin and Kingly Paradigms in the Sanskrit Epic." In S. N. Eisenstadt, ed., *The Origins and Diversity of Axial Age Civilizations*. Albany, 1986.

Silk, M. S., ed. *Tragedy and the Tragic: Greek Theatre and Beyond*. Oxford, 1996.

Skilton, Andrew. *A Concise History of Buddhism*. Birmingham, U.K., 1994.

Slater, Robert Larson. *Paradox and Nirvana*. Chicago, 1951.

Smart, Ninian. *The Religious Experience of Mankind*. New York and London, 1983.

Smith, Brian K. *Reflections on Resemblance, Ritual and Religion*. Oxford and New York, 1989.

Smith, D. Howard. *Chinese Religions*. London, 1968.

————. *Confucius*. London, 1973.

Smith, Daniel L. *The Religion of the Landless: The Social Context of the Babylonian Exile*. Bloomington, Ind., 1989.

Smith, Huston. *The World's Religions: Our Great Wisdom Traditions*. San Francisco, 1991.

Smith, John D. "The Two Sanskrit Epics." In A. T. Hatto, ed., *Traditions of Heroic and Epic Poetry*. London, 1980.

Smith, Jonathan Z. *Imagining Religion: From Babylon to Jonestown*. Chicago, 1982.

————. *Map Is Not Territory: Studies in the History of Religions*. Chicago and London, 1978.

Smith, Mark S. *The Early History of God: Yahweh and the Other Deities in Ancient Israel*. New York and London, 1990.

————. *The Origins of Biblical Monotheism: Israel's Polytheistic Background and the Ugaritic Texts*. New York and London, 2001.

Smith, Wilfred Cantwell. *Faith and Belief*. Princeton, 1979.

————. *Towards a World Theol..*. London, 1981.

Snodgrass, A. N. *The Dark Age of Greece: Archaeological Survey from the Eleventh to the Eighth Centuries BC*. Edinburgh, 1971.

Soggin, J. Alberto. *A History of Israel from the Beginnings to the Bar Kochba Revolt, AD 135*. Trans. John Bowden. London, 1984.

Soloveitchik, Haym. "Rapture and Reconstruction: The Transformation of Contemporary Orthodoxy." *Tradition* 28 (1994).

Sommerstein, A. H., ed. *Tragedy, Comedy and the Polis*. Bari, 1993.

Sperling, S. David. "Israel's Religion in the Near East." In Arthur Green, ed., *Jewish Spirituality*, vol. 1. London and New York, 1986.

————. "Joshua 24 Re-examined." *Hebrew Union College Annual* 58 (1987).

————. *The Original Torah: The Political Intent of the Bible's Writers*. New York and London, 1998.

Staal, Fritz. *Rules Without Meaning: Ritual, Mantras and the Human Sciences*. New York, 1989.

Stern, Ephraim. *Archaeology of the Land of the Bible*, vol. 2, *The Assyrian, Babylonian and Persian Periods (732–332 BCE)*. New York, 2001.

Stevenson, Margaret Sinclair. *The Heart of Jainism*. London and New York, 1915.

Sukhtankar, V. S. *On the Meaning of the Mahabharata*. Bombay, 1957.

Tarnas, Richard. *The Passion of the Western Mind: Understanding the Ideas That Have Shaped Our World View*. New York and London, 1991.

Thapar, Romila. *Asoka and the Decline of the Mauryas.* Oxford, 1961.

————. *Early India: From the Origins to AD 1300.* Berkeley and Los Angeles, 2002.

Thomas, Edward J. *The Life of Buddha as Legend and History.* London, 1969.

Thompson, P. M. *The Shen-tzu Fragments.* Oxford, 1979.

Thompson, Thomas L. *The Bible in History: How Writers Create a Past.* London, 1999.

Torwesten, Hans. *Vedanta: Heart of Hinduism.* Trans. John Phillips. Ed. Loly Rosset. New York, 1985.

Trautmann, T. R. *Kautilya and the Arthasastra.* Leiden, 1971.

Tu Wei-ming. *Confucian Thought: Selfhood as Creative Transformation.* Albany, 1985.

Van Buitenen, J. A. B., ed. and trans. *The Mahabharata.* 3 vols. Chicago and London, 1973, 1975, 1978.

Van Buitenen, J. A. B., with Mary Evelyn Tucker. *Confucian Spirituality.* New York, 2003.

Van der Toorm, K. *Sin and Sanction in Israel and Mesopotamia: A Comparative Study.* Assen, Netherlands, 1985.

Van Nooten, Barend A. *The Mahabharata.* New York, 1971.

Van Seters, J. "The Religion of the Patriarchs in Genesis." *Biblica* 61 (1980).

————. "The Yahwist as Theologian? A Response." *Journal for the Study of the Old Testament* 3 (1977).

Vandermeersch, Léon. *La formation de légisme.* Paris, 1965.

Vellacott, Philip, trans. *Aeschylus: Prometheus Bound and Other Plays.* London and New York, 1961.

————, trans. *Euripedes: The Bacchae and Other Plays.* Rev. ed. London and New York, 1973.

————, trans. *Euripides: Medea and Other Plays.* London and New York, 1963.

Vernant, Jean Pierre. "Death with Two Faces." In Seth L. Schein, ed., *Reading the Odyssey: Selected Interpretive Essays.* Princeton, 1996.

————. *Myth and Society in Ancient Greece.* 3rd ed. Trans. Janet Lloyd. New York, 1996.

————. *Myth and Thought Among the Greeks.* Trans. Janet Lloyd. Boston, 1983.

Vernant, Jean Pierre, with Pierre Vidal-Naquet. *Myth and Tragedy in Ancient Greece.* Trans. Janet Lloyd. New York, 1990.

Vetter, Tilmann. *The Ideas and Meditative Practices of Early Buddhism.* Leiden, New York, Copenhagen, and Cologne, 1988.

Vidal-Naquet, Pierre. "The Black Hunter and the Origin of the Athenian Ephebia." In R. L. Gordon, *Myth, Religion and Society.* Cambridge, U.K., 1981.

Wagle, N. K. *Society at the Time of the Buddha.* London, 1966.

Waley, Arthur, ed. and trans. *The Analects of Confucius.* New York, 1992.

————, ed. and trans. *The Book of Songs.* London, 1937.

————, ed. and trans. *The Way and Its Power.* London, 1943.

Warren, Henry Clarke. *Buddhism in Translations.* Cambridge, Mass., 1900.

Watling, E. F., trans. *Sophocles: The Theban Plays.* London and New York, 1947.

Watson, B., ed. and trans. *Chuang Tzu.* New York, 1968.

————, ed. and trans. *Han Fei Tzu: Basic Writings.* New York, 1964.

————, ed. and trans. *Hsun-Tzu: Basic Writings.* New York, 1963

————, ed. and trans. *Mo-Tzu: Basic Writings.* New York, 1963.

————, ed. and trans. *Records of the Grand Historian of China.* New York, 1961.

————, ed. and trans. *Xunzi: Basic Writings.* New York, 2003.

Weinfeld, Moshe. *Deuteronomy and the Deuteronomic School.* Oxford, 1972.

————. *Social Justice in Ancient Israel and in the Ancient Near East.* Jerusalem and Minneapolis, 1995.

Welch, Holmes. *The Parting of the Way: Lao Tzu and the Taoist Movement.* London, 1958.

Wender, Dorothea, trans. *Hesiod and Theognis.* London and New York, 1976.

Wheatley, Paul. *The Pivot of the Four Quarters: A Preliminary Enquiry into the Origins and Character of the Ancient Chinese City.* Chicago, 1971.

Whitley, C. G. *The Prophetic Achievement.* London, 1963.

Whitman, C. H. *Homer and the Heroic Tradition.* Cambridge, Mass., 1958.

Widengren, G. "What Do We Know About Moses?" In J. I. Durham and J. R. Porter, eds., *Proclamation and Presence: Essays in Honour of G. Henton Davies.* London, 1970.

Wijayaratna, Mohan. *Le moine bouddhique selon les texts du Theravada.* Paris, 1983.

Williams, Bernard. "Plato." In Frederick Raphael and Ray Monk, eds., *The Great Philosophers.* London, 2000.

Winckler, J. J., and F. Zeitlin, eds. *Nothing to Do with Dionysos? Athenian Drama in Its Social Context.* Princeton, 1990.

Winnington-Ingram, R. P., ed. *Classical Drama and Its Influence: Essays Presented to H. D. F. Kitto.* London, 1965.

Witzel, Michael. "Vedas and Upanisads." In Gavin Flood, ed., *The Blackwell Companion to Hinduism.* Oxford, 2003.

Yandell, Keith E., ed. *Faith and Narrative.* Oxford, 2001.

Yerushalmi, Y. H. *Zakhor: Jewish History and Jewish Memory.* Seattle, 1982.

Zaehner, R. C. *Hinduism.* London, New York, and Toronto, 1962.

Zaidman, Louise Bruitt, and Pauline Schmitt Pantel. *Religion in the Greek City.* Trans. Paul Cartledge. Cambridge, U.K., 1992.

索引

（索引頁碼為原書頁碼）

C

國家圖書館出版品預行編目資料

　　大蛻變／凱倫‧阿姆斯壯（Karen Armstrong）著．；林宏濤、陳信宏譯．
　　--初版 .--臺北市：　商周出版：家庭傳媒城邦分公司發行, 2010.06
　　面；　　公分 .--（人與宗教；038）

　　譯自：The great transformation

　　ISBN　978-986-6285-95-0（平裝）

　　1.宗教史　2.哲學史　3.古代史

209   99008843

大蛻變

原 著 書 名／The Great Transformation
繪　　　者／凱倫‧阿姆斯壯（Karen Armstrong）
譯　　　者／林宏濤、陳信宏
企 畫 選 書 人／林宏濤
責 任 編 輯／謝函芳

版　　　權／林心紅
行 銷 業 務／甘霖、蘇魯屏
總 　編 　輯／楊如玉
總 　經 　理／彭之琬
發 　行 　人／何飛鵬
法 律 顧 問／台英國際商務法律事務所　羅明通律師
出　　　版／商周出版　城邦文化事業股份有限公司
　　　　　　台北市中山區民生東路二段 141 號 9 樓
　　　　　　電話：(02)2500-7008 傳真：(02)2500-7759
　　　　　　E-mail：bwp.service@cite.com.tw
發　　　行／英屬蓋曼群島商家庭傳媒股份有限公司 城邦分公司
　　　　　　台北市中山區民生東路二段 141 號 2 樓
　　　　　　電話：(02)2500-0888 傳真：(02)2500-1938
　　　　　　讀者服務專線：0800-020-299 24 小時傳真服務：02-2517-0999
　　　　　　讀者服務信箱：service@readingclub.com.tw
　　　　　　劃撥帳號：19833503
　　　　　　戶名：英屬蓋曼群島商家庭傳媒股份有限公司城邦分公司
　　　　　　訂購服務／書虫客服服務專線：02-25007718‧02-25007719
　　　　　　24 小時傳真服務：02-25001990‧02-25001991
　　　　　　服務時間：週一至週五 09:30-12:00‧13:30-17:00
　　　　　　郵撥帳號：19863813　戶名：書虫股份有限公司
香港發行所／城邦（香港）出版集團有限公司
　　　　　　香港 灣仔 軒尼詩道 235 號 3 樓
　　　　　　E-mail：hkcite@biznetvigator.com
　　　　　　電話：(852)25086231　傳真：(852)25789337
馬新發行所／城邦（馬新）出版集團
　　　　　　Cite (M) Sdn. Bhd. (458372 U) 11, Jalan 30D / 146, Desa Tasik, Sungai Besi, 57000 Kuala Lumpur, Malaysia
　　　　　　電話：(603)90563833　傳真：(603)90562833

封 面 設 計／王小美
排　　　版／唯翔工作室
印　　　刷／韋懋印刷事業有限公司
總 　經 　銷／聯合發行股份有限公司　電話：(02) 29178022　傳真：(02) 29156275

■ 2010 年 06 月初版　　　　　　　　　　　　　　　　　　Printed in Taiwan
定價／ 650 元

Copyright© 2006 by Karen Armstrong
Published by arrangement with Felicity Bryan Ltd.
Through Andrew Nurnberg Associates International Limited.
Complex Chinese edition copyright©2010 by Business Weekly Publications,
a division of Cite Publishing Ltd.

著作權所有，翻印必究　ISBN 978-986-6285-95-0

城邦讀書花園
www.cite.com.tw

| 廣　告　回　函 |
| 北區郵政管理登記證 |
| 北臺字第10158號 |
| 郵資已付，免貼郵票 |

104　台北市民生東路二段141號2樓

英屬蓋曼群島商家庭傳媒股份有限公司城邦分公司　收

- -

請沿虛線對摺，謝謝！

| 書號：BR 0038 | 書名：大蛻變 |

 商周出版

讀 者 回 函 卡

謝謝您購買我們出版的書籍！請費心填寫此回函卡，我們將不定期寄上城邦集團最新的出版訊息。

姓名 : _____

性別 : □男　　□女

生日 : 西元 _____ 年 _____ 月 _____ 日

地址 : _____

聯絡電話 : _____ 傳真 : _____

E-mail : _____

職業 : □1.學生 □2.軍公教 □3.服務 □4.金融 □5.製造 □6.資訊

　　　 □7.傳播 □8.自由業 □9.農漁牧 □10.家管 □11.退休

　　　 □12.其他 _____

您從何種方式得知本書消息?

　　　 □1.書店□2.網路□3.報紙□4.雜誌□5.廣播 □6.電視 □7.親友推薦

　　　 □8.其他 _____

您通常以何種方式購書?

　　　 □1.書店□2.網路□3.傳真訂購□4.郵局劃撥 □5.其他 _____

您喜歡閱讀哪些類別的書籍?

　　　 □1.財經商業□2.自然科學 □3.歷史□4.法律□5.文學□6.休閒旅遊

　　　 □7.小說□8.人物傳記□9.生活、勵志□10.其他 _____

對我們的建議 :

_____

_____

_____

_____